国家社科基金
后期资助项目
GUOJIA SHEKE JIJIN HOUQI ZIZHU XIANGMU

近代上海公共租界的土地制度与市政管理

Land Institutions and Municipal Administration
in the Modern Shanghai International Settlement

杜恂诚　高峰　杨小燕　著

上海人民出版社

国家社科基金后期资助项目
出版说明

  后期资助项目是国家社科基金设立的一类重要项目,旨在鼓励广大社科研究者潜心治学,支持基础研究多出优秀成果。它是经过严格评审,从接近完成的科研成果中遴选立项的。为扩大后期资助项目的影响,更好地推动学术发展,促进成果转化,全国哲学社会科学工作办公室按照"统一设计、统一标识、统一版式、形成系列"的总体要求,组织出版国家社科基金后期资助项目成果。

全国哲学社会科学工作办公室

目　　录

上篇　近代上海公共租界的土地制度

附　　录

表 目 录

图 目 录

上　篇

近代上海公共租界的土地制度

上　篇

近代上海公共租界房地产制度

导　言

一、关于近代上海公共租界土地产权制度的研究

（一）土地产权制度是上海城市化早期最基本的制度

上海在 1843 年作为条约口岸开埠以后,就逐渐成为厉以宁所说的那种"体制外的异己力量"和"体制外的权力中心",①其制度背景就是由不平等条约引申出来的租界制度。1845 年 11 月,由英国驻沪领事巴富尔主导制定的《土地章程》公布,根据这一章程的规定,洋商可在给他们特别划定的区域内集中居住,可以向中国居民租借土地。所谓租借土地,原是参照中国传统的永租制方式,洋商仅取得田面权,田底权仍由中国业主掌握,所以租地的价格称为"押租",每年仍须向中国业主缴纳年租。但很快地,"永租"制度演变成了土地私有权的绝卖制度。从英册道契来看,"押租"这个与永租制相关联的词,从 1854 年起在道契文件中渐渐消失不用,而代之以"给价"一词,而《土地章程》本身实际上就已经承认了与永租制不同的完全土地私有权。《土地章程》规定"只准商人禀报不租,退还押租;不准原主任意退租,更不准再议加添租价"。并统一年租为 1 500 文凡减年租一千,增加"押租"十千,而年租则通过官银号缴给中国当局,这实际上已从根本上否定了永租制的性质。②在这里,押租就是地价,年租就是地税。对于这一点,下文还要论证。

在永租制下,承租人如果侵犯了土地所有权人(田底业主)的利益,田底业主是可以把永租田收回的,③但租界土地在道契交割以后,原业主的利益已经完全退出,不存在租地洋商对原业主利益的侵犯。因此这与中国传统的土地永租制度完全不同。

之所以仍将这种土地制度称为"永租",是因为中国当局为顾全颜面所想出来的一种模糊不清的托词,是一种辞不达意的表面文字。这是处于弱势地位的清政府在同外国人为租界事务打交道时一贯的态度:嘴上唱高调,但默认既成事实。

"永租"权的授予以及由《土地章程》规定的英商须集中居住在"洋泾浜以北、李家厂以南"的区域，引起了一系列租界治理的问题。租界的事情需要租地洋商共同讨论，于是就产生了租地人会议，码头、道路、桥梁的规划和修筑，自来水、煤气、电力等各种公共品的生产和供给，租界治安等等，需要有专门的机构来进行管理，于是便先有了职责相对狭窄的道路码头委员会的产生，以后又有职责宽泛得多的工部局的成立（法租界则有公董局与之对应），税制也渐渐走上正轨。1854年7月，在租地人大会讨论通过新修改的《土地章程》时，英国驻沪领事阿礼国发表了讲话。他认为制定这一章程的目的在于经由租地人为全体西人社会获得自治的权利和为市政目的而征税的权力，新成立的工部局完全是一个"自治政府"，它的职权不再限于道路、码头等事项，而应保障生命财产的安全。④ 可以这么说，由划界永租制度引发成型的上海租界，给了外国人移植西方城市治理模式的一个空间或平台。所以说，土地制度是上海城市化早期最基本的制度。

本书是研究近代上海公共租界的地政、市政和财政的，而所有这一切都是建立在土地制度的基础之上的。地政就是土地的行政管理，涉及地籍登记、估价、征税等等。它与"永租"制度在土地的区域分别方面密切关联，而且我们还可以从土地第一次"永租"价格及以后历次的土地评估价格中研究不同地块地价的走势及其规律。市政涉及很多方面，在城市化早期则重点在于道路、桥梁、码头、供水、排污等等公共设施的规划和建造，而所有这些公共设施，无不涉及土地，都需要征地，或购自中国的原住民，或从洋商或地贩那里征购二手地。当时的征地是按照市场化原则进行的，但也确实存在着买卖双方信息不对称的情况，特别是在向中国原住民征地时更是如此。租界财政有收支两个方面，地价税和房捐是其收入的主要构成部分，而市政建设经费则是其支出的主要构成部分。由此看来，要弄清楚近代上海公共租界的地政、市政和财政，一定先要弄清楚近代上海租界的土地制度。因此，本书把近代上海租界土地制度的研究放在前面。

（二）道契影印资料的整体性运用

以往已有不少优秀的学者研究了包括上海在内的近代中国城市土地制度和价格走势等，并发表了有影响的成果，如南开大学的赵津、上海社会科学院的马学强等。但研究近代上海城市化早期的土地制度和与土地相关联的房地产行业的最困难之处在于缺乏资料，特别缺乏第一手资料。民国时期的少，晚清的更少。一个对近代上海城市化作出过巨大贡献的产业几乎没有留下什么可供研究的档案资料，这是十分遗憾的。之所以造成这样的局面,主要有两大原因:一是产业波动,二是社会波动。产业波动大,企业不能长远生存,也就不能留下档案资料;社会波动大,无论是在政治方面,还是在货币经济方面,都会冲击这个产业,使历史档案难以留存。

对晚清上海城市化早期的土地制度、土地价格等信息,以往学者们主要从当时的报纸、外国领事报告等资料中零星获取,由于这些资料的稀少,且是随机出现的,彼此间似乎都显得孤单而缺乏呼应和整体性。

2005年上海古籍出版社出版了《上海道契,1847—1911》(共30卷)(以下简称"《道契》"),它包含了由上海市房地产管理局保管的道契原件的影印件,间有地权买卖的契约文书,上海道台、外国领事、上海县暨会丈局等官方机构的往来文书,以及中国原业主之间或中国业主与洋商之间发生土地纠纷的申诉文件等等的影印件。这批资料弥足珍贵,至少可以部分弥补上述缺憾。

但是,如何利用这批资料却成为一大难题。这批资料量大,囊括了晚清一万多份道契,而且似乎是平面材料,一份重复另一份,缺少变化和深度。从中既很难找到历史变迁的轨迹,也不易总结出有价值的理论。因此,这批资料出版了好几年之后,被利用程度还是非常低的,只有很少几个学者在他们的论文中各自引用了几份道契史料。

如何从这批资料中找到历史变迁的轨迹和总结出有价值的理论呢?本书作者认为,除了整体性的研究外,别无他法。所谓"整体性研究",就是首先充当一回"统计局"的角色,摘录这万余份道契上的数字信息和空间信息等,如年份、买主和卖主、单价、单笔总价、单笔面积、地块位置等,整理和统计这些资料后,我们就能知道历年的第一次"永租"的价格走势、道契总面积走势、相同区域的价格变化等,这些看似单调的史料,却能为我们绘制出翔实的历史画卷。因为趋势性的研究可以让我们把平面重复、枯燥乏味的东西变成立体感十足、彼此有联系的活的史料。

除了道契影印资料,我们还使用上海古籍出版社2001年出版的28册《工部局董事会会议录》、历年《北华捷报》、海关报告、外国驻沪领事贸易报告等其他第一手资料及相关联的一些二手资料。当有了趋势性的研究心得以后,过去似乎零星而无头绪的材料竟然能够聚拢起来,豁然成型。

(三) 运用道契数字资料的原则和主要观点

为了避免重复计算,本篇在计算道契的笔数和土地面积时,只采取其第一次"永租"时的数字。本书把第一次"永租"的市场称为土地的一级市场,道契交易则称为土地的二级市场。

土地面积以会丈局的清丈结果为准,而不以原业主所执田单上的数字为准。田单数字不甚准确,一则是囿于先前丈量手段的落后,二则是原业主往往为少缴田赋,常有少报土地面积的情况发生。

许多地块在申领到道契以后,常有整块转租、分拆转租、合并转租等,对此一律不予重复计入。有的地块,一部分是转租的,一部分是新租的,那么我们在计算总面积时,只计入新租的部分。同理,沿江沿河的土地,由于泥沙的沉积,日久会形成滩地,这部分滩地如需利用,要通过向中国官府缴价升科的办法把滩地纳入道契地之中。在这种情况下,无论该道契是转租还是新租,该升科土地面积都会计入。

有理由相信,道契上注明的土地"永租"价格,只是中国原业主的到手价,而不是租地洋商的出手价,这个差价很大,不是一个小数字。这个差价落到了土地中间商的手里。但即使如此,在相同的背景下,历年道契第一次"永租"的价格仍然可以给我们以若干趋势性的启示。

本书研究的是上海公共租界的地政、市政与财政,但英册道契和美册道契并非都在公共租界内,也有在法租界的,也有在界外的,法册道契也有在公共租界的,也有在界外的,其他各国领署注册的道契也都没有明确的地域归属,所以,本篇研究道契,不局限于公共租界,有时还涉及全部租界(公共租界和法租界)和租界外的土地。

关于道契制度研究的主要观点如下:

道契制度是鸦片战争以后西方列强在上海租界实行的一种土地产权制度,名曰"永租",实际上却是完全意义上的土地产权制度。这一土地产权制度是租界在治外法权背景下的"根本大法"的基础。本篇查阅并摘录了已出版的30卷道契影印原始文件上的各项数据,总体上研究了地块第一次"永租"的全貌,即价格、地段、面积等,以及阶段性的特征,我们不仅可以看到外部环境对上海城市发展的影响,如太平天国战争、甲午战败签定《马关条约》、清末新政等,而且可以看到,上海租界当局具有不断扩张的冲动去突破他们与中国当局间业已达成的租界边界协议,界外租地便成为一种常态。

在租界扩张的过程中存在着严重的信息不对称,少数掌握内部信息的外商房地产企业及个人利用中间商及地保、会丈局等地方势力为他们服务,以低价向中国原住户购地。中国原住户在城市化过程中,是得益最少,或者说是利益受损的人群。中间商得益远高于中国原住民,但他们同时也要承担相当的风险。大地产商是城市化的最大受益者,他们虽然要缴纳一定的地产税,但城市发展所带来的地价上涨造就了他们的庞大财富。

二、关于近代上海公共租界土地管理、地价与城市化的研究

（一）土地管理影响上海公共租界地价波动和城市发展

当前，在城市经济发展的过程中，与土地管理紧密相关的房地产价格过快增长、城市扩张中的拆迁补偿、城市发展中的高成本等问题越来越多地成为人们关注的焦点。很多学者从不同的角度对这些问题进行了深入的研究，并提出了相关的政策建议。事实上，在近代城市的发展过程中这些问题也曾经出现过，并且在一定程度上得到解决。本书从经济史的视角，选取近代上海公共租界的土地管理为主要研究对象，以土地交易和土地价格为中心线索，分析公共租界城市发展中出现的相关问题，总结近代上海公共租界工部局在土地管理中的经验和不足，以期对现在城市经济管理和经济发展有所借鉴。

此外，近代中国的现代化发展也与城市化发展密切相关。近代上海的城市发展，不仅让上海成为近代远东重要的贸易和金融中心，也对其他通商口岸和内地城市的发展起到了示范效应。因而，对近代上海公共租界土地管理的研究具有现实意义的同时，也具有历史意义。

这里需要特别说明的是，近代上海公共租界是西方侵略者入侵的结果，是建立在不平等条约之上的。它的出现是对中国国家主权的严重侵害，是中华民族历史上的屈辱。在公共租界的发展过程中，其管理者——公共租界工部局希望通过发展经济而实现对租界主权的占有，这是不可能实现的。对近代公共租界土地管理模式上的经验借鉴，我们本着扬弃（即批判地借鉴）的原则，一方面，要看到公共租界的管理是建立在对中国主权侵占以及不合理的经济利益掠夺之上的，是缺乏合法性并具有历史暂时性的；另一方面，也应该看到以租地人经济利益和社会利益最大化的管理原则对城市建设的促进作用。在这两者之间，应当借鉴的是纯粹技术上的管理方法，坚决反对以经济利益为侵害主权行为寻找合法性的倾向。

（二）相关成果是本部分研究的基础和出发点

1. 上海公共租界土地管理、地价与城市化研究的历史学视角

对近代上海公共租界最早的研究从 20 世纪二三十年代就已经开始了，并且多以近代上海历史为背景，考察公共租界的相关问题。类似的研究到了公共租界结束之后达到一个高潮。其中以海外学者居多，如卜舫济（F.L.

Hawks Pott)的《上海简史》和罗兹·墨菲(Rhoads Murphey)的《上海——现代中国的钥匙》，都是在描写近代上海发展的基础上，不同程度地考察了公共租界的人口、市政和金融贸易等经济发展状况。在这一阶段国内学者的研究中，最典型的是徐公肃、丘瑾璋著的《上海公共租界制度》和蒯世勋著的《上海公共租界史稿》，前者主要对公共租界的立法、司法和行政等制度进行了介绍和分析，其中涉及土地章程等相关土地制度产生的背景及发展过程；后者除了考察土地章程的产生及演变，还研究了公共租界范围的扩充以及华人参与公共租界发展方面的问题，例如华洋杂居和华人参与租界管理等。

国内对租界问题的研究在 20 世纪八九十年代掀起热潮。如费成康的《中国租界史》和史梅定主编的《上海租界志》，都对租界的产生、发展进行了全面的描述和分析，后者更是详细地介绍了近代上海租界的基本情况，其中包括公共租界区域扩张和人口变化、市政管理和建设、财政收支等内容。同时，对土地制度、管理机构、土地价格作了简要说明。与之类似，在陆文达主编的《上海房地产志》中，也简单介绍了公共租界土地方面的相关问题。

另外，一些论文集收集了关于公共租界研究的重要资料。如文史资料委员会编著的上海文史资料选集第六十四辑《旧上海的房地产经营》，收录了关于上海房地产经营方面的论文，对了解近代上海，尤其是公共租界的房地产经营有极大的参考价值。上海市文史馆、上海市人民政府参事室文史资料工作委员会编辑的《上海地方史资料》，收集了关于上海公共租界方面的文章，是一套比较有价值的资料集。上海市档案馆编纂的《租界里的上海》，汇集了关于租界的研究成果，其中收录了关于租界与经济、租界机构和管理方面的论文。其他，如《上海史》《上海通史》等著作也涉及了公共租界的土地制度与管理等内容。

2. 上海公共租界土地管理、地价与城市化研究的城市学视角

从城市学的角度来看，关于近代上海租界城市史、建筑史方面的专门研究，比较典型的是张仲礼主编的《近代上海城市研究(1840—1949 年)》。该书从城市学的角度出发，重点研究了近代开埠之后到中华人民共和国成立前，上海在工商业等经济领域中的发展，在市政建设及管理等方面的成就，在社会和文化等方面的多元化发展。其中，对公共租界在上海城市发展过程中的影响作用也作出了说明。另一本由张仲礼主编的《长江沿江城市与中国近代化》中，将近代上海的发展情况同长江沿江的其他城市进行了对比分析。张鹏的《都市形态的历史根基：上海公共租界市政发展与都市变迁研究》，以上海公共租界的市政建设为研究对象，探讨了市政建设在上海公共

租界城市化发展过程中所起的基础性作用。

3. 上海公共租界土地管理、地价与城市化研究的经济学视角

早在 1935 年张辉就针对上海市尤其是公共租界内土地价格状况以及土地价格快速增长进行过研究,并著有《上海市地价研究》一书。而在近期的研究中,杜恂诚在《收入、游资与近代上海房地产价格》一文中,分析了在房地产价格变化的各种因素中,人口、收入以及游资对其的影响作用,并认为人口的增加和游资的加入是使房地产价格波动的重要因素。徐华的《近代上海房地产业市场波动的金融分析(1929—1935)》也从物价的角度,探讨了 1929—1935 年间币值变化对近代上海房地产市场,包括公共租界土地价格的影响。赵津的《中国城市房地产业史论》主要研究了中国近代几个主要城市的房地产发展过程,其中也涉及近代上海公共租界的土地价格与房地产业的发展。另外,在其《城市的"天然规划师"》中比较了近代上海、天津等租界土地价格的状况和变化,并分析了地价因素对城市功能区形成的规划作用。马学强在《从传统到近代:江南城镇土地产权制度研究》中,从土地制度的角度出发,比较了道契与其他传统江南土地契约文书的联系与区别,并简单分析了土地价格问题。王少卿在《晚清上海地价及其对早期城市化的影响》中分析了在上海早期城市化的过程中,地价所起到的重要作用,一方面是地价级差促进了近代早期上海城市功能区的形成,另一方面是土地税收等收益是近代上海城市建设的重要资金来源。

从以上分析可以看出,对近代上海公租界的研究成果十分丰富,其中也有不少涉及公共租界土地制度、价格等方面的内容,但仍存在一些不足。首先,已有关于公共租界土地问题研究的论著多是从历史学、法律或是城市学的角度进行考察,从经济史角度对公共租界的土地管理及土地价格的研究则较少。其次,一些关于公共租界土地问题的研究大都是融合在对近代上海城市发展或是近代中国租界的整体研究中,很难系统地完整地讨论公共租界土地方面的问题。再次,现有从经济史角度对公共租界土地问题的研究,受论著形式和篇幅问题限制,多集中于土地问题的一个或几个方面,缺乏关于公共租界土地问题的全面考察。所以,本篇则从经济史的角度对近代上海公共租界的土地管理、土地价格等问题作出全面系统的考察。

(三)上海公共租界土地管理、地价与城市化研究的史料与理论运用

近代上海公共租界土地管理、地价与城市化的研究将以土地价格为主要线索,展开土地管理制度的形成与完善、土地管理内容的界定与状况、土地的利用与交易、土地价格的变动及规律以及土地价格对近代上海公共租

界城市化发展的作用等几个方面的研究。

在土地管理制度的形成与完善的研究中,在前人研究的基础上,通过对历次《土地章程》中关于土地管理制度的比较,运用新制度经济学的相关理论,分析公共租界城市土地管理制度形成和演变的原因。

在土地管理内容的界定与状况部分,将上海市档案馆馆藏近代上海公共租界英文档案《公共租界工部局年报》(Annual Report of the Shanghai Municipal Council)和《地价表》(Land Assessment Schedules of Municipal Council)中所记载的数据资料进行整理,利用统计学的方法进行数据分析,并在结合上海公共租界工部局董事会会议录等相关资料的基础上,运用公共经济学相关理论分析近代上海公共租界土地管理的内容。

在近代上海公共租界的土地利用部分,利用公共租界工部局年报、地价表和上海公共租界工部局董事会会议录等原始资料,运用土地经济学理论分析公共租界城市功能区形成与转变的原因。

在近代上海公共租界的土地交易部分,通过挖掘英文报刊《字林西报》(North China Daily News)中相关的数据和文字资料,结合公共租界工部局年报、地价表和上海公共租界工部局董事会会议录等,运用市场效率理论从制度、交易行为以及约束机制分析公共租界土地交易市场的有效性。

在近代上海公共租界土地价格分析部分,通过对公共租界工部局年报、地价表中关于土地价格数据的统计分析,并结合其他相关史料的梳理,运用生产要素价格理论对土地价格及其变化的原因进行分析。

在土地价格与近代上海公共租界的城市化部分,通过将土地价格和城市化相关指标相结合,运用发展经济学和城市经济学相关理论,结合社会学方法讨论近代上海公共租界土地价格和城市化的关系,并通过时间序列分析法对理论上得出的结论进行实证检验。

(四)上海公共租界土地管理、地价与城市化研究的主要观点

近代上海公共租界的快速发展离不开工部局的公共管理,其中对土地的管理则是其公共管理中最基本的内容。土地的管理依赖于制度上的保证,《土地章程》的颁布是从法理上确立了租界当局对土地的管理权。以道契制度、土地评估制度为核心的相关制度则使得工部局的土地管理更具效率。本书认为近代上海公共租界土地制度的形成和演变是诱致性制度变迁和强制性制度变迁共同作用的结果。

公共租界工部局对土地的管理离不开财政的支持,而以土地价格作为定价基础的土地税与房捐是近代上海公共租界财政收入的主要来源,也是

公共租界工部局土地管理的出发点。在土地管理的过程中,土地管理纠纷的解决是工部局有效管理土地的关键。工部局对土地的管理主要体现在公共用地的利用和私有土地的管理两个方面。首先是公共用地的形成和利用。一方面,因为公共租界内土地产权的相对明晰,工部局对界内道路用地管理较为有效;另一方面,由于滩地、界外道路等用地产权的不明确,受各方利益掣肘,工部局在这类公共地管理中成本较高。其次是私有土地在土地价格的影响下形成了区位均衡,原有的土地利用方式发生了改变,新的城市功能区形成。

在公共租界土地利用方式的转变过程中,土地交易是实现这一转变的重要形式,土地价格则是决定因素。在城市化发展初期,公共租界内最初土地一级市场交易较为频繁,租地人通过租界土地居住和从事商贸经营活动。资金和人口聚集的共同作用反映在土地上的结果就是引起公共租界土地利用方式不断变化,土地二级市场交易频繁,土地价格快速上涨。近代上海公共租界管理当局所制定和实施的一系列土地所有和土地管理制度形成了有效土地交易市场的制度基础,而工部局的地政管理则是公共租界土地交易效率的保障。在征收土地的过程中,近代上海公共租界工部局多数情况下是以市场化的行为与私人业主进行土地交易的,这有助于提升土地交易的市场有效性。公共租界内土地市场是有效市场,即能够反映市场上对土地的供求,因此公共租界的土地市场价格有效反映了土地需求与供给状况,持续上涨的价格是长期土地供不应求的结果。

公共租界内土地价格随着城市化的发展而不断提高。理论分析和实证检验表明,在近代上海公共租界的城市化的特殊发展过程中,土地价格的快速增长和国内外贸易的发展起到了重要的牵引和推动作用。土地价格的上升在长期内是促进城市化发展的重要因素。由于公共租界工部局所征收的土地税是租界城市化发展的主要资金来源,因此土地价格上涨通过提高土地税的路径增加公共资本投资积累,进而促进城市化的发展。

注释

① 参阅厉以宁:《资本主义的起源——比较经济史研究》,商务印书馆 2006 年版,第一章。

② 上海英租界 1845 年《土地章程》,见史梅定主编:《上海租界志》,上海社会科学院出版社 2001 年版,第 682—684 页。

③ 参阅马学强:《从传统到近代——江南城镇土地产权制度研究》,上海社会科学院出版社 2002 年版,第 198—199 页。

④ 马长林:《上海的租界》,天津教育出版社 2009 年版,第 22—23 页。

第一章　道契制度

第一节　一种完全意义上的土地私有产权登记制度

所谓外国租界,正是基于对所谓土地"永租权"的认定上。把洋商向中国原住居民买地说成是"租地",道契中且有"永远租赁"字样。但正如引言中已述及,"永租制"的说法不能成立。我们需要根据道契资料进一步证明,所谓"永租"制度,其实就是完全意义上的土地私有产权制度。

一、"租契"等同"绝卖"文契

我们先来看一份租地洋行与中国原住业主之间所签定的"永租草契"①:

来泰洋行与华人业主签定的永租草契　光绪八月七月

立出租田文契　金长生为因正用,今将自己祖遗田坐落念柒保拾图念字圩壹百念贰号内田壹亩正,先召亲族人等无人承受,母子商议情愿央中出租到于李亭记来泰洋行为业,三面言定时值价洋四百拾元正。当日立契,一并收足。其田是出租之后,任从管业、耕种、收册、过户、完粮以及起造华洋房屋、开浜、掘井、种竹、穿杨,即便出召、交卸与失主不涉。倘有来历不明,失主全中保理直。此系两相允洽,决无异言反悔。恐后无凭,立此出租田文契存照。

光绪八年七月　日立出租田文契　金长生(画押)

东至官路　南至官路　　　　　　　　中　金胜华(画押)

西至　　　北至蔡地　　　　　　　　　　张秀坤(画押)

陈惠庭(画押)

陶桂林(画押)

此单专[转]过道契作为废纸　　　　　图　徐念祖(印)

代笔　陶如纶(签名)

这份契约名曰"租契",实为"绝卖文契",最主要的依据就是"出租人"在"出租"并获得价款以后,与原来的地产就不再有任何瓜葛了。为了使读者看得更加明白,下面我们再引用一份"卖加添叹杜绝"文契以资比较。

上海县二十七保十图原华人业主间所立卖叹绝契②

立卖加添叹杜绝田文契 徐松泉为因正用,今将自己祖遗田坐落念七保拾图念字圩叁百五拾号内田捌分陆厘四毫正,合门商议,先召亲族人等无人承受后,情愿央中杜绝到字来泰李处永远世业,三面言定时值绝价洋叁百叁拾五元正。当日立契,一并交收。其田是杜绝之后,任从管业、耕种、收册、过户、完粮以及起造华洋房屋、开浜、掘井、种竹、穿杨,即便出租、交卸与失主不涉。倘有来历不明,失主全中保理直。此系两相允洽,决无异言反悔。恐后无凭,立此卖加添叹杜绝田文契为照。

搬费一应在内又照

光绪八年七月立卖加添叹杜绝契 徐松泉

计开四至	中	叶占祥(画押)
东至总路 西北至潘源昌		陈惠庭(画押)
南至潘源昌 北至水沟		朱西京(签名)
田单移[遗]失 不立失单契		蔡子修(签名)
此契专[转]过道契作为废纸	图	徐念祖(印)
	代笔	陶如纶(签名)

上面两份文契,内容几乎完全相同,唯一的不同就是名义上一为"出租",一为"卖加添叹杜绝"。这两份文契所涉地块属同一地段,相距不远,一为220号,一为350号,前者是洋行出面与华人签的,而后者则是同一洋行的买办,以其华人私人身份与华人业主签的。由此可以看出,所谓向洋商"永租""出租",实际上就是"绝卖"的意思。

二、与亲邻无关及"不准找赎"

以上这两份1882年的契约仍存留有中国传统土地买卖的某些习惯,如文中均有"先召亲族人等无人承受"字样,也就是仍体现出传统土地买卖中"亲邻优先"的习俗。随着时间的推移,道契资料中一份光绪三十四年(1908年)的土地绝卖契,其内容与前已有微妙的变化,主要体现在两个方面:其一是不仅不提卖地前"先召亲族人等无人承受"之类的话,而且强调了这一卖地行为与远亲近邻都没有关系:"产系祖业,与远房近族毫不相干,如有重复典卖以及他人出头争论,惟现出笔人一力承当。"其二是强调土地在买卖双

13

方付款交割后"不准找赎"。③

"找赎"是中国传统土地交易中的陋习,即"找贴"和"回赎"的合称。所谓"找贴",是指交易不是一次完成,而是经过"卖、加、绝、叹、装修、兴高起造"等多重环节,卖主可以多次要价,多次立契,多次得款。这样,一宗交易就会拖延很久,在此期间的产权是不清晰的。④当然,与洋人交易时,"找贴"是行不通的,但洋人买地常经中国中间商之手,中国中间商先从华人业主手中买地,再转卖给洋人。当中国中间商向华人业主买地时,"找贴"仍是一种非正式制度障碍。解决的办法一是将过去"卖、加、绝、叹"等多次交易集中在一次交易之中,就像上引1882年的第二份文契那样。另一则是强调"不准找赎"。道契交易的一次性特性深刻地改变了上海周边居民和农户的传统土地交易习惯。从《清代上海房地契档案汇编》可以看出:从光绪二十年代起,华人之间的土地交易中,"找贴"逐渐被一次性交易所取代。从光绪二十七年十一月英国驻沪领事慈必佑致会丈局总办的信来看,当时地产买卖契约中的"绝卖"字样等同于"永远"。⑤一次交易便可了断一切。

"找赎"中的"赎"是相对于"活典"而言的,"活典"是一种以土地为抵押物的借款,当借款人把本息还清后,土地权是可以收回去的。

咸丰初年,上海县二十七保八图业户顾钟秀将祖坟"活典"于庆丰僧,咸丰十一年"赎回"。⑥光绪二十八年(1902年),上海县二十七保十图华人业主监生周维新用田单三纸"抵押与吴仁甫名下规元贰仟伍佰两,言明按年一分二厘起息,先扣利银等贰佰伍拾两,生实收到银贰仟贰佰伍拾两,限三个月回赎,所立抵押并无出卖杜绝字样"⑦。在这份抵押借契中写明了所借款项的还款回赎期限,并声明"并无出卖杜绝字样"以区别于卖契。

如果是抵押借款文契而不是卖契,即使借款人不能按约付清本息,出借人也不能随意将产权过户,或转卖给洋商。不经双方同意而转卖给洋商的话,在申请办理道契的过程中,借款人如提出异议,中国官府和外国领事馆很可能采取搁置的办法,暂不发放道契。⑧

抵押借款文契也可写明如不回赎,即发生产权变更的条款。上海县二十三保十三图第406号业主夏林福在宣统元年将土地抵押给王裕兴,借款期一年,到期无力赎回,又延期,延期契上如此写明:"立约期票夏林福前将田单抵由王处,迄今限期已满,再央原中王妙泉、张鹤歧等说情宽限至明年四月底回赎,本利一并清楚,如再到期不赎,自由王处照道契管业出卖与华洋商,概与失主永不干涉。"⑨

押契可以有条款约定地转为卖契,但卖契却不可以转为押契或典契。已经出卖了的东西不能回赎。为了预防纠纷,特意在文契中点明。所以,"不准找赎"的条文是有着丰富内涵的。

尽管"亲邻优先"的原则已被打破,但如发生纠纷,亲族调解仍是解决问题的重要途径。甚至会审公堂断案,也会要求亲族介入调解。光绪二十八年四月的一宗官司,"堂判已饬族长理楚"⑩。

洋商"永租"土地以后,可将经理权转让,但保留所有权和剩余索取权。光绪十二年八月十八日,老公茂行主伊尔褒脱将其所租英册第 849 号第 856 分地块"转与达成、巴德二人经理,俟将来伊尔褒脱故后,为其妻养赡之用,彼此不得擅自转租"⑪。

三、公司所有、个人所有、共有、继承、转让

洋商买地有以公司名义买的,也有以个人名义买的,还有几个人合买的。光绪八年十一月,惇信洋行褒门和仁记洋行化特共同永租赵姓业主土地 19.148 亩。⑫曾看到一则资料甚为有趣:美册道契第 345 号的产权采取合股持有的形式,产权共 9 股,分派给 7 户,其中戴纳 2 股,海司妇人 2 股,喜支壳克、托而伯特、已故之爱比溅而生、威密溅而生、林斯凌妇人各 1 股。⑬

完整的私有产权可以各种合法的方式继承、转让。遗嘱继承的情况是常见的。我们可以举《上海道契,1847—1911》(以下简称《道契》)第 1 卷的几个关于产权关系变更的例子:

例1 光绪二十一年闰五月二十一日,已故瓦生遗嘱,将所租英册道契第 46 号第 59 分地的余地 10.9 亩归瓦雅翰、瓦土马、瓦安德、瓦士德遵例租用。⑭

例2 同治三年二月二十六日,已故之葛兰敦由其经理人根据其遗嘱将其所租英册道契第 64 号乙字第 22 分地之地基 3.935 亩转与撒理葛兰敦和哈南葛兰敦二人合用。撒理和哈南是姐弟俩。过了 12 年,即光绪二年六月十八日,哈南也过世了,而根据哈南的遗嘱,他名下的地产转给他姐姐继承:"管理已故哈南葛兰墩事业人转托代理人佛兰西士按照 1871 年 6 月 6 日所立遗书,已于 1876 年 5 月 20 日经官查验,加立准凭于英署呈闻,今将哈南葛兰敦所租英册 64 号乙字 22 分地内自己份内之地全转与胞姊撒理葛兰敦遵例租用。"⑮

也有遗嘱继承人不是被继承人亲属的,可见例3:

例 3　光绪十年三月二十三日,已故利德遗嘱人之经理人阿白夫那脱将原由利德所有的英册 192 号第 199 分地中的 9.425 亩转与依依沙逊租用。⑯这种遗嘱继承可以理解为债务处理的结果。

《道契》资料中有一个外国领事充当遗嘱执行人的例子:咸丰十年十一月,洋商罢得肋永租姚姓 1.5 亩地,入美册道契第 84 号。同治五年七月二十八日,按照其"临死遗凭","美国代总领事鲁受其托,今将此 84 号契内之地转与罢得肋买客约瑟为业"⑰。

产权转让除了上述遗嘱转让外,还有多种情况。一种情况是按婚约转让,光绪三年四月二十四日,洋商李登将其与另一洋商合租的英册 186 号第 193 分地块"自己份内之地托经理人注理耶按照所立婚约转与勒富、呈蚩二人遵例租用"⑱。

更多的情况是抵债转让。同治八年九月初四,英商哈各及汇隆银行理债人霍礼伦将前经抵押与汇隆银行的英册 333 号第 340 分地基 2.8 亩转与伦敦商人沙逊、伯士府乡绅别戈司太付、伦敦商人铅布而、钱业钱号总管浮察商人察布孟庞伯,"或自己,或故后,均归经理事业人租用"⑲。

抵债转让的通常做法之一是通过抵押物的拍卖,这在土地市场看好的年份是行之有效的,而在土地市场不被看好的若干年份则容易造成叫价未及底价而流拍。⑳在这种情况下,清账人会根据具体情况进行酌情处理。光绪十年六月十六,英商丽如银行经理挖德生将行产英册第 65 号第 31 分地 1.34 亩"转与官派清理丽如银行倒账人遵例租用",此番债务清理历时颇久,到光绪十六年五月初八,官派清理丽如银行倒账人哈格又将该地块转与丽如银行的一位债权人租用。㉑

当然,通过市场买卖行为而实现的土地所有权转让是最为普遍而大量的现象。

四、退　　租

1845 年《土地章程》规定洋商可以"退租",就是收回押租,地归原主。有学者认为这是从来没有发生过的事情。但《道契》资料中确实有这样的案例,尽管是很少的。

所见退租的第一个案例是英册道契第 640 号第 647 分地,同治二年二月十四日,洋商巴德向中国业主金佩玉"永租"了 4.925 亩地,押租 295 500 文,约合 261 两,每亩 53 两。同治八年十二月二十四日,"本号地基现已退还原业户金佩玉等管业,归入中国地册,本契理合注销"㉒。

第二个案例是英册道契第 3974 号。光绪二十八年六月二十七日英国驻沪领事致会丈局总办的信中说,第 3974 号契地"租主禀该地毋庸立契,请移退销"㉓。洋商在正式立契前已经后悔,并决定退租。

第三个案例是英册道契第 6325 号。其情形与第二个案例相似,也是洋商租主在正式立契前反悔,把地退还给了原主。㉔

第四个案例是同治元年九月,金能亨以在当时很高的价格在虹口一带永租土地 14.707 亩,共支出 44 121 两,平均每亩 3 000 两。到同治十三年五月,金能亨退还原业主土地 8.152 亩,余地 6.555 亩仍旧永租。㉕

造成退租的原因都没有细说,估计与两方面的情况相关:一是土地市场的短期状况,第一例中租界土地市场经过了太平天国战争期间的繁荣之后,由于战后人口流出,一度呈现暂时的萎缩。二是租主如没有准备好如何利用土地的计划,也有可能放弃,或部分放弃。

五、道 契 挂 号

在很长的一段时期中,根据规定,道契只能由外商出面申请。中国人实际拥有产权,却委托外国人申领取得道契的,称为"道契挂号"。在这种情况下,中国的委托人称为"实际业主",外国出面洋商称为"挂号业主"。道契由实际业主持有,并同时由挂号业主出具"权柄单",证明产权的实际归属。而实际业主则应出具委托书给挂号业主。

外商可以通过道契挂号赚取丰厚的收入:初次给证,手续费 25 两,以后常年费每年 20 两;权柄单改名(小过户)收费 25 两,道契改名(大过户)收费 50 两。英国律师高易 1876 年来上海大搞道契挂号业务,最多时达到 2 000 余张。后来通和、爱尔德、新瑞和等洋行也竞相效尤。㉖

高易是律师,做此类委托代理业务是可信的。从道契资料来看,高易行"永租"土地和申领道契的时间要早得多。由于译音的关系,除了以后有证据证明不同的外,本文把"高裔"、"高意"等都看作是"高易"。资料因曾出现过"高易行梅博阁"、"高易行陶德而"字样,可以认为梅博阁和陶德而(尔)是高易行的经理人员或合伙人,所以凡有此二人名字的(包括陶德尔亨生;陶道汉生等),均视同高易。至于高易行的大班是否有代际传承的过程,则尚须发掘更多的史料才可能弄清楚,但可以肯定,表 1.1 的统计不会是在一代大班手中完成。

表 1.1　高易洋行在上海土地一级市场出面"永租"土地统计(1861—1910 年)

年份	英册 (件数)	美册 (件数)	总面积 (亩)	年份	英册 (件数)	美册 (件数)	总面积 (亩)
1861	1		20.5	1894	3		52.8
1862	1		13.07	1895	6		150.4
1863	1		6.388	1896	10	5	210.4
1866	3		25.9	1897	12	1	88.6
1867	1		1.5	1898	20	1	102.1
1871	2		1.1	1899	7		30.3
1872	2		1.5	1900	3		4.3
1873	4		2.5	1901	8		23.9
1874	1		13	1902	8		15.9
1875	2		2.6	1903	9		41.5
1877	1		23.98	1904	5		34.3
1880	2	1	4.83	1905	4		12.6
1881	3	1	29.3	1906	4		5.2
1882	2	3	40	1907	3		8
1883	1	1	4.9	1908	2		2.7
1884	1		1.5	1909	3		19.7
1885	2		2.9	1910	1		1.3
1888	1		0.96	总计	144	13	1 010.1
1889	3		9.6				

资料来源:根据历年《道契》资料编制。

注:所谓"土地一级市场",是指为正式申领道契而进行的土地交易,绝大多数情况下是指外商从中国原住户手中买地。

从表 1.1 来看,高易洋行在上海土地一级市场上"永租"土地地块总数达到 157 宗,总面积 1 010 亩强,比英租界最早的总面积 830 亩还要大。其中有两个高峰,第一个大约在 1894 年至 1899 年,第二个则在 1903 年左右。

《道契》中有一条资料可判断洋商爱尔德也在做道契挂号的业务。光绪二十九年四月,英册道契第 4358 号在申领过程中,会丈局和地保对地块面积进行丈量。该地块是洋商爱尔德向蔡姓业主"永租"的。而蔡姓业主在其向官府的禀帖中却称,在会丈局及地保丈量土地时,系由"得主杨声甫、丁兰轩令其婿李备九等眼同丈量各无异言"[27]。得主是杨声甫、丁兰轩二人,而出面申领的是洋商爱尔德。这就是所谓道契挂号。

第二节　道契制度的优势与弊端

一、与中国传统私有土地制度的差异及其优势

既然说道契的"永租"就是中国传统的土地"绝卖"，是完全意义上的土地私有产权，那么这两者是否绝对等同呢？回答是否定的。应该说道契制度更具有近代城市土地制度的内涵，在形式上更加规范化，在审核、丈验等程序上更加严格，因而体现出产权更加明晰的特征；又由于道契土地位于城市新兴商业区和生活区的中心地段，因而充分体现了近代城市化的价值。

道契的规范性和权威性远胜于中国传统的土地产权凭证"田单"，这是显而易见的。道契的发放要经过外国领事馆和中国上海道台衙门，分上中下三契，上契（西文）由外国领事馆留存，中契（中文）由上海道台衙门留存，下契（西文）归租地洋商执有。每次交易都会在契上注明，如有分拆、合并等情况则另立新契。道契有高度的规范性和权威性。

相比之下，田单则显得陈旧和混乱。说它陈旧，是因为它缺乏动态的变更和规范化管理。田单（亦称方单）上注有土地的位置（保-图-圩-号）、面积和户名。因小刀会起义曾焚毁了上海一带的土地册籍，所以1855年经土地清丈后重新颁发过一次田单。但此后数十年对田单并未进行过动态管理。土地从爷爷手里传到了孙子手里，户名仍是爷爷的。土地买卖后过户了，户名却没有相应地改过来。尤其是分拆性质的地权变化，一块地卖给别人一部分，田单怎么处理？

在地权分拆的情况下，出现了田单"多角化"现象。田单可以有半纸，且可以与他人合业。㉘截分的田单可以交易，可以申请道契。㉙但截分的田单须写明土地的坐落位置及所分割的面积，如只有一个角，字迹不全也不行。半指田单在申请道契时，须吊阅另一半核查，如另一半在他户手中，又不肯配合，事情就比较难办了。㉚有的田单一分为三，仍然合法。㉛所见资料中，田单最多有一分为七的：光绪二十八年间，上海县二十三保一二图章字圩第362号户名周坤荣则田7.158亩内"划租"0.73亩与洋商濮兰德，申领道契时，"附交田单一角"，据该图地保王心山称，"原单分为七角，一再饬吊，仅只送到三角，其余屡催不交，无从核对，便因此延搁"。㉜

田单的陈旧、不规范刺激了田单制假。光绪二十五年四月二十一日，上海知县暨会丈局总办联衔呈上海道台的禀帖中称："伏查近来挖补田单朦请道契之事层见叠出，且系将废单内笔迹相同之字挖补，令人无疑。此等奸

民,若不惩一儆百,未足以昭炯戒。"③

篡改数字,把较小的数字改成较大的数字,谋取非法收益。由于作假的技术要求比较高,所以甚至出现了专门从事田单作假的专业户。光绪二十五年九月初二日上海知县暨会丈局总办联衔呈上海道台的一则禀帖称,"近来以伪造田单朦请道契之事层见叠出","惟上海因洋商租地,价值腾贵,奸民但知图利,玩法欺朦,历查此等作伪之单,板印纸张,如出一手,必有一专事作伪之人。若不严行根究,何所底止,且恐将来作伪日工,真伪莫辨,万一失于觉察,贻咎匪轻"。④

但作伪之风始终未能止住。田单不仅有多角化及作伪之弊,甚至干脆遗失。道契遗失后,须在报纸上连续三个月刊登遗失启事,若无他人主张权利,则可补领道契。田单却没有补领一说,遗失后由地保证明一下,即可出立"代单"。一些华人业主凭"代单"出让土地,引发诸多作假或有争议的案例发生。一些业主"动称田单遗失,随意出立代单,究其实类皆将田单抵押在外,或将别地之单,盗卖官地官滩,以及无主之地,甚至一地数卖,捏写代单,以致因地争讼之案,层见叠出,皆因听信奸民,混用代单之故"⑤。

因为田单买卖时,没有买受人的姓名写在上面,所以合买土地时田单由谁保管也会成为问题。合买者往往会订立保管文契,以免一方利益受损。

田单还有一个很大的通病,就是田亩丈量不准。田主为少缴赋税,常把土地面积报小,官府即使丈量,也不准确。后来许多地块在卖给洋商请转道契时,又都重新丈量过,丈出多于田单面积的所谓土地"升科"面积,即要求买地洋商将"升科"面积的地价缴给中国官府,以补偿中国原业主先前少缴的赋税钱粮。

道契的发放有严格的程序,可以纠正田单制度中的诸多弊端。中国官府和外国领事均对产权十分谨慎,凡有争议者一定先予审核,直到问题解决以后,或是非十分清楚以后,才进入发放程序,如问题不能得到解决,或是非一时搞得清楚的,则推延搁置。产权所累积的问题在道契申领时被梳理了一遍。土地面积也重新丈量,而不是以田单上的面积为准的。

道契的转让也是比较规范的,须通过中国官府和外国相关领事馆的审核和批注。如有分拆、合并、添租等情况,须重走程序,重新丈量,另发新契。

由于道契制度具有较高的规范性和权威性,所以道契具有很高的信誉度。这是道契的优势所在。其表现就是它可充当银行贷款的抵押品。上海的中外新式银行一般不接受田单抵押,但都接受道契抵押。

道契制度形成以后,房地产业开始成为上海城市化过程中最重要的产业之一。它在晚清上海城市化过程中的重要性,也许只有对外贸易可与之比肩。房地产业逐渐构筑早期城市化产业链,房地产买卖、筑路及城市构造、建筑、建材、房屋出租、公用事业用地等,都以市场行为方式开展,并出现了以此牟利的中外商人群体。

二、道契制度的弊端

道契制度的弊端体现在四个方面:

(1)洋人的强势和特权。道契制度是以中外不平等条约和租界制度为其背景和基础的,因而它在传播近代城市化制度的进步性的同时,让中国人心中留存着无法抹去的阴影。洋人对租界的扩张有着持续的冲动,在不同阶段,租界虽然都是有名义上的界线的,但洋人从未遵守过界线的约束,界外租地几乎是一种常态。在这个过程中,由于信息不对称,中国原住居民在土地交易中,是利益受损的一方。

(2)技术上的不足。1875年12月30日的《北华捷报》上有一篇文章是分析道契制度缺陷的。该文认为道契制度主要有两大缺陷:其一是土地面积的认定不科学。文章认为任何一种土地登记制度都应以可靠的丈量作为必要条件,但当时仅以地保所汇报的数字为依据,这是不准确的。其二是同一地块的编号常改变。文章认为土地的编号一旦确定,应该永久不变。㊱约14年之后,就是1889年7月,专职的会丈局成立了。㊲虽然迟了一些,但上述第一条缺陷得到了克服。关于第二条缺陷,就是编号改变的问题,那主要是因为并未规定,地块在立契之后,必须原封不动地整块转让流动。地块的分拆、添租和合并都是被允许的。在分拆、添租或合并的情况下,沿用原编号就是不适当的了。但虽然同一地块编号改变有其内在的原因,但确实也造成了地产市场上的某种混乱。

(3)第一次立契的登记价格不准确,以后的转让价又不予注明。道契的所有权人、面积、位置、四至、立契或转让的时间等都是明确的,唯独价格信息不完整、不准确,并且在绝大多数情况下不写明转让价格。根据1845年《土地章程》,如转租,"其基地租价只可照原数转租,不得格外加增,以免租贩取利,致令华民借口"㊳。应该说这一规定十分荒唐,背离了市场经济原则,实际上是不可能实行的。并且,正是由于这条无理的规定,使我们失去了转手价的大量信息。但我们发现,即使是第一次"永租"的契内价格,也不一定十分真实。关于这个问题,本书第三章将作详细的分析。

(4)没有限制炒地。本来外商租地,是为了满足其生活和经营活动的需要,所以1845年的《土地章程》规定"每家不得过十亩以外"㊴。但实行的结果,这条规定根本不起作用,外商可以任意"永租"土地,想"永租"几次就

"永租"几次,想"永租"多少就"永租"多少。于是,上海出现了一批做炒地生意的外商,还出现了一批为炒地外商服务的中国中间商。这批中国中间商不仅为外商买地寻找中国原住居民中的愿意出售土地者,有时他们自己也直接大量从中国原住居民手中买地,等地价上涨后,再转卖与洋商牟利。在上海近代城市化过程中,地价的长期趋势是上涨的,且远远超过一般物价的上涨幅度,但在土地上涨的收益中,中国原住居民所得份额最小。

注释

① 《上海道契,1847—1911》(以下简称《道契》),上海古籍出版社 2005 年版,第 6 卷,第 77 页。

② 《道契》(6),第 171 页。

③ 《道契》(23),第 112 页。

④ 参阅上海市档案馆编:《清代上海房地契档案汇编》,上海古籍出版社 1999 年版。

⑤ 《道契》(12),第 284 页。

⑥ 同上,第 212 页。

⑦ 《道契》(15),第 61 页。

⑧ 如上海县二十七保南十二图原华人沈姓业主诉张善善堂以抵押田单擅转道契的案例。《道契》(15),第 207 页。

⑨ 《道契》(25),第 116 页。

⑩ 《道契》(13),第 85—86 页。

⑪ 《道契》(3),第 212 页。

⑫ 《道契》(5),第 97 页。

⑬ 《道契》(26),第 259 页。

⑭ 《道契》(1),第 76 页。

⑮ 同上,第 112 页。

⑯ 同上,第 248 页。

⑰ 《道契》(26),第 44 页。

⑱ 《道契》(1),第 243 页。

⑲ 《道契》(2),第 31 页。

⑳ 如从 *North China Herald* 上所看到的几次土地拍卖流拍的例子:Sep 25, 1875, p.320;April 5, 1877, p.360;Oct.4, 1877, pp.311—312。

㉑ 《道契》(1),第 113 页。

㉒ 《道契》(3),第 26 页。

㉓ 《道契》(14),第 121 页。

㉔ 《道契》(22),第 7 页。事情发生在光绪三十三年十一月。

㉕ 《道契》(26),第 95 页。

㉖ 包士仁:《外国房地产商的经营手段》,载上海文史资料选辑第 64 辑:《旧上海的房地产经营》,上海人民出版社 1990 年版,第 149—150 页。

㉗ 《道契》(15),第 322 页。

㉘　《道契》(9)，第 123 页。

㉙　《道契》(10)，第 297 页。

㉚　《道契》(10)，第 305 页。

㉛　《道契》(11)，第 29 页。

㉜　《道契》(27)，第 320 页。

㉝　《道契》(10)，第 156 页。英册第 2973 号。

㉞　同上，第 310 页。英册第 3093 号

㉟　上海知县暨会丈局总办联衔呈上海道台禀帖，光绪十四年五月二十七日。《道契》第 6 卷，第 3 页。

㊱　*North China Herald*，Dec.30，1875，pp.649—650.

㊲　汤志钧主编：《近代上海大事记》，上海辞书出版社 1989 年版，第 469 页。

㊳　1845 年《土地章程》，见史梅定主编：《上海租界志》，第 683 页。

㊴　同上。

第二章　历年道契申领总趋势

第一节　图表显示的申领趋势

一、道契历年申领面积

本章利用 30 卷《道契》资料中的数字资料做了一个统计,包括道契的件数、面积和契内价等。数字采用的原则是以第一次申领道契的登记数字为准。凡已登记的道契发生转手、分拆,再去申领新契的,就不予重复计入;但如有未入契土地添加,或土地升科等情况,则将新添加部分土地面积计入。面积如有重新丈量的,一律以丈量面积为准。

从《道契》资料来看,可能会有道契遗失的情况,但在绝大多数道契保存完好的情况下,不大可能无缘无故地丢失其中的许多道契,估计更可能发生的情况是这些道契在审核程序过程中遭遇了第三方的诉讼。根据当时的规定,只要有产权纠纷得不到解决,道契就不能最后生效发放。这个道契号也就成为空号,道契实物当然也就无从保留了。

上海道契虽然是从 1847 年正式颁发的,但 1847 年的道契文件中表明,一些地块的买卖成交实际上从 1844 年即已开始。本章的统计遵从历史记载,也是从 1844 年开始的。历年道契登记的情况如表 2.1 所示。

表 2.1　1844—1911 年历年道契面积、价格总表

年份	总面积（亩）	有交易金额的面积（亩）	总价格（两）	计算均价的总价	均价	道契数	计算均价的道契数
1844	116.726	116.726	6 262.15		53.65	8	8
1845	146.98	146.98	8 481.84		57.71	12	12
1846	92.333	92.333	7 039.70		76.24	12	12
1847	438.739	433.364	38 680.26		89.26	28	26
1848	31.555	31.555	2 930.07		92.86	4	4

年份	总面积（亩）	有交易金额的面积（亩）	总价格（两）	计算均价的总价	均价	道契数	计算均价的道契数
1849	34.492	34.492	2 489.23		72.17	6	6
1850	16.517	16.517	1 497.88		90.69	2	2
1851	43.872	43.872	2 371.03		54.04	10	10
1852	35.25	23.42	5 306.96		226.60	8	7
1853	0.75	0.75	117.15		156.20	1	1
1854	348.209	348.209	34 874.67		100.15	45	45
1855	548.641	548.641	47 009.44		85.68	63	63
1856	123.989	123.989	21 496.11		173.37	23	23
1857	118.55	118.55	11 153.24		94.08	15	15
1858	96.944	96.944	27 463.54		283.29	22	22
1859	18.09	18.09	6 118.67		338.23	4	4
1860	168.683	168.683	52 131.15		309.05	27	27
1861	1 501.972	1 501.972	384 133.31		255.75	185	176
1862	1 951.582	1 938.21	583 567.78		301.09	195	191
1863	1 270.605	1 177.365	224 120.02	224 088.78	190.33	117	99
1864	511.693	446.634	94 737.89		212.12	35	30
1865	300.249	300.249	86 476.04		288.01	17	17
1866	265.784	265.784	12 705.70		47.80	14	14
1867	36.493	36.493	23 287.98		638.15	9	9
1868	87.036	87.036	12 048.83		138.44	9	9
1869	22.956	22.956	1 664.30		72.50	5	5
1870	50.176	50.176	14 207.52		283.15	13	13
1871	65.977	65.977	50 317.07		762.65	26	24
1872	224.283	224.283	38 969.59		173.75	39	37
1873	199.157	196.474	55 188.67		280.90	47	44
1874	203.759	202.443	20 398.57		100.76	27	26
1875	45.784	45.784	7 680.87		167.76	22	22
1876	35.912	35.912	6 978.89		194.33	13	13
1877	140.96	134.55	10 525.68		78.23	24	23
1878	113.078	112.876	15 268.66		135.27	19	18
1879	86.63	64.531	9 611.91		148.95	26	24
1880	132.874	131.18	24 150.20		184.10	26	25
1881	252.584	252.584	53 375.60		211.32	54	53
1882	626.692	623.107	81 578.06		130.92	71	70
1883	310.658	309.269	60 339.30		195.10	71	69
1884	154.775	148.448	12 981.99		87.45	30	27
1885	63.929	58.495	13 763.86		235.30	21	19
1886	27.504	21.405	5 555.53		259.54	18	15

年份	总面积（亩）	有交易金额的面积（亩）	总价格（两）	计算均价的总价	均价	道契数	计算均价的道契数
1887	64.587	64.11	7 513.89		117.20	24	23
1888	165.595	165.595	15 251.52		92.10	32	31
1889	282.743	279.529	27 594.01		98.72	46	40
1890	254.991	180.05	21 779.29		120.96	63	56
1891	236.427	186.377	17 043.91		91.45	46	42
1892	140.244	137.074	12 568.01		91.69	35	32
1893	110.105	96.954	13 229.48		136.45	26	19
1894	309.968	306.916	34 731.94		113.16	52	50
1895	1 385.443	1 356.566	86 682.10		63.90	108	102
1896	1 914.227	1 550.749	171 870.89		110.83	188	168
1897	1 779.174	1 432.42	215 122.86		150.18	274	241
1898	2 333.421	1 759.181	266 087.62	261 879.623	148.86	396	338
1899	1 496.844	1 354.93	184 373.03		136.08	420	370
1900	727.457	596.865	97 649.45	97 249.455	162.93	264	237
1901	1 393.563	1 313.385	195 147.29	194 962.91	148.44	405	374
1902	1 543.11	1 448.304	357 112.95	355 847.975	245.70	457	433
1903	1 773.874	1 613.315	267 212.15	266 692.04	165.31	445	385
1904	980.54	835.717	206 531.35		247.13	442	362
1905	1 112.824	964.722	246 388.02	246 388.02	255.40	421	366
1906	1 347.283	1 021.17	228 530.38	228 530.38	223.79	360	295
1907	2 380.75	1 909.644	277 010.10		145.06	515	447
1908	1 655.559	1 187.895	191 360.04	189 477.37	159.51	418	318
1909	884.007	565.752	139 112.34	136 448.56	241.18	286	208
1910	537.468	412.166	97 779.99	95 034.59	230.57	209	159
1911	549.218	300.84	75 118.53		249.70	146	117

资料来源：根据 30 卷《道契》内所有数字资料统计和编制。

说明：1. 年份以整西历公元纪年代替整清年号阴历纪年，未作月份的跨年度折算。这样处理在数据样本上不会产生问题。

2. 均价是按有交易金额的道契面积与相应金额计算，有的道契只有面积而缺金额，或只有金额而缺面积的，则在计算均价时剔除。

我们先从这个表中考察道契面积。我们的第一印象是：历年申领的道契面积是有多有少，而不是大致均等的。为了让读者对历年道契申领的面积趋势看得更明白，我们做了以下的趋势图（如图 2.1）。

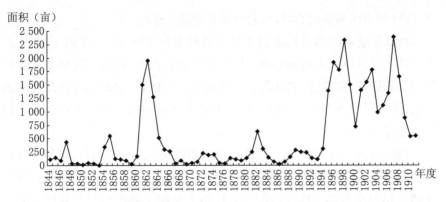

图 2.1　1844—1911 年道契历年总面积

资料来源：根据表 2.1 中的数据绘制。

图 2.1 显示了清末的两大道契申领高峰：一次是 19 世纪 60 年代初的几年中；另一次时间更长，大致是从 1895 年一直到 1909 年左右。

19 世纪 60 年代初的几年的申领大高峰是由太平天国战争引起的。在那几年中，"上海租界的外国居民区变成了大批无家可归的中国难民的避难城，这些难民是被迫从长江右岸广大冲积平原上的城市和乡村中逃出来的。原有的住房很快地就住满了；在租界内的空地和租界边沿地区的田野上或由外国业主本人，或由短期租地造屋的买办们迅即造起了住房"①。人口的大量涌入使租界房地产成为最为有利可图的产业，"地价上升"②，于是出现了道契申领的高峰。

太平天国运动失败后，人口又有向故乡回流的趋势。房地产业经历了一段低迷期。从 1864 年到 1865 年，房租降低了 50%，许多房子都是贷款造的，致使许多业主破产。③法租界外滩的地价从每亩 5 000 两跌至 2 500 两。④1864 年一块价值 9 万两的地产，在 1867 年因合伙关系解散而被法院判决的拍卖会上，因无人竞购，竟以 1.6 万两价格亏本出售。租金也降到了可能降到的最低点。⑤1868 年则又好转，并恢复常态发展。但到 70 年代中后期，则又经历一次低潮，土地拍卖出现流拍，⑥1875 年美册第 125 号地块，拍卖时最高价仅为每亩 25 两。⑦1877 年 4 月在法租界徐家汇路上的著名建筑 Au Chalet 被 Messrs. Mackenzie & Co.拍卖，没有达到底价而流拍。这项财产买进时花了 1 500 两。⑧1877 年 10 月初有 8 块地拍卖未成交，其原因或由于叫价没有达到保底价，或由于无人叫价。当时的土地交易显得不景气。⑨1878 年租界房地产业的不景气不亚于 1877 年，1878 年公共租界的房屋空置数比 1877 年多出 511 栋，房捐收入下降了 799.93 两。⑩19 世纪 80 年代由于"住房供应似乎没有跟上人口增长的速度"⑪，因而除了一度受到 1883 年金融风潮的影响外,总的还是发展平稳的。

图 2.1 显示的第二次道契申领大高峰是从 1895 年一直到 1909 年左右。造成这次申领大高峰的间接原因主要来自两个方面:一是甲午战争后外国人根据《马关条约》取得在上海等通商口岸的设厂权;二是清政府实施新政,促进了经济发展。而以上两个方面的间接原因造成了上海租界人口的大幅度增长。

1895 年期间上海房地产价值以及诸如码头、船厂、机械厂、货船等所有与上海工商业有关的资产类财产价值显著上升。特别是中国人一直在以高于两三年前市价的 50% 到 100% 的价格大量购买外国租界及其周围的土地。由于对房屋的需求增加,房地产的价格自然就上升了。由于缫丝厂、棉纺厂等工业企业的开设,就业机会大大增加,中国居民人口迅速增加。大量的中国资金到上海来投资。一些大官僚投资道契土地,都是以"道契挂号"的形式进行的(以外国人名义登记)。⑫ 1897 年的时候,人们发现,"上海突然开始成为一个大工业中心"⑬,土地的需求量激增。

第二次申领大高峰由于持续时间长,其间也有一定的波动。1900 年就是明显的回调年,原因肯定与当时政治局势相关。1904 年也有一定的回调。

除了上述两次道契申领的大高峰外,图 2.1 中显示可能还有若干小的高峰,如 1845 年公布租界《土地章程》,引发了上海租界最早的一次道契申领小高潮。19 世纪 50 年代初的小刀会起义,大批中国居民进入租界,产生居住需求,引发了从 1854 年起的一次申领道契小高潮。⑭

道契申领的累计面积则如表 2.2 所示。

表 2.2 道契累计面积表(1844—1911 年)

年度	年总面积(亩)	累计总面积(亩)	年度	年总面积(亩)	累计总面积(亩)
1844	116.726	116.73	1855	548.641	1 854.06
1845	146.98	263.71	1856	123.989	1 978.05
1846	92.333	356.04	1857	118.55	2 096.60
1847	438.739	794.78	1858	96.944	2 193.54
1848	31.555	826.33	1859	18.09	2 211.63
1849	34.492	860.83	1860	168.683	2 380.32
1850	16.517	877.34	1861	1 501.972	3 882.29
1851	43.872	921.21	1862	1 951.582	5 833.87
1852	35.25	956.46	1863	1 270.605	7 104.48
1853	0.75	957.21	1864	511.693	7 616.17
1854	348.209	1 305.42	1865	300.249	7 916.42

年度	年总面积(亩)	累计总面积(亩)	年度	年总面积(亩)	累计面积(亩)
1866	265.784	8 182.20	1889	282.743	11 576.344
1867	36.493	8 218.70	1890	254.991	11 831.335
1868	87.036	8 305.73	1891	236.427	12 067.762
1869	22.956	8 328.69	1892	140.244	12 208.006
1870	50.176	8 378.863	1893	110.105	12 318.111
1871	65.977	8 444.84	1894	309.968	12 628.079
1872	224.283	8 669.123	1895	1 385.443	14 013.522
1873	199.157	8 868.28	1896	1 914.227	15 927.749
1874	203.759	9 072.039	1897	1 779.174	17 706.923
1875	45.784	9 117.823	1898	2 333.421	20 040.344
1876	35.912	9 153.735	1899	1 496.844	21 537.188
1877	140.96	9 294.695	1900	727.457	22 264.645
1878	113.078	9 407.773	1901	1 393.563	23 658.208
1879	86.63	9 494.403	1902	1 543.11	25 201.318
1880	132.874	9 627.277	1903	1 773.874	26 975.192
1881	252.584	9 879.861	1904	980.54	27 955.732
1882	626.692	10 506.553	1905	1 112.824	29 068.556
1883	310.658	10 817.211	1906	1 347.283	30 415.839
1884	154.775	10 971.986	1907	2 380.75	32 796.589
1885	63.929	11 035.915	1908	1 655.559	34 452.148
1886	27.504	11 063.419	1909	884.007	35 336.155
1887	64.587	11 128.006	1910	537.468	35 873.623
1888	165.595	11 293.601	1911	549.218	36 422.841

资料来源:根据表2.1的数字计算、编制。

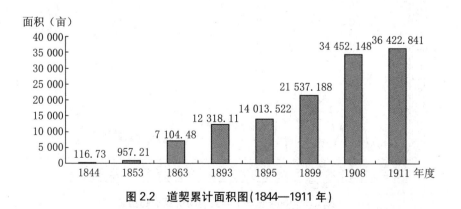

图2.2 道契累计面积图(1844—1911年)

图2.2是根据表2.2的资料,选择若干年份绘制的柱形图,以便于纵向

比较。按理,道契累计面积应该小于租界总面积,因为在一块划定的区域内,有一部分道路和河流没有入契,或只是以一半面积入契,还有可能由于地理位置的原因,一部分地块暂无利用价值而没有入契。但表 2.2 和图 2.2 告诉我们,道契累计面积经常大于租界总面积。根据 1863 年英美租界合并时与清政府的约定,租界面积约 3 650 亩,加上法租界的 1 124 亩,总计应为 4 774 亩,但本文作出来的 1863 年道契累计面积已经达到 7 104.48 亩。同样地,1893 年英美租界和法租界的面积应为 11 800 亩,但道契累计面积已达 12 318.33 亩。1899 年公共租界进一步扩张,1900 年法租界进一步扩张,但根据与中国政府的约定,扩张后的面积总计为 35 638 亩,但 1911 年的道契累计面积达到 36 422.84 亩。[15]造成这种情况就只有一种解释:许多道契的地块是在租界外面的。

二、契内价格的变动趋势

绝大多数道契上写有价格,这个价格是中国原业主出卖土地到手的价格,但不是洋商的实际出手价。如果有中介介绍,洋商还要多出约 15% 的中介费;如果有中间商先向中国原住户买地(但没有去申领道契),然后转手卖给洋商,洋商所出的价格还会高出许多,但这在道契价格上得不到反映,契内价还是最原先的中国原业主的到手价格,因为《土地章程》严词规定土地转手时"只可照原数转租,不得格外加增"[16]。关于这个问题的分析,详见本书第三章。

契内价格的变动可见上述表 2.1,图 2.3 反映了表 2.1 中的契内均价变动趋势。

图 2.3　1844—1911 年契内均价变动趋势

图 2.3 中显示 1867 年和 1871 年的契内均价特别高,那是因为交易量

很小，因而带有很大的样本偶然性。1867 年一共只有 9 块地申领了道契，英册 7 块，美册 2 块。美册第 227 号是一块南京路的地，6.372 亩，总价 2 万两，每亩达到 3 138.73 两，⑰此外，英册第 830 号第 837 分地，1.049 亩，每亩价格也上千，⑱这样，就把均价大大拉高了。1871 年的情况是类似的。如果我们把这两年的数字去掉，整个曲线就会平缓得多。

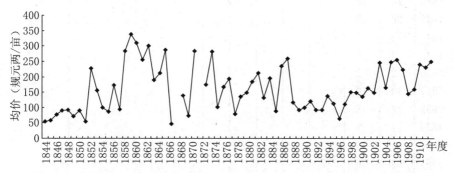

图 2.4　1844—1911 年契内均价变动趋势(剔除 1867 年和 1871 年以后)

图 2.4 显示了契内均价是在波动中缓慢上升的。对这样的价格上升，我们需要注意两个问题：第一，这是契内价，而不是完整的市场价，特别是繁华地段，或重要的商业地段的地价应远高于契内价；第二，由于道契土地的申领大致上是按逐渐远离商业中心地段的时间顺序分布的，而不是内涵固定的地块的逐年地价变化，所以尽管市中心的地价可能已经涨得比较多了，但租界边缘或租界外的区域，地价的变化相对就小得多。

在晚清，由于上海租界的城市化进程尚处于早期阶段，所以除了市中心区域和码头等重要的地段外，一般居民居住的地段的房地产价格的上涨，与物价的上涨似乎还能保持大致的同步关系。据 1892—1901 年的海关十年报告记载："在十年之中，米价从每担 3.5 两左右上涨到 6 两以上；木柴从每担 300 文涨至 450 文；豆油从每斤 90 文上涨至 160 文；而房租上涨了大约 60％以上。"⑲

三、道契年度及国别分布

道契件数的年度分布与历年道契申领面积的年度分布是近似的，而其国别分布则显示出其鲜明的特点。除了少数遗失或由英契转换成美契，由美契转换成英契等转契、分拆情况不计外，在第一次申领登记的 7 533 件道契中，有 5 448 件是英契，占 72.3％；美契第二位，1 077 件，占 14.3％；法契仅 308 件，占 4.1％。英契占有绝对的主导地位。

表 2.3　道契的年度及国别分布(1844—1911 年)

年份	道契总数	其中											
		英册	美册	法册	奥册	俄册	德册	西洋册	日册	日斯册	义册	华册	其他
1844	8	8											
1845	12	12											
1846	12	12											
1847	28	28											
1848	4	4											
1849	6	6											
1850	2	2											
1851	10	10											
1852	8	8											
1853	1	1											
1854	45	43	2										
1855	63	26	37										
1856	23	22						1					
1857	15	15											
1858	22	16	6										
1859	4	4											
1860	27	16	10			1							
1861	185	159	20			6							
1862	195	148	43			4							
1863	117	77	31			9							
1864	35	33	2										
1865	17	15	2										
1866	14	14											
1867	9	7	2										
1868	9	7	2										
1869	5	4	1										
1870	13	9	3				1						
1871	26	21	5										
1872	39	20	13	6									
1873	47	37	4	4		2							
1874	27	22	2			1	2						
1875	22	19	2						1				
1876	13	9	4										
1877	24	23							1				
1878	19	12	4			1			2				
1879	26	16	4							6			
1880	26	21	3				1			1			
1881	54	39	15										

年份	道契总数	其中											
		英册	美册	法册	奥册	俄册	德册	西洋册	日册	日斯册	义册	华册	其他
1882	71	48	17		1		2			3			
1883	71	49	7				15						
1884	30	27					3						
1885	21	19			1		1						
1886	18	14	4										
1887	24	18	4		2								
1888	32	29	3										
1889	46	28	15				1	1			1		
1890	63	37	23				2				1		
1891	46	27	16		1		1				1		
1892	35	20	13		2								
1893	26	13	9				1	1		2			
1894	52	45	5				2						
1895	108	87	16	1			2				2		
1896	188	127	47				9	1			3		1
1897	274	183	59				22				8		2
1898	396	305	46				28	2	2		8	5	
1899	420	331	41	1		1	23	4	11		7	1	
1900	264	205	39	1			5		3		11		
1901	405	300	43	30		1	12				5		14
1902	457	357	36	44			6			1	10	2	1
1903	445	313	51	50			16		2	4	4	2	3
1904	442	346	28	20	1		14	2	4		24		3
1905	421	327	34	28			16	2	3	2	4	4	1
1906	360	221	81	21	1		23	1	10		2		
1907	515	255	176	25	2		32		1		12	10	
1908	418	278	45	25			26	1	4	3	3	31	2
1909	286	200		29			29	2	16		3	5	2
1910	209	161		21			15		4	4	4		
1911	146	103		12		2	9			3	2	4	11
合计	7 501	5 418	1 075	308	21	28	319	18	63	30	111	68	42
调整合计	7 533	5 448	1 077	308	21	28	319	18	63	30	111	68	42

注:其他册包括瑞瑙册、和册、丹册、比册、瑞典册、挪威、巴西、瑞士册。

资料来源:根据 30 卷《道契》资料编制。

有一点我们要引起关注:那就是法租界的土地不一定申领法契,而完全可能去申领英契,英美租界的地块也可以去申领法契。也就是说,道契在外国领事馆的登记不是根据该地在哪个租界来决定的,绝大多数国家在上海并没有自己独立的租界。所以,有很多法租界的地块登记成英契,也有位于杨树浦西北边缘的地块被登记成法契的。地产业主可以到表中所列任何国家的领事馆去登记申领道契。

第二节 租界的持续扩张与界外"租地"

一、租界的持续扩张冲动

按照《上海租界志》的总结,1863年9月21日英、美租界合并为外人租界(即以后的公共租界)时总面积为3 650亩,后经过两次清政府认可的扩张,面积大大扩展。第一次扩张是到1893年7月,上海道台批准虹口新界线止,公共租界总面积扩张至10 676亩。第二次是到1899年经公使团和中国政府批准,公共租界面积扩张至33 503亩。法租界则经过三次扩张,1900年达到2 135亩,1914年的面积达到15 150亩。[20]

这种扩张的表现形式是逐渐的蚕食,而不是一夜突变。租界当局的界外筑路和外商的界外租地,往往互为呼应,齐头并进。

1887年7月,工部局拟在虹口界外建筑马路,玛礼孙洋行(即上述毛礼逊)设计了一条40英尺(12.192米)宽的"新马路平面图":该马路一端接熙华德路,一端接汇山区百老汇路,玛礼孙洋行建议所需土地由西人业主以2 500两价格出让,其余部分向华人业主收购。但工部局不同意玛礼孙洋行以2 500两收买西人土地的建议,而是希望他们无偿出让,作为回报,工部局将与相关华人业主谈妥收购条件,并将路修好。[21]

为什么竟要西人业主无偿出让修路土地呢?因为西人业主在周边有大量地产,新马路的修筑会大大有利于这些地产的商业经营,并可令这些地产升值。而这类地产往往是在租界外的。工部局的开支花在租界区域之外时,还是受到一定限制的。这样,让收益的业主贡献出一部分土地,就成为一种很通行的做法。

1888年7月,徐润给工部局董事会写信,称希望北四川路能继续延伸到昆山路的延长线上,既然怡和洋行已无偿出让了土地,他也愿意照办。但这条马路的延伸线上有三四座坟茔,坟主对迁坟提出1 250两银子的要价。假如工部局肯付这笔钱的话,就能无偿取得其他土地。总董赞成徐润所提

条件。㉒

　　从 1888 年 12 月工部局对租界火警区的划分来看,当时虹口的部分地区、静安寺路与卡德路,包括新闸地区,都不是在正式的租界以内。直到 1889 年 11 月,中国士兵还在虹口修建营房,说明中国方面并不承认虹口属于租界。㉓

　　1889 年 1 月,徐润配合工部局越界筑路的要求,同意无偿出让他在村庄与元芳路延长线之间的 2.5 亩地。㉔

　　1889 年 7 月,工部局拓宽杨树浦路的各项工作安排就绪,需要征购 4 块地皮,村民开价每亩 130 两,徐润和韩丁开价每亩 200 两,而西人业主开价每亩 250 两。㉕

　　1890 年,中国当局实际上默认了公共租界在虹口等区域的扩张,但是"中国官员们不愿承担虹口划界的责任","官方人士对虹口划界的事什么也不愿过问,因为他们害怕,如果他们这样做了,就可能遭到谴责说是向洋人屈服,也可能丢掉他们现在的官职"。㉖软弱的中国当局和官员,坚定了洋人扩张租界的决心。他们决定修筑虹口熙华德路分界线,作为公共租界的边界。

　　尽管中国官员不正式表态,租界当局开始对熙华德边界线内的所有居民,不论是洋人还是华人,一律征收土地税。而一部分洋人又在这条新的边界线之外买地造屋居住,"靶场北面的西人住房是在分界线之外",但"如果靶场装了灯并派巡捕站岗",这些住户受了益,工部局也准备向这些住户征税。㉗另外,1890 年 12 月,静安寺路上的房屋属于正式租界外的房屋,但工部局决定在这些房屋上钉上工部局的门牌,并向其居民收税。㉘直到 1893 年 6 月,由美副领事易孟士、上海知县、会审公廨谳员及其他本地官员一起当场见证,工部局工程师正式安置了确定新边界的虹口界石。㉙

　　但工部局继续购买虹口界外的土地,所谓东虹口、西虹口。㉚1895 年 7 月 30 日,工部局董事会决定写信给领袖领事,请他设法取得上海道台的同意,使工部局能获得界外筑路的土地。㉛同年 8 月,外商总会给工部局写信,提请工部局注意:由于华人向租界内持续迁入,西人商业交易和居住的食宿供应的困难已日益加大,因此亟须将租界扩大。工部局董事会决定给领袖领事写信,"请他采取他认为合适的步骤使得中国当局同意租界的扩展,至于界线可在以后商定。并要求中国当局允许工部局为修筑马路购入地皮。因为每天夜间无数坐满华人的马车已充塞现有路面使得外国人寸步难行"㉜。同年 10 月,在与上海道台正式交涉再次扩大租界之前,工部局就紧锣密鼓地加快界外购地筑路的计划。英国总领事哲美森向总董建议,如果交涉成功,地价必然大涨,所以应"乘现在或许可以按每亩 100 两的地价买进的时机,立即收购筑造新路所需的地皮"。负责工程的梅恩估算,修造这些马路每英里大约要值 1 万两,其中主要是地价。会议指定梅恩负责从徐家汇到极司非而路购进修筑一条道路的地皮。同时,从公墓到徐家汇路之间筑造另一条与它西边的路平行的马路,使得从静安寺来的马车得以分流。③③工部局决定:"新的租界边界应沿一个方向扩展到周家嘴,另一个方向扩展到徐家汇。"③④1895 年 11 月,负责与中国当局接洽的施妥博博士告知工部局总董:"道台不反对租界的扩展计划。"③⑤

工部局显得野心过大,在工部局董事会的一次会议上,总董向英国总领事哲美森"提出一条从吴淞到极司非而的线"。哲美森则显得现实得多,他"建议还是稍少些为好,因为要得过多也许就什么也得不到"。他建议画一条由周家嘴到卡德路或者到静安寺并越过苏州河的线,"这个扩展方案有一个很好的借口,就是在这里已修建起大量的棉纺厂"。③⑥

在工部局董事会的这次会议上,有人提议将"浦东那边的土地划进租界之内",因为"浦东和许多界外马路一样已有许多西人的建筑物"。还有人提议将吴淞划入租界,理由也是"那里已有若干西人建筑物","而且索取得越多就可能获得越多"。③⑦

过了一个星期,也就是在 1895 年 12 月 17 日的工部局董事会会议上,关于租界的扩展,总董说,他已与英国领事讨论了要中国当局允准的拟划定的租界扩展界线。他们设想的一条线是从周家嘴到靶子场,然后向西到静安寺对面,穿过苏州河再到某一个与县城南边平行的地点。浦东方面,他们认为要求的界线只要把港口线以内的土地包括在内就已足够。但是那里的住户在未设警和未安装照明设备之前可不必交税。③⑧

1895 年 12 月底,工部局通过北京外交使团向清中央政府提出上海公共租界扩张要求,总理衙门经过半年多的考虑,没有同意。③⑨

中国政府拒绝后,工部局认为应该让公使团继续交涉。关于租界扩张计划,工部局董事会内部产生了争议:一派意见认为应该较为克制,西区边界置于静安寺,因为"在这个范围以内的大部分产业都为外国人所拥有";另一派意见是较为冒进的,要求把租界扩展到工部局越界马路所到的范围,主要是扩展到极司非而地区。④⑩

租界扩张的交涉持续进行,工部局的越界租地和越界筑路也持续进行。1898 年 12 月,上海道台在与英、美、德领事会谈时说,奉南京总督命,同意部分地区增辟为租界,包括八仙桥,但浦东、宝山、极司非而以及其他重要的地面均不包含在内;至于把法租界边远地区列入其内,则需由领事团达成协议。而领事们的态度十分强硬：除浦东外，领事和租界方面在原图上划入的土地均应包含在内；至于法租界边远地区，如果确实想要的话，可以接受，但不作为与法租界当局达成协议的保证。④

1899 年 3 月，上海道台与英、美、德领事及公共租界工部局总董会谈破裂，各领事分别给两江总督发报表示抗议，署上海道台蔡钧被撤职。④ 新任道台李光久与洋人的会谈取得进展。1899 年 5 月 8 日，上海道台李光久宣布了公共租界的扩充方案，新界界址为：东自杨树浦桥，至周家嘴止；西自龙华桥至静安寺，再从此至苏州河南岸之新闸；南自法租界八仙桥至静安寺；北自虹口租界第五界石起至上海县北境，即宝山与上海县交界处。④

二、界外"租地"成常态

李光久宣布的这个方案与工部局先前期望所得到的，还是有一些差距，如宝山、极司非而路沿线仍未包括在内。1899 年 6 月 28 日，工部局董事会开会决定向英领馆和会丈局提出该路全段道契的申请，以免今后发生地权纠纷。④ 由此可见，工部局在界外买地筑路时，并非一开始就去申请道契的。卖地居民一开始很可能不知道土地用途，更不知道租界扩张的消息。

法租界公董局也一直在界外买地筑路。根据道契资料，整理出公董局在一级市场买地后较集中地在光绪二十九年（1903 年，有一宗交易是在次年）申领道契的情况，共计申领道契 26 宗，总面积约 594 亩，契内总价约 3.64 万两，平均每亩 61.29 两。⑤ 这些土地用于界外筑路。

与租界当局的界外买地相一致，洋商以公司或个人名义在界外买地也从来没有停止过。可以说，道契中有相当一部分在申领的当时是位于租界线之外。现从道契资料中选取一些有特殊情景的例子来加以说明：

光绪二十三年二月初八，上海知县暨会丈局总办联衔呈文上海道台称：英册第 2319 号和第 2320 号新契系由业户何运昌、范鸿裕等将坐落二十三保十五图宾字圩地基租与洋商宝昌丝厂雷为业而申领的，"惟查该地坐落之十五图，系在东北隅新定之西华线路之外，不在租界之内，向无洋商租地，且与前署南洋大臣张奏请严禁推广之案不符"，要求撤销以上二契。这已经不是靠近租界边界的界外了。之所以买这么远的地，主要是因为地价便宜，第 2319 号契地每亩 66.39 两，第 2320 号每亩价格更低，只 56.95 两。在 1897 年的时候，这样的道契价格是很少见的了。对于这件事，英国总领事说"以按约租地为言"，意即租地契约已订，以此为准，别的就不用多说什么了。连上海道台也帮洋商说话。⑥

光绪二十五年三月初四，会丈局总办在呈复上海道台的禀帖中称：会丈局勘查了英册 2685 号、英册 2797 号新契地块，坐落于二十三保九图霞字圩，土名徐家宅，该地方是在租界外，"系在上海所辖境内之虹镇东北四里许地，地方偏僻，并非繁盛之区"。并说"查洋商在租界外租地立契，近已不一而足"。⑪徐家宅的地极便宜，每亩仅 41.6 元，约合 30.7 两。

光绪二十五年，英册第 2946 号地洋商业主与上海庇寒所发生地界纠纷。上海庇寒所系以"无粮官地捐廉创建"，是一个救济机构，坐落二十七保十一图华界。英册第 2946 号业主称其地"被庇寒所围占"，彼此界限不清，因此要求英领事和会丈局重新丈量边界。⑫英册第 2946 号地显然也在华界。

光绪三十二年九月，上海县二十七保十一图地保徐陆堂的具结书称，他所负责地保事务的边界内，孔、陆、陈、张诸姓划给铁路用地 6.086 亩，余地 8.16 亩租给洋商谭华，这些地块"均在华埠界内"。可能是地理位置的原因，谭华所租的界外之地 8.16 亩，每亩价格高达 1 220.59 元，约合 888.59 两。⑬

英册道契第 5426 号地块位于二十八保三图土名薛家库西，即吴淞港周太仆庙对港之西，光绪二十七年工部局筑有界外马路，往西直达北新泾，"离公共租界约有十余里，查较已有道契之地约三里余左右，邻近均无他商立过道契及起造洋房洋栈等事"⑭洋商在界外买地越买越远，从离租界七里，进而到离租界十里。

宣统二年，法华自治筹办所乔议自治研究所毕业员杨洪创呈文上海知县称：西乡法华区二十八保五图、七图、十二图地方向有吴淞泾河道，东通娄浦，西达李漎泾，该处农田赖以灌溉。该地方处租界之外。乃有十二图地保沈腔等将该河六十余丈填塞，如同平地，私占公河，盗卖与洋商，朦转道契英册第 7126 号。⑮将灌溉用的河道填平后卖给洋人，意味着周边的农田也不再农耕，也将会，或可能已经卖给了洋人。

宣统三年，洋商爱尔德向程介眉买地 1.871 亩，位于二十五保十图万生桥南。据该图地保叶遇春的具结书说，"万生桥南在租界之外"⑯。

浦东和宝山是中国政府从未同意过纳入租界的。但洋商在浦东买地并转道契之多，超乎想象。可以说，浦东沿黄浦江边的条状地带，几乎全被洋商买下。这些土地主要用作码头和仓库，还有一部分工厂。如光绪三十三年，日商川崎造船株式会社社长松方幸次郎在浦东二十四保二十四图、十六图等地大量向英商通和、胜业、道达、卡华塞记等洋行购地，把浦东作为他们的造船、码头和仓储基地。⑰

我们根据道契资料作了一个统计可以知道，未被纳入租界的浦东土地

38

到底有多少被洋商买下,并转成了道契。由于早期道契资料不一定把地理位置交代得很明白,所以我们的统计可能是不完整的。我们看到道契资料上明确交代位于浦东的是光绪二十一年的英册第 2115 号地。上海知县暨会丈局总办联衔致上海道台的呈文中说,该地"系坐落浦东杨家渡,并非浦西南市。该处虽非租界,而局厂栈房林立,所立道契,已属不少"⑭。所以,至少在 1895 年之前,浦东的道契统计是不全的,这留待以后逐渐补全。

表 2.4　洋商及华商在浦东买地并转道契统计(1863—1911 年)

年份	买地并申领道契数	总面积(亩)	平均每块面积(亩)
1863	1	14.571	14.571
1873	1	9.224	9.224
1886	1	3.574	3.574
1892	1	36.771	36.771
1895	8	355.88	44.485
1896	9	299.434	33.27
1897	11	267.232	24.294
1898	17	542.81	31.93
1899	14	103.927	7.423
1900	7	132.545	18.935
1901	14	48.5	3.464
1902	15	60.916	4.061
1903	22	94.422(缺 1 块面积)	4.292
1904	7	29.953	4.279
1905	14	45.255	3.233
1906	23	170.366	7.407
1907	49	575.555	11.746
1908	16	165.361(缺 1 块面积)	10.335
1909	21	45.26(缺 2 块面积)	2.155
1910	9	31.331(缺 2 块面积)	3.481
1911	1	4.111	4.111
总计	261	3 036.998	11.636

资料来源:根据《道契》历年资料编制。

在表 2.4 中,英册道契数量最多,共有 142 宗,土地面积在 1 072.374 亩以上(另有 5 份道契未注明面积),平均每块在 7.552 亩以上。美册道契 59 宗,土地面积 1 037.015 亩,平均每块土地 17.577 亩。德册 17 宗,土地面积 586.253 亩,平均每块地的面积达到 34.485 亩,是浦东道契国别平均土地面积最大的。此外,还有日册、义册、和册和华册等,数量都不多。华册道契从 1903 年开始,总共 15 宗,总面积 209.841 亩。从表 2.4 看,1895—1898 年、

1906—1908 年是两次在浦东买地申领道契的高峰期，而平均买地面积则有下降的趋势，从 1901 年起，每块契地面积几乎都在总的平均面积之下。这是因为沿江地块越剩越少，且愈加零碎，所以每份道契的面积减少了。

宝山道契也所在多有。在道契资料中最早出现的宝山道契是同治十二年(1873 年)的奥册第 14、18、19 号。第 14 号奥契是夏翻译官以 933.4 两银子向张关昆等买得宝山县内周二十八图的 28 亩地。第 18 号奥契是特来儿以 137 两向金绍修等买得宝山县内周二十八图的 4.72 亩地。第 19 号契也是特来儿以 350 元向周士荣等买得宝山县内周二十八图的 1.5 亩地。⑤⑤接着是同治十三年的美册第 315 号。外商伯来福从另一外商普勒登处买下宝山境内土地 28 亩，价格 933.4 两，坐落宝山周二十八图界，由宝山县暨会丈局孙委员会勘。该地块四至中北面注明是"法商地"，说明该地块并非孤案。⑤⑥光绪八年二月，利记洋行购买户名黄鉴的土地 4.923 亩，每亩 200 元，共 1 066 元，是由宝山县令去勘丈的。⑤⑦因此可以肯定这块地是在宝山县境内。光绪二十一年的英册道契第 2150 号契地也在宝山。上海知县暨会丈局总办联衔呈上海道台的禀帖中称，此契地块"系坐落宝山县境"，认为"宝山县并非通商口岸，似未便遽予勘丈，理合将奉发新契，联衔禀缴"。⑤⑧但前已有多宗宝山道契的核发先例，此处的言论也无非是推卸自己的责任而已。

从刊印的资料来看，上海道台未予理会，因为 20 多年前即已有宝山道契先例，这期间虽然中国政府始终坚持把宝山和浦东排除在租界扩展的前景之外，但浦东土地既可以申领道契，宝山土地又怎么可能完全禁绝呢？

此外，俄册道契第 55 号也是在宝山境内的。⑤⑨

注释

① 李必樟编译：《上海近代贸易经济发展概况，1854—1898 年》(英国驻上海领事贸易报告汇编)，上海社会科学院出版社 1993 年版，第 109 页。

② 李必樟编译：《上海近代贸易经济发展概况，1854—1898 年》，第 154 页。

③ [法]梅朋、傅立德：《上海法租界史》，倪静兰译，上海社会科学院出版社 2007 年版，第 253 页。

④ 同上，第 252、287 页。

⑤ 李必樟编译：《上海近代贸易经济发展概况，1854—1898 年》，第 117 页。

⑥ *North China Herald*, Sep. 25, 1875, p.320.

⑦ Ibid., Oct. 7, 1875, p.368.

⑧ Ibid., April 5, 1877, p.360.

⑨ Ibid., Oct. 4, 1877, pp.311—312.

⑩ Ibid., July 6, 1878, p.2.

⑪ 徐雪筠等编译：《上海近代社会经济发展概况，1882—1931》(海关十年报告译

编),上海社会科学院出版社 1985 年版,第 19 页。

⑫ 李必樟编译:《上海近代贸易经济发展概况,1854—1898 年》,第 896 页。

⑬ 同上,第 937 页。

⑭ 参阅史梅定主编:《上海租界志》,上海社会科学院出版社 2001 年版,第 91—93 页。

⑮ 租界面积和几次扩张后应达到的面积见史梅定主编:《上海租界志》,第 96—101 页。

⑯ 见 1845 年英租界《土地章程》原文,此条款以后一直存在。见史梅定主编:《上海租界志》,第 682 页。

⑰ 《道契》(26),第 155 页。

⑱ 《道契》(3),第 193 页。

⑲ 徐雪筠等译编:《上海近代社会经济发展概况,1882—1931》,第 71 页。

⑳ 史梅定主编:《上海租界志》,第 96—101 页。

㉑ 上海市档案馆编:《工部局董事会会议录》(9),上海古籍出版社 2001 年,第 591、597 页。

㉒ 同上,第 669 页。

㉓ 同上,第 689—690 页。

㉔ 同上,第 700 页。

㉕ 同上,第 735、746 页。

㉖ 上海市档案馆编:《工部局董事会会议录》(10),第 703 页。

㉗ 同上,第 778 页。

㉘ 同上,第 711、778 页。

㉙ 上海市档案馆编:《工部局董事会会议录》(11),第 554 页。

㉚ 同上,第 641 页。

㉛ 上海市档案馆编:《工部局董事会会议录》(12),第 487 页。

㉜ 同上,第 491 页。

㉝ 同上,第 501 页。

㉞ 同上,第 503 页。

㉟ 同上,第 507 页。

㊱ 同上,第 510 页。

㊲ 同上,第 510 页。

㊳ 同上,第 512 页。

㊴ 同上,第 513、548 页。

㊵ 上海市档案馆编:《工部局董事会会议录》(13),第 519 页。

㊶ 同上,第 610 页。

㊷ 上海市档案馆编:《工部局董事会会议录》(14),第 474 页。

㊸ 史梅定主编:《上海租界志》,第 50 页。

㊹ 上海市档案馆编:《工部局董事会会议录》(14),第 492 页。

㊺ 根据《道契》第 28 卷,第 374—385、409—420、432 页的材料计算。凡价格以银元计者以当年平均洋厘 0.749 换算为银两。

㊻ 上海知县暨会丈局总办联衔呈上海道台禀帖,光绪二十三年二月初八;上海道台札饬会丈局,光绪二十三年四月二十三日。见《道契》(8),第 5—6 页。

㊼ 《道契》(9),第113页。
㊽ 《道契》(10),第110、117—122、125页。
㊾ 《道契》(19),第69—70页。
㊿ 同上,第210页。
(51) 《道契》(24),第205页。
(52) 《道契》(25),第265页。
(53) 《道契》(30),第53—66页。
(54) 《道契》(7),第71页。
(55) 《道契》(30),第273—275页。
(56) 《道契》(26),第233页。
(57) 同上,第299页。
(58) 《道契》(7),第119页。
(59) 《道契》(30),第166页。

第三章　信息不对称条件下的土地交易

第一节　对高速涨价数字的疑问

一、土地在申领道契后的涨价

土地在申领道契以后，会有不同程度的上涨，尤其是在土地划入租界以后，涨幅更为惊人。这意味着由农村土地转化为城市土地，由靠农作收益的土地转化为城市经济增长的要素。对土地涨价的分析，我们只能从道契资料所提供的数字出发。当然，并不是盲目地相信这些数字，而是需要对这些数字进行深入分析的。在绝大部分的道契上标有买卖价格，我们可以认为，这是洋商从中国原住民手中拿地的价格。许多土地当年立田单的时候，业主为少缴田赋常少报田亩，所以在申领道契的时候需要重新勘丈，如果勘丈的结果大于田单的数字，一般要求买主作升科缴价，缴价的标准则由地保调查附近地价得出。在滩地、填河地升科时，也作这样的处理。拿地保调查的地价与道契上的价格作比较，我们可以看出价格变动的情况。

那么，为什么我们不使用二手市场上的转手价呢？如果能够找到这样的历史记载，当然最好，事实上我们在道契资料中也找到了少量的二手市场转手价。但因为当时的土地章程规定土地不能炒卖，因此绝大多数的道契转手都不注明价格，或把第一次买地时的价格填上去糊弄。不准炒卖土地的规定实际上根本不起作用，倒把波诡云谲的土地市场历史盖住了半边脸。

我们把1895—1901年间申领的英册道契的价格变动情况列在表3.1中。

以上42份道契价格对比材料中，时间跨度以一年以内的居绝大多数。这是因为清丈土地一般总在道契立案后不久即会进行。一年以内的涨价幅度也有非常高的，如序号第2、3、4、22、29、38、39等。农田一旦转道契，价格确会明显上涨。

表 3.1 立契后地价变动的部分案例(1895—1901 年间立契)

序号	英册道契号	立契年份	地块位置	契内价(每亩)	调查地价年份	调查价(每亩)	上涨至(%)
1	2134	光二十一.九	23—13 薛家浜	131.67 元	光二十六.六	1 000 元	759.47
2	2181	光二十一.十一	27—10	215.98 元	立契稍后	2 000 元	926.01
3	2207	光二十一.十二		52.34 元	光二十二.二	406.12 元	775.93
4	2249	光二十二.四	27—8	94.17 元	光二十二.七	400 元	424.76
5	2271	光二十二.五	27—10	314.80 元	光二十三.十一	949.54 元	301.63
6	2376	光二十三.二	23—1, 2	579.71 元	光二十三.八	800 元	138.00
7	2405	光二十三.五	23—12	469.04 元	光二十五.六	1 343.54 元	286.45
8	2422	光二十三.五	27—8 静安寺西南	177.99 元	光二十三.十一	500 元	280.91
9	2425	光二十三.六	25—2 垃圾桥	379.51 两	光二十三.八	500 两	131.75
10	2448	光二十三.九	23 保潘家宅	502.87 元	光二十五.三	1 000 元	198.86
11	2471	光二十三.八	28—南 12 曹家渡	128.48 元	光二十四.五	401.39 元	312.41
12	2477	光二十三.八	25—2 陆家宅	195.57 元	光二十四.五	800 元	409.06
13	2523	光二十四.正	27—10 池浜桥	543.74 两	光二十四.四	2 050 两	377.02
14	2609	光二十四.正	27—8 静安寺涌泉浜之南	294.67 两	光州十一.七	1 000 两	339.36
15	2620	光二十四.二	25—2 张家宅西	312.5 元	光二十四.闰三	1 344.99 元	430.40
16	2627	光二十四.二	27 保郑家浜	309.6 元	光二十七.五	1 346.98 元	435.07
17	2695	光二十四.三	27 保张家浜	375 两	光二十七.十一	1 000 元	266.67
18	2725	光二十四.五	27—10 郑家浜西	398.55 元	光二十七.七	2 023.47 元	507.71
19	2754	光二十四.五	25—头钱家宅西	307.14 元	立契后 1 年内	1 000 元	325.58
20	2905	光二十四.十二	27—12 王家巷	410.79 元	光二十七.三	800 元	194.75
21	2949	光二十五.正	28—8, 9 曹家渡西	198.71 元	光二十五.四	500 元	251.62

序号	英册道契号	立契年份	地块位置	契内价（每亩）	调查地价年份	调查价（每亩）	上涨至（%）
22	3005	光二十五.三	25—2 老闸桥南岸之西	980.39 元	光二十五.五	4013.91 元	409.42
23	3011	光二十五.四	23—头秦家弄南	92.72 元	光二十五.五六月间	300 元	323.55
24	3094	光二十五.五	25—4 聚金桥西	394.82 两	光二十五.八	1 000 两	253.28
25	3095	光二十五.五	27—10 新闸桥南	310.17 元	光二十八.正	4 758.02 元	1 534.00
26	3209	光二十五.九	25—4 杜家宅南	61.73 元	光二十六.三	150 元	243.99
27	3219	光二十五.九	23—12 杨树浦	198.45 元	光二十五.八	1 000 元	503.91
28	3225	光二十五.九	25—4 关帝庙西南	184.28 元	光二十五.十二	300 元	162.80
29	3278	光二十五.十一	27—8 刘家宅北	59.88 元	光二十六.七	500 元	835.00
30	3340	光二十六.二	23—1，2 杨家宅南	311.85 元	光二十六.三	400 元	128.27
31	3386	光二十六.三	27—3 徐家库北	379.84 元	光二十六.五	400 元	105.31
32	3409	光二十六.四	27—11 郭家库西	105.6 元	光二十七.三	300 元	284.09
33	3424	光二十六.五	27—3 徐家库北	67.93 元	光二十六.六	400 元	588.84
34	3572	光二十六.十二	25—2 徐家宅	115.46 两	光二十九.三	10 00 两	866.10
35	3593	光二十七.四	27—9 张家浜	373.83 元	光二十七.七	500 元	133.75
36	3658	光二十七.四	27—3 涌泉浜南	161.03 元	光卅二.七	1 000 元	621.00
37	3705	光二十七.六	27—南 12 东王家巷	292.11 元	光二十七.七	800 元	273.87
38	3762	光二十七.八	23—1 沈家湾	185.04 元	光二十七.十二	1000 元	540.42
39	3791	光二十七.九	23—2 里虹口	400.99 元	光二十八.七	3 000 元	748.15
40	3840	光二十七.十一	23—14 马家宅	86.21 元	光二十八.十一	200 元	231.99
41	3851	光二十七.十一	27—10 池浜桥	275.74 元	光二十八.三	1 000 元	362.66
42	3858	光二十七.十一	25—9 顾家宅	147.34 元	光二十八.三	400 元	271.48

资料来源：根据《道契》第 7—13 卷的相关资料编制。

二、对高速涨价的疑问

但另一方面,我们又从价格的变动记录中发现了疑点。表 3.1 中序号 27 的案例,调查地价的时间甚至比立契时间还早了一个月,但为何调查下来的地价是每亩 1 000 元,而契内标明的价格只有每亩 198.45 元? 这是一个明显的漏洞。也许会有两种解释:一是调查价写高了,二是契内价写低了。调查价偏高是完全可能的,因为土地升科缴价,把地价报得高一点,可以让洋商多出点钱来补偿。但即使高一点,也不可能高得过分离谱。那余下的可能就是契内价写低了。对这一点最为合理的解释是:在土地交易中存在中间商的情况下,契内价是中国原住民把土地卖给中间商的价格,而不是中间商把土地转卖给洋商的价格。在这种情况下,中间商并不只是充当交易中介,而是先买后卖的炒地客,或用当时的话来说,就是地贩。中国政府反对土地炒作,所以土地交易中存在"阴阳"双重价格:契内价(即中国原业主卖给中间商的价格)在阳面,数额偏小;而中间商卖给洋商的价格在阴面,数额大了不少。表 3.1 中序号 33 的情况与序号 27 的情况类似,虽然序号 33 的调查时间迟于立契时间一个月,但在如此短暂的时间内,地价涨至 588.84% 是不可思议的。合理的解释也应该是契内价填小了。让我们再来看一则案例来加以佐证。

英册第 3903 号道契是光绪二十八年(1902 年)三月洋商通和行从徐润经营地产的宝源祥商号购得的,地块坐落在二十七保十图大王庙之东,面积 2.899 亩,契内价 1 000 元。之前这块地涉讼,美查洋行与徐润争夺该地块的产权。会审公廨判其归徐润执业,但英国领事必欲将该地块的产权归诸美查。宝源祥不得已复延律师担文与美查所延律师哈华托一再辩驳,"并讯其地如归美查,应偿宝源祥地价之数。据称三百两。担文以地系宝源祥之地,历年之粮系宝源祥所完,自应归地为正办。复致哈华托愿出银四千五百两以杜纠葛;如美查必欲其地亦如其数。据哈华托称,美查愿收银四千五百两,交还徐雨记田单,美查写立凭据地归宝源祥,任凭转立道契,永无纠葛之据交宝源祥收执"[①]。

一块契内价 1 000 元的地,宝源祥愿出 4 500 两(约合 6 081.08 元)来平息一场地产诉讼纠纷,说明这块地的实际市场价格一定会在 7 081 元之上,否则就没有理由解释宝源祥行为的合理性。在这个案例中,契内价(1 000 元)肯定远远低于中间商(宝源祥)卖给洋商(通和行)的价格(未载明,但肯定在 7 081 元以上)。

当然,并不是所有的案例都存在如此巨大的阴阳价差,这取决于多重因素的影响,是否存在中国中间商转手,往往是最重要的因素,如果只是一般的中介介绍,所收佣金是有限的;还会受时间节点、道路开发、租界拓展的快慢、货币流动性的宽紧等影响。

再举一个表 3.1 的例子来佐证阴阳双重价格的问题:光绪二十八年十月间,益昌公司凭中付定金购买二十七保十图英租界昌寿里新马路之侧的两块地,议定每亩价 4 500 两(约合 5 993.61 元),并付定金 2 000 两。后卖方一味拖延,并过了一个月的限期。十二月,卖方传出要卖给洋商转契的消息,过了几日,又对原买方益昌公司说要涨价,每亩涨 500 两,即涨至每亩 5 000 两(约合 6 719.53 元)。而这块地在光绪二十九年二月由道达洋行申领道契时,契内价写的是 3.972 亩地共 2 400 元,即每亩 604.23 元。② 这样,实际市场价是契内价的 11.12 倍。

另外有一个例子也是很能说明阴阳双重价格的:光绪三十四年十二月,高志鸿将坐落在二十三保十二图杨树浦高家宅地段的一块地(1.129 亩)卖给了仁记行大班墨家楼(麦克楼),契内价是 300 元,即每亩 265.72 元。但在高志鸿的一份禀帖中,却称他与洋人买主"言明每亩价银 500 两"③。当时的 500 两银约合 678.61 元,是契内价的 2.55 倍。

道契价格分为契内价和真实市场价双重价格这一事实反映了在农田收购中的利益分配不均等。而这种利益分配的不均等首先就是由信息不对称引起的。

第二节　信息不对称与利益分配

一、掌握核心信息的外国房地产商

在城市化和城市改造的过程中,信息会对土地价格产生十分敏感的影响,比如,市区向哪个方向扩大,那个方向上的农田就会变成城市市区的土地,价格当然就会有明显的上涨。道路的建设、公用事业的发展、商业服务业的兴起,也都会引起地价的变化。

晚清上海租界处于不断扩张的过程之中,但是,这种扩张是信息不透明的,只有一小部分洋人掌握租界扩张和城市发展的核心信息,在公共租界,这一小部分人就是工部局董事会成员。

对利用信息从事房地产业的优势,租界当局是十分清楚的。1877 年 12 月 17 日,上海公共租界工部局董事会会议在总董的提议下,通过了如下的决议:"自今日起,工部局雇员不准直接或间接地购买上海外国租界境内的或本工部局和法公董局管辖区内的地产或房产,除非工部局雇员把此类地产或房产真正作为自己居住使用，并且首先要从本董事会的总董处（暂时）申请到购置此地产或房产的书面许可证。"④这看起来是一条非常自律的规定，禁止工部局雇员从事商业性的房地产交易。而且，就是 1877 年 12 月 17 日的同一次工部局董事会会议上，还针对工部局高级雇员的炒地行为进行了处理："会议研究了总办苏珀的经济情况。他的地产的抵押借款数超过了地产本身的价值。……他又劝说工部局买办为他向一家钱庄商借 2 500 两。董事会了解了这些严重情况后，一致认为苏珀先生继续担任总办是不适当的，应该免去他的职务，并要求总董将此决定通知他。"次日苏珀提出辞呈，董事会"即予接受"。⑤

作出一项自律规定，开除一名高级雇员，看来租界当局对自身行为的限制是认真的。但当我们对这个问题作进一步思考时会发现：规定工部局的雇员不准炒地，而最有权力并最掌握核心信息的工部局董事会成员并不是工部局雇员，他们的行为并没有受到限制。而且其中有不少人所属的公司就是经营房地产业的。

表 3.2　历届工部局董事会中从事房地产经营的部分成员（1865—1904 年）

年　份	担任董事	担任总副董	备　注
1865.5—1866.4	汉璧礼（T. Hanbury）		
1872.1—1873.1	芜得（A.G.Wood）		业广公司主要股东
1874.4—1875.4	芜得（A.G.Wood）		
1874.4—1876.8	高易（G.J.Cowie）		
1877.1—1879.1	高易（G.J.Cowie）		
1879.1—1880.1	沙逊（E.A.Sasson）		
1881.1—1882.2	雷氏德（H.Lester）		
1881.1—1882.2	芜得（A.G.Wood）		
1881.1—1883.2		沃德（W.C.Ward）	业广公司主要股东
1882.2—1884.1	毛里逊（G.J.Morrison）		建筑设计公司老板
1882.2—1883.2	梅博阁（A.Myburgh）		
1883.2—1884.1		梅博阁（A.Myburgh）	
1884.1—1886.1	梅博阁（A.Myburgh）		
1886.1—1889.2		毛里逊（G.J.Morrison）	
1886.1—1889.2		芜得（A.G.Wood）	
1900.3—1904.3	哈同（S.A.Hardoon）		

资料来源：《道契》各年；"上海公共租界工部局董事名录"，见汤志钧主编：《近代上海大事记》，上海辞书出版社 1989 年版，第 914—931 页；王垂芳主编：《洋商史：上海1843—1956》，上海社会科学院出版社 2007 年版，第 197—198、207 页。

应该说,表 3.2 的统计是不完整的,有待今后补充。主要是因为人名和公司有时不能一一匹配。另外,如果主业不是搞房地产的,本章也没有将其列入,如金能亨就是一例。他主业是搞航运业的,也买过不少地。他做过工部局总董和董事。即使如此保留,表 3.2 仍能给我们震撼:原来工部局董事会里竟会有这么多专业搞房地产的商人!

这些在工部局董事会里担任总董、副总董和董事的房地产商人,掌握两类最核心的机密或信息,一类是租界扩张的信息,一类是修路造桥等市政工程的信息。租界向什么方向拓展以及拓展到什么程度,关系到未来纳入租界的土地的升值问题。所以掌握租界扩张核心机密或信息的人,可以利用信息不对称的优势,到界外收购最便宜的土地,或者在二手市场收买已申领道契但地价尚有很大上涨空间的土地,这样的道契土地既可以在租界里面,也可以在租界外面,一旦租界扩张,地域格局改变,地价就会迅速上涨。修路造桥等市政工程的信息对于房地产业来讲也是非常重要的。道路的开通、运输和生活条件的改善,可以提升相应土地的价值。正如有的华人业主在其禀帖中所说的:"马路渐渐筑通,其地渐渐增值。"⑥

掌握核心机密或信息的外国房地产商可以在他们担任工部局董事会职位时买地,也可以在卸任后的一段时期内继续利用未过时的信息。他们的购地行动,大可由公司出面而不是由他们个人出面,大可在土地二级市场上收购道契而不是向中国原住民买地,以此来淡化人们心目中将他们的行为与他们所制定的规则(工部局雇员不准炒地)之间作出对比。笔者相信,他们在这方面肯定已经尽可能地采取了低调的立场,但尽管如此,《道契》资料中还是反映了这些人在任内或卸任以后的一段时间内向中国原住民买地(也就是申领道契)的史实。例如雷氏德在 1881 年 1 月至 1882 年 2 月的工部局董事任内,以他个人名义,而不是德和洋行名义,买地申领道契 3 宗,土地面积 27.87 亩,而在卸任后的两年内,买地多达 14 宗,土地面积 72.2 亩。毛里逊在卸任后的几年中(1890—1894 年)共以个人名义买地 22 块,总面积 100.7 亩。哈同在任职前一年,在土地一级市场上买地 3 块,面积 18.6 亩,任职四年内以其个人名义买地申领道契 10 宗,总面积 18 亩(包括法册道契 1 宗),卸任三年内又在一级市场买地 7 块,总面积 3.9 亩。此外,1901 年哈同还买进英册第 108 号第 114 分地、英册第 109 号第 115 分地和英册第 110 号第 116 分地共 3 块道契土地,位于最早的租界区域,总面积 12 亩左右。高易和梅博阁任内在土地一级市场买地领契至少有 12 宗,88.9 亩之多。⑦

二、地　贩

洋商在上海要能够顺利地买到合适的土地,要能够低成本地买到合适的土地,单靠他们自己是不行的。他们可能不会说中国话,不会直接同中国的村民打交道。他们可能不了解中国的风俗习惯,特别是土地交易方面的风俗习惯,需要有人随时告诉他们,并帮助他们办事。特别是,当他们自己出面的时候,即使是由洋行的买办来代理,村民们也会开出相对较高的价格。因而,他们需要利用中国人来收购土地。地贩、地保、地痞是洋商利用的三类人员:地贩是中间商、地产中介,有时也常自己买地,然后在合适的时候转卖给洋商;地保是地方上公共事务的实行人,土地交易要由地保见证,土地涉讼要由地保作第三方的调查证明人;地痞则是洋商用来对付中国原住民的"药",是用来降低收购成本的。

"地贩"是当时人的称呼,一般是指炒卖地皮的中国商人,这些人肯定也会做一些介绍生意的中介业务,但主要的工作是从中国原业主手中购买土地,并在合适的时候转手卖给洋商。单纯的中介业务一般可以获得成交价约15%的佣金,⑧而先买后卖则可获得更多的土地升值的好处。

当然,从本质上说,外商地产公司或外商个人也都是炒地皮的地贩,外商买地后也有不申领道契,而只满足于转手获利了结的。但似乎是因为《土地章程》给了洋人"永租"土地的权利,当时并没有人指洋人为地贩的。洋人也可以充当介绍生意的中介人。光绪三十三年十一月,地贩陈月山从原业主僧宏达处购得位于二十二保四十三图浦东东沟高庙西地段的一块5.684亩的地块,经中间人机地士等议价出售与英商古柏,但洋商没有付清地价,欠款3 600元。而契内价写的仅是2 100元,卖主是僧宏达,而不是陈月山,更没有机地士的痕迹。⑨可见地贩的名字可以出现在契内,即以卖者的身份出现,也可以不出现在契内。

有些本质上应该是非营利的机构也参与炒地,如广肇公所。我们在《道契》资料中可以发现多份以广肇公所为卖方的道契。从光绪二十九年五月二十八日二十五保头图地保钱永和的禀帖中得知,广肇公所先从业户奚土土处购地,再转卖洋商,其中不惜动用官府的力量。禀帖称:"广肇公所买奚土土土地因地价甚小,奚土土不愿出售,后来广肇公所函送奚土土到县讯问,业蒙县宪断定每亩加价,以致奚土土情愿并卖广肇公所永为世业,听凭出租洋商转立道契,永无纠葛。"⑩

英册第3371号道契资料中有一份光绪二十九年十二月上海县二十五保二图地保张润翔、陆耕珊的禀帖,内称:该号契地原系石氏兄弟产业,石氏

"将是地一并卖与盛夔记,由盛夔记出租与通和洋商为业"⑪。盛夔记就是地贩。光绪二十七年四月,二十五保二图原华人业主陆兰堂的禀帖称钟南桥(即洪南基)为"著名地贩"⑫。光绪二十七年间,上海县二十七保七图姜家祠堂之西的地面,有一户曹氏人家,四房共有祖坟公祭地 11.764 亩,"无如时事变迁,近被开筑马路,风水有碍,故四房会齐公议,已经另购善地迁葬以妥先灵,兹将公祭单地凭中价卖与陶凤记,由陶凤记出租与史文洋商"⑬。陶凤记即英册 3933 号道契上的卖出者名字陶善钟,道契价 2 200 元购地 9.225 亩,平均每亩 238.48 元。这个价格可以认定是陶凤记从曹氏手中买地的价格,至于他转卖与洋商的价格肯定远高于此数。边上就是马路,应该是在开发中的地区了。二十七保七图似在法租界。光绪三十年四月,同样在二十七保七图,土名沙塘泾另一曹姓"公产坟地因被洋商开作马路,风水攸碍,情愿另行购地搬迁安葬",该坟地"愿卖陶姓为业,听凭出租与洋商泰利为业转立英册道契"。这里的陶姓即陶善钟,他花了 200 元钱购得曹姓公产坟地 1.207 亩,并转卖与泰利洋行。⑭陶善钟的名字经常在道契中以中国原业主的身份出现,实际他是先买后卖的地贩。英册第 4651 号道契的记录能够充分说明他赚取土地差价的买卖行为,该项道契上注明系由通和行向陶善钟买地,契系 1 800 元买地 12.745 亩,平均每亩 141.23 元。立契时间为光绪二十九年十二月。但仅隔两个月,即光绪三十年二月,升科地价调查,表明该地段的地价为每亩 500 元。⑮后者为前者的 3.54 倍。陶善钟以每亩 141.23 元向农户购地,然后以约每亩 500 元的价格把地卖给洋商。陶善钟被时人称为"陶百万",他深谙地产买卖之道,所以后来英商泰利地产公司聘请陶善钟的儿子陶敬斋为买办,希望利用陶家的财富和经验。⑯

我们在道契资料中可以经常看到的另一个名字是程谨记。程谨记即程谨轩,英商沙逊洋行买办,曾是上海数一数二的大财主,拥有房地产价值数千万银两,月入房租数万元,人称他是"沙(逊)、哈(同)之下,一人而已"⑰。光是光绪二十九年这一年间,他以个人名义卖给洋商申领的土地至少就有 10 宗,共 63.931 亩。其中一块地坐落于二十七保四图西庙桥之西南,22.307 亩,田单十八张半,明显系收购所得。契价 1 100 两,即每亩 49.31 两,是非常便宜。这应该就是程谨记向农户的收购价。另一块地坐落同一地段,契价 1 200 两,23.396 亩,也应是程谨记从众多业户手中收购所得。上述两块地共有 45.703 亩,程谨记都转卖与玛礼孙行,申领了英册第 4653 号道契和英册第 4654 号道契。⑱同年坐落在二十七保十三图西金家巷地方的两块地也是程谨记卖给玛礼孙行的,其中一块地后来申领了英册第 4662 号道契,这块地有 4.374 亩,田单三纸半加两角,共六份,显然也很可能是从几处收购所得。⑲光绪三十年正月,程谨记卖给通和行的一块地坐落二十八保六图西庙桥之西,明显系租界之外,价格特别便宜,8.104亩,契价才145.25两,合每亩才17.92两。⑳程谨记大胆收购租界外的农田,是要有信息的,如果没有通路开发计划或租界扩张的信息,买了界外地是没有什么用处的,另外虽说价格便宜,也要比纯粹意义上的农田交易价格高出了许多。

正因为地贩获利特别大,所以常不惜犯险,或违规操作,甚至采取欺骗手段。光绪三十年五月,上海县二十三保十二图有陆杨氏"将有单失单之地(按:有单一张半,失单半张)绝卖与徐福寿为业,立契时言明(半张)田单早经遗失",过了半年,通和行前来购买这块土地,"现经徐福寿出立之租契送转道契,倘失单之地不能转契,徐福寿情愿照章升科"。㉑连遗失田单的地块都不放过,可见胆子够大的了。但在当时的背景下,失单部分的土地是难入道契的。光绪三十二年三月,二十三保正十九图住江湾镇的业主王兆济在呈官府的禀帖中称,地贩吴公记从王兆济处购地,不肯付清地价款,却"重价转售,朦请道契会丈"㉒。

著名投资实业家祝大椿也参与炒地,光绪三十一年被地贩胡德生以假田单哄骗银两,祝大椿告到会审公廨,断将胡之产业抵偿,祝共领有偿债田单六纸。在这一年,祝大椿将二十七保九图胡家楼地段、二十八保北十二图诸家浜地段和二十八保五图法华寺北地段的五块地卖给了洋商梯思德而。㉓

在地贩中身份最高的大约当数徐润了。因为他不仅在生意场上声名显赫,而且有好多年担任轮船招商局等官督商办企业的高级管理职务,有很大的社会影响。同治二年(1863年)徐润担任买办的宝顺洋行大班韦伯"职满回国,临别赠言与新大班希厘甸同一宗旨,均谓上海市面此后必大,汝于地产上颇有大志,再贡数语:如扬子江路(按:即沿外滩的路)至十六铺地场最妙,此外则南京、河南、福州、四川等路可以接通新老北门,直北至美租界各段地基,尔尽可有一文置一文云云。历验所言,果与效果,足征先见之明。以今计之,入地二千九百六十余亩,造屋二千另六十四间,且谓不免过贪耳"㉔。徐润由于身份的关系,以他自己的名字或徐雨之、徐雨记的名字买卖土地的案例并不是很多,绝大多数情况是以他所有的行号宝源祥和潘源昌出面交易。在1883年上海金融风潮期间,徐润的事业遭受重创,由于资金周转不灵,不得已将先前囤积的房地产贱卖以应付危局,"以三百数十万成本之产业只摊作二百余万之款,清偿完结,受亏至八九十万两,岂不痛哉"㉕。

徐润在土地一级和二级市场上均有大手笔介入,由于本章关注的是一级市场的土地交易价格及在信息不对称条件下的利益分配问题,所以对其在一级市场上炒卖土地的情况作了一个汇总统计,如表3.3所示。

表3.3　徐润在土地一级市场上的卖地统计(1876—1911年)

年份	卖地宗数	卖地总面积(亩)	契内总价(两)	契内平均价(两)
1876	1	8.369	430	51.38
1882	4	107.354	4 882.11	45.48
1883	7	23.722	3 441.73	145.09
1885	1	21.47	738.8	34.41
1887	3	9.086	645.72	71.07
1888	10	97.072	7 702.86	79.35
1889	19	203.165	9 325.35(3块地未写价)	36.32
1890	11	41.782	1 076.08(4块地未写价)	60.50
1891	10	67.096	3 186.51(1块地未写价)	64.15
1892	3	9.279	850	91.60
1894	4	22.718	1 983.30	47.68
1895	9	96.35	5 265.74(1块地未写价)	55.15
1896	11	88.27	5 808.6(2块地未写价)	71.23
1897	7	58.466	11 166.17	190.99
1898	20	125.29	10 360.80	82.69
1899	38	241.699	17 088.60	70.70
1900	13	21.511	2 804.21(1块地未写价)	130.36
1901	2	35.753	4 425	123.77
1902	19	53.575	11 347.53	211.81
1903	13	30.126	5 632.17(1块地未写价)	186.92
1904	8	32.428	5 089.44	156.95
1905	6	57.189	8 965.47	156.77
1907	5	26.912	3 730.44	138.62
1909	2	1.771	445.2	251.38
1911	7	6.593	1 756.47	266.41
共计	233	1 487.046		

注:在美册、德册道契缺地价的情况下,契内年平均价系英册均价。
资料来源:根据《道契》历年资料收集、编排。

　　表3.3的统计土地面积数是1 487.046亩,距徐润自己说的2 960余亩
尚有很大差距,只刚刚过半而已。以下视点有助于我们分析这个问题:表3.3
的统计只涉及徐润在土地一级市场上卖给洋商并申领道契的那部分土地,
徐润完全有可能在向中国农户买进土地以后转卖给中国中间商,也即别的
地贩,而不是卖给洋商申领道契,估计这种情况也是会经常发生的;另外,徐
润有可能通过道契挂号囤地,这在现在的《道契》资料中并未能得到普遍的
信息反映;再则,徐润在二级市场上炒卖道契土地,1882年底至1883年金

融风潮期间,徐润卖地筹款,基本上不是靠卖租界边缘地区或租界外土地,因为那些土地毕竟价格还比较低,他主要靠卖出地段好的土地,单单转手后买地的洋商由英册转领美册的土地就有 11 块,总面积 73.125 亩,其中有南京路一带的土地,也有虹口码头位置的土地。㉖

表 3.3 所显示的契内年平均价有明显的变化趋势,在 1900 年以前,除了个别年份之外,绝大多数年份是两位数的,而从 1900 年起,所有年份的均价都是三位数的,光绪末年的均价大体上是光绪初年均价的 3 倍左右。

徐润卖地的契内价都不甚高,但实际成交价可能会高出许多。上文已经说过英册道契第 3903 号地块的阴阳双重价格问题,这里再举一些徐润卖地的例子来进一步说明这个问题。

表 3.4　徐润卖地的契内价与实际价

立契时间	道契号	契内价 (两/亩)	地保调查 地价时间	调查实价 (两/亩)	实价/契内价 (%)
光十七.七	英 1933、1934	54.89	光十八.五	200	364.37
光二十.七	英 2065	65.47	光二十.十	111.63	170.51
光二十四.二	英 2624	232.76	光二十七.五	1 000	429.63
光二十五.五	英 3097	747.4	光二十五.八	1 000	133.80
光二十八.十	英 42—4	190.88	光二十八.十一	750.8	393.33
光二十九.闰五	英 4442	125.08	光二十九.八	301.24	240.84

资料来源:根据英册《道契》资料收集、编制。

地保调查地价的时间比立契时间晚一些,但一般情况下不会晚很久。因而,双重价格的存在使中间商(即地贩)获利丰厚。为了保证双重价格的存在以及价差的可观,最需要做的就是延缓真实信息的传递速度,也就是尽可能地不让中国原住居民获知事实真相,不让中国原住居民知道租界扩张的信息以及城市建设的信息。

光绪二十九年前,在徐润处任招商局帮办的张鸿禄向徐润的地产企业潘源昌(管事者名潘爵臣)建议购买静安寺涌泉井路一带地皮,当时地价每亩不过数十元,租界向西扩张到了静安寺,张断定那边的地价肯定会大大上涨。张自己也准备买地扩充张园(坐落二十七保九图),由于张的帮办身份比较引人注目,"恐各地户闻风涨价,情愿代买"。潘源昌代购张园土地,后徐润欲将所购土地据为己有,因而引发了一场官司。在徐润与张园主人张鸿禄的来往信函中,有地价每亩 275 两,共 4 400 两之说。㉗与前述每亩数十元相比,应该是已经"闻风涨价"过了。由中间商出面,低调收购,再转卖与洋商,肯定比洋商自己出面大张旗鼓地收购,成本会小很多。中间商常与相对熟悉的洋商配伍,如宝源祥、潘源昌卖地最多的洋商是通和洋行、玛礼孙洋行,中间商可以从关系紧密的洋商处获知土地的需求信息。

另外,中间商在处理中介业务(不是自己收购)时还会扣压中国原业主应得的款项。1905 年 4 月 19 日工部局董事会开会时,总董说,有人告诉他,为修筑通往佘山的道路支付给当地中国业主的款子,如果付给中间人的话,这笔款将不大可能到达真正的土地业主手里。因此会议建议工务委员会考虑,在丈量工作结束时,应公开宣布发款日期,届时派一名会说中国话的外国人监督款子的发放工作。㉘

三、地　保

地保是土地交易、申领道契诸多程序中的重要环节。地保要为申领道契材料的真实性提供担保,如果发生产权争执,地保有责任调查情况后向中国当局汇报,或向会审公廨作证;会丈局丈量申领道契的土地时,地保须作引导,所谓"领丈";土地升科缴价,地保须在当地调查地价并据实报告等。因此,地保的作用是非常重要且不可替代的。

洋商可以通过地贩买地,也可以通过地保买地。同治初年,二十四保十六图地保曹振生与侄曹德章经手包卖 8 户 40 亩土地给洋商。㉙光绪年间,二十七保十三图地保谈裕成为工部局包买靶子场土地 30 亩,洋商方面"仅付过银四千五百两,其经中徐子良、韩根生、邹云甫称,须凑足田单三十亩,再付银一万两,俾可向乡户买地"。谈裕成被人称为"地贩兼地保"。㉚

光绪二十四年,清丈局为厘清一宗申领道契程序中的产权边界,要相关的中国业主侯姓交验田单,侯姓将自家 0.9 亩"祖遗产业"的田单"交与地保周文邦代呈照验",周文邦乘机压下这张田单始终不交还原主。光绪三十一年周文邦死,光绪三十二年"其子周兆祺私捏周文记租契,出租洋商通和",请转英册 5214 号道契。㉛另外一个相似的例子是二十五保四图"已故地保之子林兰泉"将商人陈土生的"祖坟朦丈并换道契"。㉜地保的权势延伸到了下一代。

地保有时在洋人的租界扩张计划或道路修建计划中占有重要地位。1888 年 9 月 18 日工部局董事会会议上宣读了测量员的报告。该报告称,前任地保为安排熙华德路买地事,对工部局提出了总数达 1 810 两银子的要求。有关此项要求,工部局现重新与地保的儿子进行了彻底的磋商。双方认为,目前仅剩的三项要求是:从 1881 年以来那块地皮的土地税总额为制钱 220 800 文;乡民们因愤恨地保充当工部局代理人安排修建马路,而捣毁了他的家,其损失赔偿费为 200 两银子;华记路转角上面积为 0.36 亩的一长条土地的地价,估计为400两银子。由于这个地保是实施汉璧礼路延伸工程的唯一障碍,测量员建议,如果地保对修建这条马路不再表示反对,工部局就应该把上述款项给他。总董同意上述地保的三条件,但工部局方面的条件是地保出具收据,表明他向工部局提出的要求已经全部得到满足,并答应协助打通汉璧礼路。㉝工部局要地保为其征地,安排修建马路,至于酬劳,则十分吝啬,拒绝了地保提出的1 810两银子的要求,后来只同意了约800两银子的给付,这约800两银子并没有包括对地保工作的佣金或酬谢在内。由此可见,工部局利用地保是低成本的。

地贩一般都会与地保建立比较紧密的关系,地贩在收购土地时若遇阻碍,一般都会先请地保帮忙解决。光绪三十三年地贩冯振扬在二十二保五十一图大肆收购土地,为申领道契快速方便,依靠地保凌瑞堂帮忙,倒填交易契据的日期为光绪三十年。㉞批评地贩地保勾结侵犯业主权利的资料是比较多的,如宣统三年四月,二十七保十一图原华人业主周钟联的禀帖中有谴责"劣保奸贩"的内容,㉟连上海知县给会丈局总办的移文中也说"该劣保(按:指严宝英)等神通广大,不知如何肆其运动,竟得蒙混领出(道契)"㊱。

四、地 痞

无论是地贩买地,还是地保买地,原住民们不肯给予正面的积极回应,应是可能发生的一种情况,正像前述为修筑熙华德路买地时,愤怒的村民们甚至捣毁了为洋人服务的地保的家。在原住民不予配合的情况下,地痞的出场就可能收到奇效。我们在道契资料中看到一份光绪三十二年八月二十八日上海县二十七保北十二图原华人业主的禀帖,很能说明问题。兹将这份禀帖的核心内容摘录如下:㊲

> 具禀孀妇张李氏向居治下小沙渡地方……本年七月间忽与同村不务正业之张朗虎夎老凤来家,以氏家有祖遗坟地壹亩壹分贰厘五毫,劝氏出卖,氏恐受其欺,不允。讵张等危言哄吓,声称倘不允卖,定将该地笆围。氏惧有意外,只得勉允。当言明照单每亩给价洋壹千元,并由张缮立定单,勒氏签押后即付定洋贰百元,余价约期送至氏家,再行立契。讵逾期不付,迭催罔应,旋复嘱氏至英界领价,氏胆怯未许,张又逼往,遂于七月二十至英界烟馆收到英洋壹千壹百念元。氏当交第一百八十三号张国良户壹亩壹分贰厘五毫,其单外余地肆分零许氏另行管业。嗣将余地卖与胜业公司,计得价洋肆百元。不料张夎二人串合地保陆鹤堂即陆彩堂瞒氏在升科户捏张万春户具禀盗升地肆分五厘肆毫壹单连同有单之地一并地保盖戳出租洋商爱尔德转立英册五七九三号道契……

动用流氓力量吓住了老实人,不怕你不乖乖就范。但想把人家的地合法地"偷"走,想必再老实的人也会挣扎一番。张李氏终于告到官府。在这种情况下,涉讼部分的土地是很难入册的。

五、会 丈 局

会丈局是中国政府所设的一个业务机构,专管申领道契土地的重新丈量。在一些有争议的案例中,会丈局的角色呈现出偏向权势的立场特征:在地贩、地保与老百姓的关系中,偏向地贩和地保;在洋人与中国人的关系中,偏向洋人。地贩、地保要在土地面积等事项上作弊,必须买通会丈局的人。地贩冯振扬"贿通丈手",将马姓人家"祖遗未卖之沿浦滩地一亩四分零一并丈入伊买之地内"。㊳宣统三年四月,原华人业主周钟联说"劣保奸贩""贿串会丈局书办人等,将宪札饬查及田县宪移会查复之公事竟然捺不具复",而当地保雇人将洋商界石私自竖立周家地产上时,会丈局的杨委员劝周"认亏息事不必与较"。㊴

在与洋人的关系中,会丈局偏袒洋商。对这一点,连地方官府中也有人看不下去。中国政府的会丈局似乎成了洋商利益的代理人,岂不怪哉。

六、中国原住业主:早期城市化过程中得益最少的人群

外滩一带在租界开发之前,是一片荒凉的土地,有外国人说这是"我们所能想象的最丑的地方"㊵。那里的地价,每亩不过10元左右。㊶有人估计,开埠前期上海县城北边一带土地,每亩大约在15 000文至35 000文。㊷以1846年至1856年的11余年中持续时间最长的1两兑换1 660文制钱的比率换算,后来成为黄浦江边租界中心区的土地,每亩价格也就在9两至21两之间。在信息不对称的情况下,如果有人肯出两倍的价钱来收买中国原业户的土地,中国原业户会认为拣了个大便宜;如果肯出三四倍的价钱,那简直就是天上掉馅饼。另外,卖地还能得到拆迁补偿,即房屋拆迁和坟墓迁移补偿。

光绪二十四年七月,洋商所买二十三保十四图伏字圩乡民土地中有贾阿妹的0.2亩房屋地基在内,但洋商未对地上房屋及坟地付价,因此数年后引起诉讼。㊸光绪二十五年七月二十四日,居住虹口的二十三保一、二图原华人业主沈瑞卿、梁兆祥给上海知县上禀帖,内称:他们两家合计有田7亩,凭中董鲤庭等价卖与艾记公司为业,当日立契,除收过地价款外,尚欠找搬迁房屋费1 300两,言明房屋迁清,其银如数照付。但迁房后洋商"延久未付",又"捏造祖契","私立界石",企图"偷换道契"。在中国官府干预下,房屋搬迁费1 300两终于付清。㊹

坟地的搬迁也是要付费的。同治十三年八月英册第 1043 号第 1050 分地的"永租"契约中规定:所添租的潘少卿地上现有坟墓,言明不得移动,日后潘姓自愿迁出,洋人业主另付买地价银并拆搬等费。⑤

随着道路的修建和土地的开发利用,有的孤坟四边都变成了热闹的马路或洋商大兴土木的契地,坟的业主常感风水不佳而搬迁的。但如果是修路必经之地,则不能等待业主的主动搬迁。1877 年为修熙华德路,必须迁走沿途大约 40 座坟茔和骨灰甏,每座坟少于 10 两是迁不了的。⑥

但即使有这些好处,中国原住居民仍是获益最少的。在他们卖地开价的时候,由于他们无法得知未来城市化的图景或租界扩张的计划,他们只作与原农田地价的比较,而没有把他们失地以后的长年生活保障考虑在内,也无法把城市化进程中的地价上涨考虑在内。美册第 104 号和第 105 号契地的立契时间都是在咸丰十一年(1861 年)十一月初三这同一天内,而且两块契地的地块毗邻。美册第 104 号契地是洋人向洋人购买后申领立契的,10.2 亩土地共 6 000 两,即每亩 588.24 两;每册第 105 号契地是洋人向华人业主购买后申领道契的,14.736 亩地仅 727.3 元,即每亩 49.36 元,约合 36.53 两。⑦前者是后者的 16.1 倍。当然,每亩 36.53 两只是契内价,是中国原住农户所得的价款,如果存在中间商,中间商在交易中的所得可能远高于中国原住农户的所得。

1890 年 10 月,工部局为扩张虹口租界的边界而筑路,原计划以每亩不高于 60 两的价格从村民手中购地。不料,"有许多地头蛇掌握了乡民们,怂恿他们索取高价。因此工部局要付出比原先设想高得多的价格,大约每亩为 200 两到 250 两"。⑧村民们知道了筑路是为了扩大租界,今后那边会繁荣许多,要价自然就高了。由此可见,中国原住居民在土地交易中利益得不到充分保障,主要是因为信息不对称。

注释

① 《道契》(14),第 25—26 页。
② 《道契》(15),第 286—287 页。
③ 《道契》(23),第 214—215 页。
④ 上海市档案馆编:《工部局董事会会议录》(7),第 625 页。
⑤ 同上,第 625 页。
⑥ 上海县二十七保南十二图原华人业主朱纪芳禀帖,宣统元年五月。《道契》(24),第 17 页。
⑦ 根据历年《道契》资料整理所得。
⑧ 上海市档案馆编:《工部局董事会会议录》(9),第 700 页。
⑨ 《道契》(22),第 8 页。

⑩ 《道契》(17),第 337 页。

⑪ 同上,第 309—310 页。

⑫ 《道契》(12),第 182 页。

⑬ 《道契》(14),第 57 页。

⑭ 《道契》(17),第 41—42 页。

⑮ 《道契》(16),第 313、317 页。

⑯ 包士仁:《外商房地产商的经营手段》,《旧上海的房地产经营》,上海人民出版社 1990 年版,第 146 页。

⑰ 朱剑城:《旧上海的华籍房地产大业主》;成言:《房地产巨富程霖生、程贻泽》,见《旧上海的房地产经营》,第 15、67 页。

⑱ 《道契》(16),第 319—321 页。

⑲ 同上,第 329—330 页。

⑳ 同上,第 249 页。

㉑ 《道契》(17),第 337 页。

㉒ 《道契》(20),第 58 页。

㉓ 《道契》(19),第 243、245—256 页。

㉔ 徐润:《徐愚斋自叙年谱》,宣统二年撰,1927 年刊,第 12—13 页。

㉕ 徐润:《徐愚斋自叙年谱》,第 35—36 页。

㉖ 《道契》(26),第 312—329 页。

㉗ 《道契》(16),第 93—95 页。

㉘ 上海市档案馆编:《工部局董事会会议录》(16),第 576 页。

㉙ 《道契》(3),第 16 页。

㉚ 《道契》(18),第 144、239 页。

㉛ 《道契》(18),第 318 页。

㉜ 《道契》(24),第 243 页。

㉝ 上海市档案馆编:《工部局董事会会议录》(9),第 677 页。

㉞ 《道契》(21),第 139 页。

㉟ 《道契》(24),第 286 页。

㊱ 同上,第 288 页。

㊲ 《道契》(21),第 14 页。

㊳ 同上,第 139 页。

㊴ 《道契》(24),第 286 页。

㊵ [法]梅朋、傅立德:《上海法租界史》,倪静兰译,上海社会科学院出版社 2007 年版,第 13—14 页。

㊶ 张辉:《上海市地价研究》,正中书局 1935 年版,第 1 页。

㊷ 蒯世勋:《上海公共租界史稿》,上海人民出版社 1980 年版,第 308 页。

㊸ 《道契》(9),第 243、256 页。

㊹ 《道契》(10),第 300 页。

㊺ 《道契》(4),第 61 页。

㊻ 上海市档案馆编:《工部局董事会会议录》(7),第 589 页。

㊼ 《道契》(26),第 61—62 页。

㊽ 上海市档案馆编:《工部局董事会会议录》(10),第 703—704 页。

第四章　近代上海公共租界的土地管理制度

　　永租制与其实现机制——道契制度共同构成了近代上海公共租界的土地所有权制度，它们的存在使租界内的土地制度成为一种完全意义上的土地私有产权制度。在近代上海城市化发展过程中，土地私有必然派生出对租界内外土地管理的需求。这不仅是公共租界土地管理制度的基础，同样也是租界当局土地管理的必然要求。租界当局为了加强对租界内外土地的管理，根据不同时期对土地管理的需求，在历次《土地章程》中制订了关于土地管理的相关条例，以确保提高工部局对土地管理的效率，保障租界内租地人的土地利益。公共租界土地管理制度的不断调整既存在着诱致性制度变迁的过程，同时也是强制性制度变迁的结果。在公共租界发展的过程中，由于租界范围的不断扩张、土地价格的不断变化、租界内人口数目的增多，新的获利机会不断产生。而这些获利机会以及相对价格的变化正是促使诱致性制度变迁发生的一大动力，《土地章程》的几次修订就是以追逐新的获利机会而发生的强制性制度变迁。以上两种类型制度变迁的交替作用使得公共租界的土地管理制度随着社会、经济环境的变化不断更新。

第一节　土地管理制度形成及演变

　　近代上海公共租界的土地管理制度是伴随着英租界的设立而产生的。1845 年，上海道台同英国政府协商，划定了英租界范围，并制定了《土地章程》(Land Regulations)，由此形成了公共租界最初的土地管理制度。《土地章程》又称为《地皮章程》《地产章程》，是公共租界土地管理的基本依据。随着美租界的设立、英美租界合并为公共租界，公共租界的面积扩大，城市不断发展，也导致了以《土地章程》为基本内容的土地管理制度的不断演变。

一、1845 年的《土地章程》①

1845 年的《土地章程》是《南京条约》第 2 款在上海的具体落实,该条款规定"准英国人民带同所属家眷寄居大清沿海至广州、福州、宁波、厦门、上海等五处港口,贸易通商无碍……派设领事管事等官,住该处城邑,专理商贾事宜"②。在这一《土地章程》中,涉及的土地管理方面的相关制度主要分为三个方面。

(一)规定了严格的土地产权取得和转让程序

在《土地章程》中,对外商租借土地的程序作了严格的规定。

1. 对租借土地范围的规定

1845 年前后,租界内每块土地的丈量仍然以 1783 年清政府的丈量结果为基础,由于上文中提到的可能出现的田单不符的情况极易造成外商利益受损。因此,在《土地章程》的第六条中明确规定,当外商需要租借土地,并商定价格之后,需要在承租双方、邻近租地人、委员地保以及领事官所委派人员的共同见证下,明确租地的界限。这样,就能够避免契约上所列明的租借土地与实际租借土地范围不符的情况,防止日后纠纷的发生。

2. 设定严格的登记注册程序

根据《土地章程》第一条,外商在与业主商定价格之后,还需要携带相关的契据到领事馆填写申请表,并且详细说明所租土地的状况,例如土地的位置、面积和四面界址等,待领事馆审查契据并将其编号之后,由领事馆加盖印记并转送至道台处,经道台加盖印章批注后再经由领事馆将契约发给租地人。经过这样严格的登记注册程序之后,一方面可以确认华人业主对土地的所有权以及其田单与土地是否对应,另一方面可以由中外机构证明交易的合法性。

3. 规定了土地的退租和转让事宜

《土地章程》第九条规定,外商租借土地并修建房舍之后,如欲退租,则可以在呈报之后自行退租。但业主不能任意停止出租,也不能随意增加租金。这实际上是单方面保护了外商的利益,一旦租约达成,退租与否的主动权便掌握在外商手中,只有外商可以根据自己的意愿决定是否退租,而华人业主却不能停止出租。

第九条同时还规定了转让的事宜。已租土地可以全部或部分转让与他人,但租金须按照原租金或按比例收取租金,不能增加租金以赢取利润。这个规定对转租的价格进行了控制,其目的是约束外商以转租土地为手段赢取利益的行为、控制房地产市场的价格以及防止房地产价格的高涨。另外，租地人退租或转让须向领事馆和道台报告，并登记备案。以便了解土地租借的最新情况，便于管理。

通过第九条的规定可以看出，外商名义上是"租借"土地以获得土地的使用权，但由于华人业主出租土地后便丧失了主动收回土地的权利，而外商却可以选择转租或者退租，因此也可以说，外商实际上已经掌握了土地的实际所有权。

4. 规定统一时间，设立租金缴纳中介

根据《土地章程》第八条和第十九条，每年阴历十二月十五日，为既定缴纳土地租金和登记土地使用状况的时间。在每年该日之前，租地人将租金缴纳给指定银号，并由银号向租地人出具收据，再由银号将租金交给业主。若租地人在指定时间内没有缴纳租金，则由领事馆按照该租地人本国的法律对其进行追缴。而业主除在该日之前收取年租，还需登记土地在该年的租赁和使用状况，这包括在过去一年之中出租土地的面积、新造房屋数量以及承租人的姓名等事项。另外，土地转让情况也需登记在册。这种在指定时间对土地状况进行登记，并利用指定银号作为中介收缴年租的方式，方便公共租界管理当局了解土地出租的详细信息，能够加强其对土地的统一管理，并在一定程度上减少土地纠纷的发生，降低交易成本。整体来看，这一方面的规定主要是为了确定租地人租借土地范围与登记注册方式，详细规定土地退租与转让方式和租金支付方式与期限。这是土地管理的基础性要求，是公共租界当局进行土地管理的前提条件。其目的主要是为了形成统一的租界土地租借形式，设计土地管理的基本内容，从而提高土地租借的便利性，同时提高租界土地管理质量与效率。但是，这些规定还是存在着很多弊端。首先，因为是完全借鉴了英国土地管理的经验，所以这些最初的土地管理制度很难在租界这一特殊的区域发挥应有的作用。其次，有些规定的制定和实施难以起到最初设计该规定的目标，如本次《土地章程》第九条对转租不能增加租金的规定，实际上是与市场交易规定相违背的，很难真正起到约束外商通过转租土地赢利的行为。最后，有些规定尽管在设立初期是一个有效的制度设计，但是随着经济社会的不断发展，而无法持续发挥作用，如本次《土地章程》中对设立租金缴纳中介，以银号作为中介代收租金的规定。在早期由于中外双方交易者信息不对称的原因，租界土地的交易需要有一个信用机构作为中介，以保障交易顺利进行。当土地市场交易发展之后，这一方式就会越来越不适应土地交易的需要，影响土地交易效率的提高。

（二）明确规定土地的用途

租界内的主要居住者为外国商人，为了保障其工作和生活的安全与便利，在《土地章程》中也对租界的土地使用作出规定。

1. 道路用地

在公共租界设立之前，上海的道路多为狭窄的土路，这使得行人来往非常拥挤，十分不便。因此，为使租界内行人交通方便，避免火灾蔓延和潮水冲击房屋等灾害的发生，英国领事在《土地章程》中设立条目，对租界内的道路进行规划。此次规划共涉及十条马路的修筑，其中南北走向 3 条，东西走向 7 条。详细情况如表 4.1 所示。

表 4.1　1845 年《土地章程》中对筑路的规定

马路位置	方向	宽度	《土地章程》条目
洋泾浜以北，沿黄浦江	南北	两丈五尺	第 2 条
海关以北（今汉口路）	东西	两丈	第 3 条
劳勃渥克上（今福州路）	东西	两丈五尺	第 3 条
四段地以南（今广东路）	东西	两丈	第 3 条
领事馆以南（今北京路）	东西	两丈	第 3 条
旧宁波栈房以西	南北	两丈	第 3 条
海关以南	东西	未规定	第 3 条
桂华浜（译音 Kwei Wha-pang）和阿览码头（Allune's Jetty）以北	东西	未规定	第 3 条
江之西，小河之滨，北起于冰厂南之公路，与军工厂毗连，南迄于洋泾浜岸红庙之西（今四川路）	南北	未规定	第 4 条
军工厂之南，东至头摆渡（Towpa-Too Ferry）之码头	东西	两丈	第 4 条

资料来源：1845 年《土地章程》。

在这十条主干道中，除四川路为新开辟的马路，其余均为在原有马路的基础上加宽或进行修缮。修筑工程由租地人负责，费用由领事召集租地人商议，平均负担。除此以外，《土地章程》中对马路的宽度也作出规定，如洋泾浜以北的马路，要求达到两丈五尺的宽度，这主要是为了避免潮水冲击路边房屋；而对汉口路、福州路、广东路、北京路和宁波栈房以西马路宽度的规定是为了防止火灾的蔓延。另外，凡是延伸至黄浦江的马路，在江边所设的码头应当与马路同等宽度，以便于货物的装卸与运输。

租界土地不断被租借,形成了实际上的私人所有。租界内的道路建设涉及土地的利用,尤其是道路的改扩建经常会产生公共用地与私人土地的矛盾。本次《土地章程》对道路的规划和相关土地利用的规定是租界当局对公共用地管理的序曲。尽管该规定最初的目的仅仅是方便行人和防火防灾,但实际上为商业和贸易的发展提供了更好的道路、交通等公共设施条件,使所有租地人因此获得了隐性利益。不仅如此,道路的规划对日后租界内城市化的发展起到了重要的作用。

2. 经营用地

外商在租界内租地,最初的目的是为了方便其居住,但随着租界内外商人数的增加,衍生出一些与其日常生活、工作联系紧密的经济活动,例如买卖食品和日常用品等,或是为来华的外国人提供临时住所(即所谓的西人旅馆)。根据《土地章程》第17条,如果外商在租界内租赁土地用来从事这一类具有营利性质的活动,则需要向领事馆领取执照,并通过检查方能够允许设立。

这项规定实际上明确了租地人租借土地的用途,从而能够将工商业经营用地和住宅用地作出区分。这不仅有利于公共租界土地管理当局(除开早期之外,主要就是工部局)对土地进行有效管理,也为租界税收征收提供了便利。

3. 坟墓用地

由于租界所在之地原本"皆冢墓也,可耕者仅十之三四"③。此处多为华人坟墓,而华人逢清明等日扫墓是不可避免的。为了避免纠纷,《土地章程》的第5条对坟墓的修理、移动以及扫墓的时间作出了明确的规定。首先,外商不能毁坏租界内原有的华人的坟墓,如果坟墓需要修理,则华人需要通知租地人,确定时间自行修理;其次,在每年固定的扫墓时间,华人可来扫墓,在此期间,租地人不能加阻碍;再次,不允许扫墓人砍伐树木,或是在坟墓附近挖土以覆盖坟墓;最后,在租界内的坟墓数量不可增多,对已有的坟墓数量和坟主姓名等,需要详细登记。此外,华人可以将坟墓迁至租界以外的地方,但在租界内不允许增加新的华人坟墓。从这条规定可以看出,在公共租界设立初期,尽管外商可以租赁土地,但对所租范围内华人墓地的土地却不能随意征用。

从表面看,这项规定尊重了原华人业主的传统文化习惯,但实际上,这是公共租界土地管理当局为了避免土地管理过程中因为墓地而影响西人租地人租借土地的重要措施。尽管如此,在公共租界发展过程中,经常会发生因墓地和祠堂产生的纠纷。从实际的发展可以看到,大多数情况下,由于华人业主将自己土地租借出去之后,为了祭祀便利的需要,也常常会将墓地和祠堂迁出租界范围。因此,这一规定表面上是在维护原华人业主利益,实际上华人业主的利益很难从中得到真正的保证。

4. 自用土地和公益性事业用地

对已租借的土地,如果用于建筑自住房屋或是教堂、医院、慈善机关、学校、会堂等机构,则不需要审批,可以自行建筑。但对建筑内储藏的物品和安全事宜则作出了一些规定。

租界当局明确租借土地使用用途的规定是土地管理的重要内容,这些土地管理规定形成了后来租界私有和公用土地管理的基本框架。在租界设立初期,通过对租借土地使用用途的区分与记录,能够使租界土地管理部门在对土地进行管理的过程中有针对性地进行管理和提供有效服务。尤其是在公共用地和公益性事业用地的管理上,土地管理部门根据这类土地利用的公益性特点,采取了与其他私有土地不同的分类管理的方法,体现出土地管理的现代性特点。

(三)"华洋分居"的规定

《南京条约》之后,上海虽然被列为通商口岸,外国商人可以在上海进行商业和贸易活动,但活动范围却有限制,一般限于中英官员就民情地势而议定的居留区。这便是"华洋分居"的雏形。《土地章程》的颁布则使"华洋分居"成为一项正式制度。章程第 15 条规定,华人不能租赁租界内的土地和房屋。但租界内也并非华人的"禁地",根据章程第 16 条的规定,在租界内洋泾浜以北的地区允许修建市场以供华人在此出售日用品。具体的地点和买卖规则需要经过中英双方官员的商议而定。华洋分居的规定是出于中外双方生活习惯、文化传统以及经济利益的考虑而设定的制度。对于中国人来说,由于与外国人的风俗习惯有很大差异,在最初与其接触中,他们并不能适应华洋杂居的生活;而从外国人的角度来说,划定特殊的区域供外商活动,这有利于外国领事对来华外国人的管理和保护。

"华洋分居"是租界早期土地管理的重要内容,是英国租地人希望实现租借上海土地用以实现其商业和政治目的的重要措施。"华洋分居"最初的目标是在租界范围内能够形成一个完全由西人居住的区域,并与华人隔绝。这项规定便于管理部门在租界内进行管理,尤其是有利于对于租借土地的管理。这实际上是参照了中国最早通商口岸广州的经验,但有所不同的是,在租界的部分区域内允许华人进行日用品交易,这就为日后放开"华洋分居",有针对性地为"华洋杂居"局面下的租界土地管理奠定了一定的实践基础。

二、1854 年的《土地章程》④

　　1853 年小刀会起义，使得大量难民涌入租界，出于"以防外来之危险及改良界内行政之需要"⑤，在 1845 年《土地章程》的基础上，1854 年 7 月英、美、法三国领事商定并由租地人大会讨论通过了《上海英法美租界租地章程》（以下简称 1854 年《土地章程》）。这次的土地章程对 1845 年《土地章程》中关于土地管理方面的规定进行了调整和修改，丰富和完善了租界土地管理制度。

　　（一）对土地取得、转让登记程序的细化和调整

　　在新的土地章程中，继续强调土地取得和转让时的登记制度，但在登记程序上作出了细化和调整，保证了土地取得和转让的法律效力。除此以外，1854 年的《土地章程》第 3 条和第 4 条还增加了对所租土地制图的要求，这样便进一步明确了所租土地的范围，减少了纠纷。另外，第 8 条规定，对已租土地的转让，要求登记报名的期限为三日。这些修订都是在原有土地章程的基础上进行的，是根据原规定在现实执行中遇到的一些实际问题进行的局部调整，是租界当局对土地管理工作的优化措施。

　　在 1854 年的《土地章程》中有一个重要的改变，就是关于租借土地转让的价格问题。在 1845 年的《土地章程》中，转让已租借的土地时，不可增加租金。然而，新的章程则取消了这一规定。这一调整反映出随着租界的不断发展，人口与土地资源的相对数量变化。一方面，最初租界的划定，"华洋分居"政策的实施决定了租界内人口多以西人为主，数量较少。因而，租界内土地资源并不稀缺。另一方面，租界内租借的土地多用于在华经商西人自己居住所用，再加上租界内市政设施的缺乏，土地价格溢价较少，涨速较慢。因此，原有"转让已租借的土地时不可增加租金"的规定在一定时期内不会影响土地的租借，适应于租界当局土地管理的需要。但是在 1854 年时，由于战争等原因，租界内已经涌入了大量的华人难民。由于新的土地章程中放松了"华洋分居"的限制条件，所以随着人口的大量涌入，对租地建房的要求高涨。同时，由于租界范围的限制，随着土地的不断租借和利用，土地的供给增长较慢，结果是土地相对于人口成为稀缺资源。这一经济条件的变化就为西人利用土地获利创造了客观条件：可以通过租借土地建房出租，甚至是租借土地直接转租给华人获利。因此，原有的限制增加租金的规定已经不再适应于当时租地人的需要，被取消在所难免。

　　（二）对土地用途的进一步规定

　　尽管在 1845 年《土地章程》中已经对租界内道路规划原则进行了规定，

但是基本没有涉及道路用地（包括其他公共设施用地）原则。因此，在制定本次《土地章程》时，租界当局特别注重公共用地的保留和利用，增加了对道路用地"留地充公"的规定。根据第 5 条，除保留之前留作公用土地的道路和码头，之后凡租地人租借土地，同样需要留出道路用地，但所留出的道路用地仍然由租地人交纳租金。

"留地充公"的规定不仅是租界土地管理制度的重要内容，同样也是租界当局对人口迅速增长与土地资源供给有限的矛盾出现的及时反应。租界刚刚设立时期，道路的修建多是在原有的道路上进行修缮、扩建，基本不涉及私人土地的占用问题。但随着租界区域的不断发展，以道路建设用地为代表的公共设施用地越来越多地需要占用私人土地，这主要有以下两个原因：一方面，随着租界人口的增长，对市政设施需求的不断扩大，公共用地需求不断增加；另一方面，随着租界内租借土地面积不断扩大，私人所有的土地不断增加，挤占了公共设施建设用地。以道路建设为例，租界人口增加引起对道路交通需求的增加。首先，原有道路的扩建，将涉及沿线已租借土地业主的利益。其次，新修道路的情况也与租界设立早期不同，由于大量土地已经成为私人土地，道路用地将需要向业主征收土地。因此，对道路用地"留地充公"的规定不仅是租界土地管理制度随客观条件变化而进行适时调整的表现，而且也是租界土地管理部门解决上述土地问题的必然选择。

本次土地章程关于"留地充公"的规定体现了租界当局在土地管理中所具有"效率与公平兼顾"的现代性特点。该规定成为日后公共租界土地管理机构处理公共设施建设用地的基本原则，在处理租界道路用地（包括其他公共设施用地）与私人用地纠纷中发挥了重要作用，保证了租界公共用地的使用效率。与此同时，"留出的道路用地仍然由租地人交纳租金"的规定，又反映出租界当局注重土地管理效率的同时，对租界内所有土地业主兼顾公平的土地管理思路。这为之后租界内道路、交通、水、电、煤气等公共设施建设用地的取得奠定了制度基础，在提高租界土地管理效率的同时，有效促进了租界内城市化的发展。

（三）放松"华洋分居"的规定

在华洋关系方面，1854 年的《土地章程》不再严格限制华人在租界内租赁房屋的活动，其随附的《租地契式》表明如果华人想要在租界内租赁房屋，则需要英国领事馆和中国官员共同在契据上加盖印章，得到允许就可以租赁房屋。

这一规定在实质上放松了"华洋分居"规定。正如前文分析的，"华洋分居"规定的放松,一方面是由于战争导致的华人大量涌入等外在因素的影响,另一方面是租界当局出于繁荣租界、满足租地人获取经济利益的需要。从租界土地管理的角度来看,放松"华洋分居"一方面增加了土地管理的难度,例如对挂号道契的管理问题。但另一方面也为租界管理当局的财政收入提供了诸如地税、房捐和执照捐等一些新的税源,为租界当局以土地为核心的行政管理工作提供了保障,也为租界城市化过程中公共设施建设提供了重要的资金来源。这一规定的实施成为形成未来租界"华洋杂居"社会经济形态的关键。

三、1869 年的《土地章程》及之后的增加和改动

1863 年 9 月 21 日,英租界和美租界合并成为公共租界,因此,对原有的土地章程作出修改,于 1869 年由英、美、法、俄、德五国"暂行批准"颁布了《上海洋泾浜北首租界章程》(以下简称 1869 年《土地章程》)。1869 年的《土地章程》成为日后土地章程修改的蓝本,之后的几次修改都在此基础上进行调整、增删。但由于此项章程仅为五国"暂行批准",并未提交北京中国政府批准,仅在其实施时,通知上海道台。因此,由于其法律程序上的欠缺,导致新的土地章程缺乏法律效力。

此后,《土地章程》的修改大多围绕着"租界权利的扩大"这个问题。由于工部局在土地管理方面已经日臻成熟,因此对土地管理的制度没有进行过多的改动。

第二节 土地管理制度演变的动力

当一项制度安排出现了非均衡的状态时,就存在制度变迁的可能和动机。而只有在预期的收益大于预期成本的情况下,行为主体才有动力去推动,直到制度变迁的实现。制度变迁有两种类型:诱致性制度变迁和强制性制度变迁。"诱致性制度变迁指的是现行制度安排的变更或替代,或者是新制度安排的创造,它由个人或一群人,在响应获利机会时自发倡导、组织和实行。与此相反,强制性制度变迁由政府命令和法律引入和施行。诱致性制度变迁必须由某种在原有制度安排下无法得到的获利机会引起。"⑥

在近代上海公共租界设立和存续期间,土地制度的产生和演变就是在诱致性制度变迁和强制性制度变迁的共同作用下完成的。

一、土地管理制度环境产生的动力

以永租制和道契制度为核心的近代上海公共租界土地所有权制度是租界当局实施土地管理的基础性制度安排,不仅是租界土地管理的基本制度规定,而且也是租界当局对整个租界实施各项行政管理的基本制度规定。从这一制度安排的最终结果来看,符合诺斯所定义的制度的非连续变迁,即强制性变迁。然而,强制性制度变迁的发生是一系列连续渐进性变迁(诱致性制度变迁)作用的结果。租界土地管理的基本制度安排是一种为了最大化西人租地人在华非法利益而进行的制度创新。这一制度创新使得西人租地人获得了在原有制度条件下无法获得的"外部利润"。

(一) 过高的交易成本

在上海英租界设立之前,就已经有一些英国人来到上海从事商业贸易和传教活动。由于《南京条约》的签订,清政府允许外国人从事这些活动,并且也赋予了他们在上海居留的权利。但条约对外国人在通商口岸居住的具体区域、如何取得土地或者居住权等都没有详细规定。因此,华人业主和外商之间只能通过协商解决租赁问题。此时,上海中外之间的地产交易采取了类似中国农村永佃制的方式,即租地人在承租土地时需向业主缴纳押租,承租土地后,每年再定期向业主缴纳土地年租。与此同时,租地人获得土地的永久使用权,租地人不但可以将自己承租来的土地传给子孙,还可以转租给他人,并收取更高的押租;如果租地人想要退回土地,则可以收回押租;如果业主想要将土地卖给他人,则只能出售土地的所有权,这称为"田骨",这种行为也叫做"卖田不卖佃"⑦。到1844年5月,已经有八个英国洋行按照这种方式租借了9块土地。⑧在没有明确土地制度规定下,外商同中国业主在传统方式的基础上进行协商交涉最终达成交易,并逐渐将这种方式形成一种习惯做法,正是为响应获利机会而发生的诱致性制度变迁。

然而,随着外商在上海租借房产的不断增加,这种租赁方式产生了巨大的交易成本:首先,发现交易对象的费用。由于中外文化和风俗习惯的差异,外国人很难租到房子。即便是有利可图,中国人也不愿将房屋出租给外国人。不用说上海县城的房屋,就连郊区乡村的房屋外国人也很难租到。这便增加了外国人寻找可租房源的成本。其次,界定和保障排他性协议的费用。如前所说,租界设立之前,外国人能够租到房屋的地区多为私有土地,其土地产权不清晰,在这种情况下,业主和租房人签订的租房契约也不具有严格的法律效力,毁约的事情时有发生。因此,这就迫使外国人在签订租借房产合同之前明确土地产权,以便于未来减少纠纷发生,这自然增加了房产交易的成本。再次，讨价还价、订立交易合同的费用。由于中国传统的土地交易中存在着"找赎"的习惯，即业主以各种理由要求"找贴"和"回赎"，这从另一方面扩大了外国人在上海租借土地的利益风险。因此，外国人在租借中国人房产时必须经过复杂的讨价还价和订立合同的过程，这是房产市场交易成本的另一种表现。最后，督促契约条款严格履行的费用。若按照外国人的意愿，他们希望能够购买到土地的所有权，因为只有如此，他们才能够放心投资。然而，当时中国政府并不允许将土地卖给外国人，他们将此视为割让领土。因此，外国人只能租地，不能买地。而一旦经济繁荣起来，地价上涨，则业主随时有可能收回土地，租地人的利益得不到保障。在这个过程中，外国人要承担巨大违约的风险。因此，他们就需要通过花费大量的费用以保持和维护所租借土地和房产的所有权。

（二）高额的预期收益

与相对高昂的交易成本比较起来，外商的获利机会似乎更大。一旦在上海稳定下来，从事商业贸易等各类经济活动就将获得高额的利润。正如当时"一最有势力之西侨"所言：

> 执事对于将来发生恶果之推测，自有相当根据，且或者甚是——虽则他一方面，与华人杂居，异于广州之隔离制度，亦不无利益，——总之，鄙人亦与执事表同情。将来或有一日来此之西人懊悔此时租屋或分租与华人为不当，但吾人一般地主及投机商人能顾及此耶？执事要顾及国家的及长久的利益，此为执事之职务所当然。余之职务在于最短期间致富，将土地租与华人或架成房屋租与华人，以取得百分之三十至四十之利益，倘此为余利用我金钱最善之方法，余只好如此做去。迟则二三年，余希望能捆载而归，则将来上海之沦为沧海，或化为劫灰，又与我何涉？执事幸勿望吾一辈人自愿流亡在此水土不合之地多年，以求繁荣也。实则，吾人均系赚钱与实事求是的人。吾人之职务即在赚钱，愈多愈好，愈快愈好。——为达到此目的，一切法律范围内之方法均认为良善。⑨

由于外商在上海租赁土地并没有制度上的选择和保障，租地过程中面临较高的交易费用，再加上外商对未来上海贸易利益的预期，因此便产生了外商能够合法取得以及合理使用土地的制度需求。于是，英国政府派人同上海道台进行交涉，希望给英国商人创造更便利的经商条件。最终的结果便是颁布了关于公共租界土地相关制度的正式法规——《土地章程》，永租制及其他土地管理制度随之产生。《土地章程》的颁布是由政府主导的自上而下的强制性制度变迁，这使得土地制度合法化，华人业主出让土地和外国商人使用土地有了制度上的约束和保障,是一种制度上的供给。因此,可以说公共租界土地制度的产生既存在着诱致性制度变迁的过程,同时也显示出强制性制度变迁的发生。

根据诺斯关于制度创新的观点,如果市场交易的参与者在潜在的制度安排下获得的净收益大于他们现有制度安排获得的净收益,新制度就会产生。从当时的历史条件来看,过高的交易成本降低了外商通过租借上海的地产开展商业贸易的利润,即降低了现有的制度安排所能带来的净收益。从预期收益的角度,对于外国商人来说,明确和改变现有地产租借等土地管理制度,能够实现其预期的经济利益。由于实施新的制度能够降低交易成本,使得潜在制度安排所产生的净收益大于原有制度安排,因此,旨在降低交易成本、提高外商收益的新的土地管理基础性制度安排的出现就成为历史必然。然而,这种新的土地管理制度安排并非是一种帕累托改进的制度变迁。主要由于在这一制度变迁过程中,并非所有地产市场参与者的收益都是大于在原来的制度安排下所获得的收益,如华人原业主的利益实际上是受损的。因此,《土地章程》的颁布实际上是一个使得外商获取更大的利益,而华人业主利益受损的卡尔多改进过程。

二、土地管理制度演变的动力

当永租制和道契制度产生之后,很快便发展成熟,成为公共租界土地管理的基本制度环境。尽管之后租界经历了长期社会与经济的历史变迁,但是作为公共租界土地管理的基本制度安排长期保持了稳定。与之相对应的是,作为次级制度安排的一些土地管理制度,随着经济社会的发展不断变化。经济环境的变化使得次级制度的均衡被打破,从而为次级制度创新创造了机会。根据制度经济学的观点,当原有制度不均衡时,便会产生潜在的获利机会,而此时新制度的产生就有了动力,从而导致诱致性制度变迁。由于租界社会历史环境的不断变化,对土地管理的要求也在不断变化。因此,各种潜在的获利机会促使土地管理制度围绕着土地基本管理制度安排不断演变。这其中,引起租界土地管理制度非均衡的主要原因,即土地管理次级制度演变的动力是租界土地交易市场规模和土地相对价格的变化。

(一)土地交易市场规模的变化

从前文道契的申领趋势可以看出,近代上海公共租界土地交易市场不断扩大。而这一扩大趋势的根本原因是租界内人口不断的增加。人口变化产生的影响主要体现在两个方面:

一方面人口数量的增加,使得租界内的土地、道路、交通等各种资源相对减少,在公共租界内产生了扩大区域面积和增加道路、交通等公共设施建设的土地需求。从土地管理的主体工部局自身的角度来看,权力的扩张使其能够得到更多的获利机会。而租界内社会环境的变化恰恰为其扩张权力的动机提供了充分的理由。因此,人口增加引起的土地资源相对减少使得工部局调整土地管理制度成为必然。

另一方面是华人的增加。原来租界内只允许原有的华人业主居住。在难民涌入之后,华人的比例不断增加,原本期望的"华洋分居"似乎不再可能。在这个问题上,英国人有两种看法:一种认为这将引起社会管理上的混乱,这类人主张"华洋分居";而另一种人则受经济利益的驱使,认为华人的涌入恰恰为他们牟取利益提供了方便。外国人可以建造房屋并租赁给华人,以牟取暴利,自然这类人的主张便是"华洋杂居"。但是由于洋商挂名道契的出现,使华人实际上可以获得在公共租界内租地造屋的权利。因此,1854年的《土地章程》已经不再规定"华洋分居"。只要通过政府的批准,华人同样可以在租界内租赁房屋。在原有"华洋分居"的制度安排下,外商可获得的利益仅限于其从事商业和贸易的利润。而"华洋杂居"则为其提供了新的获利手段,即从土地的转手交易中获取收益,这是在原有的制度安排下无法得到的获利机会,这样的机会是引起诱致性制度变迁的原因。

(二)土地价格的不断变动

另一个引起土地管理制度变迁的重要因素就是土地价格相对变化。一方面,租界人口数量的增长扩张了土地需求;另一方面,尽管租界管理当局实际控制区域大于划定区域,但土地供给增长较慢,尤其是在后期租借管理区域的扩张完全终止。这就导致在公共租界发展过程中,土地的价格总体上呈现出快速上升的趋势。地价快速上升对土地管理制度的影响中最直接的表现就是关于转租土地价格的规定。在1845年的《土地章程》中,土地应按照原来租借的价格转租。1853年小刀会起义后,大量难民涌入租界,这其中不乏富有的华人。由于华人不能直接租赁租界内的土地,因此他们只能从洋人手中转租。而在此之前,租界内大部分为外国商人,租界人口大约为500人,而此时英租界的土地则有830亩左右,⑩人少地多。华人涌入导致的人数增加使得土地的相对价格发生了急剧变化,而"相对价格的变化改变了个人在人类互动中的激励"⑪。面对人多地少、土地房源有限的局面,不断竞价抬高价格的现象就必然会出现。价高者得是再自然不过的事,但是原有《土地章程》的规定等于阻挠了已租借土地的外国人发财的机会。因此,必定有人愿意冒险违反规定,私下抬高价格进行交易。外国人既为利益

72

来到上海,则一切有利可图的事便不能错过,随后的 1854 年的《土地章程》便取消了转租不能加价的规定。因此,可以看出"相对价格的根本性变化乃是制度变迁的重要来源"⑫。

近代上海公共租界土地管理制度的变迁反映出了土地管理制度随着公共租界内外部条件改变而演变的过程。随着人口不断增加,尤其是华人的不断涌入,公共租界土地交易规模不断扩大,土地市场价格不断提高,引起原有土地管理制度供给过剩。正如上文所提到的华洋分居制度和土地不得加价转租的规定这两项土地管理制度不再满足公共租界发展的需要,成为无效率制度。无效率制度体现了公共租界土地管理制度的非均衡状态。人类社会的发展始终伴随着制度均衡和非均衡的相互转换。因此,受新土地价格上涨所能带来的新的获利机会的影响以及土地交易市场规模的不断扩大,这些过剩的无效率制度逐渐被新的更为有效的土地管理制度所取代。

注释

① 本章所涉及的 1845 年《土地章程》资料来源于徐公肃、丘瑾璋:《上海公共租界制度》,载蒯世勋等主编:《上海公共租界史稿》(上海市资料丛刊),上海人民出版社 1980 年版,第 44—45 页。

② 朱梦华:《上海租界的形成及其扩充》,载上海文史馆等编:《上海地方史资料(二)》,上海社会科学院出版社 1983 年版,第 33—34 页。

③ 陈正书:《租界与近代上海经济结构的变化》,《史林》1988 年第 4 期。

④ 本部分所涉及的 1845 年《土地章程》资料来源于徐公肃、丘瑾璋:《上海公共租界制度》,第 52—56 页。

⑤ 徐公肃、丘瑾璋:《上海公共租界制度》,第 52 页。

⑥ 林毅夫:《诱致性制度变迁与强制性制度变迁》,载盛洪编:《现代制度经济学(下卷)》,北京大学出版社 2003 年版,第 260—261 页。

⑦ 中国第一历史档案馆、中国社会科学院历史研究所合编:《清代地租剥削形态》(乾隆刑科题本租佃关系史料之一),中华书局 1982 年版,第 485、562 页。

⑧ 费成康:《中国租界史》,上海社会科学院出版社 1991 年版,第 14 页。

⑨ 蒯世勋等主编:《上海公共租界史稿》(上海市资料丛刊),上海人民出版社 1980 年版,第 27—28 页。

⑩ 邹依仁:《旧上海人口变迁的研究》,上海人民出版社 1980 年版,第 91 页。

⑪ [美]道格拉斯·C.诺思:《制度、制度变迁与经济绩效》,上海三联书店 2008 年版,第 115 页。

⑫ [美]道格拉斯·C.诺思:《制度、制度变迁与经济绩效》,第 115 页。

第五章 近代上海公共租界的土地管理

近代上海公共租界日常市政管理机关主要是工部局,土地管理是工部局市政管理的重要内容之一。工部局按照《土地章程》中规定的相关管理制度对租界内的土地进行管理。在土地管理当中,工部局最主要的职责就是对租界内房地产的评估,并在房地产评估的基础上征收地税和房捐以及解决土地管理过程中产生的纠纷。房地产评估是为了满足近代上海公共租界工部局征收地税、房捐的需要而产生的一种管理行为,既是工部局土地管理的具体内容,也是工部局土地管理的重要前提。地税和房捐是租界管理当局最早征收的税种之一。由于城市土地具有"先占原则",城市居民能够获得公共投资的外溢收益。对于公共租界来说,道路交通等基础设施投资对土地增值所带来的益处会间接地转移到已经租借土地的租地人身上。因此,为了保证租界内所有租地人和租房者的公平,以及获得提供土地管理制度和实施土地管理等这类"公共品"的补贴,租界管理当局通过移植英国国内的土地管理方式,确定自身征收地税和房捐的权利,明确了自己作为租界管理者,尤其是土地管理者的地位,并以此为基础开始征收地税和房捐。随着租界的不断发展,工部局征收的土地税和房捐收入不断增加,这两项税收收入在工部局经常性财政总收入中的比重呈现出长期上升的趋势,其背后是租界实际控制区域内地价不断快速提高的结果。地价的快速增长加大了工部局土地管理工作的难度。在工部局进行一系列土地管理的同时,各类土地纠纷也不断出现,例如房地产评估纠纷与税收征收纠纷,尤其是在提供基础设施时与私人所产生的征地纠纷。土地管理纠纷的解决是提高租界土地管理效率,提升租界土地利用效率的关键。工部局"租地人利益优先"的房地产管理纠纷解决机制具有现代性特征,在一定范围内和一定程度上有效解决了土地管理纠纷,实现了租界土地相对高效的管理和利用,创造了租界土地市场交易的良好外部环境,奠定了近代上海公共租界城市化快速发展的土地管理基础。

第一节 公共租界的房地产评估

房地产评估是近代上海公共租界工部局土地管理的具体体现。对房地产的评估，工部局主要有两方面的目的：一方面是全面了解和掌握租界实际管辖区域内各块房地产的真实情况，以便工部局进行租界土地管理。房地产评估的主要内容包括业主、四至、四邻、面积、评估土地价格和房租。尽管一些内容在道契中有所显示，但是由于公共租界内房地产交易的不断进行，道契所反映的状况较为滞后，尤其是无法反映最新的土地市场价值，无法满足工部局土地管理的需要。另一方面，工部局进行地产评估的最重要的目的就是确定征收地税和房捐的标准。租界管理当局按照当时英国城市房地产管理和地税房捐征收的方式，确立了"征收地税房捐的税基由房地产评估价格决定"这一基本原则。

一、土 地 评 估

土地评估是工部局开展地税征缴和土地征收等一系列土地管理工作的基础。土地评估工作主要包括两个方面的内容：土地面积的评估和土地价格的评估。在成立专门的评估机构对土地进行统一评估之前，地产价值通常是由租界管理当局发出单块土地评估的通知单，经由土地租地人自行评估之后，作为该块土地的市场价值。工部局在1856年开始对土地进行统一估价，这一工作一共持续到1933年。在这七十多年间，工部局土地管理机构日益完善，评估机制日益成熟。首先，在1865年成立了专门从事估价工作的地产估价委员会。其次，工部局规定每三年对土地进行一次评估。表5.1显示了1867—1933年期间工部局21次土地评估中的19次结果。从土地评估的结果可以看出，随着租界内土地的不断开发和利用，公共租界的评估土地面积不断增加，评估价格快速增长。但是，在大多数时间内土地价格的增长速度远大于土地面积增速。

确立了土地评估基本制度之后，在实际的历次土地评估过程中，工部局会根据实际土地管理的需要对土地评估工作进行调整。最典型的就是关于每次土地评估时间规定的变化。工部局最初规定每隔三年就对公共租界内的土地价格进行一次评估，但实际的评估是根据不同条件不定期进行的。其中两次地价表发表最长间隔为七年，而最短的间隔时间只有一年。最初的土地评估工作比较频繁，在1867—1876年的10年中，工部局进行了四次

表 5.1　近代上海公共租界工部局历次土地评估面积与价格

年份	评估面积 （亩）	评估地价总额 （白银两）	年份	评估面积 （亩）	评估地价总额 （白银两）
1865	4 310.000	5 679 806	1903	13 183.602	60 803 773
1867	4 374.000	5 768 057	1907	15 642.625	151 047 257
1869	4 902.000	5 268 824	1911	17 093.908	141 550 946
1874	5 144.063	7 494 301	1916	18 450.870	162 718 256
1876	4 752.294	6 936 580	1920	19 460.174	203 865 634
1880	4 896.526	8 063 591	1922	20 338.097	246 123 791
1882	4 938.389	13 868 077	1924	20 775.993	336 712 494
1892	5 432.377	17 564 700	1927	21 441.319	399 921 955
1896	5 916.925	28 985 516	1930	22 120.815	597 071 794
1900	11 436.617	44 290 861	1933	22 330.401	756 493 920

资料来源:《上海公共租界工部局地价表》,上海市档案馆馆藏,上海公共租界档案 U1-1-1023-1044。其中 1865 年数据来源于 1876 年《上海公共租界工部局地价表》的说明文件。由于 1889 年评估的土地价值与市场价格偏离过多,因此,工部局于 1890—1892 年重新评估,在此表中未列明 1889 年的土地价格。1899 年工部局对公共租界进行了估价,同年公共租界区域扩充,1900 年工部局重新估价,在此表中仅列出 1900 年的数据。

土地评估。由于在这段时间内租界土地价格波动并不明显,工部局频繁进行土地评估最可能的原因是英、美租界合并所带来的各种土地问题,尤其是新的土地评估制度的实施要求在整个公共租界区域内进行土地评估程序的调整。而之后的二十五年中进行了七次土地评估,但实际有效的是五次。其中,土地评估间隔最长的一次就发生在这一时期。在 1882 年地价表编制完成之后第六年,工部局重新启动土地评估,并于 1889 年发布新的地价表,但是由于未能真实反映土地价格,工部局一年后重新进行土地评估,并于 1892 年发布新的地价评估表。从表 5.1 可以看出,1892 年的评估面积比起 1882 年有显著增加,说明经过近十年的发展,公共租界内部分区域土地被开发利用(尤其是原美租界区域)。而此次土地评估之后,每次评估面积较之前时期均有增加,增加幅度最大的是 1900 年,原因是原租界越界筑路区域并入租界实际管理区域,工部局开始在这些区域进行土地管理,土地评估面积几乎翻倍。进入 20 世纪,评估面积和评估地价同时增加。唯一的例外是在 1911 年,工部局这一次土地评估中评估土地面积增长,而评估土地价格则在下降,其中原因可能与当时中国社会的重大历史变革所带来的不确定性有关。在 20 世纪的前二十年中,工部局进行了五次土地评估。而之后,工部局土地评估变得较为频繁,十三年间就进行了五次土地评估。这一时期的显著特征是评估价格增长速度较之评估土地面积的增长速度明显加快。

（一）土地评估产生的必然性与持续进行的原由

1. 必然性

根据租界管理当局"征收地税房捐的税基由房地产评估价格决定"原则，工部局进行土地评估的根本目的是为了征收地税的需要，进而实现对租界主权的占有。在土地评估制度没有正式制定和实施之前，土地评估主要是按照租地人自己的评估得来。由于每个人对土地的评估依据和方式不同，常常引起争议，土地评估的结果往往难以为租界内的多数租地人所接受。因此，工部局以此征收地税的行为也很难得到多数租地人的认同。而后，工部局土地评估机制的建立和发展则既满足了租界当局和工部局征收地税和土地管理的需要，同时也为租界内租地人提供统一的地税征收标准。工部局在进行土地评估时，主观目的是为了进行地税征收，而客观上由于统一了评估标准，明确了租地人土地信息（四至、面积和评估价格）。土地评估管理工作的进行使得租界内的租地人获得了正的经济外部性，即土地产权的进一步明确。另外，工部局对租界土地的评估也为土地市场交易提供了相关土地信息，降低了土地信息获取和甄别的交易成本，符合租地人土地交易的利益。正是由于满足了工部局和租地人等各方面的利益需要，土地评估制度能够顺利地推行并持续70年。

2. 原由

工部局于不定期进行土地评估是为了方便土地管理以及扩大财政收入的需要，具体的原因主要表现在以下两个方面。

（1）土地评估面积的变化

土地面积的评估是工部局土地评估工作的核心内容之一。土地评估面积的变化会直接影响到工部局土地管理的效果，进而影响到工部局地税的征收。近代上海公共租界评估土地面积的变化主要表现在三个方面：

第一，由于受公共租界内、外部环境的变化和租界自身发展的影响，工部局土地管理的区域不断发生变化。从最初英、美租界的相继设立、合并一直到公共租界对越界筑路区域的扩充，在这一发展过程中，公共租界的实际控制区域范围不断扩大。由于英、美租界原本对土地评估的标准和执行程序不完全相同，因而越界筑路扩张部分的土地也没有按照公共租界内的标准进行测量和评估。因此，公共租界范围的不断扩大和土地的不断利用就要求工部局对新开发土地进行评估。例如，1890年开始的土地评估中，对虹口部分的评估就涉及面积扩大的问题。1869年之后，对土地的评估都是先验明每一块册地的位置和边界，然后估价每亩的价值，并核对每块册地的面积。在英租界内，已经严格按照这样的程序进行了土地评估。而在虹口范围内，土地评估的结果并不完整。根据1891年10月20日的工部局董事会议录显示，在虹口境内的应征税土地面积为3 177.214亩，共593块土地，而1882年9月份的估价册上仅为2 714.314亩，仅有450块。在1890年开始的土地评估工作中，地产估价委员会只是重新评估了原来地价册上记载的土地的价值，而对新增土地面积的部分仍有100块土地未作评估，这部分工作需要工部局重新委派人手进行评估。①因此，这一次的土地评估持续了较长时间，直到1892年才公布虹口地区的土地评估结果。而1899年的土地评估也是由于公共租界土地面积扩大的结果。在1898年工部局对公共租界区域内土地进行了评估，并于1899年公布了新的地价册。但是由于1899年公共租界区域的扩充，工部局在当年又对新扩充进来的东区和西区连同原来的美租界区域土地进行了评估。土地管理范围的扩大就必然要求工部局对新增范围之内的土地进行评估以便满足未来土地管理之需。

第二，公共租界原有区域内荒地、沟壑与滩地的开发与利用。与公共租界区域面积的扩大引起的土地评估面积快速增加不同，对租界内荒地、沟壑与滩地的开发利用的结果是在工部局控制的实际区域面积保持不变的基础上，增加租界内的实际可利用面积，但这是一个长期的过程。对由荒地、沟壑和滩地转变用途而来的土地，工部局需要在土地用途转化之后对土地的基本信息进行统计，并对土地价格作出评估。

第三，公共租界各地块土地面积的变化。这种情况是由于公共租界内土地交易、市政建设等原因引起原有地块的分拆和合并。为了能全面详细地掌握租界内土地状况，满足土地管理的需要，工部局必须及时了解和掌握土地面积、四至和租地业主等变化状况，并对此类土地的登记资料进行更新。

（2）土地价格方面的变化

土地价格评估是工部局土地评估的另外一个核心内容。公共租界自设立后土地价格的波动频繁，尽管在一定历史阶段短期内出现过地价的下跌，但是在长期中随着公共租界城市化的发展，公共租界内的土地价格不断提高。土地价格的评估主要受到土地市场价格变化的影响。通常情况下，在土地的市场价格变动幅度较大，已经远远偏离土地评估价格的时候，工部局地产估价委员会（或地产委员会）就会对土地价格进行重新评估。例如，在1926年的工部局董事会会议中，工务处处长提到"最近的一些交易，这些交易都是以估计价值的两倍易手的"。因此，工部局也是考虑到地价的迅速上涨,土地的市场价格已经远远超过最近一次的评估价格,于 1927 年重新评估土地。土地价格的变化从两方面决定工部局必须不断地进行土地评估:

第一,土地市场价格的变化决定工部局需要调整估价以更真实地反映市场价格,保证地税的收取。公共租界土地税征收的税基就是评估土地价格。地价的涨幅增高时,工部局重新评估土地的目的有两个:地税收取的公平与效率。首先,就公平而言,1882 年的土地评估典型地反映了这一目的。工部局在 1880 年刚刚进行过土地评估,但是由于这一期间土地市场价格变化较为剧烈,所以工部局决定在 1882 年再次评估公共租界内的土地价格。当时,外滩册地同其他地区册地地价涨幅差异很大,"江边册地的价格未曾上涨之际,后面的册地却已大大上涨"②,这样按照原来的税率会造成这两部分区域册地业主在地税交纳上产生不平等。因此,为了保证地产业主之间的公平,工部局提出议案:一个方法是降低土地税到千分之三,另一个是对公共租界内土地重新评估。经过租地人大会讨论最后决定采用对租界内土地重新估价的做法。③其次,这样的做法实际上是在保证征税公平的基础上,实现了土地管理的效率。一方面,由于相对公平的征税基础,工部局征收地税的效率提高。另一方面,根据土地市场价格对土地进行重新评估,是在租界土地市场价格长期增长的条件下,增加工部局地税征收数量,扩大财政收入,平衡财政赤字的社会成本最低的选择。

第二,评估的土地价格更加真实地反映市场价格,成为土地市场交易的参考,能够提高工部局参与土地市场交易的效率。由于工部局具有公共租界城市管理的职能,在享有征收地税、房捐等税收权利的同时,就必须承担向租界租地人提供治安、道路、交通等公共服务的义务。在履行这些义务的过程中,工部局需要通过征收土地进行道路交通建设和修建楼堂馆所以用来提供公共服务。工部局多数情况是以市场化行为参与租界土地交易市场的。这样,工部局在征收土地时可以将最近一次的土地评估价格作为所征收土地市场价格的参考,并与私人土地所有者进行议价。工部局按照符合市场价格的土地评估价格进行报价更易于私有土地所有者所接受,提高土地征收的效率。因此,不定期的土地评估就成为工部局土地管理的必然要求。

(二)评估机制

在土地评估成为工部局日常土地管理工作之后,工部局在土地管理制度的基础上建立和完善了土地评估机制。除了关于土地评估的基本内容的规定之外,土地评估机制还由专门的土地评估机构和规范的土地评估流程构成。土地评估机制在工部局历次土地评估工作过程中不断发展完善,保证了准确评估土地面积和土地价格,有效地保障了工部局实施土地管理。

1. 土地评估机构

根据评估内容的不同,土地评估工作主要由两类机构承担:一类是由工部局清丈处会同上海会丈局共同完成,主要是对租界内土地面积的评估、方位的确认和地图测绘等;另一类是由工部局地产估价委员会承担,主要是根据租界内每块土地的基本情况进行土地价格评估。

(1)上海会丈局和工部局清丈处

上海会丈局成立于1889年,隶属于上海道台,主要职责是对出借和转让的土地进行调查和丈量。公共租界工部局清丈处成立于1900年,主要职责是对出租和转让的土地进行堪丈测绘,同时对已测量土地注册编号。两个机构的主要功能略有不同,但都涉及对公共租界内土地面积评估的相关工作。工部局清丈处成立之后,便由上海会丈局和工部局清丈处共同负责土地的勘丈,而在此之前,上海会丈局是此项工作的主要承担者。

两者的不同之处在于:

第一,在完成对土地的勘丈之后,工部局清丈处负责公共租界内的土地绘图,而上海会丈局负责租界外的土地绘图。但清丈处的绘图仍需会丈局的查验。

第二,工部局清丈处除对土地进行勘丈和绘图外,还对其进行注册编号,并注明使用此块土地的产业类型,以方便征收地税和房捐或办理其他事宜。

第三,上海会丈局的职责还包括对需转换成道契的田单进行查对,检验单地相符与否等事宜。

最初,工部局清丈处设立的目的只是负责公共租界范围内土地测量和调查工作。但1911年以后,其职能范围便扩大到公共租界外,并且在此后的道契及其附契中也有"清丈具有责任对土地进行测量、调查"的说明。④

(2)地产估价委员会和地产委员会

地产估价委员会隶属于公共租界工部局,是在需要土地评估时才临时组成的机构。该委员会通常由6—12名熟悉土地价格的纳税租地人组成,但不能包括工部局董事会成员。该委员会接受工部局董事会的监督,并有权调控工部局总办和测量员。

1900年地产委员会成立。地产委员会是之后工部局进行土地管理的常设机构,承担了之前地产估价委员会的主要职能,即评估租界内土地价值。另外,地产委员会还承担起了公断工部局征用土地所产生的纠纷,决定土地赔偿金的职责。地产委员会的人员构成在很长的一段时间内是由三名委员组成。他们分别由工部局董事会、租界内注册的外侨土地业主会和租地人大会任命。直到 1935 年,地产委员会增加了两名华人委员,分别由纳税华人会和租界内华人房地业主会任命。所有地产委员会当选委员任期为一年,可以连任。在当选资格方面,除了必须是由各个组织任命之外,还有重要的一个条件就是在工部局领有薪俸的人员没有当选委员的资格。地产委员会发生费用方面,首先尽管各个委员是由不同的组织任命,但是所有地产委员会委员的薪酬都是由工部局从财政收入中支付。其次,因履行土地管理职责,即地产委员会在评估土地价值和公断土地纠纷等活动所产生的费用,同样是从工部局当年的财政收入中列支。

2. 土地评估的程序

工部局在土地评估过程中会按照一定的流程进行,这一流程经过多次的评估工作后变得更规范有效。确定和规范的土地评估流程有利于减少土地评估过程中与租地人的矛盾,降低土地评估结果的错误率,从而提升工部局土地管理工作的效率。

(1) 区分土地评估的范围

地产估价委员会和地产委员会的土地评估主要分为两种类型:一种是不定期对公共租界范围内的土地进行全面系统的评估。另一种是对个别地块进行评估的情况。

① 租界范围内的所有土地的系统评估。

由于进行土地评估的主要目的之一是为地税的征收提供依据,因此土地评估的范围大部分是公共租界内可征税的土地。例如在 1875 年 9 月 6 日的工部局会议记录中明确指出,"一切公用土地不在估价范围之内"⑤。但对于一些免税的教堂等公益慈善机构所占土地和房屋也依旧列在评估的范围之内。

出于工部局土地管理的需要,土地评估的范围也会做出一些改变,主要是对公共用地是否评估的问题上。如 1911 年 8 月 23 日的工部局董事会会议上讨论并最终决定对滩地等经过升科和作为堤岸的公共土地进行评估。⑥可见,土地评估不仅是工部局征税的依据,也是工部局进行土地管理的一种参考。

② 个别土地的评估。

这种情况多发生在工部局购买私人土地,或某些租地人对评估有异议并提出上诉时。在土地交易市场中,土地的买卖是按照市场价值进行的。而在工部局对公共租界进行市政建设的过程中,也需要征收一些土地用于拓宽道路或是公园等其他公共设施的建设。在征收这些土地之前,工部局都会请地产估价委员会的委员对欲征收土地进行评估。例如"1896 年为拓宽福州路,征用带状土地,每亩估价白银 14 286 两。1914 年工部局征购高郎桥沿河地,每亩估价白银 850 两。1930 年,工部局收买西摩路地,每亩估价白银 4 500 两"⑦。在对所需征收之土地进行估价之后,工部局会将此评估价格报给土地所有者。多数情况下,为了多获得土地出让利益,土地所有者会与工部局进行议价。土地最终是否出让完成取决于最终议价的结果。如果与评估价格相去不远,工部局才会购买土地。地产估价委员会对个别土地的评估大多是工部局征收道路用地的情况。由于工部局的道路建设每年都有,因此这类个别评估的情况也十分频繁。

（2）制定土地评估的具体步骤

公共租界最初的土地评估是由临时组成的地产估价委员会进行的,因此其工作程序并没有严格、固定的文件说明。一般都是在需要对土地进行全面评估之前,在公共租界工部局董事会上,商议出具体的地产委员会成员人选、评估流程以及具体的评估范围等事宜。每一次的土地评估大致按以下四个步骤进行(见图 5.1)。之后的地产委员会同样按照这一固定程序进行土地价值评估。

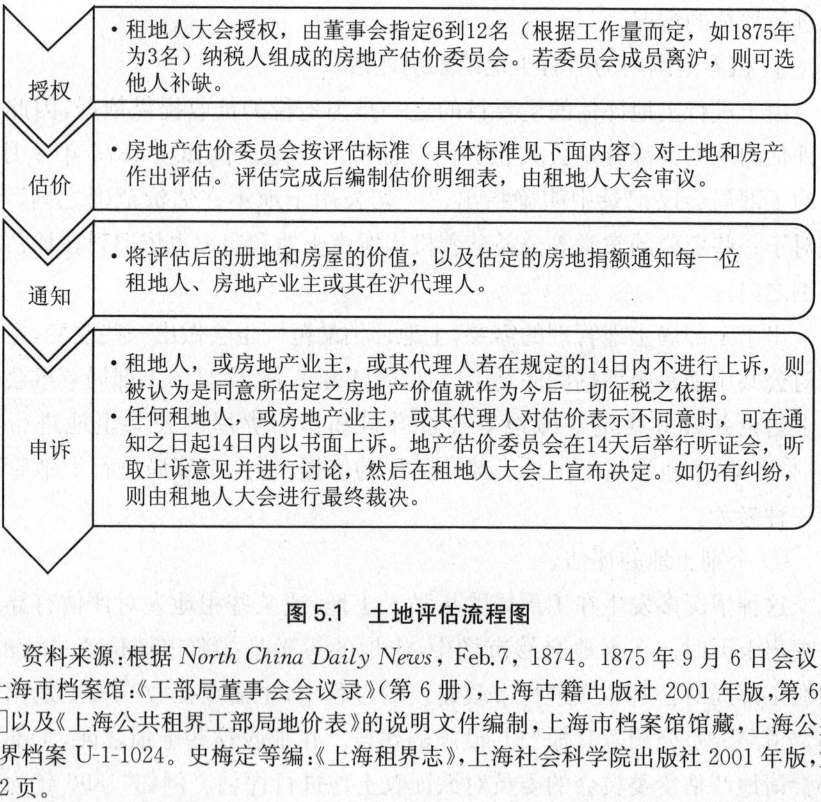

授权	• 租地人大会授权,由董事会指定6到12名（根据工作量而定,如1875年为3名）纳税人组成的房地产估价委员会。若委员会成员离沪,则可选他人补缺。
估价	• 房地产估价委员会按评估标准（具体标准见下面内容）对土地和房产作出评估。评估完成后编制估价明细表,由租地人大会审议。
通知	• 将评估后的册地和房屋的价值,以及估定的房地捐额通知每一位租地人、房地产业主或其在沪代理人。
申诉	• 租地人,或房地产业主,或其代理人若在规定的14日内不进行上诉,则被认为是同意所估定之房地产价值就作为今后一切征税之依据。 • 任何租地人,或房地产业主,或其代理人对估价表示不同意时,可在通知之日起14日内以书面上诉。地产估价委员会在14天后举行听证会,听取上诉意见并进行讨论,然后在租地人大会上宣布决定。如仍有纠纷,则由租地人大会进行最终裁决。

图 5.1　土地评估流程图

资料来源:根据 *North China Daily News*,Feb.7,1874。1875 年 9 月 6 日会议录［上海市档案馆:《工部局董事会会议录》(第 6 册),上海古籍出版社 2001 年版,第 697 页］以及《上海公共租界工部局地价表》的说明文件编制,上海市档案馆藏,上海公共租界档案 U-1-1024。史梅定等编:《上海租界志》,上海社会科学院出版社 2001 年版,第 552 页。

（3）确定土地评估标准

地产估价委员会评估土地的基本原则是保证所估土地和房产的价值更接近于市场价值。工部局"在考虑任命土地评估的估价员时,董事们认为应采取步骤保证新的估值更接近土地的市价"⑧,而"工务处长认为土地和建筑物之间相对正确的估价同样必要"⑨。土地估价与市场价值接近的原则是工部局制定土地评估标准的关键,对工部局的土地管理和参与土地市场交易至关重要。在具体进行土地价格评估的过程中,地产估价委员会主要考虑以下几个因素。

① 土地的基本状况。

在土地评估中,土地的基本状况是工部局在土地评估,尤其是土地价格评估中首先要考虑的因素,主要包括地理位置、面积大小、土地形状等。其中,地理位置是决定性因素。例如评估土地距离中心地带的远近,是否沿马路两侧,是否临近马路拐角、邻近土地的价格、附近的环境等。一般情况下,距离中心区域更近,靠近马路,并在马路拐角的土地评估价格越高。同样,若土地附近环境较好,则土地价格就会相对较高;若环境较差,则土地价格就相对较低。如 1917 年,公共租界北区的第 1039 和 1040 号两块土地,"由于该地临近汉璧礼路粪站,因而大大地降低了该两块册地的价值"⑩。因此,工部局最后决定调低土地评估价格,并决定降低这两块地的土地税。除此之外,土地本身的面积和形状也是影响土地评估价格的重要因素。

② 建筑物的类型。

在土地和房产的价值评估中,工部局会对土地上建筑物的用途、类型以及周边建筑物的形式进行考察,并将其作为次要影响因素考虑土地的评估价格。对这类因素的考量只在特定情况下起作用。例如 1921 年在对南阳路第 2803 号册地的评估中,由于此块土地的产业用于儿童游乐场,属于公益性质。因此,经过商议工部局同意将此块土地的价格降低,由原来的每亩白银 6 000 两降到 5 500 两。⑪

③ 土地所有者的预期价格。

地产估价委员会评估的土地分为带有建筑物和无建筑物的空地两种。在委员会评估之前,他们会给土地和房屋所有者一份土地价格评估表,由他们对土地和房屋作出初步判断,并填写他们对自有地产的价格预期。这个价格将作为日后评估的参考。⑫土地业主对土地价格的预期是地产评估委员会在评估具体册地时考虑的重要因素,它直接反映出了业主对其所有土地的市场估值。

在影响评估土地价格的所有因素中,土地距离中心地带的远近和是否沿马路两侧是主要的因素。因此,地产估价委员会会在考虑这两个因素的基础上提出一份估价比较表,然后再根据各块册地的具体情况以及租地人和房屋所有者的意见,对每块土地价格进行调整,以使其估值更加符合市场价格。

（4）支付土地评估的费用

土地评估费用是工部局土地管理过程中所发生的成本,主要包括评估人员的工资、印刷费用和广告费用。其中印刷费用和广告费用是根据当时的物价而定,而评估人员的工资的定价原则则主要是根据每一次评估的工作量而定。以1890年和1896年两次的土地评估进行比较就可以看出工部局对这一原则的坚持。1890年工部局为这次土地评估所支出的花费为白银3 000两。而在1896年的评估工作结束后,工部局董事会决定将支付给委员会的估价费用降为1 500两。[13]原因是"租界的册地平面图已经有了,进行重新估价的有关工作比以前容易"[14],也就是说此次土地评估的工作量较之前1890年的工作量少了很多。又如在1903年的土地评估工作结束之后,地产评估委员会认为根据该次评估的工作量,应将工作报酬增至9 000两。[15]1903年的土地评估由于涉及原越界筑路区域并入租界管理,尽管1900年已经对新增两个区域的土地进行了评估,但是由于评估时间较之并入时间较短的原因,对土地的统计并不全面,而且评估价格与实际市价相去较远。实际上,1903年工部局对租界内土地的评估进行了全面系统的评估。因此,工作量加大,所花费的成本也成倍增加。

二、房 产 估 价

近代上海公共租界工部局除了对公共租界内的土地进行评估之外,还对租界实际控制区域内的房产进行估价。房产评估的主要目的一方面是工部局出于对房地产管理的需要,另一方面则是为了征收房捐的需要。

与土地评估相同,工部局在评估房产的时候,也是在评估期组建房产估价委员会。房产估价委员会的职责主要是按照房租估定房屋价值以及裁决因房产估价发生争执的复议申请。在不同时期房产估价委员会采用的房产评估方法不尽相同,但是其程序与土地评估的程序相类似。同样分为授权、估价、通知和申诉四个过程,在此不再赘述。

工部局对房产的评估和土地评估有一个重要的不同。土地评估主要是针对租界法定区域之内的除公共用地之外的已开发利用土地,而房产评估的范围比土地评估要更广。除了租界法定区域内的房产,租界外越界筑路区域的房产也在评估范围之内。这主要是因为在租界外的越界筑路区域工部局提供了治安和道路交通等公共服务和设施。为了弥补因公共产品供给产生的正外部性所带来的成本支出，工部局在越界筑路区域主张征税。由于越界筑路区域并不在租界的法定控制区内，地税的征收并不被认可。因此，只能通过征收房捐以支持工部局在这些区域的地政和市政管理。

综合来看，工部局对公共租界内以及越界筑路区域的房地产的评估起到了两方面的作用。一方面有利于工部局了解和掌握租界内土地和房屋基本状况，便于对土地进行管理，从而保证土地得到充分的利用；另一个重要的作用就是为工部局征收地税和房捐提供了征收标准。

第二节　近代上海公共租界地税房捐的征收

近代上海公共租界是建立在西方列强以武力侵犯中国，篡夺中国主权基础上的。它的存在是不公正和不合法的。因此，正常情况下租界当局在公共租界内进行征税是一种缺乏广泛认可的非法的行为。然而，在近代历史上，自公共租界设立到最终取消，租界当局的征税行为一直持续存在。一方面，因为租界管理当局通过在土地管理过程中实施的一系列的制度和措施，确立了租界征税部门在租界内和越界筑路区域的征税权，尤其是对地税和房捐的征收权。另一方面是因为公共租界税收收入的用途即工部局财政支出符合租地人的利益。在公共租界，地税和房捐是工部局税收收入的核心。工部局的税收收入为公共产品和服务的提供给予了财政上的支持，使租地人获得了公共产品和服务的正外部性收益。

一、地税房捐征税权利

近代上海公共租界当局制定的土地管理制度无论是其本身的演变还是具体管理的过程，都可以看作是对公共产品的提供。正因为存在对这类公共产品的供给，公共租界区域内城市化发展需求才能够被满足，随之带来的是公共租界内因城市化发展所产生的集聚效应。例如公园、公共市场和厕所等公共设施建设便利人们生活和居住，从而引起人口、资本等生产要素的聚集。公共租界城市化所带来的这种集聚效应在引发人口、资本等生产要素聚集的同时，也为私人部门从事经济活动实现规模效应等正外部性提供了前提条件，例如修建公共道路在道路附近土地升值中起到的作用。这种由于公共产品提供所产生的正的外部性效应自然会引起公共租界当局以征收捐税的方法进行补贴。因此，在公共租界成立之初，租界管理当局就设立了道路码头委员会征收地税和房捐。1854年,公共租界工部局成立,作为实际上的市政管理机构,工部局进行土地管理的重要内容就是地税和房捐的征收。

然而,对城市公共产品的使用存在着"免费乘车者",近代上海公共租界的情况当然也不例外。一方面,早期地税和房捐等捐税的征税对象主要是西人租地人。由于华人不需要缴税,华人业主和租房者就免费享受了公共租界管理当局所提供的公共产品及服务。出于对西人租地人利益的维护以及平衡财政收支的需要,工部局开始对华人征收地税和房捐。但这一行为存在着反复的过程,主要是因为华人对工部局的征税权存在质疑。另一方面,外国人对工部局的征税权同样存在质疑。最初,很多外国租地人也尽量逃避地税和房捐等税收的缴纳。

因此,公共租界管理当局首先要解决的就是对地税和房捐征收权的质疑。这一问题的解决是在一系列的地税和房捐征收纠纷调解的过程中实现的。由于税收收入经常被拖欠,因此从1862年10月29日开始工部局董事会强制征收拖欠税款。然而,这一项决定同样因为没有法律依据而难以实施,工部局最终不得不通过建立专门的机构,并通过法律途径解决这一问题。首先,在1865年5月工部局成立财政、捐税及上诉委员(财务委员会),专门负责办理对地税和房捐等各种捐税欠税的控诉工作。之后在对已故英国人查尔斯·韦尔斯(Charles Wales)的在沪产业遗嘱执行人的控诉案中,工部局通过法律途径初步确立了其在租界内征收地税和房捐等土地税收的权利。按照工部局1865年10月的征税账户显示,韦尔斯的产业拖欠工部局"巨额"税款白银2 857.27两。按照工部局的说法,"在上海很可能没有任何一家产业从工部局管理中比它受益更多的"⑯。因此,上诉委员会指示工部局向英国高等法院(The Supreme Court for China and Japan)对该产业的托管人进行起诉。工部局认为这是一个获得征收捐税法律依据的契机,因为一旦对这次上诉的判决有利于工部局董事会的话,上诉委员会就有权请求董事会授权"申请对目前欠税者名单上的所有人进行传唤"⑰。在案件审理过程中,英国高等法院作出了有利于工部局的判决。"这一判决开创了一个重要的先例,给了工部局为市政所需而征税的毋容置疑的权力。"⑱

尽管通过此案工部局获得了征收地税和房捐等捐税的权力,但在实际的征收过程中,对工部局这种权力的质疑仍然存在。因此,1874年英国高等法院在审理丽如银行(The Oriental Bank Co.)起诉工部局对其房地产估价过高的案件中,重申了工部局征税权的合法性。英国高等法院认为工部局的行为是由租地人大会授予的,因此赋予工部局征收捐税的权力既是集体性的决策又是个人性的决策。工部局征税权就代表了工部局对租界的管理权力,如果否定这一权力就意味着工部局对公共租界管理权的丧失。⑲英国高等法院的论断标志着工部局获得公共租界征收地税和房捐等税收的"合法"权力,使得工部局在税收征收中具有了"正当"性,降低了征税纠纷发生的频率,提高了税收征收的效率。另外,征税权的获得也使得工部局能够在土地管理的过程中获得财政支持,有效提升土地管理效率。

二、地税和房捐的征收

(一)地税的征收

地税的征收是近代上海公共租界工部局财政管理的重要内容,地税收入也是工部局财政收入的重要来源。地税的征收对于工部局乃至整个公共租界都有重要意义,一方面能够有效地支持工部局的土地管理,另一方面有利于工部局其他各类管理活动的展开。

1. 地税征收方法

上海公共租界的土地税是按照土地评估价格的一定比例(税率),由租地人或土地占有人缴纳的一种直接税,计价周期为半年。近代上海公共租界在征收地税时主要是确定评估土地的面积、价格以及地税征收比率。

(1)土地税税基的确定

自地产估价委员会成立,工部局征收的地税都是以土地评估价格作为基准,在考虑了土地面积之后,以土地价格总额计算地税额。土地价格和土地面积都是由地产评估委员会对公共租界内的土地进行评估之后得到的。除了地产估价委员会对公共租界内土地进行的 19 次整体估价之外,每年工部局还会针对当年地价和面积变化较大的地产进行重新估价,从而确定新的征税数额,具体内容前文已经详细介绍,在此不再赘述。

(2)土地税率的确定

地税征收的税率标准是由工部局向租地人大会提出议案,由租地人大会最终决定。随着公共租界的发展,市政支出快速增加,工部局的财政经常会出现入不敷出的现象。因此,工部局会向租地人大会提出提高税率以增加税收收入的提案。租地人大会从维护租地人利益出发,在提高税率的问题上十分谨慎。这是因为一旦提高税率,就意味着所有租地人需要缴纳的地税整体提高。而实际情况可能是一些地块因为位置、环境或市政设施完善等问题地价上升较快,而其他地块土地价格上升较慢,这样提高税率会使地价上升较慢地块的租地人利益受损。例如,在 1873 年的租地人大会中就否决了工部局希望通过提高地税税率以增加财政收入的提案。租地人大会认为为了保护租地人的经济利益,不应采用提高税率的方法增加税收,应该对公共租界内土地价格进行重新评估以确定新的地税征收额,租地人大会通过了这一决议。[20]前文提到的在决定是否进行 1882 年的地价评估时,租地人大会同样否决了工部局关于调整税率的议案。说明租界管理当局希望保持税率的稳定,维持税基不被动摇,保证土地税的顺利征收,从而实现对租地人利益的保护。

（3）土地税率的调整

早期工部局对界内西人征收的土地税税率为地价的 0.5％,直到 1865 年下降到 0.25％。[21]尽管租地人大会对提高税率十分谨慎,但是鉴于工部局实际财政状况的变化,地税征收税率在 1868 年到 1933 年间共有七次调整。

从调整方向看,在这七次调整中,上调税率六次,下调仅一次（见表 5.2）。1930 年以前的六次调整都是上调土地税率,这反映出随着公共租界城市化的不断发展,一方面工部局公共基础设施和服务的供给不断增加;另一方面工部局作为公共租界的行政管理机构,其规模也日益扩张。因此,工部局的财政支出不断扩大。为了应对财政赤字的压力,从税收的角度来看,工部局较常采取的措施就是重新评估地价以扩大税基,而另一个不常用但是影响较大的政策工具就是提高税率。

表 5.2　1868—1933 年地税征收额及税率

年份	地　税		年份	地　税	
	税收总额(两)	税率(％)		税收总额(两)	税率(％)
1868	11 784.77	0.25	1883	54 033.61	0.4
1869	14 329.69	0.25	1884	54 311.17	0.4
1870	14 032.14	0.25	1885	54 316.72	0.4
1871	14 386.94	0.25	1886	54 156.75	0.4
1872	12 981.27	0.25	1887	54 118.53	0.4
1873	13 004.20	0.25	1888	54 007.24	0.4
1874	18 426.03	0.3	1889	54 382.79	0.4
1875	22 124.51	0.3	1890	54 644.92	0.4
1876	20 168.92	0.3	1891	67 543.49	0.4
1877	20 151.42	0.3	1892	69 029.44	0.4
1878	20 475.50	0.3	1893	67 716.13	0.4
1879	20 139.91	0.3	1894	67 761.18	0.4
1880	26 862.14	0.4	1895	67 915.26	0.4
1881	31 205.28	0.4	1896	68 417.73	0.4
1882	31 238.60	0.4	1897	110 886.75	0.4

年份	地 税		年份	地 税	
	税收总额(两)	税率(%)		税收总额(两)	税率(%)
1898	140 291.37	0.5	1918	881 461.47	0.6
1899	141 840.61	0.5	1919	1 053 579.56	0.6
1900	214 774.78	0.5			0.7
1901	218 749.80	0.5	1920	1 056 641.09	0.7
1902	218 148.25	0.5	1921	1 326 871.79	0.7
1903	277 096.31	0.5	1922	1 328 091.40	0.7
1904	299 540.85	0.5	1923	1 595 680.03	0.7
1905	399 786.00	0.5	1924	1 594 676.43	0.7
1906	400 457.85	0.5	1925	2 177 069.27	0.7
1907	456 330.14	0.5	1926	2 161 283.90	0.7
1908	685 104.54	0.6	1927	2 552 638.18	0.7
1909	688 026.43	0.6			0.8
1910	689 334.56	0.6	1928	2 934 031.10	0.8
1911	690 999.57	0.6	1929	2 934 067.02	0.8
1912	671 539.87	0.6	1930	2 749 249.44	0.8
1913	674 739.10	0.6			0.7
1914	678 066.67	0.6	1931	3 877 846.51	0.7
1915	680 404.75	0.6	1932	3 868 911.28	0.7
1916	682 177.23	0.6	1933	4 321 807.06	0.7
1917	836 718.65	0.6			

资料来源:《上海公共租界工部局年报》,上海市档案馆馆藏,上海公共租界档案 U1-1-881-965。1919 年土地税税率 1—6 月为 0.6%,7—12 月为 0.7%,1927 年、1930 年税率情况同 1919 年,均是 1—6 月和 7—12 月为不同税率。

　　从每一次调整之后持续的时间来看,早期和末期持续时间较短,即最低 0.25%和最高 0.8%的税率 6 年和 3 年。中间时期,每个土地税率保持的时间都较长,平均持续了 10 年以上。持续时间最长的是 0.4%的税率,一共持续了 18 年。附录 B 中反映出了房捐征收税率的调整状况,1880 年以前房捐的征收税率保持不变,之后的调整时间点与地税一致。结合房捐税率的调整,可以理解土地税税率调整的原因。1880 年之前,土地税税率有两次提高,而房捐税率保持不变。这说明工部局财政赤字压力因公共租界的不断发展而加大,由于房捐税率不变,因此工部局选择不断调整土地税率以提高土地税收收入,弥补因财政支出扩张带来的财政赤字。而在 1880 年以后,土地税税率和房捐税率同时调整,并且每次调整之后的税率保持时间较长。这与公共租界城市化发展和土地价格在这一时期的变化是密切相关的。经过 30 多年的建设,公共租界城市发展已粗具规模,公共设施和服务已经日臻完善。在这一段时期内,工部局短期财政支出与之前时期相比增速有所减缓。另一方面,19 世纪 80 年代是公共租界土地价格进入快速上升通道的起点,即意味着房地产市场繁荣的开始。因此,无论是土地税还是房捐收入在这一时期都随着房地产价格的快速上升而迅速增加。财政支出增速的减缓和税收收入增速的加快能够在这一时期内缓解工部局财政赤字压力,抑制工部局提高税率的欲望,延缓工部局提高土地税税率的速度。到了 1930 年,工部局对土地税税率进行了下调,这是由于在 20 世纪 20 年代开始土地价格急剧提高,房地产价格增速历史最快。因此,工部局地税收入迅速增长,出于平衡财政收支的需要,工部局才决定降低税率。尽管如此,随着土地价格的不断上升,工部局在 20 世纪 30 年代初期的地税收入较降低税率之前仍然有较大幅度的提高。

2. 地税征收的基本状况

(1) 长期增长

工部局在公共租界征收的地税总额是不断扩大的。从表 5.2 可以看出,从最初 1868 年的工部局土地税收入为白银 11 784.77 两,到 1933 年增长了 360 多倍,总额高达 4 321 807.06 两。工部局地税的长期增长主要是由两方面原因引起,即土地评估价格和土地税税率。

(2) 土地评估价格的增长

近代上海公共租界土地评估价格长期来看呈现增长的趋势,土地价格评估总额由 1865 年的白银 5 679 806 两到 1933 年增长至 756 493 920 两,增长了约 133 倍。工部局征收地税是以土地评估价格为基础的,公共租界地价总额自然会因土地价格的增长而增加(见图 5.2)。

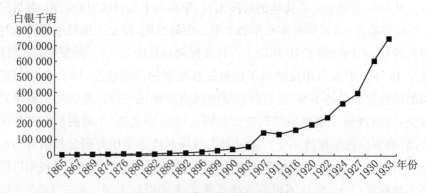

图 5.2 公共租界评估地价总额

资料来源:《上海公共租界工部局地价表》,上海市档案馆馆藏,上海公共租界档案 U1-1-1023-1044。

土地评估价格主要包含两个方面的内容,一方面是土地均价,另一方面是土地评估面积。由于公共租界区域的扩大以及界内土地的不断利用,评估面积不断扩大(见图5.3)。评估面积变化会引起公共租界土地价格总额的变化,从而导致工部局地税收入的改变。

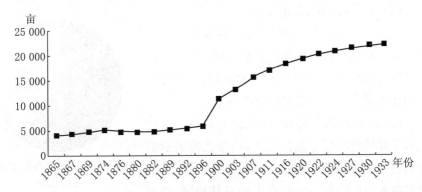

图5.3　公共租界征税土地总面积趋势

资料来源:《上海公共租界工部局地价表》,上海市档案馆馆藏,上海公共租界档案 U1-1-1023-1044。1865—1899年公共租界的资料记载分为英租界和虹口租界(即美租界)两个部分,1900—1933年公共租界按中、东、西、北四部分划分,其中,中区、北区为原英、美租界部分。1865年数据来源于1876年《上海公共租界工部局地价表》的说明文件。

土地价格总额是决定近代上海公共租界工部局地税收入的主要内生变量。在剔除税率影响的条件下,地税收入的变化与土地价格的变化一致。从工部局征收地税收入总的趋势来看,根据土地价格总额的变化趋势(如图5.2)和以不变税率计算的地税收入的变化趋势(如图5.4中的深色线)可以看出,19世纪70年代地税收入的下降、民国前后的地税收入下降以及20世纪地税的快速增加都是与土地价格总额的变化是一致的。

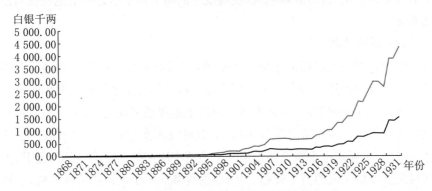

图5.4　近代上海公共租界地税变化趋势

资料来源:《上海公共租界工部局年报》,上海市档案馆馆藏,上海公共租界档案 U1-1-881-965。浅色线代表按工部局实际税率征收的地税收入,深色线代表若按0.25%的税率可征收的地税收入。

另外，从地税的区域构成角度也可以反映出土地价格对地税的影响。在 1933 年工部局地税收入中，中区地税收入为白银 1 722 895 两，占地税总收入的 40%，是各个区域当中最高的。在税率相同的情况下，由于中区土地价格总额最高，[22] 所以工部局在中区征收的地税收入所占比重最大。

（3）工部局征收的地税税率

另一个影响工部局地税收入的因素就是地税税率。从地税收入增加的倍数（360 多倍）和地价总额增加倍数（133 倍）的差别可以看出地税税率的变化是引起这一差别的重要因素。

图 5.4 有两条趋势线，浅色线上的每一点均表示工部局的实际土地税收入，而深色线表示的是假设以不变税率 0.25% 计算的各个时期的土地税收入。由于每一个时点上的税基相同，税率不同，所以两条线之间的垂直距离就表示每一个是时点上因为税率的提高而引起的地税收入的增加量。在最初实际税率为 0.25% 的时候，两条

图 5.5　1933 年各区地税收缴比例

资料来源：《上海公共租界工部局年报》，上海市档案馆馆藏，上海公共租界档案 U1-1-946。

线重合，税率相同，土地税收入差距为零。当土地税税率在 1874 年提高到 0.3% 之后，土地税收入开始产生差距。当税率提高得越多，两条线之间的垂直距离就越大。从 19 世纪 80 年代开始，两条线的差距逐渐增大。尤其是在 20 世纪二三十年代差距尤为明显，这主要是由于在这一时期工部局土地税税基——土地评估价格的快速增加，使得土地税税率的调整在工部局土地税收入上反映显著。例如 1930 年工部局土地税收入的下降，正是由于土地评估价格增长快，数额巨大，使得税率的向下调整引起的土地税收入波动明显。

（4）短期波动

尽管长期中工部局土地税收入增长，但是短期中也存在着波动。有些年份甚至波动剧烈。结合图 5.1 和图 5.2 可以看出，土地税收入发生明显变化的年份主要是两类：一类是工部局新的土地评估完成之后；另一类是新的税率实施年份。而在这之外的年份，土地税收入变化较小。之所以产生这样的现象，主要是由土地评估价格和土地税率决定的。在第一种情况下，工部局土地评估完成的当年或第二年，新的税基——土地评估价格形成，土地税收入自然会因土地评估价格的变化进行调整。在第二种情况下租地人大会通过税率调整的决议，在第二年实施新的税率之后，当年的地税收入会产生剧烈变化。而在其他年份，一方面由于只对产生征税纠纷的局部和单块

土地进行评估,土地税的税基变化很小;另一方面税率也保持不变。因此,土地税收入变化较小。土地税收入在这些年份中所发生地变化除了单块土地的评估面积和价格发生变化之外,因土地实际利用状况发生变化所引起的抗税纠纷也是其中一个重要原因。这种情况多发生于公共设施用地征收之后,原计入土地评估的私人土地因部分土地被征收为公用,常见于道路修建。由于私人所有土地实际面积减少,但是在没有进行新的土地评估之前,土地税仍然是按照之前的评估面积和评估价格征收,就会引起征税纠纷。例如1885—1888年期间,在没有新的土地评估和税率保持不变的情况下,土地税收入的连续小幅下降就是这种抗税纠纷在税收收入上的体现。

与长期土地税收入增长受土地评估价格和土地税税率共同影响不同,影响土地税收入短期波动的因素则相对复杂。从土地税收收入短期下降来看,工部局土地税收入的短期波动与土地评估结果密切相关。在公共租界发展过程中土地税率只有一次下调,因税率变化引起的地税收入减少只发生在1930年。其他时期短期中土地下降则主要受土地评估的影响。例如,1876年工部局地税收入的减少就是由于1976年土地评估价格下降所致。同样,在1912年工部局土地税收入较前一年显著下降,原因与1876年相同。因土地评估价格下降所引起的地税收入下降幅度较大。另一种情况就是前文分析的1885—1888年地税收入因抗税等原因而小幅减少。在地税收入减少的情况中,1893年的情况较为特殊:在税率不变,评估价格增长的情况,地税收入发生了显著下降。其背后的原因有待进一步探究。

从土地税收入短期增长来看,与长期趋势相同,土地税率的提高和评估价格上升都会引起土地税收入增长。首先来看1873—1875年的土地税收入激增。1874年工部局地税收入比1873年增长了约42%。其中,由于土地税税率从0.25%提高至0.3%带来的土地税收入增长了25%。1874年的土地评估价格从1869年的白银5 268 824两增加到了1874年的白银7 494 301两。因此,这次工部局土地税收入另外17%的增长则应该是1874年土地评估价格上升所产生的部分体现。因评估价格增长所带来的土地税增长延续到了1875年。在这一年,工部局土地税收入再次大幅增加,增加幅度超过两成。再来看1896—1898年的土地税税收增长状况。1897年由于土地评估价格的变化,工部局土地税收入增加了62%。之后一年,工部局又将土地税税率从0.4%提高到0.5%,土地税收入也由1897年的白银110 886.75两提高到白银140 291.37两,增幅接近27%。这一次土地评估价格的变动对土地税收入的影响同样大于土地税税率变化产生的影响。另一个可分析的时点是1907年,在该年工部局公布了新的土地评估价格,同时租地人大会通过了新的土地税税率。1908年,工部局土地税收入增长了50%,其中税率的增长解释了其中的20%,土地评估价格增长解释了另外的30%的土地税收入增长。从以上分析可以看出,土地税收入的短期增长也受土地评估价格和土地税税率影响,其中土地评估价格带来的影响相对较大。

（二）房捐的征收

房捐收入是工部局财政收入的另一个重要组成部分。工部局对公共租界的土地管理不仅仅反映在土地的评估上,还包括对房产的评估,其中租金是房产评估的一个重要内容。到1933年,工部局用于征收房捐的评估房屋总数达到96 993所,其中公共租界内华式房屋80 495所,西式房屋8 512所;界外征收房捐的华式房屋4 389所,西式房屋3 597所。[23]

1. 房捐征收的方法

工部局所征收的房捐是按照房租的一定比例（捐率）对房屋的使用者征收,计价周期为一个季度。工部局在征收房捐时,主要是确定征收房捐的种类以及捐率。

（1）房捐的种类

由于近代上海公共租界的特殊性,工部局在收取房捐时将其分为西人房捐和华人房捐两大类。在早期,西人房捐又分为外国人所有房屋的房捐和租用华人房屋的外国人所缴纳的房捐。到了1870年,工部局将房捐改为市政捐（下文仍称为房捐）,分为西人市政捐和华人市政捐。从1903年开始,工部局又在越界筑路区域开征特别市政捐（巡捕捐）,同样分为西人市政捐和华人市政捐两种。

（2）捐率的确定

同地税税率一样,房捐的捐率也是由租地人大会决定的。在公共租界早期,工部局在收取房捐时,华人房捐采用的捐率远远高于西人房捐的捐率。这主要是因为这一时期工部局地税收取的对象主要是西人租地人,而不向华人土地业主征收地税。自工部局1867年对公共租界内土地价格进行评估之后,华人房捐和西人房捐的捐率差距缩小至2%。附录B中可以看到西人和华人房捐捐率的这种差距一直保持到1898年。由于"当时华人以外侨名义买卖地产或华人住洋式房屋者也逐渐增加,使得华人缴纳西人房捐现象增多"[24]。因此工部局提高了西人房捐的捐率。此时,西人房捐和华人房捐的捐率均为10%。此后尽管捐率有不同程度的增加,但西人房捐和华人房捐的捐率均保持一致。另外,在对界外西人和华人征收房捐时,工部局也采用相同的捐率。

工部局征收房捐的捐率调整与地税类似,从1968年开始到1933年,共计调整7次,6次上升,1次下降。调整的原因与地税类似,不再赘述。相较而言,特别市政捐的税率较低,在最初征收的时候只有公共租界内市政捐的一半。从20世纪20年代开始特别市政捐的税率大幅提高,与租界内的税率只相差两个百分点。

2. 房捐征收的基本状况

随着公共租界的发展,界内外房屋租金快速上涨,房捐征收额则随着房租的增长而增加。1868年工部局房捐收入为白银57 192.29两,到了1933年则增长到7 301 065.55两(含越界筑路区域房捐),增长了约127倍。从图5.6可以看出工部局房捐总收入的变化趋势与地税相似,工部局征收的房捐在长期内逐渐增长,到了20世纪20年代之后增速加快。从整个时期来看,工部局房捐收入的长期增长趋势和短期波动与土地税收入的变化基本一致,在此不做赘述。

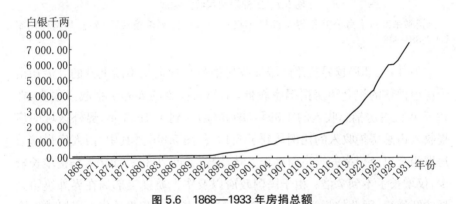

图5.6 1868—1933年房捐总额

资料来源:《上海公共租界工部局年报》,上海市档案馆馆藏,上海公共租界档案 U1-1-881-946。

从房捐收入的构成来看,华人房捐占房捐总额的比例在大部分时期都是高于西人房捐所占比例的。在公共租界早期,工部局所征收的房捐中华人房捐占的比例较高。1860年工部局共征收地税房捐白银11 763两,其中西人地税房捐共4 215两,而征收华人房捐达到7 530两,远远高于西人房捐。之后西人、华人房捐所占比重不断变化(图5.7)。在20世纪之前,华人房捐所占比例高于西人房捐,并且两者差距逐年增加。一方面是因为在1898年之前工部局收取的华人房捐捐率高于西人房捐捐率。另一方面是由于租界内华人数量的增长,尤其是在19世纪90年代之后人口的快速增加引起华人房屋数量和租金价格的增长。而在1898年之后,西人房捐的比例逐步提高,到了1931年西人房捐所占比例首次超过华人房捐。这主要是因为在1898年工部局将西人房捐捐率提高至与华人房捐的捐率相同。在捐率相同的情况下,只要条件允许,无论是华人还是外国人都会选择坚固耐用的西式房屋。

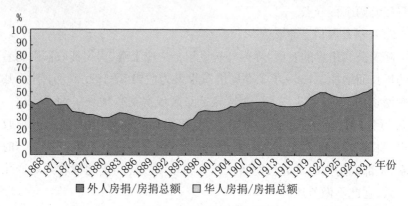

图 5.7　工部局房捐收入构成

资料来源:《上海公共租界工部局年报》,上海市档案馆馆藏,上海公共租界档案U1-1-881-946。

另外,工部局越界筑路区域征收房捐的总数也是不断上升的。最初由于房屋评估的租金和房捐捐率较低,工部局征收的界外房捐收入很少,在1907年仅占房捐总收入的1.39%(图5.8a)。到了1933年,界外区域的房捐收入占总房捐收入的比例达到了6.19%(图5.8b)。其中,西人房捐随着房屋租金以及捐率的提高而逐步上升,增长了近70倍。而华人房捐增长较少,仅增长了不到7倍。由于民国政府以及华人质疑工部局在界外筑路区域的征税权,因此抗捐运动经常发生。这也是公共租界外华人房捐增长较

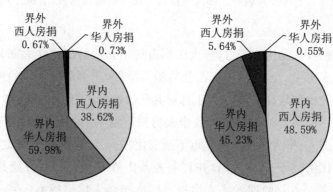

图5.8a　1907年房捐构成状况　　图5.8b　1933年房捐比例状况

资料来源:《上海公共租界工部局年报》,上海市档案馆馆藏,上海公共租界档案U1-1-920、946。

少,有些时候甚至大幅下降的原因。从图 5.8b 可以看出,到 1933 年界外西人房捐占工部局总的房捐收入比例达到 5.64%,而界外华人房捐所占比例则略有下降,只有 0.55%。

（三）地税和房捐与工部局日常财政收入

对公共租界内土地和房屋的管理是工部局日常管理中的一个重要职责,其产生的捐税收入也是工部局财政收入最重要的来源。地税和房捐是近代上海公共租界管理当局最早开始征收的捐税,一直都是工部局财政收入的重要组成部分。

表 5.3　1868—1933 年工部局地税和房捐状况

年份	地税总额（白银两）	房捐总额（白银两）	经常性总收入（白银两）	地税/总收入（%）	房捐/总收入（%）	地税与房捐/总收入（%）
1868	11 784.77	57 192.29	349 546.60	3.37	16.36	19.73
1869	14 329.69	63 695.85	294 702.01	4.86	21.61	26.48
1870	14 032.14	42 114.74	299 811.26	4.68	14.05	18.73
1871	14 386.94	58 769.55	301 987.74	4.76	19.46	24.22
1872	12 981.27	63 604.13	247 695.76	5.24	25.68	30.92
1873	13 004.20	73 471.96	316 921.13	4.10	23.18	27.29
1874	18 426.03	76 524.84	265 005.96	6.95	28.88	35.83
1875	22 124.51	77 827.03	254 547.30	8.69	30.57	39.27
1876	20 168.92	76 152.27	229 435.00	8.79	33.19	41.98
1877	20 151.42	78 683.38	242 781.85	8.30	32.41	40.71
1878	20 475.50	77 214.88	268 629.98	7.62	28.74	36.37
1879	20 139.91	78 874.09	253 413.61	7.95	31.12	39.07
1880	26 862.14	105 106.88	229 039.17	11.73	45.89	57.62
1881	31 205.28	112 797.01	251 308.24	12.42	44.88	57.30
1882	31 238.60	122 435.55	320 115.74	9.76	38.25	48.01
1883	54 033.61	129 424.98	387 490.09	13.94	33.40	47.35
1884	54 311.17	124 410.45	308 127.56	17.63	40.38	58.00
1885	54 316.72	120 644.44	355 456.19	15.28	33.94	49.22
1886	54 156.75	126 149.93	387 316.93	13.98	32.57	46.55
1887	54 118.53	131 649.72	387 726.86	13.96	33.95	47.91
1888	54 007.24	139 034.33	504 961.81	10.70	27.53	38.23
1889	54 382.79	146 988.53	433 979.67	12.53	33.87	46.40
1890	54 644.92	149 266.51	449 495.57	12.16	33.21	45.36
1891	67 543.49	153 762.19	462 138.09	14.62	33.27	47.89
1892	69 029.44	159 554.12	518 992.84	13.30	30.74	44.04
1893	67 716.13	168 609.38	536 464.80	12.62	31.43	44.05
1894	67 761.18	181 306.56	562 504.56	12.05	32.23	44.28
1895	67 915.26	192 739.12	582 814.32	11.65	33.07	44.72

年份	地税总额 （白银两）	房捐总额 （白银两）	经常性 总收入 （白银两）	地税/ 总收入 （％）	房捐/ 总收入 （％）	地税与房捐 /总收入 （％）
1896	68 417.73	225 231.69	755 772.02	9.05	29.80	38.85
1897	110 886.75	273 568.12	640 006.14	17.33	42.74	60.07
1898	140 291.37	333 806.90	753 270.05	18.62	44.31	62.94
1899	141 840.61	365 397.32	916 611.00	15.47	39.86	55.34
1900	214 774.78	419 185.86	1 045 177.16	20.55	40.11	60.66
1901	218 749.80	444 613.16	1 097 719.71	19.93	40.50	60.43
1902	218 148.25	496 980.99	1 209 175.24	18.04	41.10	59.14
1903	277 096.31	574 143.96	1 341 570.03	20.65	42.80	63.45
1904	299 540.85	669 205.69	1 505 402.40	19.90	44.45	64.35
1905	399 786.00	762 563.35	1 780 415.00	22.45	42.83	65.29
1906	400 457.85	829 940.49	1 866 398.01	21.46	44.47	65.92
1907	456 330.14	906 110.22	1 983 431.83	23.01	45.68	68.69
1908	685 104.54	1 110 380.22	2 403 164.16	28.51	46.20	74.71
1909	688 026.43	1 162 420.30	2 521 600.33	27.29	46.10	73.38
1910	689 334.56	1 171 308.59	2 555 056.02	26.98	45.84	72.82
1911	690 999.57	1 187 968.08	2 589 627.85	26.68	45.87	72.56
1912	671 539.87	1 258 697.34	2 734 245.38	24.56	46.03	70.59
1913	674 739.10	1 297 672.11	2 858 006.01	23.61	45.40	69.01
1914	678 066.67	1 336 871.90	2 934 381.58	23.11	45.56	68.67
1915	680 404.75	1 416 689.67	3 051 017.17	22.30	46.43	68.73
1916	682 177.23	1 520 522.97	3 333 150.76	20.47	45.62	66.08
1917	836 718.65	1 582 948.74	3 455 127.75	24.22	45.81	70.03
1918	881 461.47	1 644 998.62	3 864 576.87	22.81	42.57	65.37
1919	1 053 579.56	2 035 074.22	4 419 961.47	23.84	46.04	69.88
1920	1 056 641.09	2 188 688.00	4 823 483.03	21.91	45.38	67.28
1921	1 326 871.79	2 498 595.42	5 960 627.71	22.26	41.92	64.18
1922	1 328 091.40	2 813 490.21	6 700 588.21	19.82	41.99	61.81
1923	1 595 680.03	3 142 770.11	7 429 805.60	21.48	42.30	63.78
1924	1 594 676.43	3 552 505.90	8 430 891.73	18.91	42.14	61.05
1925	2 177 069.27	3 985 911.41	9 619 976.53	22.63	41.43	64.06
1926	2 161 283.90	4 255 449.10	10 232 350.48	21.12	41.59	62.71
1927	2 552 638.18	4 899 292.18	11 143 494.62	22.91	43.97	66.87
1928	2 934 031.10	5 466 818.30	12 122 197.18	24.20	45.10	69.30
1929	2 934 067.02	5 868 168.94	12 974 896.46	22.61	45.23	67.84
1930	2 749 249.44	5 954 545.25	16 214 037.71	16.96	36.72	53.68
1931	3 877 846.51	6 223 526.75	17 066 605.23	22.72	36.47	59.19
1932	3 868 911.28	6 773 549.97	14 971 378.24	25.84	45.24	71.09
1933	4 321 807.06	7 301 065.55	15 632 866.82	27.65	46.70	74.35

资料来源:《上海公共租界工部局年报》,上海公共租界档案 U1-1-881-965,上海市
档案馆馆藏。

从图 5.9 可知地税和房捐收入在工部局日常收入中所占的比重除早期在 40％ 以下之外，在此后大部分时间都保持在 40％ 以上，在 20 世纪之后这一比例则基本保持在 50％ 以上，最高时达到 74.35％。可以看出工部局日常的财政收入很大一部分都是地税和房捐收入。因此，可以说地税与房捐收入不但是近代上海公共租界工部局土地管理的出发点，也为工部局在公共租界实施管理提供了重要的资金保障。

图 5.9　土地税和房捐总额占总收入比例

资料来源：《上海公共租界工部局年报》，上海公共租界档案 U1-1-881-946，上海市档案馆馆藏。

下面分别来看地税和房捐在工部局日常财政收入所占的比重。从图 5.10 可以看出近代时期工部局的房捐收入占日常财政收入的比重明显高于地税收入。地税收入所占比重总体来看是逐渐增加的，到 1908 年达到最高的 28.51％，之后地税所占比例有所下降，而到后期随着地价的快速上升，这一比重又有所回升。

图 5.10　土地税占总收入比例和房捐占总收入比例比较

资料来源：《上海公共租界工部局年报》，U1-1-881-946，上海市档案馆馆藏。

房捐收入所占比重的趋势与地税类似。与地税收入所占比重变化趋势不同的是,房捐所占比重变化得更为剧烈。之所以房捐收入占总收入比重变化较地税收入所占比重变化得剧烈,主要是因为在税率变化幅度相同的情况下房捐收入实际数量较高,即基数较大。从图 5.10 可知房捐占工部局日常总收入比重变化较为剧烈的时点所对应的年份是工部局调整房捐捐率的年份。其中,有三个时期房捐所占比重变化得最为剧烈:1880 年、1898 年和 1930 年。可以看出,房捐捐率的调整对其在工部局日常财政收入中所占的比例影响较大。

第三节 土地管理过程中纠纷解决机制

从上述分析可以看出,在工部局地税和房捐收入不断增长的同时,短期内存在波动——增速下降,甚至收入减少。除去房地产评估和税率变化的因素之外,在土地管理中发生的纠纷对此也产生了重要的影响。这些纠纷主要发生在房地产评估及随之而来的地税和房捐的确定和征收过程中。由于这类纠纷贯穿于公共租界发展的始终,这就使得租界管理当局,尤其是工部局通过借鉴英、美等国城市房地产管理经验,形成了一套以"租地人利益优先"为基本原则的成熟房地产管理纠纷解决机制。这一机制是工部局结合公共租界房地产管理和税收征收的实际,通过设立地产委员会、房产估价委员会,在制度保障和政策实施的基础上,协调工部局财务委员会、董事会、租地人大会和英国高等法院等租界相关管理机构,承担和发挥在房地产管理过程中各自的职责和作用而形成的。工部局建立的房地产管理纠纷解决机制在城市管理中具有现代性,是租地人有效利用公共租界土地资源的关键。

一、房地产评估纠纷

在公共租界工部局对土地的管理中,房地产评估是土地实施管理的重要措施之一。当房地产业主对房地产价格的预期与工部局房地产评估机构评估价格不一致时,就会产生房地产评估的纠纷。

(一)土地估价中的纠纷

工部局在公共租界的土地管理中,经常会与房地产业主发生与土地评估相关的纠纷,主要体现在两个方面:一方面是地税征收标准的纠纷。在土地评估的程序中,预留 14 天时间提供给土地的所有者或其代理人对地产估价委员会所评估的土地价格提出上诉,在 14 天之内未上诉者,即为默认评估价格。工部局在处理此类事件时,会根据争议的具体情况进行判断,并决定是否对已评估的价格作出更改。例如 1876 年评估土地之后,W.H.福格名下位于松江路与外滩路交叉处的册地号第 50、99 以及 153 号土地的评估价格定为每亩白银 7 000 两。但福格认为这个评估价格偏高,因此提出异议。工部局董事会经讨论认为,此价格的确比外滩其他册地的评估价值略高,应将其降低为每亩白银 6 000 两。㉕这种情况最终会由地产评估委员会或地产委员会根据评估程序的步骤进行处理(见图 5.1 中申诉一栏)。表 5.4 反映了 1907 年 8 月公共租界地产委员会处理的部分土地估价纠纷结果。

表 5.4　1907 年 8 月部分土地估价上诉案处理情况　(单位:白银两)

地　　点	册地号	业　　主	上诉处理结果
北京路、博物馆路、四川路	19 号	怡和洋行	从 40 000 降至 35 000
外滩	24 号	E.沙逊及 R.D.沙逊	从 90 000 降至 80 000
第 24 号册地后面	24b 号	老沙逊洋行	从 40 000 降至 35 000
香港路、平闸路	71 号	汉璧礼	从 25 000 降至 20 000
南京路、九江路、浙江路	629 号	S.A.哈同	从 35 000 降至 32 000

资料来源:史梅定等编:《上海租界志》,上海社会科学院出版社 2001 年版,第552 页。

另一方面涉及因工部局道路建设征收土地和支付赔偿金所产生的纠纷。这类纠纷产生于工部局征收土地的过程,主要解决方式是通过地产委员会进行裁断。

（二）房产估价的纠纷

对房屋价值的评估是由房产估价委员会进行的,在评估过程中经常会产生房屋业主对所评估房屋价值的质疑,房产评估的纠纷通常情况下是业主认为房产委员会对房屋的估价过高。当发生这种纠纷的时候,通常是由财务委员会(财政、捐税及上诉委员会)处理业主对房产估价的纠纷。1870年,该委员会收到了 12 份要求降低房捐的申请,这些申请书认为评估租金大大超过了实际租金,由于提出申请的人数众多(超过了洋房总数的六分之一),因此,财务委员会希望修改公共租界内评估房屋的租金。工部局董事会同意了财务委员会的提议,决定实施减税,并在次年对房产进行重新评估。㉖另外,有些时候房产估价委员会也会对房产估价发生的争执进行裁决。

房地产评估纠纷主要涉及的就是评估的土地或房产价格高于业主对这一房地产的预期。尽管较高的评估价值在业主转让或出租房地产时会获得较高的价格或租金,但是过高的地税和房捐是业主所不愿意承担的。因此,出于自身实际经济利益的需要,房地产业主会提出对房地产估价的质疑。由于这些纠纷仅仅涉及名义上价格的调整,因此在解决这些纠纷时,工部局能够通过内部机构进行有效的解决,提高房地产管理的效率。

二、地税和房捐征收过程中的纠纷

地税与房捐的收取涉及工部局财政收入以及房地产业主的经济利益。因为土地税和房捐扩张引起的财政收入增长是建立在减少公共租界租地人和租房者经济利益的基础上的卡尔多改进过程,在征收地税和房捐过程中工部局与纳税人的矛盾难以避免。因此,工部局在房地产管理中经常遇到的另外一种纠纷就是在征收地税和房捐时所产生的。

(一)减免税的纠纷及解决

在工部局开始对公共租界内的土地征收地税时,并没有列明哪些土地的利用方式可以减免税收。原则上"租地人大会未授权免除任何房地产的捐税"㉗,如1868年,仁济医院和"江海关大厦"(即上海海关)先后要求减免其房地产捐税,理由是这些机构都属于公共性质,但遭到了董事会的拒绝。㉘

然而,随着一些特殊团体的不断争取,经过工部局董事会的讨论并通过决议,对一些不以营利为目的的慈善机构,如教堂、医院、学校等,采用减免土地税的政策。例如1869年基于教堂所诉的理由,即"从商业意义上来讲,教堂本身并不产生什么利润"㉙。工部局按照教堂的条件,只征收了一个象征性的数目(白银10两)用作抵偿之前所欠土地税和房捐共计358.78两。㉚

在处理这类纠纷时,工部局主要通过房地产估价机构对土地以及房屋的用途进行核定,最终是否减免税收则是由工部局董事会决定。出于保证财政收入的需要,工部局董事会在确定是否减免税收时十分谨慎,程序也很严格。首先是慈善机构向工部局提出减免税的申请,工部局会根据其申请进行详细调查,确认所申请土地或房产面积均为慈善之用,才会报请董事会批准其申请。而对那些虽属于慈善机构的房地产,但属于商业用途的部分,则仍然按原数目征收捐税。例如1886年一日本宗教团体申请将其名下位于乍浦路面积9.595亩的第623号册地,按照其他慈善团体的办法免征捐税。经过工部局的调查,该册地"有两亩已盖了房子,有一亩由工部局筑了马路,其余六亩则租给了华人,租金收入颇丰"。因此,尽管该宗教团体认为所收租金是用以维持该宗教团体的日常开支,工部局董事会仍然决定"3亩土地及其上的房屋可以免税,但出租的6亩地必须按常规缴纳税金"㉛。又如,1892年公济医院要求对其购置的面积为9.608亩的第684、686号册地减免两年土地税金白银263.44两。工部局在参阅了医院1890年度报告后,发现这两块册地已租给老顺记建造房屋,还有5年才到期。因此董事会认为只有作为慈善或宗教目的的土地和房屋才可免征捐税。由于其出租土地每年都收取租金,因而不能免税。但是,供医院建房用地的任何部分可以免税。[32]

(二)欠税问题的纠纷

在地税和房捐征收过程中,最常出现的问题就是因为各种原因产生欠税问题。在处理这类纠纷时,工部局首先通过内部机构如财务委员会进行处理,如果仍然得不到解决就会采取法律手段强制执行。例如1871年科顿拒绝向工部局缴纳房捐白银36两。他认为工部局对其所有的房产估价过高,因此拒绝交纳捐税。工部局则认为之前其房产评估价值之所以较低是由于这座房屋正在重建之中,现在所要缴纳的房捐是根据重建房屋的评估价值计算得出的。双方就此无法达成一致,财务委员会就这一问题同业主进行了协商,但无法和业主达成协议。因此便由财务委员会提请公共租界内的法院进行裁决。[33]

工部局在追缴地税和房捐时会在下发税单的同时附上一份书面通知:"如自申请日起14天内不缴税,就将向英国高等法院(即大英按察使署,The Supreme Court for China and Japan)提出起诉,收取到期税款。"[34]从1866年1月起,房地产业主纳税期限为14天,一旦过期工部局将会向该法庭提起诉讼。

为保证能够征收到欠税款项,工部局允许采用分期偿还的办法收取欠款。1870年,约翰·麦卡锡因无力缴纳地税,因此申请工部局免其税款白银26.52两。工部局在仔细评估了麦卡锡的经济状况之后决定不免除其税款,但允许他"在12个月内分期付清工部局的欠款"[35]。另外,在地税和房捐的欠款中,有一些是已经破产的产业,工部局在对这类欠款的征收中,认为地税和房捐"系财产税,应优先于其他赔偿要求,全部付清"[36]。

地税和房捐征收纠纷一方面会影响工部局财政收入,另一方面也会影响工部局对于公共租界土地管理权的实现。因此,在解决这类纠纷时工部局内部机构就无法进行有效的调解。在这种情况下,工部局只有通过外部法律途径进行处理,以强制性的手段对所产生的纠纷进行裁断。

除了上述的各类纠纷,在工部局土地管理过程中还会遇到征收土地面积的纠纷,这主要发生在征收地税的过程中。一些业主认为地税的征收应该按照实际的使用面积征收,而工部局的规定是,"对于在各领事馆登记的土地应该按登记面积征收土地税"㊲,也就是道契中所记载的土地面积。例如 1870 年布兰德罗门洋行向工部局董事会提出其所实际占有的土地面积与评估面积不符,评估面积为 12.7 亩,实际占用面积为 9.63 亩。因此,布兰德罗门洋行要求根据实际占用面积交纳地税。㊳工部局则坚持地税须按照领事馆土地登记册上的面积征收的原则驳回了布兰德罗门洋行的要求,并提议布兰德罗门洋行向领事馆提出变更地契的申请以改变纳税面积。最终通过土地估价委员会解决了这一纠纷。㊴

　　工部局对公共租界的房地产管理是其管理职能中最重要的职能之一。工部局进行的房地产的评估、地税和房捐的收取以及在这些管理过程中对所产生纠纷的解决对提高工部局土地管理的效率都起到了积极的作用。但是,在工部局土地管理的过程中也存在着不足:在地产评估中,地产估价委员会的组成方式对公共租界房地产的经营就带来了巨大的影响。该委员会的组成不能包括工部局董事会成员,这样尽管可以避免工部局董事会成员利用职务之便提早获得房产估价的相关信息并以此牟取私利,但是由于地产评估委员会的委员必须是熟悉土地价格的纳税租地人,这就使地产估价委员会的成员大多是大的地产经营商。因此,这些估价委员会的委员可以利用职务之便获取工部局在修筑道路等方面的土地管理信息,并利用这些信息提前购入土地建造房屋以获取日后房地产升值的暴利。尽管后来地产委员会的成立从一定程度上抑制了这种状况,但是这种依靠信息优势获取土地升值所带来私利的行为在公共租界内以及界外越界筑路区域都十分普遍。

注释

① 上海市档案馆编:《工部局董事会会议录》(10),第 678—679、772 页。
② 上海市档案馆编:《工部局董事会会议录》(7),第 776 页。
③ 上海市档案馆编:《工部局董事会会议录》(7),第 776 页。
④ 上海市档案馆编:《工部局董事会会议录》(18),第 579 页。
⑤ 上海市档案馆编:《工部局董事会会议录》(6),第 697 页。
⑥ 上海市档案馆编:《工部局董事会会议录》(18),第 560 页。
⑦ 史梅定等编:《上海租界志》,第 554 页。
⑧ 上海市档案馆编:《工部局董事会会议录》(22),第 682 页。
⑨ 上海市档案馆编:《工部局董事会会议录》(22),第 682 页。
⑩ 上海市档案馆编:《工部局董事会会议录》(20),第 637 页。
⑪ 上海市档案馆编:《工部局董事会会议录》(21),第 721 页。
⑫ 史梅定等编:《上海租界志》,第 552 页。
⑬ 上海市档案馆编:《工部局董事会会议录》(12),第 531 页。

⑭　上海市档案馆编:《工部局董事会会议录》(12),第 531 页。

⑮　上海市档案馆编:《工部局董事会会议录》(15),第 594 页。

⑯　上海市档案馆编:《工部局董事会会议录》(2),第 551 页。

⑰　上海市档案馆编:《工部局董事会会议录》(2),第 522 页。

⑱　上海市档案馆编:《工部局董事会会议录》(2),第 527 页。

⑲　*North China Daily News*，Feb.7，1874.

⑳　*North China Daily News*，May.14，1873.

㉑　史梅定等编:《上海租界志》,第 321—322 页。

㉒　1933 年公共租界各区土地价格总额:中区为 285 821 871 两;北区为 93 811 115 两;东区为 154 471 999 两;西区为 222 388 935 两。资料来源于《上海公共租界工部局地价表》,上海公共租界档案 U1-1-1044,上海市档案馆藏。

㉓　《上海公共租界工部局年报》,上海公共租界档案 U1-1-946,上海市档案馆藏。

㉔　史梅定等编:《上海租界志》,第 323 页。

㉕　上海市档案馆编:《工部局董事会会议录》(6),第 749 页。

㉖　上海市档案馆编:《工部局董事会会议录》(4),第 690 页。

㉗　上海市档案馆编:《工部局董事会会议录》(3),第 671 页。

㉘　上海市档案馆编:《工部局董事会会议录》(3),第 671 页。

㉙　上海市档案馆编:《工部局董事会会议录》(3),第 718 页。

㉚　上海市档案馆编:《工部局董事会会议录》(3),第 718 页。

㉛　上海市档案馆编:《工部局董事会会议录》(8),第 712、713 页。

㉜　上海市档案馆编:《工部局董事会会议录》(10),第 830 页。

㉝　*North China Daily News*，Oct.2，1871.

㉞　上海市档案馆编:《工部局董事会会议录》(2),第 527 页。

㉟　上海市档案馆编:《工部局董事会会议录》(4),第 682 页。

㊱　上海市档案馆编:《工部局董事会会议录》(3),第 709 页。

㊲　上海市档案馆编:《工部局董事会会议录》(6),第 634 页。

㊳　上海市档案馆编:《工部局董事会会议录》(4),第 697 页。

㊴　上海市档案馆编:《工部局董事会会议录》(4),第 697 页。

第六章　近代上海公共租界的土地利用

近代上海公共租界对土地管理的结果直接表现在租界内土地利用方式的转变上。公共租界的土地利用主要分为公共地利用和私有土地利用两个方面。在公共地利用方面，主要表现在道路用地的征收及管理以及对滩地、池塘等土地的利用；在私有土地利用方面，私人土地由于价格等因素的作用改变了其原有的利用方式，并在城市化的过程中形成了区位均衡，产生了新的城市功能区。

第一节　公共地的形成和利用

近代上海公共租界的土地利用方式及其转变，首先表现在公共地的形成和利用上，即工部局对道路用地和滩地等土地的管理。近代上海公共租界内道路用地大都是在私人土地产权的基础上转变而来的。由于这类土地产权的明晰，工部局对公共租界内道路用地的管理较为有效。除租界内道路用地之外，其他类型的公共地都存在着产权不明晰的状况。滩地等无主土地由于受多方利益主体的牵制，工部局在这类公共地管理中成本较高，之所以没有出现所谓的"公共地悲剧"，其原因除了公共租界工部局的管理之外，也是租地人、工部局和中国政府对这类土地所有权争夺的博弈结果。

一、公 共 道 路

近代上海公共租界的发展，城市化水平的提高是与公共租界管理当局——工部局大力修建道路交通密不可分的。道路交通设施的建设能够提高租界内各类经济活动的交易效率，降低交易成本。

（一）公共租界内道路

近代上海公共租界内公共用地很大一部分是修筑道路用地。在统计公共用地的所有权时，多是记在工部局名下，原因是在修建道路时常常需要征收私人土地,工部局通过购买和置换等方式获得用于修建道路的私人土地。因此,这些土地会显示在工部局所占用的土地上。例如,在1882年工部局的董事会记录上显示了工部局共占有土地920.488亩,其中自有土地170.488亩,道路占地750亩。①道路用地占工部局所占有土地数量的81.5%。可以看到,在工部局所占有的土地中道路用地数量上占绝对部分。

1. 道路修筑状况

早在英租界刚刚设立时就在《土地章程》中对道路的建设作出规划,详细的规划见表6.1。之后还成立了道路码头委员会,专门负责道路和码头的修筑工作。工部局成立后,这项工作便由工部局继承。

表6.1　公共租界道路修建计划和修建情况

筑路时间	主要筑路区域	方　式	筑路数据
1854—1865 年	中区 (原英租界)	对旧马路的修整和拓宽	修筑东西向和南北向各13条主干道。道路面积占租界面积的比例由1854年的14.2%增加到1864年的23%。
19世纪60年代以后	西区	越界筑路	到1890年,筑路总长度达20公里。根据1900年工部局制定的筑路计划,将在西区筑路48.27公里,占公共租界内计划筑路总数的四分之三。西区道路总长度仅在1900—1902年的两年间由12.87公里增加到19.31公里,并获得11.26公里长的新路地皮。
19世纪90年代以后	北区 (虹口地区)	延长旧马路和新筑马路	根据1894年的筑路计划,修筑路段41条,总长度22.53公里。
1899年以后	东区	整修旧路和越界筑路	50余条。1904—1905年间由14.48公里增加到19.31公里。
1905年以后	北区 (虹口以东)	整修旧路和修建新路	建立道路网。

资料来源:史梅定等:《上海租界志》,上海社会科学院出版社2001年版,第437—439页。

公共租界的道路建设分阶段在租界中区、北区、西区以及东区修筑道路网络,不但增加道路的长度,还对原有道路进行拓宽,经过几十年的道路建设,在公共租界的主要区域形成了整齐的交通网络。历年的道路修建计划和修建情况如表6.1所示。可以看到,中区区域城市化发展得最早,在原有道路基础上于19世纪60年代形成了基本的城市道路网络。之后道路的集中建设主要在北区和最初的越界筑路区域(西区和东区)。

107

公共租界道路建设数量随着租界区域的不断扩张,面积的不断扩大而快速增加,历年新筑道路总体呈上升趋势(见表 6.2)。截至 1939 年,公共租界新式道路达 184.668 英里(297.13 公里)。[②]租界内密集的交通网络在公共租界城市化的发展过程中发挥了重要作用。

表 6.2　1905—1930 年新筑马路长度

年份	马路长度(里)	年份	马路长度(里)
1905	87.151	1918	134.072
1906	91.538	1919	144.028
1907	94.627	1920	135.992
1908	102.385	1921	137.767
1909	104.446	1922	139.327
1910	106.119	1923	144.098
1911	110.364	1924	149.595
1912	112.734	1925	166.502
1913	116.779	1926	170.516
1914	118.425	1927	170.981
1915	120.124	1928	173.57
1916	125.769	1929	174.87
1917	130.267	1930	175.964

资料来源:罗志如:《统计表中之上海》(国立中央研究院社会科学研究所集刊第 4 号),国立中央研究院 1932 年版,第 56 页。

2. 道路用地的取得

如前文所述,近代上海公共租界在取得道路用地的问题上有专门的规定。1854 年《土地章程》第 5 条规定了私人获得公共租界内土地时,要为将来修路留出余地,这也就意味着工部局有权征收租界内道路用地。并且从工部局对地价的评估以及土地税的收取来看,被征收的土地实际上是由租地人每年按土地面积纳税的。因此可以看出,近代上海公共租界用于修筑道路的公共地实际上是在私人土地产权的基础上转变而来的。

由于道路的修建对沿街土地所有者来说存在着正的"外部性"效应,即道路修建以及拓宽有利于土地的升值。考虑到这一外部性效应,工部局在实际的征地过程中,会压低其收购土地的价格。地产委员会第 235 号土地公断案就反映了这种情况:1935 年工部局为了拓宽南京路与河南路,拟向册地第 160 号产业主哈同夫人开价白银 277 840 两,征收其 1.208 亩土地用作修路。在考虑所开价格时,工部局将该册地剩余 2.152 亩土地因马路拓宽将会引起的升值考虑在内。工部局认为道路拓宽能使该册地每亩升值白银 30 000 两,则剩余册地面积共升值白银 64 560 两,因此最终开价为白银 213 280 两。原业主不同意,交由地产委员会裁断。地产委员会裁断的结果尽管与工部局在支付数额上有所不同,但同样是除去余地所涨之价。③可以看出,工部局在征收道路用地时,最终土地是否能被征用以及征收价格高低,取决于工部局与租地人之间的讨价还价。在大多数情况下,由于界内土地多数具有明确的产权归属,因此,在为修筑界内道路而征收土地时,工部局一般都是按照市场价格进行赔付,其中决定价格的一个重要因素就是因道路的拓宽而引起的土地溢价。

除了工部局通过购买获得道路交通建设用地之外,工部局还经常采用土地置换的方式获得公用土地。1869 年工部局董事会通过了将一小块土地让给天祥洋行的决议,原因是这一小块土地就在该洋行房屋的西端。对于工部局来说,这一小块土地对进行道路交通等公共设施的建设无益。但是对于该洋行来说,这块土地正为其所需,如果加以利用,能够满足自身发展的需要。因此,天祥洋行将房屋东端的土地与工部局进行了置换,以使工部局修建道路交通等公共设施所用。④类似这种情况在工部局修建道路征地过程中时常发生。这种私人土地和公共土地置换的好处,就是可以尽量减少因为道路修建带来的"正外部性"土地溢价所引起的议价过程,提高道路交通建设用地征收效率,加快城市建设进程,促进公共租界城市化发展。

（二）越界筑路

越界筑路是指公共租界修筑界内道路,并将其修筑工程延伸至界外,从而拓展租界空间的行为。近代上海公共租界越界筑路起初是为了战争防御的需要,后来则变成公共租界强行扩张的一种手段。

1. 越界筑路状况

越界筑路最初发生在太平天国运动时期。1862—1863 年间太平军进逼上海,英、美、法等国组成了镇压太平军的联军,为了行路方便在租界以西的区域修筑了一批军路。由于修筑这些道路目的是方便西人军队,因此,清政府予以批准。战争结束后,这些道路的路权问题却引起了很大的争议。这些道路所在的区域并非租界内部,其所有权归清政府。但是因道路是由租界和外商出资修筑的,所以公共租界工部局在这些界外道路上编订门牌,还派遣警力驻守巡视。

由于当时的土地价格已经因租界的开辟而与日俱增,土地成为十分赚钱的工具。因此公共租界当局为了霸占越界筑路的区域,在 1866 年的《土地章程草案》中,自行授予工部局在公共租界以外修筑道路的权利。该草案到 1869 年经过英、美等五国公使"暂行批准"公布。在其第六条中指出:"租界内执业租主,有关议事人亦在内,会议商定,准其购买租界以外连接之地、相隔之地,或照两下言明情愿收受西人或中国人之地,以便编成街路及建造公花园为大众游玩怡性适情之处。所有购买建造与常年修理等费,准由公局在第九款抽收捐项内,随时支付。但此等街路公园专为公用,与租界以内居住之人同沾利益,合行声明。"⑤在此之后越界筑路快速发展,到1890年,公共租界的界外道路总长约20公里。

此后,为镇压义和团运动,公共租界又以同样的方式进行越界筑路并扩张了租界区域。到1899年时,公共租界已有静安寺路、徐家汇路、法界路、新闸路、极司非尔路、吴淞路和杨树浦路等14条界外道路。⑥前面提到自1899年公共租界再次扩大之后,将之前的越界筑路都划入租界范围。1900年以后,租界法定区域没有再扩大,但是其通过越界筑路的形式继续向外扩张。公共租界工部局为扩张领域,先后朝着沪西、沪北、沪东三个方向向界外修筑道路(见附录C)。其中向沪北方向修筑的有黄罗路、江湾路、施高塔路、窦乐安路、白保罗路、北四川路以及赫司克而路,向沪东方向修筑的有欧嘉路、狄思威路和哈尔滨路,其余均为向沪西方面修筑的道路。在1900—1925年间,工部局所筑越界道路多达39条,总长度约75公里。⑦"五卅惨案"后,租界土地越界筑路逐渐困难,实际扩充越来越少。到了1930年公共租界工部局界外道路占地面积达1589.3亩。⑧

2. 公共租界界外道路用地的取得

越界筑路所占用的土地主要是租界外的华人土地,由于界外土地价格的低廉,因此工部局在土地征收中能够以较小的成本获得。在取得这类土地时,工部局主要通过类似捐税征收的办法筹集资金。例如在1869年,工部局为了连接静安寺路和新闸路需要修建卡德路,购地10.571亩,此购地所用款项均出自公众捐款。⑨而华人业主也会因道路的修建所带来的方便以及土地升值而乐意将土地出让给工部局。但是由于界外土地所有权问题,尽管公共租界拥有了实际上的管理权,但在日常管理过程中,经常会出现纠纷,尤其是与华人产生纠纷。因此,对界外土地的管理和利用并不能像租界内管理那样有效,这从上文对越界筑路区域的房捐征收的分析中可以看出,作为越界筑路受益最大的华人团体,其华人房捐在整个历史过程中,增长速度极慢。

二、公共地的利用

由于公共租界的特殊性,无主土地的所有权是公共租界当局和中国政府争夺的重点。为了显示自身名义上的土地所有权,中国政府在这类土地上常常会提出两方面的要求：一方面，对土地的使用者工部局征收升科费用；另一方面则要求工部局在这些土地上不能建造房屋。尽管并非中国政府之本意，但正是由于这些主张，使得公共租界管理当局无法在这类土地上进行其他类型的开发利用，而只能将其用作修建公园等公共设施，客观上改善了公共租界的城市环境，使租界所有租地人都能够从这些土地的利用方式变化中获益。

近代上海公共租界在滩地的利用中，受各方利益的牵制，这类土地大多作为公共用地出现。以外滩为例，开埠之前的黄浦江边大多是芦苇丛生的沼泽地。租界建立之后，为了方便航运的需要，公共租界在外滩边上修建了道路，从而吸引了一些外商在路边修造房屋。1857年，英租界外滩沿路有著名大洋行12家，70年代达到22家。到了19世纪末20世纪初，外滩及其周围形成了一个高楼林立的金融区。而在这一发展过程中，沿江滩地的利用就成为近代上海公共租界公共用地的焦点。

在租界早期，外滩附近土地租定时，沿河滩地一并出让。因此，外滩土地的租地人就拥有了外滩滩地的所有权。在道契发放的过程中，沿江滩地面积也一并计入契约内。租地人在每年向工部局以及中国政府交纳土地税的时候，征税面积都按照包含滩地的面积征收。我们通过一个例子可以看出上述这种情况。1872年5月27日的工部局董事会议上讨论了关于第232号册地是否征收地税的问题。这块地属于私人H.C.因斯所有，工部局估价委员会对该块土地进行了估价，每亩2 400两，地契上包括了11亩滩地。⑩但是尽管私人业主如期如数上交了土地税，仍然无法享有该滩地的使用权。一旦有私人占用外滩滩地，无论是中国政府还是工部局都会提出抗议。对这种针对外滩的税收和利用方式，私人业主经常会提出质疑。

可以看出，在外滩公园形成之前，滩地的利用涉及私人业主、工部局和清政府三个方面。由于在道契中已经明确租地人拥有外滩滩地的权利，因此私人业主享有滩地所有权。但是清政府出于维护土地国家所有的需要，对滩地也声明所有权。1896年上海道台曾经指派一名外籍经纪人以每亩白银7 000两的价格出让外滩土地。工部局提出抗议，并认为外滩土地是外滩地段原业主交出公用的，工部局应出面保护原业主利益。⑪在外滩土地的利用当中，工部局一方面需要同清政府就公共地管理达成协议，另一方面则要维护原业主利益向清政府抗议其侵占行为。在这三方博弈的过程中，私人业主只拥有外滩土地的名义所有权，而没有实际的使用权。尽管清政府具有使用外滩土地的动机，但是鉴于公共租界的特殊性，则无法实际占有。而工部局则以公共地管理和市政建设为出发点，平衡各方利益。最终正是由于受多方利益主体的掣肘,外滩成为公共地并用于外滩公园等公共设施建设。除了外滩之外,苏州河滩地的情况也如此。

在滩地、池塘等无主土地的利用上,尽管产权不明晰,但受租地人、工部局和中国政府对这类土地所有权争夺的影响,在这类土地利用过程中并没有出现所谓的"公共地悲剧",反而成为改善公共租界城市环境、促进公共租界城市化发展的重要因素。

第二节 私有土地利用方式的演变

在公共租界发展过程中,私有土地利用受土地产权制度和土地价格的影响,利用方式发生了极大的转变,由以农业用地为主急剧转变为以第二、三产业用地为主。通过土地经济学理论分析公共租界私有土地的利用方式可以看出,在产业获利能力、产业所在位置和土地等生产要素价格的共同作用下,到 20 世纪 30 年代,公共租界内新的城市功能区形成:南京路商业区、外滩金融区、杨树浦工业区以及各式住宅区等。其中,外滩附近的土地利用方式经历了从农渔业用地到运输服务业用地再到金融业用地的转变;而杨树浦工业区和南京路商业区的形成则直接改变了原来农业用地的土地利用方式。

一、私有土地利用方式的演变

(一)公共租界原有土地利用方式

近代的上海县城是江南埠际贸易的中心枢纽,在上海开埠之前就已经初步发展成为以商贸为主的商业性县城。不但在上海县城内店铺多得惊人,各处商业繁盛,在东门外港口以及黄浦江上也是帆樯如林。在英国人胡夏米(Hoo Hea Mee)的公司报告中也称道:"上海是中国最大的商业中心。"⑫此时的上海已经开始了商业、棉纺织手工业以及运输业等产业的初步聚集。然而,这些场景所描绘的状况与同样位处黄浦江畔县城北面的地带却截然不同,而当时人们所形容的"荒凉渔村"就是近代上海公共租界的位置所在。在开埠之前,这块土地上所呈现的就是一幅乡村景象:除了一些兵房营垒设备,这里大多是私人的田产,而且业主较为分散,地块也零零碎碎,只有零星分布着几个小村落,在沿黄浦江的江岸有几家旧式船厂和木行。大部分的私人田产都是农地,另外也有很多难以利用的滩地。而胡夏米在路过这一片土地时曾作出这样的评价:"江岸两边一马平川,寂静无声,河渠纵横交错,土地精耕细作,与荷兰几有异曲同工之妙……时值麦收,人们都忙碌于收割。土地看来都分成小块经营，因为在每家农舍前我们都看到妇孺将从地里运回的麦子脱粒、扬净。当地的植棉十分普遍，是中国商品性棉业生产的最主要地区。"⑬

因此可以说，在开埠设立租界之前，这一带区域土地的主要利用方式是农业用地。而与英租界合并为公共租界的美租界，以及日后公共租界扩张的地区原本土地的利用方式也大多都是以农业用地为主。

（二）公共租界土地利用方式的转变

开埠以后，对外贸易成为带动上海尤其是公共租界城市发展的最主要因素。对外贸易的发展使上海同世界有了更广泛和紧密的商品往来，同时带动了与之紧密相关的交通运输和金融汇兑收支等活动的发展。公共租界的土地利用方式发生了急剧的变化，从原来以农业为主的利用方式转变为以贸易、商业等第三产业为主的土地利用方式。随后，近代工业和金融业的出现和发展进一步改变了公共租界内各个区域土地的利用方式。在土地利用方式转变的过程中，逐渐形成了不同的产业区域。

1. 南京路商业区

上海早期的商业区在上海县城的南北市，其商业的经营方式比较传统，主要商品类型多为豆麦等农作物或是土特产一类的食品或物品。公共租界设立后，随着各种产业类型的不断增多，新式商业也在租界内悄然兴起。

南京路于 1865 年全线开通，随即这条原本狭小的通江便道便发展成为时至今日仍然是上海标志之一的商业区。随着商业的不断发展，在南京路上先后出现了各种类型的商业形式。主要分为以下几种：

（1）综合性百货商店。南京路的不断繁荣也吸引了国外新式的商业形式——百货商店。在南京路上比较有名的国内四大公司是先施、永安、新新和大新，而永安百货至今仍是南京路上有代表性的商场之一。

（2）以经营洋货日用品为主的洋行、广货店。开埠通商后，各种洋货纷纷涌入中国，兴起了以经营洋货为主的洋行，而原来从事杂货销售的广货店也纷纷加入洋货的销售项目，因此也称为洋货店。还有专门销售"五洋"⑭的洋布店。这些洋行、洋货店多集中在南京路一带。

（3）以经营本地产品为主的京货店和各类特色店。很多京货店仍然以销售本地产品为主，主要是一些手工业制品和苏杭产品，有些京货店兼营洋货。随着南京路商业店铺的不断增多，消费群体的扩大，一些专门销售本国特色产品的特色店铺也陆续出现。

除此以外，随着上海与世界货物交流的扩大，很多新式商品也不再是稀有物品，广泛地出现在南京路的各种店铺中，这些商品多以专营的形式销售。而在上海工业的不断发展过程中，各种国货商品发展壮大，占据了一定的消费市场，很多工厂干脆在南京路上开设门市，专营本厂产品。

在租界百年的发展过程中，南京路也随之发展，各种商业类型不断增多，商业形式逐步完善，到20世纪30年代已经发展成为"中华第一商业街"。

2. 外滩金融区

上海是近代中国的金融中心，而上海主要的金融机构大部分都设在公共租界，尤其以靠近外滩的区域居多。以1933年为例（如表6.3所示），沿

表6.3　1932—1933年沿外滩地块经营用途一览表

序号	册地号	英文名称	中文名称
1	1	Yangtsze Insurance Association Ltd.	扬子公司（保险）
2	2	British Government	英国政府
3	3	Nippon Yusen Kaisha	日本邮船公司
4	4	Nippon Yusen Kaisha	日本邮船公司
5	5	Banque de I'Indo Chine	东方汇理银行
6	6	Glen Line Ltd.	怡泰
7	23	Jardine, Matheson & Co., Ltd.	怡和
8	24A	Yangtsze Insurance Association Ltd.	扬子公司（保险）⑮
9	24	Yokohama Special Bank	横滨正金银行
10	26	Bank of China	中国银行
11	31	Sassoon & Co., Ltd. E.D.	沙逊大厦⑯
12	32	Hongkong and Shanghai Hotels Ltd.	上海香港饭店有限公司
13	36	Chartered Bank of Austridia, India, China	麦加利（银行）
14	37A	North China Daily News & Herald Ltd.	字林西报
15	37	Bank of Taiwan	台湾银行
16	41A	Master, R.F.C and Harris, M.R.	中央银行⑰
17	41G	Okamoto, O.	中央银行⑱
18	43	Frankin, C.S.	交通银行⑲
19	45	Chinese Government	江海关⑳
20	49	Hongkong and Shanghai Banking Corporation	汇丰银行
21	54A	National City Bank of N.Y.	花旗银行
22	54B	National City Bank of N.Y.	花旗银行
23	54C	China Realty Co., Fed. Inc., USA	中国营业公司
24	55	Nisshin Kisen Kaisha	日清轮船公司
25	56	Union Insurance Society of Canton, Ltd.	保安（保险）
26	58	Mackenzie & Co., Ltd.	隆茂
27	60	Shanghai Club	总会
28	61	Staff Building Ld.	*㉑

资料来源：《上海公共租界工部局地价表》，上海市档案馆馆藏，上海公共租界档案U1-1-1044。

114

外滩的 28 个地块当中,银行和保险公司就占据了 15 个。除此以外,紧邻这些沿外滩地块所设的银行还有中孚银行、大通银行、德华银行、国货银行等。而与外滩相邻的圆明园路和四川路上也散落着不少银行和保险公司等金融机构。除了银行和保险公司,当时还有很多洋行也办理抵押贷款等金融业务。而这些洋行在外滩区域的也不占少数。因此,外滩当之无愧地成为公共租界的金融圈。

3. 杨树浦工业区

上海是近代的工业中心,而上海的工业又发源于公共租界。在公共租界发展的过程中,外资陆续注入,很多外资工业企业在杨树浦一带建立起来。随着国内工业的发展,很多民族资本主义企业也在此处陆续建厂,但外资企业仍然占据了沿黄浦江的大部分有利位置,如 1932 年,杨树浦路沿黄浦江的工业企业有裕丰纱厂、电力公司、祥泰木栈、大康纱厂、三井木栈、同兴纱厂、三新纱厂、华明制糖厂、祥泰木栈、上海机器水厂、自来水公司、怡和纱厂等,[22]其中大部分为外资企业。在外资企业和民族资本主义企业中,无论从工厂数目、工厂人数还是生产总值的角度来说,纺织业都占据了首要的位置,支撑着杨树浦工业区的发展。直到"第一次世界大战前后,杨树浦一带已经有纺织、公用、缫丝、造船、造纸、制药、制皂、啤酒、烟草、有色金属、机器制造等大型工厂数百家。如此发展速度,外界报道为'杨树浦奇迹'"[23]。

4. 不同层次的住宅区

伴随着各种产业功能区的形成,满足不同阶层人士需要的住宅区也应运而生。公共租界内的住宅区主要有四种类型:位于租界西区的花园式住宅,居住者多为外国人、官僚、资本家等城市的统治阶级;公寓式住宅大部分也集中在租界西区,居住者以收入较高的高级职员、商人和外国人居多;里弄式的住宅区在公共租界内为数众多,大多分布在中区,租用者多为各类职员及医师、教师、建筑师、工人和小商小贩;棚户和简易住房集中在公共租界的东区,是贫苦劳工、流民的栖身之地。[24]

二、私有土地利用方式演变的原因分析

从城市化的过程来看,通常情况下城市在其形成和发展的过程中,土地的利用方式是从农业向工业再向第三产业的逐步升级,而且这一过程需要经历一定的时间。但在公共租界的城市化发展中,土地利用方式的转变却极其特殊:租界设立后,很多业主将土地租给外国人,而外国人将土地用于商业贸易活动,土地的利用方式从农业直接转变为第三产业,没有经过工业化阶段。第三产业的发展并不是靠产业逐步升级而来的,而是通过直接性

的引入。

部分土地的利用方式发生转变以后,引起了公共租界土地价格整体的上涨,只是上涨速度有所不同而已。受土地价格的影响,土地的利用方式发生了进一步的变化,形成了不同的功能区,例如南京路商业区、外滩金融区、杨树浦工业区以及不同层次的住宅区。

（一）区位均衡形成的理论分析

根据城市经济学第一公理:通过调整价格实现区位均衡。㉕在一个区域中,采用相同土地利用方式的不同主体,如果没有一个主体想要进一步改变位置时,这种区位均衡就实现了。在一定区域内总有一个最佳位置,越靠近最佳位置,租金就越贵。这个最佳位置通常与人流多少、道路的通达性、城市基础设施有很大联系。而获利能力更强的行业或企业就会选择更靠近最佳位置的区域,也就是土地价格较高的区域。因此,通过土地价格的调整就能够使不同行业间的企业达到区位均衡。

根据城市经济学第二公理:自我强化效应产生极端结果。㉖自我强化效应是指促使已经发生变化的事物朝着相同的方向产生额外变化的过程。假设同样的经营商均匀地分布在城市内部。如果一个经营商迁移到某一区域,与另一个经营商相邻。消费者在消费之前会对不同的产品或服务进行详细比较,而在这个区域有两个相似的经营商,就会吸引消费者首先来到这一区域,这一区域不断增加的交易额就会增加这个区域的吸引力,从而使其他经营商纷纷迁移到这里。最终的结果是,众多相同类型经营商的聚集形成了产业区域,在这个产业区中它们之间形成共同竞争的态势。

因此,可以得出这样的结论:相同的行业会因为自我强化效应而聚集到同一个区域,由于土地租金的价格又会使不同的行业分布在不同的区域,分布的规律是营利能力强的行业占据租金高的地区,营利能力弱的行业被排挤在租金较低的区域。近代上海公共租界产业分布状况基本符合这些理论。但是,由于公共租界内各产业产生和发展的状况具有特殊性,营利能力对近代上海公共租界区位均衡的形成,即各个功能区产生的作用并不完全符合该理论。例如,工业在公共租界中出现较晚,尽管其在近代时期具有较强的营利能力,但是因为土地使用的高成本,公共租界内的工业大多位于杨树浦地带。

（二）近代上海公共租界区位均衡的形成

1. 区位均衡形成过程

根据前面的理论分析,区位均衡最终所决定的位置与其获利能力和土地价格相关。另一个影响功能区形成的重要因素是位置因素。对于不同的

116

行业来说最佳位置也有一定的区别:对于商业的发展来说,人流量、购买力和交通便利程度都是关键因素;对于金融业来说,如何方便地开展各项业务是一个重要因素;而对于工业发展来说,低廉的成本和便利的交通则是不可或缺的盈利条件。

近代上海公共租界功能区的形成和变化主要受上面两个因素的影响。而在形成功能区的过程中,主要有两种模式:一种是初始均衡→中间均衡→最终均衡,例如外滩附近的土地利用。早期公共租界外滩是作为"天然码头"的功能存在的。这是因为开埠后内外贸易的快速发展,外滩占据的地理位置使其成为码头的必然选择。但是随着公共租界城市化的发展,土地价格快速增长,外滩因其位置的优越使其土地价格成为公共租界之最。因此,土地价格所带来的高成本使外滩作为码头失去了成本优势。而随着外滩沿线泥沙堆积,码头装卸货物吞吐量下降,又使其丧失了高效的获利能力。因此,外滩沿线原本的码头、货栈和运输企业大多迁到公共租界北区和东区。由于外滩附近区域的高地价,决定了这一区域应采用集约型的土地利用方式。而优越的位置以及交通条件则可以降低交易成本,提高获利能力。正是这些原因决定了近代上海公共租界金融业用地集中于外滩附近区域。在价格等因素的作用下,外滩区域行业类型发生了转变,随之产生的是土地的利用方式从原本以码头、货栈为主到以银行、保险等金融业为主。

另一种模式是初始均衡→最终均衡,例如杨树浦工业区。近代上海公共租界工业产生较晚,在最初选择用地区域时,中区地价已是最高,再加上工业用地较多,获取低廉土地以及沿江区域方便货物进出就是当时选择工业用地的重要标准。因此,公共租界北区及后来并入的东区则成为工业用地的首选。另外,南京路商业区的形成也是受到营利能力和位置的影响所决定的,其形成模式同工业区相似。

2. 区位均衡的结果

到 20 世纪 30 年代,上海公共租界内比较典型的功能区有南京路商业区、外滩金融区、杨树浦工业区以及各式住宅区。

(1) 南京路商业区

英租界设立之前,南京路只是一条又窄又短的通江便道。由于上海开埠之初所修建的第一个跑马场位于这条马路上,因此外国侨民经常要在这条路上骑马或乘坐马车。为方便来往,需将其修筑成通行便利的马路,于是用碎石将其铺平,成为公共租界内最早修筑的新式马路。后来随着公共租界的扩大,1865 年南京路延长至泥城浜(今西藏中路),之后又随着越界筑路的展开而与静安寺路相通。南京路也因此成为当时上海东西方向的交通要道,也是上海最长的一条柏油马路。随着公共租界道路建设的逐步进行,在南京路附近也依次修筑了北京东路、汉口路、福州路、广东路等新式马路,并且采用棋盘式分布,不但道路笔直了许多,宽度也增大了。据当时的记载:"自小东门吊桥外,北而西,延袤十余里,⋯⋯洋楼耸崎,高入云霄,⋯⋯其中衙街弄巷,纵横交错,久于其地者,亦易迷所向,街路甚宽广,可容三四马车并行,地上碎石铺平,虽久雨无泥捉之患。"㉗通过公共租界工部局的规划和建设,这一带逐渐形成了以南京路为中心纵横交错的交通网络,发达的交通网络有利于商业区的形成和发展。

由于南京路建设得较为完善,人流量大,因此最初的商业店铺都会选择在南京路上开设。南京路上的商铺所经营的商品类型与上海县城内传统商品不同,以洋货和特色商品为主。这吸引了上海城内的外国人以及富有的华人来此购物,使商铺的经营者获得了较高的利润,从而进一步吸引了更多的商人来此开设杂货店、商店等。南京路通过自我强化效应逐步形成并奠定了公共租界商业中心的地位。

(2) 外滩金融区

近代上海与国内各地的贸易往来十分频繁,由于资金流通周转的需要,在新式银行设立之前,上海的钱庄、票号已有一定规模的发展。随着近代商品经济的发展,钱庄也不断增加新的业务,逐渐发展壮大。开埠之后,随着对外贸易的增多产生了国际汇兑问题,钱庄和票号力所能及的范围是上海同国内其他地区的汇兑,而外商在外贸中的国际汇兑则掌握在几家大代理商行手中。然而,随着对外贸易额的扩大,这样的汇兑方式已不能满足贸易往来的需要,一定要建立能够经营国际汇兑的独立的金融机构。

外滩能够发展成为金融中心,这与上海外资银行初期经营的业务类型有着很大的关系。企业的选址决策直接决定了企业今后的潜在客户群体和企业经营上的定位、细分。公共租界早期设立的外资银行从事的主要业务就是与几家著名的大商行争夺大批中、小企业的汇兑业务,如1847年上海第一家外商银行丽如银行在外滩设立分理处,汇兑业务就是其最主要的业务。这一时期英国在华的银行中,存、贷款业务的经营上,几乎为空白。因此可以确定银行经营的业务是与对外贸易紧密相关的汇兑业务,银行的潜在客户群体是经营对外贸易的公司,而对外贸易的主要场所是码头港口。因此,银行选址的最佳位置就是外滩一带。

(3) 杨树浦工业区

1843年上海开埠通商后,杨树浦地区成为中外资本竞相投资开办工厂、兴办实业的一块热土。首先,杨树浦濒临黄浦江,有着优越而便利的运输条件和工业生产所需要的水源;其次,"在对岸的浦东已建有码头、堆栈,燃料和原材料的供应也很方便"⑳。这些条件满足了降低生产成本的需要,这些成本即取得原材料的成本和销售产品时的运输费用。而这些条件,正好满足了韦伯的工业区位理论中"成本最小、运费最省"⑳的条件。

杨树浦地区能够成为公共租界的工业区,也同样满足外部规模经济的理论。外部规模经济理论揭示:当同一行业或相关行业集聚在同一地域时,会给该行业的单个企业带来生产成本降低、生产效率提高的好处,即外部规模经济。⑳按照杨树浦工业区的具体情况来看,其规模经济的来源有以下两种:

一是专业投入品供给者的涌现。对于特定的行业,必有一些专用的机器设备与基础设施,作为固定投入部分,其使用的程度越高,分摊到每个使用者身上的固定成本则越少。㉛杨树浦地区,设有电厂和自来水厂。在电力广泛用于工业生产之后,这样的地理优势为工业的发展提供了便利条件。

二是不仅专业行业有专用设备,而且专用设备与服务也需要有专业的人力资本供给。㉜在人力资源方面,杨树浦地区也具备了工业生产所具有的人力条件。由于华洋杂居的实现,难民在公共租界内的居住变得合法。而大部分的难民是无钱无势的穷苦百姓,他们没有能力居住在条件较好、房价较高的公共租界中区,大部分这样的难民都居住在位于东区的棚户区,这为杨树浦工业区提供了大量廉价的劳动力。

(4) 各式住宅区

如前所说,公共租界的住宅区主要有花园洋房(独立住宅)、公寓住宅、里弄住宅和简房棚户四种类型。由于公寓住宅兴起较晚(从 20 世纪 20 年代左右才开始),并且在公共租界内的数量不多,在这里主要介绍其他三种类型住宅区的形成。

① 花园洋房式高档住宅区的形成

公共租界内最早出现的花园洋房集中在外滩一带,而后又在租界内部扩展开来。1843 年,仅外滩有 11 幢花园洋房。到了 1864 年,公共租界内的花园洋房就已经达到 269 幢。㉝这一时期除教堂外,花园洋房的一个显著特点是,具备经营和居住的双重功能,楼下为经营场所,楼上为生活区域。但这样的状态仅维持了二三十年,租界内土地价格的变化使花园洋房作为居住用地的成本加重。19 世纪 70 年代开始,很多外国人不得不向租界西部迁移。由于此时租界西面的地价较中区而言便宜很多,在这里既可以享受花园式洋房的居住条件,又可以减少居住成本的支出。外国人之所以向租界的西面迁移,而不是向地价同样低廉的北区和东区迁移,一方面由于西区人烟稀少,有更多的生活空间和住宅空间;另一方面西区靠近法租界,比较容易形成外国人居住的生活圈子。于是在租界的西面,"别墅式住宅像雨后春笋般地已在四面八方建筑起来"㉞。因此,在公共租界的西区(主要是静安寺路、爱文义路及小沙渡路一带),便形成了花园洋房式的高档住宅区。

② 石库门式里弄住宅区的形成

小刀会起义后,租界内涌入了大量的难民。有条件租赁外国人的房屋用于居住的毕竟是少数,大部分的难民都只能住在用木板搭建的房屋中。在 1870 年之前,这种简陋的毗连式木板房是公共租界内大部分华人居住的场所。但这样的房屋极易引起火灾,1870 年后便被公共租界取缔。取而代之的是一种中外结合的新式住宅——石库门。这种住宅主要集中在租界的中区,"第一批石库门出现在河南路、福州路、北京路一带,即租界的中心地区,时间大约在 19 世纪 60 年代初"㉟。而"早期石库门居民分布大体由北京路(今北京东路)、四马路(今福州路)、河南路(今河南中路)一带逐渐向西延伸,其延伸速度与洋场向西扩展同步"㊱,石库门是公共租界最主要的住宅形式。截至 1911 年,在公共租界内的石库门里弄达到了 717 个。㊲其形成并大量产生的原因,除其建筑风格适合中外居民居住外,另一个重要原因就是房地产商的开发。由于土地价格的不断增加,房地产逐渐成为一项十分有利可图的事业。"由于石库门里弄住宅市场前景广阔,中外房地产发展商,几乎无不以经营石库门民居为主业,竞相建造石库门里弄住宅。譬如新沙逊洋行从 1880 年到 1890 年的 10 年间就建造了青云里、永定里、广福里、宝康里等不下 20 多处,成立于 1888 年的英商业广地产公司亦以建造和经营里弄住宅为业,曾拥有数千幢里弄房屋,每年的房租收入达数十万两。"㊳因此,在石库门的住户多为房屋的租赁者。

③ 简房棚户区的形成

公共租界内的简房棚户区主要集中在东区小沙渡、沪东杨树浦等工厂附近。这样的住宅区状况与东区的产业有着紧密的联系。前文说到,公共租界东区的杨树浦一带是上海著名的工业区,而在近代从事工业生产的职工有着人数多、工资低的显著特点。当时很多在工厂工作的人都是逃到租界的难民,他们本身没有什么身家、资本,也没有什么高级技能,只能在工厂从事简单的工业生产,工资也低得可怜,根本不可能有很好的居住条件。尽管公共租界东区的地价与中区比较起来已经低廉了很多,但对这些收入很少的工人来说仍然是一笔不小的数目,因此,他们只能居住在占地面积小、条件差的简房棚户里。

近代上海公共租界内城市布局的形成是两方面作用的结果。一方面,以工部局为代表的租界管理当局对公共租界内城市布局施加了外部影响。工部局通过与华人政府和私人土地所有人的博弈，改变了公共租界内众多滩地、池塘等原有的土地存在形态，使得公共租界内部区域空间得到扩张，土地向着更具经济性的用途迅速转化。同时，在难以达成协议的公用地采取建设公园、游乐场等公用设施的方法改善了城市空间结构布局。工部局土地管理所带来的正"外部性"结果是地价的持续增长。土地价格的增长不断打破原有的区位均衡，并形成新的均衡。另一方面，产业的不断发展促进了公共租界城市功能区的形成和变化。由于近代上海产业出现和发展的顺序与西方城市化发展不同，因此城市功能区的变迁也具有独特的特点。贸易、商业的依次发展，形成了最早的商贸区。随着产业营利能力和所占土地价格的不断变化，商贸区的部分区域的功能发生了转变。由于近代工业的发展较为迟缓，因此工业区的形成是在商业区、住宅区和金融区形成之后独立发展的，充分利用了沿江航运成本低的优势。可以说，公共租界的城市布局为近代上海城市功能区的形成及之后城市化发展奠定了空间基础。

注释

① 上海市档案馆编：《工部局董事会会议录》(7)，第 777 页。

② 史梅定等编：《上海租界志》，第 439 页。

③ 《上海公共租界工部局年报》，上海公共租界档案 U1-1-961，上海市档案馆藏。

④ 上海市档案馆编：《工部局董事会会议录》(3)，第 747 页。

⑤ 蒯世勋等主编：《上海公共租界史稿》(上海市资料丛刊)，上海人民出版社 1980 年版，第 414 页。

⑥ 史梅定等编：《上海租界志》，第 102 页。

⑦ 史梅定等编：《上海租界志》，第 102 页。

⑧ 罗志如：《统计表中之上海》(国立中央研究院社会科学研究所集刊第 4 号)，国立中央研究院 1932 年版，第 56 页。

⑨ 蒯世勋等主编：《上海公共租界史稿》，第 416 页。

⑩ 上海市档案馆编：《工部局董事会会议录》(5)，第 549 页。

⑪ 上海市档案馆编：《工部局董事会会议录》(12)，第 552 页。

⑫ 张仲礼：《近代上海城市研究》，上海文艺出版社 2008 年版，第 39 页。

⑬ 马学强：《从传统到近代：江南城镇土地产权制度研究》，上海社会科学院出版社 2002 年版，第 172—173 页。

⑭ 即洋布、洋酒、洋烛、洋皂、洋火。

⑮ 根据中华地图学社：《上海老地图系列——上海 1932》(复制版)，苏州美柯乐制版印务有限公司 2006 年版，英商有利银行也处于此位置，此二公司应位于同一大楼。

⑯ 根据中华地图学社：《上海老地图系列——上海 1932》(复制版)，苏州美柯乐制版印务有限公司 2006 年版，租赁沙逊大厦经营的是华比银行。

⑰ 根据中华地图学社：《上海老地图系列——上海 1932》(复制版)，此处为中央

银行。

⑱　根据中华地图学社:《上海老地图系列——上海 1932》(复制版),此处为中央银行。

⑲　根据中华地图学社:《上海老地图系列——上海 1932》(复制版),此处为交通银行。

⑳　《上海公共租界工部局地价表》,上海公共租界档案,U1-1-1044,上海市档案馆藏。上为"Chinese Government",但根据位置和上海市档案馆:《老上海行名辞典(英汉对照 1880—1941)》,上海古籍出版社 2005 年版,第 389 页所注,此处实际为上海海关,即江海关(Shanghai Customs)。

㉑　根据中华地图学社:《上海老地图系列——上海 1932》(复制版),此处非金融机构。

㉒　中华地图学社:《上海老地图系列——上海 1932》(复制版)。

㉓　李天纲:《人文上海——市民的空间》,上海教育出版社 2004 年版,第 149 页。

㉔　熊月之主编:《上海通史》(第 5 卷晚清社会),上海人民出版社 1999 年版,第 187—188 页。

㉕　阿瑟·奥莎利文:《城市经济学》,北京大学出版社 2008 年版,第 8 页。

㉖　阿瑟·奥莎利文:《城市经济学》,第 8 页。

㉗　陆兴龙:《近代上海南京路商业街的形成和商业文化》,《档案与史学》1996 年第 3 期。

㉘　毛剑锋:《杨树浦工业区研究(1880—1949)》,上海师范大学 2006 年硕士论文,第 31 页。

㉙　董利民:《城市经济学》,清华大学出版社 2011 年版,第 43 页。

㉚　董利民:《城市经济学》,第 161 页。

㉛　董利民:《城市经济学》,第 161 页。

㉜　董利民:《城市经济学》,第 161 页。

㉝　熊月之主编:《上海通史》(第 5 卷晚清社会),第 189、193 页。

㉞　熊月之主编:《上海通史》(第 5 卷晚清社会),第 193—194 页。

㉟　冯绍霆:《上海石库门论述》,载上海市档案馆编:《近代城市发展与社会转型——上海档案史料研究》(第四辑),上海三联书店 2008 年版,第 159 页。

㊱　熊月之主编:《上海通史》(第 5 卷晚清社会),第 199 页。

㊲　熊月之主编:《上海通史》(第 5 卷晚清社会),第 160 页。

㊳　熊月之主编:《上海通史》(第 5 卷晚清社会),第 201 页。

第七章　近代上海公共租界的土地交易

土地利用方式的转变和公共用地的形成是由土地交易决定的。土地利用方式转变的效率除了受转变前后使用方式的收益差决定之外,另一个重要的决定因素就是土地交易市场的效率,即土地交易市场配置土地资源的效率。土地交易市场是否有效取决于两个方面:一方面,存在有利于土地市场交易的制度环境及遵循制度的有效的地政管理。近代上海公共租界管理当局所制定和实施的一系列土地所有和土地管理制度形成了有效土地交易市场的制度基础,而工部局的地政管理则是公共租界土地交易效率的保障。另一方面,土地交易市场的有效性关键取决于不同土地交易形式中交易主体的行为方式,尤其是作为管理者的土地交易方式是否市场化的行为决定了土地交易市场的有效性。近代上海公共租界工部局在征收土地的过程中,多数情况下是以市场化的行为与私人业主进行土地交易的,这有助于提升土地交易的市场有效性。

第一节　土地交易的形式

近代上海公共租界土地交易有多种形式,如自行出售、拍卖以及工部局对土地的征收与转让等。在所有的交易形式之中,土地的私人交易和工部局土地征收与转让是最重要的形式。

一、土地自行出售

私人土地交易是公共租界最主要的土地交易形式。私人售卖土地最早在 1844 年开始出现,在费成康所著的《中国租界史》中就提到有英商从中国业主手中购买土地,每亩押银 99 000 文,合银 60 余两。[①]后来租界的设立使这种土地出让成为土地交易的主要方式。近代上海公共租界大部分的土地买卖是通过土地所有者和土地需求者双方私下交易完成的,但能够反映私下交易细节的完整资料较少，本章将通过报刊资料以及道契资料来考察这种土地交易形式的状况。

（一）报刊资料中土地自行交易的记载

能够反映出存在这种交易形式的资料一般是刊登在报纸的广告中，如《字林西报》(North China Daily News)。1870年3月7日的《字林西报》刊登了一则地产出让广告：位于四川路和福州路拐角处的一块长方形土地，面积3.5亩，现由老广和洋行(GEO. Smith & Co.)使用。②而在1886年11月24日的《字林西报》中也有这样一则出售土地的广告：一块位于抛球场的土地(南京路45号)，册地1313号的一部分，英领事馆注册道契号为1306，面积7.454亩。③同样，《字林西报》中也经常会刊登出一些求购土地的广告。1871年9月11日就刊登了一则这样的广告。④

除了这些直接的土地供求广告之外，一些地产拍卖广告也可以从另一个侧面反映出土地私下交易的普遍存在。如在1867年5月4日的《字林西报》中有一则土地拍卖广告，强调这一拍卖在规定的日期前，可以进行私下交易，而如果私下交易成功，则取消拍卖。⑤在一些土地拍卖的公告中会提及拍卖土地附近土地私下交易的情况。例如，在1874年12月19日的《字林西报》中刊登了一系列土地拍卖结果的公告。在第四块位于静安寺路的地产拍卖中，尽管存在着一些争议，但是该地块以每亩白银46两的价格拍出。同时公告还提到，这一价格的拍出与该地块相邻的另外一块地的近期交易价格每亩白银53两相近。可以看到，土地的自行交易是公共租界重要的土地交易方式，也是土地拍卖的重要参照。⑥

另外，还有拍卖后没有成交，最后私下达成交易的情况发生。⑦除了上述情况，在《字林西报》中，刊登了很多地产拍卖广告，拍卖土地无论成交与否都会在拍卖结束后第二天的本地新闻(LOCAL)专栏公告最终的拍卖结果。但其中有相当一部分的拍卖只有广告而没有最终结果，这主要是因为很多地产在拍卖指定日期前已经完成了私下交易。

（二）道契资料所反映出的土地自行交易

通过以上的报刊资料能够反映出土地私下交易形式的存在，下面将通过道契资料从所有权的角度考察土地交易状况。从第五章可以了解到，道契的申领与转让状况分别从租界土地的初始交易和土地的市场交易两个方面反映了土地私下交易的状况。

1. 近代上海公共租界的土地一级交易市场

根据前文，土地一级市场是指为正式申领道契而进行的土地交易。在绝大多数情况下指的是外商从中国原住户手中买地，其中包括通过中国中

124

间商买地。道契的申领即意味着公共租界土地初始交易的完成。1844 年外国人申领道契面积约为 116.73 亩,而到了 1911 年,总的道契申领面积达到了 36 422.841 亩。也就是说在民国建立时累计共有 36 423 亩土地进入土地一级交易市场。此外,从前文每年道契的申领数也可以反映出土地初始交易的活跃程度。外国人向华人购买土地最早发生于 1844 年,而在道契正式颁发的 1847 年道契申领数有 60 张,这其中一半都是 1847 年之前已经发生的土地交易。1847 年道契申领数较多的重要原因就是道契制度的正式实施,这对土地交易是一种制度上的保障和激励。但是由于租界早期人口稀少,经济不发达,因此,每年道契的申领数量很少。

到了 19 世纪 50 年代,受小刀会起义和太平天国运动的影响,大量人口涌入上海,尤其是公共租界。随着公共租界"华洋分居"政策的取消,租界内道契申领数不断增加,直至太平天国运动被镇压。由于难民回归故乡,也使得 1865 年到 1870 年这一时期土地交易低迷。之后,由于战争导致江南地区的破败,返乡难民又逐渐回流上海。这刺激了土地交易市场的发展,使得自 19 世纪 70 年代后期到 19 世纪 90 年代前期土地初级交易保持稳定。随着经济的发展,近代工业和新型金融业的兴起,从 19 世纪 90 年代中期开始,尤其在 1899 年租界面积扩张之后,道契申领数量迅速扩张,土地一级交易市场活跃,公共租界内土地逐步得到利用。

2. 土地交易的二级市场

道契的申领从土地初始交易的角度反映出了土地在一级市场上的交易状况,而道契的转让则反映了土地在二级市场上的买卖状况。土地二级市场交易指的是已经在一级市场交易之后的土地交易。近代上海公共租界中的土地二级市场交易主要指的是那些已经申领到道契,并对土地产权进行转手的交易。从全部道契资料可以看到,公共租界内几乎每一块土地的租地契中都显示有背书的记录,这就意味着近代上海公共租界内的土地大部分都曾经转过手。与一般商品的交易方式一样,公共租界二级市场土地交易的主要方式是自行出售。下面通过对几块土地转手情况的考察来反映土地二级市场交易状况。

首先来看册地 8 号(道契 1 号)的土地。该地块面积为 13.894 亩,最先由英商颠地·兰仕禄(Lancelot Dent)在 1844 年租定。该块土地分别在 1863 年和 1877 年进行了转手交易,到了 1899 年该地又有 7.95 亩被出让给华俄道胜银行,而剩余土地则于 1915 年再次转手。⑧

再来看一下转手交易较为频繁的册地第 7 号土地(道契 9 号)的情况。该块土地面积 4.813 亩,由英商于 1845 年租定。1845 年转手 0.86 亩给裕记洋行,剩下的 3.953 亩土地在 1848 年到 1900 年之间一共转手 12 次,在 1854 年和 1886 年各有两次,其中除了 1854 年中的一次属于遗产过户外,剩下的土地转手均为交易或转让。⑨

从道契申领和转让背书的情况来看,土地的自行出售是近代上海公共租界土地交易的重要形式,以这种形式成交的土地交易量在公共租界土地交易中占很大比重。

二、土 地 拍 卖

从上面道契转手交易的情况来看,近代上海公共租界内的土地交易十分频繁。除了土地的自行转让之外,土地拍卖是公共租界内土地转让的另一种重要形式。近代上海公共租界的土地拍卖是一种新的土地交易形式,是一种"舶来品"。随着外商在上海的不断增加,首先出现了商品拍卖的形式,这在《字林西报》的广告栏常有看到。而由于公共租界土地因永租制和道契制度成为可交易的商品之后,很多拍卖行借鉴欧洲商品和土地拍卖的经验,开始在上海进行土地拍卖活动。这些拍卖活动在当时的报刊中多有记载,如《字林西报》《北华捷报》《申报》等。根据笔者所看到的《字林西报》,其中关于土地拍卖的记载最早是在 1867 年。可以看到,土地拍卖在租界早期已经出现,是公共租界二级土地交易市场参与者常用的一种土地交易方式。

(一) 近代上海公共租界土地拍卖的基本情况

一般情况下,在近代上海公共租界的土地拍卖过程中,拥有土地一方会将待转让土地的信息通知代理土地交易的商行,由这些代理商行在各类报刊杂志上刊登拍卖广告。1874 年 12 月 15 日的《字林西报》刊登了一则拍卖广告,由和记洋行(Groom,Francis A.)组织,准备在 1874 年 12 月 18 日对四块土地进行公开拍卖。广告中标明了各块土地的位置、道契和册地号等明确信息。⑩在拍卖结束后,报纸便会将拍卖结果向外公告。土地拍卖结束后,《字林西报》在 12 月 19 日的专栏"本地新闻"中刊登了最终的拍卖结果,其中三块土地顺利成交,一块土地流拍。⑪

《北华捷报》和《申报》也会刊登一些土地拍卖信息,有时一条拍卖信息会在不同的报纸上同时出现。例如,1875 年 9 月 23 日的《字林西报》刊登了三块土地的拍卖公告,⑫而在 1875 年 9 月 25 日的《北华捷报》中也刊登了这一信息。⑬相类似的情况还有很多:1877 年 10 月 2 日《字林西报》刊登的土地拍卖公告,同样出现在 1877 年 10 月 4 日出版的《北华捷报》上⑭。

另外,《申报》中也会刊登一些土地拍卖公告。例如在 1873 年 11 月 17

日的《申报》中就有一则土地拍卖公告，[15]标题是《拍卖房屋地价列左》；具体内容如下：

> 本行今奉经理已故火柏先生后世之人之令于英十一月十四日一点钟时在本行四川路十六号之房拍卖地业列左。一座落苏州河北边地一块并连所有平房三十一间。地计有十亩三分在英国领事衙门取号二百九十七，卖价连房每亩五百三十五两……

这则拍卖公告同样刊登在《字林西报》中。[16]在这些报刊资料当中，《字林西报》的土地拍卖信息相对丰富和完善，因此在考察土地拍卖时，主要是运用《字林西报》当中的资料。

（二）土地拍卖的种类

从《字林西报》的资料可以看出近代上海公共租界土地拍卖有多种形式，按照交易土地的性质分主要包括两种：转让拍卖和抵押拍卖。

1. 转让拍卖

近代上海公共租界内大部分的土地交易除了上面提到的私下交易之外，还常常会借助于转让拍卖的形式。在转让拍卖中，土地所有者将自己所拥有的土地委托拍卖商行进行拍卖。在1874年12月15日的《字林西报》上，有一则广告内容就反映出了一般土地转让拍卖的基本情况。那些确定拍卖的土地除了另外规定可以在拍卖前自由交易的之外，大部分土地都会最终进入拍卖程序。

在转让拍卖中存在着一种特殊的形式，即信托拍卖。土地信托主要是土地所有者将土地交给资产管理人，由资产管理人对该土地进行管理。在公共租界内，土地的所有者以外国人居多。这些外国人在租界从事各类工作，拥有自己的地产，甚至整个家庭都生活于此。但是无论是什么原因，这些外国人大多最终将离开租界。因此，很多时候他们需要在离开上海之后处理自己的资产，尤其是土地和房屋这一类的不动产，因而信托拍卖的土地交易形式就出现了。1870年5月亚历克斯·科克（Alex Cock）先生将其位于黄浦江北岸的一块面积为10.5亩的土地（册地537号，道契530号）交于其信托人。随后，其信托人将这块土地的相关信息通知长利洋行（Bisset & Co.），并由长利洋行在报刊上刊登了相关的拍卖广告。[17]除了以上的原因，采用信托拍卖形式进行土地交易还有另外一种情况，那就是当土地所有者去世之后，其土地交由信托管理。信托管理人根据相关各方面的要求将土地进行拍卖，从而对原土地所有者的资产进行管理。[18]

2. 抵押拍卖

与转让拍卖的土地所有性质不同，抵押拍卖的土地主要是土地所有者用于抵押的土地。土地抵押是近代上海公共租界内各类商业团体融资的重要手段。而这些用于抵押的土地会因为土地所有者破产或者无法归还所欠债务而被债权人交由拍卖代理商进行抵押拍卖，以拍卖获得的收入来弥补债权人的损失。在近代，上海公共租界内的土地拍卖有很大一部分都是对抵押土地进行的。

无论破产土地抵押还是负债土地抵押，其拍卖的程序基本上都是一样的：由具有抵押权的当事人向土地拍卖商行提出申请，后者将用作抵押土地的相关资料交给负责拍卖的代理商行，代理商行通过刊登广告发布土地拍卖信息并组织土地拍卖。⑲但是破产抵押拍卖与其他的抵押拍卖也有不同，其拍卖过程一定有法院的参与。这可以通过 1867 年的一则破产拍卖抵押广告看出。索邦拍卖行（Maclean，Thorburn & Co.）准备在 7 月 8 日拍卖一处地产（册地 36 号，道契 49 号，面积 5.357 亩），该地产原属于米勒（Rowley Miller）。由于米勒破产，其资产由租界内的法院暂为管理。在这一拍卖过程中，首先是由债权人向法院提出地产处置申请，法院根据其要求对相关情况进行核查，然后责令索邦拍卖行代为拍卖这一地产。⑳另外，在破产土地拍卖中，债权人也可以作为竞拍者对土地进行竞拍。这样一种拍卖制度设计最大可能地保证了债权人的利益。

（三）土地拍卖的优点

近代上海公共租界土地拍卖是土地转让交易的重要组成部分。而土地拍卖主要有以下几个优点。

1. 提高土地转让的效率

土地拍卖能够保证土地转让顺利进行，提高转让效率。这可以通过一个例子反映出来。1873 年，册地 464 号业主准备出让这块面积为 26.979 亩的土地。最初业主选择以私下交易的形式出让土地，并在《字林西报》上刊登售地广告，但未能成交。之后，业主又通过拍卖的形式以最高报价每亩白银 190 两顺利出让土地。㉑

转让拍卖所带来的土地交易效率提高主要体现在两个方面：一方面，降低了信息搜寻的成本。对于土地所有者来说，不再需要自己寻找土地的买家；而土地需求者则无需四处打听待售土地，并且能够根据土地拍卖商行提供的资料清楚地了解待售土地的相关信息。另一方面，拍卖减少了土地买卖双方在私下交易时讨价还价即议价的交易成本。土地所有者只需将与拍卖土地相关的信息通知代理商行。而土地的需求者则根据自己的情况对土地报价，当超过土地所有者的保留价格之后，竞拍出价最高者获得土地所有权。

2. 最大化买卖双方的收益

在转让拍卖中,买卖双方都能够通过拍卖来最大化自身的收益。在土地拍卖时,土地所有者自身对拍卖土地具有一个保留价格,这个价格是土地所有者评估了土地的基本状况、之前工部局土地估价以及相邻土地近期交易价格之后对拍卖土地的最低估价。土地拍卖会从一个低于保留价格的拍卖底价开始由竞拍者出价,当最终拍卖交易完成时,出价最高者获得土地,一般情况下成交价格都会高于土地所有者的保留价格。当竞拍者的价格没有达到土地所有者的保留价格时,这块土地流拍。从 1874 年 12 月 19 日《字林西报》的土地拍卖公告中可以看到,位于北京路的册地 117 号(道契 111 号)的一块面积为 3.014 亩的土地由底价白银 5 000 两起拍,当竞拍价达到了 12 250 两时,拍卖行公布了卖方的保留价格 18 000 两,之后再无竞价。由于最终的竞拍价格没有达到卖方的保留价格,这块土地流拍。而在同一公告中,位于虹口的册地 852 号(道契 845 号)起拍底价为白银 300 两,当竞价达到 1 800 两时,卖方公布保留价格为 2 000 两,最终该地块以 2 050 两成交。[22]

从土地拍卖交易行为可以看出,买卖双方都通过保留价格来保证自己利益的最大化。在拍卖中,卖方的保留价格是不完全显性的。由于拍卖机制的特性,土地的成交价格一般都会超过卖方保留价格,这就使卖方获得了生产者剩余,也就是实际成交价格超过卖方保留价格的那一部分。而买方则根据自身对拍卖土地的偏好以及预算约束也会有一个保留价格,所以买方保留价格是隐性的,只有在买方退出拍卖的时候才显示出来。竞价时,如果土地需求者的保留价格低于土地所有者的保留价格,则流拍;相反,当土地需求者的保留价格高于土地所有者的保留价格,出价高者获得土地,最终竞拍的价格与买方保留价格之间的差额就是消费者剩余。土地拍卖这一交易机制能够充分扩大买卖双方的交易剩余,从而保证交易双方利益的最大化。

3. 充分反映拍卖土地的需求状况

无论是转让拍卖还是抵押拍卖,都能够反映这一状况。而土地需求可以通过土地转让拍卖的多少和成交与否以及成交价格的高低反映出来。在房地产市场较为低迷的时期,拍卖土地较少,即便拍卖也较难成交,或者成交价格较低。相反,在房地产市场繁荣时期,土地拍卖频繁、容易成交且成交价格较高。

在 19 世纪 70 年代租界内的土地市场不景气,因此,一些拍卖土地都没有能够成交。在这些未成交的情况中,有些是因为拍卖价格难以达到卖方的保留价格。上文提到的 1874 年 12 月 19 日《字林西报》的土地拍卖公告中关于册地 117 号(道契 111 号)就反映了这一情况。而另外一些没有成交的拍卖土地则根本无人问津。这些土地大多位于租界内较为偏僻的区域。例如,在 1874 年 8 月 15 日《字林西报》的拍卖公告中我们看到一块地产,在拍卖过程中无人竞价,导致流拍。在公告中明确写明之所以流拍是因为该地块处于虹口租界。㉓而在 1877 年 10 月 2 号的土地拍卖公告中也反映了这一情况。参加拍卖的八块土地全部流拍,其中五块无人竞价。在这五块土地当中,三块位于虹口,两块位于浦东。㉔

这是土地拍卖未能成交的状况,而在土地市场低迷的状况下,即便是拍卖成交,其成交价格也相对较低:同样是在 1874 年 12 月 19 日的《字林西报》中显示,位于虹口的册地 852 号(道契 845 号)土地最终成交价格只比保留价格高出白银 50 两;㉕1877 年一块位于虹口的面积为 23.980 亩的土地(册地 1126 号,道契 1119 号)其成交价格等于保留价格,为白银 1 800 两。㉖

从 19 世纪 80 年代开始,伴随着租界的发展,土地逐渐被利用起来,土地市场需求逐渐增加,土地转让交易逐渐恢复,土地拍卖较为频繁,流拍现象逐渐减少,拍卖成交的价格较高。因此,拍卖作为一种土地交易的形式,能够充分反映出拍卖土地的需求状况,从供求的角度反映出了土地交易市场的活跃程度。

三、工部局土地的征收与转让

除了私下交易和拍卖,土地的交易还有另外一种形式,那就是公共租界工部局在市政建设时所进行的土地征收与转让。

(一)土地的征收

近代上海公共租界工部局在土地征收过程中,主要是通过征地的方式进行,给予土地业主一定的补偿。到 1939 年,工部局自有土地面积高达 2 771.840 亩。㉗这其中按土地征收的用途来分主要可分为两大类:一是公共设施建设用地,另一种是工部局自身办公用地。

1. 工部局市政建设用地

随着公共租界人口的不断增加,城市化快速发展,界内的市政设施建设成为工部局的一项重要职责。工部局作为公共租界的管理者,在进行城市建设过程中会对租界内的土地产生需求。工部局获得的土地主要用于建设道路码头、修建公园与公墓、建造厕所以及提供公共菜场等市政设施。

(1)道路用地

在所有这些市政建设项目中,历年来,修建道路征地是最重要的一项。

在 1884 年,公共租界工部局仅在扩建道路征地上就花费白银共计 12 000 两。㉘而到了 1930 年,用于放宽马路的花费则达到白银 1 182 062.94 两。㉙在工部局董事会会议录中记录了大量关于工部局买卖土地的资料。如 1874 年 6 月 29 日的会议讨论了工部局关于拓宽南京路的问题,决定对祥泰洋行出让的 0.409 亩土地开价每亩白银 5 000 两,共计 2 045 两。㉚

(2) 公园用地

公共租界公园用地主要是两个方面:一个是对滩地和池塘的利用,另一个是购买私人土地。

在对池塘的利用上,工部局对其未采取任何处理之前,这些土地几乎没有用武之地,相对于公共租界的其他土地来说价值也非常低。但经过工部局的利用,在池塘之上建成了可供人们游玩、欣赏的场所,不仅提供了租界内外国人(早期的公园不允许华人入内)的娱乐休闲活动场所,也美化了环境。就像虹口公园,原来是一块池塘,在工部局按要求向中国官厅支付了白银 15 000 两升科费用之后,这块土地就被工部局用来修建虹口公园。㉛

另外一种修建花园的方式是购买私人土地。但工部局通常不会直接购买价格高昂的私人土地来修建花园,兆丰公园却是特例。兆丰公园原为跑马厅董事英国人霍格所建的私人花园,后因此人破产,工部局便趁机将公园南部购买下来,进行扩充,并修建成了公园。而在虹口公园的修建中,除了原来的池塘占地部分之外,工部局还向英商业广地产公司购买了其所有的 3.272 亩土地用于公园扩建。工部局购买这块土地花费白银 21 318.31 两。由于是将土地用于公园建设,英商业广地产公司在交易这块土地的时候是按照土地的成本价格出售的。㉜

(3) 公共菜场用地

建造公共菜场也是工部局购进土地的重要用途之一。例如 1891 年,工部局购买了 6 亩土地用于修建虹口菜场;㉝1915 年,工部局在修建梧州路菜场时购买了册地 436 号的部分土地,总共花费白银 4 000 两。㉞

正是这些市政用地构成了公共租界工部局土地需求的主要部分。以 1933 年为例,公共租界工部局共征收土地 54.64 亩,其中 34.834 亩用于放宽和延长马路,另外的 19.806 亩则用于公园和公墓的修建。总共花费 1 004 367 两。㉟

2. 工部局自用土地

除了市政建设用地,工部局及其职能机构的办公用地也是工部局土地需求的一个组成部分。工部局在 1874 年购买了位于汉口路与福州路之间的惇信洋行地产(册地 57 号),土地面积约 11.02 亩,并在此作为工部局的

办公用地。㊱

除此之外,随着公共租界的不断发展,工部局所要管理的区域和范围逐渐扩大,维护治安所需的捕房用地不断增加。从 1854 年购置土地建造中央捕房,到 1933 年耗资白银 54 000 两购买第 5431 号册地修建普陀路捕房,在这期间共计修建捕房 14 座(见表 7.1)。其中,中央捕房、虹口捕房和静安寺捕房等较早建设的捕房都在后来又重新购地建造。㊲这些捕房占地也成为工部局土地需求的重要组成部分。

表 7.1　公共租界工部局捕房位置及占地面积

捕房名称	所属区	册地号	地基面积(亩)
中央捕房	中区	168	3.991
老闸捕房	中区	612	7.212
虹口捕房	北区	1 068	7.500
静安寺捕房	西区	1 180	1.586
新闸路捕房	—	420	6.655
杨树浦路捕房	东区	973	2.756
汇司捕房	北区	3 452	3.000
汇山捕房	东区	2 000	2.000
嘉兴路捕房	东区	479	2.617
戈登路捕房	西区	—	—
狄思威路捕房	—	—	—
榆林路捕房	东区	3 929	5.780
成都路捕房	西区	1 965	—
普陀路捕房	西区	5 431	3.798

资料来源:史梅定等:《上海租界志》,上海社会科学院出版社 2001 年版,第 245—250 页。

(二) 土地出让

公共租界工部局不但是土地市场的需求者,同样也是土地市场的供给方。工部局转让的土地大多是在土地利用过程中产生的剩余土地。如工部局在 1883 年购买了一块位于兆丰路的土地用于修建公墓。在公墓修好之后,剩余一块面积为 0.3 亩的条地。由于面积较小,一直未能找到买家,直到 1890 年,被与该地块相邻土地的业主卡普托先生购入。㊳1933 年工部局出售了位于新闸小菜场的两块余地,共计 1.649 亩。㊴而在 1935 年工部局出售了位于东虹口菜场的一块土地,面积为 0.644 亩。㊵根据工部局的统计,在 1939 年工部局共有这样的余地 376.065 亩。㊶大多数的情况下,工部局会将这些土地标价公开出售,因此也成为土地市场上的供给者。出让多余土地获得的资金,工部局会将其重新运用于公共租界的市政建设当中。

前文中已经提到在工部局土地征收和出让当中还有一种形式,那就是土地的置换。土地的置换,主要是由于工部局所拥有土地的特殊情况决定的。"工部局拥有的多余土地几乎总是零星的土地,这些土地都是因租界为谋发展而招致破坏的结果。"[42]因此,有时候为了能够使零星土地连成片,就需要和其他土地所有者进行土地置换。例如在1869年工部局与天祥洋行关于广东路土地的置换。

(三)工部局土地征收出让资金的支付方式

在工部局征收出让土地过程中,一般情况下会以现金方式支付。但是也存在延期支付的情况。

1. 土地征收资金的支付

在土地征收的过程中,工部局一般会通过自己的代理行直接向土地的卖方支付价格。然而,随着公共租界地价的不断升高,工部局在征收土地尤其是在征收大宗土地的时候,需要支付的资金数额巨大,造成工部局直接支付的困难。因此,工部局在购买土地时经常会采用其他的方式来支付土地价格。

首先,随着工部局公债发行制度的完善,工部局能够通过发行债券的方式支付土地价格。在购买土地时工部局会与卖方达成协议,以工部局发行的债券支付土地购买费用。1917年,工部局为了扩大杨树浦发电厂的规模,向斯蒂芬先生购买册地6046号、6060号、6052号和尚未注册的土地,共52亩,每亩价格白银2 600两,共计白银135 200两。由于工部局资金困难,经协商,斯蒂芬先生同意接受总购买价的四分之一款额以1917年发行的债券按票面价值支付。[43]

另外,工部局还会通过延期支付的方式购买大宗地产。例如在1927年购买祥泰洋行有限公司的地产,价格为白银95万两,其中预付押金10万两。若直接支付剩余的85万两白银会造成工部局当年的预算收支失衡。因此,通过协商,最终卖方同意5年内付清,余款需要支付利息,年利率为7%。[44]

2. 土地出让资金的收缴

工部局在出售土地时,大多以现金形式收取。在1935年,工部局将一块位于平凉路的面积为3.323亩的土地出让给日本商业学校,直接收取28 815元。[45]除了这种形式之外,工部局有时会允许以延期支付的方式收取土地出让金。1934年,日本居留团购置了工部局一块面积为0.959亩的空地。但由于财政困难,对方要求延期支付。工部局经协商同意日本居留团在3年内分三期还款,还款年利率为 5%。⑯ 在延期支付的条件下,工部局一般都会要求购买土地一方事先支付押金,一旦购买方违约,工部局则将押金没收。

第二节　土地交易市场的有效性

与其他商品市场一样,土地市场的有效性表现在土地的价格能够充分反映市场的供求状况。近代上海公共租界土地市场的有效性受两方面的影响:土地市场的制度环境与市场参与人的土地交易行为方式。

一、制度上的保障

土地交易市场效率首先体现在市场交易能够顺利地进行,而土地制度就是要为土地的市场交易提供良好的外部环境。导致土地交易无法顺利进行的因素有很多,例如土地所有权的不完善、相关土地信息的不完全等等。而近代上海公共租界的土地制度以及实施的一些土地管理措施在一定程度上解决了这些问题。其中有两项制度具有典型的代表性:道契制度和土地评估制度。道契制度明确了土地私有产权,使土地能够自由流转;工部局定期评估的土地价格反映了各块土地的历史价格,再加上交易的标的——公共租界土地的特殊性,使土地交易的参与者能够以较低的交易成本获取交易土地的相关信息,从制度上保证了土地交易的顺利有效进行。关于这两项制度的具体内容在前文已有论述,这里主要简单总结一下它们对保证土地市场交易效率的作用。

(一) 道契制度作用

如前所述,道契制度的实施使公共租界大部分土地成为完全意义上的私人所有。因此,公共租界内的土地买卖就具备了土地市场交易的必要条件。首先,在土地一级市场交易的过程中,交易双方不用再担心中国传统土地交易中找贴风俗的影响,保证了交易顺利进行。其次,在土地交易发生纠纷的时候,由于产权的相对明晰,解决纠纷也相对简单、高效,省了交易成本。最后,道契作为土地交易凭证,受租界管理当局、各国领事馆和清政府的共同认证,信誉度较高。在公共租界的二级市场土地交易中,只需在道契上进行背书即可完成土地交易,有利于提高土地市场的交易效率。

(二) 土地评估的作用

土地评估制度的实施一方面为工部局在征收地税和房捐时提供了收税

依据,另一方面,对土地交易者来说降低了信息不对称的风险。道契契约中对土地的面积、四至、首次交易价格以及背书情况都有详细记录,但是在首次成交之后的交易背书中缺乏价格的记载。因此,土地购买者无从了解土地价格的变化趋势。当土地价格评估制度实施之后,土地评估价格就成为土地交易价格的参考。从而保证买卖双方都能够迅速地确定各自的保留价格。土地评估制度是对道契制度缺乏土地价格信息的补充,两者共同作用能够提供土地市场交易的信息,降低公共租界土地交易的信息不对称,提高交易效率。

（三）其他规定

工部局还颁布了另外一些规定以保证土地市场的交易效率。为了防止工部局工作人员利用工作之便从事土地的投机买卖,1877年工部局董事会通过了以下决议：

> 自今日起,工部局雇员不准直接或间接的购买上海外国租界或本工部局和法公董局管辖地区内的地产或房产,除非工部局雇员把此类地产或房产真正作为自己居住使用,并且首先要从董事会的总董处(暂时)申请到购置此地产和房产的书面许可证。[47]

此项决议通过之后,工部局严格按照该规定执行。例如1891年,工部局董事会发现巡官卡梅伦名下一块土地并非其自己使用,要求卡梅伦尽快将这块土地处理掉。[48]这项决议制约了工部局内部人员凭借信息优势从房地产投机中牟利的行为,维护了土地市场交易的正常秩序。

二、交易主体行为方式及其约束

道契制度和土地价格评估制度是近代上海公共租界土地交易的前提。而土地市场交易主体的行为方式以及对交易行为的约束是土地市场交易有效性的保障。土地价格能否反映供求状况和土地交易纠纷的解决机制是决定土地交易市场有效性的关键。从上文关于土地交易形式的介绍可以看出近代上海公共租界土地交易市场的参与者主要是个人、工商业企业、各类组织团体以及公共租界管理机构——工部局。本书中我们将前三种类型的土地交易主体的交易行为统称为私人土地交易行为,以此同工部局的土地征收和转让行为进行区分。因此,下面将从土地交易者行为、交易价格和纠纷解决机制三个方面对私人土地交易行为以及工部局征收转让土地行为进行分析,从而考察近代上海公共租界土地交易市场的有效性。

（一）私人土地交易行为

私人交易行为主要是私有土地所有者之间对土地产权的转让。上文曾提到近代上海公共租界内私人之间的土地买卖主要有两种形式:自行出售和土地拍卖。土地的私人交易一般在少数交易者之间进行,最终成交价格通常是参考之前的土地交易价格、近期相近地段土地交易价格以及工部局对这块土地的最近一次估价。

1. 土地的自行出售

(1) 土地交易者的市场行为

一般情况,土地自行出售交易是买卖双方以土地交易商为中介进行的土地买卖。近代上海公共租界的土地交易具有特殊性。一方面,在公共租界土地交易市场中,由于租界内土地初次交易是外国人从华人业主手中购买土地。因此在交易的过程中除了土地所有者、土地需求者和土地交易中间商(掮客)之外,外国人还会雇用华人买办来进行土地交易。一般情况下,购买土地的过程是,外国的土地购买者雇用华人买办,华人买办再通过掮客购买所需土地。另一方面,由于道契制度的发展和完善,使买卖双方可以直接在公共租界内的二级土地市场上进行土地交易。

(2) 土地自行交易价格的特征

土地的自行出售作为租界土地交易最主要的形式,其交易价格是公共租界土地交易市场的风向标。

首先,土地的交易价格是土地拍卖价格的参考。上文提到 1874 年 12 月 15 日的《字林西报》刊登了一则四块土地的拍卖广告,其中第四块土地位于静安寺路,面积 24 亩。广告中还提到,该地块与顺发洋行的地产相连。⑭由于在这一时期静安寺路附近地产尚未发展,土地并无估价。因此,相邻土地的成交价格就成为该块土地竞拍者保留价格的参考。在 12 月 19 日的拍卖公告当中提到,与这一地块相连的顺发洋行地产最近以每亩白银 53 两的价格成交。而在拍卖中,该块土地最终以每亩白银 46 两成交。⑤从这一例子可以看出在土地拍卖过程中,土地自行交易价格成为了影响最终土地价格的重要因素。

其次,在工部局征收出让土地的过程中也会以土地自行交易价格来判断自身交易价格的合理性。1917 年工部局打算在西区建立学校,工务处找到了一块位于地丰路的地基。工部局董事会在决定学校校址的问题上产生了分歧,工部局董事爱士拉先生支持购买位于地丰路的这块土地。爱士拉董事的理由就是这片土地的价格相比较而言是比较低的,工部局应该能以每亩白银 1 300—1 500 两的价格购买,而在这块土地相邻马路的对面,一块地产新近以每亩白银 2 500 两刚刚售出。㉑无论是拍卖交易还是工部局买卖土地都会以土地自行交易的价格作为参考来确定各自的成交价格。

（3）土地交易纠纷的解决机制

在自行出售土地交易开始时，交易各方会根据自身的需要对土地进行评估，无论是卖方还是买方都是以自身利益最大化为目标。在实际的交易过程中，买卖双方是采取直接交易还是通过中间人交易，取决于买卖双方各自的约束条件和交易成本的大小。通过交易各方的议价活动，来实现各自的利益。而在实现利益最大化的过程中，交易纠纷的产生会影响到土地交易的最终结果，从而导致交易的无效率。这些纠纷主要表现在地产出售时买方没有能够如期付款、卖方没有及时提供相关土地的转让材料、交易土地存在抵押合同问题以及交易过程中与代理商和掮客的佣金纠纷等等。如果说近代上海公共租界实施的道契制度、土地评估制度等相关土地制度保证了土地产权交易的达成，那么土地交易纠纷的解决机制则成为土地交易顺利进行的必要条件。

近代上海公共租界在处理这类私人土地交易纠纷时，通常是通过租界内的各类法院提起诉讼来保证土地交易的顺利进行。1877年2月大英民事法庭（Civil Summary Court）审理了一起关于土地交易佣金的案件。华商何福记（He Fukee）起诉和记洋行，要求和记洋行支付其土地交易中介费。在这起案件中，和记洋行通过其买办购买租界内的土地，买办就和华人卖主的掮客何福记联系，并最终帮助和记洋行以每亩白银500两，总价2 351.50两的价格购买到了该块土地。而在佣金的费用上，何福记与和记洋行发生纠纷，最终由法庭予以解决。㊼在1886年2月英国高等法院审理了一起利用土地抵押获得贷款的案件。被告哈维（J. A. Harvie）抵押位于福州路的一块地产（册地1498号，道契1491号）给原告仁记洋行（China Fire Insur. Co., Ld.），从仁记洋行获得借款白银22 500两，还款年利率为9％。仁记洋行以被告哈维未能按时履约为由，向英国高等法院提起诉讼要求取消被告对抵押土地的回赎权利。最终法院同意仁记洋行的要求取消了被告的抵押回赎权，从而使仁记洋行实际上获得了该块土地的所有权。㊽从上面两个例子可以看出，由于公共租界内土地产权相对明晰，在处理与土地交易相关的纠纷时，租界内的各类法院能够有效地处理相关问题，以保证土地交易顺利进行。

2. 土地拍卖

在前文介绍拍卖这一土地交易形式的时候，通过对买卖双方保留价格的分析考察了土地拍卖中买卖双方的交易行为：土地的卖方通过拍卖来获得其生产者剩余，而买方则通过竞价的形式反映出其对拍卖土地的偏好，并根据自身的预算约束参加竞拍，最终得到土地的买方则获得消费者剩余，买卖双方通过拍卖获得土地交易的最大收益。

以下主要考察近代上海公共租界土地拍卖交易的价格。土地拍卖价格通过竞价机制可以充分反映市场对拍卖土地的需求状况。从总体上来看，拍卖交易的结果主要分为三类：

第一类是成交价格高于保留价格。前面提到，1874年12月19日拍卖的位于虹口的册地852号（道契845号）土地卖方保留价格为白银2000两，而最终的成交价格为白银2050两。⑭1879年5月的《字林西报》显示了一个成功拍卖，册地339号，道契332号，面积4.352亩的一块土地，在拍卖中以白银2100两的价格成交。⑮成交的均价为每亩白银483两，而同一块地在1876年和1880年的评估地价分别为每亩300两和每亩800两。⑯《字林西报》中大量的拍卖资料显示，在近代上海公共租界土地拍卖交易中这一类型的交易结果较为普遍。在公共租界土地价格不断升高的宏观趋势背景下，大部分土地拍卖的结果符合这一趋势。

第二类是成交价格低于保留价格。1886年的《字林西报》中记载了上文提到的位于外滩的册地7号（道契9号，面积3.953亩）的土地拍卖情况：拍卖成交价格为60000两，而之前的所有者在购买这块地产时支出了83000两，比最高点的价格缩水了近30%。⑰在1870年6月24日的土地拍卖中，位于虹口的三块土地尽管最终全部成交，但是其成交价格普遍低于1869年工部局的评估价格。这说明虽然公共租界的土地升值机会较大，但是在某一特定时期、特定区域或者在特定的情况下，受供求关系影响的土地价格也会出现下降的情况。

表7.2　1870年三块册地拍卖情况

道契号	册地号	面积（亩）	拍卖价格（白银两/亩）	1869年评估价格（白银两/亩）
616	623	8.2	11	30
594	601	1.7	294.1	360
364	371	10	20	100

资料来源：*North China Daily News*，June.24，1870.

第三类是由于卖方保留价格高于购买者的心理预期，致使交易失败。如1880年10月28日的《字林西报》中有这样一则拍卖公告：乍浦路西侧一片土地，册地696号，面积4.404亩，卖方的保留价格为白银3500两，由于叫价没有达这一价格，拍卖以失败告终。⑱从这一公告可以看出这块土地的卖方希望以每亩白银近800两的价格出售，而同一块地在1876年和1880

138

年的工部局评估中价格分别为每亩300两和600两。[59]虽然该块地在1876—1880年的四年间评估价格翻了一番，但由于1880年地价刚刚重新评估完毕，每亩近800两的价格是购买者不愿接受的。另外一个例子是1875年9月22日的土地拍卖：位于芝罘路的一块道契注册面积为4.451亩的土地，在1874年的工部局土地估价当中土地价格为每亩白银300两。[60]土地拍卖就以这一价格作为卖方的保留价格，以底价每亩白银150两起拍，由于最高竞价即土地需求者对这块土地的最高保留价只有白银210两，因此该土地最终未能成交。[61]

从以上三种拍卖交易的结果可以看出，土地拍卖的实际成交价格是以保留价格作为基础，保留价格会根据最近年份工部局的土地评估价格作为参考。土地的买卖双方通过拍卖机制决定各自收益，而土地的成交价格则是由市场的供求双方决定的。

由于土地拍卖交易的纠纷解决机制与土地的自行租售纠纷解决机制相类似，在这里不再赘述。

(二) 工部局土地征收转让行为

前文在土地交易的类型中已经谈到近代上海公共租界工部局土地征收转让的基本情况，在这里通过分析工部局征收转让土地的行为模式来考察其对土地交易市场有效性的影响。由于担负着租界市政管理和市政建设的职责，工部局征收转让土地也就成为日常土地管理的一个重要组成部分，直接影响到土地交易市场的有效性。下面重点考察工部局的这一行为。

1. 工部局征收土地行为分析

工部局在征收土地过程中，主要是通过购买的方式参与土地市场，即土地交易的市场行为。通过考察工部局征收道路用地的做法能够清楚地看出工部局征收土地的市场化行为。

根据1854年《土地章程》第5条的规定，在租地人租赁土地时必须留出道路用地以作日后开辟道路之用，这部分土地由租地人交纳租金，但租地人不能使用。从该规定可以看出工部局在修建公共道路时有权无偿征收这类土地。在实际的征收过程中，确实存在着买方将这类土地无偿出让给工部局使用的情况。例如在1894年，工部局准备扩建斐伦路，地产位于该路的洋商汉壁礼在得知扩建信息之后，指示其代理人公平洋行免费出让册地1528号的部分土地，这些土地足够在该洋行门前扩展该路至30英尺(9.144米)宽。[62]但是大多数情况下工部局在征收这类土地时会进行报价购买。

(1) 工部局以土地估价为基础按照土地的实际价值进行征地补偿

首先，在土地价格较为平稳的时候，工部局在征收道路用地时是以土地近期估价作为报价通知土地所有者的,土地所有者再根据这一报价来决定是否出让土地。

1878 年和 1879 年工部局在购买位于广东路、福州路、杨树浦路的土地用于马路拓宽时,都是以土地的评估价格为报价,最终也以评估价格成交。[63] 在 1896 年工部局为了拓宽四川路和九江路,按照评估价格每亩白银 11 000 两购买了册地 86 号(道契 79 号)的部分土地。[64]

其次,当公共租界城市化水平提高,土地价格快速增长,工部局在征收土地时开始在估价的基础上增加一个比例进行报价。1922 年,工部局在拓宽静安寺路时,为了征收册地 2940 号土地,向业主以估价溢价 10%报价补偿。[65] 尽管后来有人对工部局在估价基础上加价 10%征收道路用地进行赔偿的做法有异议,但是工部局董事会认为这是解决土地征地问题最好的办法。[66]

(2) 考量土地的长期价值

工部局是否对土地进行报价以及报价高低取决于其对这块土地在今后使用中的价值的判断。当工部局认为土地征收之后在未来的使用中不能产生较大效益时就会拒绝出价。1880 年,工部局工务处提出拓宽江西路和天津路,需要向业主巴拉德和老沙逊洋行购买土地。但是工部局考虑到未来天津路能够带来的效益不高而拒绝了对方过高的报价。[67] 同样的情况也出现在 1886 年对是否拉直云南路的问题上,工部局以同样的考虑放弃了对网球场委员会的报价。[68]

相反,当工部局发现征收土地的未来价值后就会以估价为基础进行报价,甚至会以高于报价的价格成交。1892 年,工部局计划拓宽广东路,因此需要征收两块土地:册地 275 号(道契 268 号)和册地 279 号(道契 272 号)。两块土地的估价为每亩白银 7 000 两,业主开价高于这一价格。工部局认为当时广东路过于狭窄,购买这块土地对于拉直广东路具有重要意义,有必要接受业主报价。经过工部局的议价,最终业主同意以评估价成交。[69] 除了以评估价格成交之外,很多时候成交价格都会高于评估价格。这种情形大多发生于较为繁华的路段,例如 1881 年,在拓宽浙江路和广西路之间的福州路时,需征收册地 967 号(道契 960 号)一部分土地,估价为白银 186 两。工部局董事会认为考虑到现实土地价格和未来该路仍需拓宽的需求,最终以白银 400 两成交。[70]

(3) 工部局征收的土地基本都是按照该土地的市场价格进行交易的

尽管一些征收的土地是以评估价格成交的,但是这也说明评估价格在一定条件下反映出了当时的土地市场价格。上面提到的高于评估价格的土地交易是工部局购买土地最经常发生的情况。如在 1870 年 2 月 11 日的工部局董事会议同意买进册地 59A 号的一块土地,向 A.索恩先生的代表支付了 16 901.41 两。⑦ 这块地在 1869 年和 1874 年的评估价格分别为 13 725 两和 18 300 两。⑦ 同样在 1880 年,为了拓宽南京路与九江路之间的一段江西路时,工部局向祥泰洋行购买了册地 152 号(道契 62 号)土地,成交价格为每亩白银 5 000 两。⑦ 而该块土地之前最近一次的估价为 4 000 两,到了1882 年工部局重新对土地估价之后,该地块价格升至每亩白银 5 750 两。⑦ 再以 1932 年公共租界工部局按照修路的需要征收的四块土地为例,册地号分别为 394、225、235 和 611,其征收均价分别为每亩白银 125 000 两、112 819 两、206 611 两和 60 000 两。而这四块地在 1930 年的评估价格分别为白银 75 000 两、50 000 两、155 000 两和 32 000 两。⑦

从以上各个例子可以看出,尽管公共租界工部局对土地价格进行评估,但是在其征收土地的过程中,并不是完全按照土地的评估价格进行交易,而是根据土地的市场交易价格进行支付。

2. 工部局土地转让行为分析

与土地征收行为相同,工部局在处理建设余地时同样是在评估价格的基础之上采取市价出让。除了前文提到过的土地直接出让之外,工部局有时也会将这些土地交由其土地代理商进行土地出让招标,需求者通过竞标购买这类土地,成交价格自然能够反映出土地买方对土地的需求状况。1932 年,工部局出售册地 174 号土地,工务处一共收到两份秘密投标,分别是英商恒业地产公司和公和洋行。尽管后者出价稍高,但是由于其在半年后才能付款,因此工部局选择将土地出让给英商恒业地产公司,最后的成交价格为每亩白银 206 500 两,⑦ 而这块土地在 1930 年的评估价格每亩不到140 000 两。⑦

另外,在工部局换地的过程中也会考虑到不同土地之间市场价值的不同。工部局与同茂洋行共同拥有册地 2191 号,面积 3.994 亩。1932 年在拓宽静安寺路时,工部局用面积 0.059 亩与同茂洋行交换其所有的面积为0.136 亩土地。按照评估价格工部局还要支付偿银 3 003 两,但在实际交易中工部局按照市场价值标准进行补偿,一共支付给同茂洋行白银 4 848 两。⑦

从以上的分析可以看出,尽管工部局是公共租界的土地管理机构,然而,因为近代上海公共租界土地的实际私有,也使得工部局作为土地交易者一般情况下都是按照市场行为参与土地征收和转让,其行为模式与一般的土地交易参与者基本相同。包括在土地交易中如果涉及中间商的交易,工部局同样会按照市场价格支付中间商佣金。⑦

3. 工部局参与土地交易市场行为的特殊性

工部局征收转让土地的行为与其他土地交易者也有不同,表现在工部局出让土地时,交易对象并非完全自由。工部局在出让土地时的原则是就近原则和原业主优先原则。如果具有优先权的买主开价高于等于工部局报价时,土地交易达成。

(1) 就近原则

上面关于工部局与同茂商行土地交易的例子中,工部局就是按照这一就近原则进行的土地出让。如果附近土地所有者开价过低或者放弃购买,工部局才会将土地自由买卖。1931 年 9 月 16 日的工部局董事会议在讨论出让工部局余地册地 3575 号问题时,提到"如果此片土地毗邻的业主不准备以每亩 18 000 两的价格购买此片多余的土地时,则会议要求工务处长再次将此问题提交工务委员会"[80]处理。在这种情况下,工务处(或工务委员会)大多会以竞价的方式接受其他土地需求者的秘密报价。

(2) 原业主优先原则

关于原业主优先的原则,工部局董事会在 1920 年 7 月 14 日进行了长时间的讨论。董事会认为工部局不是土地投机商,并决定如果工务委员会认为任何剩余土地不为市政建设所需,或似可为市政建设所需,则应在委员会确定价格之后,让该土地最后一位业主优先购买。如果他不要,则此价格即作为该土地的最低价格,并当众公开拍卖。[81]

虽然工部局出让土地的方式与一般交易者有所不同,但是从总体上不改变其以市场行为参与土地交易的方式。

4. 工部局土地交易纠纷解决机制

由于市政建设和自身发展的需要,工部局土地交易行为较为频繁,土地买卖当中交易纠纷时常发生。工部局作为近代上海公共租界的土地管理机构,如何处理好这些纠纷是决定工部局土地交易行为市场化的关键。

作为土地管理机关,工部局出于自身利益的需要就会具有利用非市场化的手段解决土地纠纷的动机。例如,若想多收地税和房捐则可以对私人地产给出一个较高的评估价格,然而这样就会扭曲市场价格。工部局之所以在土地买卖行为当中能够表现得市场化,主要是因为其在土地征收转让时受到两方面的监督和制约。

首先是外部制约,这主要是租地人大会对工部局土地管理的监督以及领事公堂(Court of Foreign Consuls)等对涉及工部局土地买卖行为的制约。租地人大会制度对工部局在土地管理方面的监督主要是通过立法的层面发挥作用。而从司法的层面来看,通过司法程序解决土地纠纷问题不在少数。尽管在 1863 年《土地章程》第 27 款明确规定凡是控告工部局及其经理人等，要在公共租界内设置的领事公堂进行诉讼审理。但是领事公堂因为适用法律问题的争议，造成"公堂权力微弱，等于虚设也"[82]。因此，很多涉及工部局土地纠纷的案件都会按照私人土地交易诉讼案件相似的程序进行处理。

与私人土地交易纠纷解决不同的一点在于，工部局土地交易行为还受到内部制约。因此，在提请法院审理之前工部局会通过内部机构进行协调裁断，尤其是在 1900 年地产委员会成立之后。地产委员会被赋予的最主要的职能就是"公断征用土地争议，决定偿价"[83]，由该委员会作出裁断就成为工部局解决土地纠纷的重要手段。尽管地产委员会是工部局所属的管理机构，但是其中各个委员分别由不同的利益团体任命，"凡在工部局领有薪俸的人员不得当选为委员"[84]。因此，地产委员会成为监督和制约工部局土地交易行为的内部机构，能够有效地约束工部局土地交易行为。同时，这些条件也保证了地产委员会在裁定土地纠纷时不会仅仅从工部局的利益出发，而是会考虑到交易双方的利益，从而保证交易的市场性。1923 年初工部局地产委员会裁断了两起案件，编号分别为第 125 号与第 127 号。其中地产委员会在第 127 号案中支持了工部局对土地的开价白银 14 305 两。而第 125 号案件中，地产委员会公断该土地偿银 8 750 两，否决了工部局的开价 8 000 两。[85]

另外，从案件第 233 号可以看出地产委员会在判定工部局征收土地的赔偿价格时是以土地的市场价值作为标准的。该案件于 1935 年 1 月 18 日公断，是关于征收册地第 2685 号的一部分，面积为 0.548 亩，用于拓宽大连湾路。工部局按照土地估价每亩白银 11 000 两计算，减除二分之一，以抵除因马路拓宽而土地增值的价值。实际支付白银 3 123.60 两。英商恒业地产有限公司对减除一层表示同意，但是不愿意将工部局评估的地价作为给偿标准。开始公断时，工部局将所提给偿办法撤回，而改请免偿征收。工部局地产委员会公布如下，给注册业主支付白银 2 590 两。[86]

在公共租界工部局地产委员会裁断的案件中，大多数案件最终的土地公断价格都会高于工部局的开价。在这里以公断案第 241 号和第 243 号为例。第 241 号案件是关于工部局征收位于九江路土地以拓宽九江路，面积 0.213 亩，业主开价 114 000 元，但工部局只肯支付 43 245 元。地产委员会于 1936 年 3 月 19 日公断，要求工部局支付给业主 58 363.7 元。[87]而在 243 号案件中，工部局为了拓宽成都路准备征收册地 1924 号的部分土地，面积为 0.683 亩。业主要求工部局支付 41 350 元，但是工部局打算支付价格为

27 097 元。经地产委员会在 1937 年 2 月 25 日公断:工部局要向该册地业主支付 31 883.30 元。⑧⑧

除了公断价格高于工部局报价之外,还存在着其他的情形。在 1935 年地产委员会公断的五个案件中有三件出现了公断价格高于工部局报价,另外两件中一件公断价格低于工部局报价,一件地产委员会公断工部局免费征收。⑧⑨公共租界工部局地产委员会在公断工部局拟征收土地价格时,一方面是以土地出让方经济利益为补偿原则,补偿价格是以土地当时的市场价值为基础。另一方面也可以防止工部局内部人员因私利而以高价购买土地的可能。因为该委员会的裁定是最终的并且是具有约束力的,因此,对于工部局非市场化的土地交易行为具有很强的制约作用。

工部局土地交易的市场性还可以从地产委员会的第 246 号公断案看出,在工部局准备拓宽跑马厅路时征收册地 1360 号,面积 0.285 亩。业主并未要求给偿,但工部局出于土地所有者利益的考虑拟支付 21 500 元。经过地产委员会公断,要求工部局考虑土地未来溢价的因素,需提高支付价格到 23 650 元。⑩通过上面的例子以及前文的分析可以看出,作为公共租界市政管理机关的工部局具有土地管理的职能,尽管其在土地交易中会存在非市场行为的动机,但是因为外部监督和内部约束机制的存在,使其土地交易行为同其他的参与者一样属于市场行为。

近代上海公共租界土地市场的有效性主要体现在交易主体在土地交易中的市场化行为。在土地交易的过程中,工部局作为实际上的地政管理机关不能对私人交易的过程进行干涉。即便是工部局买卖土地,也要通过市场手段,以市场价格交易。在这样的交易形式下,土地价格就不会被扭曲,能够较为有效地反映出市场信息。因此,可以认为近代上海公共租界的土地交易市场是一个有效的市场。

注释

① 费成康:《中国租界史》,第 98 页。
② *North China Daily News*, Mar.7, 1870.
③ *North China Daily News*, Nov.24, 1886.
④ *North China Daily News*, Sept.11, 1871.
⑤ 在 *North China Daily News* 土地拍卖公告的开头部分经常会标注这样的信息,例如 *North China Daily News*, Jun.10, 1867. "... if not previously disposed of by private contract".
⑥ *North China Daily News*, Dec.19, 1874.
⑦ *North China Daily News*, Apr.25, 1883.
⑧ 《道契》(1),第 1—3 页。

⑨ 《道契》(1),第 13—16 页。

⑩ *North China Daily News*，Dec.1，1874.

⑪ *North China Daily News*，Dec.19，1874.

⑫ *North China Daily News*，Sept.23，1875.

⑬ *North China Herald*，Sept.2，1875.

⑭ *North China Daily News*，Oct.2，1877. *North China Herald*，Oct.4，1877.

⑮ 《申报》,1873 年 11 月 17 日。

⑯ *North China Daily News*，Nov.15，1873.

⑰ *North China Daily News*，May.30，1870.

⑱ *North China Daily News*，Nov.1，1873.

⑲ *North China Daily News*，July.3，1878.

⑳ *North China Daily News*，June.10，1867.

㉑ *North China Daily News*，Feb.12，1873；Feb.25，1873.

㉒ *North China Daily News*，Dec.19，1874.

㉓ *North China Daily News*，Aug.15，1874.

㉔ *North China Daily News*，Oct.02，1877.

㉕ *North China Daily News*，Dec.19，1874.

㉖ *North China Daily News*，June.12，1877.

㉗ 《上海公共租界工部局年报》,上海公共租界档案 U1-1-965,上海市档案馆藏。

㉘ 《上海公共租界工部局年报》,上海公共租界档案 U1-1-907,上海市档案馆藏。

㉙ 《上海公共租界工部局年报》,上海公共租界档案 U1-1-956,上海市档案馆藏。

㉚ 上海市档案馆编：《工部局董事会会议录》(6),第 627 页。

㉛ 上海市档案馆编：《工部局董事会会议录》(12),第 461、506、507、509、525、526、528 页。

㉜ 上海市档案馆编：《工部局董事会会议录》(12),第 461、506、507、509、525、526、528 页。

㉝ 上海市档案馆编：《工部局董事会会议录》(10),第 734、735、737、773、779、790、801、807、831 页。

㉞ 上海市档案馆编：《工部局董事会会议录》(19),第 595 页。

㉟ 《上海公共租界工部局年报》,上海公共租界档案 U1-1-959,上海市档案馆藏。

㊱ 上海市档案馆编：《工部局董事会会议录》(6),第 619、623 页。

㊲ 史梅定等：《上海租界志》,第 245—250 页。

㊳ 上海市档案馆编：《工部局董事会会议录》(10),第 697 页。

㊴ 《上海公共租界工部局年报》,上海公共租界档案 U1-1-959,上海市档案馆藏。

㊵ 《上海公共租界工部局年报》,上海公共租界档案 U1-1-961,上海市档案馆藏。

㊶ 《上海公共租界工部局年报》,上海公共租界档案 U1-1-965,上海市档案馆藏。

㊷ 上海市档案馆编：《工部局董事会会议录》(20),第 771 页。

㊸ 上海市档案馆编：《工部局董事会会议录》(20),第 648 页。

㊹ 上海市档案馆编：《工部局董事会会议录》(23),第 729 页。

㊺ 《上海公共租界工部局年报》,上海公共租界档案 U1-1-961,上海市档案馆藏。

㊻ 上海市档案馆编：《工部局董事会会议录》(26),第 445 页。

㊼ 上海市档案馆编：《工部局董事会会议录》(7),第 625 页。

(48) 上海市档案馆编:《工部局董事会会议录》(10),第776、777页。

(49) *North China Daily News*, Dec.15, 1874.

(50) *North China Daily News*, Dec.19, 1874.

(51) 上海市档案馆编:《工部局董事会会议录》(20),第625页。

(52) *North China Daily News*, Feb.20, 1877.

(53) *North China Daily News*, Feb.10, 1886.

(54) *North China Daily News*, Dec.19, 1874.

(55) *North China Daily News*, May.8, 1879; May.15, 1879.

(56) 《上海公共租界工部局地价表》,上海公共租界档案U1-1-1026、1027,上海市档案馆藏。

(57) *North China Daily News*, Apr.26, 1886; May.11, 1886.

(58) *North China Daily News*, Oct.28, 1880.

(59) 《上海公共租界工部局地价表》,上海公共租界档案U1-1-1026、1027,上海市档案馆藏。

(60) 《上海公共租界工部局地价表》,上海公共租界档案U1-1-1025,上海市档案馆藏。

(61) *North China Daily News*, Sept.23, 1875.

(62) 上海市档案馆编:《工部局董事会会议录》(11),第599页。

(63) 上海市档案馆编:《工部局董事会会议录》(7),第653—654、689页。

(64) 上海市档案馆编:《工部局董事会会议录》(12),第578页。

(65) 上海市档案馆编:《工部局董事会会议录》(22),第535页。

(66) 上海市档案馆编:《工部局董事会会议录》(23),第614页。

(67) 上海市档案馆编:《工部局董事会会议录》(7),第709页。

(68) 上海市档案馆编:《工部局董事会会议录》(8),第689页。

(69) 上海市档案馆编:《工部局董事会会议录》(10),第844、846页。

(70) 上海市档案馆编:《工部局董事会会议录》(7),第756页。

(71) 上海市档案馆编:《工部局董事会会议录》(4),第682页。

(72) 《上海公共租界工部局地价表》,上海公共租界档案U1-1-1024、1025,上海市档案馆藏。

(73) 上海市档案馆编:《工部局董事会会议录》(7),第720页。

(74) 《上海公共租界工部局地价表》,上海公共租界档案U1-1-1026、1027、1028,上海市档案馆藏。

(75) 修路征收价格来源于《上海公共租界工部局地年报》,上海公共租界档案U1-1-958,上海市档案馆藏;评估地价来源于《上海公共租界工部局地价表》,上海公共租界档案U1-1-956,上海市档案馆藏。

(76) 上海市档案馆编:《工部局董事会会议录》(15),第571、573页。

(77) 《上海公共租界工部局地价表》,上海公共租界档案U1-1-1043,上海市档案馆藏。

(78) 《上海公共租界工部局地价表》,上海公共租界档案《上海公共租界工部局年报》1932年,上海市档案馆藏。

(79) 上海市档案馆编:《工部局董事会会议录》(10),第714、715页。

(80) 上海市档案馆编:《工部局董事会会议录》(25),第479页。

㉛ 上海市档案馆编:《工部局董事会会议录》(21),第 584 页。

㉜ 蒯世勋等主编:《上海公共租界史稿》,第 158 页。

㉝ 史梅定等编:《上海租界志》,第 220—221 页。

㉞ 史梅定等编:《上海租界志》,第 221 页。

㉟ 上海市档案馆编:《工部局董事会会议录》(22),第 610 页。

㊱ 《上海公共租界工部局年报》,上海公共租界档案 U1-1-960,上海市档案馆藏。

㊲ 《上海公共租界工部局年报》,上海公共租界档案 U1-1-962,上海市档案馆藏。

㊳ 《上海公共租界工部局年报》,上海公共租界档案 U1-1-963,上海市档案馆藏。

㊴ 《上海公共租界工部局年报》,上海公共租界档案 U1-1-961,上海市档案馆藏。

㊵ 《上海公共租界工部局年报》,上海公共租界档案 U1-1-963,上海市档案馆藏。

第八章　近代上海公共租界土地价格分析

近代上海公共租界城市化发展过程中，在土地所有制度和管理制度的约束下，租界内土地交易市场的发展表现出"一级市场租借土地，二级市场交易土地"的特点。在城市化发展初期，公共租界内最初土地一级市场交易较为频繁，租地人通过租界土地居住和从事商贸经营活动。随着城市化发展，在租界管理当局较为有效的地政管理和市政管理条件下，城市集聚效应充分显现，公共租界内多种产业迅速建立。就产业的类型来说，无论是近代工业，还是其他相关服务业都属于劳动力密集型产业，吸引了大量的劳动力引入。在资本聚集方面，一方面由于外国资本看重中国市场及其所能带来的收益；另一方面由于国内各类产业的营利能力均高于农业生产，因此国际和国内资本同样向租界大量聚集。资金和人口聚集的共同作用反映在土地上的结果就是引起公共租界土地利用方式不断变化，土地二级市场交易频繁，土地价格快速上涨。宏观上，土地价格的快速上涨是公共租界内微观层面上单块土地价格变化的综合反映。单块土地的特点与宏观经济环境共同决定了公共租界的土地价格。根据前文的分析，公共租界内土地市场是有效市场，即能够反映市场上对土地的供求，因此公共租界的土地市场价格是土地需求与供给共同作用的结果，持续上涨的价格是长期土地供不应求的结果。

第一节　近代上海公共租界的土地价格

本节主要考察公共租界土地价格的变化情况，利用统计学的方法对公共租界工部局历次土地评估的价格进行分类统计，结合部分土地交易的市场价格，分析得出近代上海公共租界土地价格基本情况：近代上海公共租界土地价格快速增长，其中中区土地价格及其增长率远远高于公共租界内其他区域土地价格。公共租界内土地价格大致呈现东高西低的趋势。随着公共租界的发展,东西区域之间土地价格的差距逐渐缩小。

一、近代上海公共租界微观土地价格分析

近代上海公共租界内的土地在城市化发展过程中,不断被租地人所租借。租界土地管理当局会对已租借的土地进行勘测并编号,并通过历次的土地评估对最新的土地租借和变化状况进行统计。到1933年,地价表中所登记的地块数量约8 000余块。[①]每一单块的土地因其自身特点的不同其价格变化的表现也并不完全一致。因此,土地价格的微观分析主要是对近代上海公共租界不同地块的土地价格进行比较分析。

（一）不同地块土地评估价格的变化趋势

通过对近代上海公共租界工部局地价表中的数据进行统计之后,分别从早期的英租界(后来的公共租界中区)和美租界(后来的公共租界北区)找出三块土地的连续数据制成图8.1。其中册地第39号、第252号和第191号位于公共租界中区,另外三块土地位于北区。

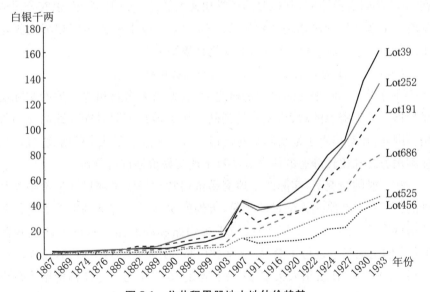

图8.1　公共租界册地土地估价趋势

资料来源:《上海公共租界工部局地价表》,上海市档案馆藏,上海公共租界档案U1-1-1023-1044。

从图8.1中我们可以看出,随机选取的这六块土地评估价格的变化趋势基本一致:在长期,尽管每一块地的评估价格变化幅度不同,但是所有地块土地评估价格的变化趋势都是增长的,并且在19世纪80年代开始,其增长有加速趋势。但是短期内,不同土地的评估价格变化是不同的,中区土地

价格的波动相对剧烈,表现在中区土地评估价格在增长时增长率较高;而当土地价格下跌时其下跌得也较为迅速,这在20世纪一二十年代表现得较为明显。

另外,从这几块土地评估价格的变化趋势中可以看出,最初评估价格较低的土地,其在随后的增长速度更快。例如册地39号,该块土地位于北京路和宁波路之间的山西路上,与同一区域的另两块土地相比较,其早期的评估价格较低,但是后来的增长速度很快,超过了另外两块土地。

以上是从地价表中随机抽取的土地的评估价格变化情况,下面以公共租界的核心地区南京路的土地为例再来考察一下土地评估价格变化状况。在近代时期,南京路的土地评估价格大多时候都是增长的,只有一次下跌,而最高涨幅曾超过100%。②从单块土地的评估价格来看,以百货业巨头永安公司地基所占土地为例,在1855年申请道契时,向原业主支付押手白银57两。③到1867年工部局对该块土地进行评估时,土地价格为每亩白银200两。④与南京路评估土地价格变化趋势相同,此块土地的评估地价除了在1911年时有所下降,其他时期都是快速增长的。到1933年,永安公司地基所占土地评估价格达到了白银225 000两。⑤以上分析表明租界内无论土地位于哪个区域,其评估价格的变化趋势基本上是一致的。

(二)近代上海公共租界单块土地的交易价格

在分析了不同土地的评估价格之后,我们再来考察租界土地的实际交易价格。由于资料的缺乏,无法找到同一块土地在不同时期连续的交易价格。因此,在对租界土地实际交易价格分析时无法采用动态的研究方法,只能利用静态和比较静态的研究方法对土地交易价格进行分析。

在一般的情况下,实际的土地交易价格常常是以工部局评估价格为基础的。尤其是在刚刚评估过的年份,土地的实际成交价格基本上都是按照评估价格进行的。1881年9月,位于福州路和湖北路拐角的一块面积为3亩多的土地私下进行了交易。《字林西报》在本地新闻中提到,该地产以白银5 500两出让给华人买主,这块土地在1880年的土地评估价格为每亩白银1 500两。⑥

但在大多数的情况下,由于土地估价的不连续,实际的交易价格介于两次土地评估价格之间。例如,1877年英籍犹太人伊利亚斯·沙逊买下外滩20号美商琼记洋行的房地产用来设立新沙逊洋行分行。连同地上旧屋在内,共花费8万两,每亩约计白银6 730两。⑦该地块在1876年工部局土地估价为6 500两,而在1880年估价没有发生变化,直到1882年土地评估价格增长为7 000两。⑧与上述例子相同,在1879年5月15日《字林西报》的土地拍卖公告中,册地第 339 号(道契 332 号)土地在 1879 年 5 月 14 日成功拍出。该土地四至:北临北京路,南临吴淞路,东临浙江路和中国道路,西接册地第 1004、349 和 350 号;面积为 4.352 亩。连同地上建筑,最终拍卖售价总计白银 2 100 两,平均每亩约 483 两。⑨而该块土地在 1876 年工部局估价为 300 两,在拍卖之后的两次估价中地价均快速上涨。在 1880 年,估价为白银 800 两,到了 1882 年则增长到 2 250 两。⑩同样在 1916 年哈同购买了位于南京路上的慈丰里地产,均价为白银 58 432 两,该地块在同一年的地价评估表中价格为 53 000 两。⑪而同一块土地在 1911 年和 1920 年评估价格分别为 45 000 两和 75 000 两。⑫

由于公共租界的发展,地价总趋势是上涨的,因此大多数情况下土地交易的实际价格都高于最近年份的评估价格。但也会存在土地交易价格低于评估价格的情况,例如在 1913 年地产大王哈同向沙逊洋行购买坐落于南京路上的地产慈昌里,该地产在工部局 1911 年估价为每亩白银 50 000 两,最终的成交价格只有每亩白银 36 896 两。三年后,哈同在向布里德(C.S. Brid)购买同样位于南京路的慈兴里时,最终成交价格为白银 39 678 两,而工部局在 1916 年的土地评估价格为白银 41 000 两。⑬

通过以上分析可以看出,近代上海公共租界的土地评估价格在一定程度上决定着土地的交易价格,土地交易价格围绕着评估价格上下波动,尽管在租界后期土地价格在很大程度上偏离了评估价格,但是正如工部局估价委员会在第一次土地价格评估报告中所说:本委员会对租界内土地

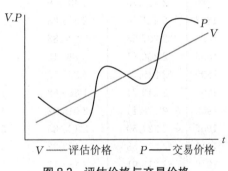

图 8.2　评估价格与交易价格

的估价,要求做到尽量地接近土地真实的价值。⑭因此,土地的评估价格实际上可以反映公共租界土地的真正价值。

二、近代上海公共租界宏观土地价格分析

宏观的土地价格是由微观的土地价格决定的,宏观上土地价格变化的趋势是微观上各块土地价格变化的表现。与微观的土地价格只能反映单块土地状况不同,宏观的土地价格能够从整体上反映近代上海公共租界土地价格变化的趋势。前文已经提到,土地评估价格实际上就是公共租界土地的实际价值。因此,对土地评估价格从整体上研究就能更好地把握近代上

海公共租界宏观上土地价格的变化。前文中已经就公共租界工部局的土地价格评估进行了分析,在这里需要强调的是工部局在进行土地价格评估时主要针对的是界内已经开发利用的土地。

在1899年公共租界区域扩张、面积再次扩大之后,不考虑越界筑路等其他一些扩大土地供给的因素,公共租界的实际面积为33 503亩。我们根据工部局历次地价表中的评估土地面积数据编制了表8.1,可以看出公共租界中区和北区评估面积相对稳定。其中中区面积下降,主要是由于公共租界内城市化发展,道路等公共设施建设用地增加所致。

表8.1 1865—1933年公共租界征税土地面积

年　份	面积(亩)				
	中(英)	北(虹)	东(英)	西(英)	总面积
1865	2 910.00	1 400.00			4 310.00
1867	2 914.00	1 460.00			4 374.00
1869	2 808.00	2 094.00			4 902.00
1874	2 832.60	2 311.46			5 144.06
1876	2 484.28	2 268.01			4 752.29
1880	2 494.73	2 401.79			4 896.53
1882	2 421.56	2 516.83			4 938.39
1892	2 207.53	3 224.85			5 432.38
1896	2 206.81	3 710.12			5 916.93
1899	2 219.71	4 369.00			6 588.71
1900	2 219.71	1 880.68	4 165.47	3 170.75	11 436.61
1903	2 278.14	2 015.92	4 938.86	3 950.68	13 183.60
1907	2 224.50	2 126.85	5 753.08	5 538.19	15 642.63
1911	2 220.53	2 163.22	6 650.27	6 059.89	17 093.91
1916	2 215.91	2 232.17	7 264.27	6 738.51	18 450.87
1920	2 208.61	2 250.61	8 009.11	6 991.85	19 460.17
1922	2 208.35	2 251.17	8 644.91	7 233.67	20 338.10
1924	2 198.88	2 242.82	8 899.65	7 434.64	20 775.99
1927	2 184.18	2 245.09	9 370.97	7 641.08	21 441.32
1930	2 175.98	2 251.33	9 880.92	7 812.58	22 120.82
1933	2 157.94	2 244.20	10 040.48	7 887.79	22 330.40

资料来源:《上海公共租界工部局地价表》,上海公共租界档案 U1-1-1023-1044,上海市档案馆藏。1865—1899年公共租界的资料记载分为英租界和虹口租界(即美租界)两个部分,1900—1933年公共租界按中、东、西、北四部分划分,其中中区、北区为原英、美租界部分。其中1865年数据来源于1876年《上海公共租界工部局地价表》的说明文件。由于1889年评估的土地价值与市场价格偏离过多,因此,工部局于1890—1892年重新评估,在此表中未列明1889年的土地价格。

从长期来看,随着对租界内土地的不断开发和利用,公共租界的评估土地面积不断增加。见图8.3。但是从表8.1可以看出直到1933年土地评估总面积也只有22330.401亩,少于公共租界的实际面积。这其中主要是公共租界西区和东区仍有一些闲置土地。

（一）公共租界土地评估价格的纵向分析

纵向分析就是从时间的维度对上海公共租界工部局在近代时期土地评估价格进行分析。主要包括对公共租界总地价和平均地价的长期趋势分析。

1. 近代上海公共租界总地价趋势

随着上海公共租界城市经济的发展,土地内在价值不断上升。工部局为了土地管理和财政收入的需要,隔一段时间就会根据最新的土地交易价格重新估计租界内土地价格。近代时期,公共租界土地评估价格的总值持续上升(见图8.3)。地价总值的构成是由评估土地面积和土地价格共同构成的。从图8.3可以看出,在19世纪80年代之后评估土地价格总值增加较为迅速。这一时期地价总值的增加从结构上看,一方面是租界内土地利用面积的不断增长,另一方面是因为土地的均价不断上升。

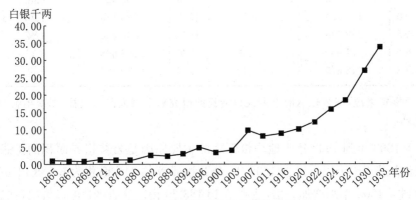

图8.3　公共租界的平均评估地价

资料来源:《上海公共租界工部局地价表》,上海市档案馆藏,上海公共租界档案U1-1-1023-1044。

2. 近代上海公共租界地价的变化趋势

由于公共租界土地估价总值增加包含了面积扩大的份额,因此不能精确地反映出公共租界地价变化的实际情况。而土地的平均价格剔除了面积的因素,将土地的平均价格用于公共租界土地价格变化最为准确。因此本书所研究的土地价格指的就是近代上海公共租界的平均土地价格。从图8.3

可以看出,近代上海公共租界土地均价的变化趋势与总地价的变化趋势相似:在较长的时期内都呈现增长趋势,并且土地均价的提高具有加速的趋势。但是在一些较短的时期内,土地均价的增长率为负值。比较明显地出现在这几个时期:19世纪六七十年代、19世纪末20世纪初以及1907年到民国初年。

1865年到1870年左右土地均价下降状况,与道契申领数量反映出的状况一致。太平天国运动失败后,之前因避难涌入租界的华人大量离去返回故乡,造成人口的快速减少,这一时期人口的增长率仅为－3.75％(见表8.2)。这不但影响到了公共租界内的一级市场土地交易,也直接影响到了二级市场上的土地价格。可以说人口的迁移是造成此次土地均价下降的主要原因。

表8.2　1855—1936年上海公共租界人口增长率

年份	公共租界人口数	人口增长率(％)	年份	公共租界人口数	人口增长率(％)
1855	20 243		1900	352 050	7.46
1865	92 884	16.46	1905	464 213	5.69
1870	76 713	－3.75	1910	501 541	1.56
1876	97 335	4.05	1915	683 920	6.40
1880	110 009	3.11	1920	783 146	2.75
1885	129 338	3.29	1925	840 226	1.42
1890	171 950	5.86	1930	1 007 868	3.71
1895	245 679	7.40	1936	1 180 969	2.68

资料来源:邹依仁:《旧上海人口变迁的研究》,上海人民出版社1980年版,第90页。

1899年到1902年土地均价下降的主要原因是公共租界面积的扩张。我们从表8.1可以看出在1899年,公共租界评估土地面积为6 588.71亩。而到了1903年则增加一倍,达到了13 183.60亩。从表8.2可以看出,在这段时间内人口数量扩大引起土地需求增加,然而土地供给增加的幅度却远远高于人口增加的幅度,因此土地价格下跌。从表8.3可以看出这段时间内上海公共租界土地均价增长率均为负值,以1900年的－12.77％为最甚。另外,考察公共租界中区平均地价的增长率也能够从侧面印证这一现象。公共租界中区是原英租界,这一地区土地利用水平最高,地价上涨的也最为迅速。从表8.4可以看出公共租界总体的土地均价在这段时期下降的同时,中区土地的平均价格仍然是增加的。但是土地价格的增长率则明显下降,这充分反映出了公共租界面积的扩张抑制了中区土地价格的增长。

表 8.3　1898—1902 年上海公共租界土地价格增长率

年　份	1898	1899	1900	1901	1902
增长率(%)	−2.35	−2.46	−12.77	−2.86	−4.89

资料来源:土地价格是由土地税收收入、土地税税率和征税总面积计算得出,公式为土地价格＝(土地税/税率)×(1/总面积),土地税收收入和土地税税率数据见表 5.2,征税面积数据来源于《上海公共租界工部局地价表》,上海市档案馆藏,上海公共租界档案 U1-1-1031、1032。

表 8.4　1896—1907 年上海公共租界中区(原英租界)土地价格增长率

年　份	1896	1900	1903	1907
年均增长率(%)	10.56	5.73	8.28	26.92

资料来源:《上海公共租界工部局地价表》,上海公共租界档案 U1-1-1023-1044,上海市档案馆藏。

1911 年土地评估价格的下跌同样是由于公共租界控制的土地面积扩张所致。根据表 8.2 可以看到在 1911 年之前的一段时期,公共租界人口增长率较低,这就说明人口因素对界内土地价格影响较少。而直接影响这一时期租界土地价格的因素就是公共租界实际控制土地面积的增加。1909年,租界纳税人举行特别会议,通过推广租界案 13 款,将沪宁铁路与苏州河间由广肇山庄至虹口公园大片土地圈入租界,授权工部局负责推行。[15] 这一材料就直接反映出了租界实际控制区域在这一时期的扩大,而在这之后的1911 年工部局土地评估价格恰恰出现了下降的趋势。

(二)公共租界土地评估价格的横向分析

对上海公共租界土地价格的横向分析,主要是指从空间的维度对界内土地的基本状况进行分析。主要包括公共租界各个区域平均地价的变化趋势、区域间土地价格变化的比较以及各个区域内不同区位土地价格情况。

1. 近代上海公共租界内各个区域的土地均价变化

公共租界设立之初仅有英租界一个区域,后来美租界成立。经过最初的发展,二者合并之后成为英美租界,这也就是所谓的公共租界。在1899 年英美租界扩充之后,工部局将租界范围划分成为中、西、北、东四个区。因此,在公共租界各区地价趋势图(图 8.4)中,1900 年之前只有英租界和美租界地价的两条趋势线。在 1900 年之后,原来的英租界区域被划为中区,美租界区域划为北区。另外,工部局又将新扩充进来的区域分为了西区和东区。因此,在公共租界各区地价趋势图中,1900 年之后趋势线增加为四条。

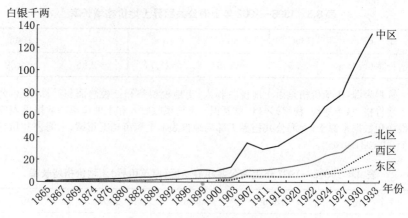

图 8.4　公共租界各区地价趋势

资料来源:土地价格是由土地税收收入、土地税税率和征税总面积计算得出,公式为土地价格＝(土地税/税率)×(1/总面积),土地税收入和土地税税率数据见表5.2,征税面积数据来源于《上海公共租界工部局地价表》,上海公共租界档案 U1-1-1023-1044,上海市档案馆藏。

从图 8.4 可以看出公共租界内不同区域土地价格变化趋势的不同。首先,中区的土地价格趋势线与图 8.3 中公共租界土地均价的趋势线走势极其相似,这说明中区地价的变化与租界总体地价变化的趋势是一致的:在长期,地价呈增长趋势,短期内存在地价的下降。而与总体地价趋势不同的是,公共租界中区地价增加得更快。尤其是进入 20 世纪之后,土地价格增速明显提高。由于公共租界中区发展得较早,城市化水平和经济发展程度较高,再加上这一区域的土地面积基本保持不变,也就导致了上海公共租界中区土地价格的快速提高。

其次,北区地价在早期变化较小,地价增长速度较慢。而从 19 世纪末期开始,北区地价增速开始加剧,这种趋势在 19 世纪 30 年代有所放缓。在北区,早期影响地价的因素除了居住用地外,最主要的就是贸易发展引起的码头建设。20 世纪初到 20 世纪 20 年代末北区地价增长加速,主要原因是:一方面,由于近代工商业快速积聚所产生的用地需求以及雇工增加所引起的住宅用地需要;另一方面,从表 8.1 可以看出这一区域面积基本没有增长。而自 20 世纪 30 年代开始,北区地价增速开始减缓,从近代上海公共租界工部局年报可以看到这一时期北区几乎没有几家新建工厂,[16]这也与地价增速减缓的现象相吻合。

东区和西区地价在扩充进入公共租界之后的二十多年中增长的趋势基本保持一致,工业企业用地和住宅用地需求是影响地价的主要因素。到了20 世纪 20 年代末期,西区土地价格增长开始加速,而东区的土地价格在这一时期仍然增长缓慢,基本上保持了原来土地使用的格局。

2. 对近代上海公共租界内不同区域的土地价格进行比较分析

从上面的分析可以看出,总体上公共租界四个区域的地价在长期内都是呈现不断增长的趋势,但各区土地价格水平不同、增长速度也不同。在整个近代时期,公共租界地价以中区为最高,接下来依次为北区、西区以及东区。而从增长率来看,中区地价的增长率也是高于其他各个区的(见图 8.5)。各区土地价格长期趋势线的斜率就代表了各自区域地价的增长率,中区地价的长期趋势线在相同的时点上最为陡峭,其斜率最大,即土地价格的增长率最高。

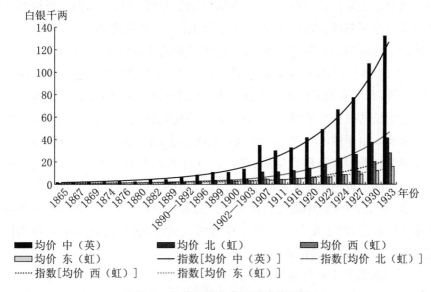

图 8.5 公共租界各个区域地价比较

资料来源:《上海公共租界工部局地价表》,上海公共租界档案 U1-1-1023-1044,上海市档案馆藏。

作为最早成立的地区,公共租界中区和北区土地利用的方式大致类似,但是两个区域内的地价相差很大,地价的增长速度中区也远高于北区。形成这一现象的原因主要是:一方面,在早期英、美租界成立的时候,贸易是租界成立的动因,而外滩是进行贸易最天然的码头,早期租界码头都设立在外滩。贸易所带动的产业发展,导致了英租界内的繁荣。而北区尽管也很早就已设立了美租界,但是其发展实际上是受到英租界的影响,其码头的大量建立主要是在英租界外滩已经无法再增加码头之后。这体现了中区的区位优势。从土地的利用上也可以看出北区较中区发展的缓慢。在 1851 年 1 月 22 日英国领事馆发出的通告中公布了《上海外侨地产一览表》。在当时,外侨占地面积已达 975.106 亩。[17] 这表明早在 1851 年,中区土地的利用程度已经很高。而北区直到 1865 年评估的面积也仅仅只有 1 400 亩。在之后的数次评估中,北区的面积仍然是在增长。这些都表明中区发展早于北区,并且由于其区位优势形成先发优势,使中区的经济发展和城市化程度高于北区,并在随后的发展中强化了这种优势。

东区和西区是原来工部局越界筑路区域,于 1899 年公共租界扩充之后并入的。两个区域的地价明显低于中区和北区。先发优势之外,另外一个主要原因可以从表 8.1 看出来,中区和北区在 1900 年之后土地的面积几乎没有发生变化,而东区和西区土地面积是持续增长的。从图 8.5 可以看出在正式划入公共租界的头几年中,东区的地价是高于西区的,但是很快西区地价就超过了东区。东区土地主要是以工厂、普通住宅和码头用地为主。开始的土地价格增长主要是由这一地区工业的快速发展所带动。而到了20 世纪 20 年代,租界内工业的发展较为平稳,难以刺激土地价格的快速增长。另外,东区在发展中仍然存在着大量的未开发利用土地,这也是抑制东区地价增长的另一个原因。与东区相反,最初西区的土地价格因区位因素上升缓慢。由于西区与法租界高级住宅区相连,在工部局修建了西区道路、公园和学校等市政基础设施后,西区的部分土地开始用于修建高级住宅。高级住宅的土地利用方式必然引起土地价格的升高,这也成为刺激西区地价在 20 世纪 20 年代中期之后快速增长的重要原因。从这段时间的工部局年报可以看出,西区几乎每一年在建造西式房屋(包括西式市房和西式住宅)的数量上都是公共租界内最多的。

3. 不同区位土地价格状况

在分析比较了公共租界各个区域土地价格之后,下文将对公共租界不同区位土地的价格进行分析。这里主要以公共租界内城市化发展最好、市政建设水平最高的中区为主要分析对象。"公共租界之地价,以中区为最高,而中区之地价,以外滩与南京路成这丁字型之心腹地位最高。"[18] 工部局1869 年评估地价时,南京路土地估价平均每亩为白银 1 616 两。到了 1933年工部局重估地价时,南京路两旁平均地价每亩白银 210 400 两,较中区平均地价高出 62%。[19]

近代上海公共租界地价整体上呈东高西低的局面,不同地理位置的土地价格表现出极大的差异。在公共租界中区,同一道路的东西两端,靠近外滩沿岸的土地价格最高。以南京路为例,位于外滩与南京路位置的沙逊大厦所在地块的土地评估价格在 1867 年为每亩白银 5 000 两,而在南京路西段与西藏路相邻的册地第 327 号的评估土地价格为每亩白银 240 两。[20] 到了 1933 年,这两块土地的估价每亩分别达到了白银 360 000 两和 180 000 两。㉑土地价格东高西低的状况不仅仅是南京路,公共租界中区的大多数道路都是如此。另外,即便是在同一方位,位于南京路南北两侧的土地价格也有不同。册地第 85 号和第 80 号东邻四川路,分居南京路南北两侧。在 1922 年的工部局地价册中,这两块土地的评估价格分别为每亩白银 120 000 两和 95 000 两。㉒而在 1933 年,这两处土地的评估价格增加至每亩白银 300 000 两和 230 000 两。㉓在一般的情况下,南京路路南的土地价格比路北土地价格高。1933 年南京路南侧的土地平均价格为每亩白银 211 808.53 两,高出北侧 2 800 余两。㉔

再从南北方向来看。由于南京路土地价格最高,因此,以南京路为中心的话,在距南京路相同距离的情况下,南京路以北区域其土地价格普遍低于南京路以南区域。从附录 D2 和 D3 可以看出,无论是在 1922 年还是 1933 年,公共租界中区土地价格自北向南大体上呈现先上升后下降的趋势。南京路以北地区土地价格从北向南差别不大,在南京路附近土地价格突然升高,并达到最高值。再向南发展,土地价格开始缓慢下降。而在爱多亚路(今延安东路)附近的土地估价又有升高。

随着公共租界的发展,中区的土地逐渐被利用,土地价格快速升高,例如沙逊大厦地基所在土地的价格从 1867 年到 1933 年增长了 70 多倍。尽管土地价格普遍提高,但是不同地块土地价格升高的速度不同,上文在分析微观土地价格时曾经提到,之前价格相对较低的土地其增长速度越快。前面关于南京路东西两端土地价格的例子可以看出,沙逊大厦地基所在土地的价格在 1867 年是南京路最西端第 327 号册地价格的 20 多倍,而到了 1933 年,缩小为只有两倍。这是单块土地的增长速度比较。从整体上来看,公共租界进行估价以来,地价增长最快的时期就是 1922 年到 1933 年。根据附录 D2 和 D3 比较这两年的南京路以北区域和南京路以南区域的地价变化可以看出,10 多年间,南京路以北地区地价平均增长了约 3.5 倍,南京路以南地区增长了约 3 倍,而南京路土地价格增长约 2.5 倍。根据上述材料,能够看出在近代上海公共租界中区,不同区域土地价格增长率也不同。同单块土地的情况类似,原先土地价格较低的区域其土地价格增长速度越快。

在公共租界内,中区土地价格分布的特征较为明显。北区的土地价格以紧邻苏州河的地价为最高,也呈现东高西低的局面;而东区和西区则没有明显的特征。在前文中已提到西区的情况,只是在后期与法租界相邻的区域地价较高。

第二节　近代上海公共租界土地价格的决定

在地价快速增长的背后起决定性作用的是土地需求和供给两个方面。本节利用生产要素价格理论从需求和供给两个方面对土地价格及其变化的原因进行理论分析,认为近代上海公共租界土地的需求价格弹性和供给价格弹性较小,在土地需求曲线缺乏弹性的条件下,当土地需求增加时,土地价格升高的原因是供给的增加相对较少。

一、近代上海公共租界土地需求

公共租界的土地需求从总体上来看是城市化的不断发展的结果。由于城市化不断发展的过程中人口快速增加和资本大量聚集,对土地的需求自然增加。这些需求主要体现在贸易航运、工业、金融业、商业及其他服务业发展中对土地的直接需求,以及各个产业发展引发人口集聚所带来的住宅用地需求。

(一) 近代上海公共租界早期土地需求

19 世纪中叶,上海公共租界前身英、美租界的设立本身就反映了英美等列强对上海土地的需求。作为通商口岸,最初土地的需求一方面是来华进行贸易的外国人及其家属对居住用地的要求。另一方面则是由于内外贸易的发展,对港口码头用地的迫切需要。

英国领事巴富尔的到来首先提出了对租界土地的需求。1845 年,英租界的设立满足了外国人对居住用地以及码头用地的需要。经过一些时间的发展,有几家伦敦和广州的商行派来代表筹建分行。因此,在第一年年终,租界内有 11 所新建的房屋,开设了 23 家商行。这时在英国领事馆登记的外国人近 25 人。这些人陆续脱离乡村赁屋,搬进黄浦江滨新式房屋居住。[25]而"码头成为城市拓展空间的先行者"[26],"当时西人房屋都造在黄浦江岸,沿边留出十余丈的空地,以便起卸船上货物,并容民船拉纤人通过"[27]。

英租界的设立促进了贸易的发展,"上海开埠的最初两年中,所到的英国人不过几个教会中的人和几个从广东来的商人"[28]。到 1855 年,英租界内的西人人数已达 243 人。[29]"1844 年,外国船舶进出本港口的,共 44 艘;1855 年进出本港口的外国船舶已增至 437 艘。"[30]尽管如此,由于"华洋分居"使租界人口增长十分缓慢(见表 8.5)。此外,还有华人约 500 人,这些人都是为外国人服务,向外国人提供生活所需。这一时期英租界与广州沙面租界相似。广州沙面租界在近代大部分时间里，实际居住人数不超过 6 000 人。由于一直奉行"华洋分居"制度，这就使得沙面租界实际上成为一个小型的完全由外侨居住的自我封闭区域，这影响了广州在近代的发展。[31] 因此，可以看出租界人口稀少抑制了其他产业的发展，无法带动租界城市化水平进一步提高。英、美租界初期也是如此，租界内对土地的需求相对较小。

表 8.5　1844—1851 年公共租界外籍人口变化

年份	1844	1845	1846	1847	1848	1849	1850	1851
人数	50	90	120	134	159	175	210	265

资料来源：邹依仁：《旧上海人口变迁的研究》，上海人民出版社 1980 年版，第 66 页。

（二）近代上海公共租界土地需求的增长

受太平天国运动的影响，英、美租界涌入大量的华人。随着 1855 年《土地章程》的修订，华洋分居的状况得以改变，这也决定了上海公共租界日后的快速发展。近代上海经济的快速发展促使土地需求增加。

1. 上海对外贸易的快速发展促进了公共租界对土地的需求

对外贸易不仅是近代上海经济发展的初始动力，而且是经济发展的持续动力。1865 年，上海对外贸易的货值约 61 003 千海关两，而到 1931 年增加至约 1 111 044 千海关两（见图 8.6）。对外贸易的快速发展，港口和码头的需要增加。开埠之前上海的码头主要位于上海县城一侧的黄浦江边，共有 20 余个。随着租界的设立，租界内黄浦江沿岸即外滩沿岸码头开始设立。到 19 世纪 60 年代，码头的建设开始向虹口地区发展。到 1870 年左右，虹口沿江已新建码头超过 15 座。[32] 而在此之后，港口设施的建设开始向码头仓库转变。另外，公共租界码头捐的收取也可以从另一方面反映出这一状况：1873 年 4 月到 1874 年 3 月码头捐收入为白银 99 697 两，而到了 1931 年公共租界码头捐收入达 64 万两。[33] 此外，由于对外贸易所派生出来的一系列新型工作机会吸引了大量的华人进入租界。受对外贸易影响最早出现的职业是买办，后来买办甚至发展成为一个社会阶层。随着国外商行的不断进入，买办的数量的不断扩大。以太古洋行为例，1897—1935 年间在上海历任买办共有 5 名。[34] 买办之外包括各类的劳工阶层，例如洋行的各类职员、码头的装卸货工人、驳船业工人等等。这些华人不断涌入，使租界人口快速增长。综合这两个方面，无论是港口码头建设用地还是人口增长带来住宅用地都会引起公共租界土地需求。

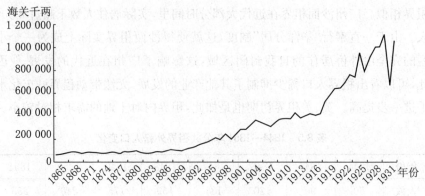

图 8.6　近代上海对外贸易货值

资料来源：茅伯科：《上海港史（古、近代部分）》，人民交通出版社 1990 年版。

2. 近代工业的快速发展扩大了公共租界的土地需求

自 19 世纪 80 年代开始，上海的近代工业快速发展，尤其是在 20 世纪以后的二三十年中，工业已经成为近代上海经济发展的重要产业。而公共租界中聚集了大量的工业企业，到 20 世纪 30 年代中期，占全上海工厂总数的 2/3。[35] 上海公共租界工部局 1935 年年报列出了开办在公共租界内的各行业的工厂和工人分布（见表 8.6）。可以看到，一方面，1935 年租界内工业

表 8.6　公共租界工业企业概况

产　业	工厂数（家）	工人数（名）
纺织品	567	75 242
食品、饮料、烟草	155	35 886
机　器	1 108	19 051
造纸和印刷	663	17 730
服　装	226	13 765
化学制品	191	4 225
金属制造	167	2 602
木　作	98	2 010
砖瓦、陶器、玻璃	45	1 637
运载工具	20	1 292
皮革和橡胶制品	36	1 039
家　具	23	912
科学仪器、乐器、珠宝饰物	22	640
公用事业	5	362
其　他	95	4 311
总　计	3 421	170 704

资料来源：《上海公共租界工部局年报》，上海市档案馆藏，上海公共租界档案 U1-1-961。表中所列工厂数以及工人数并不是对租界内所有工业企业的统计，而只限于对使用动力传动机器的工厂的统计。

162

企业数目达到 3 421 家,雇用工人数达到 170 704 名。各种工业企业在租界内的发展产生了对工业用地的大量需求。另一方面,由于近代工业基本上都属于劳动密集型产业,各个工业的从业人员较多,租界人口聚集度高。因此,工人生活用地成为租界土地需求的另一重要方面。

3. 服务业的发展成为公共租界土地需求的主要因素

随着近代上海对外贸易和工业的快速发展,从事对外贸易和工业相关行业的人口不断增加,城市服务业的种类开始扩大。从事各种服务性行业的人数也不断增长。近代上海公共租界服务业发展,可以从公共租界工部局财政收入之一的执照捐来考察。一方面,服务业的发展体现在执照捐收取项目的增加上。从 1867 年的工部局财政预算中可以看出,执照捐的收取主要包括:西人方面的洋酒及烧酒零售商、台球抛球房;华人方面的洋酒和烧酒销售商、舢板注册费、鸦片烟馆、当铺、盐业等。㊱到了 1930 年执照捐的征收项目多达近 40 种,其主要种类如表 8.7。

表 8.7 1930 年执照捐征收项目

行业类型	具体内容
服务业	旅社、华人酒店等
零售业	水果店及摊、食品叫卖担、烟店等
文化娱乐业	弹子房、中外戏院及其他娱乐场所
交通运输业	中西货船、马车、人力车、汽车等
餐饮业	外国酒业、菜馆、外国食品店、茶楼等
金融业	当铺、兑换店、金银铺等

资料来源:《上海公共租界工部局年报》,上海市档案馆藏,上海公共租界档案 U1-1-956。

另一方面,执照捐数额的增加也反映出公共租界城市服务业的发展。图 8.7 反映了公共租界 1867 年到 20 世纪 30 年代初执照捐的增长状况。1867 年工部局共收取执照捐白银 19 910.11 两,在 1884 年执照捐的数额达到了白银 108 741.52 两,扩大了 5.46 倍。而到 1933 年,执照捐数额增长至白银 2 087 252 两,是 1884 年的将近 20 倍。㊲近代上海公共租界内服务行业的发展反映了城市人口高度聚集,这主要是由于服务业巨大的吸收劳动力的能力。因此,公共租界的服务业发展也是形成近代公共租界土地需求的一个重要方面。

4. 近代金融业的发展对公共租界土地需求的刺激

据 1933 年的统计,上海银行公会会员银行的资产总值达 33 亿元,占全国银行资产总值的 89%。㊳从银行数量来看,1935 年底,全国实存华资银行

163

图 8.7　1884—1933 年执照捐

资料来源:《上海公共租界工部局年报》,上海公共租界档案 U1-1-897-946,上海市档案馆藏。

164 家,有 59 家银行的总行设在上海,占 36％。在华外国银行的经营中心也在上海。1936 年 6 月,全国外商银行共 32 家,大多数只设分行,其在上海设立总行的有 5 家,设分行的有 22 家,共 27 家。[39]银行业的发展不仅从自身用地和其从业人员的生活用地刺激公共租界土地需求,而且银行业开展的抵押贷款等业务为房地产业的发展提供了金融方面的保障,从而刺激了土地的需求。

另外,交通运输业和电信通讯业等其他行业的发展也是上海公共租界土地需求形成的重要组成部分。

（三）公共租界土地的短期需求

近代上海公共租界由产业发展引起的土地需求有一个缓慢的过程,以上主要是从长期的角度对界内土地需求进行了分析。但是在近代时期,上海公共租界短期的土地需求表现得更为明显。主要体现在界内西人人口快速流动和资金聚集与离散所带来的土地投机需求。

1. 近代时期人口和资金两个因素同时对公共租界土地价格的影响

地价受两个因素共同作用最明显的例子就是公共租界早期发展引起的地价快速上涨。人口方面,太平天国运动使英美租界人口由 1855 年的 2 万人左右迅速的增加到 1865 年的 9 万余人。[40]资金方面,在这一时期,“当四面八方成千上万的富翁为享有安全而涌进来时,租界内外的地价扶摇直上,到达惊人的高度”[41]。人口和资金的双重流入,导致了这一时期公共租界地价的快速上涨。地价的总体情况是“1852 年,租界内的地皮平均每英亩售价五十英镑,到 1862 年,平均每英亩售价一万英镑”[42]。以单个土地价格变化为例可以得到同样的结论。1863 年第二跑马厅土地出让,总面积 161 亩

的土地全部卖出,得价银 100 036 两,每亩平均卖价银 600 多两,七年时间,暴利达 10 倍以上。㊸

2. 短期内人口变化对地价的影响

在太平天国运动失败以后,从 1865 年到 1870 年 5 年间公共租界人口从 9 万余人下降到 7.6 万人左右。直到 1876 年人口数才刚刚超过 1865 年的水平。㊹地价方面,这一时期地价趋势与人口变化的趋势相类似。这就从一个方面反映出了人口短时期内的变化对于公共租界土地价格变化的影响。

3. 短期内资金对于土地价格的影响

20 世纪二三十年代上海公共租界土地价格快速增长。这一时期公共租界人口增长的幅度较为平稳,说明人口在这一时期不是影响租界土地价格变化的主要因素。而这一时期影响"房地产价格上涨过猛,或波动过于剧烈的因素,则是资金在上海的过度集聚及之后的离散"㊺。据统计,1927—1932 年,上海一地由外洋各国流入的白银达 6.7 亿元,运往外洋各国的则仅为 1.7 亿元,净流入白银约 5 亿元。㊻从 1934 年下半年开始上海地价迅速下降,上海中心地价下降了 15%。㊼资金的流出成为地价暴跌的主要因素,这一年白银净流出 228 774 141 元。㊽

二、近代上海公共租界土地供给

从宏观的角度来讲,近代上海公共租界土地供给是租界区域划定后租界土地的增加以及租界内部土地的再利用。可以将公共租界土地的供给分为直接土地供给和间接土地供给。

(一)上海公共租界土地的直接供给状况

公共租界土地的直接供给一方面表现在公共租界内土地的不断开发利用。更重要的是区域范围的不断扩充,面积由最初的 1 080 亩扩大到 1899 年的 33 503 亩,前文已作详细的介绍,在此不再赘述。

(二)上海公共租界土地的间接供给状况

近代上海公共租界土地供给除了租界本身面积扩大之外,还包括其他形式的土地供给。

1. 工部局通过填充浜壑扩大租界内可利用土地

公共租界成立之初,"余则卑湿之地,溪涧纵横,一至夏季,芦草丛生,田间丘墓累累"㊾,可以界内浜沟纵横,西临周泾浜,南有洋泾浜。工部局在公共租界内进行市政建设时,通过填浜增加了租界内可利用土地。大部分被填充了的浜沟都用于修筑界内道路,1902 年工部局工务委员会填充了北川虹浜,将其作为北四川路的路底。(50) 1915年,公共租界联合法租界共同填充了洋泾浜,修建了爱多亚路。(51)同年,公共租界填充了泥城浜,修筑了西藏中路。

2. 滩地的利用

随着对外贸易的增加,公共租界内码头数量迅速增加,这些码头伸向江内,船只的装卸货作业减缓了水流,使水流内的泥沙沉积,黄浦滩逐渐向江内扩展。(52)滩地的增加扩展了租界的公共空间,由于受多方利益主体的掣肘,大多数这类土地运用于公共设施建设,外滩公园就是一个典型的例子。

3. 荒地的开发利用

表8.1反映出公共租界征税土地面积的变化状况。工部局对土地价格的评估是出于征税的需要,因此只有是已经开发的土地才会编入地价册内,而界内无人利用的荒地则不予评估。从该表中我们可以看到公共租界内原来的英租界(即1900年之后的中区)征税土地面积变化较小。这说明在最早进行土地评估并编制地价册的1865年,这一区域的土地已经基本上得到了利用。在最后一次扩大之后,工部局将公共租界区域划分为中区、北区、东区和西区四个部分。东区和西区在1900年之前是工部局越界筑路所通达的区域,除了道路附近相对发展之外,大部分区域都属于未开发利用的荒地。而在1900年之后,这些区域获得了不断的发展。这一点在表8.1中也得到了体现,可以看出东区和西区自被纳入租界范围内之后,工部局征税的土地面积不断增大,说明在这些区域中荒地不断被人们开发和利用。

4. 越界筑路

越界筑路最开始修筑的是军路。之后越界筑路就成为近代上海公共租界扩大范围的主要措施。到20世纪30年代中期公共租界停止了越界筑路,租界土地供给不再扩大。但是由于工部局在越界筑路区域征收各类捐税以及提供各种公共设施和服务,因此近代上海公共租界实际控制的范围要大于其规定的区域。从其实质上来说就是公共租界土地面积的一种变相的增加,扩大了公共租界的土地供给。

三、近代上海公共租界土地价格的决定

(一)近代上海公共租界土地供求的微观分析

从上面的分析可以看出,在宏观上公共租界土地的需求主要是由于贸易引起城市化水平提高所带来的工业、金融业以及各种服务业的快速发展。公共租界土地的供给主要是租界区域划定后租界土地的增加以及租界内部土地的再利用。而公共租界土地供求从微观角度来看就是租界内的土地需求双方在土地市场的交易。

（二）公共租界土地价格决定的经济学模型

在对近代上海公共租界土地的供求两方面宏微观分析的基础上,在这一部分我们展开对公共租界土地价格决定的理论分析。在上一部分土地供求微观分析中,我们知道近代上海公共租界土地交易市场是有效率的,因此在进行理论分析的时候就可以运用经典的经济学理论对公共租界土地价格的决定进行分析。

1. 上海公共租界土地需求的经济学分析

由于近代上海公共租界私下土地交易的资料缺乏,在公共租界土地拍卖中可以看到很多拍卖土地由于卖方的保留价格高于购买者的心理预期,导致土地交易失败的例子。从这一现象可以看出,近代上海公共租界的土地需求曲线是一条向右下方倾斜的曲线,在其他条件不变的情况下,土地的需求量随着土地价格的升高而降低。并且根据前文大量关于租界土地买卖的材料,笔者认为从总体上来说公共租界内的土地需求是缺乏弹性的,即图 8.8a 中的曲线 D。从长期来看,由于近代公共租界内经济的快速发展,人口的迅速增长,需求增加,这就导致土地的需求曲线向右上方平移,即图 8.9a 中需求曲线 D_1 向右平移到 D_2。

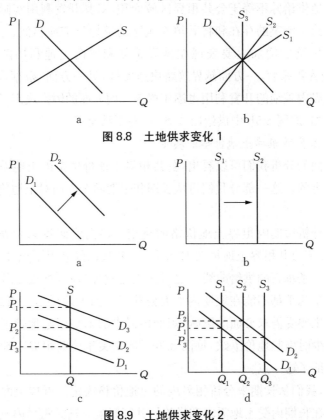

图 8.8　土地供求变化 1

图 8.9　土地供求变化 2

2. 上海公共租界土地供给经济学分析

近代上海公共租界的设立和租界范围的划分决定了租界内土地的供给。从上述租界土地供给的分析当中,可以看出最早的英美租界设立使租界内的土地供给固定不变。在早期,由于租界区域的人烟稀少,界内土地没有得到充分利用,这时土地的供给在其他条件不变的情况下随土地价格的升高而增大,土地供给曲线是一条向左下方倾斜的曲线,即图8.8a中的曲线S。随着界内土地的开发利用,公共租界的土地供给价格弹性越来越小,供给曲线越来越陡峭。当租界内土地得到充分利用之后,土地的供给价格弹性为0,即土地的价格变化对土地供给量没有影响。此时,供给曲线是一条与纵轴平行的直线。⑤这一过程的变化即图8.8b中的供给曲线S_1向S_2旋转直至到达垂直于横轴的S_3。

公共租界范围的历次扩张就是土地供给面积的不断扩大。同样,根据前述关于公共租界土地供给的分析,可以看出公共租界法定区域的面积并不是实际的土地供给,它还受到越界筑路、荒地和滩地利用等因素的影响。例如,越界筑路在本质上增加了公共租界的土地供给,而荒地的存在则使界内实际土地供给并不等于公共租界区域面积,对其开发利用实际上扩大了土地的供给。沟壑的存在和将其填充筑路的道理与荒地相似。因此,公共租界土地供给的增加主要表现在越界筑路和界内土地利用两方面。在1899年租界扩张后,一方面越界筑路快速发展,另一方面,根据表8.1我们看到对租界内荒地的开发利用也逐年提高。两方面的因素决定了租界土地供给的增加,即图8.9b中供给曲线S_1向右平移至S_2。

3. 上海公共租界土地价格的决定

从上面的分析我们可以看出,公共租界土地价格是由土地需求与供给两方面决定的。这一部分我们将从长期和短期两个方面对土地价格的决定进行分析。

首先分析短期内租界土地价格的决定。根据前面我们对表8.1的分析,可以知道公共租界土地早在19世纪60年代已经获得了充分的利用,我们得到了一条垂直的供给曲线。之后无论是越界筑路,抑或是荒地和滩地利用等因素几乎都不能在短期内扩大公共租界的土地供给。因此,界内的土地价格主要受需求方面的影响,短期内需求的增加引起地价上涨;相反,当需求减少时引起地价下跌,见图8.9c。前文关于公共租界土地短期需求的分析印证了这一点。

接着,我们从长期来分析租界内的土地价格决定。近代上海公共租界土地价格在长期内受土地需求和供给的共同影响。随着租界内土地需求的不断扩大,需求曲线向右上方平移,这会导致土地价格的上升。由于在长期内影响土地供给的各种因素能够充分的发挥作用,因此导致租界土地供给的增加,土地供给曲线向右平移,这会引起土地价格的下降。然而,通过公共租界的土地价格变化趋势,可以看出在总体趋势上,近代上海公共租界的土地价格是随着租界土地供给面积的不断扩大而增长的。由于公共租界内的土地需求曲线是缺乏弹性的,需求曲线较为陡峭。因此,这就决定了土地供给相对于需求来说增加较少(见图 8.9d)。在土地需求曲线缺乏弹性的条件下,当土地需求增加时,土地价格的升高是由于供给增加较少。这既满足于理论逻辑,又符合近代上海公共租界的历史条件。

第三节　影响近代上海公共租界土地价格的因素

本节分别从微观和宏观两个角度对公共租界的土地价格及影响因素进行考察,认为影响近代上海公共租界土地价格的因素是多方面的。从宏观上看,人口的增长、经济的发展、城市化水平的提高以及白银存量的增加是公共租界土地价格持续增长的重要因素,其中前三项是地价增长的持续动力,而白银存量增加对地价升高的促进作用则发生在 20 世纪 20 年代之后。涉及单块土地价格时,地块的位置、形状以及大小都是影响土地价格的重要因素。其中地块的位置对土地价格的影响最为显著。

一、影响近代上海公共租界宏观土地价格的因素

公共租界整体土地价格变动趋势是与当时的社会政治经济环境密不可分的,而影响地价变化的主要因素在上一节分析地价决定时大多已经提到,这里作简要的分析。

（一）近代上海公共租界的人口

除了早期由于华洋分居政策导致人口增长缓慢之外,近代时期上海公共租界人口一直保持快速增长。

从表 8.2 可以看到公共租界内的人口受外部社会环境的影响较大。19 世纪六七十年代人口的骤增骤减是由于太平天国运动和小刀会起义等战争的影响,19 世纪末 20 世纪初的人口急剧增加是由于公共租界扩张,将原有越界筑路区域纳入公共租界内,这些区域原有的人口则计入公共租界的内部。而 1915 年人口的快速增加则应该是受之前辛亥革命的影响,大量人口涌入公共租界。

从总体上看,由于平稳的社会环境、较高的市政建设水平和快速的经济发展导致界外人口不断向租界内聚集,公共租界人口保持持续增长。前文已经实证检验了人口对近代上海公共租界面积扩张的作用。由于人口数据连续性的缺乏,无法对民国之后人口对土地需求进行实证检验。但是从前文的分析可以看出,不仅是民国之前,在整个近代人口对公共租界土地需求都具有一个持续的推动力,是决定租界土地价格的持续因素。

(二)近代上海公共租界的经济发展

通过上一节的分析可以看出,近代上海公共租界内经济发展水平相对较高。近代上海的内外贸易、交通运输业都是在公共租界最先兴起,直接刺激了对土地的需求,进而影响土地价格。而近代工业、金融业的出现及发展也对土地价格产生了极大的影响。除此之外,由于上述各类产业的发展促使大量的服务性行业发展,而服务行业对就业的巨大吸收能力引起人口聚集,进而影响公共租界的土地价格。

(三)公共租界工部局的城市管理

另一个影响近代上海公共租界土地价格的重要因素就是工部局对公共租界的管理。公共租界之所以能够在长期内平稳发展,除了西方列强所取得特权的原因之外,工部局对租界实施的有效管理也是原因之一。

首先,工部局为了保证租界内的社会安定,通过设立警务处以及火政处等部门来保证租界内私人财产的安全。社会环境的安定是土地价格能够提高的前提保证。其次,工部局的市政设施建设。在公共租界城市化的过程中,工部局对租界的城市建设功不可没。工部局在租界内兴建道路、码头,修建公园、公共菜场和公共厕所等市政设施。这些基础的市政设施建设,极

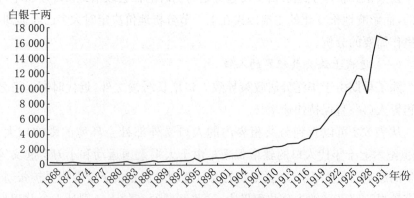

图 8.10　公共租界工部局的财政支出

资料来源:《上海公共租界工部局年报》,上海市档案馆藏,上海公共租界档案 U1-1-881-965。

170

大地刺激了人们对租界土地的需求，有利于土地的升值。另外，工部局在医疗、卫生和教育等方面的投入都是对公共租界发展的促进，也是推动公共租界土地价格升高的重要因素。从公共租界财政支出状况图我们可以看到，财政支出早期稳步增长，而从 19 世纪 80 年代开始加速增长。这一趋势与土地价格增长的趋势基本一致，可以说公共租界土地价格受到工部局财政支出的影响。

工部局城市管理对公共租界土地价格的影响可以从短期和长期的影响来分析。短期内的影响，主要是指当租界内土地、照明、公园等市政设施的建设完成，这一区域内的地产价格就会上升。从工部局地产委员会第 233 号公断案可以看出，只是马路的拓宽就能够引起附近土地价格的升高。那么，新修建的马路自然能够带动马路通达地区地价的提升。如果说市政建设能够短期内影响到局部地区土地价格的话，医疗、卫生、安全和教育方面的投入则是公共租界长期内土地价格增长的重要因素。从公共租界西区的地价变化就可以反映出这一状况。尽管之前西区的部分区域已经因越界筑路的原因实际上受工部局管理，但是在 1900 年之后，工部局除了在西区修建道路、公园等设施之外，还加大了医疗、卫生、安全和教育的投入，这最终引起了西区土地价格在 20 世纪 20 年代之后的快速增长。

（四）货币供应对土地价格的影响

在 1933 年之前，公共租界土地价格的计价单位都是白银（两）。因此，作为主要计价货币的白银其本身的价值对土地价格也会产生影响。

前面关于土地价格的数据都是在近代时期公共租界内土地的绝对价格。由于缺乏白银存量的连续数据，无法得到剔除了货币通胀因素的土地价格实际数值，但是，近代时期白银供应量的变化对公共租界土地价格也是有一定影响的。从公共租界设立到民国建立之初，白银的供应量相对平稳。全国 1901 年至 1914 年间白银净进口量仅为 7 028 000 海关两，平均每年只有 502 000 海关两。而在此之后，尤其是 20 世纪 20 年代之后，白银净进口量快速增加。在 1930 年左右，平均每年白银净进口量达到 72 759 000 海关两。[54]前文已经提到，1931 年仅仅一年上海的白银净流入就约 5 亿元。但是从物价水平来看，在这一时期较为平稳，也只有在 1931 年有所升高（表 8.8）。这就意味着，白银的流入并没有引起这一时期上海各类商品价格的提高，而是被用于租界内房地产的投资，这就导致了地价的快速提高，这一时期也是公共租界地价增长最快的一个时期。可以说，近代上海公共租界后期土地价格的飞速提高其中一个重要的原因就是白银存量增加对房地产业的刺激所致。

表 8.8　1921—1934 年上海批发物价指数

年份	指数	年份	指数
1921	91	1928	90.5
1922	88.7	1929	94
1923	91.4	1930	101.3
1924	86.4	1931	108.6
1925	87	1932	95.8
1926	94	1933	87.7
1927	90.6	1934	88.2

资料来源:中国科学院上海经济研究所:《上海解放前后物价资料汇编(1921—1957)》,上海人民出版社 1958 年版,第 47 页。

二、影响近代上海公共租界微观土地价格的因素

宏观土地因素的分析主要是从影响公共租界整体的土地价格入手进行分析,而对于各个单独的地块来说,影响其价格的因素又有所不同。大体来看主要由三方面的因素影响。

(一)区位因素

"城市基础设施越健全,交通运输越发达的城市地段,其土地资本含量就越高,土地价值和地租、地价也越高。"[55] 从会计学资产评估的角度来看,土地价格就是未来土地收益即地租的折现值。而如果从地租的角度来看土地价格的话,那么区位因素就会导致城市土地级差地租的形成。近代上海公共租界也存在着土地级差问题,土地价格受区位因素影响十分显著。

首先,公共租界的四个区域的比较。关于公共租界四个区域土地价格,在本章第一节已经进行了分析,从中可以看出位于公共租界中区的土地价格较其他区域普遍较高。这主要是因为中区发展得较早,人口较为集中,这使公共租界中区能够获得所谓的级差地租。一方面,由于城市的发展,道路交通以及码头等市政设施建设的完善,使得中区的土地所有者能够以较低的运输成本获得超额利润。另一方面,中区土地由于位置有利,能够获得更高的资金收入,并且土地转让较为方便,因此能够取得超额利润。这些超额利润在一定程度下就转化为级差地租。

其次,区域内土地价格差异。前文在以中区作为研究重点时提到了,中区地价的东高西低以及南京路道路南北侧地价的差异。除此之外还有一些影响公共租界单块土地价格的区位因素,例如地块是否位于临街或交叉路口位置。一般情况下,位于临街和交叉路口位置的土地价格普遍高于其他

地块土地价格。以1922年和1933年土地价格作为例子来看。首先是临街土地价格高于非临街土地的状况。在表8.9中,册地第244号位于南京路路南,册地第245和246号位于244号的南边,不临街。可以看出,册地第244号的土地价格明显高于其他两块土地。再来看拐角位置对土地价格的影响。在表8.9中,册地第53a号、53号、54号和55a号土地与四川路相临,位于福州路和广东路之间,从北到南排开。这四块土地面积和地价见表8.9,可以看出在四川路和福州路交叉口以及四川路和广东路交叉口的53a和55a号册地的土地价格明显高于另外两块只与四川路相临的土地。这充分说明了公共租界内土地的区位对土地价格有较为显著的影响。

表8.9　公共租界内7块相邻土地1922年和1933年土地价格比较

册地号	面积(亩)	1922年土地价格(两)	1933年土地价格(两)
244	4.025	80 000	200 000
245	2.161	42 000	140 000
246	2.527	51 000	150 000
53a	2.671	95 000	190 000
53	4.09	75 000	170 000
54	1.969	80 000	175 000
55a	1.286	95 000	180 000
72	0.159	34 000	145 000
73	1.483	43 000	155 000

资料来源:《上海公共租界工部局地价表》,上海公共租界档案 U1-1-1040、1044,上海市档案馆藏。

（二）面积和地形因素

土地面积和地形也是影响微观土地价格的重要因素。在近代上海公共租界内,土地面积差异较大、部分土地的形状不规则,这些都会影响到土地价格。

1. 土地面积影响单块土地价格

近代上海公共租界内的土地在一般情况下"其面积较小之价率恒较面积大者为昂"[56]。在表8.9中,第53号和54号所在位置基本相同,都不在街道的拐角处,并且第54号册地较之53号册地更远离南京路。但是由于54号册地的面积小于53号册地,其土地价格反而高于53号册的。然而,当土地面积太小无法充分利用时,其土地价格就不会太高。表8.9中可以看到72号册地面积较小,较之相邻的73号册地的地价低。可以看出,公共租界内土地面积与土地价格的关系就如图8.11所表示,当土地面积超过

S_1 时,土地才会有价值。

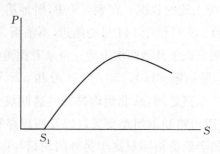

图 8.11　近代上海公共租界单块土地面积与地价的关系

2. 地形对于土地价格的影响

近代上海公共租界内的土地,由于道路的开辟、拓宽等因素,常常会使一些土地变得不规则。例如 1933 年的工部局地价表中显示永安公司所拥有的第 520 号册地,面积为 2.747 亩,土地价格为每亩白银 170 000 两。这块土地形状不规则,类似三角形,这主要是由于工部局在浙江路旁修建西北—东南走向的湖北路所致。与它相邻的册地第 513 号和 629 号的土地价格分别为每亩白银 210 000 两和 225 000 两。由于地形的特殊,造成第 520 号册地的土地价格比相邻的土地价格低很多。

3. 周边环境也是影响土地价格的重要因素

从附录 E2 和 E3 可以看出,中区土地南北方向上价格自南京路开始向南地价就有缓慢下降的趋势,但是到了洋泾浜附近土地价格又有升高,尤其是在填充洋泾浜修建爱多亚路之后尤为明显。这主要是由于与爱多亚路相邻的南面便是同样地价较高的法租界,1933 年法租界土地估价高达每亩白银 185 000 两。[57]而工部局西区后期部分土地价格飞快增长,也是由于毗邻法租界高档住宅区的缘故。除了以上影响土地价格的因素之外,土地使用方式也是影响土地价格的重要因素之一。由于在前文已有分析,在这里不再赘述。

注释

① 《上海公共租界工部局地价表》,上海公共租界档案 U1-1-1044,上海市档案馆藏。

② 陆文达:《上海房地产志》,上海社会科学院出版社 1999 年版,第 501 页。

③ 陆文达:《上海房地产志》,第 341 页。

④ 《上海公共租界工部局地价表》,上海公共租界档案 U1-1-1023,上海市档案馆藏。

⑤ 《上海公共租界工部局地价表》,上海公共租界档案 U1-1-1044,上海市档案

馆藏。

⑥　*North China Daily News*，Sept.15，1881.

⑦　沈辰宪:《南京路房地产的历史》,载文史资料委员会:《旧上海的房地产经营》（上海文史资料选辑第64辑）,上海人民出版社1990年版,第26页。

⑧　《上海公共租界工部局地价表》,上海公共租界档案U1-1-1026～1028,上海市档案馆藏。

⑨　*North China Daily News*，May.15，1879.

⑩　《上海公共租界工部局地价表》,上海公共租界档案U1-1-1027、1028,上海市档案馆藏。

⑪　陆文达:《上海房地产志》,第343页。

⑫　《上海公共租界工部局地价表》,上海公共租界档案U1-1-1037、1039,上海市档案馆藏。

⑬　陆文达:《上海房地产志》,第343页。

⑭　《上海公共租界工部局地价表》说明文件,上海公共租界档案U1-1-1024,上海市档案馆藏。

⑮　史梅定:《上海租界志》,第57页。

⑯　《上海公共租界工部局年报》,上海公共租界档案U1-1-956-963,上海市档案馆藏。

⑰　史梅定:《上海租界志》,第29页。

⑱　张辉:《上海市地价研究》,正中书局1935年版,第17页。

⑲　陆文达:《上海房地产志》,第501页。

⑳　《上海公共租界工部局地价表》,上海公共租界档案U1-1-1023,上海市档案馆藏。

㉑　《上海公共租界工部局地价表》,上海公共租界档案U1-1-1044,上海市档案馆藏。

㉒　《上海公共租界工部局地价表》,上海公共租界档案U1-1-1040,上海市档案馆藏。

㉓　《上海公共租界工部局地价表》,上海公共租界档案U1-1-1044,上海市档案馆藏。

㉔　同上。

㉕　朱梦华:《上海租界的形成及其扩充》,上海文史馆等编《上海地方史资料（二）》,上海社会科学院出版社1983年版,第37页。

㉖　张鹏:《都市形态的历史根基:上海公共租界市政发展与都市变迁研究》,同济大学出版社2008年版,第104页。

㉗　朱梦华:《上海租界的形成及其扩充》,第36—37页。

㉘　朱梦华:《上海租界的形成及其扩充》,第35页。

㉙　邹依仁:《旧上海人口变迁的研究》,上海人民出版社1980年版,第141页。

㉚　罗兹·墨菲:《上海——现代中国的钥匙》,第79页。

㉛　周武:《小刀会起义、太平军战事与近代上海的崛起》,《学术季刊》,1996年第4期。

㉜　茅伯科:《上海港史（古、近代部分）》,人民交通出版社1990年版,第176页。

㉝　史梅定:《上海租界志》,第325、326页。

㉞ 张仲礼:《太古集团在旧中国》,上海人民出版社 1991 年版,第 153 页。

㉟ 史梅定:《上海租界志》,第 15 页。

㊱ 《上海公共租界工部局年报》,上海公共租界档案 U1-1-881,上海市档案馆藏。

㊲ 《上海公共租界工部局年报》,上海公共租界档案 U1-1-881、898、959,上海市档案馆藏。

㊳ 张仲礼:《近代上海城市研究(1840—1949)》,上海人民出版社 1990 年版,第 56 页。

㊴ 杜恂诚:《近代以来沪港成为国际金融中心的启示》,《社会科学》2008 年第 11 期。

㊵ 邹依仁:《旧上海人口变迁的研究》,第 3 页。

㊶ 罗兹·墨菲:《上海——现代中国的钥匙》,第 12 页。

㊷ 同上。

㊸ 陆文达:《上海房地产志》,第 507 页。

㊹ 邹依仁:《旧上海人口变迁的研究》,第 90 页。

㊺ 杜恂诚:《收入、游资与近代上海房地产价格》,《财经研究》2006 年第 9 期。

㊻ 同上。

㊼ 中国人民银行总行参事室编:《中华民国货币史资料》第二辑,上海人民出版社 1986 年,第 856 页。

㊽ 徐华:《近代上海房地产业市场波动的金融分析(1929—1935)》,《财经研究》2007 年第 11 期。

㊾ 陈正书:《租界与近代上海经济结构的变化》,《史林》1988 年第 4 期。原文为“The main portions of the land were fairly well raised and were under cultivation; other portions were lower and marshy. There were numerous creeks, ditches and ponds, and the lower grounds in summer were covered with reeds. Innumerable grave mounds dotted the land and purchasers were obliged to agree that the former owners could visit them at stated periods and perform the customary religious rites.”来源于 F.L.Hawks Pott, D.D, A, 2010: *Short History of SHANGHAI*. China Intercontinental Press, p.13。

㊿ 上海市档案馆编:《工部局董事会会议录》(15),上海古籍出版社 2001 年版,第 548 页。

(51) 史梅定:《上海租界志》,第 439 页。

(52) 张鹏:《近代上海外滩空间变迁之动因分析》,《东南大学学报(自然科学版)》2005 年第 7 期。

(53) 公共租界的土地供给曲线并非完全垂直于横轴,主要因为界内土地并未完全开发利用。但该供给曲线相对较为陡峭,供给价格弹性较小。这里用这一极端的情形便于下文对土地价格的分析。

(54) 郑有揆:《中国的对外贸易和工业发展(1840—1948)》,上海社会科学院出版社 1984 年版,第 100 页。

(55) 董利民:《城市经济学》,清华大学出版社 2011 年版,第 167 页。

(56) 陈炎林:《上海地产大全》,上海地产研究所、华丰印刷铸字所 1933 年版,第 194 页。

(57) 史梅定:《上海租界志》,第 555 页。

第九章　土地价格与近代上海
公共租界的城市化

土地作为生产要素,在近代上海公共租界的城市化发展过程中扮演了极其重要的角色。公共租界设立后,通过制定永租制和道契制度,保护了土地的私有和自由买卖,使得土地商品化。根据公共租界工部局对土地价格的评估显示,从 1865 年到 1933 年,公共租界的平均土地价格增加了 24.7 倍。①因此,土地价格随着城市化的发展迅速提高。前文分析了在近代上海公共租界,租界管理当局,尤其是工部局在地政管理中对土地资源的有效管理。一方面,土地资源有效管理的一个重要结果就是公共租界土地交易市场表现出对资源的有效配置,即市场价格充分发挥作用。另一方面,土地资源有效管理对公共租界土地使用形式的转变具有重要影响,公共租界城市化的重要特征就是租界内土地迅速从农业用地转向了非农业用途,而这一转变关键的影响因素就是土地价格不断上升。因此,对市场价格与城市化之间关系的分析,可以从另一个侧面反映出工部局地政管理对公共租界城市化发展的影响作用。

第一节　近代上海公共租界城市化水平与土地价格

在开埠后不足百年的时间里,在国内外政治和经济的共同作用下,上海从中国古代一个普通县城,发展成了近代中国第一大都市。②这其中,公共租界的设立对上海近代城市发展起到重要作用。上海公共租界的城市化发展起步于英、美租界的设立。随后,公共租界城市化水平迅速提高。在对城市化的研究中,衡量城市化水平有很多标准,从经济学的角度来看主要有人口密度的提高,第二次产业和第三次产业比例的增长,或者是人们的经济活动,例如产业、职业、生活活动和业余活动多样化以及社会的阶层结构复杂化等。③从这些角度看来,近代上海公共租界的确经历了一个城市化发展的飞跃过程。

一、近代上海公共租界的城市化水平

从城市化发展的程度来说,经历了近百年的发展,上海公共租界人口由最初的500人增加到1942年的1 585 673人,增长了3 000多倍;④贸易、工业和以商业、金融业为代表的第三产业迅速发展,使上海成为近代中国的经济中心;租界内的道路桥梁、水电煤气、邮政交通等完善的公共设施,⑤也使得上海公共租界成为近代中国城市化发展的典型。因此,根据近代上海公共租界发展的历史背景和特殊状况,本书认为产业结构和人口这两个指标能够充分反映出公共租界城市化的发展。

(一)产业结构变化

从经济发展的角度看,通常情况下,城市化过程是以农业发展为初始动力,以工业化为根本动力,以第三产业为后续动力的产业逐步升级过程。公共租界的城市化过程有其特殊性:首先,该区域在英租界设立之前不具备良好的土地耕作条件,"四川中路之东,尽是芦滩,潮汐所淹,岸线莫定"⑥,"这片土地与上海西部的青浦、松江一带相比,农业条件相对差些,其滩地也无太大的农耕价值"。因此无法形成发达的农业经济。⑦

其次,在公共租界城市化的过程中,工业获得了一定的发展,公共租界内的杨树浦工业区就是当时上海的大型工业区之一,但就整个公共租界城市化发展过程来看,工业的发展仍具有一定的滞后性。⑧"在近代上海的发展中,工业制造发端较迟,而且始终从属于本市的商业机能。"⑨中国近代工业起源于洋务运动,但工业的繁荣是在电力投入工业生产之后,也就是1910年之后。⑩"上海的工业繁荣,实际上几乎全是由于工部局电气处的进取和努力所致。"⑪

最后,伴随着贸易的发展,公共租界的商业、服务业等第三产业也蓬勃地发展起来。这可以从公共租界工部局的执照捐种类变化和征收额的增加上表现出来。执照捐的种类从1867年的7种增加到1930年的38种。⑫从1930年的执照捐征收项目来看(见表8.7),包括了服务业、零售业等众多行业类型。从图8.7中可以看出工部局执照捐收入的快速增长。

可以看出,公共租界的特殊性在于随着其与国内外的联系日益紧密,内外贸易快速发展。贸易不但是公共租界城市化的初始动力,并且带动了近代工业和商业、金融业等第三产业的发展,使其成为公共租界城市化的持续动力。由此可以看出,公共租界的城市化过程并不是按照农业、工业、第三产业的顺序自然过渡而来,而是在外来制度、资金和设备等一系列外力以及国内政治、文化和经济环境的共同作用下跳跃式发展起来的。

（二）人口的变化

上一章已经对近代上海公共租界人口的基本状况进行过分析，并认为人口是刺激地价增长的重要因素。从城市化发展的过程来看，上海公共租界有着极其特殊的一面：通常引起城市化发展的人口增多是农村人口逐步向城镇人口的转移。而公共租界的人口增加主要来自两部分，一部分是开埠后到公共租界从事商业贸易和传教等活动的洋人，另一部分是受战乱影响从周边地区涌入的难民和移民，这些人来到公共租界后主要从事的是工业和第三产业的生产经营活动。

在这里我们从公共租界人口密度出发，考察人口密度与城市化的关系。人口是反映城市化发展最直接的因素之一。通常城市人口密度越大，城市化的水平也越高。近代上海公共租界的城市化和人口密度也符合这一规律。从纵向时间序列来看，公共租界内各个区域人口密度的不断提高是随着城市化的不断发展而变化的。从横向公共租界各个区域的比较来看，在公共租界内城市化水平最高的中区（即早期的英租界区域），其人口密度在整个公共租界内也是最高的，图9.1反映出了上述情况。

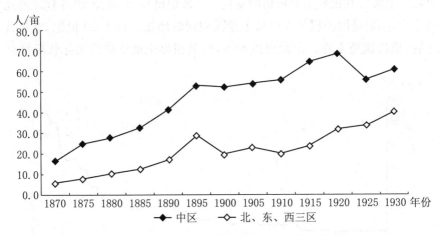

图 9.1　公共租界中区与其他三区人口密度比较

资料来源：人口资料来源于邹依仁：《旧上海人口变迁的研究》，上海人民出版社1980年版，第93页；面积资料来源于《上海公共租界工部局地价表》，上海公共租界档案U1-1-1023-1044，上海市档案馆藏。

通过以上对近代上海公共租界的人口密度和城市化关系的分析，可以得出**命题 1：近代上海公共租界城市化迅速发展并且达到一定水平，在此过程中，城市化和人口密度是正相关的关系。**

二、近代上海公共租界的土地价格

（一）土地交易市场的有效性

根据前文第七章对土地交易的分析，可以得出结论：近代上海公共租界土地交易市场的主要特征是所有参与者的交易行为都是一种市场行为。另外，由于公共租界的土地制度和工部局的土地管理对市场交易效率的保证，得到**命题 2：近代上海公共租界土地的交易市场是有效的，土地价格能够有效地反映需求和供给的变化。**

（二）土地价格的决定

前文第八章分析了影响近代上海公共租界土地价格变化的因素。这些因素从需求和供给两个方面决定土地价格。土地的需求主要是由于城市化的不断发展所引起的。土地供给主要是通过租界的扩充、越界筑路以及滩地增加、填充浜壑等方式实现的。近代上海公共租界土地的需求常常会随着租界外部的社会环境变化而发生剧烈的变化。每当出现战乱，租界就成为"避风港"。"远近避乱者，遂以沪上为世外桃源"，"租界一隅，平时为大商埠，乱世为极乐国"⑬，而土地供给实际上是逐渐增加的。从图 9.2 可以看出近代上海公共租界土地价格的变化。土地价格在 20 世纪 20 年代之前比较平稳，主要是因为租界人口与土地面积同时增加。到了 20 世纪 20 年代之后，地价快速上涨。由此可以看出，公共租界土地价格的实际状况符合

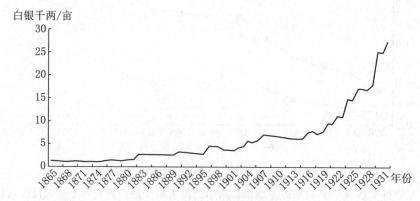

图 9.2　1865—1933 年土地均价

资料来源：《上海公共租界工部局年报》，上海公共租界档案 U1-1-879-946，上海市档案馆藏。面积数据来源于《上海公共租界工部局年报》，上海公共租界档案 U1-1-879-946，上海市档案馆藏；《上海公共租界工部局地价表》，上海公共租界档案 U1-1-1023-1044，上海市档案馆藏。土地价格是由土地税收收入、土地税税率和征税总面积计算得出，公式为土地价格＝（土地税/税率）×（1/总面积），土地税收收入和土地税税率数据见表 5.2。

命题3:租界人口的增加意味着土地需求的增加,租界面积的扩大意味着土地供给的增加。短期内,由于土地面积的增加速度缓慢,地价的决定因素主要源于需求方,土地供给对地价的影响作用不明显。公共租界内长期的土地供给是逐渐增加的,与土地需求一起决定土地价格的变化。

另外,在1865—1933年间,公共租界的土地面积由4 310亩增加到22 330.4亩,增长了418%,[⑭]而人口则由92 884人增加到1 111 946人,增加了1 197%,[⑮]远远高于土地面积增加的速度。从图9.3可以看出,近代上海公共租界的人均土地面积是下降的。再结合图9.2,可以得出**命题4:土地价格与人均土地面积呈负相关的关系。近代上海公共租界表现为:土地价格随着人均土地面积的下降而升高。**

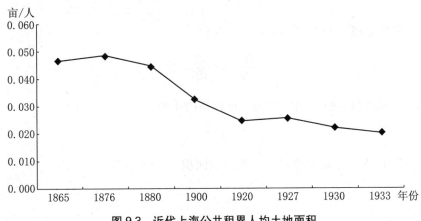

图9.3 近代上海公共租界人均土地面积

资料来源:人口资料来源于邹依仁:《旧上海人口变迁的研究》,上海人民出版社1980年版,第93页;面积资料来源于《上海公共租界工部局地价表》,上海公共租界档案U1-1-1023-1044,上海市档案馆藏。

第二节　城市化与土地价格的模型分析与理论分析

在介绍了公共租界城市化的发展与土地价格的决定之后,我们再来看看近代上海公共租界城市化发展与土地价格变化的动力机制。主要从模型和理论两个方面进行分析。

一、模 型 分 析

根据城市化的人口理论,构建城市化与人口密度的函数:

$$Y=f(m，u)$$

其中：Y—城市化水平；m—人口密度，u—其他与面积和人口无关的变量。

$$m=\frac{N}{S}$$

其中：N—城市人口；S—城市面积。

对 Y 关于 N 和 S 分别求偏导，可得：

$$\frac{\partial Y}{\partial N}=\frac{1}{S}\cdot f'_m(m，u)$$

$$\frac{\partial Y}{\partial S}=(-1)\cdot\left(\frac{1}{S}\right)^2\cdot N\cdot f'_m(m，u)$$

根据命题 1，可知 $f'_m(m，u)>0$，所以：

$$\frac{\partial Y}{\partial N}>0，\frac{\partial Y}{\partial S}<0$$

根据命题 2 和 3，可以得出土地价格的函数：

$$X=f(k，u)$$

其中：X—土地价格；k—人均土地面积。

$$k=\frac{S}{N}$$

对 X 关于 N 和 S 分别求导，可得：

$$\frac{\partial X}{\partial N}=(-1)\cdot\left(\frac{1}{N}\right)^2\cdot S\cdot f'_k(k，u)$$

$$\frac{\partial X}{\partial S}=\frac{1}{N}\cdot f'_k(k，u)$$

根据命题 4 可知 $f'_k(k，u)<0$，所以：

$$\frac{\partial X}{\partial N}>0，\frac{\partial X}{\partial S}<0$$

因此，

$$\frac{\partial Y}{\partial X}=\frac{\frac{\partial Y}{\partial N}}{\frac{\partial X}{\partial N}}>0，\frac{\partial Y}{\partial X}=\frac{\frac{\partial Y}{\partial S}}{\frac{\partial X}{\partial S}}>0$$

可以看出在长期,无论从供给还是从需求方面考察,土地价格对城市化的影响都具有推动作用。在短期,只需考虑需求对土地价格的影响,因此从上述模型可知,土地价格升高能够促进城市化的发展。

二、理 论 分 析

在模型分析城市化与土地价格的相关关系之后,我们再来看看土地价格变化如何影响近代上海公共租界城市化。

首先,从经济结构的变化来看,土地价格的升高,会促使农业用地退出,土地的利用将转向收益率更高的产业。从前文第六章的分析中可以看到近代上海公共租界符合这一状况。在公共租界城市化过程中,工业用地与贸易所需的码头用地也都为收益率更高的商业和金融业让位。这充分说明地价升高在近代上海公共租界的城市化过程中所起的作用,但是这种作用是一个长期的过程。一方面,农业的退出过程并不是一朝一夕就能够完成的。另一方面,公共租界土地价格的不断升高是一个反复的过程。

其次,从市政发展来看。公共租界工部局定期对租界内土地进行价格评估以征收地税。从前文第五章的分析中可以看到公共租界土地价格升高,工部局对土地征收的地税增加,扩大了财政收入,保障了市政投入的需要。随着市政投入的扩大,城市基础设施日趋完善。这些良好的城市设施一方面证实了城市化的发展,另一方面,能够产生集聚效应,吸引各种生产资料的流入,如劳务和资本。这使得产业结构更加丰富和完善,从而进一步提高城市化水平。可以看出,土地价格从市政方面也会导致城市化的发展。但是城市基础设施的完善需要很长的周期,这也决定了土地价格对城市化的长期影响。

因此,土地价格对城市化的作用是一个长期的过程。而从短期来看,土地价格对城市化影响甚微,但是城市化能够直接影响土地价格的变化。例如,小刀会起义以及太平天国运动等租界外社会的动荡,导致租界人口的快速增加,加上资金的聚集,直接引起地价的快速上涨。

另外,近代上海公共租界土地价格自 19 世纪 80 年代开始快速增长。土地作为生产要素,其价格的快速增长会引起城市化成本增高,并直接导致城市化的停顿。然而,近代上海公共租界在土地价格高涨的同时却未阻碍城市化的发展。这是因为公共租界产业结构的不断升级,引发了生产要素不断向公共租界聚集,由此所产生的规模收益抑制了土地价格升高对城市化发展的不利影响。

三、关于近代上海公共租界城市化与土地价格的实证命题

根据以上模型和理论分析,我们确定了近代上海公共租界城市化与土地价格之间的动力学关系。只有动力学关系的理论分析,没有基于统计相关性的经验支持,是无法确认这样的动力学关系的。[16]因此,根据以上分析,我们将对公共租界城市化与地价进行时间序列的实证检验,检验的假设如下:

假说 1:近代上海公共租界土地价格与城市化具有长期的均衡关系,土地价格对城市化有正向的影响,但是这一影响随着城市化的发展逐渐减弱。而新型产业的出现则能够减弱甚至消除这一状况。

假说 2:从短期来看,近代上海公共租界城市化发展能够促进地价升高,而地价却不能促进近代上海公共租界城市化的发展。

第三节　实 证 检 验

一、模型设定和数据来源

(一)模型设定

在这一部分将对上述两个假设进行实证检验。为此我们首先设定一个基本的计量模型 I:

$$UBR = \beta_0 + \beta_1 LDP + \beta_2 LDP^2 + \mu$$

其中,因变量 UBR 为城市化的指标是近代上海公共租界工部局市政投入,自变量 LDP 表示公共租界土地价格。在后面的检验过程中加入其他影响因素构造了新模型,以上的基本模型和新模型主要是用来检验假说 1 是否成立的。而假说 2 则由误差修正模型(ECM)和格兰杰因果分析进行检验。

(二)数据来源

实证检验所需要的数据主要分为两个部分。第一部分是 1868 年到 1933 年的长期数据,主要是三组:城市化指标、地价指标和贸易指标。第二部分是 1910 年到 1933 年数据,主要包括:工业指标、金融业指标。

1. 城市化指标(UBR)[17]

在通常的城市化研究当中,城市人口比例经常被作为城市化指标。而本书选取上海公共租界工部局市政投入数据作为代表城市化发展的指标。主要的原因是:首先,近代上海公共租界从设立开始,租界内人口大多是移民,因此城市人口比例很高。另外,由于可得的近代公共租界人口数据样本

较小以及不连续,因此,采用人口作为城市化的指标进行计量分析就不够合理。而市政投入是公共租界工部局在市政建设方面的支出,除了用财政税收进行支付之外,工部局还通过发行工部局债券的形式来完成。"1862年5月20日英租界租地人特别会议决定,为完成下水道系统计划,授权工部局发行年利率为10%的公债以筹款132 000两,同时建立10%年率的偿债基金。"⑱而在1890年纳税人大会年会上"授权工部局为修筑新路和外滩公园岸边道路以发行债券形式筹集20 000两白银"⑲。在市政投入的构成上主要包括基础设施建设支出、城市安全环卫支出等等。因此,这一指标能够比较充分地反映出近代上海公共租界城市化的水平。

2. 土地价格指标(LDP)

公共租界工部局土地估价并非连续数据,为了得到连续的地价数据,本书通过搜集整理工部局历年的地税收入、地税税率以及征税面积,计算出连续的土地均价(见图9.2),并以此作为土地价格指标进行计量分析。

3. 贸易指标(INT)⑳

采用上海港直接对外贸易货值作为对外贸易指标(见图8.6)。近代上海的开埠使得上海"建立了通达世界各地的对外贸易"㉑,对外贸易的发展带动了上海港的转口贸易,扩大了埠际贸易。同时,对外贸易的发展"推动着交通运输、电讯通讯、金融汇兑和轻重工业发展的道路逐渐发展起来"㉒。由此也使得"上海原有的旧的商业经营方式和社会经济结构开始发生变化"㉓。一方面,内外贸易、交通运输等行业的发展促进了城市化水平的提高;另一方面,在这些行业的发展过程中,所引进和建立的一系列设备设施也是城市化发展的具体体现,例如港口和道路的建设、通信手段及设备的提高、金融汇兑手段的更新和发展等。因此,开埠后贸易的迅速扩大不但成为城市化发展的初始动力,并且由于贸易发展带动了其他行业的勃兴,使之对促进上海公共租界的城市化具有持续的作用。

4. 工业指标(IND)㉔

上海历年开设工厂数代表近代上海工业发展水平。这些工厂的类型几乎包括所有的现代工业,主要有纺织工业、化学工业、食品工业、印刷工业、机器工业、日用品工业以及其他工业。

5. 金融业指标(FIN)㉕

以近代上海金融业每年新开金融机构注册资本总数作为金融业指标,这些金融机构包括银行、保险公司和信托公司等。

市政投入指标、土地价格指标、贸易指标的单位均为白银千两,金融业指标的单位为千元。以上指标以原始数据为基础取自然对数进行实证检验。

二、研 究 方 法

上述假设的实证检验主要分为两个部分:首先是长期(1868—1933 年)土地价格对近代上海公共租界城市化的影响。在这一部分中主要是通过 Johansen 检验进行实证分析,为了避免模型可能出现的伪回归,首先利用 ADF 单位根检验法,检验各变量的平稳性,对非平稳的变量进行差分处理,使之成为平稳的序列。如果各变量是单整的,就对各变量进行协整检验,最终确定出城市化、土地价格、贸易的长期关系。本书将在 VAR 模型基础上采用 Johansen 提出的协整检验方法来检验变量之间的协整关系。得出协整检验结果后,如果变量间确实存在协整关系,将进一步建立误差修正模型进行短期因果关系分析。最后通过格兰杰因果检验以确认上述短期关系。

另外,还将从近代工业和金融业的发展(1910—1933 年)入手考察土地价格对于公共租界城市化的影响,方法同长期中的实证检验方法基本相同。但是由于样本数据的数量限制,无法建立误差修正模型,只能通过格兰杰因果检验对上述指标进行相关实证检验。

三、实证结果与分析

(一) 对 1868—1933 年样本数据的实证检验

1. 单位根检验

在对各个变量进行单位根检验时,采用 ADF 检验方法,确定变量的平稳性,以 AIC 值最小的准则选取滞后阶数。通过检验发现,近代上海公共租界城市化与土地价格等影响因素均为非平稳变量。根据计量经济学理论,对非平稳变量进行差分处理,令 $Y=\Delta \text{LNURB}$、$X_1=\Delta \text{LNLDP}$、$X_2=\Delta \text{LNINT}$ 分别表示 1968—1933 年间市政投入、地价和对外贸易的一阶差分值。另外,用 X_5 表示 1868—1933 年土地价格二次项的一阶差分。根据 Eviews6.0 软件的检验结果可以看出,这些一阶差分数据序列在 1% 的显著水平下都是平稳的。具体结果见表 9.1,从中可知,所有原数据序列都是一阶单整的。

表 9.1　1868—1933 年数据的 ADF 检验结果

单位根检验	检验值 (ADF)	检验类型 (C, T)	滞后阶数	临界值 (1%)	AIC 值
Y	−4.893 209	(0, 0)	2	−3.540 198	−1.202 148
X_1	−4.544 549	(0, 0)	1	−2.602 185	−1.106 327
X_2	−11.505 88	(C, T)	0	−4.107 947	−1.313 522
X_5	−10.011 39	(C, T)	0	−4.107 947	1.093 321

2. 协整检验

首先,检验长期土地价格对城市化的影响。根据表9.1可知,变量Y、X_1和X_5是一阶单整序列,利用Johansen检验来判断它们之间是否存在长期稳定的协整关系。这种检验方法要求首先要确定向量自回归(VAR)模型的结构。为了消除误差项的自相关,同时保持合理的自由度,通过AIC、SC等统计量联合确定最后滞后阶数为1,其残差序列具有平稳性。在此基础上进行Johansen协整检验,结果见表9.2。

表9.2　1868—1933年城市化与土地价格的协整检验结果

零假设:协整向量的数目	特征根	迹统计量(P值)	λ-max统计量(P值)
0个*	0.364 551	33.499 04(0.002 6)	24.938 33(0.003 6)
最多1个	0.125 438	8.560 705(0.196 4)	7.371 766(0.218 9)
最多2个	0.021 385	1.188 939(0.321 3)	1.188 939(0.321 3)

注:"*"表示在5%的显著性水平下拒绝原假设

根据上表可以看出,三个变量之间在5%的显著水平下只存在一个协整关系。根据向量误差修正模型得到模型Ⅰ的协整方程为:

$$URB = 6.783\,900^{***}\,LDP - 1.026\,584^{***}\,(LDP)^2$$
$$\quad\quad\ (0.903\,22)\quad\quad\quad\quad (0.354\,29)$$
$$\quad\quad\ [-7.510\,80]\quad\quad\quad\quad [2.897\,62]$$

注:加"***"表示在1%的显著水平下拒绝原假设。

从协整方程可以看出:近代上海公共租界土地价格与城市化之间确实存在长期均衡关系。表现在土地价格对城市化具有正向影响。但由于土地价格二次项系数较为显著,因此,土地价格的正向影响有逐渐减弱的趋势。

在对城市化与土地价格进行单独的检验之后,我们加入贸易因素再对二者进行考察。由于变量Y、X_1、X_2和X_5均是一阶单整序列,因此采取的检验方法与之前的检验相同。可以看出,Y、X_1、X_2和X_5这四个变量之间在5%的显著水平下只存在一个协整关系。根据向量误差修正模型得到协整方程为:

$$URB = 6.469\,885 + 1.291\,780^{***}\,LDP + 0.939\,088^{***}\,INT - 0.002\,377(LDP)^2$$
$$\quad\quad\quad\quad (0.484\,09)\quad\quad\quad (0.199\,17)\quad\quad\quad (0.118\,85)$$
$$\quad\quad\quad\quad [-2.668\,48]\quad\quad\quad [-4.715\,07]\quad\quad\quad [0.020\,00]$$

注:加"***"表示在1%的显著水平下拒绝原假设。

从协整方程可以看出:在加入贸易的因素之后,近代上海公共租界土地价格对城市化的正向作用依然显著。但是土地价格的二次项系数由于贸易的加入变得不显著了,说明近代上海贸易的发展引发了生产要素向公共租界聚集。由此所产生的规模收益有力地抑制了因土地价格升高给公共租界带来的高成本的城市化。另外,从协整方程也可以看出,贸易作为公共租界发展的初始动力和持续动力,确实对公共租界城市化提高具有显著作用。

在确定了城市化与土地价格、贸易之间长期均衡关系之后,利用误差修正模型来反映这些变量之间短期动态关系。在误差修正模型中,误差修正项系数在5%的显著水平下通过检验。而土地价格的系数并不显著,说明近代上海公共租界土地价格对城市化发展的作用在短期并不明显。另外,贸易的系数在1%的显著水平下显著。由于城市化与贸易存在协整关系,建立误差修正模型后,其结果是所有的误差修正项系数在5%的显著水平下能够通过检验。这说明短期内贸易的发展显著促进城市化水平的提高。

3. 格兰杰因果检验

由于在变量 Y、X_1、X_2 之间存在一阶单整关系,其为平稳序列。在此基础上,利用格兰杰因果检验对变量间的关系予以分析。表9.3反映这一分析的结果,从中可以看出,在最优滞后期公共租界地价不是促进城市化发展的短期内生变量,但是由于城市化发展,城市化引起地价短期内上升作用明显。另外,贸易是短期内城市化发展的内生变量,从另一方面印证了误差修正模型中所显示出的贸易与城市化之间的短期均衡关系。但是,城市化发展对贸易的短期作用则不相同:城市化短期内对贸易的促进作用不显著。

表9.3　1868—1933年城市化与地价等自变量的Granger因果检验

变　量	零假设	最优滞后期	样本数	F统计值	概　率
X_1	X_1 不是 Y 的 Granger 原因	1	64	0.097 29	0.756 17
	Y 不是 X_1 的 Granger 原因	1	64	5.251 01	0.025 40
X_2	X_2 不是 Y 的 Granger 原因	2	63	6.578 34	0.002 66
	Y 不是 X_2 的 Granger 原因	2	63	1.183 46	0.313 50

(二) 对于1910—1933年样本数据的实证检验

1. 单位根检验

令 $Y = \Delta LNURB$、$X_1 = \Delta LNLDP$、$X_2 = \Delta LNINT$、$X_3 = \Delta LNIND$、$X_4 = \Delta LNFIN$ 分别表示1910—1933年间市政投入、地价、对外贸易、工业和金融业的一阶差分值。另外,用 X_5 表示1910—1933年间土地价格二次项的一阶差分。根据Eviews6.0软件的检验结果(表9.4)可以看出,这些一阶差分数据序列在1%的显著水平下都是平稳的。

表 9.4　1910—1933 年数据的 ADF 检验结果

单位根检验	检验值 （ADF）	检验类型 （C，T）	滞后阶数	临界值 （1%）	AIC 值
Y	$-3.325\,902$	$(0, 0)$	0	$-2.674\,29$	$-1.062\,573$
X_1	$-5.915\,763$	$(C, 0)$	0	$-3.769\,597$	$-1.437\,988$
X_2	$-8.244\,719$	(C, T)	0	$-4.440\,739$	$-0.868\,117$
X_3	$-6.379\,308$	(C, T)	0	$-4.440\,739$	$1.157\,752$
X_4	$-8.079\,458$	$(0, 0)$	0	$-2.674\,290$	$2.217\,877$
X_5	$-5.799\,758$	$(C, 0)$	0	$-3.769\,597$	$1.892\,719$

2. 协整检验

这里仍然首先将城市化数据与土地价格进行单独协整检验，然后将这一时期贸易因素、工业因素和金融业因素分别加入模型当中进行协整检验。检验结果表明，所有模型在 5% 的显著水平下都只有一个协整关系。表 9.5 是根据向量误差修正模型得到的协整方程的结果。

表 9.5　1910—1933 年城市化与影响因素实证结果

自变量	模型Ⅲ	模型Ⅳ	模型Ⅴ	模型Ⅵ
X_1	3.111 601 *** (0.509 34) [−6.109 08]	2.479 898 *** (0.710 51) [−3.490 32]	2.297 989 *** (0.768 77) [−2.989 19]	1.421 695 *** (0.266 35) [−5.337 64]
X_2	—	0.346 423 *** (0.065 85) [−5.261 08]	—	—
X_3	—	—	0.049 51 (0.040 97) [−1.208 45]	—
X_4	—	—	—	0.101 409 *** (0.013 29) [−7.630 29]
X_6	−0.369 797 *** (0.102 58) [3.604 96]	−0.303 255 ** (0.135 44) [2.238 99]	−0.383 943 ** (0.146 03) [2.629 21]	0.035 356 (0.056 27) [0.628 31]
t	—	—	0.050 568 *** (0.009 78) [−5.169 43]	—
c	−3.515 439	—	−4.652 965	−4.771 062

注："***"表示在 1% 的显著性水平下拒绝原假设。
"**"表示在 5% 的显著性水平下拒绝原假设；
"*"表示在 10% 的显著性水平下拒绝原假设。

模型Ⅲ表明,在1910—1933年间,近代上海公共租界土地价格的提高有利于城市化的发展,但是过高的土地价格也会抑制城市化水平的进一步提高。

将贸易因素加入模型Ⅲ中就构建成模型Ⅳ。从模型Ⅳ的结果可以看出,与模型Ⅱ的结果相同的是,贸易不会影响土地价格对城市化正向作用的显著性,贸易对城市化的影响仍然是显著的。但是与模型Ⅱ相比,贸易因素的加入对土地价格二次项系数显著性的影响较小。也就是说尽管在这一时期贸易对城市化仍然具有推动作用,但是由于这一时期公共租界土地价格飞速增长,贸易对城市化的推动作用已经很难影响到由地价升高所引起的高成本城市化。

同样将近代工业因素加入模型Ⅲ中构建出模型Ⅴ。可以看出与模型Ⅳ中贸易在其中的作用相似,工业不改变公共租界土地价格对城市化的影响:土地价格对城市化具有显著的正向作用,但作用呈递减趋势。另外,工业的系数为正值,但是不显著。也就是说尽管近代上海工业对城市化发展具有正向作用,但这一作用并不显著。这说明近代上海工业的发展不但不能抑制公共租界地价升高导致的高成本城市化,反而会加剧这一状况。这主要因为这一时期是近代上海工业快速的发展时期,工业的发展离不开对土地的需求,工业对土地价格的推动作用明显。

而模型Ⅵ较之模型Ⅲ加入了近代金融服务业这一因素。从表9.5可以看到,近代金融业加入的结果与模型Ⅳ、Ⅴ的结果有所不同:尽管没有影响土地价格对城市化的显著作用,但是使土地价格二次项的系数变为正值。也就是说近代金融业的出现,使近代上海公共租界土地价格对城市化发展的正向作用具有加速趋势。但是由于这一系数并不显著,因此这种加速趋势并不明显。而根据模型可以看出,金融业的系数为正值,并且显著。这说明近代金融业的出现对城市化水平的提高具有促进作用。主要是因为作为新型的产业形态,金融业一方面能够为经济发展提供新的活力,另一方面其本身对土地需求产生的压力较小。

3. 格兰杰因果检验

通过对Y、X_1、X_2、X_3和X_4进行格兰杰因果检验可以看出在1910—1933年间,土地价格对城市化的短期关系与1968—1933年间相同:在最优滞后期,土地价格不是促进城市化提高的短期内生变量。相反,城市化的发展在短期内会促进土地价格的提高。而贸易和近代工业都是短期内促进公共租界城市化水平提高的重要因素,城市化短期内不能促进贸易和工业的发展。对于近代金融业来说,其对公共租界城市化的影响仅仅存在于较长时期之中,短期内无论是金融业还是城市化都不能成为促进对方发展的内生变量。

　　本篇从近代上海公共租界土地制度出发讨论了土地所有权制度和管理制度,认为一系列土地制度的实施为公共租界土地市场的发育和发展提供了有益的制度环境基础。在工部局土地管理和土地交易的过程中,受内外部约束机制的限制,其对租界内的土地管理较为有效,参与土地交易的行为符合市场发展的需要。在此基础上,近代上海公共租界的土地市场价格能够充分反映土地交易市场的供求状况,市场对土地资源的配置是有效率的。土地利用方式转变受成本和收益共同影响。土地非农化的利用所获得的工商业收益和土地价格是决定土地利用方式转变的重要成本因素。随着租地人对土地的非农化使用并获得经济利润,近代上海公共租界城市化不断发展。与此同时,公共租界内土地价格随着城市化的发展而不断提高。通过理论分析和实证检验,表明在近代上海公共租界的城市化的特殊发展过程中,土地价格的快速增长和国内外贸易的发展起到了重要的牵引和推动作用。一方面,土地价格的上升在长期内是促进城市化发展的重要因素。之所以土地价格能够影响城市化的发展,是由于公共租界工部局所征收的土地税是租界城市化发展的主要资金来源。另一方面,根据发展经济学理论,地价的过快增长、土地税规模的扩大又会为城市化的发展带来高成本的不利影响,从而抑制城市化的发展。而近代上海公共租界并未显现出因土地价格的快速增长而抑制城市化的发展的现象,这是由于在整个公共租界发展的过程中,城市的经济结构一直处于不断转型的状态。以贸易为基础,带动了金融、工业、服务业的不断发展,引发了生产要素不断向公共租界聚集,由此所产生的规模收益抑制了土地价格升高对城市化发展的不利影响。近代金融业和新型服务业的出现和发展,一方面为近代上海公共租界城市化水平的提高提供了动力,另一方面也为城市化的进一步发展打开了新的空间。

注释

　　① 《上海公共租界工部局地价表》,上海公共租界档案 U1-1-1023-1044,上海市档案馆藏。

　　② 张仲礼:《近代上海城市研究(1840—1949)》,上海人民出版社 2008 版。第31 页。

　　③ 山田浩之:《城市经济学》,东北财经大学出版社 1991 年版,第4—5 页。

　　④ 邹依仁:《旧上海人口变迁的研究》,第90 页。

　　⑤ 租界内第一条近代道路是 1846 年修筑起来的。到了 1939 年,公共租界内新式道路长度已达 297.13 公里(史梅定:《上海租界志》,第 439 页)。从公共交通上来看,一方面,交通工具的种类逐渐增加,有人力车、马车、有轨电车和汽车等。另一方面,工部局所颁发的交通工具执照也不断增多,公用人力车和马车的执照数仅在 20 世纪 20

年代这 10 年间,就增加了 1 876 张;公用汽车和公共载客汽车的执照数仅在 1930 年一年内就增加了 85 张(《上海公共租界工部局地价表》,上海市档案馆藏,上海公共租界档案 U1-1-956),除此以外,由英商上海电车公司专营的电车数量也从 1908 年的 65 辆增加到了 1936 年的 216 辆(史梅定:《上海租界志》,第 422 页)。从 1868 年开始,工部局还不断增设和扩充公园等娱乐场所,"公园大量扩充,成了租界的游乐场,同时又美化了租界,使地方上人们的健康得益匪浅"。(徐雪筠等译编:《上海近代社会经济发展概况(1882—1931 年)》,上海社会科学院出版社 1985 年版,第 20 页)

⑥ 姚明辉:《上海租界的开辟》,载自上海文史馆等编:《上海地方史资料(二)》,上海社会科学院出版社 1983 年版,第 23 页。

⑦ 马学强:《从传统到近代:江南城镇土地产权制度研究》,上海科学出版社 2002 年版,第 175 页。

⑧ 徐雪筠:《上海近代社会经济发展概况(1882—1931 年)》,第 209 页。

⑨ 罗兹·墨菲:《上海——现代中国的钥匙》,第 227 页。

⑩ 上海的电气实业开创于 1882 年,先后成立的上海电气公司和新申电气公司生产的电力主要用于照明用电,之后成立的工部局电气处在 1910 年前也主要向照明系统供电。1910 年 11 月,中国第一家用电力为原动力的面粉厂投产,自此,电力被广泛的应用到工业中。(史梅定:《上海租界志》,第 390 页)但此时工业用电占总发电量的比重仍较小,1911 年用于动力的发电量还不到售电总量的 10%,从 1911 年开始,工业用电量逐步上升,直到 1921 年,用于动力的发电量已经占售电量的 83%。(徐雪筠:《上海近代社会经济发展概况(1882—1931 年)》,第 209 页。)

⑪ 徐雪筠等译编:《上海近代社会经济发展概况(1882—1931 年)》,第 209 页。

⑫ 《上海公共租界工部局地价表》,上海公共租界档案 U1-1-881、956,上海市档案馆藏。

⑬ 姚共鹤:《上海闲话》,上海古籍出版社 1989 年版,第 26 页。

⑭ 《上海公共租界工部局地价表》,上海公共租界档案 U1-1-1023-1044,上海市档案馆藏。

⑮ 邹依仁:《旧上海人口变迁的研究》,第 93 页。

⑯ 李子奈:《计量经济学应用研究的总体回归模型设定》,《经济研究》2008 年第 8 期。

⑰ 《上海公共租界工部局年报》,上海公共租界档案 U1-1-897～946,上海市档案馆藏。

⑱ 邹依仁:《旧上海人口变迁的研究》,第 331 页。

⑲ 上海市档案馆编:《工部局董事会会议录》(10),第 653 页。

⑳ 茅伯科:《上海港史(古、近代部分)》,人民交通出版社 1990 年版,附录七。

㉑ 罗兹·墨菲:《上海——现代中国的钥匙》,第 2 页。

㉒ 张仲礼:《近代上海城市研究(1840—1949)》,第 58 页。

㉓ 张仲礼:《近代上海城市研究(1840—1949)》,第 53 页。

㉔ 1884—1930 年资料来源于罗志如:《统计表中之上海》(国立中央研究院社会科学研究所集刊第 4 号),国立中央研究院 1932 年版,第 63 页;1931—1933 年资料来源于杜恂诚:《民族资本主义与旧中国政府(1840—1937)》,上海社会科学院出版社 1991 年版,附录。

㉕ 杜恂诚:《民族资本主义与旧中国政府(1840—1937)》,附录。

下 篇

近代上海公共租界工部局的
市政管理(1854—1943 年)

导　言

一、工部局的市政管理与近代上海公共租界的扩张

1843年上海开埠，外国商人寻找居留地，英租界进而建立。从1845年英租界建立，到1943年公共租界①被收回，历时九十八年，公共租界管理主体略有变迁，管理体制逐渐成形。就其管理方式而言，这个在外人眼里或许不言而喻的体制，在华人眼里最初是惊异，后来则成为学习模仿的对象。裴昔司曾言：

> 若从世界视角来看，就其体制而言，上海可以被完全看作是一个最引人注目的典型，因其在这个通商口岸的外人社会中，构建了治外法权下的自治型居留地，——让这些离奇有趣的小共和体颇具意义的是，不仅有能让列强协调步骤的允诺，而且还为中国千百万愚昧无知的生灵，上了一堂有关现代文明的实物教学课。②

这段自诩的话认为开辟租界给上海带来了现代文明。它掩盖了两个问题：一是这些西方人的动机是什么？二是开辟和扩展租界是通过什么样的方式实现的？与此相关的有关上海租界的问题还有很多，如上海公共租界为何存在这么长时间、为何一而再再而三地显性或隐性扩张、上海公共租界是"模范"还是"侵略的先锋"等。

1. 近代上海公共租界为何存在这么长时间？

从1843年上海开埠，1845年英租界建立，到1943年，上海租界存续近百年。相比之下，中国其他城市的租界没有持续这么长的时间。

2. 近代上海公共租界为何一而再再而三地显性或隐性扩张，或者企图扩张？

从1845年英租界建立，租界管理当局一直谋求扩张。1845年英租界面积为1 080亩（华亩，除注明外均为华亩），1848年英租界面积扩张为2 820亩，1863年英美租界合并后面积为3 650亩，1893年美租界划定边界

后两租界面积共为 10 676 亩,1899 年公共租界扩张为 33 503 亩。③无论是华界地方自治,④还是在允许扩张时附加约束条件,抑或是诉诸条约权利,对租界的扩张,为什么一直没有有效的抵制?

3. 近代上海公共租界是"模范"还是"侵权的先锋"?

租界对近代中国经济和社会转型的作用,在不同时期学术界有不同的判断。王尔敏曾指出:

> 西方学者也曾讨论中国港埠都市之西化,以至影响于中国现代化的问题。而且并不会讳言帝国主义之野心与殖民主义之扩张。然却较少说明,一切港埠领区的扩大,基本上全是为了西方列强工商家的特权与利益,一切都是那些殖民主义政治家为了自身利益的有利打算而予取予求。中国现代化与港埠都市化固然有关,在中国本身来说,是饱受剥削痛苦而承受充分刺激的经验与觉醒,西方学者必须承认:在近代中国历史上,一百多年来,任何一个强权国家都不曾放弃侵损中国主权的念头,那些所有沿江沿海港埠的形成与扩展,可以充分证明。⑤

王尔敏将租界开辟和扩张作为近代西方强权国家侵损中国主权的证据,且开辟和管理租界也完全是出于"工商家的特权与利益"。这是没有疑问的。然而,对西方列强来讲,扩张租界仅仅依赖殖民主义的意识和武力还不够,即认为租界的扩张仅仅依托于西方列强政治军事压迫的认识并不充分。以上海公共租界的扩张为例,公共租界得以扩张,常常是因为内乱兴起,人口涌入上海,造成公共租界的拥挤,工部局⑥以此为理由,乘乱提出扩张租界的要求;华界地方政府常在混乱中无暇他顾,对工部局事实上的扩张予以承认,拱手让权。而工部局在获取的权力范围内,努力排斥华界政府的权力渗入。在这样的格局下,工部局市政管理权力必定日渐扩大,而华界政府市政权力范围日益萎缩。内乱常常是工部局提出扩张租界的契机,而租界的扩张却是日积月累的结果。

事实上,关于租界可以从不同的角度提出很多问题,但无论幻化出多少个问题,都要找到问题的本质:租界存续和扩张的动力及能力来源于哪里?在本篇研究中,这一问题的答案将从公共租界的市政管理体制方面作一番探讨,即租界的存在具有持续性、扩张性需要从租界市政管理体制特征上寻找答案。

首先,工部局在上海公共租界的管理,形成了独具特色的市政管理模式,在技术上解决了许多城市管理面临的问题,比如公共品⑦提供不足、搭便车问题、财政收支平衡、垄断行业监管等。这些问题的有效解决成为工部局实现租界扩张的基础和动力。

其次，工部局的存在不仅调和了上海开埠初期不同国家经济政治利益的冲突，使得这些"侵略者"形成了一条利益战线，而且也将部分华人的经济利益纳入其利益圈，形成了有不同层级的"集团利益圈"。在《上海的地位》（*The Status of Shanghai*）一书的序言中有这样的观点："中外利益植根于上海的繁荣中，以至于任何一方的极端观点都是不足取的。"⑧工部局善于利用这些不同利益群体带来的经济利益和政治利益格局，保证和维持自己的管理机会。

再次，工部局也给近代上海工商业发展提供了经济基础和相对安定的社会环境。与此同时，工部局也是上海经济发展的受益者，工部局的市政管理得益于上海经济的繁荣，失意于上海经济的衰落。从总体来看，工部局对公共租界的管理，形成了具有正向激励作用的管理制度，保证了自身财政税收的稳步增长，也在一定程度上给上海经济的发展带来客观基础。

然而，以往有关租界的研究经常给人见租界而不见租界管理者，见客体而不见主体的印象。以工部局作为考察对象的系统性研究非常缺乏（但从其他不同角度对租界问题进行的研究却非常丰富）。工部局是租界市政管理的主体，代表着租界市政管理的动力甚至发展方向，缺乏对工部局市政管理体制的考察无疑有碍于对租界整体性认识的形成。基于以上认识，在本篇有关上海公共租界市政管理的讨论中，将主要研究工部局市政管理的方式和行为动机，澄清工部局扩张租界的动力和能力。

二、工部局在市政管理中面对的主要问题

工部局在公共租界市政管理中面临的问题，具有一般城市管理机构在公共品提供中遭遇的问题的普遍性特点，但由于其权力来源和管理区域的非常性，也导致其面临的问题具有特殊性。

本篇将工部局的市政管理区域定义为"独立城区"。"独立城区"一词具有几个层面的含义：第一，工部局的市政管理权力不是从中国政府手中合法地获得的，而是通过条约权利、治外法权取得的，和原有中国城市行政区的权力属性不同。第二，虽然租地西人曾经期望把租界变为"自治市"，但无论当时英国本土政府还是华界政府都是不承认的。工部局在租界的市政管理完全有别于华界地方自治：华界地方自治实际上是将原来属于中央政府和地方政府的市政管理权"放权"给地方绅商和民间组织，而中央政府和地方政府有权随时收回这一权力。工部局的市政管理权建立在侵占和对华界政府管理

权的"篡夺"上,并不是收权和放权那么简单。第三,工部局在公共租界的市政管理是在一个有限的"城区"范围内进行的,而且这个"城区"的边界是在逐渐扩张的。因此,工部局的市政管理是在"独立城区"范围内(尽管其边界不断扩大,但权力属性没变)进行的,在公共品提供的"权力、能力和边界"上具有独特性。与此类似,近代上海的独立城区除了公共租界外,还有法租界。

租地西人设立工部局管理租界市政的初衷,是为了满足租地西人对治安、公共秩序和卫生的需要,而达到这一目标的主要手段也即工部局的基本职能,就是提供公共品,包括警察、道路、下水道、水电(电力、电话)、煤气、公共卫生管理等。为此,工部局需要通过税收、发行债券筹集资金,对公共品的提供方式进行选择——私人投资者或者工部局直接管理,并对自身行为引入监督——外在的监督及自我监督等。

工部局在公共品提供中面临的一个重要问题是财政能力的构建。工部局的税收制度模仿当时的英国城市,财政收入以土地税、房捐等财产税为主。早期由于《土地章程》并没有明确规定工部局的税收权力,租地西人"搭便车"⑨行为成为阻碍工部局财政能力构建的主要障碍。所以,成立初期的十几年中,工部局一直谋求税收权力的制度化。工部局的财政支出主要用于提供公共品,完善城市管理。这能提升城市土地和房屋的价值,进而促进工部局财政能力的提升。工部局的市政管理虽然是在独立城区的范围内进行,但其边界一直在变化中。随着公共租界边界的不断扩大,租地西人对公共品的需求也在不断增大,工部局财政能力构建是在租界不断扩张中完成的。实现租界扩张和财政收支平衡是工部局面临的重要问题。这一问题的解决对探索高速城市化时期城市市政管理主体财政能力构建和城市扩张的内在经济规律具有重要的借鉴意义。

公共租界扩张的表现之一就是道路的扩张。在租界扩张和道路建设中,工部局致力于获得对道路的所有权,但对私人道路尊重其产权。路权是工部局征收执照费、房捐和土地税的基础。工部局在道路建设上不可避免地要遭遇土地获取的问题。公共租界的土地制度是一种土地私有制度,即便进行公共建设,工部局也要合法地获得土地的使用权才能进行。而随着租界日益繁荣,工部局在市政建设中购买土地的成本日益上升,"拒绝问题"⑩成为工部局市政建设购地的困扰。通过纳税人大会立法,公共租界确立了道路建设成本由业主部分负担的法规,而工部局也在一定条件下获得了土地的强制征收权。然而,工部局在租界道路建设上,一直以保护私有产权为主要特征,对市政建设用地,一般支付"合理"的价格购买。如何在公共目标与私人利益之间进行平衡,是租界当局筑路政策面临的重要问题。

对公共租界的公用事业管理,工部局采用的是特许权⑪制度(franchise)。尽管早期工部局对自身是否具有赋予特许权的权力存疑,但工部局后来采用折中办法,没有继续讨论权力问题,而是直接代表纳税人大会行使公用事业特许权的监管权力。赋予私营企业经营特许权,除了征收特许费用之外,工部局还制定了附加条件。例如,与自来水公司签订的特许权协议规定,工部局征收特别税是自来水公司向界外供水的条件。除了对公用事业企业赋予经营特许权外,工部局还采用持股、发行以工部局为担保的债券来控制公用事业企业和促进公用事业的发展。从总体来看,公共租界公用事业的管理主要采用的是工部局监管、私人提供的方式,工部局对公用事业扶持力度大,对各个公用事业之间的关系进行斡旋,并着力解决了资金不足和公共品质量不高的难题。

任何一个公共机构在市政管理中都面临着监督的问题。采用不同的市政管理体制,也会有相应的监督制度。在条约权利之下,工部局具体的权力基础是纳税人大会制度,从选举人角度看是民主制度,因此,纳税人的监督以及公共媒体的监督成为工部局市政管理监督的主要手段。但这只说出了问题的一半。在工部局市政管理的受众中,华人具有纳税的义务,但长期没有选举权。所以,工部局体现的民主制是租地西人意义上的民主制度。在市政管理上,工部局不仅从权力来源上对自身活动进行监督,而且也从制度上监督自身的市政管理活动,这体现在工部局招标制度的确立及其演进上。

综合来看,工部局在公共租界市政管理中面临的主要问题是在有限的城区范围内提供公共品,同时解决财力、效率、公共品提供的规模、方式以及收益在不同利益群体间的分配问题。

以上这些问题是工部局在公共租界公共品提供中面临的主要问题,具有普遍性的特征。然而,工部局在公共品提供中面临着一些特殊条件。例如,工部局的管理是在独立城区内进行的,有限区域的市政管理区别于全国性、全城性的市政管理。区域的有限性限制了工部局的能力,比如公用事业及道路等具有规模经济属性的公共品,在有限范围内很难达到规模经济,因此追求规模经济的动力会促使工部局不断扩大自己的市政管理范围;同时,具有竞争性的其他城区——法租界和华界,在市政管理上和工部局既有竞争又有合作,这能够刺激工部局提升自身的市政管理效率。这是管理区域有限性给工部局市政管理带来的独特影响。

除了管理区域的独特性之外,工部局还遭遇市政管理权的问题。工部局的市政管理权主要包括税收权、筑路权、公用事业特许权等。工部局市政管理权的获得是个复杂的问题,一方面需要纳税人大会的认可,另一方面需要从华界政府手中争取。工部局一步一步地篡夺华界合法政府对租界华人的市政管理权,并时时刻刻警惕中国历届合法政府对租界市政管理的干预。公共租界及工部局对于中国社会来讲,是一种外生的制度,权力及其实现所依赖的制度需要重新设定。工部局一方面依赖这些制度,另一方面也创造着这些新的制度。工部局作为公共租界的市政管理者,提供的各种制度也是公共品。这些制度是否激励相容的、是否能够提升工部局的市政管理能力并促进租界发展,是这些制度设置的关键所在。

此外,工部局还有自己的集团利益属性。工部局的市政管理过程是对不同集团利益目标的确认过程。工部局根据实现不同层次的集团利益的需要制定自己的政策。上海公共租界的产生代表了自由贸易商人的利益,工部局的行为特征也深受自由贸易精神的影响;然而,对自由市场和垄断的态度,工部局采用的是双重标准。比如,工部局对公用事业的经营一直力图保证其垄断地位,而对公共租界市场环境的维护则遵从自由市场原则。在存续的几十年当中,工部局市政管理的原则基本保持了一贯的特征,即以租地西人的利益为导向,尊重私有产权,财政支出上保持经济理性,尊重舆论监督并通过制度监督市政管理活动,这都和其集团属性密切相关。

三、研究工部局市政管理的"最恰当理论"

任何理论都伴随着一定的抽象,经济理论也概莫能外;而大多学术从业者也总有一个偏向,即自己研究的问题、自己熟知的东西要比他人研究的陌生的问题来得重要。所以,"研究工部局市政管理的最恰当理论"这一命题具有巨大的风险,一方面,理论穿在历史身上很可能不合身;另一方面,也会暴露作者的无知。但高收益也常常会伴随高风险而来。作为一种尝试,本篇用一点公共品理论和集团利益理论来讨论工部局的市政管理问题,并期待在解决导言一、二部分所提出的问题时,能够自圆其说,最差的结果是至少提供了一种观察视角,同时希望这是一个愉悦的旅程。

公共品的理论讨论来源于萨缪尔森。1954 年,萨缪尔森发表了《公共支出的纯理论》,区分了私人消费品和集体消费品的属性,但并没有对集体性和公共性做更多探讨。对于公共品供给的最优均衡条件,需要满足林达—萨缪尔森均衡。[12]然而,这一探讨路径忽略了公共支出主体,对公共品的性质分析也不足。布坎南从另一条路径入手,提出了"俱乐部商品"理论。

布坎南将"俱乐部"(club)定义为"一种消费所有权—会员之间的制度

安排"。俱乐部理论的核心问题是决定俱乐部的最优规模(成员数量)和成员对俱乐部物品的最优消费之间的关系。⑬

　　布坎南与萨缪尔森的分析路径不同。布坎南从供给过程出发,关注了供给的主体,即"俱乐部"。"俱乐部"的优势是规模可大可小,且俱乐部成员目标和行动协同一致,这给契约条件下有限城区的公共品供给问题提出了理论模型。以公共租界为例,公共租界就是一个俱乐部,凡是居住在公共租界的人,需要服从工部局设定的市政管理规则,工部局本身也是市政管理规则的一部分。在公共租界内,每个人要以适当的方式交税或者付费,才能获得这个俱乐部提供的服务。如果成员对公共租界这个俱乐部不满,可以退出到其他俱乐部,如法租界或者华界,这又涉及俱乐部的竞争问题。

　　那么,什么才是一个俱乐部的最佳规模呢?即对租界这样的独立城区,到底提供多少公共品和容纳多少消费者才能达到最优规模?"如果平均成本无限下降,那么消费群体的规模将是全体居民,这就出现了公共品问题。或者因为规模经济耗竭或者因为成本拥挤,导致平均成本最终不再下降反而上升,那么消费群体的最优规模可能小于全体居民。当对供给公共物品的成本没有做任何贡献的那些人被排除在其消费群体之外时,就潜在地存在一个自愿提供公共物品只供自己消费的团体。"⑭公共品的边际成本决定了俱乐部的最优规模确定。在公共租界存续的 98 年时间里,公共租界当局一直在谋求扩张。根据俱乐部理论,可以假设公共租界当局谋求扩张的动力来源于规模经济带来的扩大俱乐部的冲动。工部局市政管理区域的有限性,制约了道路和公用事业规模经济效应的发挥,而寻求达到规模经济的动力必定促使工部局一直努力扩大自己的市政管理区域,冲破有限城区的障碍。

　　我们也可以运用图形进行直观的分析。对于任何一个给定的公共品来说,都有其最佳供给量,也有使用该物品的最佳共用人数。公共品的最佳供给量如图 1 所示:

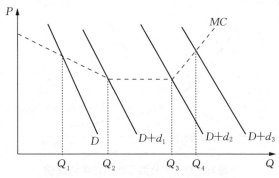

下篇导言图 1　公共品的最佳供给量

注:本图根据经济理论画出。

201

公共品的最佳供给量,从规模经济的角度来看,有三种可能。从图1中可以看出,随着供给量的变化,公共品的边际成本曲线 MC 有三种可能:边际成本下降、边际成本不变和边际成本上升。对于一个公共品来讲,在边际成本下降和不变的情况下生产是有利的,即供给量限定在 Q_3 内部,而同时享用此公共品的最大共享人数为 $D+d_2$。随着享有人数的增加,虽然可以通过提高供给量来满足增加的需求,但由于公共品本身规模经济的限制,增加供给量并不是最优选择,而通过另外建设一个公共品来满足增加的需求会更为有利。从图1中我们还可以看出,公共品规模扩大的动力,来自规模经济,比如电力、自来水、道路等,建设初期边际成本非常高,随着享用人数的增加,公共品的边际成本呈现显著的下降趋势,这就构成了扩大公共品供给规模的动力。

而对特定公共品最佳集体规模的讨论,还可以引入另外一个概念:边际拥挤成本。[15]如图2所示,我们把公共品的成本看作是使用者人数的一个函数,随着使用者人数的增加,每个使用者所担负的成本减少了,但边际拥挤成本可能上升,这两者需要达到平衡,即 U^* 点是均衡点。在 U^* 点的左侧,增加一个使用者造成的边际拥挤成本低于减少的边际拥挤成本,即增加使用者人数是有优势的;而在 U^* 点的右侧,增加使用者人数则导致拥挤的产生。当然,对不同的产品,边际拥挤成本是不同的。对笔记本电脑这种私人物品,边际拥挤成本高到两个人都无法共享,而对广播电视信号这种产品,边际拥挤成本几乎可以保持为 0。公共品本身的特性限定了使用者的规模。对工部局提供的公共品,道路是有拥挤成本存在的,而自来水、电话等准公共品,因为其能简单地排他,即便使用者人数达到很大规模,拥挤成本也不会很高。

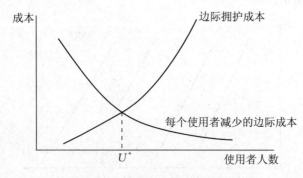

下篇导言图2　公共品的最佳集体规模

资料来源:此图摘自[美]林德尔·G.霍尔库姆:《公共经济学——政府在国家经济中的作用》,中国人民大学出版社 2012 年版,第 134 页。

边际拥挤成本和公共品的规模经济属性对我们分析工部局的扩张问题尤为重要。在公共租界,工部局提供的公共品,第一个服务群体是租地西人。然而,由于人数有限,租地西人并不构成能使公共品达到规模经济的合理人数,因此包括华人在内的群体成为工部局公共品的使用者。而边际拥挤成本显示,在战争时期,华人大量涌入租界,在短期内会造成公共租界公共品使用上的拥挤,进而给工部局扩张租界的借口。规模经济和边际拥挤成本这两股力量导致租界具有扩张的动力,也成为工部局不断谋求扩张的借口。

公共品具有不同的性质,决定了提供方式也具有多样性。德姆塞茨通过"消费的竞争性"问题,进一步明确了公共品与其提供方式的关系。德姆塞茨关于公共品供给的两个基本结论为:"在物品的消费可以有效(低成本)排他的条件下,私人企业可以有效提供公共产品;在均衡状态下,不同消费者对同一公共产品支付不同的价格,这是市场有效竞争的结果。"⑯简言之,对水电煤气等可以有效排他且具有消费竞争性的准公共品,私人企业能够有效地提供。这不仅符合现实也符合历史。在工部局时期,自来水、煤气、电车、电话等公用事业都是通过特许权制度引入私人资本提供的。

在分析工部局市政管理问题时,另一个尝试运用的理论是集团利益理论。对集团的公共品提供问题,奥尔森认为:"在任何一种情况下,规模是决定对个体利益自发、理性的追求是否会导致有利于集团的行为的决定性因素。比起大集团来,小集团能够更好地增进其共同利益。"⑰与大集团相比,小集团更可能自发地提供公共品。然而,什么是小集团和大集团呢?奥尔森认为两者不仅存在着量上的不同,还存在着质的不同。从数量上看,小集团和大集团在一定程度上是相对性的概念,比如工会,地方性的可以说是小集团,而全国性的可以说是大集团,或者根据约翰·詹姆斯的研究,一个采取行动的小集团平均规模是 6.5(人),而相对大的集团规模则为 14(人)。⑱而在本质上,小集团区别大集团的特征在于"社会压力和社会激励只有在较小的集团中才起作用。这些集团很小,成员间有着面对面的接触"⑲。换句话说,集团成员数量少,相互了解,成员行为对其他人有直接的影响。工部局所代表的利益集团符合小集团的假说。工部局代表的是租地西人的利益,各租地西人的个人利益目标接近,并与集团利益目标接近,且集团成员少,信息共享程度高。这导致他们愿意设立一个组织并建立一套法律体系来实现他们的集团利益。工部局就是租地西人建立的组织。不能忽视的是工部局一旦成立,其组织自身的利益也同时形成,它会维护其赖以存在的法律法规，并通过实现该组织的集团利益来证明其存在的合理性和必要性。集团利益与其所设立的组织同生共死。道路码头委员会以及工部局都是公共租界利益集团所建立的组织，代表了奥尔森所说的"强制或其他某些特殊手段"，而工部局的权力和能力都较道路码头委员会更大，这反映了租地西人实现集团利益的迫切愿望。

尽管工部局这样的组织是为实现租地西人的利益而生，但是否工部局就一定按照租地西人的利益行事呢？奥尔森在《集体行动的逻辑》中指出一个组织的职能："一般说来，提供公共或集体物品是组织的基本功能。"[20] 但组成组织的个人，"他们显然也拥有不同于组织或集团中其他人的纯粹的个人利益"[21]。这导致集团利益的实现，"除非一个集团中人数很少，或者除非存在强制或其他某些特殊手段以使个人按照他们的共同利益行事，有理性的、寻求自我利益的个人不会采取行动以实现他们共同的或集团的利益"[22]。所以，在工部局实现其代表的集团利益的问题上，一方面工部局需要证明其作用，即能够实现集团利益；另一方面，也会为组织自身的利益奋斗，甚至为组织中成员的利益行动。所以，在工部局的集团利益圈中，工部局自身、租地西人各构成了不同的利益集团。在公共品提供的问题上，工部局采取的行为必定需要兼顾自身和租地西人两者的利益，否则是不具有可持续性的。工部局是租地西人实现经济利益的组织，奥尔森指出："组织经常要求助于小集团；这样就形成了委员会、小组委员会和小型领导集团。这些集团一旦形成就扮演着很重要的角色。"[23] 在工部局这个组织中，小型领导集团就是工部局董事会及各部门委员会，而工部局的决策核心是工部局董事会，即公共租界的决策是小集团型的决策。在公共租界，集团利益拥有几个层次，如普通西人[24]、租界华人等。这些都是公共租界不同的利益集团，工部局对公共品的提供过程是对这些不同集团利益目标确认的过程。从工部局的决策过程来看，占人口多数的普通西人和租界华人并没有参加纳税人会议和工部局决策的权力。工部局决策层的小集团属性明显。那么，在公共品提供上，这有什么优势呢？尽管利益的一致性并不能天然地减少搭便车的动机，但由于提供公共品的集团收益非常高，使得契约和法规容易形成，这是工部局在市政管理中能方便地通过制定法律法规获得和扩大权力的原因。在后文我们将详细论述公共租界集团利益的形成、属性以及工部局是如何建立的。一旦如工部局这样的"强制或其他某些特殊手段"建立起来，即便利益集团的规模由小变大，集团的利益还是能够实现。工部局的市政管理证实了这一过程。

注释

① 本书以"公共租界"一词指称英租界、英美租界、外国租界、西人租界等不同的指代英国租界的名词,即以"公共租界"一词代表从 1845 年《土地章程》确定的英租界及其扩展区域。本书仅为行文方便,历史事实当然复杂得多。

② 裘昔司:《晚清上海史》,上海社会科学院出版社 2012 年版,序言第一页。

③ 根据《上海租界志》整理。史梅定:《上海租界志》,第 93 至 99 页。

④ 关于"华界地方自治",这里的"华界"是相对于租界的概念。在租界产生后,原来上海县城、闸北、浦东等华人政府管理的区域统称为"华界",租界是在华界包围之中的。由于法租界、上海县城和黄浦江的限制,公共租界的扩张主要是向北和向西进行。近代上海的"华界地方自治"是清末中国各地城市地方自治的一部分。台湾学者王树槐、沈怀玉等都对清末地方自治进行过研究。而关于上海"华界地方自治"问题,周松青进行过系统研究。周松青认为,上海地方自治运动开始于 1905 年,从 1905 年到 1927年,随着上海地方当局行政机关的变迁,上海地方自治运动也经历了兴起、隐退、复兴和被取代等阶段。周松青认为,上海地方自治运动在市政管理上从公共租界借鉴颇多,同时对公共租界扩张起到了抵制作用。关于上海地方自治的研究可参考周松青:《上海地方自治研究(1905—1927)》,上海社会科学出版社 2005 年版。

⑤ 王尔敏:《外国势力影响之下上海开关及其港埠都市之形成(1842—1942)》,转引自梁庚尧、刘淑芬:《城市与乡村》,中国大百科全书出版社 2005 年版,第 429 页。

⑥ 工部局,全称上海公共租界工部局(The Shanghai Municipal Council, SMC),成立于 1854 年,解散于 1943 年,是公共租界唯一的行政管理机构。工部局董事会和部门委员会负责工部局的日常决策。工部局董事会成员由租地人大会(后来改称纳税人会议)决定,每年选举一次,可以连任。董事会成员不拿薪水,各部门负责人及其管理的行政人员拿薪水,但决策权归董事会,行政机构只有执行权。工部局第一次董事会会议召开于 1854 年 7 月 17 日,从日期上来看,晚于 1854 年《土地章程》的签订时间。根据王铁崖《中外旧约章汇编》第 1 册,1854 年《土地章程》签署于 1854 年 7 月 5 日,为此,1854 年《土地章程》中没有出现有关工部局的规定,而 1869 年《土地章程》中,关于工部局(称之为"西人公局")选举、筑路权、税收权等有了较为详细的规定。参见王铁崖:《中外旧约章汇编》第 1 册,三联书店 1957 年版,第 80 页、第 291 页。

⑦ 公共品是一个复杂的经济学概念,现代社会中公共品普遍存在,从国防、电视信号、道路,到自来水、电力、煤气等都属于公共品。关于公共品的详细定义,请参照本章第三节的详细介绍。

⑧ Ching-lin Hsia, 1929: *The Status of Shanghai—Historical Reviews of the International Settlement*, Kelly and Walsh, Limited Publishers, pp. vii—viii.

⑨ 关于"搭便车"问题,奥尔森在《集团行动的逻辑》一书中研究了"搭便车"问题的表现。搭便车简单来说就是不支付费用便可消费其他人生产的产品。如果持续如此,那么这种消费品就会缺乏甚至根本不会生产出来。关于"搭便车"的讨论可见一般公共经济学教科书,如林德尔·G.霍尔库姆:《公共经济学——政府在国家经济中的作用》,中国人民大学出版社 2012 年版,第 96 页。

⑩ "拒绝问题"简单地来讲是指在公共建设中,产业的拥有者拒绝出让产业。而造成拒绝问题产生的根源在于利益分配。拒绝问题产生的过程是这样的:假设有机构准备修建一条商业街,而面临购买 10 块私人地产。当以市场价格购买了其中 9 块后,第 10 块产业业主因为开发发现自己的产业价值在上升,因此跳价。购买者为此将面临

拒绝问题。在日常生活中，拒绝问题的表现之一就是"钉子户"问题。市场手段在一定范围内能处理拒绝问题，但有时候也不得不使用强制征用权（如果是公共机构），或者放弃开发。"当有人打算集中使用由许多人拥有的土地的时候，这类问题就有可能产生"。参见林德尔·G.霍尔库姆：《公共经济学——政府在国家经济中的作用》，第 118 页。

⑪　特许权（franchise）制度是工部局管理公共租界公用事业的制度。工部局通过纳税人大会批准，对经营公用事业的企业授予不同程度的经营权甚至垄断经营的权力，吸引私人资本投资公用事业。工部局保证公用事业公司一定的收益权，并对公用事业公司进行监管。这和现代公共品提供方式中的特许权模式比较相像。

⑫　关于公共品最有供给规模的讨论，可参看田国强，*Microeconomic Theory* 讲义，第 372—373 页，http://econweb.tamu.edu/tian/micro1.pdf。

⑬　曲创：《公共物品、物品的公共性与公共支出研究》，经济科学出版社 2012 年版，第 31 页。

⑭　丹尼斯·C.缪勒：《公共选择理论（第三版）》，中国社会科学出版社 2010 年版，第 202 页。

⑮　"边际拥挤成本"简单来讲就是增加一个消费者时，带来的消费上的拥挤导致的成本。在上下班高峰时期道路的边际拥挤成本非常高，炎热天气里游泳池消费的边际拥挤成本也非常高。参见［美］林德尔·G.霍尔库姆：《公共经济学——政府在国家经济中的作用》，第 134 页。

⑯　曲创：《公共物品、物品的公共性与公共支出研究》，第 42 页。

⑰　［美］奥尔森：《集体行动的逻辑》，三联书店上海分店，1995 年 4 月，第 42 页。

⑱　［美］奥尔森：《集体行动的逻辑》，第 65 页，关于集团规模与行为不同的讨论。

⑲　［美］奥尔森：《集体行动的逻辑》，第 71 页。

⑳　［美］奥尔森：《集体行动的逻辑》，第 13 页。

㉑　［美］奥尔森：《集体行动的逻辑》，第 7 页。

㉒　［美］奥尔森：《集体行动的逻辑》，第 2 页。

㉓　［美］奥尔森：《集体行动的逻辑》，第 64—65 页。

㉔　什么是"普通西人"？实际上，在上海和其他租界城市当中，有各种各样的西人。区别租地西人和普通西人的标志性特征在财产上。租地西人一般具有纳税人大会的参会资格，而普通西人无法达到纳税人会议的财产要求而被排斥在租界权力机构之外。他们和华人一样，在租界是没有决策制定权的。关于普通西人的研究作品并不多，首推毕可思的《帝国造就了我——一个英国人在旧上海的往事》。但普通西人确实构成了公共租界西人群体的大部分。

第十章　集团利益、工部局与
租界的公共品供需

第一节　开埠后上海的经济利益集团

上海是近代中国最早开埠的城市之一，上海租界则是近代中国最早开辟的租界。上海租界的开辟实际上引领了一个时代，而这个时代的本质含义是清朝对外体制转向，租界则是这个体制的核心部分之一。在这里我们姑且将这种体制命名为"上海体制"，体制的形成及其产生的新的经济利益格局，构成了近代上海公共租界市政管理制度的基础。

一、经济预期由短期转向长期

在有关上海租界的研究中，有一段话，引用频率很高：

> 顶多再呆上两三年，我希望能够发一笔财，然后离开；即使此后整个上海毁于大火或洪水滔天，这又与我何干呢？您决不能指望处在像我这样境地的人们，会为了子孙利益，而责成自己在这有损健康的气候带里，经年累月地颠沛流离。我们是唯利是图的实用者。我们的职责就是赚钱，钱赚得越多、越快，越好——只要法律许可，为了达到这一目的，我们可以无所不用其极。[①]

这段话一直作为西方商人短期预期的证据，表明了租地西人在某个时期并不在意租界的发展，而仅仅希望抓住机会发一笔财。雷穆森也说"天津从那些来到这儿'不是为了他们的健康'，而是为了发一笔财而后归隐的人们手中得益很少"[②]。但这种短期的预期如果一直主宰着这些外来商人，那就不会有后来租界的发展。

再来看一段 1937 年《字林西报》登载的与上述观点相反的证据：

> 自从大约十七年前我抵达上海以来，我曾经作为万国商团团员，有十多次重大时刻保卫租界。这些时刻总是意味着商业的停顿，一个忧

207

虑重重、可以发生危险的时期,对我们外国侨民社会没有带来什么好处。泥城之战时代的'饱经风霜的老辈',当人们跟他们谈到这一题材时,就会微笑着说,我们已经习惯于这种想法,但是难道我们满足于看到这种事态无限期持续下去吗?我们应当把自己组织成为一个会使我们能够过着更加正常生活的社会。外国人到上海来住上几年,然后带着一笔财富离开的旧思想,现在正是抛弃它的时候了。这是我们大多数人将要永久住下去的地方。我们有权要求取得一切文明国家共同享有的同样自由和安全保障。③

以上这段话尽管无视中国的主权,充满着对租界永存的迷梦,但也反映了外侨对租界的归属感,这些外侨将上海当成了自己的家园。邹依仁也指出:"在上海开埠以后,凡是来到上海的外国人,除了其中少数人由于剥削了我国人民因而发了财就回国去享乐以外,一般是不大愿意回去而是留在上海的。因为当时,他们中的大部分人到了上海以后,无论是在开埠的初期或后期,都过着优哉游哉的剥削享受生活,视上海为乐土,再不想离开了。"④

在以上两种相对立的观点中,反映西方商人短视的观点不能过分强调,因为这会掩盖后来的历史事实。租界的发展依托于工部局的一些长期制度的设置,尽管这些制度的成型经历了变革和时间,然而制度一旦发生,便开始具有长期的特性。比如,如果没有长期预期,工部局就无法通过债券集资,公共租界市政基础设施建设便无法进行;如果没有长期预期,公用事业不会发展。公用事业的初期投入需要大笔资金,达到规模经济需要时间、人口和经济发展水平等条件,如果没有长期预期,工部局和私人资本不会冒风险。所以,"西方商人的短视"并没有成为决定历史发展的力量,随着一些特定经济条件的改变,西方商人的长期预期替代了短视的举动。

因而,在这两段话之间时间比较早的那一端,必定有一个时机让部分乃至大部分西方商人的经济预期发生转向:从短期变为长期。那么,到底是什么导致了短视变成长视?在鸦片战争创造的新的经济利益格局下,上海公共租界独特的市政管理模式的产生,受制于一个人为的体制因素和一个偶然的因素,这两个因素给公共租界后来的发展埋下了伏笔,也在很大程度上决定了租界的发展模式。这个体制上的因素就是"上海体制"的出现,而这个偶然的因素则是促成新经济政治利益格局形成的"华洋杂居"。这两个因素造成了西方商人从短视转变为长期预期,也左右了资本、人力、技术向上海的转移。

二、广东体制转向"上海体制"

上海租界与横滨居留地的对比研究表明,两个城市在管理上有一个重大的不同:"幕府为在横滨开港,主动承担了开港地内各种基础性建设,为此投入了9万多两银子,此后在横滨居留地发展过程中,幕府或维新政府作为经费主要承担者的状况始终没有改变。"⑤而上海租界,"《土地章程》一开始即规定了租界内一系列公共设施均由'租地与赁房西人'承担"⑥。尽管中日两国开埠的背景不同,但制度设置不同,是决定两个开埠城市发展前景不同的决定因素。在基础设施建设管理上,横滨更像"广东体制"。曹雯在《清朝对外体制》一书中指出:"一言以概之,中国的近代化始自对外体制的近代化,而非对内体制抑或对内对外体制的同时起步……鸦片战争帮助英国等欧洲国家迫使中国走上了对外体制的近代化历程。"⑦曹雯认为,广东体制不能简单地视为一项贸易管理体制,其旨在管理外国人,目的是维护广州的贸易秩序、城市秩序进而中国东南沿海的秩序,"实质是一项为了维持东南沿海边境线秩序的对外政策"⑧。与广东体制对应,本书在此处提出"上海体制",来表示鸦片战争之后,应对贸易环境的变化,晚清政府的新的对外政策转向。

大体而言,与广东体制相较,"上海体制"有几个显著的特征:

第一,散商代替了有垄断权力的商人。这在中外两方面均存在。在外人一面,1834年英国东印度公司贸易垄断权终止,结束了其管理英国商务的机会,给散商表达意愿以空间。在华商一面,鸦片战争后,保商制度终结。⑨中外自由贸易格局打开。具有垄断权力的中外商人结束自己的管理权之后,由个体商人代表管理贸易的局面必然会被具有一定公权力的组织替代,虽然不一定是以租界及工部局这种形式,但为此之产生埋下了伏笔。⑩

第二,外人居留问题,转变为长期。顾维钧曾指出中国法律难适用于外人的原因之一是其所经营的商务都属暂时性质。⑪广东体制下的商务活动的确具有暂时性特征,"按照旧时在广州实行的制度,外国商人实际上只能禁闭在他们的商馆,不得外出;不准他们随带女眷或武器入境,并且只许在交易季节居住广州"⑫。费成康指出:"在中国即将走出封建社会时清政府还将此时的外国人居留区域广州商馆弄得如同囚笼一般。这种状况充分体现了鸦片战争前夕外人在中国的屈辱地位。"⑬短期居住不利于发展除了商务之外的其他利益,租界的设立改变了这种格局。

第三,管理权由保商管理转变为外人自理。在广东体制时期,在华贸易的外国商人是被"保商"(也称为"公行")管理的,外人居留区域是又被称为夷馆、蕃馆的广州商馆,"整个外人自治团体及其居留区仍受中国政府的行政管理,其首领也由中国政府任命"⑭。鸦片战争后,清政府期待继续维持广东体制下的外人居留区的管理模式,给外人划定居住区域以实现隔离,但"当中国国势强盛之际,划定外人居留区域便于中国官府对外人的管理。到清政府已畏惧外人的年代,划出成片土地供外人专用,致使当地集结了大批享有领事裁判权的侨民,这就为他们侵夺当地的行政管理权创造了客观环境"⑮。而如前文所述,《土地章程》一开始即规定了租界内一系列公共设施均由"租地与赁房西人"承担。租界的市政管理权就这样甩手送给了外国人。

除了以上这些明显的改变,"上海体制"也体现了清朝政府的对外态度。在第一次鸦片战争后,晚清政府既定的对外政策失效,在中西方更频繁的遭遇中,晚清中央政府显得手足无措,更多时候像一只鸵鸟,想通过"无视"来继续维持天朝大国的地位。晚清中央政府将和外人交涉的权力交给地方官员,梁元生写道:

> 在两次战争间隔期间的外交事务处理中,上海道台实际上成了他自己的主人,因为他既没有国家政策可以遵循,没有工作的制度基础,也没有来自省政府的有力指导……这些道台作出的许多决定不会即刻在中央政府或省政府那里产生问题,但是在长时间里,上层官员这种玩忽职守的态度和允许地方官员与外国外交官达成重要协定的放任做法,会给省乃至国家带来危害性的冲击。⑯

上述判断很好地总结了当时的现实。晚清地方政府官员在外人和中央政府双重压力下,囿于自身见识和能力,为了自身的官场仕途,而将主权让与外人的做法,是外人得以获得租界市政管理权的主要原因。从后文的分析中我们也将看到,工部局是如何从上海道台手中逐渐剥离了晚清政府对租界的管理权,并建立自己的管理权基础的。

如同广东体制一样,"上海体制"也是一个复杂的命题。在一定程度上,"上海体制"代表了鸦片战争后,由新贸易格局和清政府对外政策导致的清朝对外体制的变化。这种体制主宰了中国对外开放的模式近100年,而上海租界则是这种模式的集中代表。从1843年开始,"上海体制"逐渐确立、成形,且从上海不断扩展到中国的其他的城市。

在"上海体制"的新的利益格局下,公共租界的发展,由散商主导,并且排斥垄断。中外双方的交涉必定会催生工部局这样的公共管理机构、会审公廨这样的法律纠纷处理机构。这是租界以此模式发展的必然原因,而租界的真正发展除了依赖一些制度上的原因,还需要偶然的机会,这就是"华洋杂居"带来的经济利益的推动。

三、开埠后上海的经济利益集团

（一）华洋杂居的新格局

上海虽然于1843年开埠，但到1854年，上海外侨的人口并不很多，经济政治势力并不很大，后来租界的一切制度设置在此时几乎还未萌芽。在这一阶段，租界由道路码头委员会管理，然而，对道路码头委员会⑰的运行，我们知之甚少，其给世人的大体印象是为了解决租界最基本的公共道路、码头、下水道等需求而设立，存续期间并没有形成足够的财政能力来实现对租界的管理。其实，道路码头委员会时期的租界还是私人经济利益动机主导租界发展的时期，代表公共利益的权力机构非常孱弱。比如，1849年3月10日租地人大会会议记录显示，关于租界道路"要求每一位租地人建筑他的道路以满足委员会的要求，如不能做到这一点，则委员会有权修建这类道路，并在英国领事法庭为所花费用向当事人提出诉讼。一旦道路筑成后，委员会将负责用公款对这些道路进行保养。本决议案获得一致通过"⑱。这样的决策对道路的修建并没有太大的促成作用，因为执行成本太高。租地西人更可能因为私人经济动机修建道路而不是因为惧怕领事法庭的诉讼。而出于对码头的急迫需要，公共租界进行集资，"所需之款估计为4 000元至4 500元，如果认缴额超过此数，则将在投资者中间按比例分配，并根据需要按百分之二十五分期收款"⑲。最后本次集资的认缴单公布出来，总的集资金额达6 900元，单项借款最高金额2 500元，最低100元，这样的差距反映了在这项工程中捐款者各自的利益。⑳"此项资金将用于建造5座石码头，其利息为年息百分之十，本金将自即日起在5至6年内偿还。"㉑尽管此次集资达到了预期目标，但在对借款偿还的交税问题上，租地西人搭便车的动机非常明显："某些方面拒绝缴付上述决议中规定的码头捐和码头摊派税款，后者是按每亩租地缴税1元，以偿付为建造码头所筹贷款之用。有些人拒交税款的理由是，他们有自己的私人码头；而另外一些人则认为自己的事业与码头无关而应该免税，说码头只是对租界有利益。关于这些对象，本委员会认为并无同他们长期地进行通信争辩的责任，现把有关码头和道路等方面有争议的问题提交公众大会来解决。"㉒码头捐的收取成为道路码头委员会期间的一个大问题，搭便车问题一直存在。码头的收益性容易识别，但依然面临着搭便车的问题。在这样的集资框架下，收益不显著的道路可能因为无法筹集到足够的经费而不能修筑，例如，"有三方面的当事人拒绝支付码头捐，还有一方拒绝支付道路捐税"㉓。甚至对英国领事馆应缴纳的税款，"英国政府认为今后他们自己并无义务缴纳所确定的任何税款……委员会一致认为,由于英政府以和所有其他人相同的条件从中国皇帝那里占用了土地,那就不能允许他们有这种免付税捐的权利。委员会还认为,除非英国政府也缴付了税款,否则就不能要求外侨社会任何成员来缴税。会议决定将此事提交年会来作出决定"㉔。

道路码头委员会的市政建设规模和财政能力,反映了当时租界对公共品需求的数量。若以道路码头委员会市政建设的速度看,租界很难发展出后来的规模。然而,随着小刀会和太平天国运动的发展,华人涌入租界成为租界市政建设的转折点,同时也促成了其他的转变——1854年《土地章程》对华民的承认、工部局设立以及公共租界集团利益圈的形成。

1854年《土地章程》增加了对华人居住租界的承认,这是一种事后承认,具体体现在《附一:上海华民住居租界内条例》当中。根据该条例,华民在租界居住受领事官和华界地方官控制。㉕是什么促成了《土地章程·附一》的转变? 1853年9月,小刀会起义军攻占上海县城,大批华人进入租界避难。学界一般认为小刀会起义打破了"华洋分居"的禁例。张生的研究表明:"从1853年9月到1854年7月,在租界内的广东路、福州路一带,以最快的速度建造了800多幢简陋木板房,以高价租给逃入租界的华人,这些房租收益高达30%—40%,比做其他生意利润更大,周转更快更稳妥,盈利甚丰。"㉖领事官和华界地方官一样,不想看到租界住满华人,因为不便管理;而洋商不同,洋商享受着战乱带来的经济机会,这是本节开篇西方商人和阿礼国争论的背景。张生指出:"租地造屋,招户出租,成为当时洋商首选的致富途径。如何保护租地人的利益,成为外国领事的主要任务。"㉗然而,以上述租界道路码头委员会的市政管理能力,根本无暇应付突然涌入的人口,尤其是住房、卫生和道路的拥挤问题。公共品的拥挤程度过高,甚至超过了最大的限度,公共秩序受到冲击,公共品缺乏的问题显现。同时,人口涌入的冲击给租界的市政机构以经济机会,罗苏文指出:"某种程度上可以说,是房地产经营的可观收益,使外侨在租界建立自治市政机构的愿望成为可行。"㉘虽然房地产收益与租界市政管理机关的收益还不具有直接的关联,但至少转变了租地西人的预期,也让租地西人看到了改善租界公共品提供的价值和紧迫性。所以,在这种状况下,扭转租界租地西人各自为政、私人利益主导市政建设的局面、建立具有更大市政管理权力的市政管理机构成为可能。

房地产投资热潮会随着局势的平稳而消失,租界的房地产业确实在太平天国运动结束后走入低潮。然而,租界向华人敞开的大门并没有关上。租界吸引华人持续且稳定的动力来自商业利益的诱惑,"多数移至租界的中国人,来到上海,目的就是从商谋生"㉙。尽管开埠仅仅二十几年,当时上海已经取代广州成为中国对外贸易的重要港口,商业的繁荣吸引了更多的华人,人口规模的变化引发更多市政建设需求,同时给租界的市政管理机关带来了财政收入。租界房地产业的发展,经历过几波热潮,每一波都和战乱相关,并且都构成了租界显性或隐性扩张的机会。在混乱的社会状况下,租界公共品消费的拥挤程度达到很高,工部局便以此为借口扩大租界、扩张自己的市政管理权力和范围。

华人涌入租界改变了租界的集团利益格局。单一西人居住的租界,是以贸易作为经济驱动力的独立城区。对公共品的需求集中在基本的道路、码头和住房上面。如果没有华人涌入作为外生的刺激,即便在"上海体制"下外商负责租界的市政建设,租界也不一定能迅速成为一个综合性的城区,而很可能再次成为另一个"广东体制"下的"蕃坊"。但不能说华人涌入租界便和租界融为一体,"当时的华洋杂处中包含者适当的华洋分居……界内外侨居住区和中国人居住区呈现不同的景观"㉚。与显在的不同对应的是华人权益与西人权益的根本不同,华人和西人分属不同的利益集团。工部局在公共租界的市政管理并不是仅仅针对西人的,而是对租界不同利益集团的管理。租地西人的集团利益决定了公共品提供的数量和方向,租地西人和普通西人是公共品的接受者,而租界华人的公共品需求被排斥在工部局的考量之外。工部局公共品提供的成就得益于针对某个特定利益集团目标的遵循上,同时也得益于被其忽视的群体。

(二)合作与对抗:公共租界的集团利益圈

公共选择理论对"公共利益"的定义,有不同的观点。在这个问题上,有预设"公共利益"这一词本身就是公义的,所以凡能实现公共利益的行为都是具有正当性的。然而,"公共利益"的性质来源于"公共"是谁以及其范围有多大。所以,真正具有本质意义的是集团利益,公共利益是集团利益的一个特例。如果集团大到包括特定利益相关的所有个人,那么这个集团范围的"公共利益"是全体人福利的考虑。但如果集团的范围只是少部分利益相关人,那么少部分人的利益就难以成为"公共利益"——尤其是在一个集团中,少部分人的决策代替大部分人意见的时候,就更是如此。因此,考虑集团的属性,而无论言称是公共利益还是集团利益,这才是问题的核心。从经济契约角度来看,"集团利益"是一个中性词,其确指取决于"集团"的定义。关于"集团"我们借用曾军平的定义:"简单地说,就是由在某些方面具有共同利益的个体组合而成的团体。在社会范围内,任何两个或多个利益共生的个体都可以看成是一个利益集团。"㉛什么样的"集团利益"才具有公义?

这是一个关键问题,但这是一个价值观的问题。"集团"最优的选择就是以"集团意义上的利益为目标",因此和"公义"不对等。所以,对一个"集团"的"集团利益"及"集团利益"的实现过程,不能先入为主地设定为"公义"或者"不公义"。在某种特定的情况下,比如工部局,"集团利益"确实缺乏合法性,正如奥威尔说"我们在这个该死的国家当然完全没有权利。现在是上帝保佑我们在这里,是他让我们呆在这里。"㉜对于工部局来讲,它每每在决策中所言称的"公共利益",其实只是一个特定集团的利益,而且还是少数利益相关者代表了众多利益相关者决策的集团利益。

那么,在"上海体制"下,近代的上海公共租界的集团利益表现出怎样的特征?

为简化起见,将公共租界利益集团划分为五个。以便更好地分析集团利益。如图 10.1 所示,这五个圈层构成了公共租界的"利益集团",工部局市政管理的"权力和能力"就来源于并终结于这五个圈层。这五个圈层,不是相互包含,而是各个圈层之间有明显的合作与对抗关系。划分的标准是"集体利益"的定义。㉝再次借用曾军平的定义:"我们通常所讲的集体利益其实就是:与特定集团范围内特定获利机会相对应的、由所有个体福利水平来表示的、在资源配置上实现帕累托效率且在利益分配上做到了平等待人的社会状态类型。"㉞对"平等待人"这样一个概念,曾军平这样解释:"(利益分配的)平等待人,在其基本意义上,它是一种个体的道德行为准则。就是每个个体在对待自己的权利和利益相关的其他人的权利方面抱一视同仁态度:我所想要和要求得到的,必须根据完全相同的思想允许他人想要和要求得到;无论何时,只要我的利益牵涉他人的利益,就触动我要对自我的要求和他人的要求予以同样的看待。"㉟平等待人的概念对集团利益的定义具有重要意义。但在本书的语境中,"利益分配的平等待人"是用以区分公共租界的不同利益集团的标准,换句话说,在同一个集团内,成员享受的权利是相同的,而权利的不平等可以反证这些成员分属不同的集团。为什么这个标准是有效的?只要举出几个例子,便能看出这样划分的实在意义。如税收权与代表权,华人纳税,但早期华人并没有获得参加纳税人会议的权利,这是租界华人与西人的分隔线;如工部局的选举权与被选举权,完全以财产作为标准,"大约 8% 的外国人有投票权,但只有 3% 的人能够竞选要职"㊱。这是工部局董事、租地西人与普通西人的分隔线。而 1 至 4 层的集团利益圈还在租界的独立城区中,第五个圈层华界是和租界相对立的(尽管在市政管理上也存在着一些合作),它"上交"出市政管理权给工部局,而所获得的收益是工部局市政管理所带来的间接影响。

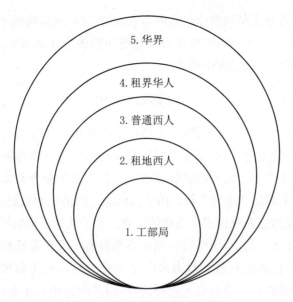

图 10.1　公共租界的集团利益圈

注：第一圈层：工部局。这是公共租界市政管理的核心，也是我们论述的对象。对此研究，可以看到工部局实现的是哪一个层面上的集团利益及其实现方式和影响。第二圈层：租地西人。具有选举权的纳税人。据《费唐报告》，真正拥有选举权的租地人大约只占西人的 8％。第三圈层：普通西人。他们是外国人，但他们不是"租地人"，他们只是在上海寻找生存机会的人。毕可思的研究给我们提供了一个这个圈层的人的典型——公共租界巡捕廷克勒。他从来不是决策层的人，他只是维持租界治安和秩序的一个警察，和其他普通西人一样，在租界寻找生存机会。第四圈层：租界华人。租界华人形形色色，从巨富到工部局管理下的底层华人（其生活并没有因为工部局的市政管理得到显著改善），其共同特征是在早期有缴税的义务，但没有参政的权利。第五圈层：华界。华界与租界是对抗关系，租界的扩张一步步蚕食着华界的管理区域，工部局也侵蚀着华界政府的市政管理权。从根本来讲，工部局的市政管理权是对华界的一种"篡夺"，工部局对租界实行的是"替代管理"。工部局对华界权力和自身权力的衡量标准是双重的。

从这些不是"平等待人"的利益分配格局看，在公共租界存在着这样的集团利益圈。这样五个利益集团的划分，有助于我们认识工部局实现的到底是哪个层次上的利益。在公共选择中，集团利益的实现过程是利益冲突的解决过程，工部局对公共租界的市政管理形成了一个非常形象的样本。

第二节　工部局的产生和市政管理权

相比于横滨的基础设施由幕府投资，上海租界里外侨经济增长预期和租界的经济增长利益密切相关，而且，商业利益、地产利益和后来发展起来的工业利益,通过工部局的市政管理紧密地结合在一起,构成了一个完整的城市区域经济体。工部局本身为市政管理和提供公共品而生,管理权力也在对租界逐步的市政管理中确立。

一、工部局的产生

兰宁在《上海史》一书中指出,工部局的产生得益于太平天国运动的发展和小刀会占领上海后,原来英国领事对各国侨民的管辖权回归到各自领事的手中,进而产生了需要建立各国侨民利益共享的租界和市政当局的新需求。[37]这是工部局产生的契机。由于战乱对上海侨民利益的威胁,一个能协调各方利益的公共机构成为迫切的需要。兰宁认为工部局不是由道路码头委员会演化而来的,甚至两者一点关系都没有。兰宁做这样的判断主要是强调工部局代表的利益和权力来源是多元的。但从使命和职能的角度看,工部局与道路码头委员会是相同的:协调各国侨民在租界的利益,维护公共秩序并完成租界的市政建设。这从两者主要的工作内容可以看出来。然而,工部局和道路码头委员会面临的深刻变化在于本书前面论述过的华洋杂居后新的经济利益格局、经济预期和清朝对外体制的转向。1854年的战乱是工部局产生的真正契机。工部局也代表着另外一个转折:公共利益从私人利益中凸显出来。从工部局后期的发展看,工部局代表的公共利益及其获得的市政管理权力是逐步扩大的,这是公共利益和私人利益博弈的必然过程。

相比于道路码头委员会,工部局的重大变化是其市政权力从一开始就被赋予得更大,且随着工部局市政管理的深入,工部局的市政权力更进一步地扩大。

二、工部局的市政管理权

工部局市政管理与公共品提供是同一过程。为满足租地人对公共品的需求,工部局需要获得市政管理权,而影响工部局公共品提供的市政管理权主要包括治安管理权、税收权、市政建设权以及公用事业管理权。工部局对租界西人的市政管理权,建立在各国领事、华界政府对《土地章程》及《附律》上,但对租界华人和界外地区的市政管理权,工部局是通过对华界政府市政权力的侵蚀而获得的。

在后文中,我们会详细讨论工部局的各项管理权,此处对各项管理权稍作讨论。

租界的治安管理权,一般理解为派驻警察的权力,但实际上涉及租界治安的部门包括巡捕房、火政处以及万国商团。工部局对租界的治安管理权，可以说是完全来自《土地章程》。对筑路及维护道路清洁、治安和点路灯的责任，1854年《土地章程》的规定较为详尽。以往研究认为"设派更夫"的规定被西人拿来作为派设巡捕的借口，促使维护租界治安的权力归于工部局。而点路灯的责任归于工部局，实际上意味着工部局有发展公用事业的责任，曾有因路灯不明导致交通事故致使工部局遭到投诉和索偿的事件。维护道路清洁后来发展为工部局维护公共卫生的责任，而救火以及维护军事安全，早期是租地人的自发行为，后来由于经费问题，工部局直接接手管理万国商团和租界救火事务，因而管理权也自然而然地归于工部局。

对租界内华人的管理，首先需使得华人"听命"于租界政策，工部局积极地向华界政府争取对华人的通告权。工部局剥夺了华界政府对租界华民自由发布告示的权力。这违背了1854年《土地章程·附一》中规定的华民住居租界需要地方官和领事允许的条件。1876年英国领事要求工部局董事会命令巡捕保护印有会审公堂谳员签字的中国官厅告示，工部局警备委员会表示完全同意。领事团表示中国政府的告示送交领袖领事批准是符合公众利益的，㊳并且将"把告示抄件交工部局总办或捕房督察长"。然而，工部局却坚决主张："工部局作为租界公众治安的保卫者，应有权力检查此类文告，若批准的话，应加盖局章。如果这些公告不盖有工部局局章的话，就难指望工部局所雇佣的，并在工部局直接管理下的巡捕来保护这些文告。"㊴当时英国领事麦华陀认为工部局误解了他的意思，他（麦华陀）"审查并批准这些告示之后，将逐张签署这些告示，然后予以张贴"㊵。但工部局董事会对此意见并不一致。有董事认为"随便哪一位在职领事都可以随意地发布影响其本国臣民的告示，用不着征询工部局的意见，中国方面要求同样的权利"㊶。但多数董事认为"按照《土地章程》的规定，他们不但有权审查中国官厅张贴的告示，而且中国官厅出于礼貌还应该提供一份告示抄件，因为这些告示需要工部局的职员去加以保护，并且由于在张贴之前已经加盖了工部局公章，从而表示了工部局的赞同之意"㊷。关于这件事情，董事会没有达成一致意见，然而，从后面中国官厅告示的发布来看，工部局完全取得了对告示的审查权，即告示必须经工部局盖章同意后，才能在租界张贴。而且，工部局也排斥了领事对华民的管理权。领事只是获得市政管理权的一个通道，或者与华界政府沟通的"传声筒"。

工部局对华界政府通告的监督检查建立在自己的市政管理原则上，如果与工部局的管理原则不符，工部局是不予发布的。如中国政府命令封闭租界内小庙的告示，工部局董事会指示总办通知领袖领事此布告不准张贴，因为"它干涉了产业业主的权利"㊸。领袖领事来信要求工部局董事会说明具体理由,董事会则指出反对意见业已宣读并已通过。此事最终以"中国政府已收回关于命令封闭两租界境内的小庙的告示"收场。㊹

通告权的丧失意味着华界地方官对租界华人影响力的丧失。但与税收权等权力相比,通告权并不是根本问题。因为即便允许华界政府针对租界华人自由发布告示,但缺乏配套的执行机构,华界政府的布告也只是一纸具文。

除了控制在租界范围保障控制权以外,税收权是工部局最重要的权力,没有税收权的保障,工部局无法获得市政建设的经费。工部局的税收可以分为对外侨的征税、对华人的征税和对越界筑路地区的征税。与道路码头委员会时期的捐助不同,工部局的税收权是强制的,从1854年到1869年之间,是工部局税收上较为困难的时期,主要由于税收权未能确立,税收搭便车的问题未能解决等。我们将在第十一章详细讨论这个问题,这里仅在此对越界筑路地区的税收问题稍作讨论。对越界筑路区的税收权,早期工部局并没有行使。1903年,徐家汇路(今肇嘉浜路)修建时,工部局要求这条路上的居民为此项工程捐助1 000两,结果是"与此事有关的居民们已表示准备按照一般房屋估价标准自愿缴付房捐"㊺。此事后,工部局董事会从部门报告中获知:"过去许多工程都是纳税人为界外居民承担费用的,而界外居民对公共经费却分文未捐。董事会指示,向所有这些居民发布一份通函,告诉他们今后这类工程不会再进行了,也不会提供协助了,除非他们答应缴纳相当于房屋估价税的捐税。"㊻这条通知发布后,很多租地人表示乐于接受工部局对房屋的估价,只是觉得与可能的收益相比,10%的费率过高。工部局董事会责成财务委员会考虑能否降低税率。其实在当时,法租界让界外地区居民在自愿按房租的5%支付捐税之后,享受市政方面的特权。但工部局董事会最终坚持按10%的标准,并指明"在特殊情况下,任何居民在支付了通常的小额费用后,可以得到巡捕的帮助"㊼。因为财务委员会主席认为"如果试图为界外居民组织一个一般的工务部门而没有警务监管是不合适的。对后者,应该像迄今所实施的同样的制度那样,用收取捐款的办法来支付(巡捕)薪俸"㊽。从此,工部局的税收权延伸到界外筑路地区。在华界地方自治逐步兴起和华人民族意识觉醒后,工部局在越界筑路地区的市政管理遭遇竞争。但工部局一直没有放松在越界筑路地区的税收权,而是将税收权和公用事业品供给权捆绑在一起,工部局与上海自来水公司1905年特许权协议中规定,界外房屋"不承担房捐就不该接通总水管"㊾。通过特许权协议控制公共品供给,工部局继续在界外地区征税。

工部局的市政建设权主要分为筑路权和土地征收权,和公用事业管理权一样,我们将在后文分章详细讨论。

第三节　工部局与开埠后租界的公共品供需

一、租界的公共品需求

一般而言,人类对公共品的需求是由少到多,由简单到丰富逐渐扩展的。公共品需求与经济发展、技术、人口和城市化水平等密切相关。近代上海公共租界是鸦片战争后受外部冲击而产生的独立城区,在考察其公共品需求问题时,应特别注意的是公共租界不同利益集团的公共品需求不同,而对某些特定的公共品需求又具有一致性。

(一)工部局

工部局是公共租界公共品的提供者,但也有自己的公共品需求。租界的市政管理体制是外生的,中国传统社会城市的行政管理主体所依赖的政治、经济、法律制度等来自上级政府和传统惯例,而工部局则需要"创造",或言重新搭建。其中最重要的是,工部局为了进行市政管理,需要法律法规确保自己的合法性地位,并使市政管理有法可依。一个典型是会审公廨的产生。尽管在案件审判上,会审公廨常常能独立于工部局的意见,但不能将会审公廨与工部局看作两个完全独立的没有关系的机构,工部局很多市政管理条例都依赖会审公廨发挥作用。杨湘钧在《帝国之鞭与寡头之链》一书中生动地描述了辛亥革命后工部局对会审公廨的控制企图。会审公廨的地位与工部局利益攸关。此外,虽然领事法庭是处理以工部局为被告的法律纠纷,但工部局一部分市政管理权的获得也依赖领事法庭的裁定。最后,《土地章程》及《附律》是工部局管理租界的基本指南。工部局屡次修改《土地章程》,并不断将工部局新制定的章程加入《附律》,形成了相对完善的市政法规体系。

法律、法规与制度这类公共品的供给一方面依赖条约权利,依靠工部局在华界政府、纳税人会议、领事和外交史团间的斡旋,也依靠工部局对英国本土市政管理经验的借鉴和对租界市政管理的摸索。

(二)租地人与普通西人

租地人与普通西人相对于中国人都属于外人,但前者有着比后者更为复杂的公共品需求。普通西人代表的是到租界寻找生存机会的众多外国人,如毕可思在《帝国造就了我》一书中复原的普通的英国人。他们对公共品的需求受制于公共品的供给和自身的经济能力。而租地人不同,他们不仅有对公共品的基本需求,也有着公共品供给的决策权。租地人最明显的标记是他们是纳税人会议中的投票人,甚至是工部局的决策人。他们通过在纳税人会议中投票决定债券是否发行、公共品的供给方式以及供给数量。最有决策权的租地人群体是工部局董事会。他们是工部局乃至租界的实际控制者,决定着道路的延伸路线、租界的扩张方向、水电是否供给等等。横亘在租地人和普通西人之间的界限是财产的区别进而导致的权利的区别。当然,两者的共同点是他们都是在租界地寻找经济机会的人,他们构成了整体的西人形象,但租地人创造了租界,租界则依靠租地人和普通西人。

公共租界的市政管理与工业革命后英国本土城市的市政管理非常相像,面临的是人口增加、城市扩张、环境污染、公用事业品匮乏等问题。上海外侨将母国的城市管理经验用在管理租界上。因此,西人一开始在上海落脚,便急于开辟道路、修建下水道,在 1880 年之后,又开始筹划自来水、电力系统和公共交通等。这是他们对有形公共品的需求。

此外,无形的公共品,如经济制度也是迫切需要的。比如土地制度,杜恂诚关于上海道契的研究表明"道契制度"实质上是一种土地私有产权制度,它降低了土地买卖过程中的交易成本,明确了土地交易中的产权信息。杜恂诚指出:"道契制度形成以后,房地产业开始成为上海城市化过程中最重要的产业之一。"[50]道契是华界上海道台和领事(英美法等)共同确定的一种土地产权凭证,有利于租地人经济利益的保护。在这个制度的形成中,工部局对道契土地面积的测量,是明晰产权的必要步骤。工部局的土地税征收也是在道契制度的基础上进行的。租地人在上海公共租界的经济活动受制于多种无形公共品的供给,他们生活在一个特定的公共品环境当中,这个环境由不平等条约、租界制度及其附属的经济制度构成,在租界存续的大多数时间里,他们都能如鱼得水,取得商业上的成功。

(三) 租界华人与华界

理论上,华界的公共品需求并不在我们讨论的范围内。然而,华界一直作为与工部局竞争的城区之一,在土地价格上,华界保持着低廉的优势,因而能获得租地人的青睐;而租地人界外租地后,需要工部局提供公共品,包括治安、道路、水电等。工部局对界外提供公共品又扩大了税收能力。这对租界华人及华界均造成了影响。一方面,华界对公共品的需求首先模仿公共租界。关于晚清上海地方自治的研究表明,华界地方政府以在华界提供公共品作为抵制租界扩张的武器。工部局意识到华界对公共品的需求,期待租界的公共品能扩展到界外,而对华界自主提供公共品则采取限制。[51]另一方面,工部局对租界内华人公共品需求采取漠视态度,比如华人教育经费短缺、华人没有权利使用公园等,这导致租界内华人公共品供给不足。租界内华人的公共品需求模仿西人的公共品需求而产生,不仅受制于公共品供给,也受制于华人自身经济能力。

然而,无论如何区分不同利益集团的公共品需求,在公共安全的需求上,这些集团具有一致性。近代中国社会动荡,战争频仍,而公共租界依赖治外法权,在众多社会动荡时期能保持相对稳定的经济社会局面,因而受到资本和人口的青睐。每次社会大动荡,华人奔赴租界,尽管工部局为了租界的秩序经常排斥华人涌入,但租界地产价格却因此膨胀,租界的经济机会大增。㊼总结起来,“安全”和“秩序”是租界所有利益集团的优先需求,而后才是发展需求,这决定了工部局的行为方式,左右了工部局的财政支出、对华人的态度等。

二、公共品需求表达机制

关于公共品需求表达机制,有学者这样定义:“即是在民主的框架下,通过赋予居民合法的话语权,使居民通过直接或间接的渠道,充分表达居民对承担公共品成本及获取公共品利益的意见,通过供给方有效的回应,力使一定范围内大多数的需求得以实现的制度规范。”㊳公共租界不同利益集团的公共品需求表达机制是不同的,有两种方式对应西人群体,其中之一偶然也适用于上层华人;多数的普通华人,在公共品需求的表达上,几乎一直是“沉默的大多数”。

(一)纳税人会议制度

纳税人会议是公共租界的最高权力机构,同时也是公共品需求表达机制之一,但纳税人会议并不向租界的大多数居住者敞开大门。纳税人会议的参会人有财产限制。根据1869年《土地章程》第19款规定,满足如下两个条件之一方可参加纳税人大会:(1)拥有产业价值达500两以上,进而纳房地捐达10两以上(执照费不在内);(2)或者租赁房屋年租金在500两以上,并付房捐者。㊴这并不是很低的门槛。在财产要求之上,纳税人会议只面向“西人”。因此,华人、西人贫民是不可能参加纳税人会议的。李东鹏统计了1870年至1930年公共租界参会纳税人占外侨比例数,最高是1880年,为3.64%,最低为1930年,比例为0.69%。㊵纳税人会议参与者少,但却决定着租界的重要事项。纳税人会议通过的主要决议内容包括:选举工部局董事会成员、确定工部局部门改革方案、确定税率、批准债券发行、修改工部局行政法规、批准工部局账务、批准预算方案、购买电气处、审议电气处扩张方案、授权签订自来水公司合同、选举土地委员会、授权签订电话公司合同、批准土地房屋估价方案等等不一而足。从这些决议内容来看,纳税人会议对租界的公共品提供具有决定权,但由于纳税人会议制度只面向少数"有产"西人,因而,只能表达他们对公共品的需求。

（二）投诉

与纳税人会议不同,"投诉"不仅适用于租地人,也适用于上层华人的公共品需求表达。例如,1860 年《工部局董事会会议录》记载:"几位有声望的华人告诉他（总董）,一些低级的赌窟又在租界内开业活动。通过决议:要求督察员特别注意此事。"[56]但这个需求表达机制西人使用更多。1878 年 2月 25 日《工部局董事会会议录》记载:"高易先生抱怨此处（广东路镇江路口）附近缺少路灯,会议请总办指示克拉克先生就此问题和煤气公司联系一下。"[57]此外,工部局接到过各种投诉:因为马匹在道路上飞奔进而要求工部局维护租界秩序、华人小便池影响了附近产业的价值进而要求工部局搬离、某片污水塘影响公共卫生因而要求工部局填埋、锯木厂的噪声引发社会公害要求工部局制止、在外滩树上筑巢的乌鸦引发噪声而要求工部局采取措施、白银冶炼工厂冶炼过程中所使用的硫酸发出的气味对健康有害进而要求工部局关闭该工厂、装中国贫民尸体的棺材成为城市公害等等,不一而足。这些投诉表达了对租界公共卫生和公共秩序的需求。相比于纳税人会议关注更重大的公共品问题,投诉这一通道更具有灵活性。而且,工部局并不忽视这些投诉。原因之一在于这些投诉多"值得重视",因为多是由地产业主发出的,工部局有义务维护地产业主的利益。

（三）非正常渠道

非正常渠道作为表达公共品需求的一种方式,往往针对制度规章,而不是有形公共品。针对工部局的西人罢工,比较少见,仅有巡捕房要求加薪而引发的罢工。底层华人缺乏表达公共品需求的正常渠道,而只能采取罢工。如 1915 年、1916 年工部局董事会希望缩减人力车执照的发放数量,引发一些罢工。这些罢工并未改变工部局想以合理规模控制人力车数量的想法。工部局最后的让步仅仅是因为"近期所做的缩减,已减至最大限度,完全足够"[58]。尽管租界华人也在工部局的市政管理范围内,但租界华人的公共品需求表达机制是缺乏的,这源于工部局作为租地人利益的代表,并没有将大多数租界华人的利益纳入自己的考虑范畴。

三、租界的公共品供给

公共租界的公共品需求和公共品需求表达机制具有集团属性,相应公共品的供给也具有集团导向。工部局主导的租界公共品供给,既有自由市场特征,也有垄断特色;既有工部局全额财政负担,也有准公共品的私人负担经费。工部局的公共品供给方式是影响租界发展的重要力量。

(一) 治安

公共租界治安需求的满足是通过租界的警察机构——工部局巡捕房和外侨军事机构——万国商团实现的。工部局对此提供全额的财政支持。此外,工部局火政处在治安维护上有时也发挥警察机构的职能,尽管火政处在早期获得租地人的捐献支持,且不乏志愿者,但火政处发挥作用主要依赖工部局的财政支持。数据显示,维护治安的支出在工部局总支出中处于优先地位,仅次于公共工程支出。从图 10.2 可以看到,治安经费支出在工部局财政总支出中占比最高的年份是 1865 年,为 54.64%;最低的年份是 1922 年,为 13.77%;平均来看,治安支出占比为 24%。

图 10.2　治安、卫生文教和公共工程支出占工部局历年财政支出的比例

资料来源:数据来源于《上海公共租界工部局年报》,1863 年至 1942 年,U1-1-877 至 955 卷,上海市档案馆藏。其中,"治安"包括巡捕房、万国商团和火政处三个部门的经费支出;"卫生文教"包括图书馆、公共卫生、教育等的经费支出;"公共工程"包括修建道路、购买土地等的财政支出,主要支出部门是工务处。关于货币单位的问题,1863 年至 1933 年,工部局财务报告中的货币单位为上海两,因为是实物货币,故未经物价指数调整。1934 年后,工部局响应国民政府法币改革,以法币计量财政收支。因法币在后期贬值大,经《上海解放前后物价资料汇编(1921—1957)》的物价指数调整后(1933 年为基期),将工部局 1933 年后的财政收支数据以"1 法币=0.715"的比率折算为上海两。这样,工部局财政收支的货币单位在 1933 年前后得到统一,以便全局性地反映财政收入的趋势。"1 法币=0.715"的折算比例来自工部局档案:上海公共租界工部局总办处关于投标和包工变更货币支付方式事来往函,1933—1935 年,U1-4-3616,上海市档案馆藏。中国科学院上海经济研究所、上海社会科学院经济研究所合编:《上海解放前后物价资料汇编(1921—1957)》,上海人民出版社 1958 年版。

工部局不仅全额支持巡捕房、万国商团的经费,保持对两者的控制权,还排斥其他警察、军事机构对租界的控制。在租界面临战争危机时,工部局曾求助于英国、美国甚至是中国政府军队保护租界,但他们均未成为租界的常规军事力量,租界日常的治安管理完全控制在工部局手中。1883年李鸿章来沪,对中国军队的驻扎,工部局董事会非常紧张。通过领事,李鸿章向工部局董事会表示"无意加强他目前在上海的为数不多的卫队。他认为并没有多少军队来到这里,如果确实来了,他们将驻扎在租界界外"⑤。而如果一般中国军队穿过租界,则需工部局董事会发放许可证,由巡捕房"护送"进出租界。1905年公共租界发生骚乱,工部局面临警力不足的问题,但总董认为:"宁可增加本埠捐税,而不要让租界依靠动用国际军队加以占领来补救。"⑥作为侨民自治机构,工部局一直将治安维护的权力控制在自己手中。

满足治安需求是工部局最重要的责任。工部局在战争期间治安费用支出超过了其他费用支出。但工部局并不经常直接面对战争,而经常面对的是"战争威胁"或者因无法维护租界治安而被其他军事力量替代的威胁。所以,工部局在治安方面的财政支出表现出一定的弹性,随着局势变化而发生变化。

(二)卫生文教

成立之初,工部局即设立卫生稽查员,检查道路的卫生状况。工部局对道路卫生采用承包制,承包商负责租界道路清扫和垃圾倾倒(倾倒到租界之外)。租界公共卫生的一个主要问题是死水塘的污染,外侨的投诉屡见不鲜。工部局要么估计费用自行填埋,要么责成地产业主清理。由于上海是个巨大的港口,防疫工作也是工部局卫生管理的重点。有些道路卫生问题发生在华人身上,对违规华人的惩罚早期由董事会进行,在1869年会审公廨成立后,华人因随地小便或随意倾倒垃圾而被逮捕到会审公廨的事件屡有发生。工部局为此修建了一些公用厕所,一些地产业主也为此向工部局捐助土地。此外,华人的丧葬习俗也是工部局着力改变的公共卫生问题。

很多公共卫生问题一直困扰着工部局,无法彻底解决的主要原因是公共租界没有完整的下水道系统。工部局早期曾经通过发行债券来修筑一些下水道,但并没有形成布及全城的下水道网络。工部局仅在主要的区域建设了下水道系统,而其他区域则一直依赖人力构成的排污系统。主要原因归结起来在于修建全面的下水道系统没有显著的财政收益,而工部局在市政建设支出上,一直控制成本和收益的平衡以维护自身的财政稳定。

公共租界内医院设施多针对西人设立,有租地人建立,也有工部局和法租界公董局联合建立,但主要依靠私人资本设立和经营管理。工部局建立医院的经费由纳税人会议批准,华人和西人社会对建设医院多有捐献。

1925年五卅运动发生后,有租地人想与工部局签订"赠与契约","以保证该(宏恩)医院只能为外国侨民的利益所利用"。[61]公共租界的医院多是自负盈亏,工部局针对医疗设施的财政支出只是偶然发生,难以估量其规模。但在税收政策上,工部局有倾斜,免除医院房捐。[62]

早期,工部局没有教育经费投入,直到1883年工部局经常账户中才出现"教育奖学金"(educational grant)支出一项,支出金额为1 696.32两,占当年经常性支出的0.45%。此时,工部局对教育的支出只是捐赠。欧亚书院在向工部局申请免缴房捐时,工部局表示:"工部局不能同意此项申请,因为所有其他教育机构全部缴付平常的房捐,免税的只有教堂、礼拜堂和医院。"[63]因此,早期在财政支出和税收政策上,工部局对教育都没有倾斜。公共租界公共教育支出主要依赖私人或社会团体捐赠。1902年华童公学设立,"(工务委员会)收到辅元堂公墓理事会来信,明确说明该理事会同意将其地产作价银53 000两让给工部局,该地产今后用于华人公众用途。董事会同意这些条件并指示与该公墓理事会签订正式合同,以便早日移交地产建立华童公学"。[64]工部局对华童学校经费的支出有限定,"嘉道里先生关于成立另一华人学校的一份经修改的建议,连同学务委员会意见一致的推荐信(要求接受该建议)均已送董事们传阅。他的提议就是同意赞助2.5万两白银,用于建造学校校舍的开支,条件是工部局将为之拨出建造学校校舍的场地,而且今后将由工部局来管理这所学校。在董事们看来,这一计划在某种程度上不够成熟,因为华人社会还未充分利用那所现有的学校。而且总董认为,应用于华人教育的公共基金的界限,需要在某种程度上加以明确"。[65]1912年工部局设立教育委员会,当年该委员会支出为55 180.34两,占当年工部局财政总支出的2.3%;1933年教育委员会支出1 027 894.11两,占当年工部局财政总支出的6%。[66]工部局教育支出的规模是逐渐扩大的,这得益于公众舆论与华人对自身社会地位的争取。

从总体看,工部局卫生文教上的支出规模随着工部局财政支出规模扩大而扩大,位于第四位,不及治安、公共工程(包括公用事业)和行政支出。从图10.2中可以看到,卫生文教支出占工部局财政支出比重最高年份为1884年,比例为13.33%;最低年份为1865年,比例为1.64%;平均来看,比例为8%。

(三)公共工程

工部局的公共工程支出主要用于修筑道路、购买土地和购买公用事业品,其中筑路和购买土地是支出项的主体。公共租界最初建立在荒地上,对道路的需求非常迫切。早期租地人多自发修筑私路,并拥有私路的所有权和使用权;工部局成立后,一方面接收部分私路,另一方面大规模地修筑道路,使道路网络化。修筑私路是租界早期缺乏公共机构时地产业主的自发行为,在工部局成立后,私路的修筑不再具有激励力,租界道路的修建以工部局筑路为主。然而,工部局并不是全额支付筑路成本的。路网不发达时,修筑道路往往会提升地产的价值,因此,有一些地产业主会主动捐助土地给工部局修路,条件就是该路通过其地产。例如,1881年工部局延伸熙华德路,有地产业主决定免费让出一条30英尺(9.144米)的马路,条件是"工部局保证按照所附平面图将这条路延伸至熙华德路"⑰。然而,路网形成后,修筑和延伸道路时,地产业主捐赠土地的积极性就会降低,而因为地产价值已经上升,工部局的经费负担就会加重。为此,1906年纳税人会议通过了筑路成本由地产业主部分负担的决议。⑱因此,公共租界道路以工部局提供为主,私人地产业主也负担部分成本。在道路修筑上,工部局充分考虑了道路周边地产业主的可能收益,奉行谁受益谁支付费用的原则,不仅动用公共财政,还充分利用了修筑道路对私人的经济激励。这是公共租界路网迅速成型的原因之一。

从图10.2可以看出,工部局财政支出主要用在公共工程上,其次是治安,且两者呈现相反的趋势。1931年之后,公共工程支出迅速降低,而治安支出则逐年上升。相比之下,公共卫生支出则一直保持相对平稳的趋势。

(四)公用事业

公共租界的公用事业包括自来水、煤气、电力、电话、电车等。这些业务多由私人资本引入租界,经工部局授予经营"特许权"(franchise)后,由私人公司垄断经营。工部局收取特许费,并对公用事业公司进行监管。对电力事业,工部局于1889年购买电力公司产业,1929年出卖,其间设立电气处管理电力事业。除电力事业外,公共租界公用事业是在工部局特许权制度下由私人资本投资经营的。工部局采用特许权制度管理租界公用事业,一方面解决了工部局公用事业建设资金不足的问题,另一方面也获得了包括股票收益权(如自来水、电话公司)、公司管理权(如自来水公司)、公用事业品定价权(水费、电费)等,实现了对公用事业的监管,保障了用户的利益。对涉及面广的自来水行业,工部局还在自来水行业因规模经济导致的扩张需求上捆绑了行政垄断,控制自来水公司的界外供水权,从而获得了界外税收,不仅增加了财政收益,也形成了工部局实现租界扩张的杠杆。对公用事业这类公共品,工部局提供的主要是政策支持而不是通过财政支付。

四、工部局的决策成本和行政支出规模

（一）工部局的决策成本

工部局的决策核心董事会维持在 3—14 人之间,但公共租界被管理者则人数众多。工部局的决策成本是高是低?虽然一致同意规则不是最佳的政治决策规则,但给我们提供了分析的参照系。在一致同意规则框架下,任何决策都面临着决策成本和外部成本的问题。霍尔库姆给决策成本下了这样的定义:"决策成本仅包括为达成某种一致所需要的成本,而不包括个别成员了解有关情况以便下决心的成本。如果强制个人按照集体决策采取行动,那就不存在决策成本的问题。"[69]而外部成本是指"当一种决策不需要一致同意时,就会产生某种外部性。因为这时候,多数人可能将他们的决策强加给少数人。这种强加于少数人的成本就是该项决策的外部成本"[70]。在形成最佳决策中,这两种成本是必须考虑的,如图 10.3 显示,D 线代表决策成本曲线,E 线代表外部成本曲线,最佳决策成本点在 N^* 处,这意味着决策成本和外部成本之和达到了最低点。参与决策的人越少,那么决策成本越低,决策成本线 D 随着参与决策的人数增加而变大。如果一项决议同意率达到 100%,那么决策成本相当高。而如果一项决策达到了 100% 同意,那么外部成本为 0。一项决策做决定的人越少,越容易达到 100% 同意,但其代表的人群越大,则其外部性越高。从这个角度看,工部局的决策成本很低,但外部成本非常高。

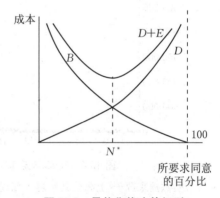

图 10.3 最佳集体决策规则

注:此图摘自林德尔·G.霍尔库姆:《公共经济学——政府在国家经济中的作用》,第 130 页。

租界的权力机关从未掩藏对财富的偏好,工部局的高级行政人员也有财产要求。[71]有研究表明"合格纳税人数占外侨人口的比重不会超过10%"[72]。这意味着公共租界决策权集中在少于 10% 的西侨手中,而日常决策权使用集中在几十人手中(包括工部局董事会及各部门委员会,这些委员会成员常有兼任),而这些决策者都是有产者。这种代表有产者利益的决策机制是一种"精英决策"[73],这对租界公共品供给有其适应性也有其不足。将利益相关的人聚集在一起,且这些利益相关的人构成集团足够小,以至于信息共享程度高,因此选举出来的当权者及其决策始终受选举人的监督。

227

有限的管理范围和有限的决策者使决策更为集中。这是工部局决策效率的来源,也有利于租界小集团利益的实现。然而,局限在于决策的外部性成本过高。因为缺乏利益代表,普通西人和华人的诉求无法表达,公共政策缺乏公平。如工部局教育经费支出的匮乏,实际上源于租地人会将自己的后代送回本国接受教育的习惯做法。在上海接受教育的外国儿童多出身一般家庭或为混血儿童,富人在租界没有教育方面的需求。

(二)工部局的行政支出规模

奥尔森认为,"组织成本是集团中个人数量的一个单调递增函数"[74]。工部局的行政支出代表了工部局的组织成本。从 1863 年至 1942 年工部局行政费用支出如图 10.4 所示。

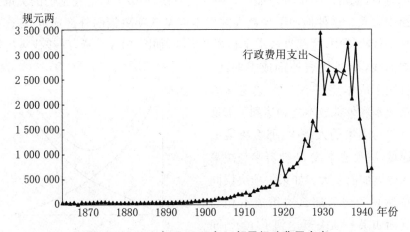

图 10.4　1863 年至 1942 年工部局行政费用支出

注:数据来源于《上海公共租界工部局年报》,1863 年至 1942 年,租界档案,U1-1-877 至 955 卷,上海市档案馆藏。货币单位处理方法与图 10.2 相同。

在 1895 年之前,由于工部局管理的范围和人口的数量有限,基本看不出工部局行政费用的显著增长。然而,1895 年《马关条约》签订、1899 年租界最后一次正式扩张后,工部局的行政支出规模显著扩大,开始了一轮增长,这在一定程度上表明工部局的组织成本在扩大。工部局行政费用支出占工部局总支出的比重,最高的年份是 1942 年,占总支出的 31.57%;1929年占 17.56%;而平均来看,行政支出一般占总支出的 10.02%。工部局的行政支出位列工部局财政总支出的第三位,仅仅低于公共工程(包括公用事业)、治安支出,高于文教卫生支出。从图 10.4 中还可以看出,工部局的行政费用支出具有刚性,即便在日本侵华战争开始后,工部局的行政费用支出依然保持高位,直至日本控制上海公共租界,行政费用支出才降低。这是行政费用支出趋势不同于公共工程与治安支出的地方。

五、拥挤效应、租界扩张与工部局的市政管理

公共租界工部局的产生依赖于一个体制上的先天条件和一个偶然因素。这个先天条件是鸦片战争后"上海体制"的形成。"上海体制"与"广东体制"相似,不仅仅是一种贸易体制,还是一种新的经济利益格局。在这种体制下,西方商人的经济利益不仅仅局限于商业上,还可能存在于对城市的投资和开发上。小刀会占领上海和漫长的太平天国运动给工部局的产生和权力范围设定带来了契机。租界从道路码头委员会到工部局都在力图解决公共品提供不足的问题。在道路码头委员会时期,私人经济动机主导着租界的市政建设,公权力机构弱势,租地西人搭便车动机明显。而小刀会导致的人口涌入给租界的市政建设带来冲击,公共品的拥挤性提高,公共品的需求更为显著,尤其是道路、公共卫生、治安秩序等。因此,必然引出一个更强的公权力机构,替代孱弱的道路码头委员会提供公共品,工部局应运而生。工部局的产生代表了租界的市政管理进入了公共机构替代私人动机主导市政建设的时期。一方面,工部局的市政管理权力逐渐扩大,税收权、市政建设权一步步从华界侵蚀而来;另一方面,工部局也在解决税收权力不足和搭便车的问题,并逐步构建自己的财政能力。

开埠不久之后,上海便成为全国的贸易中心,吸引着全国的货物、资本和人力资源,租界因此日趋繁荣。工部局从租界的繁荣中获得财政收益,而人口持续稳定的增加,进一步导致公共品消费在一定程度上的拥挤性,这构成了租界不断扩张的动力之一。从扩张动力、公共品拥挤、资本和人口涌入的角度分析,租界的扩张可以总结为图 10.5:

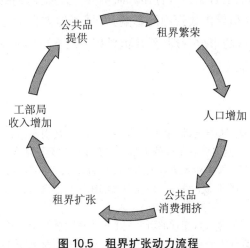

图 10.5　租界扩张动力流程

图 10.5 展示了这样的循环：租界繁荣，吸引人口涌入，造成公共品消费上的拥挤，使租界具有扩张动力，同时工部局财政收入增加，进一步提供公共品，又促成了租界的繁荣……周而复始。租界扩张的动力和能力大体遵循此路径。

值得注意的是 1854 年《土地章程·附一》承认了华人在租界居住的合法性，但在公共品需求表达上，华人缺乏表达的机制；在税收上，华人缴纳房捐——在工部局眼里，华人房捐应高于西人才能弥补华人不需缴纳的土地税。税收权与代表权的问题就此产生。经历几十年的斗争，1931 年纳税人会议最终允许华人参加投票，税收权与代表权的问题才宣告解决。

因为《土地章程》规定的纳税人会议投票者门槛过高，导致大多数有关公共品提供的决策权力集中于不多于 10％的租界西人手中，若以租界总人口相比，这个数字只能在小数位之后。这意味着纳税人会议、工部局实际上操纵在极少数人手中。公共租界公共品提供的决策权集中于少数人手中，租界大部分人是公共品的接受者，还有大部分人的公共品需求则被忽视。这就是工部局的集团利益属性。然而，在工业革命早期的城市市政管理中，这不是独特的案例，而是一种普遍的现象。即便在当前，在西方社会民主选举的框架内，"几乎所有的政治决策都可能给某些人带来好处，但同时增加另外一些人的负担"⑮。集团利益属性是近代上海公共租界公共品供给不能回避的问题。

工部局的行政支出规模是逐渐扩大的，反映了工部局的组织成本和租界经济社会发展状况相一致。工部局在市政管理上还面临着两个竞争——法租界与华界。法租界与公共租界有着不同的市政管理体制和权力来源，两者在公共品提供上有竞争有合作。而华界一方面作为租界扩张侵蚀的区域，另一方面也受租界市政管理的影响，开展了地方自治运动，以抵制租界的扩张。三个城区的市政管理，公共租界相比之下更为完善，因此具有扩张的需求和扩张的能力。

注释

① ［英］阿礼国：《大君之都》第 1 卷，第 37—38 页，转引自［葡］裴昔司：《晚清上海史》，第 111—112 页。这段话在不同的书籍当中有不同的翻译版本。

② ［英］雷穆森：《天津租界史》，天津人民出版社 2009 年版，第 74 页。

③ ［美］罗兹·墨菲：《上海——现代中国的钥匙》，上海人民出版社 1986 年版，第 12 页。

④ 邹依仁：《旧上海人口变迁的研究》，上海人民出版社 1980 年版，第 69 页。

⑤ 马长林：《近代上海租界和横滨居留地比较研究》，参见《上海和横滨：近代亚洲

两个开放城市》，华东师范大学出版社 1997 年版，第 78 页。

⑥　马长林：《近代上海租界和横滨居留地比较研究》，第 68 页。

⑦　曹雯：《清朝对外体制研究》，社会科学文献出版社 2010 年版，第 304 页。

⑧　曹雯：《清朝对外体制研究》，第 97 页。

⑨　顾维钧在《外人在华之地位》一书中详细介绍了东印度公司在斡旋中英贸易纠纷中所起到的作用。当时广州地方政府官员为了管理便捷，也倾向于西人有一个"代表"来沟通双方的意愿。东印度公司凭借自己的商业能力成为西方商人的代表。另一方面，"保商"成为中外沟通的桥梁，甚至分得了一定的行政权力。关于"保商"，可参考曹雯《清朝对外体制研究》。

⑩　垄断商人管理贸易格局的改变带来了新的利益格局的产生。原有的垄断商人所具有的权利，开始归公，比如关税的收取形式，原来在广州是由"保商"收取的，而在散商体制下，催生新的公共权力机构，比如大清海关。这是鸦片战争带来的贸易格局转变产生的新的机会之一。但原有的华商依然期待原来的垄断地位却未能成行，如"姚姓商人"，在上海开埠时候，主动租借房屋给来上海的巴富尔，目的是想分享如广州一样的垄断权力。梁元生也论述了吴健彰努力在上海建立"广东体制"的失败经历。参见马长林：《上海的租界》，第 2 页，罗兹·墨菲：《上海——现代中国的钥匙》，第 78 页，梁元生：《上海道台研究——转变社会中之联系人物，1843—1890》，第 51 页。

⑪　顾维钧：《外人在华之地位》，吉林出版集团有限责任公司 2010 年版，第 35 页。

⑫　[美]罗兹·墨菲：《上海——现代中国的钥匙》，第 70 页。

⑬　费成康：《中国租界史》，第 9 页。

⑭　费成康：《中国租界史》，第 9 页。

⑮　费成康：《中国租界史》，第 14 页。

⑯　梁元生：《上海道台研究——转变社会中之联系人物，1843—1890》，上海古籍出版社 2003 年版，第 41—42 页。

⑰　对"道路码头委员会"，所知不多。《上海租界志》介绍道路码头委员会成立于1846 年，主要管理租界道路和码头建设。道路码头委员会时期，租界市政管理权力没有确立，因此市政管理困境重重。1992 年《上海档案工作》于 5 月、6 月分别刊载了《上海英租界道路码头委员会史料》和《上海英租界道路码头委员会史料（续）》，翻译整理了道路码头委员会的会议记录。但对道路码头委员会的研究并不多见，《上海租界志》对此稍有论述。参见史梅定：《上海租界志》，上海社会科学院出版社 2001 年版，第208 页。

⑱　上海市档案馆：《上海英租界道路码头委员会史料》，《上海档案工作》1992 年第 5 期，第 56 页。

⑲　上海市档案馆：《上海英租界道路码头委员会史料》，《上海档案工作》1992 年第 5 期，第 57 页。

⑳　上海市档案馆：《上海英租界道路码头委员会史料》，《上海档案工作》1992 年第 5 期，第 57 页。

㉑　上海市档案馆：《上海英租界道路码头委员会史料》，《上海档案工作》1992 年第 5 期，第 58 页。

㉒　上海市档案馆：《上海英租界道路码头委员会史料》，《上海档案工作》1992 年第 5 期，第 52 页。

㉓　上海市档案馆：《上海英租界道路码头委员会史料（续）》，《上海档案工作》1992

年第 6 期,第 56 页。

㉔　上海市档案馆:《上海英租界道路码头委员会史料(续)》,《上海档案工作》1992年第 6 期,第 56 页。

㉕　1854 年《上海英美法租界租地章程》之《附一:上海华民住居租界内条例》全文:"照得华民若未领地方官盖印凭据,并经有合约之三国领事官允准,则不得不在界内赁房、租地基、建造宅舍居住,仅将如何办理条例,开列于左:凡华民在界内租地、赁房如该房地系外国人之业,则由该业户禀明领事官;系华民之业,则由该业户禀明地方官,将租户姓名、年、籍、做何生理、欲造何等房屋、作何应用、共住几人、是何姓名,均皆注明,绘图呈验。如地方官及领事官查视其人无碍,准其居住,该租户即出具甘结,将同居个人姓名、年、籍填写木牌,悬挂门内,随时禀报地方官查核,遵照新订章程,并按例纳税。倘若漏报,初次罚银五十元,后再漏报,将凭据追缴,不准居住。该租户若系殷实正派之人,即自行具结,否则别请殷实之人二名,代为保结。"王铁崖:《中外旧约章汇编》第 1册,第 82 页。

㉖　张生:《上海居,大不易——近代上海房荒研究》,上海辞书出版社 2009 年版,第 25 页。

㉗　张生:《上海居,大不易——近代上海房荒研究》,第 28 页。

㉘　罗苏文:《石库门,寻常人家》,上海人民出版社 1991 年版,第 9 页。

㉙　张生:《上海居,大不易——近代上海房荒研究》,第 34 页。

㉚　张生:《上海居,大不易——近代上海房荒研究》,第 33 页。

㉛　曾军平:《自由意志下的集团选择——集体利益及其实现的经济理论》,格致出版社、上海人民出版社 2009 年版,第 1 页。

㉜　George Orwell,"the Road to Wigan Pier",转引自罗伯特·毕可思:《帝国造就了我——一个英国人在旧上海的往事》,浙江大学出版社 2012 年版,第 201 页。

㉝　此处讨论公共租界的"集团利益"问题,但借用的标准是曾军平的"集体利益"定义。两者虽然有一字之差,但曾军平对"集体利益"的定义采用了"集团"的概念,此外,此处主要是借鉴划分集体利益的标准之一,即"平等待人"概念。详见正文。

㉞　曾军平:《自由意志下的集团选择——集体利益及其实现的经济理论》,第 61 页。

㉟　曾军平:《自由意志下的集团选择——集体利益及其实现的经济理论》,第 61 页。

㊱　罗伯特·毕可思:《帝国造就了我——一个英国人在旧上海的往事》,第 52—53 页。

㊲　G. Lanning, S. Couling, 1921, *the History of Shanghai*, Part I, Kelly & Walsh Limited, p.316.

㊳　后文中几个地方采用"公众利益"一词,而不是公共利益,"公众利益"是原档案材料的翻译。我们讨论私人利益和公共利益的对应,公共利益和集体利益的关系。在工部局的档案中,经常采用的是"公众利益"用以表示工部局对公共利益的关注,这个公众利益,在英文档案原文中一般以"public interest"出现,因此,在碰到档案文件翻译为"公众利益"时,我们采用这一说法,来代表工部局所考虑的公共利益。

㊴　上海市档案馆编:《工部局董事会会议录》(6),第 737 页。

㊵　上海市档案馆编:《工部局董事会会议录》(6),第 738 页。

㊶　上海市档案馆编:《工部局董事会会议录》(6),第 738 页。

㊷ 上海市档案馆编:《工部局董事会会议录》(6),第738页。

㊸ 上海市档案馆编:《工部局董事会会议录》(7),第639页。

㊹ 上海市档案馆编:《工部局董事会会议录》(7),第642页。

㊺ 上海市档案馆编:《工部局董事会会议录》(15),第605页。

㊻ 上海市档案馆编:《工部局董事会会议录》(15),第605页。

㊼ 上海市档案馆编:《工部局董事会会议录》(15),第675页。

㊽ 上海市档案馆编:《工部局董事会会议录》(15),第612页。

㊾ 上海市档案馆编:《工部局董事会会议录》(17),第612页。

㊿ 杜恂诚:《道契制度:完全意义上的土地私有产权制度》,《中国经济史研究》2011年第1期,第10页。

(51) 可以参考的案例之一是有关闸北救火会的一次事件:"闸北救火会和界外消防龙头——会上提交沪北巡捐局和自来水公司之间的来往信件,沪北巡捐局要求允许闸北救火会使用自来水公司的救火龙头在该地区灭火。火政处处长认为如果同意该请求,就会严重妨碍工部局火政处在租界边缘的灭火作用。由于依从该请求是违背工部局方针的,会议指示,通知自来水公司不考虑申请。"上海市档案馆编:《工部局董事会会议录》(22),第676页。

(52) 郑祖安:《铁门悲欢——"八一三事变"中的租界与中国难民》,载马长林主编:《租界里的上海》,上海社会科学院出版社2003年版,第167页。

(53) 闵琪:《从公共品需求到公共品供需均衡:理论与现实》,经济科学出版社2011年版,第66页。

(54) 王铁崖编:《中外旧约章汇编》(1),第291页。

(55) 李东鹏:《上海公共租界纳税人会议研究》(硕士学位论文),上海社会科学院,2013年4月,第63页。

(56) 上海市档案馆编:《工部局董事会会议录》(1),第601页。

(57) 上海市档案馆编:《工部局董事会会议录》(7),第632页。

(58) 上海市档案馆编:《工部局董事会会议录》(19),第640页。

(59) 上海市档案馆编:《工部局董事会会议录》(8),第513页。

(60) 上海市档案馆编:《工部局董事会会议录》(16),第614页。

(61) 上海市档案馆编:《工部局董事会会议录》(23),第602页。

(62) 上海市档案馆编:《工部局董事会会议录》(8),第665页。

(63) 同上,第665页。

(64) 上海市档案馆编:《工部局董事会会议录》(15),第541页。

(65) 上海市档案馆编:《工部局董事会会议录》(16),第727页。

(66) 《上海公共租界工部局年报》,1863年至1942年,U1-1-877至955,上海市档案馆藏。

(67) 上海市档案馆编:《工部局董事会会议录》(7),第737页。

(68) 《上海公共租界西人纳税人年会与选举工部局董事及地产委员的材料》,1905—1906年,U1-1-835,上海市档案馆藏。

(69) 林德尔·G.霍尔库姆:《公共经济学——政府在国家经济中的作用》,第130页。

(70) 林德尔·G.霍尔库姆:《公共经济学——政府在国家经济中的作用》,第131页。

⑦ 对工部局高级行政人员的"有产者"偏好,可以从《工部局董事会会议录》上找到案件。如1877年12月17日《工部局董事会会议录》记载:"会议研究了总办苏珀先生的经济情况。根据他本人提供的情况来推测,他的地产的抵押借款数超过了地产本身的价值。由于他没有办法支付不足之数,因此每月从收入中留出167两,用以减少公和祥码头附近地方的抵押款。他又说,他应支付给麦加利银行一张1200两的期票款。再者,他又劝说工部局买办为他向一家钱庄商借2500两。董事会了解了这些严重情况后,一致认为苏珀先生继续担任总办是不适当的,应该免去他的职务,并要求总董将此决定通知他。"苏珀最初的反应是请给他几天时间来解释这些状况,因为"我十分肯定我不应受罚,因为我没有做过任何危害董事会或工部局财产或利益的事情"。但后来苏珀递交了辞职申请,董事会予以接受,并允许其"领取六个月薪俸"。从1871年12月18日成为工部局代理总办,到1874年3月24日成为工部局总办,再到1877年被工部局辞退,苏珀已经在工部局工作7年,最终因为濒临破产而被辞退。参见上海市档案馆编:《工部局董事会会议录》(4),第852页,1871年12月15日;《工部局董事会会议录》(6),第610页,1874年3月24日;《工部局董事会会议录》(7),第625页,1877年12月18日。

⑦ 李东鹏:《上海公共租界纳税人会议研究》(硕士学位论文),上海社会科学院,2013年4月,第63页。

⑦ 王志锋《城市治理的经济学分析》一书探讨了早期我国城市公共品提供的决策模式。"公共物品的生产决策主要包括精英决策和公共决策,我国过去就是一种精英决策,也就是说公共物品供给方案的选择取决于政府决策层人员的偏好,由他们代表人们的利益进行决策。这种方式的两个固有弊端使其决策难以代表公共利益:一是决策者并不拥有全体成员的需求偏好信息,从而难以统合全体利益进行决策;二是政府官员也是经济人,他的理性选择是追求自身利益的最大化,而没有天然代表人民、契合公众利益的动机。这或许可以从改革开放前'先生产、后生活'造成的基础设施严重短缺,以及目前形象工程、政绩工程不断出现中可见一斑。除了政治精英代为决策外,公共选择理论给了我们有益的启示,即公众通过民主投票的方式进行公共产品供给决策。"王志锋:《城市治理的经济学分析》,北京大学出版社2010年版,第69页。

⑦ 奥尔森:《集体行动的逻辑》,第38页。

⑦ [美]林德尔·G.霍尔库姆:《公共经济学——政府在国家经济中的作用》,第130页。

第十一章　工部局财政原则与财政收支趋势

　　近代上海公共租界有两个特性值得注意:一是在近代中国所有口岸租界中,上海公共租界是设立最早、存续时间最长的租界,从 1845 年到 1943 年,前后 98 年;二是公共租界显著的扩张性特征,无论是华界地方自治,还是在允许扩张时附加约束条件,抑或是诉诸条约权利,对租界的扩张一直缺乏有效的抵制。

　　除了治外法权的原因外,在内因上,对公共租界市政管理机构工部局财政能力的考察或许可以对以上两个问题稍作解释。财政是工部局的命脉,也是公共租界的命脉。黄绍伦在《移民企业家——香港的上海工业家》一书中指出:"香港政府对移民工业家的需要采取灵活敏捷的态度。这可能归因于统治者想让香港在财政上自立,以免消耗英国的资源。香港作为一个殖民地要真正生存,显然要依赖政府为大量难民寻找工作和寻求新的收入来源的能力。"①在英帝国统治者心目中,上海公共租界的地位可能还不及香港重要,从帝国对租地人发起的"自治市运动"的否定和对《土地章程》不太热心的态度上可以看出帝国对租界命运并不太关心。所以,租界需要依赖自己,工部局只能依赖自己。费成康指出:"天津比租界及后来日趋萧条的镇江英租界等无法自行平衡其财政的租界,如果它们又没有特殊的战略价值,租界开辟国也往往不愿受它们的牵累。比、英政府之所以有'主动'交还这两个租界的设想,其原因就在这里。"②因此,无论是哪个租界的市政管理机构,都具有担负自己财政平衡的责任。而一个租界的成败,首先取决于其管理机构财政能力的构建,这应该是英帝国殖民地和各种租借地的普遍命运。

　　一般政府采用三种办法来支持财政支出,即税收、借款和货币发行。工部局主要采用了税收和借款两种手段,这和大多数城市地方政府的财政能力相当,因为货币发行多是中央政府才有的职能。然而,近代中国是一个货币竞争的时代,只要有财力,似乎任何机构都可以发行货币。事实上,工部局也曾经多次动议发行货币,但最终均未成行。樊果认为,工部局不发行货币是"不以私利为重"。工部局一直接受本土货币（早期用规元两作为记账货币单位,1933 年后是法币)而不是自己发行货币是个需要深入探讨的问题。从工部局市政管理的内容和权限来看,工部局发行货币需要克服两个困难:一方面,工部局需要从纳税人大会获得货币发行权,租地人关于货币的传统观念决定着工部局能否获得发行权,工部局不见得能获得这种权力;另一方面,工部局的行政能力、经济能力不足以使市场上出现统一的货币,解决自己发行的货币和财政收入的各种货币之间的兑换率问题,以及货币认可度等都构成工部局发行货币的障碍。当时中国货币种类甚多,以规元两这种虚银两作为计量财政收支的货币单位实际上是将"银"作为价值锚,即按照各种货币中的含银量来确定兑换比率,这能保证财政收支的连续性和稳定性。且当时处在银作为本位币时代的末期,银与各种国际货币之间的兑换率是明确的,这非常适合租界国际性的特点。从这些原因看,工部局不发行货币是理性行为。

由此,税收和借款成为工部局财政能力构建的两个支柱。不可忽视的是,工部局及其市政管理制度相对于传统中国社会是一种外生制度,这些制度不是本土生长出来的,而是需要租地人的移植。这些制度的培育过程就是工部局财政能力构建的过程。简单而言,这一过程包括工部局税收权力的确立和对搭便车问题的解决、征税的制度性设置、债券制度的设置等,而且,税收制度本身影响着财政收入和经济发展之间的关系。以往研究虽然并未忽视工部局的财政问题,但往往将这些问题当成既定的背景,缺乏深入系统的研究。这只是问题之一。另一个问题在于以往研究往往低估工部局的财政收支规模,原因在于《上海租界志》等研究主要报告的是工部局经常性账户的财政收支,而在 1897 年之后,工部局将经常性收支与临时性收支分立,将赤字、债券发行、土地出卖和部分市政建设支出计入临时性账户。因此,仅关注经常性收支无法全面反映工部局的财政收支规模。③

第一节　工部局的财政原则、预算制度与财政赤字

布坎南在《赤字中的民主》一书中指出了凯恩斯之前古典财政原理的特征:

节俭而不是挥霍浪费被看作是基本的美德而为人们所接受,这一规范使得实践必须广泛地遵循这一原理,即公共预算如果没有盈余,那至少必须平衡,只有在非常特殊的情况下才容忍出现赤字。大量的、连

续不断的赤字会被看作是愚蠢的财政的标志。当国家利用负债来筹措资本用于开支时,就必须建立并保持为偿还债务的偿债基金。④

这一段话透露出古典财政的必要构件:预算制度、预算平衡、避免赤字、偿债基金。早期,工部局奉行古典财政原则,对每一笔财政支出都非常小心。工部局建立了完善的财政预决算制度,并建立了偿债基金,在财政收支上也努力追求平衡,避免赤字。

从财政预算编制的角度来看,工部局的财政收支是量出为入而不是量入为出的。工部局在每年编制预算时,确定当年收入与支出的缺口,然后通过调整税收和债券发行计划来平衡预算,并将预算、税率和债券发行计划以及上年财政决算提交纳税人大会审议。工部局控制自己财政支出的手段是预算制度。在年初确定当年重要的支出项目,超出当年预算的项目,如果董事会认为支出有必要,而当年的财政收入的确不允许,则会纳入下一年预算当中。在预算编制完成后,董事会和财务委员会会小心地控制当年的财政支出不超过预算过多,努力使财政收支平衡,而对赤字问题,财务负责人需要对其进行解释。何廉曾指出:"节制国用最善之法,无过预算之编制。"⑤预算制度开始兴起于立宪政体之后,民权兴起,纳税者有参政的权利,而预算就是参与政事的表现。工部局是租地人建立的市政管理组织,它的市政管理体现的是纳税人的意志,而预算则是纳税人意志的直接体现。工部局财政支出项目,是以纳税人通过的预算为标准的,财政支出的每一项,都需要纳税人的审议。而超出预算的财政支出,董事会认为是冒险行为,必须找到合理的理由。例如,1922年关于建立排污系统的支出,董事会需要决定是立即批准还是等待财政预算通过后再批准,总董说:"如果此项开支现在加以批准,而日后纳税人否决该项预算,则董事会如何是好。"⑥排污系统建立是非常急迫的,当时租界很多房屋都开始使用抽水马桶,如果不建立排污系统,抽水马桶将造成大面积的河流污染,而工部局一直反对抽水马桶在租界的使用,顾虑就在于缺乏排污系统。这次申请董事会最终决定立即批准,因为:"租界污水系统已经由纳税人在原则上核准。小便池排污量迅速增加,致使铺设此一管道必须赶快进行。"⑦工部局不仅限制单项支出,也从预算平衡的角度来控制支出的总规模。如1878年工部局税收下降很多,董事会决定"任何不是绝对需要的工程,在此期间应予以推迟"⑧。又如对一项正在进行的工程,董事会要求工务委员会能否做到"即是否有某项工程可慎重地推迟到来年度进行,或即使在本年度内开工,能否安排使其费用不必在本年度收入内支付"⑨。

无论举出多少个例子,都只能说明在此时工部局的财政支出是按照平衡预算、控制赤字的目标进行的。工部局遵循追求预算平衡的财政原则,一方面源于当时主流的财政思想提倡预算平衡,将赤字视为危险;另一方面则来源于纳税人会议批准财政预算的决策机制。纳税人总是"吝啬的",总是有控制财政支出规模的倾向。以往研究一般认为,通过纳税人大会赋予其修改《附律》的权力,工部局的行政权逐步扩大。但从预算制度角度看,工部局逐步扩大的行政权是以财政预算制度为基础的,财政预算决定了工部局收入和支出的主要方向,也体现了纳税人在市政建设中的利益选择和行为取向。

预算制度是一种基本的财政制度,如何廉所说,是节制国用之法,可以"明办理收支者之责任而限制其行为也"⑩。但财政收支能否平衡,并不是主观意志决定的,早期工部局能够维持财政收支的平衡,但后期则越来越多地为财政赤字所困扰。

在《工部局年报》中,工部局除了报告当年财政收支、资产负债和基金债券之外,还对历年经常性账户的收支情况进行比较。奉行古典财政原则的工部局不喜欢大量的财政赤字,至少不喜欢大量的财政赤字直接展示在《工部局年报》中,因为那对其形象不利。1897 年之后,工部局经常性账户和临时性账户分立,但《工部局年报》中财政收支的比较数据报告的是经常性账户的情况,而经常性收支和临时性收支之和才构成了工部局财政收支总的规模。以财政总收支计量出的赤字年份,从 1897 年到 1942 年的四十六年间,比以经常性账户计量出的赤字年份多二十一年,也即在四十六年间,经常账户赤字为九年,而财政总收支账户赤字为三十年。工部局报告的是前一项。

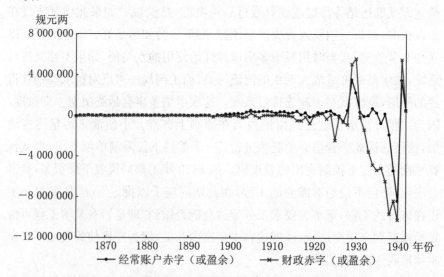

图 11.1　1863 年至 1942 年工部局财政赤字(或盈余)规模

238

图 11.1 展示了 1863 年至 1942 年工部局的财政赤字或盈余情况。早期,工部局财政赤字或盈余的规模都非常小。1897 年两个账户分立后,经常性账户显示盈余的情况,相应的财政总收支则多显示为赤字。到 20 世纪 30 年代,工部局的财政赤字几乎达到无法挽回的地步。但仅从赤字的绝对规模来看,很难看出工部局财政是否有重大的风险。因为衡量财政赤字有多种指标,以 GDP 指标还是以资产指标作为衡量赤字率的依据到目前也没有定论。但可以确定的是,1897 年之后,工部局的古典财政原则受到挑战,工部局的赤字年份非常多,且赤字的方差非常大,迫使工部局在财务报告上采用有利于自己形象的指标,规避不利于舆论导向的指标。这表明工部局所追求的古典财政原则无法维持。至于这一财政原则为什么被打破——是工部局财政原则改变还是工部局财政收支出现了问题,则要从税收、债券发行、财政收入与支出关系和经济发展等因素来综合考量。

第二节 工部局的主要税种和税收权的确立

工部局的税收主要包括财产税和商业税,基本没有所得税。此外,工部局对公用事业征收特许权费或者掌握一定的股份,工部局产业出租也构成一部分收入,但这两者规模都比较小。工部局财政收入主要依赖税收,而工部局收税首先解决征税权和征税制度问题。从时间上看,从 1854 年到 1869 年是工部局税收权力和税收制度确立的主要时期。

一、主要税种与收入结构

工部局征收的财产税包括土地税和房捐。何廉在《财政学》中指出:"地价税为近代新兴之税,发生于十九世纪之后半叶……地价税之特点,不仅在征课土地之实际卖价或资本价值,且须课之在其未加人工改良之价值(Unimproved Value)上,至地基上之房屋或其他改良物,则予除去,易辞言之,地价税者,即课诸土地之一种区别税(A Discriminatory Tax)也。"⑪ 从何廉的定义来看,工部局对公共租界土地征收的是一种地价税。这种地价税产生于城市化的进程,土地价值的来源不再由其使用价值(如生产农作物的能力)来定义,而是基于对"拥挤"资源的定价。所以,越是人口集中、商业发达、城市化程度越高的地方,其地价越高,地价税也就越高。这种税收的优势在于能将财政收入与经济发展和城市化进程协调起来,政府能够分享城市化进程中土地价值上升的收益。同时,由于财政来源于土地,财政支出也将用于提升土地价值——这就是市政建设对土地价值的正向促进。土地税是一种具有正向激励作用的税种。

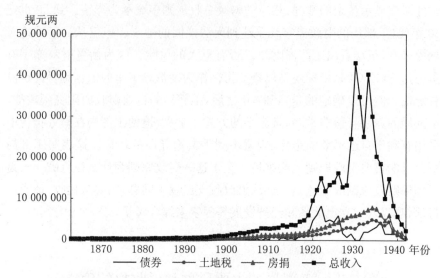

图 11.2　1863 年至 1942 年工部局债券、土地税、房捐与财政总收入

房捐也是一样，房屋的所有者作为资产拥有者一方，一方面出让房屋价格上涨获得的收益，另一方面也约束政府将财政支出用于改善市政设施和城市环境，促进房产价格的上升，促进城市化进程。

无论是征收土地税还是房捐，困难都在于估价问题。上篇分析了工部局土地估价的办法。从 1865 年至 1933 年，工部局对租界共进行了 21 次估

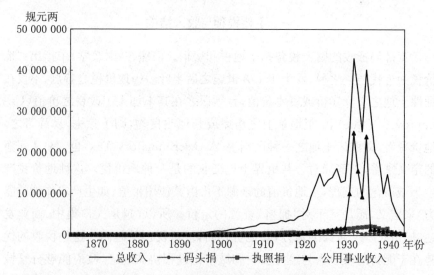

图 11.3　1863 年至 1942 年工部局码头捐、执照捐、公用事业收入与财政总收入

价,每次估价成立土地估价委员会,对估价争议由工部局董事会和地产委员会酌情解决。土地估价成为工部局的一项制度,是工部局税收的基础,其经验对征收财产税具有借鉴意义。

工部局征收的商业税包括码头捐和执照捐。工部局对租界内大大小小的商业行为都征收执照捐,无论是茶馆、商铺、酒馆,还是人力车、出卖手枪等等。工部局为何有权征收执照捐呢?曾经有一西人酒馆拒绝支付酒店执照捐。工部局表示如果不支付执照捐,就不允许酒店客人使用工部局马路进入酒店。从这里看,路权是征收执照捐的基础。此外,工部局还征收码头捐,在土地估价制度确立以前,工部局收入主要依赖码头捐。

从图11.2、图11.3中可以看到工部局从1863年至1942年各部分财政收入的特征:

第一,土地税和房捐构成工部局财政收入的大部分且趋势稳定。从图11.2房捐和土地税两条线的轨迹来看,从1863年到1899年,两者几乎没有增长;从1900年到1919年增长缓慢;而从1920年到1934年,两者增速明显,且在1934年达到高峰。究其原因有三:一是1899年租界的扩张奠定了土地面积上的基础;二是土地税率上调;三是地价上涨。总体来看,土地税、房捐等财产税构成了工部局收入的基础,从1863年至1942年80年的财政年度中,土地税和房捐平均占财政收入的48%,最高在1937年达到81%。

第二,债券发行和公用事业收入解释了工部局财政收入的"M"形波动。从图11.2中可以看到债券发行解释了第一个"M"形波动。第二个"M"形波动,构成了工部局财政收入的最高峰,峰值点分别在1930年和1933年,主要是工部局出卖电气处产业和电话公司股份导致的。

第三,执照捐和码头捐收入趋势平缓,在财政总收入中占比较小。如图11.3所示,尽管两者收入比重较小,但在1920年后也呈现出一定的增长趋势,显示了这一阶段经济繁荣的局面。

二、征税的制度基础与征税权的确立

1854年《土地章程》对租界内市政建设筹资的规定是:"每年初间,三国领事官传集各租主会商,或按地输税,或由码头纳饷,选派三名或多名经收,即用为以上各项支销。不肯纳税者,即禀明领事饬追。"⑫但1854年《土地章程》,其签订在工部局成立之前,对租界内市政经费筹集方式的规定表明当时征税还缺乏常设机构,和道路码头委员会时期经费筹集方式相似,仅依靠英美法三国领事官传集租地人会商。所以,工部局在此时并没有强制征税权,甚至都没有对工部局这个市政管理组织的具体规定。而且,此时无论是房捐、地税还是码头捐,不仅缺乏征税权的规定,也缺乏税收机关以及征税的制度基础——土地房屋估价制度。直到1869年,新订的《土地章程》对工部局的设立、董事会的选举、日常工作内容都作出了规定。其中,第9款详细规定了在租界"抽收马路、码头、房地各项之捐"的方式。至此,工部局的征税权才得到确认。因此,1854年和1869年两次《土地章程》签订之间,是工部局征税权空白的时期,工部局的财政无法获得保证。工部局的征税权并不像治安管理权那样是天然地获得的,而是解决了一系列的问题,主要包括土地房屋估价制度、执照捐的征收权、码头捐的"费"改"税"、道台代偿金导致的搭便车问题等。

(一)财产税征收制度的确立

对房捐地税等财产税的征收,工部局首先解决的是估价问题。根据上篇的研究,工部局第一次土地估价发生于1865年,工部局专门成立了土地估价委员会。此次估价显示有4 310亩土地应征收土地税,评估地价总额达5 679 806两白银。这次估价对工部局意义重大,它开创的先例最终被写入1869年《土地章程》,成为工部局征收土地税和房捐的制度基础,是工部局税收制度化的标志。至此,工部局土地税和房捐的征收权才实质上得到确立。

(二)执照捐征收权

1860年,工部局希望将租界华人居民商业活动置于工部局控制下。工部局董事会为此拜访当时的英国领事,由此开始了华界地方政府和工部局对租界华人商业征税权的争夺。1863年,华界政府希望在租界成立办事处,以便向租界华人征税。而工部局和领事都激烈反对华界政府的征税动作。而同时,道台则聘请一些西人为华界政府向租界华民征税。当时的混乱可想而知。但工部局对华人执照捐的征收其实最初依赖华界政府的支持。对工部局执照条例的执行,上海道台曾表示:"基本同意这样的建议,使影响公共租界的无数赌场和妓院受执照制度的制约。但是,这种制裁是否能继续实行必须取决于为管制和严格监督这些机构所作出的安排是否有效和成功。"⑬这样,对工部局执照条例,道台从原则上和执行上都放弃了权力,工部局进而直接获得了征税权,即发放执照的权力。然而,不同级别的华界地方政府对工部局获得执照捐征收权的态度并不相同,道台的真实反应也并不完全如公文中一样冷淡。围绕执照捐征收问题,华界地方政府和工部局的征税权斗争一直在持续。在工部局眼里,华界地方政府经常"骚扰"工部局执照捐的征收工作,而工部局应该彻底驱逐华界政府对工部局市政管理的影响。为此工部局不惜动用巡捕房，而不仅仅依靠领事居间的公文往来。1866 年《工部局董事会会议录》记载了一次中外交锋的经过：上海知县写信给领事表达对租界新开的戏院不满，这些戏院多打着英商戏院、美商戏院的招牌，已经成为"窃贼和其他不良分子聚集的地方"；领事表示赞同，进而要求工部局关闭这些戏院；工部局则认为这些戏院"对租界治安和秩序没有什么危险"，且"本委员会坚持认为，让知县干预纯属租界警务安排是不合适的，因为中国政府对租界分文不出，而且工部局对租界是负完全责任的"⑭。与此同时，华界政府则派人向租界的妓院发放"致谢名片"，而工部局则逮捕了这些人，并移交县城。工部局对领事表达了对征税一事的看法："尽管县城当局迄今在征税问题上曾作出过许诺，但是毫无疑问，他们目前有着向租界境内的中国居民征收新捐税的意向。本委员会认为，应敦促领事团注意此事，应在北京就中国当局在本租界征税的问题作出某种明确的安排。要中国当局了解在强行征税问题上他们能够走多远，因为显而易见，租界内所有华人均向工部局纳税，县城当局的过分征税只会大大损害本租界的利益。"⑮ 尽管如此，华界政府并没有放弃对租界华人的征税权。华界政府偶尔派人去租界以各种名义征收捐税，而工部局采用各种手段拒绝华界政府的权力渗透。1904 年，工部局发现华界政府的征税机构"筹防局"在租界征收捐税已有数年，且支持者为两江总督，道台只是奉命行事。工部局希望道台能为了展现与工部局保持良好关系的态度，而尽快解决此事。最终，通过领事居间斡旋，道台最终撤出在租界征税的机构。董事会为此向华人发布布告："工部局决心逮捕在租界内执行税收任务的中国官吏和差役。"⑯ 这次事件最终以工部局维护自己的征税权而告终。工部局对租界内华人执照捐的征收有着机会主义的特征，华界地方政府退一步，工部局则进一步，而在最初工部局对华人执照捐征收权的讨论中，工部局避开了权力问题，而直接采用强力（巡捕）征收捐税，工部局执照捐征收权的获得建立在侵占华界政府管理权的基础上。

（三）码头捐征收权与搭便车问题的解决

对西人码头捐的征收，工部局经历了一个"费"改"税"的阶段。早期，由于对工部局征收码头捐的权力未作明确规定，西人拒付码头捐的现象时有发生。对拒绝缴纳码头捐的西人，工部局在领事法庭提起诉讼。但在此时，虹口和法租界都是不收码头捐的，一些洋行选择将货物卸在法租界一边，工部局只能撤回码头捐支付要求。⑰ 此外，私人码头也是工部局码头捐征收的威胁。

为了解决这一问题,工部局寻求以市捐代替码头捐。1865 年以市捐代替码头捐的尝试没有进展,工部局再次感受到征收码头捐的困境,因而向各国领事表示:"鉴于码头捐收入减少给工部局带来的巨大损失和由此工部局财政方面不久必然出现的困难,要求财政、捐税及上诉委员会向缔约国领事指出,如果因缺乏资金,工部局中止办公,对租界来说将是危险的。"⑱工部局期待这一举动能让各国领事批准市捐。迫于压力,1865 年,领事团特别会议批准了市捐替代码头捐的决议:"会议批准征收市捐以取代码头捐的制度,并授权工部局按照财务委员会的报告征税,即按入关的全部进出口及再出口货物价值的 10％征税。"⑲但这一决议实际执行上受到了两方面的制约:一是《土地章程》没有对此作出法律规定,不能保证征税权;二是道台认为他自己在没有得到上司特别授权的情况下无权利用海关这一机构征收这种税款。⑳可以看出,市捐相当于在海关税之外的工部局税。为获得这一征税权力,工部局将此决议提交纳税人大会。不是以市捐而是以码头捐的形式,工部局最终获得了征税权,新的码头捐征收标准由 1866 年 4 月 18 日租地人大会通过,上海总商会批准,并于同年 6 月 1 日起开始施行。㉑值得注意的是,上海总商会对工部局码头捐征收标准制定所起到的积极作用,而工部局没有从道台处获得支持。这次租地人会议通过的决议改变了码头捐的性质,码头捐从使用工部局码头而缴纳的"使用费",变为租界缔约国西侨认可的一种税,享受工部局市政服务的西人进出口商均需承担这种税。因此,原有私人码头对工部局码头捐的竞争性影响变小。而对法租界免缴码头捐的问题,工部局与法租界公董局于 1867 年 6 月达成协议,两租界按照同样税率征收……并各自与中国当局商定道台代偿款。㉒更进一步地,1869 年《土地章程》签订,对工部局码头捐征收进行了详细规定:"并准抽收货捐,租界内之人,将货物过海关,或在码头上起卸货物,下船转运,均可抽捐,捐数多少,照货之价值而定,但货价每一百两,捐不得逾一钱。"㉓工部局对西人码头捐的征收权最终得到确认。

　　早期华人码头捐是由道台给工部局一笔码头捐代偿金缴付的。如果进口货物是华人的,那么就无需向工部局缴付码头捐,这导致一些西方商人冒名华人拒缴码头捐。这是税收上的制度漏洞,导致了搭便车问题的产生。1867 年,道台码头捐代偿金的数额达到 14 000 元。工部局财务委员会估计因不能直接征收华人码头捐而损失 6 000 两以上。㉔随着公共租界贸易规模的扩大,这个问题越来越棘手。1875 年,工部局要求领事与道台商议缩小道台代偿金含纳的贸易品范畴,但未能成功,工部局转而希望能获得对华人直接征税的权力。道台代偿金一直给工部局码头捐的征收带来困境。但没有足够的利益保证,道台不会放弃码头捐的征收权。1897 年至 1898 年,工部局华人码头捐征收问题最终解决:"捐税的征收将同天津一样,由海关执行;把从对外贸易征收的税款总数连同国内贸易税款的一半交给工部局,而把国内贸易的另一半税款作为征税的代价交给道台。"㉕尽管工部局董事会认为这个代价太高,但最终还是同意了。同时,法租界公董局也同意采用相同办法征收华人码头捐。

码头捐是工部局遭遇搭便车问题最严重的一种税。早期码头捐作为一种码头使用费出现,法租界、虹口和私人码头构成了工部局码头捐的竞争对手,而工部局第一步解决了码头捐的税收性质问题,使码头捐变成了一种具有海关税形式,但实际对工部局市政支出补偿的税种,所有缔约国西侨均有纳税的义务。但对华人码头捐,工部局始终没有如执照捐、房捐和地税一样获得直接的征税权,而是通过利益分享获得了这一权力。征税权的明晰,降低了工部局的征税成本,消除了纳税人搭便车的动机。但工部局对华人征税权力不具有合法性,这是工部局与华界地方政府分享华人码头捐收益的根本原因。

第三节　工部局的债券发行与财政冒险

从 1854 年到 1869 年,工部局稳步地确定了自己的税收权力,构筑了财政收入的税收基础。在此基础上,对市政建设资金的不足,工部局常常通过发行债券解决。债券发行能弥补工部局在公共品提供中的资金不足问题,也能解决财政支出和收益在不同代际之间的公平性问题。工部局的债券发行有效地推进了租界的市政建设和城市化进程,但也代表着工部局走上了财政扩张的道路,造成工部局古典财政原则的转向。

一、债券发行、偿还与担保机制

工部局的债券发行多采用招标方式,公开发布债券发行公告,这有利于工部局获得最优价格,但工部局也会有"暗箱操作"。例如,1897 年,工部局将尚未认购的债券 25 万两直接分配给汇丰银行,而汇丰银行将这些债券作为发行钞票的保证金。总董表示:"采取了这一办法后,问题已取得圆满解决。"㉖工部局当时面临的问题是债券认购不足。由于此前发行了大量的债券,此次发行的债券认购不足,而债券若无人认购会给工部局声誉造成不良的影响。汇丰银行在很多情况下为工部局进行资金周转,比如,1893 年工部局购买上海电气公司产业的资金,"由于拟筹措用以支付给电气公司的债券要到9月30日发行……与汇丰银行安排好在此期间按可能需要的情况对这笔款子进行透支"㉗。工部局的偿债基金、现金存款等都是存入汇丰银行的。两者在业务上的往来促成了利益的结合。又如,工部局筹划1898年债券:"总董为此会见了汇丰银行的经理,后者提出,董事会应给他一封公函,公函中可指出工部局提供的债券是极好的担保,与此同时,建议银行要求殖民政府接受这种债券作为银行发行钞票的担保品。"㉘而对于工部局来讲,"这一方案如获批准并予以执行,将会提高工部局的借款权限,并改善其债券的地位"㉙。董事会同意了这个建议,并派总办具体操作。

1902年,工部局发行债券的余额13 600两拟不公开发放,尽管有董事会成员认为:"工部局对该债券曾采取密封投标方式,所以即使余额很少也没有权利秘密地分摊……如此事公开出去,那些未得到此机会的人有充分的理由提出控诉。"但总董认为:"如果会议记录说该项债券没有被全部认购,此事一旦公布势将对今后的债券产生不利的效果。"同时,"过去曾有过先例,比如1897年和1898年的债券有没有发放的巨额余额,便被秘密地照票面价值分配给汇丰银行。"最后,这笔债券由工部局按照平均债券溢价2.88%的价格出卖给一家银行。㉚从这些案例来看,尽管发行债券需要纳税人会议同意,但工部局对债券发行的操控空间其实非常大。

对债券偿还,工部局经常使用抽签的办法,例如偿还1872年债券、1882年债券、1883年债券、1885年债券、1888年债券、1890年债券、1901年债券等。抽签偿还债券一般都会刊登在媒体上,这种造势对工部局债券发行具有正面的宣传意义。但抽签只是分期每次部分地偿还债券。

工部局有时候也通过发行新债偿还旧债。如1900年工部局拟发行信用债券偿还1894年公债,"偿还1894年公债的数目将视新发行公债所收到的申请数额而定"㉛。又如1893年5月,有董事建议工部局通过发行利率不超过5%的债券来偿还利率为6%和7%的150 000两白银债券,此举可以使工部局每年节省利息2 500两白银以上。㉜但这种机会并不是很多,而且和工部局设定的偿还方式有关。早期工部局一般按照公债的发行时间顺序偿还公债,而不考虑它们的利率。但从财务上来讲,先偿还高利率的债券必定有利于节省利息,工部局对债券偿还的办法在1899年作出调整。㉝然而,在债券偿还上工部局获得的更大自由,并未产生有利于财务状况的结果。工部局的财务窘境逐渐暴露出来。1916年有租地人霍利德认为工部局分期付款偿还债券不是健全的办法,希望能在纳税人大会上提出一项决议,授权工部局任命一个特别委员会,研究工部局债券偿还的问题。而董事会则决定抢先一步,最好是在纳税人大会之前,就由工部局任命这样一个特别委员会,避免可能对工部局债券发行产生的不利影响。在特别委员会成员问题上,财务处长认为他了解足够的信息应该加入委员会,但霍利德认为工部局领薪水的职员参加特别委员会会影响委员会的决策。最后,董事会同意成立没有工部局职员参加的特别委员会。通过调查发现:"特别委员会提案和财务处长建议之间的主要不同处在于前者规定期满之后逐步偿还,而财务处长提出的主张及目前所实行的办法,都没有作出逐步偿还的硬性规定,每年的偿还债券至少在近几年内都转入缩减借贷的额外收入项中,其结果是,在每逢债券到期不需还本的当年,工部局不仅面临需要借钱应付该年度特别项目开支,而且还要为债券还本,可以想象这将使工部局处于十分为难的境地。"㉞对此,董事会达成一致,即"工部局在债券到期后,应采取硬性的还本办法,并将其作为一项健全的财务制度来执行"㉟。董事会决定将此决议送交当年的纳税人大会,并在《工部局公报》上刊登。㊱制定债券偿还规则是债券制度完善的一个表现,降低了工部局对财务的操控能力,有利于规避财务风险。

工部局借款分为短期借款和长期债券两种。在1867年之前,工部局的借款多为短期,表现为在各银行和洋行之间的资金周转。短期借款的利息率一般比较高,工部局多在借债后一次性偿还。如1865年工部局偿还新宝顺洋行和旗昌洋行共2 000两借款,原利率为15%,后降到9%。工部局修建排水管道的借款利息率为10%。而1867年之后,工部局发行长期债券较多,临时借款较少。

工部局的长期债券年利率一般在5%至8%之间。相比于上海当时流行的利率水平,工部局的借款利率较低。为什么会这样呢?无论长期还是短期,借款都需要担保。早期工部局的借款依赖租地人的担保,尤其是大额借款。例如,1866年工部局筹划借款81 200两,依靠租地人的担保书向法兰西银行借款78 500两。㊲这说明在此时就借款而言,工部局还没有形成一定的制度,借款的效率也相对较低。与此同时,工部局正在争取税收权力,债券发行不能依靠工部局的税收或者产业,只能依靠租地人签署的担保协议。此笔借款在1867年5月到期,工部局无力偿还,向纳税人大会申请发行债券偿还。工部局最终发行60 000两债券,"年利10%,以每年20%的偿债基金分期归还,五年还清本息"㊳。这笔债券的利率依然比工部局后期债券发现利率为高,但比一般华界商人借款利率要低一点。在1869年最终确立税收权后,工部局的财政收入得到了一定程度的保证,但相比于工部局的市政管理活动,财力常有不足。而此后发行债券的担保,则依靠工部局的税收和产业。1872年10月，工部局为购买苏州河桥，发行四万两市政公债，发行通告第6条确定："所筹资金之还本及应付利息以市政公产及年度市政收入为担保。"[39]这是工部局公开发债条件中首次写明将市政公产和收入作为担保。此后，工部局大举发债，有董事会成员认为，"所有工部局的产业应对所有的公债起着普遍的担保作用"[40]。工部局的多数债券，都是以工部局税收和产业为担保的，工部局稳定的税收和资产，是工部局债券低利率发行的原因之一。然而，工部局的产业和收入在一定时间内是有限的，相应发行债券必定有一个限度。除了税收和产业担保外，还有一项重要的制度——偿债基金影响了工部局的债券发行。

以往研究一般认为偿债基金单单作为工部局债券偿还的一种方法，其实它还是建立债券发行机构信誉的一种制度。1876年，工部局在汇丰银行存入的偿债基金数额达到7 120两，董事会认为"偿债基金的成立也使公众对市政债券产生更大的信心"[41]。建立偿债基金有很多好处，首先，这是一种偿还债务的方式，这种方式一方面保证了债券在财务计划上偿还的可能性，另一方面将债务偿还分散在未来几年，抵消了大笔债务一次偿还给财务带来的冲击。关于偿债基金的运作，何廉曾作详细分析："基于复利之生产力，其法由政府每年提出一有定之金额，作为减债基金，以时价收买公债，其已经买入之公债，仍付以定额之利息，归入基金。故采用此法，可资为买销公债之财源有二：一为政府每年所提支之定额，一为已买销各债之利息之增积。"[42]建立偿债基金是古典财政原则的特征之一。对工部局偿债基金的运作，仅仅从《工部局年报》和《工部局董事会会议录》上很难获得全面的判断，但可以确定的是，偿债基金对工部局具有不可回避的重要性。设立偿债基金是工部局有财政能力的象征，除了工部局产业和税收的担保外，偿债基金的制度设置无疑也增强了工部局的债券发行能力。

二、债券发行与财政冒险

早期，工部局在债券发行上是相对谨慎的。例如，1872年工部局财务状况较好，对苏州河免费渡口的经费，董事会决定立即支付，将发行债券的事放在以后。然而，随着租界的扩张和市政建设支出的增加，工部局发债的规模越来越大，尤其是接管电气事业后，工部局债券一发不可收拾。1897年，工部局扩建白炽灯厂购买电器设备，总董建议"以工部局的债券来全部或者部分支付其费用"[43]。这是一种财政透支政策，就像在拿签字人是"债券"的信用卡刷卡支付一样，消费的是将来的收入。这种习惯一旦养成，财政支出会面临没有制约的风险。随着租界内人口、资本的集中，工部局董事会认为发债是很容易的:"在租界内钱是很多的,并且以约 6% 发行债券也不会遇到什么困难。"[44] 又如,1904 年,工部局财务透支状况严重,"该行(汇丰银行)准备接受债券来解决目前 20 000 英镑的透支。财务委员会主席认为,如果在公布的资产负债表上显示出这样一笔透支,很可能有损于工部局的信誉。但是董事们的意见是:与其透支维持原状,倒不如创个先例打个折扣出售债券"[45]。此后,电气处债券占工部局债券的主要部分,这给工部局财政构成了巨大的压力,在这样的状况下,有董事认为为扩充电气供应而发行的公债,"只能以电气处的资产作担保,而不能以工部局的一般产业和税收作担保"[46]。实际上,工部局发行债券也会考虑收益问题。例如,1891 年董事会准备向纳税人会议提案要求为拓宽和延长马路发行债券,但考虑当时的情况,有董事提出反对意见:"目前不应再发行什么债券……建造新捕房需款 70 000 两,去年已发行债券 20 000 两,1888 年发行 70 000 两,所以支付利息的数额正在大大增加,而不是在偿还旧债。"[47] 对花费在修筑道路上的支出,有董事要求弄清楚"从这些马路弄到了多少额外收入"[48]。这种要求发债和反对发债的声音,实际上代表了市政支出扩张和保守两股不同的力量。从工部局发债的情况看,主张债券发行、财政支出增加以及租界扩张的声音最终占了上风,其根本原因在于包括工部局董事会在内的租地人和工部局本身能从租界扩张当中获得更多的收益。从图 11.4 中可以看出工部局债券发行、利息支付和债务偿还(包括偿债基金)这三条曲线在 1895年之前几乎合成一条线,1895 年之后,债券发行的曲线超过了其他两条线,到 1920 年前后,工部局年债券发行量达到了最高峰,在 20 世纪 30 年代发行

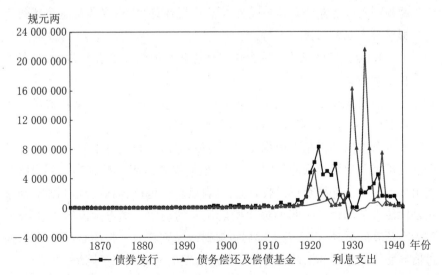

图 11.4　工部局债券发行、利息支付和债务偿还及偿债基金变化趋势(1863—1942 年)

也较多。相应地,利息支出也随之增加,但债券偿还的高峰发生在30年代。这三条线之间的差距越来越大,这是工部局在财政上的冒险。

1897年,工部局经常性收支和临时性收支分立,债券发行被记录在临时性账户中。在纳税人大会召开之前,董事会提案显示要通过发行债券弥补财政赤字。也是在1897年,工部局采用了赤字预算的方式,"(1897年)预算内的赤字为5.2万两,再加上1896年的赤字118 800两,合计170 800两,这笔金额将要求纳税人会议批准发行债券加以弥补"⑲。同时,工部局十分清楚,"收入无法应付租界目前的开支,因此必须要求新的董事会全面审查捐税和执照费,以达到增加收入的目的"⑳。与此前追求财政收支平衡相比,工部局此时在预算时就留出了赤字的空间。

工部局在债券发行上会遇到各种问题,国内市场的金融状况也可能造成工部局债券发行的困难。例如,1919年工部局白银债券发行困难,"(中国银行)宋先生认为根据现在的发行条件,在中文报纸上登载发行债券的广告是没有什么用处的"㉑。同时,汇丰银行经理向工部局财务处长表示:"目前白银短缺,工部局严重透支,银行没有能力继续无限地在财务上订出措施进行协助,"㉒这一状况促使工部局董事会开始考虑发行金镑债券。但金镑债券需要面临汇兑风险。因此,广泛地从全球市场上寻求资金支持,成为工部局后期债券发行的一个特征。

债券发行是工部局面临的一个重大问题,也是任何公共机构都会面临的重大问题。对于债券发行,布坎南曾指出:

> "当民主社会允许用凯恩斯主义修正其财政体制时,它将倾向于超额地利用债务集资。即使是在非凯恩斯经济中,赤字集资也将博得下面两类人在政治上的支持:
>
> 1. 那些实际税收将减少或从政府获得的预期利益将增加(包括直接汇款的收入)的人。
>
> 2. 那些认为自己的经济地位(作为雇员、投资者、不动产的所有者或官僚)将随着总需求的增加而得到改善的人。"㉓

通过布坎南的视角来审视工部局的债券发行,我们可以看到,主张工部局财政扩张和租界扩张的是同一类人,他们能够从租界扩张和工部局财政支出增加中为工部局获得税收收益,为自己获得地产、商业上的利益。而这正是促使工部局财政扩张的最原始最显在的动力。债券大发行以及1897年赤字预算的举动,代表着工部局古典财政原则转向扩张性的财政原则,通过债券发行而进行的财政冒险给工部局后期的财务带来了困境。

第四节 工部局财政收入趋势及影响因素分析

工部局后期财政赤字压力的产生不仅仅归结于财政的制度设置,还包含着客观经济社会环境的影响。以往对工部局财政的研究往往以 1933 年作为断点,这不利于对工部局财政收支活动的整体观照,也缺乏对工部局财政能力变迁的社会经济基础的解释。在这一部分,我们将通过计量方法分析影响工部局财政能力构建的因素,寻找工部局财政能力变迁的社会经济原因。

一、工部局财政收入总趋势

工部局的财政收入总趋势,如图 11.5"财政总收入"线显示,在 1895 年之前,并没有显著性的上升趋势。从 1895 年到 1918 年前后,工部局的财政收入呈缓慢上升趋势。从 1919 年到 1933 年,工部局财政收入显著上升,出现了两个"M"形波动,分别为 1920 年至 1928 年,1929 年至 1933 年。工部局财政收入的峰值分别出现在 1930 年和 1933 年。1933 年之后,工部局的财政收入陡然逐年下降,直至租界被收回。

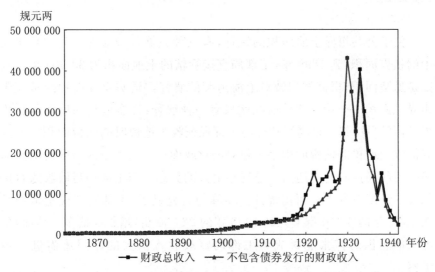

图 11.5 1863 年至 1942 年工部局财政总收入和不包括债券发行的财政收入

图 11.5 显示了两列工部局的财政收入数据:不包括债券发行的财政收入数据和财政总收入数据,两者之间相差的是工部局历年发行债券的收入。

从图 11.5 中可以明显看出,在 1915 年之前,债券收入在总收入中并不显著,而从 1916 年开始,到 1928 年,工部局财政总收入和不包括债券发行的财政收入之间落差明显,工部局债券发行规模非常大。工部局财政收入的第一个 M 形波动,主要是庞大的债券发行引起的。此时工部局的债券发行主要是为支持电气处扩张。

二、财政收入的影响因素分析

工部局在上海公共租界的市政管理时期,是中国第一个现代意义上的城市化高峰期。城市化趋势在租界的表现非常明显,包括人口、土地、经济增长、财政支出等因素都呈现显著的增长趋势。这些因素都在某种程度上促成了工部局财政收入的增加。

（一）人口

根据邹依仁的统计,公共租界的人口一直处在显著性的增长当中。这种增长不是由人口的自然增长导致的,而是具有显著的移民特征。邹依仁的统计显示,从 1855 年到 1942 年,公共租界人口由 20 243 人增长到 1 585 673 人,80 多年间人口上涨了 78 倍,年平均增长率达 5.05%。人口的增加无疑是促成租界繁荣的因素之一,也构成了工部局不断要求扩张租界的借口。然而,人口在多大程度上影响了工部局的财政收入,还需要量化的证据。

（二）土地

关于公共租界土地面积的统计,有三种数据可资参考。其一是协议中的租界面积,到 1899 年,工部局直接管辖的土地面积为 33 503 亩。其二是道契面积,根据杜恂诚对上海道契的研究,"道契累计面积经常大于租界总面积……造成这种情况就只有一种解释:许多道契的地块是在租界外面的"[34];其三是高峰整理的工部局征收土地税时的估价面积。工部局征收土地税的估价面积小于租界的行政面积。这些不同角度的资料均显示工部局控制的土地面积呈逐年上升的势态。与工部局财政收入直接相关的是第三种土地面积统计。高峰的研究显示,工部局征税土地面积从 1865 年的 4 310 亩上升到 1933 年的 22 330 亩,增长 4 倍多。然而,单纯土地面积的扩张能否成为工部局财政收入扩大的原因还需进一步考察。

（三）经济增长

上海以港兴市,经济增长的最初动力来自对外贸易,尽管后来上海成为金融中心和近代工业的聚集地,但上海的对外贸易值一直位居全国前列。上海港的对外贸易趋势如图 11.6 所示。从图 11.6 可以看出,上海港对外贸易值呈现"几"字形。上海港的对外贸易值变化和当时的经济状况基本一致:1895 年作为一个转折点,主要是《马关条约》后开放设厂权导致的对外贸易活动增加;第二阶段的增长和欧战有关,这一阶段也是中国民族资产阶级的黄金发展时期。而 1931 年作为跌落的开始,和日本侵华战争相关。因此,以对外贸易作为近代上海经济增长的指标能反映基本的经济状况变化。

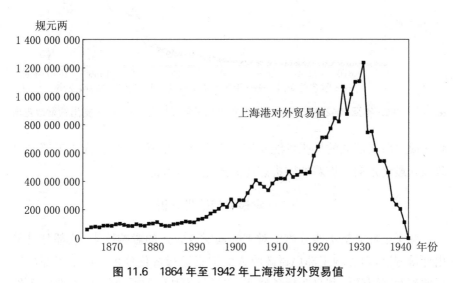

图 11.6 1864 年至 1942 年上海港对外贸易值

注:关于近代上海的对外贸易总值数据:1867 年到 1942 年数据来源于 *Hsiao Liang-lin*:*China's Foreign Trade Statistics 1864—1949*,Harvard University Press, Cambridge, Mass,1974,pp.175—176,180;1865 年至 1866 年数据来自茅伯科主编:《上海港史(古、近代部分)》,人民交通出版社 1990 年版,第 485 页附录七(上海两与海关两兑换比率:111.4=100,第 486 页附录七注释);1864 年数据来自张仲礼主编:《近代上海城市研究》,上海人民出版社 1990 年版,第 114 页(上海两与海关两兑换比率:111.4=100,第 115 页)。此处将法币和海关两统一为上海两。

(四)财政支出

如图 11.7 所示,从 1863 年至 1942 年,工部局的财政支出也呈现显著性的趋势特征。工部局的财政支出主要用于提供公共品,如治安、公共工程和公共卫生等,这能显著提升公共租界的土地、房屋的价值并吸引人口和资本的进入。因此,财政支出在一定程度上也影响了工部局财政收入的规模。

(五)政治预期

学界普遍认为 1927 年国民党政府成立后,公共租界的扩张受到限制。然而,从财政收入趋势图中难以看出 1927 年是租界财政收入的拐点。国民

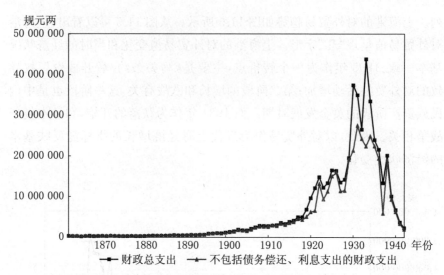

規元兩

財政总支出　　不包括债务偿还、利息支出的财政支出

图 11.7　1863 年至 1942 年工部局财政总支出和不包括债务偿还、利息支出的财政支出

政府成立后工部局的扩张可能受到一定程度的抵制，但是否构成工部局财政收入最终走向下坡路的转折点还需要进一步考证。

三、计量检验与结果分析

鉴于定性分析不能分离出对工部局财政收入的影响因素，这部分将采用计量方法，对影响工部局财政收入的因素进行量化分析。由于工部局发行债券及其引致的利息和债务偿还，在税收为基础的财政收入中，是一个外生变量，因此本章放弃考察债券因素，而更多关注工部局税收和财政支出之间的量化关系。基本模型如下：

$$INCR_t = \alpha_0 + \alpha_1 EXPR_t + \alpha_2 GROR_t + \alpha_3 ACRR_t + \alpha_4 PERR_t + \alpha_5 D_{1t} + \varepsilon_t$$

（1）

其中，$INCR_t$ 表示不包括债券发行的工部局财政收入增长率，$EXPR_t$ 表示不包括债务偿还和利息支出的财政支出增长率，$GROR_t$ 表示以上海对外贸易总值为指标的经济增长率，$ACRR_t$ 表示估价土地面积的增长率，$PERR_t$ 表示上海公共租界人口增长率，D_{1t} 为虚拟变量，代表 1927 年国民政府成立后的"政治预期"，1927 年至 1942 年数值设定为 1，1863 年至 1926 年数值设定为 0；ε_t 为白噪声。[55]

利用 EVIEWS 的 ADF 单位根检验对各个变量的增长率做平稳性检测发现，各个变量在 5% 的显著性水平下，均表现为平稳序列，即 I(0)，检验结果如表 11.1。

254

表 11.1 单位根检验结果

变　量	检验形式	ADF 值	p 值	结论
$INCR$	$(0, 0, 0)$	$-7.890\,53$	0	I(0)
$EXPR$	$(0, 0, 0)$	$-11.321\,3$	0	I(0)
$GROR^*$	$(0, 0, 2)$	$-2.004\,47$	0.043\,8	I(0)
$ACRR$	$(0, 0, 0)$	$-6.979\,8$	0	I(0)
$PERR$	$(C, 0, 0)$	$-3.606\,59$	0.007\,7	I(0)

注:检验形式(C, T, L)中,C、T、L分别代表常数项、时间趋势和滞后阶数。ADF 检验中滞后阶数根据 SC 准则由 EVIEWS 自行确定。"$*$"表明在 5% 的显著性水平下通过检验。其余变量在 1% 的显著性水平下通过检验。

以上变量序列均服从零阶单整,因此用最小二乘法估计模型(1),结果显示,

$$INCR = 0.338\,264_{[t=5.154](p=0.000)} \times EXPR + 0.514\,411_{[t=3.030](p=0.003)} \times GROR$$

$R^2 = 0.258$,残差无自相关、无异方差。在 5% 的显著性水平下,其他变量$ACRR_t$, $PERR_t$, D_{1t}均不显著。

由以上计量结果可知,工部局财政收入和财政支出、上海对外贸易值成正向显著的相关关系。财政支出增加 1%,则财政收入增加 0.34%;对外贸易值增加 1%,则工部局财政收入增加 0.51%。而租界人口的增加、估价土地面积增长和国民政府成立带来的政治预期对工部局的财政收入没有计量上的显著影响。这个结论和经验的认识不同。以往研究一般认为公共租界土地面积的增加和人口的增加会正向影响租界的财政收入,而国民政府的成立,限制了工部局的扩张,给外侨以利空的预期,所以应当有反向的关系成立。但计量检验结果所呈现的经济关系反映了另外一种经济规律:税制、财政收入与财政支出和经济增长之间存在特别的关系。

首先,工部局的财政收入以房捐和土地税的财产税为主,工部局的市政支出主要应用于增加土地、房屋的价值上,因此财政支出促进财政收入的正向关系在上述模型非常显著。而工部局的税收不包含所得税,因此财政收入与人口关系不显著。工部局的税制本身决定了财政支出成为影响财政收入的重要因素。这个模型还传达了另外一个信息,即尽管人口的增加造成了土地和房租市场的繁荣,但单纯人口增加并不能成为土地和房屋价值上升的原因。

第二,工部局的财政收入和土地估价面积的增加没有显著相关关系。工部局财政收入主要依赖房捐,其次是依赖土地税。财政收入与土地面积无相关关系证明征税土地面积的单纯增加并不能扩大财政收入,财政收入

增长的来源是作用于土地之上的现代市政管理。

第三，工部局财政收入和对外贸易值呈现正向关系。上海以贸易兴市，工部局财政收入从对外贸易增长中受益颇多。工部局是上海港繁荣的促成者，同时也是上海港繁荣的受益者。

第五节　工部局财政收支对上海社会经济的影响

工部局财政收入主要依靠税收和债券发行。发行债券显著地提高了工部局财政支出的规模。布坎南指出："事实上，许多通常所说的'公共债务'实际上代表着中央银行隐蔽的货币发行。"[56]尽管工部局没有直接发行货币，但工部局的债券发行使流通中的货币量变大，也影响了上海的社会经济，如1929年工部局出卖电气处时，电气处债券甚至影响了上海金融市场的稳定。

从工部局财政能力构建的制度性因素中可以看到，工部局对税收权力的获取、债券发行制度的设立都体现出工部局在财政上灵活务实的特点。而财产税制度的设立，将工部局税收与经济增长和财政支出紧密联系在一起，这种税收政策是工部局财政能力成功构建的原因之一。

对工部局财政能力的考察，有一个显著的时间点值得特别关注，这就是1895年，工部局的财政收支在1895年前后都发生了显著性的变化。关于政府公共收支规模的研究，"瓦格纳法则和马斯格雷夫假定的共同特点在于，他们都把'结构性'因素作为解释政府增长的核心"[57]。从这一理论视角能够合理地解释1895年前后工部局财政收支规模显著性变化的原因。滨下武志指出："中日甲午战争之后，上海出现了全面的投资热潮。"[58]这些投资带来了一系列商业和工业在上海的开办。以往研究忽视了这些投资对工部局这个租界和越界筑路区市政管理机构财政的影响，而从计量结果来看，工部局的财政收入显著性地和上海对外贸易值的增长相关，这能够合理地解释工部局的财政收支在1895年前后发生变化的社会经济原因。上海的经济增长带动了工部局财政支出的增加，而工部局财政支出的增加又促进了工部局财政收入的增加。逐步扩大的财政收支规模代表了工部局在财政能力构建上所取得的成绩。

随着财政收支规模的扩大，从1895年之后，工部局古典财政原则被打破，预算平衡的理念被赤字预算替代，债券发行规模愈加庞大，工部局在财政上开始了冒险。这既是形势所趋，因为上海在变为人口、资本和技术的集中地,工部局迫切需要在公共基础设施、道路和公用事业方面加大投入;另一方面,城市化和由此带来的地产的升值也给租地人和工部局带来显著的收益,迫使工部局走上了财政扩张道路。

从财政能力构建来看,工部局较其他城市的租界管理者更为成功。但工部局的财政能力并不是建立在合法的基础之上的,所以存在着众多的制度漏洞。从工部局财政管理实践来看,对于公共机构来讲,财政能力的构建是重要的,而财政"权力"和"能力"是不能相互脱离的,应当"以权促能,以能建权",这才是财政能力可持续的基础,也是工部局和近代上海公共租界存在较长时间的原因。

注释

① 〔英〕黄绍伦:《移民企业家——香港的上海工业家》,张秀莉译,上海古籍出版社 2003 年版,第 21 页。

② 费成康:《中国租界史》,第 189 页。

③ 本章的数据来源与数据处理:本章中关于工部局的财政数据,包括财政总收支、各部门支出、土地、房捐、码头捐、执照捐、债券发行量及利息和债券偿还等,除 1911 年缺失外(上海市档案馆胶片档案缺失,1911 年财政收支数据取 1910 年和 1912 年的平均数),全部来源于《工部局年报》中的财务报告(Finance Statements)部分。1897 年之前,工部局财务报告中经常账户与临时账户是合并的,关于债券发行、利息和债务偿还的信息与经常性收入和支出合并公布;从 1897 年开始,工部局的财务报告分为经常账户(Ordinary)和临时账户(Extraordinary),后者主要记录债券发行、赤字偿还和临时性支出。除了债务偿还和弥补赤字外,临时账户支出主要用于公共工程,支出规模较大。《上海公共租界工部局年报》,1863 年至 1942 年,U1-1-877 至 955 卷,上海市档案馆藏。

另外,关于货币单位的问题,1863 年至 1933 年,工部局财务报告中的货币单位为上海两,因为是实物货币,故未经物价指数调整。1934 年后,工部局响应国民政府法币改革,以法币计量财政收支。因法币在后期贬值大,经《上海解放前后物价资料汇编(1921—1957)》的物价指数调整后(1933 年为基期),将工部局 1933 年后的财政收支数据以"1 法币=0.715"的比率折算为上海两。这样,工部局财政收支的货币单位在 1933 年前后得到统一,以便全局性地反映工部局财政收支的趋势。"1 法币=0.715"的折算比例来自工部局档案:上海公共租界工部局总办处关于投标和包工变更货币支付方式来往函,1933—1935 年,U1-4-3616,上海市档案馆上海市档案馆藏。中国科学院上海经济研究所、上海社会科学院经济研究所合编:《上海解放前后物价资料汇编(1921—1957)》,上海人民出版社 1958 年版。

④ 〔美〕布坎南、瓦格纳:《赤字中的民主》,刘廷安、罗光译,北京经济学院出版社 1988 年版,第 10 页。

⑤ 何廉、李锐:《财政学》,商务印书馆 2011 年版,第 63 页。

⑥ 上海市档案馆编:《工部局董事会会议录》(22),第 548 页。

⑦ 上海市档案馆编:《工部局董事会会议录》(22),第 548 页。

⑧ 上海市档案馆编:《工部局董事会会议录》(7),第 642 页。

⑨ 上海市档案馆编:《工部局董事会会议录》(7),第 607 页。

⑩ 何廉、李锐:《财政学》,第 450 页。

⑪ 何廉、李锐:《财政学》,第 324 页。

⑫ 王铁崖编:《中外旧约章汇编》(1),第 80—81 页。

⑬ 上海市档案馆编:《工部局董事会会议录》(2),第 479 页。

⑭ 上海市档案馆编:《工部局董事会会议录》(2),第 548 页。

⑮ 上海市档案馆编:《工部局董事会会议录》(2),第 549 页。

⑯ 上海市档案馆编:《工部局董事会会议录》(15),第 682 页。

⑰ 上海市档案馆编:《工部局董事会会议录》(1),第 688 页。

⑱ 上海市档案馆编:《工部局董事会会议录》(2),第 523 页。

⑲ 上海市档案馆编:《工部局董事会会议录》(2),第 536 页。

⑳ 上海市档案馆编:《工部局董事会会议录》(2),第 536 页。

㉑ 上海市档案馆编:《工部局董事会会议录》(2),第 560 页。

㉒ 上海市档案馆编:《工部局董事会会议录》(3),第 599—600 页。

㉓ 王铁崖编:《中外旧约章汇编》(1),第 294 页。

㉔ 上海市档案馆编:《工部局董事会会议录》(3),第 545 页。

㉕ 上海市档案馆编:《工部局董事会会议录》(13),第 552—553 页。

㉖ 上海市档案馆编:《工部局董事会会议录》(13),第 510 页。

㉗ 上海市档案馆编:《工部局董事会会议录》(11),第 571 页。

㉘ 上海市档案馆编:《工部局董事会会议录》(13),第 549 页。

㉙ 上海市档案馆编:《工部局董事会会议录》(13),第 549 页。

㉚ 上海市档案馆编:《工部局董事会会议录》(15),第 554 页。

㉛ 上海市档案馆编:《工部局董事会会议录》(14),第 549 页。

㉜ 上海市档案馆编:《工部局董事会会议录》(11),第 548 页。

㉝ 上海市档案馆编:《工部局董事会会议录》(14),第 505 页。

㉞ 上海市档案馆编:《工部局董事会会议录》(20),第 666 页。这段文字从段落含义上看,应该是"在每逢债券到期需要还本的当年"。

㉟ 上海市档案馆编:《工部局董事会会议录》(20),第 666 页。

㊱ 上海市档案馆编:《工部局董事会会议录》(20),第 678 页。

㊲ 上海市档案馆编:《工部局董事会会议录》(2),第 550 页。

㊳ 上海市档案馆编:《工部局董事会会议录》(3),第 571 页。

㊴ 上海市档案馆编:《工部局董事会会议录》(5),第 585 页。

㊵ 上海市档案馆编:《工部局董事会会议录》(18),第 668 页。

㊶ 上海市档案馆编:《工部局董事会会议录》(6),第 724 页。

㊷ 何廉、李锐:《财政学》,第 422 页。

㊸ 上海市档案馆编:《工部局董事会会议录》(13),第 548 页。

㊹ 上海市档案馆编:《工部局董事会会议录》(19),第 607 页。

㊺ 上海市档案馆编:《工部局董事会会议录》(15),第 639 页。

㊻ 上海市档案馆编:《工部局董事会会议录》(19),第 584 页。

㊼ 上海市档案馆编:《工部局董事会会议录》(10),第 721 页。

㊽ 上海市档案馆编:《工部局董事会会议录》(10),第 721 页。

㊾ 上海市档案馆编:《工部局董事会会议录》(13),第 480 页。

(50) 上海市档案馆编:《工部局董事会会议录》(13),第480页。

(51) 上海市档案馆编:《工部局董事会会议录》(20),第768页。

(52) 上海市档案馆编:《工部局董事会会议录》(20),第776页。

(53) 布坎南、瓦格纳:《赤字中的民主》,第101页。

(54) 杜恂诚:《晚清上海道契申领总趋势及影响因素分析》,《财经研究》2011第8期。

(55) 增长率的计算公式为:$RATE=(X_{t+1}-X_t)/X_t\times100\%$。人口数据、工部局估价的土地面积是非连续的,假设在各调查期间增长率是均匀的,进而获得连续的数据并计算增长率。

(56) 布坎南、瓦格纳:《赤字中的民主》,第143页。

(57) [英]诺尔曼·吉麦尔:《公共部门增长理论与国际经验比较研究》,杨冠琼、贺军译,经济管理出版社2011年版,第132页。

(58) [日]滨下武志:《清末海关财政与通商口岸市场圈》,高淑娟、孙彬译,江苏人民出版社2006年版,第2页。

第十二章 工部局的筑路与征地

对上海公共租界,时人有言:"沪上市面之盛,半皆由马路之便也。"①工部局修筑道路,促进了租界和越界筑路区的繁荣,也促进了近代上海的城市化进程。袁燮铭在《工部局与上海早期路政》一文中指出了工部局在租界道路建设上面临的土地征用权问题。该文认为工部局没有强制征收土地的权力,只能通过市场手段获得公用土地,这导致了租界的道路狭窄、弯曲、缺乏规划。然而,导致租界道路形态的原因不仅仅在于征收权问题,也在于工部局筑路时面临的成本、收益和风险的问题,而工部局是否最终获得了公用土地的强制征收权也是一个问题。杜恂诚在《道契制度:完全意义上的土地私有产权制度》一文中指出,开埠之后,西人租地形成的道契制度维护了土地私人所有权,工部局即在此基础上修筑道路。然而,利用《道契》资料(1911年之前),杜恂诚在《晚清上海租界的地价表现》一文中对工部局在一级市场和二级市场土地买卖进行了一些分析之外,我们对工部局筑路用地获取问题所知不多。

从总体上看,对工部局筑路中的一些问题,目前还缺乏深入的研究。比如,工部局筑路权来源于哪?工部局开辟道路时,成本和收益的分担机制是怎样的?工部局是如何获得筑路用地的?工部局是否有强制性的土地征收权?工部局面临的这些问题,与当前城市化进程中公用道路修建的成本负担及用地获取问题相比,有一定的共性,工部局对这些问题的解决方式具有一定的借鉴意义。

第一节 工部局的筑路权与私人土地所有权

一、《土地章程》及《附律》中的筑路权

1854年《土地章程》对公地、筑路权和筑路经费问题有直接的规定。关于公地和筑路权,《土地章程》规定:"留地充公:凡道路、码头前已充作公用

者,今仍作公用。嗣后凡租地基,须仿照一律留出公地,其钱粮归伊完纳,惟不准收回,亦不得恃为该地之主。至道路复行开展,由众公举之人,每年初间查看形势,随时酌定设造。"②尽管公用之地离成为公用产业或者工部局产业还有一段距离,但使公用产业有了合法的地位。同时规定修筑公用道路的权力,归于"公举之人""随时酌定设造",而"公举之人"后来就是工部局。关于筑路的经费来源,1854年《土地章程》规定:"起造、修整道路、码头、沟渠、桥梁,随时扫洗净洁,并点路灯,设派更夫各费,每年初间,三国领事官传集各租主会商,或按地输税,或由码头纳饷,选派三名或多名经收,即用为以上各项支销。"③这一规定十分重要,它意味着维护租界治安、发展公用事业和维护公共卫生是租界市政的主要内容,且都将以租界捐税为经费来源。这构成了工部局市政管理的权力基础。

相比于1854年《土地章程》对筑路问题的笼统规定,1869年《土地章程》第6款"让出公用之地"及其《后附规例》则是工部局筑路和管理市政建设基本权力的制度化结果。1869年《土地章程》之《后附规例》详细规定了工部局的路权范围,包括"管理沟渠、造沟之权、推广沟渠、擅通沟渠、造屋于沟面必有公局准据、各沟做盖、造屋必先筑沟照局示而行、勘视马路、开通道路、修工塞道、私修街道、煤气管水管归公局更动、房屋有水落、街上堆积材料特置照灯、堆料挖坑久延之罚、修整房屋、洁净租界地方、公局可代人打扫、失修房屋、追缴工费、业主不见工费如何追偿、伸出街道各项、拦塞街道、打扫街道、挑除垃圾污秽、挑除坑秽、不许久堆污秽各物、查视地方污秽、查视房屋污秽、禁止取人憎恶等事、阻止打扫街道工役之罚、危险货物、执照费、不准嚷闹、车上点灯、不准身带利器、巡捉犯例人、违犯官示、规例、罚款追缴之法、颁给条例"④等四十二个方面。这些规定构成了工部局管理租界道路的主要内容。值得注意的是,关于工部局的越界筑路权,1869年《土地章程》第六款规定"租界内执业租主(有关议事人亦在内)会议商定准其购买租界以外接连之地、相隔之地、或照两下言明情愿收受(西人或中国人)之地,以便编成街路及建造公花园为大众游玩怡性适情之处。所有购买、建造与常年修理等费,准由公局在第九款抽收捐项内随时支付,但此等街路、花园专做公用,与租界以内居住之人共沾利益,合行声明"⑤。这一规定实际上是对工部局已有界外道路的承认,也给工部局越界筑路以法律基础。但要注意,工部局越界筑路并不是没有指向的,大多数越界筑路的发生首先是有租地人界外购地在先,租地人要求工部局筑路并提供其他市政管理服务,工部局再考察筑路的成本收益,进而筑路或者拒绝筑路。有研究认为"1869年的《上海土地章程》既未经中国政府认可,所以越界筑路的来源完全是外人自造的护符,在法律条约上毫无根据"⑥。又及"1898 年的《上海土地章程》修改条文,并未经中国政府批准,南京总督刘坤一亦谓斯事彼不过问,工部局乃谓中国政府不驳斥即是默认,该章程即发生效力,真是掩耳盗铃之谈。至若在此界外马路上工部局可以不顾中国政府的行政权,征税设警,更属毫无根据"⑦。在权力合法性上所言不差,但对于工部局而言,董事会从最根本处明白他们的权力建立在侵占的基础上,"权力"的合法性问题不是他们关注的重点,只有利益才是他们费心纠结的地方。例如,1921 年釜山路事件充分体现出工部局的务实心态。釜山路的延伸使工部局与沪北工巡捕局在此路上的权力产生冲突。工部局最早做出的让步是闸北当局警察可以在华人道路与釜山路交叉处任意通过釜山路,而且双方均可在此道路地表下敷设管道和筑建下水道。然而,在工部局董事会看来,承认华界政府的这一权力会损害工部局的权力。董事会认为,在双方争执起来的情况下,最糟糕的状况是"承认工部局的捕房无论在租界以内还是在租界以外,不能在工部局拥有的土地上行使职权"。⑧因此,董事会面临情况是:"如果坚持此一原则,接下来所能作的选择就只能有两种:要么就是加紧争取全部的所有权,而且具有征收捐税等的权力;否则就拒绝接受相对来说没有用处的小路,因为这些小路不仅走不通,而且它的延伸受到了铁路的阻隔。关于第一种选择,董事们回忆起英国总领事曾明白地指出过,他从驻北京的公使那里得到的指示是,不支持租界范围以外与产业有关的争端。在此次事件中,注册业主们承认,与西人的利益并无实际关联。"⑨

董事会最终决定以"没有两人的利益与该项地产切实有关,而且整块土地的地契并不存在"为由拒绝接受该边界小路以外的地产,即工部局停止延伸釜山路。从这一事件来看,在面临权力争议时,在确认没有直接利益相关的情况下,工部局放弃与华界政府在权力问题上的争执。这种务实的态度实际上也表明工部局市政建设活动并不完全是依靠权力进行的。在华界地方自治和国民政府成立后,工部局的越界筑路才遇到了边界,而这个边界不是通过合法或不合法的讨论获得的,而是通过实力上的竞争实现的。

因此,尽管有《土地章程》及《附律》的规定,工部局的筑路权并不是绝对的。和工部局的其他市政权力一样,筑路权一方面建立在治外法权和不平等条约的基础上,另一方面,则取决于工部局行政上的应对能力和务实态度。工部局在多数时候回避了权力的合法性问题,而把关注的焦点落在西人界内和界外利益的维护上。

二、工部局的筑路权与私人土地所有权

相比于道路码头委员会,工部局市政管理的显著特征是市政管理权的

扩大。工部局成立后,原来以私人利益为主导的租界市政建设,转向以公共利益为主导。但这并不意味着私人权利受到忽视。恰恰相反,工部局的市政管理权建立在尊重私人权利的基础上,这充分体现在工部局筑路时对私有产权的尊重和维护上。1869年《土地章程》第6款规定,"凡遇此后转租之事,基地内如有续涨滩地,及应开作道路之地,必由承租者照章让作公用,以便执业。此项照章让出及已作公用之地,除齐集各执业租主有关人等公同会议核定,允准将该地给回原主收回之外,不能由原主自行任意收回。"⑩这条规定所体现的精神一直贯彻在工部局筑路买地的活动中。在工部局董事会看来,这一条款意味着"即由英国国民让给工部局作筑路用的土地,他们享有土地复归的权利,而且土地仍保留在他们的地契中。工部局仅只有在他人土地上的通行权而不是绝对所有权"⑪。也就是说,尽管1854年和1869年《土地章程》都规定了工部局对公用土地的权利问题,但私人实际上对已经出让用于公用的土地拥有完全的所有权,而私人出让土地作为公用是经济协议,建立在利益交换的基础上,而不是公权力对私人产权的一种替代或者剥夺。这一点也从反面诠释了公共租界的土地产权,在从华人手中转租后,成为完全的私人产权。

工部局既然并不拥有全部的公用土地所有权,缘何能以"路权"之名征税并授予公用事业经营特许权呢?这是因为工部局拥有全部的公用道路管理权。前文我们罗列了1869年《土地章程》之《后附规例》的主要内容,这一规定实际上授予工部局全面管理租界的权力,这意味着所有对公用道路的使用,必须经过工部局有条件的许可。

此外,对1869年《土地章程》签订之前已有之滩地、道路,若工部局想用作公用,1869年《土地章程》也作了规定:"如有占用涨滩、马路等地作为公用情事,必先经该执业租主应允,方可施行,决不能以援引此章为词。"⑫这一条对私人产权的保护异常重要,它意味着工部局不能以公共需要为由任意剥夺私人产业,而只能在支付足够利益补偿的情况下,与私人业主达成协议才能用地。

工部局维护私人土地所有权的方式是多样的。例如,1867年一私人产业主兴建一条私路,"他(伊伏生)已从大礼拜堂托管人手中租用了教堂的部分院子。他打算在汉口路和九江路之间修建一条小路,为了修路,他不得不允许公众暂时使用他的部分地皮,大约3英尺左右,为此,他希望获得董事会的批准和以下保证,即董事们要代表他们本人以及他们的继任者和指定人保证不认为这块土地交给公用,而是伊伏生租用期间的私人财产,董事们要承认大礼拜堂托管人有权在他们托管人认为适当的任何时候重新圈回这块地皮。董事会同意给予土地使用特许权,但同时向伊伏生先生指出,他每年有必要关闭他的这部分地产一天以维护他的私人拥有权"⑬。工部局乐于促成私人土地为公众使用,同时也用这种巧妙的方式提醒公众私人权利的存在。

第二节 工部局筑路的收益与风险

一、筑路与越界筑路的收益

尽管工部局对公用道路仅有部分的所有权,但拥有全部的管理权,这使得工部局获得了其他市政权力。例如,有西人拒绝支付酒店执照捐,工部局表示若不付执照捐就不能使用工部局马路使客人进入酒店;工部局对公用事业公司工程建设的控制权和收取小车捐的权力等均来源于工部局对公用道路的管理权。

除了依赖道路管理权获得其他市政权力外,筑路和越界筑路能给工部局带来明显的好处。第一点好处是满足租地人对公用道路这类公共品的需求。费成康认为租地人一直在界外购地。其实,只要界内和界外的土地价格有差距,而华界政府无法阻止西人界外购地,界外购地就会一直存在,工部局界外筑路也就会存在。吴俊范指出了工部局越界筑路演进的方式:"越界筑路区并不是固定不变的,在较早的越界区向建成区发展时,新的越界区又在城市边缘形成。尽管中国当局对界外土地租让一直持反对态度,但业主在界外购置地产的行为从未停止。只要产业在界外发展,对马路交通的需求就随之而来,所以越界筑路区成了租界在不同时期推进城市空间的重要手段。"⑭这是越界筑路的客观影响。在工部局和租地人看来,筑路和越界筑路能提升租地人产业的价值,符合其经济利益,而满足租地人的公共品需求,则是工部局的本职所在。

第二点好处是工部局获得界外税收的权力。工部局越界筑路能够提升租地人产业的价值,而同时,越界筑路能给工部局带来税收权益。例如,1901 年,"董事会批准了向界外马路的居民发出要求缴纳捐税的通知单。此项捐税是为了偿付他们所得到的巡捕保护和享受到的其他市政利益,纳税标准比照静安寺路居民在该路未划入租界以前所缴纳的税额"⑮。工部局在市政管理中奉行"谁得益谁支付费用"的原则。通过越界筑路和派驻巡捕,工部局提升了越界筑路区域的治安水平。界外地产所有者获得了地产升值的好处,所以愿意支付界外捐税。另外,公用事业规模经济属性使得其具有扩张性,工部局授予公用事业公司经营特许权,支持其在界外扩展业务,条件之一便是对界外用户征收特别税。例如,自来水公司界外供水,就是通过在工部局所属的道路上埋设总管而向华界供水的,但铺设管道的前提是用户支付工部局特别税。如果没有越界筑路,工部局不可能获得界外权益。

第三点好处是道路的规模经济。除了以上两个明显的原因外,道路也具有规模经济效应。如同电话网络一样,单个或者破碎的道路不具有价值,只有形成路网,四通八达并能连接重要区域才是有价值的。随着租地人界外购地,界外许多土地变成了有价值的区域,需要道路沟通各个区域之间的经济交往。为此,工部局界外筑路,延伸路网,一如"要想富,先修路"的口号背后所蕴藏的经济原理。具有一定规模的路网形成之后,整个城市的经济价值获得提升,城市化进程加快,工部局的市政管理也随着道路辐射到界内界外。

二、筑路与越界筑路的风险

以往研究往往关注工部局在筑路和越界筑路中获得的收益,而较少关注工部局所承担的风险。对于工部局而言,筑路的风险是确实存在的。简单而言,工部局在筑路中面临两个风险。风险之一是筑路的成本收益问题。工部局筑路是为了满足租地人对市政设施的需求,租地人需要为此支付捐税,税收是工部局筑路的收益,而如果收益和筑路支出不能平衡,工部局也会面临破产的风险。

对这一风险的解决,工部局一方面在筑路时会计算成本收益,另一方面也促成了与道路相邻地产业主支付部分筑路费用的机制。1906年纳税人大会通过的第九条决议规定:在修筑新路或者延伸道路时,相关产业主对道路修筑费用应部分分担。[16]私人产业主负担不超过总经费的1/3,而公共部门负担2/3。随着城市化进程,工部局用于修筑道路的经费越来越多,其中大部分支付在购买筑路用地上。相应地,修筑一条道路,相邻地产业主会从中获取巨额的收益。有听闻工部局将要筑路的消息,地产投机者会提前购买土地,囤积起来以期待获得超额收益。纳税人大会通过的筑路费用由公共部门和私人共同负担的规定,使私人产业主为因道路修筑而获得的超额收益支付成本,遵循了谁得益谁支付的原则。这一条规定也使工部局、道路旁产业主的利益趋向一致,容易对道路用地出卖者形成压力,在一定程度上缓解了公共用地所面临的"拒绝问题"[17]。

在财政风险之外,越界筑路还面临着一个风险,那就是路权的争议。早期华界地方政府对工部局越界筑路的态度耐人寻味,而历届华界地方政府对工部局越界筑路的态度都不相同。如果华界地方政府对工部局越界道路用地征收,这意味着承认了工部局对越界道路的权利。例如,1885 年,工部局收到领袖领事转交的中国政府要求对界外筑路用地征税的信件。⑱尽管工部局以当年预算中没有这笔支出而推辞,但华界地方政府对界外公用土地征收捐税无疑是承认了工部局对界外土地的占用权。道台有时对工部局越界筑路是支持的,这加快了工部局越界筑路的步伐。例如,1898 年工部局修筑到靶子场的道路,"会上宣读了蔡道台来函的译文。该函通知工部局,因有某些困难,致使由吴淞路通往新靶子场的筑路工程难以实现,但是道台乐意在另一条与工部局工程师原定稍有不同的路线上,使道路得以延伸。……这一点总董认为非常重要,工部局应利用道台的这项允诺在租界界外筑路。他建议应立即向道台提出申请修筑两条新路。一条从杨树浦到吴淞,另一条从麦根路到极司非而路。他认为,首先,工部局应提出修筑并维护这些道路的意愿,如果道台不同意,就请他自己去办这些事"⑲。华界地方政府在筑路上能力的缺失无疑给工部局界外筑路和扩张租界以机会。

但在华界地方自治兴起后,工部局越界筑路风险加大,例如前文讨论的釜山路延伸问题,为了避免路权争议可能损害工部局的威信,在没有租地人实际利益牵涉的前提下,工部局放弃了延伸道路的计划。但是期待当时的华界政府真正对租界扩张和工部局越界筑路有所制约是不现实的。1925年,法租界公董局增加了两名华人代表,工部局董事会对工部局增加华董一事评论道:"目前不可能在工部局董事会增设华董。全体一致认为增设华董一事是行不通的。总董说,他认为增设华董确实会造成严重的威胁。总办讲到法国人业已同意准许两名华人参加公董局作为对越界筑路的交换条件,但是,这两个人只领酬劳,从不参加公董局会议,在刊印的董事名单上也没有他们的名字。不管怎样说,法租界公董局仅仅是一个咨询机构,而法国领事馆才有统治权。"⑳又如,关于 1925 年工部局西区越界筑路问题,《工部局董事会会议录》记载:"总裁报告说,一位可望不久将被正式任命为民政长的代表曾拜访过他,并询问工部局是否希望继续执行沪西的马路体系,在那种情况下,一当他被任命,他将立即着手与当地官员和村民协商,使他们不致设置障碍。预期民政长将为他的介入提出某种报酬,虽然到目前为止尚未提出过任何有关数额的问题。经过讨论后,董事们责成总裁通知民政长的代表,工部局打算着手购置为完成已批准的马路计划而必需的土地。"㉑从这两件事情来看,对工部局越界筑路真正构成风险的事件并不多,远远不及越界筑路和租界扩张给工部局带来的财政风险大。这是不得不承认的事实。

第三节　工部局筑路用地的获取方式

一、免费获得土地

（一）私人捐赠土地

在工部局筑路的早期，租地人通过出让筑路用地能获得临街土地进而促进地产升值，因此有动力免费出让土地支持工部局的道路建设，而工部局需要配套治安、卫生、道路维护等。工部局和租地人的利益交换达成了双赢的条件，促成了公用道路这类公共品的提供。例如，前文提到过的1881年工部局延伸熙华德路一事，地产业主为争取工部局道路通过土地而免费出让道路建设用地。[22] 又如，1881年延伸文监师路，"徐雨之来信说，如果能立即修筑一条连接文监师路和乍浦路的马路，他愿意免费让出一长条筑路所需的地皮"[23]。而1881年工部局计划在虹口浜筑堤，工部局直接发信给虹口浜地产业主询问"如果纳税人会议授权工部局在虹口浜筑堤，他们是否愿意免费出让筑路所需地皮"[24]。工部局有时也会利用地产业主争夺道路而降低筑路费用，最明显的是1883年四川北路的延长问题，当时有两种方案，一种是填没河浜费用1 500两，另一种是怡和洋行愿意免费让出土地来修建一条马路，这条马路差不多同另一条马路同样方便。怡和洋行出让土地的原因是因为将获得两块临街的空地，工部局写信给另一条路的地产业主："如果愿意填平河浜并让出土地的话，工部局将修建这条马路。如果他们拒绝这样做，则决定修建另一条马路（怡和洋行的路）。"[25]

在工部局筑路早期，这种附带条件捐赠土地的案例并不鲜见。业主拒绝出让土地会影响道路的曲直，而业主捐赠土地不仅决定道路的曲直，也决定了道路的走向。但私人捐助土地只能发生在筑路早期或者修筑全新的道路的时候。在筑路后期，工部局希望拓宽或者削掉马路的转角都非常困难，有时工部局不得不为一小块土地支付极高的代价，甚至不得不放弃修路计划。这是公共租界土地私有产权下道路修筑的独特现象。

（二）原有公用道路改造

工部局接管虹口后，第一项工作就是绘制地图，标明公用道路和私路，公用道路作为公共财产归工部局名下。还有一些道路，因工部局维护，而获得公用道路的身份。例如，1881年麦克莱恩反对工部局沿苏州河装置栏杆，除非董事会获得他的许可。工部局则指出："麦根路原来是一条拉纤小道，后来被修建成为一条军用马路，多年来一直是使用公家的基金来加以改善并保持良好状态的,因此工部局无权予以放弃,由于这栏杆是应迪卢加伯爵为了那些使用这条马路的人们的安全和方便的要求设置的,董事会希望麦克莱恩先生不要反对它的设置。"㉖公用道路的权属是非常重要的,如果没有公共机构有效维护,便会发生各种侵占,最终被私人占有。所以,对公用道路,工部局大多如麦根路一样,投入维护经费,清扫道路维护清洁、点燃路灯以及派驻巡捕,维护公众的使用权。

(三)私路变为公用道路

私路的主要发展时期是在工部局时代之前,私人码头、私人电报、电话线杆都有和私路一样的属性。它们率先在租界发展起来,满足私人对这些公共品的需要。在租界发展初期,公共权力机构还没有成型,租界的公共品供给是依靠私人提供并私人专属使用的。在路网上,除了公用道路外,私人产业主在自己的地产之间开辟私路。工部局成立后,逐步接管私路,将其变为工部局所有,为公众所用。工部局接管私路是有条件的,道路具有价值工部局才会接管,而道路的价值在于沟通。1875年有人提议工部局接收穿越一租地人地产的私路,工部局拒绝,因为这条路哪里也不通。

"私路"是一个复杂的概念,可以用不同的方式界定其权利的边界。第一种情况,道路的所有权和使用权都专属于私人,其他人不能使用;第二种情况,道路的所有权属于私人,但在所有权人同意下,公众可以使用私路,即私路公用。公用道路和私路是相对的,公用道路是允许公众使用的道路,但其产权不一定归属于工部局。私路在使用上也可能有专属性,但其产权也可能是公共的。如工部局有自己的私路,其产权属于工部局,但道路却是归巡捕专用。其他人使用这条道路就侵犯了工部局的利益。在工部局时代,很多私路交由工部局管理,但这一切并没有改变私路的私人产权属性,很多私路一直保留到租界后期。

二、购买筑路用地

租界建立后,上海形成了一级和二级两个层次的土地交易市场。一级市场主要进行从中国原住民手中转租土地并申请道契的交易,二级市场主要进行道契土地之间的买卖。工部局在这两个土地市场上的交易行为有着比较大的差异。

在1911年之前,工部局在一级市场上的购地情况,根据杜恂诚的研究,"工部局是租界内的权威组织,工部局如果自己出面购买大片土地,肯定会引起卖方哄抬地价,所以,如果需要较大量购地,工部局常自己不出面,而由别人代购"㉗。工部局通过别人代购可以减少"拒绝问题"出现。有时,工部局也会根据租界扩张计划提前安排获得修筑道路的土地,例如,"1895 年 10 月,工部局获知信息,外国领事们将向中国当局交涉租界扩展计划,如果此事得到实现,则界内地价必将大幅度上涨。有人建议乘当时或许可以按每亩 100 两的地价买进的时机,立即收购筑造新路所需的地皮。工部局同意这项建议,指定专人负责购进从徐家汇到极司非而路修筑一条道路的地皮。同时,计划购置土地,修建一条从公墓到徐家汇路之间与它西边的路平行的马路,以便使从静安寺来的马车得以分流。但这几次收购在《道契》资料的第一次申领记录中并未得到体现,可以肯定是由别人出面代购了土地"㉘。可以看出,工部局在一级市场上的土地交易主要采用代购的方式。

但对 1911 年后工部局购地活动,我们知之甚少。1926 年上海县知事公署发布《洋商租地一律购用官契之县示》,大意是原来洋商租地,居间者多是地保,地保将特别购买的"永租契"(perpetual lease document),转变为所有权证书——道契(Title Deed),但并不报县登记,洋商和卖地人因此受到压榨。为保护交易双方及管理权(sovereign right),地保应到县购领《上海洋商租地出租契纸》,每张"大洋五角"(鹰洋 0.50 元),双方业主填写后,送交县公署查验,贴印花,该验讫印后方可送交会丈局转契。原坊间契纸作废。1926 年 6 月 15 日后实行。㉙从上海县发布的这个告示来看,华界地方政府对一级市场土地交易的控制力是比较弱的。而从工部局购地规则在 1904 年和 1928 年的变化来看,上述上海县发布的告示达到了目的,但其对工部局买地的干预,依然是微乎其微的。

工部局曾经于 1904 年和 1928 年两次修订买地规则。从这两份买地规则来看,工部局特别强调产权的明晰,对土地面积的确定,仅相信工部局工务处的测量结果。1928 年购地规则比 1904 年购地规则增加了对田地产业所有权凭据有争议的情况的处理,其他则无明显改变。可以说,对购地规则的制定,工部局握有全部的话语权。

从一级市场的具体买卖活动上看,工部局主要依赖华人在一级市场上购买土地。一份"迁拆房屋契据"显示,在契据上落款的包括土地卖家、地保、委办以及代笔人,委办即为工部局的代表,工部局并未有职员直接出面。㉚委办人的作用值得关注。在这笔交易中,委办人为费晋卿。1904 年《工部局买地章程》规定,"凡有华人以及中人地保会丈处等一切费用由失主付清其该处查察华文地单以及领事公署注册费用则由本局付清","除本局所用中人或经手人外或一切中费本局一概不付"。㉛1928 年《工部局置买地产章程》规定,"凡应付之华人及居间人并地保会丈处等项费用,均归卖主付给,应付之会丈处查验华文地契暨领事公署注册等项费用,均归本局付给",

"本局置买地产,除对于经手之经纪人及代表外,任何中费,概不付给"㉜。从这些规定猜想,费晋卿作为工部局委办,能够从工部局获得应得的收入。然而,在给工部局总办濮兰德的一封信中,费晋卿索要代办费 500 两银子,强调虽然不辞辛劳为工部局办事,但不能获得相应的报酬。㉝这又难免让人怀疑费的身份。在另外一封信中,费晋卿代界外华民陈情:"租界以外所有开筑马路之处,余地因无人购买,乡民已困苦异常。今马路内之粮,实由地保并业户赔垫完缴,更觉吃苦怨恨。然亦不忍累及子民。况该地完粮甚轻,每亩约钱三百余文,约计所筑马路之地不过二百五十亩左右,每年完粮约共洋一百元之数,可否商恳恩准,即将曹家渡之平宁路及路皮,康路虹桥路等处先行完粮,以免累及子民赔垫尔"㉞。在这里能看到卖地者因为经济利益格局改变所处的状况并不乐观,而费晋卿作为代办人沟通双方的需求,其身份也处在代表华人和工部局两者利益的边缘,很难明晰其地位。从这些个案可以看出在一级土地市场上,工部局购买土地改变了原有土地所有者的经济地位。相比于工部局和大块土地的拥有者,界外未开发地域的原住民在卖地之后,并不必然能够改变自身的经济地位,而"卖地的中国原住居民由于信息蒙蔽,他们是早期城市化过程中得益最少的群体"㉟,此言则不虚。

在一级市场上,工部局购地占据优势,但至少在形式上,工部局尊重私有产权,如在"迁拆房屋契据"中需注明"此系自愿并非霸占"㊱。在二级市场上,工部局不仅尊重私有产权,还注重支付合理的对价,这和一级市场上的买地行为不同。比如,在 1922 年工部局购买第 85 号册地时,工务处长向总办表达了这样一种观点:"在土地估计价格能够反映实际土地价值的情形下,按照一般原则即估计价格确定工部局购买土地的价格是合理的,但现实是土地估价不能反映实际的市场价值,按照'诚意出卖'(bona fide sales)原则,买卖价格经常出现 4—5 倍于市场价格的情况。在这样的情况下按照估价买卖,必定会导致失败。"㊲但这件具体的买卖最终落入地产委员会的仲裁中。工部局为 85 号册地出价 10 000 两,而买主要价 16 000 两,两者不能达成一致,工部局提交地产委员会仲裁,工务委员会认为,既然提交仲裁,那么根据原有估价出价 9 000 两,比此前购买出价降低了 1 000 两。还有一次,工部局购买了两块相邻土地,一块均价是另一块的 2 倍,因为前者报价就高于后者。对此事工部局董事会甚觉不妥,认为对出价低的人不公平,因为两块土地是一样的。工部局这样的态度和在一级市场上购买土地的情形判若两人。这里面可能有两个原因:一是在二级市场上土地交易的信息是相对公开的,尤其这个案例当中,如果两位卖地人交流出卖信息,恐怕会引起争议;二是二级市场上土地交易者比一级市场上土地交易者更加具有谈判力,在这样的争议当中,工部局没有特别优势,而很可能面临声誉损失。

路网成熟后,工部局改建或者拓宽道路面临着较高的成本,常常会遭遇"拒绝问题"。在二级市场上,工部局购买土地的价格总体以估价为准,但实际成交价格却往往取决于市场。在发生矛盾时,工部局会向地产委员会申诉以便能以相对合理的价格获得土地,但与一级市场相比,工部局支付的价值不菲,甚至根本无法获得土地。根据杜恂诚的研究,"随着地价的上涨,工部局在二级市场购地修路的代价也越来越高,有时只好放弃最优方案,而采取次优或替代方案"㊳。然而,对在二级市场上面临的被动局面,工部局也并不是坐以待毙的。

三、强制征收土地

面对土地开发中的"拒绝问题",几乎所有公共机构都可能谋求获得强制征收权,工部局也未能例外。工部局获得了有约束的土地强制征收权。如何区分强制征收权的有约束和无约束? 从严格意义上讲,强制征收权都是附属在一定条件之内的,都是有约束的强制征收权。但约束的强度的不同,其实造成了征收权的性质的不同。如果在规定上没有明确指明在何种情况下可以强制征用土地,那么可以认为强制征收权是没有约束的,而工部局的公用土地强制征收权附属在一系列前提条件下。

1941 年,租界面临洪水威胁,工部局希望能够修理下水道以便做防洪准备,但面临没有土地建立泵站的问题。工部局总办向律师征询在《土地章程》及《附律》的规定中,如何使工部局通过强制征收权获得土地。律师回复指出在《土地章程 6a》中有几种情况工部局可以使用强制征收权:(1)修筑新路。(2)延长或拓宽道路。(3)已经被公共工程占用的土地的扩大。(4)为公共卫生而获得土地。㊴

在这一事件中,律师告知工部局可以通过第四条"为公共卫生而获得土地"的规定获得土地。从这一案例可以窥豹一斑。工部局在土地强制征用权使用中是为公共利益的,仅有以上四种情况下可以使用。

关于工部局强制征收土地的信息并不非常多,这也是以往研究中几乎未曾见到工部局在土地获得上具有强制征收权的观点的原因。1907 年,工部局制定《补偿条例》(Law of Compensation),条款(a)是关于强制(compulsory power)征收土地的补偿问题。1925 年,工部局又着手制定对强征土地的特别补偿规定。㊵这证明了工部局强征土地的现象是存在的。上文关于 85 号册地提交的仲裁,工部局获得了强制征收权,但对补偿问题有争议,"根据 1919 年法案(ACT 1919),强制征收的土地可以不支付补贴。但工部局怀疑土地委员会会支持这一观点,因此责成工务处长制定备忘录,并确定给强制征收土地以补偿"[41]。从这里可以看到,对强制征收的土地,工部局需要提交地产委员会仲裁。其实,地产委员会的裁决决定了土地能否强征以及强征后的补偿标准。例如,1925 年,第 360 号册地强征后的补偿价格超过估价的两倍,第 18-E 号册地补偿则为每亩 66 000 两,高于估价 28 000 两(估价为每亩 38 000 两),而第 693 号册地工部局仅在估价基础上加价 10%(作为强制征用的补偿)。[42]这些都是根据地产委员会的裁决作出的补偿。工部局土地强制征收中地产委员会的作用值得注意。地产委员会由纳税人大会选举,工部局购地或强制征收土地时矛盾争议的解决都依赖地产委员会的意见。这样一个争议的缓冲机构,成为确定公共利益和私人利益边界的重要机制,对工部局购地和征地行为也有着重要的约束力。

第四节　工部局筑路与租界独特的道路形态

近代上海公共租界建立在一片荒地之上,道路是紧缺而昂贵的公共品,而租界的扩张和道路的延伸紧密地联系在一起。在短期内,工部局筑路获得巨大的成绩是有原因的。工部局筑路成功的原因在于筑路过程中公共利益与私人利益的协调。日本学者奥田昌道指出,现代一切土地问题的基础,都是从土地所有的社会利益与个体私益之间的对立和调适上展开。[43]与当前城市化土地开发过程中公与私的对立不同,工部局充分利用了私人土地所有和公用道路修筑的利益一致性,形成了独具特色的筑路用地获取方式。总体来看,工部局筑路及用地获取有如下特点:

第一,工部局在道路建设中着重对私人产权进行保护,这体现在公用道路的产权性质上。公共租界道路的产权是租地人之间、租地人和工部局之间达成利益交换协议的结果,而不是借助于强制权力形成的绝对所有权。所以,公共租界土地的私有权属性明显。这也是为什么租地人一再通过界外租地扩张租界的原因——除了能够获得地价间的差异之外,租地人还能受到工部局的产权保护。这一点构成的激励对租界的扩张具有至关重要的作用。对于市政建设而言,具有强制性的"国家征用权"固然重要,但能如工部局一样通过市场机制获得土地使用权,能保证制度的激励性,对维护市场经济中经济主体的平等地位至关重要。

第二,工部局着意保护产权,但面临"拒绝问题"时并不是完全坐以待毙的,这体现在特定条件下工部局也有强制征收土地的权力。对于工部局来

272

讲,对产权的保护是重要的,但产权是可以定价进而买卖的。对土地的强制征收权实际是在产权协议无法自愿达成时,在"公益"与"私利"之间划一条分割线。在城市扩张和经济发展中,不能因为业主的拒绝便使政府的"公益"行动坐以待毙,但也不能给政府赋以无限的征用权。强制征用权的合理性确立于强制征用权的具体适用对象的确定,而如地产委员会这种第三方的权威仲裁机构也赋予强制征收以公平公正。

第三,在一级土地市场和二级土地市场,工部局购买土地的行为具有不同的特点,反映了在信息不对称和谈判力不对等的情况下,华人原住民在土地交易中不能获得经济发展带来的土地增值收益,而租地人或其他土地炒卖者则能获得公平甚至超额的地价收益。而这两个市场的形成,则源于近代中国社会贫弱的状况,以及传统土地制度向私有产权制度转向过程中两个市场各自存在信息不对称问题。通过这些分析,不难理解公共租界道路形态具有特色的原因。

注释

① 邢建榕:《早期道路交通建设与近代上海城市发展》,载上海市档案馆编:《上海档案史料研究》第三辑,上海三联书店 2007 年版,第 40 页。

② 王铁崖编:《中外旧约章汇编》(1),第 80 页。

③ 王铁崖编:《中外旧约章汇编》(1),第 80—81 页。

④ 王铁崖编:《中外旧约章汇编》(1),第 299—307 页。

⑤ 王铁崖编:《中外旧约章汇编》(1),第 299—307 页。

⑥ 上海市文史馆、上海市人民政府参事室、文史资料工作委员会编:《上海地方史资料(二)》,第 50 页。

⑦ 上海市文史馆、上海市人民政府参事室、文史资料工作委员会编:《上海地方史资料(二)》,第 50 页。

⑧ 上海市档案馆编:《工部局董事会会议录》(21),第 725 页。

⑨ 上海市档案馆编:《工部局董事会会议录》(21),第 725 页。

⑩ 王铁崖编:《中外旧约章汇编》(1),第 293 页。

⑪ 上海市档案馆编:《工部局董事会会议录》(21),第 709 页。

⑫ 王铁崖编:《中外旧约章汇编》(1),第 293 页。

⑬ 上海市档案馆编:《工部局董事会会议录》(3),第 627—628 页。

⑭ 吴俊范:《租界档案:近代上海城市环境研究价值及其应用》,上海市档案馆编:《上海档案史料研究》第三辑,上海三联书店 2007 年,第 143 页。

⑮ 上海市档案馆编:《工部局董事会会议录》(14),第 593 页。

⑯ 上海公共租界西人纳税人年会与选举工部局董事及地产委员的材料,1905 年至 1906 年,U1-1-835,上海市档案馆藏。

⑰ "钉子户"就是拒绝问题的典型案例。不论有没有公平价格的存在,拒绝问题却总是存在的。尤其是在周边土地已经开发,而仅仅剩下少部分土地没有获得土地产

权或者使用权的时候，拒绝问题最容易发生。市场机制及国家强制征用权都是基于拒绝问题而产生的应对办法。参见［美］霍尔库姆：《公共经济学：政府在国家经济中的作用》，第118—119页。

⑱ 上海市档案馆编：《工部局董事会会议录》(8)，第625页。

⑲ 上海市档案馆编：《工部局董事会会议录》(13)，第572—573页。

⑳ 上海市档案馆编：《工部局董事会会议录》(23)，第570页。

㉑ 上海市档案馆编：《工部局董事会会议录》(23)，第609页。

㉒ 上海市档案馆编：《工部局董事会会议录》(7)，第737页。详见第十三章第三节(三)。

㉓ 上海市档案馆编：《工部局董事会会议录》(7)，第751页。

㉔ 上海市档案馆编：《工部局董事会会议录》(7)，第750页。

㉕ 上海市档案馆编：《工部局董事会会议录》(8)，第508页。

㉖ 上海市档案馆编：《工部局董事会会议录》(7)，第737页。

㉗ 杜恂诚：《晚清上海租界的地价表现》，《史林》2012年第2期。

㉘ 杜恂诚：《晚清上海租界的地价表现》，《史林》2012年第2期。

㉙ 上海工部局工务处关于制定"让地补偿法规"和修改"买地章程"的有关文件，U1-14-7172，上海市档案馆藏。此处大洋五角是指鹰洋0.50元，原档案中，中文文件仅说"大洋五角"，当时货币种类很多，对比英文文件标注为0.5 Mex，因此可知是鹰洋0.5元。

㉚ 上海公共租界工部局工务处关于出让土地给工部局的契约，U1-14-5776，上海市档案馆藏。

㉛ 上海工部局工务处关于制定"让地补偿法规"和修改"买地章程"的有关文件，U1-14-7172，上海市档案馆藏。

㉜ 上海工部局工务处关于制定"让地补偿法规"和修改"买地章程"的有关文件，U1-14-7172，上海市档案馆藏。

㉝ 上海公共租界工部局工务处关于出让土地给工部局的契约，U1-14-5776，上海市档案馆藏。

㉞ 上海公共租界工部局工务处关于出让土地给工部局的契约，U1-14-5776，上海市档案馆藏。原文无标点。

㉟ 杜恂诚：《近代上海早期城市化过程中的农田收购与利益分配》，《中国经济史研究》2012年第3期。

㊱ 上海公共租界工部局工务处关于出让土地给工部局的契约，U1-14-5776，上海市档案馆藏。

㊲ 上海工部局工务处关于制定"让地补偿法规"和修改"买地章程"的有关文件，U1-14-7172，上海市档案馆藏。

㊳ 杜恂诚：《晚清上海租界的地价表现》，《史林》2012年第2期。

㊴ 上海工部局工务处关于制定"让地补偿法规"和修改"买地章程"的有关文件，U1-14-7172，上海市档案馆藏。

㊵ 上海工部局工务处关于制定"让地补偿法规"和修改"买地章程"的有关文件，U1-14-7172，上海市档案馆藏。

㊶ 上海工部局工务处关于制定"让地补偿法规"和修改"买地章程"的有关文件，U1-14-7172，上海市档案馆藏。

㊷ 上海工部局工务处关于让地补偿通则，U1-14-7099，上海市档案馆藏。

㊸ 张珵：《土地征收基本问题研究》，知识产权出版社2013年版，第5页。

274

第十三章　工部局对公用事业的监管

现代意义上的公用事业包括自来水、电力、电话、煤气、公共交通等，它们都是准公共品。准公共品是一些独特的公共品，可以通过较低的成本进行排他进而向用户收取使用费，且在一定水平上，公用事业品的竞争性不强，或者说要有足够多的使用者才可能发生拥挤。这些特点使公用事业可以通过公共机构委托私人资本经营。特许权制度就是准公共品私人提供中广泛应用的制度。特许权制度下的准公共品提供具有两个重要特征：垄断和涉及民生。因此，任何一个公共机构在公用事业行业的发展上都肩负着两种使命：扶持与控制。这些产业初设时固定成本高，退出门槛高，因而投资风险大，公共机构在其发展中要么提供资金支持要么提供政策支持。特许权制度是政策支持的一种。"特许经营是指由政府授予企业在一定时间和范围内，生产并经营某种公共产品的权利，并准许其向消费其产品的消费者收取一定的费用，以弥补投资回报并获取利润的一种制度安排。"①

在近代上海公共租界，工部局通过特许权制度，对公用事业行业的发展提供政策支持。工部局政策支持的主要手段是通过授予唯一的经营特许权，赋予公用事业公司垄断经营权进而保障其收益权，这样私人资本有动力进行投资。然而，特许权的授予意味着对垄断的保护，因此，在兼顾民生的目标上，公共机构有第二个责任，即对垄断的监管。工部局对垄断的监管在不同的公用事业中程度不同。此外，这些公用事业在公共租界租地西人的需求上，并不具有同等的地位，需求迫切的，建立较早，如自来水事业等；而需求次要的，如电车事业，兴起相对较晚。而且，工部局对这些行业初始时的态度也不同。有些大力支持，甚至工部局要求自己兴办，而有些工部局一再拒绝其引入租界。当然，在这些公用事业公司建立起来后，除了电力事业工部局直接经营过一段时间外，其他行业都是通过特许权制度管理的。这些行业享受的特许权待遇不同，但都保证了一定程度的垄断经营的权利，使得这些行业逐步发展起来。

特许权对公用事业行业来讲,是经营权的来源,而对工部局来讲,特许权是维护租地西人利益的工具,更是工部局扩大财政税收的工具。特许权涉及多个集团的利益分配问题,租地西人、公用事业公司和工部局各有其利益诉求。在华界地方自治兴起后以及法租界公董局谋求公用事业独立发展的竞争格局下,工部局的特许权制度受到挑战。然而,受制于规模经济和成熟的特许权制度,工部局的管理权威并没有受到根本性的撼动。华界、法租界和公共租界在公用事业发展的问题上,既对抗又合作。

探讨工部局公用事业特许权制度也有着重要的现实意义。在现代公用事业经营的问题上,公营还是私营是个重要的问题,且由于不同行业公共品的性质不同,即便都引入私人资本,其监管方式也不同。在近代上海公共租界,通过特许权制度,工部局一方面解决了公共品提供过程中资金不足的问题,另一方面也通过特许权协议条款控制公用事业品的价格和服务质量,实现了租地西人利益的最大化。可以说,特许权制度是适应公共租界市政管理的有效制度,而工部局公用事业特许权实践给当代城市公用事业引入私人资本提供了一定的经验参考。

第一节　公用事业特许权制度的运作机制

一、特许权的权力来源

关于工部局授予公用事业特许权的权力来源问题,唯一的讨论见于1873年工部局董事会关于吴淞路(电车)公司申请使用工部局马路尝试建立电车的讨论中。从工部局董事会会议记录上看,工部局法律顾问伦尼曾在1873年纳税人大会上对工部局授予特许权的权力表示过怀疑,而吴淞路(电车)公司发出申请后,董事会决定再次咨询法律顾问的意见。然而,法律顾问伦尼的意见无法寻见,因为"(工部局董事)会上并未宣读伦尼关于市政当局是否具有为该公司使用租界马路路面而颁发任何专有特许权的意见,会议一致通过决议:不应将该意见记入会议记录,且除了总董和帮办外,不得让其他人知晓"②。工部局董事会的会议记录是有选择性地公布的,但很少出现这种有选择性地记录的情况。法律顾问的意见最终被隐匿起来,可能主要是为了避免对工部局权力的质疑。跳过了法律顾问的建议,并不意味着工部局随便地行使授予特许权的权力,与这种想法相反,工部局在授予公用事业公司经营特许权时,一般都经过纳税人大会批准才签署特许权协议,且特许权的受让人一般是经过比较激烈的竞争才能入选。

那么,特许权一般包括什么内容? 在对吴淞路(电车)公司申请的讨论中,董事会对几个问题表示关注:

（1）公司发起人和理事名单。

（2）公司为取得特许权打算向市政方面付出若干税金。

（3）供应计划:部件(分段的铁轨)和图样,特别是客车和货车的图样。

（4）车厢的规格和宽度(外围)。

（5）你们是否拥有此类报告。③

（6）目前建议的轨道线在租界范围以内所经过的马路的名称以及各仓库的位置。

（7）建议行驶的车辆的数目,一天当中行驶多少小时以及客车之间相隔的时间(尽可能接近实际)。

从这里看,工部局一方面关注特许权费,另一方面关注具体的运营,后期的特许权协议又增加了捐税协议、界外权利方面的条款,愈加复杂。而后来特许权费通常转变为公用事业公司给工部局的股份,工部局一方面获得红利收益,另一方面也增加了控制权,还保证了工部局与公用事业公司利益一致。

在公共租界公用事业经营中,为什么会有特许权管理这种方式的存在? 为什么工部局不亲自兴办这些事业? 对很多行业,工部局曾多次表达自己兴办或通过购买经营公用事业的意愿,比如自来水公司、电话公司等。但一位董事一语道破天机:纳税人不会事事承担经费。这是特许权经营方式存在的原因。而当时英国本土的公用事业,一般是政府经营的。何廉在《财政学》一书中特意讲到英国的市营公用事业:"市府营业之范围,各国彼此互异,在英格兰与威尔斯之城市,其所经营之企业约九种,即自来水、煤气、电灯、电车轨道、市场、公共浴所、工人住房、墓地及港口等是。英国城市工业之发达,以 1885 年至 1915 年为最速,在此三十年之中,城市所欠之债,增加甚巨,此项借款,大率用以支付公营之事业。就财政方面而言,过去均多亏短,虽各业间有余剩,要之从长计算,均不足以资抵补。近年以来,煤气、电力及市场各业,虽多获盈利;而自来水、港口、墓地等业,则仍多亏累。"④ 而工部局特许权制度一方面给私人公司以专营权,保证公司的投入和收益,进而吸引私人资本的投入;另一方面通过特许权协议,工部局可以控制产品价格和质量,却不必参与具体的企业经营决策。这是公共租界时期公用事业蓬勃发展的原因。相比英国本土的公用事业管理,特许权制度让工部局在没有财政负担的情况下发展了公用事业。

在公用事业管理中,还有一种许可证,用于控制公用事业公司开挖路面、铺设管道、架设电杆、接通水管等的工作。早期,工部局对许可证制度的管理比较缺乏经验,如工部局曾经对上海煤气公司颁发总的许可证。这种"总的许可证"放松了对煤气公司的控制,后来因为煤气公司掘毁道路的情况常常引起人们的指责,工部局考虑收回总的许可证,甚至只有在修路时候才能改动煤气管道。⑤可以看出这种许可证的性质和特许权不同,特许权强调专利权,或者称之为唯一经营权,而许可证则是某项特定工作的许可。许可证颁发在一定程度上能影响特许权的行使。因为公用事业行业所具有的规模经济效应,更早进入市场的企业更容易成为行业的领导者,相对于有竞争性的后来者,先获得许可证意味着获得了市场,例如,工部局出于对上海自来水公司特许权的保护而对闸北自来水公司不颁发铺设总管的许可证。许可证成为特许权保护的一个手段,而实际上许可证制度也是工部局监管公用事业工程建设的手段。

二、特许权的竞争性授予

特许权虽然授予公用事业公司垄断经营权,但特许权本身却是竞争授予的。这种竞争性主要体现在特许权招标制度上。德姆塞茨认为,"在竞标阶段如果能保证充分的竞争,特许权将会被授予给能提供性价比最优的一揽子产品的公司",且"报价最低的投标者应该中标,而最低的中标价格并不就是垄断价格"⑥。德姆塞茨的观点改变了以往经济学对垄断和管制问题的认识,同时也给工部局公用事业特许权制度的效率以佐证。尽管工部局的特许权制度在当时并没有经济理论的支持,但在市政招标实践上,工部局确实努力保证特许权招标的竞争性,同时,中标者往往是能以最低或次低价格提供一揽子服务的投标者。⑦

工部局公用事业特许权招标处于招标制度的早期,工部局对特许权招标的经验也并不多,主要参照英国本土和香港公用事业的管理经验。工部局特许权招标有几个特征:一是全球招标,工部局在美国、英国和西欧主要城市都发布招标广告;特许权投标能保证一定程度的竞争性,这主要体现在投标人的数量上一般都超过两个;工部局对中标者的选择倾向于本地公司;工部局努力保持招标的程序公平性,如不接受超过截止日期的投标等等。

实际上,很多行业在工部局授予特许权之前已经逐步发展了很多年,除了自来水、电车行业由直接的特许权招标引入外,煤气、电话行业都已经在租界由私人自主经营了很多年,而后来遇到一些问题,工部局通过特许权制度对其进行整理。到1929年工部局出卖电气处后,公共租界所有的公用事业都是通过特许权制度管理的。

公用事业经营特许权的授予需要纳税人大会同意,工部局需要在纳税人大会同意的条件下授予特许权和签署特许权协议,工部局有审查公用事业公司和谈判的权利。特许权的签订能反映租地西人和工部局的偏好,而因为偏好的不同,不同行业获得的特许权益是不同的。

（一）自来水行业的经营特许权

自来水对改善租界的公共卫生至关重要,在自来水公司的发展上,工部局非常主动。1867 年,董事会筹划为租界供给自来水而发行公债,拟向纳税人提议筹集 50 万两。这在当时不是一个小数目,工部局 1868 年财政总收入为 309 492 两,兴建自来水公司远远超出工部局的财政能力。而此时,对私人铺设自来水管,《土地章程》及《附律》都没有规定。1872 年,工部局要解决的问题集中在能否委托私营公司埋设水管。在财政能力不足的情况下,工部局开始考虑引入私人资本。1875 年,董事会开始研究建设自来水厂的方案,但没有确定是由工部局修建还是选择私人企业经营。1876 年,工部局开始着手选址及制定筹措资金的计划。董事会认为应该由私人兴建,工部局有权决定供水的最高价格,且工部局有权在若干年后获得自来水公司的所有权。这一原则一直贯穿在工部局对自来水公司的监管中。然而,实际上,工部局对自己是否有权兴建自来水公司或者对私人兴建自来水公司如何监管,还不明确,所以先前的工作只是一种准备。直到 1880 年,纳税人会议赋予工部局审查私人自来水公司方案的权力,筹建自来水厂的工作才正式提上日程。而此时,对破开路面铺设自来水总管的申请,工部局没有权力批准,需要提交纳税人会议决定。经过特许权招标,1880 年末,工部局与上海自来水公司签署协议,自来水公司开工建设。合同要求自来水公司在 1883 年 3 月 31 日前完成自来水厂的建设,向公众供给清洁用水,否则罚款 5 000 英镑。⑧尽管自来水公司有所延迟,但最终在 1883 年开始供给清洁用水。

工部局对自来水行业经营特许权授予经历不算曲折,采用招标方式获得了自来水厂的供给信息,最终经过纳税人会议决定了特许经营权的对象。自来水行业的发展和特许权顺利授予密切相关,在特许权保护和工部局董事会的支持下,自来水行业迅速在上海发展起来。

（二）电话特许权

电话经营特许权被授予之前,电话行业已经在租界发展了几十年,各电话公司之间相互竞争,也有大洋行自行架设电话线。电话经营特许权的授予充满曲折。公共租界电话事业发展不顺、服务质量不高,和经营特许权授予过晚非常相关。

对在租界架设电话线,工部局采取开放的态度,允许各家公司甚至私人架设自己的电话线杆,因此,从一开始,这个行业的竞争就非常激烈。

1879年大北电报公司向工部局表达要在租界铺设完整电话线路的计划,虽然该公司申请的不是经营特许权,但要求工部局保护其利益,即请"董事会保证在1880年9月10日前,不再批准任何其他人埋设电话网"⑨,对此董事会表示希望该公司能向社会公众公布这一计划,确定可能有多少电话用户,赢得公众支持,然后工部局会提供必要的方便。1881年,大北电报公司申请按照美国和欧洲所采用模式,建立一个电话系统,申请十年期的专利权。几乎同时,东方电话公司也向工部局申请在租界内建立一个电话交换台以及进行一切有关电话通讯系统的工程的许可证。后来,东方电话公司表示撤销申请,而大北电报公司则准备建立电话局,申请20年专利。董事会认为不可能批准任何20年的专利权。⑩旗昌洋行也申请建立电话交换系统。由于特许权较难授予,各电话公司转向向工部局申请架设电话线杆。1881年11月工部局与大北电报公司签署了为在公共租界建立电话交换系统而架设电话线杆的协议。此后,华洋德律风公司和上海电话互助协会仿照大北电报公司条件在租界架设电话线杆。与此同时,私人架设电话也开始兴起,例如,怡和洋行在公和祥码头和办公大楼之间安装私有电话,轮船招商总局架设沿新闸路从上海到徐家汇的电话线路。此外,工部局各捕房、火政处、自来水厂等电话系统,最初中日电话公司⑪提议供给,董事会最后选择由华洋德律风公司提供。

从以上的叙述可以看出,公共租界电话事业保持着多家公司竞争和私人安装电话的状况,工部局对其架设电话线杆的申请,是鼓励的,对电话线杆的所有权也是明确的,即谁架设归属谁。电话事业的发展和公共租界的道路一样,工部局尊重"私路"的修建及权利。然而,道路和电话一样,只有达到一定的规模,才能具有规模经济效应。由于工部局没有限定电话特许权的经营对象,任何人都可以自己架设电话线杆,租界的电话事业必定是私人所有权林立,面临着恶性的竞争。所以,租界的电话事业从一开始就是一张"破碎的网"。从规模经济角度讲,这样不利于行业的发展和服务质量的提升。

随着租界的发展,公共租界的电话服务为公众诟病。1897年,工部局董事会转向电话公司的特许权问题,希望能通过保证经营权的唯一性来改善电话服务质量。而华洋德律风公司提出了很多建议来改善电话服务,前提是工部局要授予15年或21年的经营特许权。此时工部局也通过纳税人大会获得授予特许权的权力,授予电话特许权的条件是"凡能保证按某一固定的最高价格提供良好服务的公司,即授予该公司以经营电话系统的特许权"⑫。董事会决定对电话特许权进行全球招标。中日电话公司、巴塔维亚洋行的投标无法和华洋德律风公司竞争,而工部局无法和华洋德律风公司达成协议。此时工部局甚至有动议请求纳税人会议授权筹集必要的资金兴办一个由工部局管理和控制的电话系统,同时与华洋德律风公司的矛盾达到了最高点,该公司决定撤回对电话特许权的投标。然而,电话特许权招标在1900年发生转折,工部局和华洋德律风公司间相互间作出一些妥协。⑬在此基础上,1905年,工部局决定给予电话公司一项明确的特权,同最近工部局和自来水公司所商定的相类似,而协议最终签订于1908年。

自此,电话行业纳入工部局特许权监管体系当中。从电话事业早期自由竞争的经营导致服务质量低下,到工部局开始考虑电话事业的经营特许权问题,历时二十多年。这个历程表明,在城市或城区的有限范围内,早日授予私营企业一定的专利特权,有利于行业规模扩大,进而达到规模经济。当入网用户达到一定程度,企业才有能力提升优质服务,而公众才能有机会消费更高质量的产品。

(三)煤气特许权

煤气很早就被私人引入公共租界。当时煤气主要用于公共照明,后期才发展出取暖、厨用。公共租界电气事业的发展和煤气相伴在一起,两者的竞争关系使公共照明的费用不断下降,而两者各自的优点又保证了各自行业的发展空间。相比之下,两个行业的发展和公共租界的发展步伐达到一致,在公共总需求的扩大中找到了自己的利润空间。这和电话公司早期之间的恶性竞争形成了鲜明对照。

工部局在使用煤气提供公共照明方面起到了积极的推进作用。1861年上海煤气公司成立,1862年,有租地西人向工部局建议使用煤气向公共租界提供公共照明。1863年,工部局允许私人煤气管道在公共租界铺设。1864年,租界正式引入煤气照明。此时,工部局直接从私人手中购买公共照明,工部局既不提供灯杆也不提供煤气,而是支付煤气公司点燃每盏灯的费用。工部局与煤气公司的合同逐年签订。然而,早期公众对租界照明并不如工部局这样热衷,煤气公司为此决定在南京路免费提供十盏煤气路灯。公众的观念很快转变,而工部局也决定在全租界推广煤气路灯。1867年年末,虹口也开始使用煤气路灯。这样的状况持续数年,此间工部局一直期待能够降低公共照明的价格,但由于对煤气公司缺乏规制能力,一直未能如愿。1873年,请求降低照明费用的要求再次被拒绝,工部局提出了使用马路费用的问题:"作为对公众的一个公正的做法,工部局打算向纳税人会议建议今后该公司在公共马路上铺设其总管道,其年度马路使用费将不低于一千两,并自本月1日起实行。"⑭马路使用费是特许权收费具有合理性的原因。这些马路产权归属于工部局。在租界公用事业中,电报是没有付出使用费的,而其他特许权受让人,都付出了使用费用。煤气公司在租界公共照明中保持着垄断,当时每月每盏煤气灯照明费为5元且不肯降低,工部局不得已采用征收马路使用费的手段,而这也是工部局大力支持电力照明发展的原因。⑮其时煤气管道并不密集,"对距离总管道120英尺以上的地方安装一盏灯被迫收取附加费"表明煤气行业规模经济远远没有达到。⑯当时法商煤气公司要求在租界铺设煤气管道,但其费用高于上海煤气公司。垄断行业的同质竞争,先进入者比后进入者更加有优势,后进入者很难分得一杯羹。1882年,上海煤气公司决定从4月1日起再次降低公共路灯的月度收费,即每盏灯从3.50元降为3.30元,而且还对各工部局办公楼、各救火会以及黄浦花园的煤气费打八五折。⑰就在同一年,电气照明开始引入租界,煤气公司面临电气照明的竞争,其具有的寡头垄断优势不再。为了降低公共照明费用,工部局大力发展电气事业,公共照明领域由寡头垄断变为垄断竞争市场,公共照明价格下降明显。

1882年,布拉什电气公司路灯网作为试验引入租界。随后纽约电灯公司也提出同样要求。工部局对此都持积极态度,鼓励建立路灯网的尝试。煤气公司立即注意到了竞争的危险,率先向工部局表达了自己的顾虑:"如果工部局决定使用电灯,对应考虑煤气公司的要求……多年来,无论是在顺利时期还是艰苦时期,他们为租界提供了照明,从来没有疏忽过,给公众带来了好处。如果电灯公司获得了特许经营权为租界提供照明,则煤气公司就损失在街道埋设14英里长的管道的费用,大约为1.2万元,而在这些街道上是没有私人煤气用户的。煤气公司现在正在进口某些新的享有专利权的灯头,并打算把这些灯头安装在租界重要的地方(这些灯头和英国某些地方所采用的极为相似,那里曾试用过电灯,但最终还是放弃了)。煤气公司目前的全部要求是:工部局慎重考虑所有要求,而且在作出决定以前对这种要求考虑要给予充分的时间。"⑱煤气公司的顾虑不是多余的,电气照明是当时的新兴行业,且工部局对电气事业的支持也不同一般。然而,尽管工部局大力支持电气照明,但电气照明的发展道路比煤气照明更为坎坷。电气照明花费了很多年才取代煤气照明,待电气照明最终完全取代煤气照明时,煤气公司已经发展出其他业务,增加了自己的利润空间。

从1882年开始,租界公共照明采用煤气电气双轨制,这种制度一直持续。一方面是早期电力照明不稳定,另一方面是工部局接管电气事业后,电力虽然获得大发展,但一直供不应求。煤气照明是电力照明的有益补充。

在电气事业逐步发展后,尽管租界对公共照明的需求在扩大,煤气公司公共照明的规模并没有显著的扩大,但价格有所降低。而电气照明的规模在公共租界逐渐扩大,这和工部局对自营的电气事业有特殊政策密切相关,董事会曾表示"只要电气工厂是在工部局的控制之下,只要两种照明工具的成本相差不大,董事会就有责任尽可能地把电气用于公共用途上"。[19]在电气事业逐步发展起来后,煤气公司愈加处于补充地位,工部局很早就确定了主要街道采用电灯照明,而边界地区采用煤气灯照明的原则。[20]之所以工部局一直购买煤气照明也只是因为电气系统供电的压力。然而,煤气公司作为一个公用事业企业,其生存能力是否工部局考虑的呢? 工部局认为降低公用事业行业收费才是符合公共利益的,但在这个问题上,公众利益和私营企业利益容易发生冲突。电气公司与煤气公司的竞争在1910年代日趋激烈,电气不仅在侵蚀煤气照明,还在取暖上和煤气竞争。总董认为不应遏制煤气公司的营利能力(即促使其降价),这是符合租界居民的共同利益的,而有董事会成员认为煤气公司降低费用能扩大企业的经营规模,这符合企业发展规律。

工部局没有把公共照明的权利授予任何唯一的企业,而是一直采用购买的方式提供照明。1901年,上海煤气公司进行重组,1902获得了工部局授予的经营特许权。[21]煤气公司获得了使用公共道路来发展其业务的特权,但并未向工部局提出任何补偿。[22]工部局一直将使用公共道路作为迫使煤气公司降低照明费用的依据。对煤气公司的垄断地位,工部局并没有刻意维持。1916年,煤气公司经营困难,进而要求工部局限制电气公司的竞争,煤气公司建议提高每盏公共照明电灯的价格,限制取暖和烹饪用电价格的降低,禁止对不同用电户给以电费优惠等等,工部局没有采纳这些意见。[23]

从以上描述可以看出,煤气行业并不是如自来水等行业一样,由工部局授予经营特许权而发展起来的。煤气公司的发展起源于公共照明的需求,而公共照明的供给被垄断,其成本会因为垄断而居高不下。在电气照明引入上海后,煤气照明遇到竞争对手,工部局对电气事业努力培植,以便降低公共照明的成本。煤气公司的垄断能力不是工部局的经营特许权赋予的,而是"自然垄断"——通过最早铺设煤气管道形成的竞争优势而形成的。1901年,工部局和煤气公司签订特许权协议,煤气公司所拥有的特许权主要局限在道路使用权上,而且,工部局认为其对煤气公司的作业具有全部的控制权——煤气公司需要工部局许可证才能铺设管道。但煤气公司拥有对私人用户自行定价和收费的权利。㉔在获取降低公共照明费用问题上，工部局主要依赖对道路的控制权迫使煤气公司降低价格。

（四）电车特许权

尽管吴淞路（电车）公司的申请最早引发了工部局对特许权制度的考虑，但电车行业几乎是最后被授予特许权的公用事业。

1870年有租地西人组建公司希望在租界引入有轨"电车"，但当时的"电车"是用马匹做动力的，工部局并不热衷。1872年，董事会表示有轨电车是工部局尚未费心研究的计划。工部局公布了计划，并将决定权放到纳税人手中：要么批准，要么不批准。这与对自来水和电话公司的态度判若两人。1881年，怡和洋行提出在租界引入有轨电车的方案，希望在成立公司前获得纳税人会议批准的许可。不久，道台就通过领事向工部局表达了禁止在租界兴建有轨电车的意见。最终，在1881年7月11日举行的纳税人特别会议上，有关成立上海电车公司、在租界兴建有轨电车路线的决议三通过。从决议内容来看，并没有授予上海电车公司垄断经营权，只是授权工部局给上海电车公司颁发修建电车线路的许可证，并批准了为了修建电车线路而需要兴建的桥梁和道路工程。在有关这个决议的讨论中，明确了一种观点：即工部局没有权力签署特许权协议或者授予垄断经营权（任何期限）。㉕道台继续向领事表示反对有轨电车计划，但领事表示不干涉纳税人会议的决定。然而，这次许可并没有成为租界引进有轨电车的开端。其原因在于一方面工部局当时的路网并没有形成规模，在修建电车轨道前需要修建很多工程，而这不应该是电车公司担负的；第二，当时租界的人口规模，可能不足以通过票价支撑起修筑电车轨道的经费；第三，电车若以电力为动力，当时租界电力事业还在初起阶段，照明尚且不能与煤气公司竞争，遑论用作牵引。这些可能是当时电车没有在租界落户的根本原因。

下一次电车方案的提出则是在1895年，玛礼孙土木工程建筑公司提出在洋泾浜以北租界内安装电车路轨。另外还有公司提出电车方案。这次电车计划首先遭遇到自来水、煤气和电话公司要求工部局保护其权利的意见，原因是电车可能对管道造成损害，危害其他公用事业公司的利益。而最重要的是，工部局不支持电车计划，董事会"看不出电车能给西人多少好处。而这个租界是为西人开辟的，不是为华人开辟的"㉖玛礼孙公司的计划最后被纳税人会议否决。此后有几家公司提出电车计划，最终通过全球范围内的特许权招标，有6家公司投标。董事会决定选择对"西侨最为有利"㉗的上海电车有限公司的投标。然而，这次投标没有获得纳税人特别会议通过。㉘此后又进行电车特许权招标，1902年，布拉什公司和工部局签订合同,但没有支付保证金,最终因该公司迟迟不开工,工部局不得不重新招标。这次获得电车特许权的是皮波斯公司,而该公司最终将电车特许经营权转让给了上海电车公司。董事会在保证合同权益的条件下,同意了这一转让。㉙至此,有轨电车才真正开始了落户上海的历程。从1872年有轨电车最初动议,到1905年最终落实经营特许权,花费了三十多年。

而反思电车事业之所以花费这么长的时间才兴建,主要原因有几个:(1)与租地西人的利益并不特别相关。现代社会城市土地价格和交通密切相关,而租界区域范围有限,西人有其他交通工具替代,电车需求并不迫切。(2)人口没有达到支持电车的规模。(3)当时路网有限。(4)工部局董事会反对电车。(5)特许权运作不成熟,造成了特许权受让人的反复性。

三、特许权协议与监管权力

工部局对公用事业行业的监管条件来自特许权协议。监管是工部局授予特许权的收益之一。特许权协议一般包括工程建设许可、公共品质量监督、公用事业产品定价和工部局购买公用事业的选择权。此外,对一些特殊的行业,它们关系租界的扩张和工部局界外税收,因此界外权益也是特许权协议的一部分。

工部局对公用事业公司授予特许权,一般要收取特许费。何廉指出:"特权税(Franchise Tax)为征于一种专利营业之税,如一电车公司,得在一城内享有开驶之专利。凡关于专利事业之营业课税,均属此类。"㉚工部局公用事业特许费以不同方式收取,有按照收入百分比征收,有每年支付固定费用,有转变为股份每年收取红利,也有免费的。特许费是工部局分享公用事业经济收益的方式,而若特许费转变为股份,则会增加工部局对公用事业决策的控制权,如自来水公司和电话公司。

(一)自来水公司特许协议

自来水是通过特许权引入公共租界的第一个公用事业。早期工部局在自营还是私营之间取舍不定,1880年通过招标方式,最终确定了通过特许权引入私人资本经营的方式。当时自来水公司开办经费为400 000两,几乎达到工部局当时预算的两倍。㉛从这一角度看,引入私人资本兴办是合乎实际的选择。1880年工部局与自来水公司签订协议,协议内容主要有两条:一是根据自来水公司的净利润水平8%来调整自来水收费,超过部分收益与公众分享;二是5年后工部局有权租用自来水公司产业,10年后有权购买自来水公司的产业,价格根据仲裁确定。㉜从协议内容看,自来水行业一开始设定便有着公用的性质,一方面通过控制企业利润率控制价格,另一方面引入充足的私人资本发展公用事业,但此时,工部局不参与自来水公司的收益分配。

1905年,自来水公司特许权协议更新。工部局获得了更多的权利:自来水公司增加资本,工部局获得975份股份,每份价值20英镑;自来水公司向租界内及工部局控制下的界外区域居民供水,除非该居民缴纳和租界内居民缴纳的房捐一样的特别税,否则自来水公司不能供水;西人房屋自来水费为实际租金的4%,华人房屋为5%;1911年3月18日后工部局享有任意时刻购买自来水公司产业的权利。自来水公司的资本被限定为163 500英镑,其中19 500英镑的975份股份由工部局持有。㉝工部局股份占自来水公司总资本12%。这份协议对工部局和自来水公司影响重大,工部局一方面获得了对自来水公司的收益分享权,另一方面使工部局界外税收有了依据。

1928年工部局与自来水公司的协议合同再次更新,自来水公司业务范围扩大,工部局对自来水公司的控制也得到加强。协议主要内容包括:对船上用户(Shipping Consumers)和协议外(Extra-Agreement Consumers)用户供水,自来水公司可以自由修筑工程和铺设管道;㉞在供水缺乏时期,协议内用户具有获得自来水的优先权;任何协议外用户的供水增加必须得到工部局的同意;工部局和协议内用户供水价格须根据分红比率制定;工部局有任命两位董事会成员、审查公司账目和季度报告的权力;在当前合同期到期(1927年1月1日开始的)20年后,工部局有购买产业的权力。㉟自来水公司向界外供水需用户缴纳特别捐的条款在新的协议下依然保留。然而,由于闸北自来水公司的竞争,租界北部和四川北路以西地区,工部局同意停止收捐,1913年,工部局停止在四川北路以东收取特别捐。1927年工部局停止在施高塔路(Scott Road)收捐。㊱随着上海地方自治带来的公用事业的竞争,工部局的税收利益再难和公用事业特许经营权捆绑在一起了。

(二)电话公司特许协议

1881年大北电报公司获得了架设电话线的许可,这一合同没有确定有效期,而是根据工部局提前30天的通知。大北电报公司为此付出的代价是每年每根线杆1元的占地租金以及免费提供工部局的电话线路。这一时期正是电话行业激烈竞争的时期,租界电话服务质量低的问题非常突出。1900年工部局开始电话特许权招标,中标者为英商华洋德律风公司(the Mutual Telephone Company Ltd.),但直到1908年,工部局才授予电话公司一项长达30年的经营特许权。㊲协议条款包括电话公司应引入最先进的技术发明保持一流的服务质量、经营特许权未经同意不得转让、电话收费须根据价目表(包含在特许协议中)、工部局监督电话公司工程建设。此外,工部局还获得1 000股股份(每股50两)。在1915年1月1日后,工部局提前一年通知便可购买电话公司所有产业。[38]从特许协议来看,工部局获得了对电话公司非常大的控制权。1925年12月份,工部局与电话公司签订新协议,电话公司业务范围扩大到界外工部局控制的地区;而工部局的控制权也扩大,工部局可以任命一位电话公司委员会成员,未经工部局同意电话公司不可以借债。1929年,在工部局批准下,电话公司以6.5%的年利率借债2 000 000两。[39]1930年,英商华洋德律风公司将自己的产业出售给美商上海电话公司(the Shanghai Telephone Company),工部局从出卖英商华洋德律风公司1 666股股份中获得收入124 950两,计入临时性收入账户。[40]工部局与上海电话公司的新特许权协议授予电话公司唯一的排他性特许权,期限长达40年。特许权协议的要点是保持技术的先进性、设立自动交换系统、工部局电话费用享有20%的折扣、电话费率与工部局协商、第二个5年后支付工部局占营业总收入2%的收入税、10年后至特许权终结时支付4%的收入税和工部局有购买全部产业的权利。工部局对电话公司业务和账目具有控制权,但增加资本和发行债券的权利则归属于电话公司。[41]比较前后两个电话公司的经营特许权可以发现,在新特许权协议下,电话公司经营权利增大,尤其是财务决策有了自主权,而工部局控制权相应变小。将更多的经营决策权还给电话公司,而工部局则通过税收分享电话公司收益。发生这一转变的原因是电话公司面临从手动到自动交换系统的转变,而前者的特许权协议导致工部局控制过严,使电话公司没能在财务上获得支持新技术发展的自由和能力。而后一个特许权则着重将财务决策权还给电话公司。

(三)煤气公司特许协议

煤气公司的特许权协议最早签订于1901年,后经多次更正。其核心内容主要是煤气公司的权利及煤气公司对公共照明的优惠条件。如前文所述,煤气公司特许权协议的主要内容是铺设管道等使用道路的权利,而工部局不干涉煤气公司对私人用户出售煤气的定价权。工部局通过授予煤气公司道路使用权获得公共照明的优惠。1916年煤气公司经营困难,工部局放弃公共照明享有25%的折扣的权利,代之以每年向煤气公司收取1 000两使用费(Royalty)。[42]工部局对煤气公司的经营干预是最小的。1932年煤气公司总资产为2 000 000两,从1923年到1931年,煤气公司每年股息保持在8%的水平。[43]

（四）电车特许协议

早期工部局并不支持电车事业的发展，电车特许权授予过程充满曲折。但电车特许权招标相对比其他公用事业的竞争性更为充分。1898 年特许权招标有 6 位投标人，1902 年招标有 2 位投标人，1905 年招标有 4 位投标人，最终中标者为皮波斯公司(Messrs. Bruce, Peebles & Co.)，后来其将经营特许权转让给上海电车公司(Shanghai Electric Construction Company, Limited.)，两者享有相同的特许权利和义务。[44]

工部局授予电车公司永久性的特许权。特许协议主要内容包括：工部局在特许权 35 年后或此后任何一个 7 年，有提前 6 个月通知购买电车公司全部产业的权利。电车公司的工程须经工部局许可，每年上缴总收入的 5％作为使用费，规定了电车车费，费率如果修改需与工部局商量，工部局保留管理交通的权利等。从协议内容看，工部局并不参与电车公司的财务决策和日常业务，但对涉及公共利益的事项，如工程建设、修改费率，电车公司需要工部局的许可。因此时电车还未建成，在特许权协议中工部局还规定了电车的建成日期，对电车公司使用工部局电力的费率，也作出了规定。1908 年，有轨电车建成通车。

表 13.1　有轨电车运载情况

年　份	1916	1921	1926	1931	1932
运载里程（英里）	3 803 980	5 368 661	7 476 049	9 739 936	9 407 656
乘客人次	69 089 432	119 558 769	120 174 730	139 800 061	108 845 656

注：数据来源于工部局档案，U1-6-349，第 42 页。1916 年数据来自工部局档案，U1-1-1248，上海市档案馆藏。

比较以上不同行业的特许权协议，可以看出工部局对不同行业的控制权是不同的。自来水行业是工部局重点控制的行业，一方面这是基础的涉及面最广的行业，另一方面也是租界扩张和工部局界外税收的基础。工部局与自来水行业的特许权协议展现了控制力逐步加强的趋势，从参与定价到影响日常决策，工部局将自来水公司的业务扩张和自身利益捆绑在一起。

对电话行业，工部局逐步放弃了对其日常决策的控制权，而增加了参与收益分配的权利——通过企业所得税的形式进行的。电车公司特许权协议，着重于收益分配和定价管理，而对日常管理和财务决策，工部局不参与。工部局控制力最小的行业是煤气行业，工部局仅对煤气公司进行最基本的工程建设监管。公用事业特许权协议规定了工部局的权利边界，不同公用事业公司在不同的特许权协议下经历着沉浮。

表 13.2　各公用事业公司特许权授予时间表及权利范围

行　业	授权时间	特许权期限	协议主要内容
自来水	1880 年	20 年	工程许可、费率、购买权、参股、界外供水条件、一定的人事权、调查账簿、审查季度报告
电　话	1908 年	30 年	工程许可、费率、服务质量、特许权转让、购买权
电　车	1905 年	永久	工程许可、费率、购买权
煤　气	1901 年	无规定	工程许可
电　力	1929 年	永久	工程许可、费率、购买权

注：根据各公司特许权协议整理绘制。工部局档案，U1-6-349。主要是特许权协议初签时规定的权利和后来有更新的权利。

第二节　公用事业特许权制度的收益与危机

对于工部局而言，特许权制度有一石三鸟的作用：一是通过经营特许权垄断吸引私人资本；二是通过特许权协议的监管权达到"民生"目标；三是将租界扩张和特许权制度紧密结合。然而，特许权制度在华界地方自治兴起后受到冲击。在有限城区的公用事业，因规模经济而有向外扩张的动力，但也会遭遇城区间的竞争。如何协调公用事业和租地西人、租界和华界公用事业、工部局和特许企业之间的利益均衡，是工部局特许权制度面临的主要问题。

一、特许权监管与租地西人"民生"目标

工部局的"民生"目标是通过监管达到的。但什么是工部局的"民生"目标？工部局有其集团利益的属性，它直接代表着租地西人的利益。租界的被管理者——普通西人和租界华人，他们是公用事业品的消费者，但没有公用事业的决策权，所以，从民意表达上看，工部局的民生目标是要维护租地西人的利益，而能影响公用事业决策的也只有这一群体。所以，狭义地讲，工部局的"民生"是租地西人的民生。租地西人希望能在上海租界享受在本国城市一样的生活，公用事业的发展因而必不可少。公用事业的属性要求更多人消费，才能达到规模经济的供给水平，因此，逐步降低价格使更多的人担负起公用事业品的消费，符合租地西人的利益，同时也符合租界其他利益集团的要求。所以，工部局的"民生"目标就是在维护行业持续发展能力的前提下，尽可能控制公共品的价格、提高公共品的质量，并使公用事业的

兴建不损害租地人的公共利益。达成这些目标的主要手段就是对各公用事业公司进行监管。

工部局对公用事业行业的监管权来自特许权协议。从上述对特许权协议的分析中,不难发现协议的主要内容在于确立工部局对基础建设的控制权,即基本建设需要工部局的许可。而其他如公用事业品定价、产品质量、财务决策、业务经营范围在不同行业则有不同的规定。总结起来,工部局对公用事业的监管包括基本建设许可、价格监管和质量监管三个方面。

(一)基本建设监管:铺设管道与架设电线

从特许权协议来看,工部局将自己作为公共利益的代表,一直拥有对公用事业基本建设的全权监管。原因在于公用事业兴建一般需要铺设管道或者架设电线,这些工作可能妨碍公众利益,而且各公用事业行业兴起时间不同,各特许权执行经常发生冲突。对这些活动的监管和协调,成为工部局特许权监管的主要内容。

1882年4月,工部局卫生官向董事会表达了夏季允许自来水公司挖掘管道将损害公众健康的意见。董事会为此收回自来水公司开掘路面许可证几个月。自来水公司对此提交仲裁,因延误工程进度所遭受的损失向工部局索赔,有居民也联名请工部局给自来水公司发放开掘路面铺设总水管的许可证。然而,工部局最终不为所动,直到夏季过去才重新发放许可证。1882年3月,大北电报公司申请在福州路上竖立电报线杆,董事会没有批准,因为这条马路很狭,而且交通十分繁忙。

工部局在公用事业监管中还注重保护环境。例如,最初对抽水马桶的反对。当代社会将抽水马桶当作现代文明的一部分,然而抽水马桶在上海的引入,最初遭遇到工部局的反对。为了防止对河流大规模的污染,工部局反对将抽水马桶和公共下水道相连,为此不惜修改建筑条例,明确禁止使用抽水马桶,同时与法公董局沟通,法公董局最终与工部局协同一致反对抽水马桶。⑤

各公用事业公司在架设电线上也有冲突。如电气公司电灯线离电话线过近,增大发生火灾的可能性,而将电线埋入地下的成本是巨大的。最终工部局的决定是电线杆树立在路的一侧,而电话线杆树立在另外一侧。

公用事业特许权是分别授予各个公司的,在特许权协议中没有规定特许权发生冲突时矛盾解决的问题,因此只能提请诉讼或者仲裁。1907年电车公司在煤气公司总管上铺设轨道,引起煤气公司的抗议。工部局最初认为这些矛盾应该由相关的公司协商解决,与工部局无关。而对煤气公司申请开掘路面维修煤气总管的要求,工部局拒绝发放许可证,除非煤气公司支付打开道路的费用。煤气公司最终上诉到领事公堂,成为"广东路煤气"一案。这个案件可谓旷日持久,经过领事公堂判决、仲裁,历时两年多,仲裁结果最终被接受,即"外滩至福建路的那段广东路上铺设新的煤气总管道,费用由工部局承担,也即由电车公司承担"[46]。这个案例给很多埋设管道的争端起到了范例的作用。

工部局通过制定一些规章保证对公用事业的监管。如对电车的监管,工部局保留对公共交通的管理权。为此,工部局制定了《捕房交通规则》和《电车规则》,用以规范日常交通。

基础建设监管是工部局特许权监管的最基础,无论对哪一项公用事业,工部局都掌握着全面的基础建设监管权。

（二）价格监管

对公用事业的价格监管体现了"公用"的性质,也符合工部局的民生目标。工部局对公用事业行业的价格监管有不同的体现方式,这都在特许权协议中进行了明确的规定。而日常若有公用事业公司提价,工务委员会、公用事业委员会会对提价申请进行研究,是否提价的决定权掌握在工部局手中。但价格监管并不是说价格只能下降,基于公用事业行业的特点,公用事业品价格在使用者达到拥挤程度时,价格上升是合理的。

1880年工部局与自来水公司特许权协议中规定,自来水公司开办五年后每年平均净利润率超过8%,工部局有权降低自来水价格,只要保证公司净利润率在8%的水平。通过这个条款,工部局一直控制自来水公司的盈利水平。而这实际是将自来水公司收益与公众分享,不仅股权所有人能享受到分红收益,公众也能从行业发展中获得好处。1896年自来水公司告知工部局从开办以来,供水的利润率仅有5.1%。[47]而1904年,审计该公司账簿的结果说明从水厂开业到1901年为止的平均净利为4.55%（出售设备的利润没有被考虑进去）。[48]此指标若可信,从这个指标来看,自来水费并不高。

除了上述对自来水公司的利润控制,工部局也监管着自来水公司的私人供给收费。如1887年水费争议,当时租界供水标准是"日常家庭用水"西人每人每日20加仑,华人每人每日5加仑,这是自来水公司确定总供给量的标准。供水收费不能超过房租的5%。这产生了一个问题,如果一个家庭当中人口过多,那么无疑自来水公司无法获得正收益。自来水公司为此拒绝向迈耶（一西人）供水。对这一争执,董事会希望提请仲裁。工部局法律顾问给出的意见是自来水公司有责任向租界内每一居民供应家庭所需全部用水,且收费不应超过其房租的5%,且工部局没有必要去处理居民与自来水公司之间的个别纠纷案件。工部局最终参与解决了这一争执。自来水公司最后提供自来水并按照房租5%收取水费。㊾此后，又有居民向工部局投诉，自来水公司拒绝铺设水管供水（每月房租10两），除非用户签署一份每月付水费1.50元的协议。工部局回复表示根据自来水公司与工部局所签订的合同，自来水公司有义务按房租的5%向居民供应家庭日常用水。工部局建议该用户进行法律咨询。㊿实际上，当时自来水管道和煤气管道一样，规模经济并没有达到，供水收费的盈利可能不及铺设管道的成本，这是自来水公司在上述申请中不执行房租5%收费标准的原因。但1895年之后，随着公共租界的繁荣，自来水需求量大增，自来水公司也在扩大供给规模，“公司现有的供水管道难以满足日益增长的供水需求，因此申请准许从杨树浦泵站至水塔之间铺设双道水管”(51)。

从自来水公司统计水费的方式来看，自来水消费容易产生搭便车行为，而自来水公司采用按照房租比例收取费用，无形中形成了一种差别定价，房租高的人收费可能更高，而房租低的人可能收费也相应降低。这可能发生各种情况的不公平现象。在以上举出的两个案例中，明显看出自来水公司的收益是不能受到保障的。但有时这种按照房租收取比例水费的方法对一些用户则不利。1917年，丰裕洋行等用户申请与自来水公司仲裁办公用房如何收取水费的问题。若按照房租百分比，用户是显然不利的。仲裁结果显示：“向各办公机构供水应按公司和用户间所商定的估计耗水量交费，在没有协定时，则按实际耗水量计算；而对住户供水收费应按房租的4%计算，对混用房屋——即部分办公室部分住户的大楼——应分别考虑查明应交的费用，但如果是整个房屋的公用供水，住户对办公部分的收费不能同意时，整个供水应以水表测出的实际耗水量计算收费，小便池包括在协议范围内，但不包括抽水马桶或私人救火水龙头。”(52)这次仲裁显示有两种不同的计费方式在使用。由于技术和成本问题，水表的推广并不高。1921年，工部局进一步明确：凡住宅和建筑物原按1905年协议规定付水费者，用户可任意选择是否继续以此种方式付费，抑或根据水表付费。(53)1927年，工务处长指出对外国和中国办公室同样按照房租比率征收水费非常不公平，而应该精确计量耗水量。(54)1933自来水公司申请在外国人的房屋安装水表，自来水公司担负成本且毋须租金，而华人自来水费仍以房租为基础。(55)对耗水量能否有效计量实际上事关定价方式，按房租比例定价是一种差别定价策略，产生的不公平可能损害各方利益。但限于成本和技术等原因，普遍安装水表不是当时自来水公司能负担的。

工部局除了管理自来水公司对私人供水的价格外，也努力控制市政供水支出。1888年签订的新的市政供水合同，救火用水不用付费，这是一个较大的优惠。㊹随着自来水公司业务规模的扩大，公司收益提高，1897年取消了对救火龙头的收费。

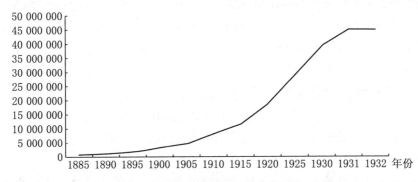

图 13.1　自来水公司平均日供水量

注：数据来源于工部局档案，U1-6-349，第8页。

从图13.1中可以看出租界日供水量的上升，增长速度非常快。在1905年之后，增长更为迅速。随着租界的繁荣，自来水需求量的增加，自来水供水的规模经济在一定程度上能够达到。这是自来水行业发展的良好机会，这也给降低自来水成本和价格带来契机。然而，这并不意味着自来水的价格只降不升。实际上，对于公用事业行业发展而言，价格一味下降是不可能的。1930年7月自来水公司以汇率下跌为由向工部局提议征收水费附加费，董事会同意将征收25％的附加费作为一项暂时措施通过。㊸汇率是一个重大问题，因为上海自来水公司的分红是以英镑计量的，所以汇率问题会影响自来水的价格，而这也是一个独特的现象了。此外，影响价格的因素还有使用者的竞争性问题，公用事业品的消费一旦达到拥挤水平，其生产成本会上升，边际收益会下降。但对拥挤水平是否达到有识别问题，这对公共租界的供水存在一定的困难。

工部局与煤气公司的特许权协议显示煤气公司有对私人用户自定价格的权利，而工部局一直在努力降低公共照明的价格。煤气照明价格从最初每月每盏5元，1870年为3.75元，1882年降低为3.30元，1884年为3元，1889年为2.75元，1890年为2.70元。公共照明享受到了煤气消费规模上升带来的成本下降。

1908年特许权协议规定了工部局对电话公司价格监管的依据：在完成向自动系统转变前，在保证电话公司年8％的净资本收益率基础上由工部局和电话公司协定价格；转变后在2％的净资本收益率基础上确定价格。㊽

这也是确定电话公司价格的原则。实际上,电话公司的经营也受制于规模经济。1908年特许权协议关于电话费率条款规定,离电话总局2.5英里(4.02公里)的半径范围外,公司对在这个范围之外的用户收取界外费用。这个条款的基础是电话线路的规模经济没有达到,铺设过长的电话线会增加公司的固定成本。但1905年电话公司用户大增,且电话公司的财务数据显示,"该公司有能力支付1916年10%的红利和花红,而这似乎比签订协议时所规定的还要高些"[59]。在此基础上,工部局要求电话公司调整电话费。这次调整的结果是增加了半径的范围,从2.5英里(4.02公里)增加到3.5英里(5.63公里)。这意味着在扩大的范围内,也只收最低预订费。从这次电话公司价格监管来看,公众和电话公司的利益都获得一定程度的保障。

对电车车票价格,1905年特许权协议中规定,一等票价每站5分鹰洋,二等票价是2分鹰洋。[60]从电车运营来看,从开始运营,电车公司就非常拥挤,工部局甚至决定提出三条规定以制止电车超载的问题,并希望能写入《土地章程》。电车的拥挤来源于价格的低廉。甚至电车公司会主动降低价格,如1911年电车公司向工部局建议在夏季,对至静安寺及杨树浦的来回车票票价应予降低。工部局同意了这个建议。[61]很难知道电车公司这样做的初衷。而困扰电车问题的始终是顾客的拥挤问题,1922年董事会讨论希望通过提高票价来降低电车的拥挤程度。而总董认为,公众需要价格低廉的交通工具,会反对提高票价的计划。董事会将解决办法转向延长无轨电车系统,进而与有轨电车平行。[62]对电车的价格的判断需要提及工部局给电车的电价优惠。实际上,电车公司是电力的最大用户,电车的电力来源于斐伦路变电所,此变电所仅向电车供电。在电车经营遭遇困境时,电车公司经常向工部局申请降低电价。此外,工部局还在特许权费上支持电车公司。由于银钱比价的问题,电车公司曾因收取铜元而导致亏损,工部局为此放弃了特许费。

价格监管监管的其实不是价格,而是定价方式,价格的变化是结果,并不是最终目的。

(三)质量监管

公用事业一般是垄断行业,单个用户在垄断企业面前的谈判能力非常弱,进而监管只能从公共机构方面进行。工部局对公共品的产品和服务质量进行监管,确保公用事业公司有约束地提供合格的产品。

例如,工部局对自来水的水质分析。1877年在租界筹建自来水厂时,工部局就开始对杨树浦的江水进行水质分析,并通过不同地点的水质分析确定了自来水公司的选址。自来水公司成立后，工部局对自来水的水质非常关注，工部局卫生官每月一次对自来水进行检测。1893年，卫生官发现自来水不理想，有沉积物，自来水公司为此委托第三方（香港屈臣洋行）检测租界的自来水。从这次事件的结论来看，当时租界自来水的确存在悬浮物，可能是当时的技术原因，也可能源于旱季。工部局将这一检测结果公布。事实上，当时上海侨民普遍认为租界的自来水要煮沸才能饮用。自来水水质问题多出现在农历新年时，此时黄浦江的水位处于低点，污泥严重。此外，还有一个原因就是租界人口增加对自来水需求量的大增。1920年，自来水的质量和供给量再次引发公众不满，工部局分析这和自来水公司供水规划不合理有关：自来水公司没有考虑到公共租界增长的需求。对此，工部局要求自来水公司对令人不满的情况作出全面解释，对补救措施作出详细的报告。实际上，自来水供水不理想可以从多个角度寻找原因。一方面是冬季枯水期水位过低给自来水净化带来困难，另一方面自来水的发展规划没有紧跟租界发展的需求。然而，从特许权角度来看，工部局对自来水公司控制过严也是自来水后期发展困境的原因。从工部局与自来水1880年协议来看，工部局以利润率确定自来水价格。自来水公司净利润率一般确定为8%。这样的规定一定程度上保证了公共利益。但其实自来水公司的收益率一直没有达到这么高的水平。没有足够的资本积累进行扩张，也是自来水质量不高和供给不足的原因。

对公共品质量的监管也受制于技术和公众的认知，如对煤气成分的监管。1905年，工部局注意到了煤气中所含有的"水煤气（一氧化碳）"的问题。根据卫生官的建议，工部局将煤气中含有的"水煤气"限定为15%，并将此标准写入煤气供应合同。⑥³ 1917年法公董局总办当坦因煤气中毒而死，引发公众注意煤气中所含一氧化碳的问题。此时，董事会希望煤气公司将其生产的煤气样品定期送工部局卫生处进行分析，并像自来水公司一样，在《工部局公报》中公布。然而卫生官认为这一做法没有实际效果。因为自从1907年，煤气公司在煤气外又掺入一氧化碳，工部局实验室就开始每周进行煤气分析，如果一氧化碳的含量超过16%，就通知该公司，因此仅仅公布煤气含量并不能起到预防作用。董事会最终采纳了卫生官的意见："对洗澡间烧水锅炉如不能保持良好通风应由煤气公司发出警告，并且如果可能，公司应安排对它们进行定期检查。"⑥⁴ 董事们同意将卫生官报告的副本送公司和法公董局。对煤气使用安全的监督并不是一开始就注意到了，而且由于煤气早期主要用于公共照明，对煤气居民使用的监管直到很晚才进行。

在电车兴建过程中，工部局对电车和轨道质量也进行监督。1906年，工部局工程师报告显示："该轨道以碎石铺成的路段状况使人不满，主要是因所加沙子和水分不足。……这些类型的车辆显然比香港和马尼拉在使用的普遍较差"。⑥董事会致函该公司，应对轨道做更多日常护理工作，并将各种可能采纳的车辆信息存档以备查询。

二、特许权制度与租界扩张的利益捆绑

工部局通过特许权制度在租界引入了各种公用事业，公共租界的公用事业和英美同期相比并不落后。事实上，从特许权招标来看，租界公用事业可谓集合当时全球最先进的技术和管理经验；而从引入时间来看，也不输于伦敦、香港。从前文分析来看，随着租界人口增加，资本和技术向租界的流动，租界的公用事业如自来水、电话、电车都达到了规模经济，进而在价格上也形成了竞争优势。而公用事业的规模经济要求不会让其经营区域仅仅停留在有限范围内，势必向法租界、华界逐渐渗透扩张，占领市场。然而，法租界公董局与工部局并不会步调一致，而是在公用事业供给上寻求独立；华界地方自治兴起后，华界也开始自筹建设公用事业。两者构成了对公共租界公用事业扩张的抵制。然而，无论法租界还是华界的公用事业，因为区域范围、兴起时间、管理方式以及华界政府和工部局之间的竞争等原因，它们很大程度上无法构成公共租界公用事业的真正敌手，为了达成公共品的供给，三者在竞争中又难免合作。

但这不是故事的全部。工部局巧妙地利用了公用事业的扩张性，一方面在特许权协议中授予公用事业公司界外提供公用事业品的权利，另一方面将供给权和工部局税收权捆绑在一起，这样公用事业公司扩张的收益和工部局的财政收益结合在一起。而当公用事业业务受到竞争时，工部局不得不放弃界外税收收益。为此，工部局和公用事业公司明确只有租界扩张才能实现他们的共同利益。这进一步构成了租界扩张动力。

在特许权制度下的公用事业，以自来水行业的垄断、竞争和扩张性最为显著，下文将以自来水行业为例，分析租界扩张如何与公用事业供给结合在一起。

（一）特许权协议：自然垄断与行政垄断

有观点认为界外筑路地区的土地主权"半以路权而丧失，半随水电而俱亡"⑥。这句话应当作如是理解：在越界筑路地区，工部局通过获得土地所有权进而获得路权，进而有权派驻巡捕；而水电等公用事业通入越界筑路区域后，工部局通过经营特许权条款获得了界外税收权。界外土地治安、税收、市政管理权丧失。工部局如何通过公用事业发展实现界外税收呢？

在前文对工部局特许权制度构成和工部局特许权监管的分析中,我们知道通过特许权制度工部局实现了租地西人的利益,满足了公共租界对公用事业品的需求。然而,特许权制度是培植垄断的制度,它的优势是扶植自然垄断并对其监管。但工部局还在特许权协议上附加了行政垄断,干涉了公用事业公司的供给和定价决策,这体现在界外特别税的条款上。

1905年工部局与自来水公司的特许权协议中明确规定了上海自来水公司不能向界外用户供水,除非向工部局缴纳特别税,界外自来水用户的扩大需要得到工部局的同意。1928年的特许权协议依然保留这一条款。这个条款的受益者是工部局,用户要支付税收,自来水公司也会因此而降低竞争力。

1909年,上海自来水公司希望向河南北路上几幢新的华人房屋供水,但认为河南北路不受工部局管辖因此没有达成房捐协议。工部局表示这一地区的用户如果不承担房捐便不能允许自来水公司向其供水,这是符合1905年特许权协议的。最终,自来水公司决定按照工部局的意愿来处理这件事。工部局同时指出:"工部局和自来水公司当时签订协议并不想严重缩减公司的业务,可以相信有关的房产业主会按要求支付房捐而不会愿意供水被切断。"[67]这件事情并不是自来水公司执行或者不执行协议那么简单。当时是一个较为微妙的时期,一是工部局在谋求租界的新一轮扩张,用工部局自己的话来讲:"目前工部局对产权尚未确定的以及非工部局所属的道路课税这件事,在租界扩大谈判中将起到一个重要的杠杆作用。"[68]而董事会认为:"如果以理智的态度探讨此问题,(自来水)公司总裁将可能默许董事会的意见;他再次答应为达到所希望的目的尽最大努力。"[69]所以,工部局获得的不仅是自来水公司在协议上的支持,同时还有在扩张租界上的支持。工部局和自来水公司在扩展租界的利益上是一致的,所以自来水公司愿意冒牺牲自己利益的风险而保证工部局的税收权力。二是上海自来水公司正准备全面向闸北供水。董事会表示:"关于向闸北全面供水的谈判已准备就绪,工部局将准备考虑该公司可能提出的为达到此目的的任何建议。会议决定,如果此后公共租界如愿扩展至铁路线,便放弃向该界线北边的房屋课税。"[70]从这一事件中可以看出,租界扩张的利益、工部局税收权力和自来水公司业务发展是如何在工部局和自来水公司的特许权协议中实现的。

实际上,上海自来水公司也向法租界供水。向界外供水的特许权条款严格来讲也包括法租界和南市。但对这两个区域,工部局却展示了和对闸北地区完全不同的态度。1909年工部局与上海自来水公司商讨界外供水与税收问题时表达了这样的想法:"1905年所期望的是,凡居住在公共租界延长马路上受惠于本租界的居民应在一定程度上对租界的维持出一份力。工部局为了令人满意地终止争论的问题，从协议签订日起至今毫无例外地始终遵照谁出力谁得益的这一做法。"⑦但对法租界和南市供水问题，董事会表示："根据该条款同样也可向法租界和县城征税，董事们一致认为，这在当时决不是董事会的意思，给自来水公司写一封信否认有任何这样的愿望。"⑦南市被法租界所阻隔，工部局无法通过越界筑路获得权力，因此也没有征收任何特别税的打算。而在工部局越界筑路的北部和西部，工部局将税收权和上海自来水公司的供水权捆绑在一起。

在这里只有利益的交换，没有公平、合理或者法理。所以，在与自来水公司利益冲突过大时，协议不会被遵守。张笑川在《近代上海闸北居民社会生活》中记载了自来水公司为向闸北供水而提请仲裁事："1908年，宝山路宝兴里欲接租界自来水，此次工部局坚持要求以房租的6‰缴纳界外巡捕捐，闸北绅商便商议自组'新闸自来水公司'，接用英商上海自来水公司之水，以免交巡捕捐。英商公司回复赞同。但因此次馈水金额每年数额达规银28万两之巨，工部局欲借以维持越界筑路之警政开支，仍坚持非缴巡捕捐不可。英商公司认为工部局这种主张不仅违背该公司与工部局所订合同，而且妨害该公司的业务发展，于1911年诉英国领事法庭，得胜诉。"⑦在这次交锋中，因为交换的利益过大，使自来水公司不能遵从工部局协议，也即对于自来水公司来说不是利益上的公平交易，所以工部局收捐的期望没有达成。此次仲裁结果使工部局非常担心界外收捐的问题，"租界外居民可能提出归还过去5年中所付的房捐"⑦，而总董认为此案受制于自来水公司，如果公司同意，缴纳房捐的协议依然有效。

在没有其他公司与上海自来水公司竞争的情况下，供水权和税收权捆绑的条款可以实施。当竞争来临，在特许权协议涉及的三方将不能维持原有的利益格局时，协议将被打破。工部局将税收权捆绑在供水权上的做法将缺乏支持。下一部分将详细介绍闸北水电公司成立带来的竞争使特许权协议失效的过程。

（二）特许权失效：垄断遭遇竞争

从1898年开始，公共租界上海自来水公司开始向闸北供水。当时该地区没有任何自来水供给。该公司首先在界外工部局控制的道路上铺设管道，后来，这些管道逐渐扩展到华界政府控制的道路上。工部局将自来水公司管道在华界道路上的扩展原因认定为华界政府"默认"。但工部局承认华界政府其实对这些道路具有独占权。⑦而在华界政府官员口中，对此事则是另一个态度："华界居户向英商私接水管，频年以来，亦竟莫为察觉。"⑦从这些言论看,早期,租界公用事业在华界的扩张要么是真的没有察觉,要么是没有意识到事情的严重性。而工部局正利用了这种沉默。但当华界政府一旦有察觉并有力量和租界对抗,两者的竞争将不可避免。

上海地方自治兴起后,华界不仅修路、办火警,也开始兴建水电公司。1910 年闸北水电公司成立。闸北水电公司的成长历程可以分为三个时期:官商合办时期(1910—1914 年)、官办时期(1914—1924 年)和商办时期(1924 年以后)。[77]工部局认为,1910 年,华界政府授予闸北水电公司经营特许权。[78]至于闸北水电公司是否接受该经营特许权并不重要,它实际上握有在闸北地区供水的权利,而上海自来水公司则有在工部局控制的道路上提供自来水的权利。两个公司的竞争由此开始。根据张笑川的研究,闸北水电公司初期设立时,拟从上海自来水公司接水管购水,而道台与本地绅商再三商议,认为接水管乃权宜之计,自办水厂才是善策。1911 年自来水厂建成供水,日出水量为 9 090 立方米,但日出水量和供水量均不能满足需要。[79]

然而,尽管闸北水电公司在成立初期并不能与上海自来水公司真正地进行业务上的竞争,但构成的威胁已经开始打破工部局对供水权的行政垄断。工部局感到了这一威胁,希望和上海自来水公司联合起来,董事会认为:"闸北自来水厂的厂房和机械设备的特点表明,华人决心在租界范围外与上海自来公司展开供水竞争,因此,只有扩充租界方能保证公司利益。(董事会)示殷切希望公司在此地区就征收 6% 房捐一事与工部局合作的义务不应再行缩减。"[80]而此时,上海自来水公司明确感到了闸北自来水公司的竞争威胁,考虑到工部局征收特别房捐的不利影响,开始采取措施,以实现在租界范围外某些马路上停止收捐。工部局对此做法并不认同。为了阻止闸北水电公司对工部局利益的威胁,工部局拒绝给闸北水电公司颁发穿过四川北路铺设总管的许可证,而引发闸北水电公司诉工部局一案。闸北水电公司最终获得了许可证。

闸北水电公司与上海自来水公司展开了争夺客户的竞争。1912 年,闸北水电公司向北苏州路和火车站附近的用水大户提出使用闸北水电公司自来水的条件:缴纳 4% 的税费,并可不再向工部局纳税。当时上海自来水公司供水协定中规定西人水费为房租 4%,华人为 5%。工部局得知这一情况,认为其应在权限之内削减闸北水厂的业务。工部局最终决定:"凡在租界以外及四川北路以西的华人住户,均可免缴工部局房捐……这是竞争条件所使然。"[81]这是工部局第一次不得不放弃界外收捐的权力。

1913 年,闸北水电公司将总水管铺置在穿过虬江路的一条工部局的排水沟中,工部局认为不把有争议的总水管所供应的水源切断,则会中断对东首居民征收的房捐。为使上海自来水公司能与闸北水电公司竞争,工部局要么停止收捐,要么移动水管,董事会认为"对总水管进行干涉很可能构成闸北自来水公司向领事公堂提出进一步诉讼的理由"[82]。所以,工部局只能继续放弃收捐。

与此同时,闸北水电公司发展的不利消息则是对工部局的利好。1914年闸北水电公司无法偿还日商大仓洋行借款,大仓公司即将取消闸北水电公司的赎回权。工部局总董希望工部局能偿还大仓公司借款,而董事会最终认定没有纳税人大会批准,工部局不能做此承诺;同时,领事们也认为不能将此行动作为扩大租界运动的一部分。而此时"地方绅商为避免外商兼并,呈请江苏省署拨款接收,改归省办"[83]。而"英国总领事在获知此情况后,表示如此事能够办成,则将有利于租界之扩充"[84]。闸北水电公司若为外商获得,不利于公共租界之扩张,而若为中国政府获得,反而有利于公共租界之扩张。这即是当时的真实情形。

1914年闸北自来水厂改为官办后,发展不顺利。1920年开始,闸北绅商和地方公团开始争取闸北水电公司商办。1920年,为了满足闸北自来水需求,闸北水电公司与上海自来水公司签署协议,为期10年,由上海自来水公司以大宗供水价格向闸北水电公司供水,闸北水电公司弥补了自己的供水不足。通过提供较为充足的供水,闸北水电公司获得了比较多的用户。

1924年,闸北水电公司重新回归商办。商办之后,闸北水电公司增加资本,新建水厂,进入经营较好的时期。而同时,工部局记载1926年闸北霍乱与闸北自来水厂关系一事。《工部局董事会会议录》记载,工部局卫生官和上海自来水公司对闸北自来水公司水管进行检查,发现水管被霍乱细菌污染,而工部局担心激怒中国当局,没有公开这份报告。[85] 1932年工部局《公用事业便览》中也记载:"当时,闸北水电公司的水站建立在苏州河边,河水被污染,净化系统故障,自来水被污染。而后,1928年闸北水电公司在吴淞新建自来水厂,工部局估计其日产量达8 000 000加仑。"闸北自来水公司水管被霍乱污染一事很难确定真伪,但此时闸北自来水公司处于重建和重组时期,给提升与上海自来水公司的竞争力创造了可能。

工部局1932年《公用事业便览》记载:"闸北自来水公司稳步地扩张其管道系统,通过从上海自来水公司争取众多客户,该公司的收益在增加。"从表13.3来看,上海自来水公司给闸北水电公司的供水从1926年达到顶峰后,稳步下降,尤其从1928年后,下降极为显著,这并不意味着用户的减少,而是说明闸北水电公司自己的产能有上升,以至于不必从上海自来水公司购买更多自来水。从自来水供应能力看,无疑闸北水电公司成为上海自来水公司的竞争对手。

表 13.3　上海自来水公司向闸北水电公司的供水量

时间	供水量(加仑)	时间	供水量(加仑)
1921	44 479 000	1927	517 402 000
1922	108 853 000	1928	282 729 000
1923	199 703 000	1929	163 513 000
1924	349 619 000	1930	71 942 000
1925	465 626 000	1931	20 326 000
1926	581 136 000	1932	97 560 000

资料来源:近代上海公共租界工部局档案,U1-6-349,上海公共租界公用事业便览,上海市档案馆藏。

1931 年 7 月,上海自来水公司与闸北水电公司重新签订了供水合同。合同主要内容:⑧在合同签订三个月内,闸北水电公司完全拥有闸北地区自来水供给权。(1)上海自来水公司以闸北水电公司名义供水。(2)闸北水电公司向用户收取定金。(3)闸北水电公司确定税费和章程。(4)有关自来水计量争议向上海市政府公用事业局(the Bureau of Public Utilities of the City Government)申请解决。

根据以上合同,上海自来水公司获得了以闸北水电公司名义向界外区域供水的权利,该权利不再以界外用户向工部局缴纳特别税为条件。因此,在工部局与上海自来水公司特许权协议中关于界外用户需缴纳特别税上海自来水公司才能供水的条款失效。工部局税收与自来水行业扩张的利益至此不再捆绑在一起。

然而,这是一项特许权条款的失效,而不是公用事业特许权制度的失败。将工部局界外税收权和供水权捆绑在一起,只是工部局附加在特许权制度上的行政垄断。在与闸北水电公司的竞争中,工部局的行政垄断表现非常脆弱。而因为规模经济带来的竞争优势,上海自来水公司的业务扩张到了界外地区,继续向闸北和法租界供水。

第三节　工部局特许权监管与集团利益的实现

相比于当代准公共品的提供方式,工部局的特许权制度是初级尝试,特许权合同保证了私人投资者的收益权和特许年限,对工部局获得其所有权的条件也做了规定。但从实践上看,工部局一直对特许权企业进行监管,并通过特许费转让为股份的方式获得这些公司的一定股份,但一直没有获得公用事业公司的所有权。这是由工部局的财力决定的。

对自来水、煤气、电车和电话等准公共品,私人提供公共机构监管的特许权制度是有效率的公共品提供方式。特许权制度的效率在于"这种经营权利是通过竞争性招标方式授予的"。在最初特许权授予过程中,工部局努力引入竞争,但在这些行业本身初兴缺乏经验的时期,竞争性投标制度也是有限度的。而且,对一个有限的城区,过晚授予经营特许权并不利于行业的发展,电话行业就是这样。对工部局特许权制度评价很难完全从当代标准出发。

对公共租界公用事业的发展,特许权制度是有效率的,完成了对垄断的控制和租地西人民生目标的达成。而通过特许权控制租界的公用事业,工部局获得了租界扩张的财政能力和动力。从机制设计的角度来看,特许权制度是一套激励相容的制度,相关利益的各方达成了各自的利益。然而,工部局除了通过特许权制度保证公用事业的垄断经营外,还在特许权制度上附加了税收上的行政垄断。用户、公用事业公司和工部局在特许权协议中构成了三方的利益均衡,在没有外界竞争的情况下,这一均衡可以维持。然而,华界地方自治的兴起、闸北水电公司带来的竞争打破了原有特许权协议的利益均衡局面,工部局附着在特许权协议中的行政垄断利益被轻易打破,华界和租界公用事业回归到自然垄断的寡头竞争当中。

实际上,对工部局公用事业特许权制度有很多细节可以讲述,但真正能有所启示的是对特许权如何授予及如何监管的思考。德姆塞茨的研究表明特许权竞争性授予是效率的来源。而对特许权监管,应有八个字四个方面的考量:"初衷、手段、程序和结果。"特许权监管权来源于特许权协议,而特许权协议的制定和监管的初衷密切相关。监管的初衷是使经营特许权的授予不损害公共利益,垄断企业不侵害私人权益,而同时给特许权受让人足够的生存机会,吸引其初期的资本投入和保证其可持续的经营收益能力。从工部局对公用事业的监管初衷来看,工部局从未放弃对租地西人利益的追求和保护,工部局一直在试图维护租地西人的利益。然而,将工部局的税收权和公用事业供给权捆绑在一起,实际上是对工部局组织利益的实现,这种行政垄断的约束,符合当时工部局自身和公用事业公司扩张租界的共同利益目标。但工部局的组织利益与公共利益并不总是一致的,在外界竞争来临时,工部局的税收权丧失,是工部局自身组织收益的丧失,但不是整个公共利益的丧失。

公用事业监管手段有很多种,工部局向我们展现了多种监管手段:发放行政许可证、控制收益率、控制分红率、掌握股权、征收或者免收特许费、控制价格等不一而足。监管手段之外,还要注重程序。工部局在特许权监管中注重监管程序。如对自来水公司收益率的调查中,最初由自来水公司报告,后来对自来水公司账目审计,保证了结果的真实可信性。此外,对每次公共品提价,都反复考察其合理性,保证其程序正义,尤其在价格监管中,重视规模经济在公用事业发展阶段上的特征。监管的结果有多种展现形式,对价格的监管而言,不见得价格的降低就是好事,要对公用事业发展所处的经济阶段进行科学认定。总而言之,特许权监管的评价,要考虑监管的初衷、手段、程序和结果四个维度。

而工部局税收与公用事业扩张的利益捆绑,向我们展示了在特定的历史环境下、特殊的利益集团的行为特征。而任何一个组织都难免是某个集团的利益代表,组织自身利益与所代表的集团利益的协调与冲突、重要与次要需要划分出有明显的界限。

注释

① 肖林:《政府经济学:透视"有形之手"的边界》,上海人民出版社 2008 年版,第 69 页。

② 上海市档案馆编:《工部局董事会会议录》(5),第 637、643 页。

③ 工部局关注的问题"5.你们是否拥有此类报告",吴淞路公司回复工部局:"我们收集的报告,就其完整性而言,则无法同你们的总办从欧洲收集的报告相比。"上海市档案馆编:《工部局董事会会议录》(5),第 637 页。

④ 何廉、李锐:《财政学》,第 119—120 页。

⑤ 对煤气公司总的许可证,1873 年上海煤气公司向工部局申请总的许可证:"现行制度规定煤气公司每次在需要开工(开掘地面)时,都必须取得由工部局三位官员签署的许可证。工部局目前所采取的这种制度常常延误了公司工程的进行,因而有时候带来极大的不便和损失。因此,如果工部局不反对的话,本人受公司董事之命,要求工部局给公司颁发一份总的许可证,以便公司在需要动工时即行动工;当然,不言自明的是,公司每一次都应尽可能早地把动工地点通知工部局。这份许可证的目的是使公司的员工在工部局不在办公的时间就能进行工作。上述要求恳请惠予答复为荷。"董事会是赞同满足该煤气公司的要求的。这件事带来的问题是,发放许可证一事与《附则》第十七款会有怎样程度的抵触。该章程《附则》规定,工部局"应使任何建筑物、坑洼或任何街道附近的其他场所'得到'修理、保护或加以围起,以防止动工时发生不测。此事经讨论后,决定命帮办将许可证草稿提交给伦尼先生,征求他的意见。在满足工部局条件的基础上,工部局同意颁发总的许可证。"参见上海市档案馆编:《工部局董事会会议录》(5),1873 年 6 月 23 日,7 月 7 日。但后来,由于"煤气公司掘毁道路的情况常常引起人们的指责,会议决定:如果可能的话,不准该公司为了埋设总管道而掘开路面,但在修理道路时则不在此列。会议指示测量员要经常通知煤气公司何时将修理道路,这样该公

司可以利用这个机会同时进行改建;同时要注意不向他们签发掘开路面的许可证,除非有绝对的必要"。参见《工部局董事会会议录》(7),第 633 页。"会议注意到煤气公司已领有总许可证,根据该许可证,煤气公司有权在他们认为有必要开掘马路时就可开掘马路。会议决定在下次会议上研究收回这总许可证是否可行的问题。"参见上海市档案馆编:《工部局董事会会议录》(7),第 653 页。

⑥ Harold Demsetz, "Why Regulate Utilities?", *Journal of Law and Economics*, Vol.11, No.1(Apr., 1968), pp.55—65.

⑦ 有关工部局的市政招标将在第十四章论述。

⑧ 上海市档案馆编:《工部局董事会会议录》(8),第 503 页。

⑨ 上海市档案馆编:《工部局董事会会议录》(7),第 686 页。

⑩ 上海市档案馆编:《工部局董事会会议录》(7),第 754 页。

⑪ 对这些公司翻译可能不同。本书采用的翻译和《工部局董事会会议录》一致。

⑫ 上海市档案馆编:《工部局董事会会议录》(13),第 555 页。

⑬ 最终工部局同意了特许权的条件,重要的几条包括:"1.华洋德律风公司应遵守其计划书中的各项条款,就向电话用户收取一项固定费用而言,这一固定费用对所有居住在公共租界范围内的申请人不论其距离电话局的远近都适用。2.工部局应对公司财产握有一份 1 万两银子的留置权,这份留置权将作为保证金在安装工程完毕后的五年时间内保持有效,以保证公司令人满意地履行其与工部局签订的协议中的各条条款和提供高效的服务。3.在公司的股份分配中,申请四股或股份数更少一些的人,将享有优先于申请股份数较多的人的权利,工部局知道这是公司董事会的意图,而且还进一步建议,希望尽可能以票面价把股份配给善意的电话用户。"参见上海市档案馆编:《工部局董事会会议录》(14),第 525 页。

⑭ 上海市档案馆编:《工部局董事会会议录》(5),第 626 页。

⑮ 上海市档案馆编:《工部局董事会会议录》(5),第 626 页。

⑯ 上海市档案馆编:《工部局董事会会议录》(7),第 644 页。

⑰ 上海市档案馆编:《工部局董事会会议录》(7),第 774 页。

⑱ 上海市档案馆编:《工部局董事会会议录》(7),第 782 页。

⑲ 上海市档案馆编:《工部局董事会会议录》(17),第 573 页。

⑳ "工部局应在路灯方面遵循一定的制度,即在主要街道上使用电灯照明,而在所有其他街道上使用煤气照明。这样是符合现在的协议的。"这实际上是对煤气和电气公司业务市场作出的分割,然而工部局希望电气能够逐步降低成本,进而取代煤气照明。所以在一些边界地区,开始尝试使用电气,这引起了煤气公司的投诉。上海市档案馆编:《工部局董事会会议录》(10),第 769 页。

㉑ 上海公共租界公用事业便览,U1-6-349,上海市档案馆藏。

㉒ 上海市档案馆编:《工部局董事会会议录》(16),第 560 页。

㉓ 《工部局董事会会议录》(19),第 660 页。

㉔ 上海公共租界公用事业便览,U1-6-349,上海市档案馆藏。

㉕ Special Meeting 1881, U1-1-798,上海市档案馆藏。

㉖ 《工部局董事会会议录》(12),第 523 页。

㉗ 《工部局董事会会议录》(14),第 506 页。

㉘ 《工部局董事会会议录》(14),第 581 页。

㉙ 《工部局董事会会议录》(16),第 608 页。

㉚ 何廉、李锐:《财政学》,第284—285页。

㉛ 上海公共租界公用事业便览,U1-6-349,上海市档案馆藏。

㉜ 上海公共租界公用事业便览,U1-6-349,上海市档案馆藏。

㉝ 上海公共租界公用事业便览,U1-6-349,上海市档案馆藏。

㉞ "船上用户(Shipping Consumers)",是指船上用水客户,因为不在租界管辖区内用水,故在用水协议中,该类用户和"协议外用户"有单独规定。"协议外用户"(extra-agreement consumers)是指非协议内用户(intra agreement consumers),即居住在租界内或界外工部局控制的土地和道路上的用户。参见上海公共租界公用事业便览,U1-6-349,上海市档案馆藏。

㉟ 上海公共租界公用事业便览,U1-6-349,上海市档案馆藏。

㊱ 上海公共租界公用事业便览,U1-6-349,上海市档案馆藏。

㊲ 上海公共租界公用事业便览,U1-6-349,上海市档案馆藏。

㊳ 上海公共租界公用事业便览,U1-6-349,上海市档案馆藏。

㊴ 上海公共租界公用事业便览,U1-6-349,上海市档案馆藏。

㊵ 近代上海公共租界工部局年报,U1-1-943,上海市档案馆藏。

㊶ 上海公共租界公用事业便览,U1-6-349,上海市档案馆藏。

㊷ 上海公共租界公用事业便览,U1-6-349,上海市档案馆藏。

㊸ 上海公共租界公用事业便览,U1-6-349,上海市档案馆藏。

㊹ 上海市档案馆编:《工部局董事会会议录》(16),第607、608页。

㊺ 上海市档案馆编:《工部局董事会会议录》(16),第648页。

㊻ 上海市档案馆编:《工部局董事会会议录》(17),第622页。

㊼ 上海市档案馆编:《工部局董事会会议录》(12),第541页。

㊽ 上海市档案馆编:《工部局董事会会议录》(15),第655页。

㊾ 上海市档案馆编:《工部局董事会会议录》(9),第621、626、635页。

㊿ 上海市档案馆编:《工部局董事会会议录》(9),第646页。

(51) 上海市档案馆编:《工部局董事会会议录》(12),第496页。

(52) 上海市档案馆编:《工部局董事会会议录》(20),第633页。

(53) 上海市档案馆编:《工部局董事会会议录》(21),第644页。

(54) 公用事业委员会会议记录,Public Utility Committee Minute, July 13, 1927, U1-1-103,上海市档案馆藏。

(55) 公用事业委员会会议记录,Public Utility Committee Minute, Nov. 2013, 1933, U1-1-103,上海市档案馆藏。

(56) 上海市档案馆编:《工部局董事会会议录》(9),第664页。

(57) 刘京、樊果:《1930年上海公共租界工部局水费加价始末及分析》,《史林》2010年第5期。

(58) 上海公共租界公用事业便览,U1-6-349,上海市档案馆藏。

(59) 上海市档案馆编:《工部局董事会会议录》(20),第602页。

(60) 上海公共租界公用事业便览,U1-6-349,上海市档案馆藏。

(61) 上海市档案馆编:《工部局董事会会议录》(18),第550页。

(62) 上海市档案馆编:《工部局董事会会议录》(22),第534页。

(63) 上海市档案馆编:《工部局董事会会议录》(16),第606页。

(64) 上海市档案馆编:《工部局董事会会议录》(20),第641页。

㉕ 上海市档案馆编:《工部局董事会会议录》(16),第660页。

㉖ 《上海地方史资料(二)》,第11页。

㉗ 上海市档案馆编:《工部局董事会会议录》(17),第619页。

㉘ 上海市档案馆编:《工部局董事会会议录》(17),第615页。

㉙ 上海市档案馆编:《工部局董事会会议录》(17),第615页。

㉚ 上海市档案馆编:《工部局董事会会议录》(17),第619页。

㉛ 上海市档案馆编:《工部局董事会会议录》(17),第615页。

㉜ 上海市档案馆编:《工部局董事会会议录》(17),第615页。

㉝ 张笑川:《近代上海闸北居民社会生活》,上海辞书出版社2009年版,第136页。

㉞ 上海市档案馆编:《工部局董事会会议录》(18),第546页。

㉟ "These mains were gradually extended with the tacit consent of the Chinese Authorities in roads under their exclusive control."上海公共租界公用事业便览,U1-6-349,上海市档案馆藏。

㊱ 《两江总督张人骏为在上海闸北筹办自来水接管再筹设公司事片》,转引自张笑川:《近代上海闸北居民社会生活》,第136页。

㊲ 王树槐:《上海闸北水电公司的电气事业,1910—1937》,转引自张笑川:《近代上海闸北居民社会生活》,第137页。

㊳ 上海公共租界公用事业便览,U1-6-349,上海市档案馆藏。

㊴ 张笑川:《近代上海闸北居民社会生活》,第137页。

㊵ 上海市档案馆编:《工部局董事会会议录》(18),第558、559页。

㊶ 上海市档案馆编:《工部局董事会会议录》(18),第581页。

㊷ 上海市档案馆编:《工部局董事会会议录》(18),第641页。

㊸ 张笑川:《近代上海闸北居民社会生活》,第137页。

㊹ 上海市档案馆编:《工部局董事会会议录》(19),第536页。

㊺ 上海市档案馆编:《工部局董事会会议录》(23),第649页。

㊻ 上海公共租界公用事业便览,U1-6-349,上海市档案馆藏。

第十四章　工部局市政管理的多维度监督

公共租界存续期间，一个显著的特征是"扩张"：公共租界的范围在扩大，工部局的市政权力在扩大。工部局的市政权力是否受到有效的约束呢？从权力的角度来讲，无限大的市政权力并不是一件好事，它可能侵蚀私人利益，可能让公共资源为私人中饱私囊，最终腐蚀经济，危害社会。但公共机构市政权力过小也不行，这可能导致在公共利益实现上的困境。因此，授予公共机构足够的市政权力并对其进行足够的监督是个重要的问题。城市或者城区公共机构的市政范围和国家不同，权力来源可能不同也可能相同。在民主制基础上，任何公共机构的权力来源都来自其代表的人民，而专制国家中下级政府则从上级获得权力。权力来源于谁，就受谁监督。监督需要有一系列的制度设置。

在近代上海公共租界，工部局代表的是租地西人的利益，其权力来源于纳税人会议，这意味着工部局市政管理权的行使受租地西人和纳税人监督。而纳税人大会不仅是一个权力机构、公共品需求的表达机制，也是对工部局市政管理活动的约束机制。在工部局行政规则制定和重要权力的行使上，工部局需要提请纳税人会议的同意。有研究认为随着租界的发展和工部局行政能力的增加，工部局在努力扩大自己的权力。但这种权力的扩大不能单纯地认为就是一件坏事，因为从纳税人会议的角度来看，工部局的权力始终是在纳税人会议的范围内的。判定权力扩大的好与坏，还要从权力的约束制度中考量。

纳税人制度约束的一个体现是工部局财政收支的预决算制度。工部局每年需要向纳税人大会提交财政预算书，审议重要的财政支出项目、提高税收及土地房屋估价等事。同时，工部局也要提交决算，并对每年财政收支的增长情况作出报告，对财政支出的赤字项目进行解释。这些都记录在工部局年报中。纳税人会议授予和约束工部局行政权力的另一个机制是制订市政法规、监督重要权力的行使。

纳税人会议和财政预决算制度是常设制度，但会议频率以年计，无法规范工部局日常的市政管理活动。对工部局日常行政,有三种约束:行政法监督、舆论监督和市政招投标制度。

工部局市政管理权力来源于纳税人会议,依据《土地章程》及《附律》的条例具体执行。工部局在市政管理中也会触犯各方利益甚至引起诉讼,而对这些矛盾的解决要么申请仲裁,要么就是到大英按察使司衙门或者领事公堂打官司。虽然这些诉讼是偶发的,但有时却很重要,因为这些判决通常界定了工部局市政管理权力的边界。

此外,工部局还通过公开会议记录、在报纸上刊登工部局财务报告、接受投诉等引入舆论监督,约束日常市政管理活动。在对市政管理的约束中,工部局还有一项重要的常设制度:招标制度。招标制度的演变体现了从纳税人会议和领事团的外在监督到工部局自我监督的转变。以往研究对工部局市政管理的约束制度关注不够。纳税人会议、财政预决算、行政法——领事公堂、舆论监督和招标制度,构成了工部局市政管理的完整的约束制度体系,明确了工部局的行政权限。工部局的行政权力因此是一种有约束的权力。工部局是公共租界唯一的市政管理机构,单一的市政管理主体对制定约束制度具有便利性,也是以上约束制度能发挥作用的重要原因。然而,尽管工部局具有其独特性,在现代城市或者城区公共机构的市政管理管理中,有效约束制度要么缺乏,要么约束太强(比如来自上级的约束),相比之下,工部局的约束制度是多维度的,具有一定的借鉴意义。

第一节　权力、行政法与舆论监督

一、工部局市政管理权力的来源及监督

(一)权力来源:《土地章程》《附律》和纳税人会议

《土地章程》是工部局的市政管理权力的源头。五卅惨案发生后,北京外交使团要求对此事件进行独立调查,领事、外交史团和工部局的矛盾达到顶点,工部局面临丧失信誉的风险。许多国家的领事要求查找《土地章程》授予工部局权力的文件,并认为使馆有权力将董事会解散,然而,"这三国(英美日)政府坚持原有的意见……除非废除《土地章程》,否则谁也无法采取合法行动解散董事会,更由于在目前紧急时机,解散董事会的结果不可避免地会造成混乱的局面"①。在对租界近九十年的市政管理中,工部局董事会每年由纳税人大会选举一次,遭遇解散的非常少见。但工部局和领事之间的冲突一直不断。在工部局市政管理权力行使中,无论是华界政府行使

权力与工部局造成的冲突,还是领事团的干预,工部局坚决地维护自己的权力,而对有争议的权力,工部局遵从《土地章程》《附律》及纳税人大会决议。甚至在《土地章程》修改上,工部局都试图绕过领事团,而直接听命于纳税人会议。1874年董事会希望绕开领事团修改《土地章程》,即提出一项议案:"授权纳税人会议的一个委员会来对《土地章程》进行修改。由这个委员会来承担此项任务,比起领事团更为适当,因为后者必须进行批准,还必须发给他们在北京的各国公使予以确认。"②尽管此事未能成行(因为《土地章程》最终还是要获得领事的认可才能实行),但反映了工部局对领事权力的离心倾向。

工部局的权力来源也构成了工部局的权力约束。工部局的行为不能超越《土地章程》及《附律》。尽管如此,工部局并不受制于此。首先,因为这两部法律不能容纳所有工部局的日常市政管理细节,工部局必定需要制定更为具体的法规条例,如《招标条件》《巡捕交通规则》《工部局置买地产章程》等,在运作成熟之后,工部局会将这些规章制度增加到《附律》当中。当然有些具体的法规条例是《工部局行政规则》(Municipal Regulations)的完善,单独作为一个规则在执行,比如《招标条件》是对1882年《工部局行政规则》及《附律》的具体演绎。③其次,工部局会根据市政管理的需求提请修改《土地章程》《工部局行政规则》及《附律》。可以说,在不平等条约构成的租界治外法权社会内,工部局从权力源头上设定了对自身行政的约束,工部局的市政管理权是有约束和边界的。

（二）纳税人大会决议

工部局重要的市政管理活动受到纳税人大会的监督。以公用事业特许权制度为例,尽管特许权制度是工部局日常运作的,但每一次特许权协议的签订、经营特许权的授予,都是纳税人大会决议通过后,工部局才能进行的。尽管对选择哪一家公司以及行业发展工部局有一定的审查权,但最终决定权都在纳税人大会手中,这意味着公共租界的重要决议不是工部局这个组织能决定的,而是租地西人这个集团决定的。这在一定程度上杜绝了工部局董事会的小集团利用市政管理权力寻租的可能。

1897年之后,工部局设立特别账户,用来统计工部局临时性收入与支出。这个账户带来的一个重要的变化是将发行债券作为临时性收入,并同意通过发行债券来弥补经常账户的财政赤字。然而,发行债券弥补赤字也是由纳税人大会才能批准的。实际上,自始至终,工部局发行债券都需要纳税人大会批准,而且工部局的确并不总是同意工部局发行债券的。早期工部局为发展电力事业说服纳税人大会同意发行债券花费了不少努力,而在电力事业发展起来后,劝说租地西人批准电气债券的董事会成员甚至以此为荣。债券发行是工部局的财政冒险,是工部局为了实现租界扩张而采用的增加财政能力的非常手段。而其实这是租界纳税人的一致意见,即通过债券发行实现租界扩张能够给租地西人集团中的个人带来正的收益,而不仅仅是工部局财政和市政管理权扩大的问题。

工部局的财政预决算每年都需要纳税人大会批准,纳税人大会批准的预算决定了工部局一年财政支出方向。典型的是筑路。筑路一方面要获得土地,一方面要支出建设经费。在《工部局董事会会议录》中多次看到有业主提请工部局修筑道路,但工部局出于当年度财政预算中没有这笔经费,进而推迟到下年或者拒绝修筑(对人少房屋少的地区更是如此)。一般纳税人会议通过的筑路经费支出,财政收益性和公共利益性较强,这是由利益相关者制定决策的优点之一。

从重要权力和有争议权力的行使来看,工部局总是求助于纳税人大会,将纳税人大会的旨意作为自己行为的指南。

(三) 财务审计

工部局从 1855 年开始财务审计工作,当时查账员发现无法审计前任董事会的财务账册,因为记录不全,④董事会决定聘请一位有资格的财务记账员。早期查账员扮演的是审计者的角色,只是当时工部局的财务制度还不完善。此后,工部局公布的财务报告都经过审计。1876 年,董事会认为每月一次审计工部局账册的制度不够完善,指示总办拟出一套办法以改善现行制度。⑤1876 年,董事会任命麦克莱恩作为工部局的财务审计,年薪 500两,此人担任工部局审计员直至 1881 年离开上海。1933 年董事会聘请潘序伦作为华人审计员,年薪 2 000 两。然而,处于同样职位的外人审计员年薪为 5 000 两。潘序伦向董事会指出工部局账务审计工作的繁复以及中外审计员的薪金差别。董事会表示没有特别的理由能支持应采用不同的工资,所以,潘序伦和西人审计员薪酬相同,定为年薪 5 000 两。⑥潘序伦的薪金事件只是一个小插曲,代表的是华人在工部局财务监督上的话语权的提升。

财务审计是公众监督的一部分,是代表公众的第三方公信机构对公共机构财务合理性的审查。财务审计进一步加强了公众(租地西人)对工部局的监督能力。

二、公共舆论监督

晚清上海公共空间是一个热门的研究主题,其原因之一就是晚清公共舆论空间,尤其是报纸媒体的兴盛。工部局的市政管理是当时媒体重点关注的对象。尽管公共租界的民主是租地西人的民主,但并不妨碍舆论监督。资料显示,工部局董事会一直将"有限度的公开"作为保护自身和租地西人利益的手段。

早在 1861 年,工部局董事会就决定写信给《北华捷报》商量刊登董事会会议记录的事情。工部局还发布过这样的布告:"工部局发出的刊登在《字林西报》上所有的布告、报道、往来函件等都应看作是可靠的。"⑦ 报纸媒体是工部局发布各类规定条例的渠道。但工部局对会议记录并不是全盘刊登的,比如涉及市政建设的,过早刊登会影响工部局的决策,进而不刊登;而对不利于工部局及其职员的言论,董事会也不会放到公开的会议记录当中,如1909 年 6 月 23 日,工部局退职人员写的意见信中对工部局当时的雇员有不良影响,因而"会议一致决定,在准备公布的董事会会议录中不提及此事,这样更好些"⑧。因此,在主动公开的市政管理活动中,工部局董事会会选择趋利避害,这其实是大多数公共机构的真实倾向。所以,在对公共机构的监督中,舆论空间自由度非常重要。

除了借助私人媒体外,工部局从 1908 年开始自办《工部局公报》,用以刊登纳税人会议情况、工部局公告、董事会会议记录及一些重大决议的讨论。这是市政公开和接受舆论监督的一个手段。政令公开透明有利于决策、提高行政效率、从公众中获得认同及决策合法性。但市政管理活动公开并不是工部局的本来意愿。对市政管理活动公开,工部局董事会秉持谨慎的态度,保持着"有限度的公开"。《工部局年报》最初刊登了工部局董事会的会议记录,后来改变了这一习惯。有董事会成员表示,"近年来,公报已变为只是收集一些没人感兴趣的表格,他(麦凯)宁愿恢复以前刊登会议记录的做法"。但总董史密斯指出:"处理此事必须非常谨慎。因为在已持续了约六十年的独特的租界里,有来自许多国家的人员,而工部局对他们的管理很不完善。公报内不刊登很多内容的方针,效果一直很好,如果背离了这一方针,董事会将不可避免地要在比目前困难得多的情况下工作。……补救现在公报使人不感兴趣的状况的方法,是要恢复到以前的情况,那时公报刊载了很多令人感兴趣的事情,而实际上,对这些经过适当决定的事物,几乎都作了某些评介,总办在其中一直进行着谨慎而灵活的工作。"⑨ 对自办的报纸,工部局谨慎地控制着内容,以免引起对工部局及董事会不利的影响。而对私人媒体,工部局也在想方设法地影响。"在中国报纸内部有一种力量,具体说是它们强烈地希望有获得刊载工部局和会审公堂布告的声望。……如果在与某家报纸联系中不断遇到困难,则总办可对不遵守规定的这家报纸,取消其享有的诸如提供最近的消息、捐款、刊登收费广告,以及得到每期《工部局公报》等的权利。董事们认为,坚持这种做法会收到良好的效果。"⑩工部局提供的消息、广告、通告等对当时的媒体是重要的资源,例如工部局每年都在《申报》上发布财务收支数据;工部局意图和报纸媒体搞好关系,这是每一个公共机构都期望的。而报纸媒体的确关注着工部局的行为,对工部局的监督起到辅助作用。

1890年《沪报》刊载了工部局税收员殴打了一家房屋的住户,并强迫他们典当身上的衣服筹集钱款以交纳房捐的事情。总董最初责成法律顾问致函该报纸的发行人查他们刊载这篇文章有何根据,如果文章没有根据,将要求停止刊登这些文章。法律顾问的调查表明这篇文章有可靠的信息源,此时,税务稽查员也提交了关于这件事情的详细报告。⑪从《工部局董事会会议录》中看不到对当事人的惩罚,但引起注意的是当时税收员的工资待遇问题。税收员的待遇不及当时的巡捕,而其承担的责任并不小。后来税收员的待遇有所提升。⑫这是媒体监督导致工部局政策改变的一个案例。

工部局有时也会通过媒体发布一些声明借助媒体澄清管理原则。1917新执照发放规定施行后,很多人企图贿赂工务处工作人员,让他们不要反对申领执照以对房屋进行改建或增建。董事们认为制止这种极端有害的做法具有特别重要的意义。董事会采用的办法是:"在《工部局公报》上和1915年12月本地中文报纸上的《关于制止行贿通告》应定期重新发表,工部局雇员接受的任何贿赂,均应按等份捐赠给仁济医院和同仁医院,并在《工部局公报》和本地中文报纸上予以通告。"⑬由于公开企图行贿者的姓名可能会引起一些诉讼,董事会决定不公开这些姓名。这样的通告会让企图行贿者发现花钱只是白花,进而导致行贿动机减少。

而工部局与上海当地媒体之间也经常发生争执乃至诉讼。如1900年工部局怪罪当地媒体发布耸人听闻的消息,要求领事团干预;⑭《申报》关于工部局监狱和牢房犯人待遇问题的报道⑮,最终《申报》道歉;《申报》刊登有轨电车对当地影响的文章,致使工部局在会审公堂向编辑提起诉讼;⑯《神州日报》关于工部局印籍人员的文章,工部局提起诉讼⑰,最后该报纸道歉;工部局对某些华文报纸刊登一些广告的正式警告(原来要提起诉讼)。⑱这些看上去是工部局对自身权益的维护,其实报纸对工部局行政评论已发于前,工部局是事后性的。此外,工部局并没有干涉报纸的发行权,或者说工部局没有纳税人批准的禁止报纸发行的权力,所以在工部局和报纸的争端中,仅仅是就事论事,媒体发言的空间还是相当大的。

三、领事公堂、大英按察使司衙门和会审公堂的行政法监督

租界是否有行政法监督呢？因领事公堂专门处理以工部局为被告的诉讼，似乎领事公堂是一个行政法监督机构。然而，从工部局市政管理实践来看，涉及工部局市政管理的案件很多，领事公堂、大英按察使司衙门以及会审公堂都处理工部局涉讼的案件。这些案件解决了一些争议问题，确定了工部局的行政权限，这在一定程度上构成了对工部局行政活动的法律监督。

（一）领事公堂

1869年《土地章程》规定了以工部局为被告的案件应这样处理："凡控告公局及其经理人等者，即在西国领事公堂投呈控告（系于西历每年年首，有约各国领事会同会议，推出几位，名曰领事公堂，以便专审此等控案）。"⑲孙慧在《试论上海公共租界的领事公堂》一文中指出设立领事公堂的动议一方面是基于司法权对行政权的监督，另一方面也是出于在沪领事与租界侨民之间的利益平衡。⑳1882年7月，《领事公堂诉讼条例》经领事团批准后公布。㉑然而，《领事公堂诉讼条例》规定了诉讼程序，对以工部局为被告的诉讼适用的法律，孙慧指出："因上海公共租界的特殊性，领事公堂既不适用中国法律，也不适用任何国家的法律，只可沿用《土地章程》及《附律》的规定。对发生的纠纷，如果在《土地章程》及附则中没有加以规定，法官只能依据公平原则和一般原则，或引用判例法等进行自由裁量。"㉒孙慧认为"领事公堂是一个行政法庭"㉓。这个结论有一定的道理，但这个结论低估了领事公堂和工部局关系的复杂性。从领事公堂和工部局互动的历史来看，领事公堂更像是领事和工部局争夺租界市政管理权的组织、调和利益冲突的平台，但对工部局的行政约束有限。

领事公堂是一个多方利益调和的平台，在一些事件上，领事公堂的裁决确定了工部局市政管理权力的边界，但并不构成对工部局市政管理行为的真正约束。以闸北自来水公司诉工部局案为例，工部局为保护上海自来水公司垄断性的特许经营权而拒绝给闸北自来水公司颁发在四川北路铺设总管的许可证。一般认为在这起诉讼中领事公堂因"垄断"原因而判决工部局败诉，工部局进而失去了对特许经营权的维护能力。㉔然而，若考虑工部局公用事业特许权的历史就会发现，这次案件并不能表明领事公堂否认工部局的垄断权，或者工部局公用事业特许权再也无法实行。是否能颁发具有垄断特征的特许权证并不是争议的真正焦点。工部局与上海自来水公司签订的供水特许权协议是经过纳税人大会批准的，领事公堂也不能否认其合法性。争议的真正焦点在于在有争议的越界筑路地区，工部局是否能如界

内一样行使市政管理权。"闸北水案"表明,在控制权有争议的越界筑路区域,在华界地方自治兴盛的阶段,工部局的市政管理权遭遇到了抵抗,闸北自来水公司和上海自来水公司的竞争导致了工部局以特许权为条件,将捐税和自来水供给捆绑的制度受到挑战。但此时此地此种判决并不能代表所有越界筑路区域的状况,而且,此时此地此种判决却激励租地西人、工部局、上海自来水公司明确扩展租界才能实现其利益。租界的扩张构成了对华界市政管理权力的侵害,但当时,领事公堂、工部局在这次案件中的真正关注点是不同的。"闸北水案"后,上海自来水公司铺设水管的权利不仅受到了闸北自来水厂的竞争,也有其他公司乘虚而入,工部局为避免诉讼,对铺设水管的申请,都发放了许可证。㉕而与此同时,工部局作出让步的真正原因在于,"关于闸北自来水公司已在虹江路排水沟(界外)中放置总水管一事,英国总领事和领袖领事已劝告总董,如果工部局强行拆移总水管,则不利于正在进行的租界扩展的非正式谈判。基于这一状况,会议决定对此事不予执行"㉖。所以,在这件事情上,领事公堂其实只是充当了调和利益的工具,确定了工部局市政权力的边界,但对工部局市政管理权的扩张及市政管理权力是否能维护垄断或自由市场,并不能干涉。若以此认为租界维护自由竞争市场,则更谬矣。

工部局认定自己是纳税人利益的代表,是公共租界市政管理权的合法行使者,而对自身的问题,"董事们普遍同意,在对待纯属内部行政管理的财政问题和其他问题上,对工部局的政策和行动应可以正当地表示怀疑,并在必要时通过讨论和纳税人在集会时的表决加以修正……相反,在这样的一个问题上,求助于公堂,如果判决的结果与选民所表明的方向相对立,很可能对上海地方政府产生严重后果。并有可能需要确立一个公认的诉讼程序向北京上诉"㉗。从这个案件上看,工部局在市政管理上更认可纳税人的监督。而工部局对领事公堂法官的设置,工部局也曾抱怨:"自从该公堂首届成立以来,英国代表从未包括在审判官之列。他(总董)认为这种状态不能不令人遗憾。这不仅因为租界内外国侨民之中,英籍公民占有 3/8,进行公堂诉讼必须使用英语,而且还因为公堂与纳税人会议之间,万一发生意见冲突时,公堂当局必须取得英国政府的支持。"从董事会这些言论看,工部局与领事公堂的矛盾不小,而领事团想通过领事公堂对工部局市政管理活动进行约束的期望一直存在。工部局市政管理权力及其执行部分地依赖领事团,但领事团与领事公堂也构成了独立的利益集团,有和工部局共同的利益,也有自己的利益诉求。受制于法律缺失和两者间的利益关系,将领事公堂判定为工部局行政的法律监督者在一定程度上高估了领事公堂的作用,它的真正作用可能仅仅在于提供了一个象征性的法律规制的窗口。

（二）大英按察使司衙门㉘

提及对工部局市政管理活动的法律监督，还有一个部门值得关注，这就是大英按察使司衙门。现有文献资料和既往研究对这个机构能提供的信息并不多。《上海租界志》对此部门稍作论述。㉙《工部局董事会会议录》有一些关于大英按察使司衙门和工部局之间往来的记录。从这些资料来看，大英按察使司衙门是用于规范租地英国人行为的法律机构，尽管有英国人这一身份限制，但一些案件往往能够开辟一些先例，明确工部局市政管理权力的边界。

大英按察使司衙门是独立于纳税人会议、领事公堂、领事团的独立机构。1882 年修订工部局章程，工部局董事会邀请代理按察使韩能加入制定新章程的委员会，韩能表示拒绝，但愿意"就他力所能及向该委员会委员们提供帮助，而不正式参加他们的审议工作"㉚。按察使常作为工部局市政管理活动的辅助，如工部局在租界内取消彩票，但有葡萄牙人和一名英国人继续经营，为此"督察长建议由大英按察使署发出传票传讯这名出售彩票的英国公民"㉛。而在著名的苏州河滩地案件中，领事公堂的判决承认博易具有在美册 112 号土地上建筑的权利，而工部局认为这侵犯了公共权益，向会审公堂申请复审，但遭到领事公堂的拒绝，为此董事会"决定对此事不再采取任何行动。今后第 112 号册地的业主倘若侵犯该滩地的公共权益，就到大英按察使司衙门对他起诉"㉜。但由于法律漏洞，博易完全可以将这块土地转到一个美国人的名下，进而不受制于大英按察使司衙门的约束。为此，工部局仅能寻找妥协方案。㉝但并不是所有情况对工部局都不乐观。1865 年工部局追加财政预算发现欠税达 6 345 两，致使工部局财务陷入困境，工部局不得采取强制措施追索。董事会从各国领事处获知"如果经大英按察使署审理裁定的《土地章程》完全有约束力，领事准备强制他们缴税"㉞，工部局进而发布通告，"通知那些仍然拒绝缴税的人，将采取合法行动强行征收索赔款"㉟。这一措施使欠税的人所剩无几，实现了工部局的征税目标。对工部局的征税权力，无论是工部局还是纳税人，都依赖大英按察使司衙门给出的判定作为自己行动的指南。如 1865 年工部局董事会向大英按察使署对已故查尔斯·韦尔斯的产业托管人进行起诉，追缴捐税 2 851.27 两银子。大英按察使署作出了有利于工部局的判决，董事会认为："这一判决开创了一个重要的先例，给了工部局为市政所需而征税的无容置疑的权力，此判决将长期裨益于公众。"㊱而同样，因斯滩地一案也成为工部局对苏州河滩权力的风向标。㊲

在大英按察使司衙门解决的争议还包括因斯滩地案㊳、海关税务司 17 号㊴、哈同 540 号册地案㊵、沙逊洋行地产案㊶（工部局在大英按察使司提起诉讼,沙逊在领事公堂提起诉讼）、哈同土地税案㊷、对工部局巡捕房的调查。㊸在这些案件中,工部局有胜有败。

并不是所有在大英按察使司衙门的案件都是工部局提请的。1886 年 7 月 12 日,工部局巡捕房没收了一批鸦片,"唐茂枝和鸦片同业公会其他人员向大英按察使署递交的一份请愿书,他们请求衙门判处麦克尤恩先生、福勒先生以及霍华德先生付给他们 1 000 两银子,这是 84 块鸦片烟的价钱,大约 200 两,鸦片厘金 47 两,和十倍于鸦片厘金的罚款。他们非法地没收了这些鸦片烟,并且拒绝交还给原告或其代理人"㊹。这次诉讼原告后来决定撤诉,"由于情况的变化,使诉讼案中的争执之点对原告来说已成为无足轻重之事,因此原告方面已经决定不再进行此项诉讼"㊺。这件事情至少说明,大英按察使司衙门也可以对工部局的市政管理活动进行监督。

与对领事公堂的态度不同,工部局对大英按察使司衙门的态度存在一定的妥协,这是由于利益造成的,而不仅是身份原因。1873 年,工部局收到英领事馆和大英按察使司衙门（两者在同一栋楼中）对工部局房屋估价的抗议,认为两者在同一栋不可分割的建筑物中,前者租金 3 000 两,而后者 1 500 两。实际上,大英按察使司衙门的捐税从 1872 年 1 月以来一直按照 1 500 两的估价缴纳捐税。工部局法律顾问的意见是这件事情完全要看董事会。董事会最后表示:"从政策上讲,不要为了一年 90 两的税款同英国政府进行争辩,这样做是明智的;同时,作为解决目前难题的办法,董事会命帮办答复如下:工部局将通知估价委员会把英领馆、大英按察使司衙门以及各办事处所在的房屋作为一幢大楼进行估价,并且只要该房屋继续作为办公室使用,不论该委员会如何估算,工部局都会同意。同时进一步命令苏珀先生将本记录的含义告知估价委员会,并且建议他们根据此项要求予以合作,从而将上述大楼进行虚有其名的估价,譬如说,假定为白银 3 000 两,包括全部大楼估价。"㊻

对大英按察使司衙门的分析表明,对工部局的法律诉讼可以在领事公堂进行,也可以在大英按察使司衙门进行。两者权力来源不同,工部局对其的认同程度也不同,但两者是平行可以解决工部局市政管理争议的机构。但因为利益纠葛和适用法规的缺失,在租界的市政监督问题上,行政法监督的操控性比较有限。对工部局市政管理权的限制,纳税人会议、舆论监督相比之下可能更加实在。

（三）会审公堂

1868 年公共租界订立《上海洋泾浜设官会审章程》，用以处理租界华人涉讼的案件。一般认为，会审公堂是公共租界的司法机关。会审公堂处理的一些案件涉及工部局市政法规的执行，确定了涉及华人的市政法规的解释。在某些特定的情况下，工部局的法规需要依靠会审公堂的审理才能推行，而会审公堂判决结果的执行有时需要依靠工部局巡捕房。如工部局认为租界当时的白银冶炼工厂造成的环境污染成为社会公害，进而要求其立即关闭，否则将向会审公堂起诉。这家白银冶炼厂最终奉会审公堂之命关闭。[47]但对租界外治安，会审公堂谳员认为工部局没有管理权，如 1886 年静安寺路上华人在错误的车道上疯狂驾马车，捕房予以逮捕，但谳员放了该华人，因为静安寺路在界外。董事会为此决定如果马夫疯狂驾车，就不发给执照。[48]工部局无法改变谳员的判决，只能选择通过其他手段控制交通秩序。1888 年，会审公堂谳员指控工部局侵占中国政府地产。从 1872 年以来这块地产一直被工部局堆放花岗岩。董事会表示无意侵占中国地产，工部局会支付一笔租金或者出价买下。[49]

然而，实际上直到 1893 年，会审公堂谳员才获得了一份《土地章程》并将其译为中文。[50]与大英按察使司衙门和领事公堂相比，会审公堂运作中的问题或许更多。会审公堂判决所依赖的法律为何，会审公堂谳员的遴选，违背会审公堂规则的处理等等，都缺乏一定的规则。会审公堂更像是多种利益斗争和妥协的舞台，[51]而不是一个司法机关，它比以上两个法律机构的行为更为没有规则。但从处理案件的数量来看，会审公堂较领事公堂、大英按察使司衙门多更多，且工部局市政法规的实施很多时候依赖于会审公堂的判决，会审公堂对工部局市政管理活动的辅助性作用是不可置疑的。

从行政法监督的角度分析可以看出租界司法制度的混乱，无论是领事公堂、大英按察使司衙门还是会审公堂，与其说他们是法律机构，不如说是各种利益相关者较量的平台。然而，这并不是不完善的最重要方面。因为法律就是解决利益纠纷问题，且即便是不完善的法律监督机构也能形成对工部局市政管理权力边界的解释。这是行政法监督的意义所在。

第二节　招标制度对市政购买的制度化约束

工部局权力来源上的监督、舆论监督和行政法上的监督，这些监督有常规性的也有偶发性的，构成了对工部局市政的多维度监督。但以上监督的本质都是外在力量施与的监督。对市政管理行为的内在常规性监督也同样重要。尽管这种监督最初的确立也是来源于外在——工部局行政法，但随着工部局行政能力的扩展，市政招标制度逐步发展成为一个工部局自我监督的表征。而且，这种监督不是通过"人"或者"其他的利益集团"的监督，它是一种制度监督。

对于公共机构而言，行政规则对其行为的约束最为有效，尤其在工程建设和市政购买领域，如何杜绝行贿受贿、提高行政效率是重要的问题。工部局的市政购买和基础设施建设是通过招标制度进行的。

一、工部局早期的市政招标（1854—1883 年）

工部局早期的市政招标，在《工部局董事会会议录》和《申报》上有所反映，但缺乏系统资料。

工部局刚成立，就通过招标进行市政购买。《工部局董事会会议录》记载，工部局第一份招标合同发生在 1854 年，为巡捕提供医药服务。[52]早期，招标主要应用在市政工程建设上。如 1876 年《申报》记载：

> 啟者。本局現欲招人添造牢間。在老巡捕房内。如有願作此工者，除禮拜日，每日十點鐘起至一點鐘止，至本局管理工務寫字房内看明樣式，算定工價，寫明信上。其信封外左角上注明做牢間字樣。送至本局寫字房查收。與閏五月十三日十二點鐘正。所討之價不以大小而定，或全部與做均未可知。如不與做，用去使費本局不管。可與做者必得與實保人，保其做完此工方可。此佈光緒二年閏五月初一日洋涇浜北首一帶工部局啟。[53]

归纳起来，这一时期工部局市政招标有五个特征：

第一，招标是市政购买的备选方式之一，没有强制进行。如 1861 年 3 月 27 日董事会会议录记载："总办解释说他没有能使任何人按预定金额（200 两）承担建造一个九柱戏场地。命令对这项工程进行招标。"[54]

第二，中标条件之一是价格优势。[55]如 1862 年 12 月 17 日董事会会议录记载："为建造额外的士兵营房住宿设施，道路检查员出示了 3 份合约。董事会下令接受开价最低的投标，而且这项工程必须立即着手进行，另外还必须取得担保，以保证如期履行合约。"[56]

第三，中标人签订合同需要保人。1861 年 11 月 7 日董事会会议录记载："总办向董事会提交了公益码头和海关码头之间承建一座码头的一份开价最低的投标，这份投标在承包人保证以坚固的形式在 3 个月内完成这项工程而提出担保后即被董事会所接受。"

第四,市政招标辅助工部局决策。工务委员会报告:"本委员会已致力安排用煤油灯取代现用的油灯,原有的灯杆不换,但是委员会收到的最低投标价使得换用煤油灯几乎贵于现在的3倍,因此不得不放弃这一计划。"⑤

第五,华商也可参与投标。如1860年10月10日工部局决议:"由总办负责刊登招标广告,征求外商和华商承包人承建洋泾浜至苏州河的一条排水管道。"⑧

二、市政招标制度确立、构成与衰落(1883—1941年)

(一)市政招标制度的确立

市政招标的制度化体现在招标不再是市政购买的备选方式,而成为强制执行的制度。

1883年2月12日《工部局董事会会议录》记载:

> "新附律会议接受了经法律顾问改动和修正的附律草案如下:'不论在什么情况下,纳税人会议在其召开的公众会议上,在授权工部局为租界从事物资采购或签订市政建设工程合同时,凡费用数额超过Tls.5 000者,则工部局在切实可行的情况下至少应在租界内以英文出版的一家报纸上根据具体情况为必要的采购或市政建设工程刊登广告公开招标。但需根据纳税人会议在批准此类采购或市政建设工程时所下达的指示去办。'"⑨

以上新附律作为1883年纳税人会议的第六条决议通过。实际上,这一决定的形成是工部局和北京外交使团谈判的结果:

> 新附律会议收到了法律顾问所草拟的附律草案,该附律要求:凡工部局从事的采购和进行的工程,如超过一定数额,均应公开登报招标,因为北京外交使团曾建议采纳按照这个意思拟就的附律。会议未通过此草案,因为内中特别提到购买地皮的问题。董事会认为此条应予删去,此附律应更多地应用于筑路材料的采购和工部局其他合同。会议决定指示法律顾问按照这个意思改动附律的措词。⑩

《工部局董事会会议录》和纳税人会议记录显示,在1881年到1883年间,北京外交使团全面参与了工部局行政法和附律的修订。关于招标制度的附律的讨论集中在两方面:一是招标最低限额由"一定金额"变为"Tls.5 000";二是工部局土地买卖是否通过招标进行。从上段引文看,当时工部局保留了不通过招标买卖土地的权利。随着公共租界的发展,土地成为重要的经济资源,为获得更高的价格,工部局剩余土地通过招标出卖也成为一条规则,但每块土地的出卖都牵扯复杂的利益关系,工部局一直力图保持自己对土地买卖的最大处置权。㉛1932年，在舆论的压力下，工部局剩余土地出售的通知范围才从《工部局公报》扩大到更广泛的媒体。㉜

尽管1883年规定了强制公开招标的限额，但Tls.5 000是一个比较高的数额，高于当时很多市政购买的单笔支出，因此这条规定的约束力并不强。1920年，工部局对招标限额进一步修改。工部局规定，低于Tls.50的市政购买可以直接进行；Tls.50至Tls.2 500，需要进行选择性邀请招标，报价不能少于三个；高于Tls.2 500，必须通过公开招标；对一些特殊物品涉及金额较大，如有合适的理由，可以不采用公开招标。㉝公开招标是招标制度的核心部分，工部局重要的市政工程和市政购买主要是通过公开招标进行的。

1883年招标制度的最初确立包含了工部局之外的力量。此后，招标制度的屡次修改都是工部局自己进行的。

（二）市政招标制度构成及演变

招标制度确立以后，经过工部局几十年的招标实践，市政招标制度演进出严格的招标流程、投标条件和中标标准，体现了工部局的经济理性。

1. 招标流程

市政招标流程，可以概括为如下流程图，见图14.1。

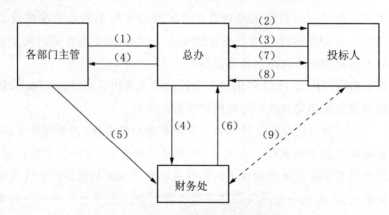

图14.1 工部局市政招标流程

（1）各部门主管请求总办在《工部局公报》和其他媒体上发布招标邀请；

（2）总办在《工部局公报》和其他媒体上发布招标邀请；

（3）投标人将标书寄送给总办（寄往其他部门无效）；

（4）总办将收到的标书复制后转给相应部门主管和财务处；

（5）部门主管根据需求和以往招标经验，向财务处推荐拟接受的投标；

（6）财务处根据部门主管的意见，向总办推荐拟接受的投标；

（7）总办根据财务处意见，通知投标人中标信息，并签订正式合同；

（8）中标人回复总办已获知中标信息，并表示履行合同；

（9）在某些情况下，投标人需要与财务处确定汇率、关税和支付方式等问题。

注：此图根据工部局招标流程绘制。招标流程参见 Memorandum, Procedure in the Calling for and Opening of Tenders, Jan 27, 1931, U1-3-2997,上海市档案馆藏。

以上是工部局总办处统一市政招标之后招标的基本流程。尽管市政招标出于部门需要，但总办处是核心，控制着部门的市政购买。关于制定这一流程的目的，1931 年工部局备忘录记载：

> 招标必须由部门负责人向总办申请；在向财务处长征得同意后发表在《工部局公报》上，如果需要也在中国报纸上登载；总办处须将收到的标书锁在保险柜中直到开标日，开标人由一位下级职员和助理进行，开标当日投标人有权出席，相关部门的高级职员和财务处的高级职员必须在场；开标之前，投标书须检查完整性，信封上地址必须明确；投标书必须一次性开标，大声宣读，必要的特征和价格需要在场的职员记录；总办处做出投标摘要，三份和原始标书给相关部门，一份送交财务处；相关部门负责人需给出推荐；正常情况下，部门负责人意见获得财务处长同意后，总办签字后被推荐的投标将被接受，并且在工部局公报上登载；工务委员会在常务会议上告知投标人中标。仅仅在非正常的情况下，才会参照总董的意见。以上的流程是对工部局和公众利益的足够保障。[54]

最后这段话，反映了这一流程的目标：通过招标过程的多人监督和结果公开保障工部局和公众的利益。统一招标流程相当于建立内部监督机制，让每一次招标有多人监督，避免权力集中于个人，进而避免贿赂行为。这是保证招标成功的条件，也有利于工部局建立自己的信誉。

2. 投标条件及演变

工部局招标档案在 1920 年之前保存下来的多为手写，不多也不系统，很难衡量工部局招标制度的实施情况。但工部局的投标条件很早就已经明确，以下是 1911 年的投标条件：[55]

（1）工部局保留接受整个或部分投标的权利。

（2）工部局并不约定接受出价最低或者特定投标，不付给投标期间投标者发生的费用。

（3）中标者签订合同需付给合适的抵押以保证合同的执行。

（4）中标者姓名、价格将登载于《工部局公报》。

（5）索要说明书收取一定费用，工部局在接到诚意（bona fide）投标后退还费用。

（6）所有投标书应密封，并在封面注明内容。投标书递送可用送信簿，或邮局挂号，截止日中午前送交江西路 23 号工部局总办处。

从《工部局年报》看，1929 年投标条件只在 1911 年的基础上对第六条进行补充，即电气处的投标送到电气处。但投标条件在 1929 年之后频频修改。从 1929 年到 1942 年,经过 5 次规模不同的修改,投标条件从 6 条演变为 15 条。最大的变化发生在 1938 年至 1939 年之间,投标条件由 9 条增加到 14 条,新的投标条件主要着眼于对投标撤回和合同违约的惩罚。从制度变迁角度看,违约率的增大应该是制度变化的诱因,而这段时间违约的增加和当时的社会环境相关。下面对 1937 年和 1939 年投标条件的文本进行比较:⑥⑥

1937 年的投标条件:⑥⑦

(1)(2)(4)条分别与 1911 年投标条件(1)(2)(3)条相同。

(3) 工部局保留在同一个项目上开标前后引入新的投标者的权利。

(5) 所有针对工务处的投标,投标者须将他们的名字或公司名以及其他必要的信息进行登记。如不适当登记将不发放说明书及投标单。

(6) 索要说明书收取一定费用,工部局在接到诚意投标后退还费用。发给说明书及投标单时若附有图样,图样须完好交回工部局。

(7) 所有投标书应密封,并在封面注明内容。投标书递送可用送信簿,或邮局挂号,送交江西路本局办公总处第一五〇号办公室本局总办核收。至迟须在投标截止日之上午十一时送到。

(8) 在投标截止日十一时将准时开标。投标人可到场参观。

(9) 中标者姓名将登载于《工部局公报》上。如便利,其价目也将一并刊登。

1939 年的变动的投标条件:⑥⑧

(1)(2)(3)(4)(5)(10)(11)条分别与 1937 年投标条件的(1)(2)(3)(4)(6)(8)(9)条相同。

(6) 正式开标之后任何投标不允许撤回,直到投标单上登载的有效期失效。

(7) 如果有投标在此期间撤销,此投标所付出的费用,由工部局确定是否被没收。所有针对工务处的投标,投标者须将他们的名字或公司名以及其他必要的信息进行登记。如不适当登记将不发放说明书及投标单。

(8) 如果中标者在合同执行期间违约,合同上登载的应付款将被工部局扣留,直到违约问题得满意解决;或者用以抵偿因投标人违约工部局所受之任何损失之全部或一部分。

(9) 所有投标书应密封,并在封面注明内容。投标书递送可用送信簿,或邮局挂号,送交江西路本局办公总处第一五〇号办公室本局总办核收。至迟须在投标截止日之上午十一时送到。超过规定时间提交的标书将不予接受。

（12）招标单应按格式填写，并以中国银元、法币或其他被承认的外国货币标价。

（13）如所开价为法币，而以外国货币为根据，在接受投标时并须依汇率及（或）现行海关税及附加税有所变更，此项汇率及税率应即分别注明。

（14）投标单所列各项，应用墨笔或打字机填写。

注意：投标人如欲投入交替之投标单，应即逐项详细申述。如与本投标单所载说明有出入之处，更需特别声明。

从文本上看，1939年与1937年的投标条件相比，有7条完全相同，新增6条，第九条补充"超过规定时间提交的标书将不予接受"。在1916年、1922年、1938年、1939年的投标活动中，都拒绝接受超过截止日期的标书。工部局认为接受迟到的投标对已经开标的投标人是不公平的。投标条件对这一点的强调，使工部局的行为有了依据。

1939年投标条件的修改集中在四个方面：

第一，支付方面，包括标价货币、汇率、关税、附加税等规定。受制于战争危险、银价波动、附加税、关税乃至支付货币的变化，工部局完善了对合同价款支付上的规定。

第二，应用墨笔或打字机填写投标单。招标制度的完善过程，是解决不同问题的过程。1933年的一份投标，工部局希望接受的投标最后发现没有确切的公司地址，导致无法联系，工部局只好接受次低价投标，在投标条件中"登记投标人名或公司名及其他必要信息"一条就是由此事件导致的。⑥⑨这一点曾经遭遇投诉，投诉者认为以无法看清地址而拒绝接受最低价投标是不合理的。这些投诉促成工部局完善投标条件，以便有规则可依。

第三，投标撤回的惩罚。

第四，合同违约的惩罚。

对投标撤回和合同违约的惩罚是1938年至1939年投标条件修改的核心，此前的违约事件是这次修改的导火索。1938年，工部局为极司菲尔公园建立鸟舍进行招标，中标人益和记公司（Yih Woo Kee Company，作者译）认为自己进行了错误报价，如果执行合同，损失巨大，进而申请撤回投标。总办菲利浦（Godfrey G. Phillips）表示："在没有明确契约规定的情况下，投标人有权在投标未被接受的任何时间撤回投标……如果益和记公司不执行合同，工部局无法获得法律救济。在这次事件中没有任何抵押品（deposit）可以作为罚金。"⑦⑩工务处长对此回复："你的来信充分表明目前的投标条件并不能保障我们的利益。……（要求投标人）对工部局的损失负责，这毫无意义，除非损失可以从抵押中扣除。我们从没起诉过中标者。……

我认为,投标通告上应增加一条:收取一定量的可能用作罚金的费用。"⑦

档案表明,自该事件起,工部局开始拟定有关投标撤回和合同违约的投标条件。

但在 1937 年之前,并非没有中标之后撤回标书的事件,工部局的反应却没有这么强烈。如 1934 年,达昌建筑公司(The Oriental Construction Company)在中标后请求撤回投标。该公司给出的理由是估价员漏算了斐伦路仓库(Fearon Road Depot)的费用。工部局对此进行一番调查后,认为这次投标依然是"诚意的"(bonafide nature),因此接受了撤回投标的申请,转而接受次低价的投标。虽然无法确定在 1937 年到 1939 年间到底有多少投标撤回和合同违约,但可以肯定环境的变化让工部局的反应与先前大不相同,以致投标条件成为批判和修改的对象,工部局从法规上寻求可靠保障。

3. 中标标准

在工部局的市政招标中,影响中标的因素有:

第一,价格。投标条件第一条规定,工部局并不必然选择报价最低的投标。这是申明权利,而实际招标过程中工部局倾向于接受报价最低或者次低的投标。1924 年一位投标者投诉为什么没中标,工部局赠送投标者一份《工部局公报》,指明"你的报价并非最低"⑦而且,工部局规定,如果不接受报价最低的投标,必须给出合理的理由。在相关部门处长向财务处长推荐拟接受的投标时,经常会出现这样的字眼:"这是符合标准的(投标)报价最低的一位。其他更低价格的产品不合格,另有几家没有给出样品"⑦"所有(投标)出价最低的"⑦。而这类被推荐的投标,常常成为中标者。

第二,样品测试。包括工部局内部的测试及外请专家检查。1936 年 5 月 8 日总办给火政处长的信中表示:"这次投标涉及金额较小(1 200 元至 1 300 元),因此邀请专家检查的申请不能批准。"⑦而在 1935 年的一次投标中,总办同意了邀请米尔得顿(Middleton,作者译)公司的米尔得顿先生(Mr. Middleton)配合火政处长检查购买的纺织品,工部局为此付出了 100 元的咨询费。⑦工部局内部的测试由购货部门或工部局实验室进行,如对火政处防水油的测试等。⑦

第三,公司的声誉。这主要来源于工部局与投标者合作的经验。1939 年火政处长的一封推荐信里写道:"尽管这个公司的报价不是最低价,但基于两条原因推荐它:第一,过去十一年我们使用壳牌石油(Shell Oils)完全满意;第二,多次的试验证明它各个方面都是最让人满意的。"而此前一直推荐这家公司的理由是"过去九年,八年……完全满意"⑦。但另外一家公司,大华铁厂股份有限公司（Diaward Steel Furniture Co）就没有这样幸运。1934 年它以最低价中标，但 1935 年的投标，尽管是最低价，但没有中标。工务处长给出拒绝理由："报价最低的公司尚在进行的工作不能令我满意。价格上的差别不值得考虑。"⑦⑨

4. 招标制度的衰落

市政招标制度的有效运行需要政治、经济和法律保障。随着公共租界形势的恶化，招标制度最终衰落，这主要体现在三点：

第一，价格发现功能丧失。招标制度发挥价格发现功能的一个前提是有足够多的公司参与投标，导致有差异性的报价。表 14.1 是 1933 年的一份招标报告：⑧⑩

表 14.1　1933 年 5 月至 11 月工部局招标情况　　　　　　　（单位：份）

各部门招标申请	60
公开刊登的招标公告	117
收到标书	889
中标摘要	97
各部门的推荐报告	74
总办处发出的接受信	80
总办处执行中的合同	29

粗略估算，每一份招标邀请对应的投标约有 6 份，这在一定程度上保证了差异性的报价。又如工务处第 34/67 号招标，8 家投标商，最低报价为 15 509.00 元，最高报价为 25 251.03 元，⑧① 相差 62.8%。这是招标制度运行正常时的普遍状况。

1937 年之后，流拍经常发生。1938 年警务处长在一封信中称："从中日敌对开始，招标制度衰落了，不定期的询价是必要的。"⑧② 1940 年工务处长给财务处长的信中说："请求批准从市场上用现金直接购买大约 5 200 尺中国橡木，这比进行公开招标的价格更优惠。"⑧③ 1937 年之后，这不再是个别现象。

第二，招标限额一再提升。任何经济制度的有效运行都需要一定的货币条件，货币价值不稳定，通货膨胀严重，规则频繁修改，效率降低。如前所述，1920 年规定公开招标的最低限额为 Tls.2 500，选择性邀请招标的最低限额为 Tls.50。这个限额一再被修改。1931 年工务处长请求修改限额，两者分别提高到 Tls.4 000 和 Tls.200，总办的意见是前者不能修改，但特别状况按照"紧急情况"处理，后者提高到 Tls.100。⑧④ 1939 年，作为临时政策,选择性邀请招标的限额提高到 500 元。⑧在 1940 年,公开招标的限额被提高到 10 000 元。⑥招标限额的提高,昭示着招标制度不断松散直至最终衰落。

第三,合同不能有效执行。禁运和物价波动,增加了合同执行难度,提高了违约风险。1940 年 5 月 20 日一位中标人申请撤回投标,原因是:"由于无法获得'购买许可'(purchaseing permit)而无法供给碎石。请允许撤回投标。"⑧又如俄国难民的食物供给,从 1931 年至 1936 年,包括价格,合同有效期是一年;而 1938 年中标通知中规定:"当地食物价格每三个月修改一次,与市场价格一致。"⑧1938 年至 1939 年,合同有效期为三个月,1940年至 1941 年,合同有效期仅为一个月,"招标碎片化"带来的是效率损失。从 1940 年末开始,所有石油供给中标通知都加入"价格提高需要三十天提前通知,在特定条件下可取消或暂停执行合同"的条件。1941 年,工部局接到不同公司的提价通知。⑧

三、市政招标运行环境与中标分析(1920—1941 年)

(一) 运行环境分析

工部局市政招标制度源于英国的市政管理经验,运行过程中受租界独特的社会环境的影响,也受租界公共舆论的监督。

1. 障碍与优势

工部局将市政招标制度设置为四个层级——直接购买、选择性邀请招标、公开招标以及无需公开招标的购买,是成本—收益比较的结果。这一规则体现了工部局的经济理性特征。但工部局的经济理性并非是毫无阻碍地贯彻的。突出的案例有两件。一件较早,在 1882 年,工部局拟通过公开招标发放人力车执照。道台通过领袖领事转信表示:"道台请求工部局不要为人力车执照事张贴告示进行公开招标,而是仍然按照目前的办法办理以避免引起纠纷。"⑨虽然人力车执照发放最终也采用公开招标,但这一行为受到了既得利益者的反对。又如 1940 年福州路和河南路拐角处的停车场,工部局拟通过公开招标对此停车场进行管理,但考虑到公众对缺乏停车场的抱怨,工部局决定自己管理这块停车场。⑨

市政招标制度的运行还面临着内部管理和外部环境的问题。从招标流程看,总办处位于核心,监督管理各部门的市政招标,但并非所有的部门都没有异议。如电气处,就曾经抱怨统一招标流程的适用性。⑨外部环境上,面对华界投标者,工部局曾表示,"向本地人招标具有试验性质,因为实践上可能并不会让人满意"⑨。此外,工部局充分利用了公共租界的国际性特征，进行全球性的市政招标，如电气处的涡轮发电机、警察的服装等。全球招标有利于配置最优资源，这是值得借鉴之处。

2. 投诉与诉讼

作为受纳税人监督的行政机构，工部局市政招标受公众监督。这部分体现在一些投诉和诉讼事件上。1932年一份投诉写道："为工部局服务十年……投标价格因总办处某华人职员的不端行为泄露，进而失去中标机会。但所遭受的损失，与对工部局一直享有的良好声誉的损害相比，简直微不足道。"⑭工部局接到这一投诉信后，对 No.33/25 的投标人进行调查。⑮因为证据不足，这一投诉没有明确结果。

又如1938年《每日新闻》(Shanghai Maininchi)登载：

> 尽管有很大的赤字，工部局依然喜欢使用昂贵的供给。供给通过招标或命令的方式购买。通过命令购买的通常是英国产的，即便是一张纸或一支铅笔。工部局付出的价格是在商业繁荣的时候确定的。然而，商人们并不满足，因为每年只有两三次交易；而且他们习惯于在每一次交易中付给相关的官员佣金，这让他们利润殆尽。而且，日本公司的投标通常因为质量低劣的原因而被拒绝。例如供给服装给工部局的三井(Mitsui Bussan Kaisha)就因为这个原因被拒绝，即使它的价格只有英国服装的三分之一。管理购买的都是英国人，完全没有日本人供职在这个部门。⑯

工部局对此的回复是：

> 非常遗憾《每日新闻》没有调查这份恶意的陈述就刊登了它。第一，工部局通常接受最低价格的投标，不接受最低价需要有充分的理由；第二，对于贿赂的指责是一个断言，而缺乏有说服力的证明；第三，三井最近一次在警局制服招标中中标是在1937年，10家投标者里中标的三家公司之一。⑰

投诉的处理对工部局提高公信力至关重要。上面的投诉说出了工部局决策的一个事实就是英国人管理工部局的购买，但从中标者的情况来看，这个投诉并不公正的，是日本与英国争夺工部局管理权的一个表现。

有一些对工部局的投诉最终引发诉讼，而由于公共租界法律环境的混乱，法律执行机构和工部局的利益有千丝万缕的关系，一个诉讼所耗费的时间、精力甚至让工部局决定放弃诉讼。如1939年领事公堂诉讼案，一位投标者收回标书，工部局认为按照投标的"诚意"原则投标者违规，进而扣押了这个投标者的押金。投标者要取回押金向领事公堂提起诉讼。总办表示尽管工部局有可能胜诉，但还是主张归还押金，众董事一致同意。⑱

（二）中标情况分析(1920—1941年)

在工部局档案中,有8卷档案较完整地记录了1920年至1941年成功的招标,包括招标主体、标的物、中标公司、合同条件等。这些档案记录了2 029份成功的招标,让我们一窥工部局二十二年的招标概况。缺憾是价格记录不全,招标总支出因而无法统计。

1. 1920—1941年招标统计、结构与趋势

在1920年至1941年间,工部局共完成招标2 029次,其中工务处1 071次,警务处632次。图14.2我们可以看到工务处完成招标所占据的绝对优势,达52.8%,警务处占31.1%,两者合计占投标总量的84%。

从图14.2可以明显看出1920—1941年工部局市政招标的数量特征:总趋势上,工务处与工部局的波动规律一致;其他部门早期较为平稳,后期逐年增加,与工部局整个波动趋势不一致。

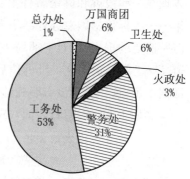

图 14.2 1920 年至 1941 年工部局各部门招标数量占招标总量比重

资料来源:《上海公共租界工部局总办处关于批准包工投标的发文存本》,1919—1941,U1-1-581/582/583/584/585/586/587,上海市档案馆藏。

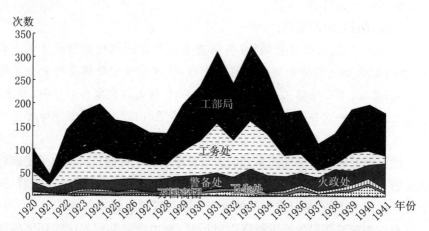

图 14.3 1920 年至 1942 年工部局及各部门成功招标数量变化

资料来源:《上海公共租界工部局总办处关于批准包工投标的发文存本》,1919—1941,U1-1-581/582/583/584/585/586/587,上海市档案馆藏。

警务处、万国商团、卫生处、火政处等部门的招标,在1937年之前,每年大体维持比较稳定的规模;在1937年之后,呈逐年略有上升的趋势。从招

标合同看,1937年之后招标趋势的变化来源于物价波动引发的"招标的碎片化"。如原有警务处的食物招标合同一般持续时间为6—12个月,而在这一段时间,食物招标合同只能持续3—6个月,甚至对俄国难民食物的供给,招标合同只能保证一个月有效,每个月都需进行重复招标。其他部门招标的增加也类似,不能代表正常情况下工部局的需求。工务处的招标,在1920年到1937年,与工部局整个变动趋势一致;1937年之后,工务处的上升趋势没有工部局的上升趋势快,但这是由于其他部门"招标的碎片化"引起的。可以得出结论,即工务处的招标趋势能代表工部局的市政招标趋势。对工务处招标的分析可以看出工部局的市政管理特征。

工务处市政招标有两个高峰:1924年前后和1931年到1933年。20年代是经济发展和社会稳定的时期,工部局的市政招标和经济状况一致;此时也是工部局扩大自己管辖领域的时期,越界市政活动依然在进行。1927年国民政府成立后,工部局的越界市政逐步受到限制,这一定程度上是1927—1928年招标处于低谷的原因。而从1929年开始,工部局的活动走向第二波高峰。从招标的内容来看,前一阶段市政招标主要是进行一些基础性的道路、下水道的修建以及工务处的物资需求等,第二阶段则部分属于"锦上添花"。如为大楼安装电梯,从1927年到1935年达22次,此前及此后都没有。第二阶段市政招标的另一个特征涉及资源的重新分配。为华童修建学校的招标,从1922年到1941年共有36次,从1922年到1929年有5次,从1935年到1941年有7次,而其余的24次集中在1930年到1935年。工务处通过招标进行的市政建设,不同阶段重点有所不同,总体来看,第一波高峰重在地盘的扩大,而第二波高峰,重视市政建设水平的提升,并对资源在外国人和华人间进行了重新分配,如增加华童学校的数量。

1931年到1933年是工务处招标规模最大的时期。从招标质量看,如前文所示,1933年5—11月工部局的市政招标,平均每份招标邀请约有6份投标对应。从招标制度看,1933年投标条件一直沿用到1937年。因此,可以说这一阶段是工部局市政建设的黄金时代。

1937年工务处的市政招标走到低谷。1937年至1941年,工务处的招标数量有所恢复,但已经无法恢复到20年代的状况。档案表明,受制于战乱,这一时期工务处的招标处于困境当中,如1937年工务处长给总办的信中写道:"考虑到目前形势的不确定性,通过招标签订1938年的垃圾清运合同不足取。"[99]

2. 中标公司分析

工部局二十二年的市政招标中是否有垄断的存在? 1920—1941年有

2 029 次成功的招标,除去无法看清名称的一家公司外,有 2 325 次中标,[100] 实际中标公司有 689 家。[100] 如图 14.4 是 689 家公司中标的分布情况。

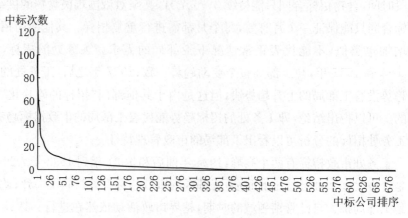

图 14.4 689 家中标公司分布情况

资料来源:《上海公共租界工部局总办处关于批准包工投标的发文存本》,1919—1941,U1-1-581/582/583/584/585/586/587,上海市档案馆藏。

从图 14.4 中可以明显看出,中标次数排名在前 50 名的公司,中标次数均在 10 次以上。而中标次数最多的怡和洋行,达到 100 次。前 20 名公司中标情况统计如表 14.2。

表 14.2 前 20 名公司中标情况统计

公司名称	中标次数	服务部门
怡和洋行(Jardine,Matheson & Co.)	100	工务处、警务处、万国商团、火政处
威里(Harvie Cooke & Co.,ltd)	60	警务处、火政处、万国商团
毕德兴军装(Ah Shing & Co.)	53	警务处、万国商团
(英商)亚细亚火油公司(Asiatic Petroleum Co.(North China))	48	工务处、卫生处、火政处、万国商团
义昌米行(Nee Chong Rice Co.)	47	警务处
乔治·罗宾逊(中国)有限公司(George Robinson & Co.,(China)ltd)	31	警务处、万国商团、火政处
三井(Mitsui Bussan Kaisha)	28	工务处、警务处、火政处
利伯特(Llbert & Co.,ltd)	28	警务处、工务处、卫生处、万国商团
怡和机器有限公司(Jardine Engineering Corp.,ltd)	27	工务处

公司名称	中标次数	服务部门
英商祥泰木行有限公司(China Import & Export Lumber Co.)	27	工务处
德士古火油公司(Texas Co.,(China)ltd)	24	工务处、火政处
罗西(R.F.Shroff & Co.)	23	警务处、火政处、万国商团
怡和纱厂(Jardine, Matheson & Co.(Ewo Cotton Mills))	21	工务处、警务处、火政处、万国商团
顺利五金号(W.Z.Zee & Sons)	20	工务处、卫生处
泰昌石子行(Tai Chong & Co.)	20	工务处、警务处
顾发利(Gordon & Co., ltd)	20	工务处
虹口益利号(C.Eddie & Co.)	19	警务处
上海花卉公司(Shanghai Flower Pots & Nursery Co.)	18	工务处
英商信昌机器工程有限公司(China Engineering, ld)	18	工务处
纽约标准石油(Standard Oil Company of New York)	16	工务处

资料来源:《上海公共租界工部局总办处关于批准包工投标的发文存本》,1919—1941,U1-1-581/582/583/584/585/586/587,上海市档案馆藏。

从拍卖理论来讲,招标制度的效率是通过目标函数最优化来证明的,而没有从中标公司的分布情况给出判断标准。在中标公司分布中,有几个解释在一定程度上保证了招标制度是竞争性的进而是有效率的制度。第一,从总量来看,每家公司平均中标次数为3.4次。有395家公司中标1次,有97家公司中标2次,有44家公司中标3次,31家公司中标4次。中标次数等于和低于4次的公司占82.2%。这些事件发生在22年间。这说明中标公司更换的频率比较快。第二,从表14.2看,前20名公司中标在16次以上,但平均每年都能中标一次的公司只有12家。这12家公司中,怡和洋行平均每年中标不足5次,其他公司平均中标1—3次。怡和作为能提供多种产品的公司,中标次数占总量4.9%,很难得出垄断的结论。但垄断竞争可能存在,这是工部局所采购的产品的特别性造成的。比如石油,如前文所述,(英商)亚细亚火油公司(Asiatic Petroleum Co(North China))的壳牌石油被火政处长多次推荐。尽管不是最低价,但推荐的理由是充分的。第三,影响一个投标能否中标最重要的是价格。从一般经济理论来讲,如果最有实力的公司给出最优报价,中标的可能性就大,而更加没有理由贿赂。所以如果形成垄断，也是一种有优势的垄断，利于招标人——这种垄断是由价格机制造成的。

四、工部局市政招标制度的特征

通过以上分析，可以归纳出工部局市政招标具有如下特点：

第一，从外部压力走向自我监督和公众监督，具有公开性特征。从招标制度的确立过程看，工部局的市政管理受制于更高一级权力机构的限制，工部局在市政管理上寻求"合法性"；主动降低强制性招标限额，走向自我约束；统一招标流程，实行分权，建立内部监督机制；在工部局存续期间，中标结果一直保持公开、接受投诉，给公众监督空间。

第二，效率特征。招标制度具有价格发现功能，在公共购买中引入竞争机制可以让招标者处于买方市场的地位，实现经济效益最大化，这提升了工部局对公共租界的市政管理能力，也体现了工部局的理性经济人特征。

第三，契约精神。工部局的市政管理过程也是工部局市政管理法规构建的过程。从招标制度的确立，到招标流程、投标条件和中标标准及招标制度的演变，都体现了工部局制度先行的行事作风。面对公共租界不断变化的经济形势，工部局努力通过修改招标制度来适应经济形势的变化，保障工部局的利益，而不是通过强权。这体现了工部局尊重契约的精神。

此外，工部局市政招标随着公共租界局势变动而变化，也反映了公共租界的局势变迁和工部局管理公共租界的阶段特征。

第三节　市政招标制度对华界市政管理的影响

工部局的市政管理给我们机会来近距离观测各种西方经济社会制度的特征。而能近距离观测租界市政管理实践的上海华界地方政府和商民，尝试运用招标制度，甚至在国民政府成立后，全国都掀起了利用招标制度进行市政管理的风潮。与工部局不同，清末商民、上海地方自治机构以及国民政府时期的招标实践，在实际运用时对招标的制度设置作出了具有特色的改进，而评估工部局市政招标制度对华界影响的办法之一是对工部局和华界不同主体的市政招标行为进行文本和客观结果上的比较分析。

一、市政招标制度的确立及动机比较

工部局通过招标进行市政购买是其经济理性的一种表现，实现了工

局在市政购买中的成本最小化。从前文我们知道，工部局1883年的招标限额规定，对工部局的市政购买并未形成极有力的约束；1920年的限额设置，是工部局在外界压力下进行的自我修正。招标制度是对公共机构市政管理的约束机制，对于工部局而言，使用招标制度实现了纳税人[102]约束工部局市政管理活动的要求，也促进了工部局市政管理效率的提升，但这并非完全是工部局的自我要求。这在一定程度上说明，工部局运用市政招标制度管理市政，主观上并非完全自愿，而是建立在外在压力和监督约束基础上。对工部局实行市政招标的动机不再赘述，华界由于主体较多，华人对市政招标制度思想的运用与工部局还是有着一些重要的不同。

清末民国时期华界商民和政府都曾采用招标进行买卖。1888年，华界地方政府在租界张贴告示显示："招标出售破产商号万泰号的常务合伙人唐荷亭的住房。"[103]此告示中招标意为拍卖，目的在取得最优价格。又如1913年《政府公报》第269期载《财政部招人承售缎疋颜料两库物品投标告白》、1926年淞沪商埠督办公署成功通过招标承包修筑马路工料。[104]事实上，当时报纸上充斥着北京、上海、长沙、福建、河北、辽宁、安徽各地，各级政府机关采用招标方式进行市政建设的公告、告白、条例，尤其在20世纪20年代到30年代，招标用于工程建设在全国范围内掀起风潮。甚至有些国民党地方政府强制规定工务活动采用招标制度，如国民党上海市政府训令字第10614号规定："本府所有工程及大宗购置应一律采用投标制其有因特殊情形必须变通办理者应由主办机关陈述理由呈请市长核夺。"[105]

西学东渐以来，西方经济制度思想广泛地对华传播。工业、商业、金融、会计等经济思想和制度影响了近代社会的经济和社会变革。对招标制度，国民政府与工部局来往函件显示，国民政府曾向工部局学习招标及其具体的制度设置。尽管这一时间比较晚，但却明确显示出华人进行制度移植和制度学习的动机。1935年，汉口市政府购料委员会去信工部局：

> 顷闻贵局标购材料极为覈实，殊深倾慕，用特函达，请烦查照关于购买材料办法及招标章程合同，与各种章则各检赐一份为荷。[106]

对此，工部局去函附送关于购料投标各种章则。[107]南京国民政府行政院也曾与工部局联络。1936年，国民政府行政院行政效率研究会去信工部局索要有关招标的制度规章：

> 迳启者。查物料管理为现代重要行政问题之一。本会为便利研究起见。广征各项有关材料、汇编统计。素悉贵局庶务管理及物料购买保管制度，均极完善。相应函请贵局将各项有关章则表格以及办事程序图解等俟检赐全份以资借镜。至纫公谊。[108]

这些信件直接证明国民政府曾向工部局学习市政招标的具体制度设置。此外，尽管表现含蓄，这也反映出国民政府学习和运用招标的动机——对现代市政的追求。本着对经济效率、行政效率等的追求，华人尝试在经济实践和市政管理中运用招标制度。

二、市政招标条件的比较

招标条件确定了投标人、中标人和招标人三者的权利关系。1920年工部局招标新规制订后，各部门的招标统归到总办处管理，招标条件和招标流程也统一。经过多次修改，1937年的招标条件最能体现在正常社会环境下工部局招标的精神原则。总体而言，工部局招标条件与当今密封招标的核心原则是一样的。尽管随着上海政治社会形势的变化，工部局市政招标遭遇困境，但工部局市政招标条件的核心条款和精神没有变化，一直保留着公开开标、招标结果登报公开等条款。

华人商民和政府机构的招标活动，一方面，由于招标主体的多元性，并没有形成统一的招标条件，而是由具体招标者确定招标条件；另一方面，商民招标由于招标主体是经济理性人，不存在政府、公共机构等主体的委托—代理问题，所以与工部局这一公共机构主体可比性较低。因此，我们以国民政府上海市政府工务局招标条件为例，对比华人政府和工部局在招标条件上的异同。以上海市工务局1936年招标承办市立医院的案例为例，招标条件如下：

章程

一、投标人须先至本局缴纳图样费法币五元投标保证金法币二百元同时领取图样施工细则合同底稿标单标封等所缴图样费概不发还。

二、投标人于投标以前须详阅合同所载各条件并往实地勘察工程地以明了当地情形将来中标后对于合同条件不得发异议。

三、投标人如于图样或文件上发见歧义遗漏之点或意义不明之处应用书面函询本局凡口头或用电话询问者概不答复。

四、凡向本局投标者须按照本市营造厂登记章程所规定之登记分别投标不合格者不得投标。

五、投标人如填写不按格式或不用本局封套及标单或将全份标单及附近之任何部分抽出者概做废标论。

六、标单及封套顷按填写清楚不得涂改投标人应盖章签字并严密封固于开标之前亲到本局投标箱。

七、开标时投标人必须亲自或派负责之代表到场直至公布开标结果后(当日在本局公布)方得离去以后便选读及审查标单时遇有疑问随时可以传询。

八、当众开标以后经本局审定合格者为中标人但不以最低价格为限。

九、中标人应于公布后三日内来局订立合同并应先缴承办保证金法币四百元前缴投标保证金可转作承办保证金之一部分。

十、中标人如逾期不来局订立合同者即将所缴投标保证金全数没收并依次选补他人承包。

十一、未中标者得于本局公布开标结果后之第二日将其所缴之投标保证金凭据领回同时须将前领之图样缴销候补中标人于本局与中标人订立合同后方得凭据领回投标保证金并缴销所领之图样。

十二、中标人于订立合同后不能如期开工者本局即将其所缴之承办保证金没收并依次选补他人承包。⑩

通过这份招标章程可以看出,国民政府上海市工务局与工部局两者的招标条件,有很多相同处,如同样是密封招标、公开开标、投标有门槛条件和中标者须缴纳合同保证金,但总体上对投标人的约束更强。而两者最大的不同在于,工部局将刊登中标结果作为招标条件之一,但上海市工务局的章程中没有这一条款。而浏览其他上海市政府各部门招标条件,如 1933 年《上海市公用局关于招标准标水表水管材料及包装水表案》,⑩以及 1935 年《审计部上海市审计处关于调查上海市财政局所有招商投标事宜》⑪等记载的招标章程,均未显示招标结果在媒体上公开的条款。中标结果公开后,所有参与投标的利益相关人若有异议,均可投诉,这能够形成对招标主体的有效监督。相比之下,中标结果的信息如果很难获取,对招标主体的监督就很难达成。从这一点看,国民政府上海市政府和工部局对招标的监督是不同的。

三、市政招标的监督比较

对市政招标的监督手段不可或缺。工部局对市政招标的监督,注重程序监督。1920 年工部局招标制度进一步完善,除了招标条件得到统一外,还形成了以总办为核心的招标流程,此前各部门分别招标的情况变为由总办处统一进行招标。

总办处是招标信息聚集的中心,但中标结果并不是单独由一个部门作出的,这是保证监督有效性的关键。

华界各政府在进行市政招标时,其监督手段多种多样。虽然公开招标结果并不在华界政府招标条件之内,但有些招标公开了中标结果和中标人,如南京国民政府《首都市政公报》1931年第78期《招标承办自来水管》以及《水厂清水机间工程工程开标》两文分别公布了两项招标的中标人和中标价格;1936年第766期《交通公报》公布的《交通部供应委员会第一二两次招标开标结果》和第778期《交通公报》公布的《交通部供应委员会第三号招标开标结果》,均将所有中标人的姓名、标的物及数量、单价和总价公示出来。更有甚者,有些招标还公开了所有的招标信息,如《各局业务汇报·工务局》记载的《西门唐家湾菜场坍圮及重建情形》公布了该菜场重建招标时的招标条件、用料及施工细则、所有投标人及其对各种标的物的报价、与中标人签订的合同等。尽管公示中标结果和展示投标信息的案例在所查阅资料范围内只占很少的部分,但也显示出华界市政招标主体昭示公平、公正的意愿。

除了公布中标结果外,成立委员会审查招标也是监督市政招标的一种方式。例如1931年第77期《首都市政公报》刊载《南京市自来水管招标审查委员会规则》一文显示,为审查自来水管招标事项,南京市政府专门设立自来水管招标审查委员会,委员会由7—9人构成,主要职责是审查投标人之资格、审查得标标准、审查合同条款等,并取审查委员会三分之二以上之意见为最终决议。[112]

国民党上海市政府也会审计各部门的招标活动,如1935年上海市审计处调查上海市财政局所有招商投标事宜:

> 於六月十九日,前赴上海市财政局,向第三科科长王向宸接洽,據云,本局每年招商投標之事甚少,只有承接清糞一事,洎招商標投承辦。每屆開標,市府及衛生局均派員會同辦理。一切招商及開標手續,亦定有規則。[113]

除了以上并不常见的监督手段外,当时华界政府市政招标最常用的监督手段是"监视"制度。工部局将中标结果公开写入招标条件,而华界政府常将"监视"条款写入招标条件。如1928年《汉口特别市政府采办委员会招标章程》第12条规定:"……由本会指定各局处技术人员一人或二人随同原请机关及本会采办员到场公同监视当众开标。"[114]1929年《军政部营缮工程投标规则》第8条规定:"开标时投标人须准时齐集开标场由监视投标员将各标单当众开视朗读投标人姓名及其投标金额并同时记录之,前项监视投标员由军需署审核司派员或委托其他机关派员充之。"[115]1929年《修订上海市政府财政局招商投标规则》第9条规定:"投標時由本局局長會同市政府派员莅场监视以昭郑重。"⑯1931年《安徽省政府建设厅工程投标章程》第7条规定:"开标依预定时间由本厅派员当众行之遇较大工程并呈请省政府派员监视。"⑰1941年《上海特别市招商承制车船牌照投标暂行规则》第8条规定:"开标时由市公用局局长会同市政府派员莅场监视。"⑱1943年《江西省各县(市)公产租佃投标办法》第6条规定:"公产租佃投标时,应由县(市)政府通告各公法团体,派代表及驻县审计人员到场监标(在驻县审计人员未到县以前,应由县行政会议常驻会员委员会代行其职权)。"⑲从上文列举的"监视"条件可以看出,"监视"一般作为第三方监督角色引入到市政招标当中,而监视人的选择或为审计机关,或为上层领导。在招标流程上增加"监视"这个约束角色,可以说是华界各地政府运用招标进行市政购买时的显著特色。

对市政招标进行"监视",不仅存在于开标一刻。如在招标承办市立医院及卫生试验所添建房屋工程的案例中,上海市审计处派员监视整个招标流程,监视员出具监视报告给市政府:"投标者四家,最低标价得标。……所有经过手续无不合。似可发给稽查通知单以资证明。"后发给招标人"稽查通知书",上书"函请本处派员监视业经照办所有经过情形尚无不合发给稽查通知书除通知市政府外留此备查"。⑳

又如,上海市公用局关于招标准标水表水管材料及包装水表一事中,市长吴铁成委派陆树屏主任监视此次招标。在陆的报告中,详细分析了招标的情况和选定中标者的原因,前两个项目投标者众——分别为6家和10家,进而成功招标;而对一个流标的再次进行招标后,监视报告建议"按该项包工,投标者寥寥,其原因大众认为工程太小所致,此再招标,仍恐难有结果。依本局意见,不如即由本局招工办理,无须再引招标,以资简便"㉑。此项工程最后由公用局直接招工承办。

对市政招标进行"监视",在华界政府中由来已久。1914年江苏省财政厅即发布饬令,规定监视投标办法:"此虽兼赅各项审计而言,而监视投标亦当包含在内,以后遇有投标事件,即请贵巡按使或该管上级官署随时派员监视,事后将监视情形汇报本院查核可也。如认为有由院派员监视之必要时,再行通知照办。如此分别办理,既于事实无碍,而于计政进行亦有裨益。"㉒

在招标流程上引入"监视",其本意是通过人为监督来保证程序和结果的公平公正。相比之下,工部局则是通过流程控制来保证招标的公平和公正。从效率角度来讲,流程控制效率更高,人为监视所花费成本更高,而"监视"制度本身是在行政上通过上层直管机构的监督来约束市政招标,从民国初年到国民政府时期,都在实行,前后有继承性,也反映了传统社会下的"人治"特色。

四、市政招标的运行结果比较

不同的市政招标制度设置和市政招标所在区域,都会影响市政招标的结果。招标发挥价格发现功能的一个前提是有足够多的公司参与投标,导致有差异性的报价。从总量上看,1920 年至 1941 年,工部局成功招标 2 029 次,涉及的公司有 689 家。[123]在 1937 年之前,流标现象并不多。

相比于工部局招标资料档案的完备,近代华界商民和政府机构的招标缺乏系统资料,仅能通过一些零碎的资料描摹影像。

从中标标准上看,一些招标条件会规定并不以价格为限,且需要检验,如在上海市公用局为市政府及所属机关所用汽油招标事中,"覆请交通大学代为检验各种汽油每匹马力之消耗数量以资比较"[124]。从国民党上海市审计处的监视报告中可以窥见,中标的标准一是价格,二是质量,三是实验。这和工部局相差不多。

在上海市公用局关于招标准标水表水管材料及包装水表招标中两标投标人分别为 6 家和 10 家,1934 年上海市政府建筑修机厂工程招标中有 6 个投标人并取最低价者为中标人,1934 年承办市立晖桥小学校舍工程中有 5 个投标人,在 1939 年上海南市救火队制服招标一事中有 4 个投标人并取最低价者为中标人,在西门唐家湾菜场重建投标中,有 19 家投标人,中标者和投标报价最高者价格相差 64%;而有一些招标则并没有这么多的投标人,如崔兴沽模范灌溉场工程招标中第一标投标人有 4 家取出价最低者中标,而第二标则只有 2 家投标人且中标人退出,最后只能商请第一标中标人承办。[125]由于无法作出更多统计,基本只能认定,在偶然的情况下,华界政府的市政招标可以通过投标人的竞争获得优势价格。

而在某些情况下,招标不能达到切实的目的,如 1936 年《司法公报》刊载:

> 标购囚粮办法,行之既久,流弊滋生,乃以月购大宗米粮,小本商店,不能承办,仅止生意较大之一二家米商投标,甚至只有一家,于招标真义既不相合,且不免有操纵情事……嗣后各省监所购买囚粮,应由各监所,派员分向粮食行号,采选样品,调查实价,提交购置委员会召集会议,比较价廉货美之行号订购,或斟酌情形,于监所内,成立粮食科,自制米面杂粮,以供食用。[126]

用招标购买囚粮,在近代上海公共租界一直实行,而在华界各地则缺乏客观的实行条件,以致这类市政购买又落入个别利益关系人手中。由于地域关系,华界各地市政招标实行情况,不尽相同。在上海,市政招标的客观条件要好一些,甚至国民党上海市政府的招标具有国际性特征,如在上海市公用局关于招标准标水表水管材料及包装水表的招标中,公用局函复西门子公司:"并未规定必须采用当地所制造者。贵行有国外所生产生铁管者可照章开投标单。"[127]而对水管包装招标两次招标均流标,则表明国民党上海市政府的招标制度还不完备,因为招标活动有成本和收益的比较,并非所有层次的购买活动都需要进行公开招标,这和工部局规定不同金额的市政建设支出采用不同招标方式不同。

在招标保证金和合同保证金上,华界政府运用的相对灵活,铺保比较普遍,在要求的保证金不足时,铺保也可;而工部局在早期曾接受铺保,后来则主要采用现金的形式。

国民政府对招标的运用范围非常广泛,如变卖旧监狱事,国民政府财政部曾指出旧监狱是官产,应"标卖";1929年上海特别市市政府指令引翔区市政委员会变卖公地采用投标方法。除了这些正常的使用外,也有很多国民党地方政府在捐税征收上也采用招标制度。如上海特别市制订了"招商承办捐税投标章程",规定招商承办捐税均由财政局办理,实际上只有清洁捐按招标办理,其他捐税均未实现;而实际上,清洁捐是政府拍卖清运粪便的权利,这和公共租界工部局的做法相同,主要由于清运出去的垃圾是作为上海周边的农业肥料。若以招标方式拍卖征税权,则是一种包税制度,在部分地区确有实行,如天津市1933年度棉花牙税征收招标,有8家投标人且均超过投标底价;又如河北省棉花干果统税招标二次均未及额,而后进行第三次招标。[128]更有甚者,在捐税招标上,当时河北省政府财政厅曾发布这样的训令:

> 查各项税务招商承包公开投标,原为防止流弊起见,乃近年以来,往往有奸商劣绅以金钱运动免投,主管者贪其贿赂,亦巧为饰词搪塞,或谓无人投标,或谓旧商赔累,饰词蒙渎希图耸听,种种弊端,不胜枚举。现在庶政革新,以廉洁为主体,前项积弊亟应铲除。各该县长对于税务投标,嗣后务宜一秉大公负责切实举办。凡有已届期满或行将期满者,迅速一律提高标额,招商竞投,必须经过投标手续,方准包办。果能弊绝风清,涓滴归公,自当呈明优予奖励。倘仍狃于积习,意存漠视,仍沿军阀时代自私自利之心,已经察觉或被告发,定即呈请,依法严惩。本厅职责所在,决不稍加姑容。除随时派员密查并分行外合,亟令仰该县长凛遵办理勿违此令。[129]

后来,河北省财政厅还发布训令,要求招标承办捐税的通告应张贴到乡镇集市上,而不仅仅局限于县级或政府部门。但以招标方式征收捐税,实为包税,而令县级强制执行,在战争频仍时代,实有敛财和摊派税额之嫌。这是对市政招标制度的误用。

五、华界市政招标实行的特色及其原因

通过以上对华界和租界市政招标制度和市政招标结果的比较分析,我们可以发现市政招标制度在华的移植和实践的过程上,有三个重大的制约因素:

(1) 动荡的社会。动荡的社会,使得政治、社会和经济形势不稳定,市政招标主体多变,市政招标条件难以统一,市政招标制度还只是在局部地区(如国民党上海特别市政府)成为强制的制度设置,而某些国民党地方政府甚至误用招标制度作为实现包税制度的手段,这违背了招标作为现代市政管理制度的精神。

(2) 落后和发展不平衡的经济。近代中国社会的经济落后不仅体现在绝对的经济发展水平上,还体现在区域发展的极端不平衡上。如在上海,新式工商业兴起之地,市政招标制度可以得到较好的实践;但普遍来看,国民政府时期,市政招标制度虽实行甚广,但由于缺乏足够的市场主体,招标结果也不能尽如人意。

(3) “人治”的历史传统。程序监督是一种高效率的、能脱离利益关系人的监督手段,在保证公平公正的目标上,优于人为监督。但囿于传统社会的习俗,“监视”这种“人治”的监视手段,与市政招标制度捆绑在一起。又如“铺保”制度,将经济关系锁定在地缘、血缘上,制约了经济规模和投标主体的范畴,而未能全面地转向有更高效率的现金抵押制度。

这些不利于市政招标制度运行的经济社会原因在目前已经改变,在逐渐发达的社会经济条件下,市政招标已经成为当前公共管理的基本制度设置,但贯彻流程监督、保障招标制度的公平公正和价格发现,依然是面临的问题。市政招标制度的比较研究,也证明经济制度思想在近代移植和学习过程中的积极因素:近代西方经济制度思想在华得到了广泛传播和深入实践,且无论在何种历史条件下,国人对现代性的追求、对经济效率的追求始终没变,这也将激励当代经济社会制度改革者,甄别对待各种社会历史禀赋,改变制度设置,以促进经济社会发展和中国社会的现代转型。

第四节　对利益相关者的信息公开

工部局市政管理权力的扩张引人注目,但工部局市政管理权力的约束却很少有人提及。从工部局市政管理权力的来源与约束、舆论与行政法监督等外在约束制度,到工部局自己设定的内部监督制度——招投标制度,以及工部局市政招标制度对华人社会的影响,让我们看到了工部局的自我监督体系。从内到外的全方位约束制度构成了工部局市政管理权力的约束体系,监督着工部局的市政管理活动,工部局的权力无论怎样扩大,都是有约束的权力。

权力是重要的,但只有受约束的权力才是我们需要的。在公共利益和私人利益之间画一条线,公共权力结构诞生于公共利益这一边,如果公共权力机构越界,就将成为侵占私人利益、没有约束的公共权力了。而这正是徇私舞弊和权力滥用的根源。这样的权力只能损害私人利益,也无法保证公共利益,因为这是通过损害私人利益和公共利益来满足个人利益。

受约束的权力还能带来行政效率提升。何廉指出:"增进行政效率,亦减少支出之一法。"[⑩]对于任何一个公共机构而言,增进行政效率,减少支出,达到财政支出的最优化都是公众期待的。从工部局招标制度上我们可以看到招标制度是如何通过市场规则和公开监督保证了财政支出最小化,可以肯定地说,这提升了行政效率。

然而,如何有效约束公权力呢?简单而言十个字,"对利益相关者信息公开"。利益相关和公开是所有监督机制有效的源头。公共权力机构的决策要么涉及集团所有成员要么涉及集团部分成员的利益,只有利益相关者才会关注一个事件的公正和公平。比如,工部局对滩地权力和对税收制度的维护,涉及的都是少部分利益相关人,没有他们就不会有行政法、舆论和纳税人大会对权力的监督。而个别利益相关者的监督重要性在于为其他利益相关人树立了判例,确定了公共行政机构的权力和权利[⑬]边界。利益相关者如何获得监督权? 公开,公开是监督的必要条件。试想如果工部局每次招标的结果不是公开的,利益相关者如何获得申诉和监督的机会? 政务公开在一定程度上是公共机构效率的根本。

而对于公共利益的实现而言,一方面要赋予公共机构足够的权力,使其有所作为,达成公共目标;另一方面要建立全面多维度的约束制度,提升公共机构行政效率,使公权力不为个人利益所用。

注释

① 上海市档案馆编:《工部局董事会会议录》(23),第 587 页。

② 上海市档案馆编:《工部局董事会会议录》(6),第 623 页。

③ Proposed Municipal Regulations 1882, U1-1-1058 上海市档案馆藏。

④ 上海市档案馆编:《工部局董事会会议录》(1),第 582 页。

⑤ 上海市档案馆编:《工部局董事会会议录》(6),第 734 页。

⑥ Finance Committee Minute, 1933 年 9 月 22 日, 11 月 24 日, U1-1-62, 上海市档案馆藏。

⑦ 上海市档案馆编:《工部局董事会会议录》(3),第 682 页。

⑧ 上海市档案馆编:《工部局董事会会议录》(17),第 617 页。

⑨ 上海市档案馆编:《工部局董事会会议录》(21),第 673 页。

⑩ 上海市档案馆编:《工部局董事会会议录》(21),第 667 页。

⑪ 上海市档案馆编:《工部局董事会会议录》(10),第 667、670 页。

⑫ 上海市档案馆编:《工部局董事会会议录》(10),第 701 页。

⑬ 上海市档案馆编:《工部局董事会会议录》(20),第 651 页。

⑭ 上海市档案馆编:《工部局董事会会议录》(14),第 550 页。

⑮ 上海市档案馆编:《工部局董事会会议录》(16),第 641 页。

⑯ 上海市档案馆编:《工部局董事会会议录》(16),第 695 页。

⑰ 上海市档案馆编:《工部局董事会会议录》(17),第 619 页。

⑱ 上海市档案馆编:《工部局董事会会议录》(17),第 671 页。

⑲ 王铁崖:《中外旧约章程汇编》(1),第 299 页。

⑳ 马长林:《租界里的上海》,第 217 页。

㉑ 孙慧:《试论上海公共租界的领事公堂》,参见马长林:《租界里的上海》,第 218 页。

㉒ 孙慧:《试论上海公共租界的领事公堂》,参见马长林:《租界里的上海》,第 221 页。

㉓ 孙慧:《试论上海公共租界的领事公堂》,参见马长林:《租界里的上海》,第 223 页。

㉔ 孙慧:《试论上海公共租界的领事公堂》,参见马长林:《租界里的上海》,第 222 页。

㉕ "内外棉株式会社提出一份申请书,要求准许安装一条水管穿过宜昌路,声称主要为了供应消防用水的需要。该申请书已由工务委员会讨论过,董事会征询法律顾问的意见,是否能不予批准,其理由是:根据协议,如果同意所提的装置,则会导致侵犯上海自来水公司的权利。法律顾问认为没有足够理由反对发放准许证,于是董事会批准了这份申请。"参见上海市档案馆编:《工部局董事会会议录》,(18),1913 年 1 月 29 日。

㉖ 上海市档案馆编:《工部局董事会会议录》(18),第 646 页。

㉗ 上海市档案馆编:《工部局董事会会议录》(14),第 543 页。

㉘ 大英按察使署,大英按察使署衙门、大英按察使司衙门、大英按察使衙门,在《工部局董事会会议录》中使用比较混乱。提请到英国的案件,诉讼费用昂贵,如因斯滩地案。

㉙ 大英按察使署即为英国高等法院。《上海租界志》讲述了其设立过程以及处理

的与工部局相关的几起诉讼。参见史梅定：《上海租界志》，第 295 页。

㉚　上海市档案馆编：《工部局董事会会议录》(7)，第 791 页。
㉛　上海市档案馆编：《工部局董事会会议录》(7)，第 809 页。
㉜　上海市档案馆编：《工部局董事会会议录》(13)，第 579 页。
㉝　上海市档案馆编：《工部局董事会会议录》(14)，第 496、510 页。
㉞　上海市档案馆编：《工部局董事会会议录》(2)，第 513 页。
㉟　上海市档案馆编：《工部局董事会会议录》(2)，第 514 页。
㊱　上海市档案馆编：《工部局董事会会议录》(2)，第 516、527 页。
㊲　上海市档案馆编：《工部局董事会会议录》(8)，第 700 页。
㊳　上海市档案馆编：《工部局董事会会议录》(7)，第 726 页。
㊴　上海市档案馆编：《工部局董事会会议录》(15)，第 673、673、680 页。
㊵　上海市档案馆编：《工部局董事会会议录》(17)，第 530 页。
㊶　上海市档案馆编：《工部局董事会会议录》(18)，第 627 页。
㊷　上海市档案馆编：《工部局董事会会议录》(20)，第 702 页。
㊸　上海市档案馆编：《工部局董事会会议录》(16)，第 618 页。
㊹　上海市档案馆编：《工部局董事会会议录》(8)，第 688 页。
㊺　上海市档案馆编：《工部局董事会会议录》(8)，第 705 页。
㊻　上海市档案馆编：《工部局董事会会议录》(5)，第 641 页。
㊼　上海市档案馆编：《工部局董事会会议录》(7)，第 643、650 页。
㊽　上海市档案馆编：《工部局董事会会议录》(8)，第 669 页。
㊾　上海市档案馆编：《工部局董事会会议录》(9)，第 633 页。
㊿　上海市档案馆编：《工部局董事会会议录》(11)，第 587 页。

　51　1900 年的一个案件充分反映了会审公堂谳员的行事原则与工部局的信条的对立，董事会会议录记载："会审公堂案件警备委员会向董事会提交了一起案件，在这起案件中，一家领有执照的群芳会唱场的业主，在捕房没有提出任何指控或证据的情况下，只是凭谳员发出的一张拘票就被带到会审公堂受审。董事会决定写信给领袖领事并指出，尽管董事会始终乐于接受对领有工部局执照的场所的行为提出任何可能的控诉，并按照控诉内容采取行动，但是如果发出拘票控告这种群芳会唱场的业主或者予以处罚的做法，除非是在捕房的直接干预下，否则是不符合租界对这些场所行政管理的规定的。批准本案所采取的程序，就意味着工部局执照的持有者，将在法院的外勤人员手下，面临蒙受敲诈和其他虐待之苦。在收到此信的答复之前，准备指令捕房督察长，未经与工部局商讨，不得对诸如此类案件执行逮捕状。当地报刊当地报纸正在产生的不良影响，已引起工部局的注意，他们散布各式各样耸人听闻的、估计能引起公众恐慌的谣言。决定就这个问题，致函领事团并要求采取步骤对付肇事者，同时准备指示捕房督察长向探员发布指令，如发现任何人张贴或分发引起轰动的消息或其他招贴，就应予以逮捕并警告茶馆等店主，如在他们的屋内发现任何人散布使人惊恐的谣言，他们将负有责任。"工部局认为颁发执照就意味着按照工部局的市政规则行事，而违规应由工部局捕房处理；然而，会审公堂在此次事件中的行为，是代表华界政府处理有碍风气的"群芳唱场"，是对租界华人的正当管束。两者相争的本质还是工部局和华界政府对租界市政管理权的争夺。所以，从这一点上来看，会审公堂并不能成为一个法律机构，也只是一个利益斗争和妥协的平台。上海市档案馆编：《工部局董事会会议录》(14)，第 550 页。
　52　上海市档案馆编：《工部局董事会会议录》(1)，第 571 页。

(53) 《招造牢间》,载《申报》第八册,1876年6月24日,上海书店出版社1982年版。原文无标点。

(54) 上海市档案馆编:《工部局董事会会议录》(1),第614页。

(55) 上海市档案馆编:《工部局董事会会议录》(1),第628页。

(56) 上海市档案馆编:《工部局董事会会议录》(1),第664页。

(57) 上海市档案馆编:《工部局董事会会议录》(2),第515页。

(58) 上海市档案馆编:《工部局董事会会议录》(1),第603页。

(59) 上海市档案馆编:《工部局董事会会议录》(8),第494页。

(60) 上海市档案馆编:《工部局董事会会议录》(8),第493页。

(61) Sale of Portion of Cad Lot 2530, Jul 10, 1939, U1-1-78,上海市档案馆藏。

(62) Sale of Surplus Land, Jul 8,1932, U1-1-76,上海市档案馆藏。

(63) Tenders, Aug 28, Unadvertised Tenders, Sep 3, Tenders for Municipal Contracts, Oct 18, 1920, U1-14-5840,上海市档案馆藏。根据以上档案翻译整理。

(64) Memorandum, Procedure in the Calling for and Opening of Tenders, Jan 27, 1931, U1-3-2997,上海市档案馆藏。

(65) Tenders for Public Works and Other Requirements, The Municipal Gazette, Nov 9, 1911, U1-1-976,上海市档案馆藏。

(66) 选择这两年的文本比较,原因在于1938年的文本在1937年的基础上减少"登记投标者姓名或公司名"一条,而1937年的文本更能反映正常状态下的制度——1937年文本和1933年文本相同;1942年公共租界的危局显现,工部局的根本独立性让人怀疑。从招标邀请附载的投标条件来看,1944年汪伪上海特别市第一公署工务处的承揽单和1942年工部局的招标单附载的规则相同,与1939年相比,增加"采用中储券"和"招标问询须到办公室554号,其他部门不予受理"两条,减掉了在"报纸上登载中标者姓名和报价"一条,变为15条。其他规则没有本质变化。

(67) Tender for Public works and Other Requirements, 1937, U1-1-1266,及《招标要则》《工部局市政便览》,1937, U1-1-1267,上海市档案馆藏。

(68) General Conditions Governing Tenders, 1939, U1-4-3664,上海市档案馆藏。

(69) Tenders and Registration of Contractors, Dec 4, 1933, U1-4-3678,上海市档案馆藏。

(70) Withdrawal of Tenders, Jan 7, 1939, U1-4-3673,上海市档案馆藏。

(71) Withdrawal of Tenders, Jan 10, 1939, U1-4-3673,上海市档案馆藏。

(72) Letter, Feb 26, 1924, U1-1-581,上海市档案馆藏。

(73) Tender 33—73, Jul 14, 1933, U1-4-3670,上海市档案馆藏。

(74) Tender 33—72, Jul 14, 1933, U1-4-3670,上海市档案馆藏。

(75) Fire Brigade No.36, Summer Uniform, May 8, 1936, U1-4-3664,上海市档案馆藏。

(76) Tender No.33 for Uniform Materials, Aug 2, 1935, U1-4-3664,上海市档案馆藏。

(77) Oil Contracts 1938, Dec 24,1937, U1-4-3683,上海市档案馆藏。

(78) Oil Contracts 1938, Dec 24,1937, U1-4-3683,上海市档案馆藏。

(79) Tender 35—12, Feb 22, 1936, U1-4-3671,上海市档案馆藏。

(80) Tenders, Nov 24, 1933, U1-4-3676,上海市档案馆藏。

(81) Tenders 34/67，Nov 12，1934，U1-4-3671，上海市档案馆藏。

(82) Messing Various Council Units，Mar 31，1938，U1-4-3676，上海市档案馆藏。

(83) Chinese Oak，Dec 7，1940，U1-4-3680，上海市档案馆藏。

(84) Tenders，Aug 17，1931，U1-4-5840，上海市档案馆藏。

(85) Tenders，Aug 7，1940，U1-4-5840，上海市档案馆藏。

(86) Tenders，Dec 3，1940，U1-4-5840，上海市档案馆藏。

(87) Road Materials-Broken Stones，May 27，1940，U1-4-3670，上海市档案馆藏。

(88) Letter to J.Blinchevsky，Esq.，Dec 24，1937，U1-1-586，上海市档案馆藏。

(89) P.W.D.Tender No.41/5，July 16，1941，U1-4-3674，上海市档案馆藏。

(90) 上海市档案馆编:《工部局董事会会议录》(7)，第 782 页。

(91) 上海市档案馆编:《工部局董事会会议录》(28)，第 544 页。

(92) Tender for Contracts，Feb 21，1921，Electricity Committee Minutes，U1-1-98，上海市档案馆藏。

(93) Local Tender，Finance Committee Minute Book，Nov 7，1910，U1-1-57，上海市档案馆藏。

(94) Tenders for Sheet Piling and Excavation，Dec 15，1932，U1-4-3682，上海市档案馆藏。

(95) P.W.D. Tender，No 33/25，Dec 19，1932，U1-4-3682，上海市档案馆藏。

(96) S.M.C. Supplies，May 19，1938，U1-4-3682，上海市档案馆藏。

(97) S.M.C. Supplies，日期不详，1938，U1-4-3682，上海市档案馆藏。

(98) 上海市档案馆编:《工部局董事会会议录》(27)，第 604 页。

(99) Garbage Contract，Nov.15，1937，U1-4-3687，上海市档案馆藏。

(100) 这两个数字不同，因为几家公司共同中一个标，算作一次投标。

(101) 中标的公司名称，根据马长林《老上海行名辞典》校对并翻译，在《老上海行名辞典》中无法找到的公司名称由作者译。

(102) 近代上海公共租界的最高权力机构是纳税人会议，每年召开一次，特别会议可临时举行。在纳税人会议上具有投票权的纳税人，限于西人有产者，多为地产商。纳税人会议的参会人数不超过当时在沪外国人的 10%。

(103) 上海市档案馆编:《工部局董事会会议录》(8)，第 655 页。

(104) 淞沪商埠督办公署招标承包修筑马路工料卷，1926 年 7 月 27 日，Q208-1-42，上海市档案馆藏。

(105) 上海市政府议决本府工程及购置应采用投标制办法，1931 年 12 月，Q215-1-6877，上海市档案馆藏。

(106) 汉口市政府购料委员会与工部局的来往信件，1935 年，U1-4-3676，上海市档案馆藏。

(107) 汉口市政府购料委员会与工部局的来往信件，1935 年，U1-4-3676，上海市档案馆藏。

(108) 行政院行政效率研究会给工部局的信件，1936 年 11 月 28 日，U1-4-3676，上海市档案馆藏。

(109) 审计部上海市审计处关于招标承办市立医院及卫生试验所添建房屋工程暨电梯、卫生电气设备工程，1936，Q123-1-575，上海市档案馆藏。

(110) 上海市公用局关于招标准标水表水管材料及包装水表案，1933 年至 1934 年，

Q1-3-2646,上海市档案馆藏。

⑪ 审计部上海市审计处关于调查上海市财政局所有招商投标事宜,1935 年,Q123-1-723,上海市档案馆藏。

⑫ 《南京市自来水管招标审查委员会规则》,《首都市政公报》1931 年第 77 期,第4—5 页。

⑬ 审计部上海市审计处关于调查上海市财政局所有招商投标事宜,Q123-1-723,上海市档案馆藏。

⑭ 《汉口特别市政府采办委员会招标章程》,《汉市市政公报》1929 年第 1 卷第 3期,第 67—69 页。

⑮ 《军政部营缮工程投标规则》,《行政院公报》1929 年第 36 期,第 54—55 页。

⑯ 审计部上海市审计处关于调查上海市财政局所有招商投标事宜,Q123-1-723,上海市档案馆藏。

⑰ 《安徽省政府建设厅工程投标章程》,《安徽建设公报》1931 年第 14 期,第 2—3 页。

⑱ 《上海特别市招商承制车船牌照投标暂行规则》,《上海特别市市政公报》1942年第 21 期,第 55 页。

⑲ 《江西省各县(市)公产租佃投标办法》,《江西省政府公报》1943 年第 1285 期,第 23 页。

⑳ 审计部上海市审计处关于招标承办市立医院及卫生试验所添建房屋工程暨电梯、卫生电气设备工程,1936 年,Q123-1-575,上海市档案馆藏。

㉑ 徐家汇南码头区的水表包装工程,Q1-3-2647,上海市档案馆藏。

㉒ 《江苏财政厅饬第八百二十六号(奉使署饬知审计院规定监视投标办法转饬所属一体遵照)》,《江苏省公报》1914 年第 310 期,第 24—25 页。

㉓ 上海公共租界工部局总办处关于批准包工投标的发文存本,1910 年至 1941年,U1-1-581 至 587 卷,上海市档案馆藏。

㉔ 上海市公用局为市政府及所属机关所用汽油招标事与社会局来往文书,Q6-18-145-1,上海市档案馆藏。

㉕ 《呈内政部为呈报本会崔兴沽模范灌溉场第一期工程招标经过暨开工日期检同标价比较表合同施工细则投标章程等伏乞鉴核备案由》,《华北水利月刊》1933 年第 6卷第 9—10 期,第 80—81 页。

㉖ 《江苏高等法院第二三分院院长》,《司法公报》1936 年第 138 号,第 12 页。

㉗ 上海市公用局关于招标准标水表水管材料及包装水表案,1933 年至 1934 年,Q1-3-2646,上海市档案馆藏。

㉘ 《河北棉花等税招标》,《工商半月刊》1929 年第 1 卷第 3 期,第 4 页。

㉙ 《财政厅令各县革除办理税务招标弊端由》,《河北省政府公报》1928 年第 109期,第 8 页。

㉚ 何廉、李锐:《财政学》,第 63 页。

㉛ "权力和权利"边界有两方面的意义:一是公共行政机构的权力是有边界的,二是公共行政机构也代表了合理的公共利益,私人利益也可能侵占公共利益,所以确定公共行政机构的权利边界也是重要的。

历史借鉴

我们从本书的内容中可以得到一些什么历史启示呢？

对近代西方列强以武力侵犯中国，觊觎、侵犯中国主权建立租界的行径，我们予以严厉的批判。由于清政府各级官员的节节退让，上海公共租界以及法租界的界域逐步扩大，由最早让外国人集中居住的一块地方，扩张成名副其实的城中之城，甚至有反客为主之势，原来的上海城反倒退居次要地位。这体现了西方列强的贪婪和弱肉强食的霸道行径，也反映了清政府等近代中国政府的软弱无能。在反观历史的时候，我们一定要清醒地认识到这一点。

在批判西方列强侵略行径的前提下，我们还应看到历史的多面性和复杂性。公共租界的土地制度和某些城市管理的经验还是可以总结和借鉴的。公共租界的城市管理经验多仿照英国城市的经验，有的仿照美国城市管理的经验，并与上海当时的实际状况相结合，在一些具体的制度层面和操作层面，还是有一些行之有效的东西可以总结。近代上海的崛起，在一定程度上也与租界的状况相关。

第一，看土地制度。在近代上海租界，土地的所有权和使用权呈现分开营运的格局，土地的所有权交易是基于以所谓"永租"为特征的道契市场，"永租"等同于完整的私有产权。①有人买了土地以后，不排除会在自己的土地上建造自己居住的房子，这样，所有权和使用权合一了。也有可能存在这样的情况，就是房地产开发商建造若干幢高级独栋的房子，连土地一起出售，买受者既得到了房子，也得到了相应的土地所有权。但这种情况是不多的。绝大多数情况是人们买了地之后，租给企业建造厂房、租给公司盖办公楼，或者房地产开发商买地后建造各种层次的居民住房用于出租。各类房屋的使用有不同的规定年限，如五十年、二十五年等，房屋每年都会有折旧，但土地是升值的。房屋的使用年限到期后，土地所有者可以有多种选择：或收回房屋，或拆除重建，或另租他人，或续签租约。

在房屋使用权未到期之前，土地所有者也可以交易他们的所有权，但接手者须承诺继续履行前土地所有权者与客户所订立的契约,直至到期。房地产开发商也可以把他们的土地连同上面的居住房一起转让。

这样的结果是可以防止土地产权的过于细化。像现在那样,每个居民都在追求自己独立产权的住房,把"居者有其屋"的概念变成每个人或每个家必须有自己的独立住房的概念,中国当前城市人口的自有住房率甚至超过了发达国家,这是令人惊异的。而地权(国有土地的七十年使用权)也分散到每套房子。地权的细化,并与房屋产权的合一,对于城市的发展有三大不利:

第一个不利,是不利于土地产权的集中开发。地权的细化既增加了交易成本,又为今后的开发增加了成本和障碍。

第二个不利,是不利于城市的更新改造。城市的改造是有周期的。现在的基础设施或住房到了一定年限就需要改造。在改造的过程中,原有建筑物的用途也可能发生改变。房屋产权的合一化和细化对今后一轮城市周期是巨大阻力。我们在下一轮的城市更新改造时,将面对几百万独立的小业主。

第三个不利,是不利于超大型城市的城市交通。人们买了房,一般会在自有住房中居住。人们在买房时,会考虑家与工作场所的距离,一般不会离得很远。但人的一生,会调换工作,这是人力资本流动的规律。当人们调换的工作场所离家很远时,因为是自有住房,所以一般仍会居住在自己的家里。从家到工作场所的距离拉长了,交通的压力就增加了。反之,如果不是自有住房,当调换的工作场所离租的家远时,人们会重新选择在合适的地点租房,交通的压力就不会增加。自有住房的比例不太高,保持一定的租房比率,这也符合人力资本城际流动的需要。人力资本中总有一部分人是可能在城际流动的,自有住房比例太高,既不利于有房者的流动,他们可能因恋家而放弃流动的机会,也不利于租房者的流动,因为他们可能担心在新的城市遇到租房的困难。

出租房屋者的主体应由房产商和政府充当,房产商经营一般住房的出租,政府经营廉租房的出租。他们的主导,可以决定各类房租的水平,而不至于使房租失序,并可使租房中介规范化,人们可以更方便租到房子,更方便得到各种管理、设施、维修等方面的服务。

总之,在特大城市,不必过分提倡人人都购买自有住房,而应提倡由房产商和政府主导的租房居住,并建立与此相关的各项制度。

第二,对土地价格要定期、公开地进行评估。随着城市建设的推进,土地价格是不断变化的,而且各个区域的土地价格变化幅度不一样。一般而言,特大型城市的地价,在城市化过程中,随着人口的增加和产业的发展,其地价是不断上涨的,当然,也有可能在一段时间中因经济形势或社会局势不好而下跌。一个独立的第三方评估机构定期对各区域的土地价格进行评估,是城市管理中不可缺少的基础工作之一。政府土地出售以拍卖的形式进行,企业之间的土地交易则以土地评估为基础。近代上海公共租界的土地评估是三年一次,以现在的技术条件,可以每年进行一次。土地评估还包括对房产的评估,租金是房产评估的重要内容之一。为什么要成立一个独立的第三方评估机构来评估,而不是由政府直接来进行评估呢?因为这涉及下文要说到的政府收税的问题。

第三,城市管理者公共收入的来源。近代上海公共租界工部局,即当时上海公共租界的管理当局,即使租界扩大,他们对租界土地也没有所有权,除非他们从私人手中买得土地。土地都是私人的。租界当局的收入不是出卖土地,而是征收土地税和房捐,所谓房捐,就是租房居住的房客,须按房租的一定比例向市政管理当局缴纳税金。

土地税和房捐是有理论依据的。城市管理当局为城市的基础建设投入了大量资金,使城市繁荣起来,人口移入,经济发展,土地增值。土地增值部分,不应由土地所有者独享。19世纪美国土地价格猛涨时,亨利·乔治提出了著名的土地价值税的主张,得到包括温斯顿·丘吉尔、托尔斯泰、孙中山、约翰·杜威等伟人在内的广泛赞同。孙中山说:"亨利·乔治的教导将是我们改革纲领的基础。"②土地增值的部分不能全归土地所有权人独享,而应缴纳一部分税让城市共享。租房居住者为什么也要缴税呢?因为他们享受了水、电、煤气等公共品的服务,也享受了城市的交通、卫生等一系列公共服务,所以租房居住者也需要作出一定的贡献。上海公共租界土地评估总值从1865年的568万两到1933年的75 649万两,增长了133倍。地税率从早期的0.25%到20世纪二三十年代的0.7%,最高的几年达到0.8%。房捐则在1898年以后,大致维持在10%的水平上。土地税和房捐这两项占了上海公共租界管理当局的收入的很大部分。1868年占总收入的19.73%,以后一路攀升,20世纪的绝大多数年份都超过60%,很多年份超过70%,而房捐收入比重始终是超越土地税很多的,有时竟达数倍以上。这也从一个侧面反映了当时上海人以租房居住为主的状况。

在一些年份,特别是进入民国以后,租界管理当局的财产税(土地税和房捐)和商业税(执照捐和码头捐)的收入不够支出,产生赤字,他们就会考虑借债。借债的方式是公开发行债券,信息公开,以招标方式进行,具体由汇丰银行承销。公共租界当局从1863年发行债券3.1万两起步,晚清期间的发行是断断续续的,进入民国以后发行的密度明显加大,一则支持电气处发电厂规模扩张需用浩繁,二则市政建设的规模也越来越大。1920—1926年形成发行高峰,年发行额都在 400 万两以上,1921 年为 618.2 万两,1922年达到 830.8 万两。

建立偿债基金,是其一大特色。1872 年的工部局文件规定,其所发行的债券"以市政公产及年度市政收入为担保"。以后每年在财政收入项下提取一定比例作为偿债基金。包括偿债基金在内的工部局债务总支出,1905年前的年份均不到 10 万两,1919 年前的年份均不到 100 万两,1930 年则高达 1 622.7 万两,1933 年更高达 2 156.6 万两。

以公开招标方式募集市政债券,是其另一大特点。由于有偿债基金担保,市政债券的信誉度高,投资人认购十分踊跃,常常溢价发行。在市场利率较低的年份,工部局会用发行新债偿还旧债的方式,降低债券的成本。

以抽签方式还款,是其第三个特色。如果是一宗 20 年的债券,而所规定的还款期限一般是有弹性的,如从第十五年开始,就可以开始视情形逐步还款。先还谁,后还谁,由抽签决定。反正到第二十年底,全部还清。

我们可以得到的借鉴是:地方债的举借一定要公开、透明,并且建立偿债基金以及有一套完善的偿债办法。这样,地方债才不至于成为金融稳定的隐患,不至于对全国的经济大局造成不利影响。如果不建立偿债基金,如果没有具体的还款期间和还款办法,地方债就可能成为扰乱金融秩序的一个缺口和短板。而享有高信誉度的地方债券可以成为人们争相投资的"金边债券",并构成资本市场的坚实一环。健康的资本市场所接纳的证券,必定是有信誉度、有现金流量的优质债券,而决不是一些人津津乐道的所谓将银行的不良资产打包所形成的证券,这样的证券,没有偿债基金担保,没有现金流量保证,完全是一种扰乱证券市场的行为,其目的是为了掩盖或部分掩盖由逆向选择和道德风险所造成的不良资产规模。最后却由投资人和老百姓来买单。

第四,工部局市政建设用地的获取方式中,有一种是私人捐赠。私人通过出让道路用地获得地产升值,为了落实工部局的道路修建计划,捐赠一部分土地,以获取双赢。也就是说,虽然从一般意义上说,道路的修建是惠及租界内所有居民的公共福利的,但这种"惠及"并不是平均分布的,道路沿线的地产会升值更多,各种商业机会也会更多,所以拟修建道路沿线的某些地产商或其他公司会主动地多贡献一点,超过其应缴的地产税,也是合乎情理的。当然,这不是强迫的,也不是所有拟修建道路沿线的公司都愿意作出一定的贡献。不愿作贡献的公司就搭了便车。但如果愿意捐赠的私人或公司太少,工部局出于成本的考虑,有可能推迟这条线路的修建。科斯发现,在19世纪以前,英国的许多海港的灯塔都是由个人或私人企业所投资和拥有,并获得政府的特许状,可以对停泊在港口的船只收取可观的通行费。③私人可以全部投资一种公共品,也可以部分投资和参与一种公共品,或者因为能够从一种公共品中获得显著利益而作出一定的贡献。

工部局市政建设用地最大量的获取方式是以市场规则买地。在这种情况下,工部局只是市场的一方,无任何特权可言,常因卖方把价格叫得过高而放弃许多从技术上看最优的机会,而采取替代的次优甚至更差一点的方案,所以上海早年的道路常常是歪歪斜斜的,或弯弯曲曲的,很少有像北京那样笔直的道路。

在很少数的情况下,工部局会对土地进行强制征收。根据1941年律师对公共租界纳税人大会早年制定的所谓《土地章程》的解释,四种情况下工部局可以行使强制征收权:一是修筑新路;二是延长或拓宽道路;三是已经被公共工程占用的土地的扩大;四是为公共卫生而获得土地。显然,这里的强制征收权已比早年有所拓展。因修新路而强制征收在早年极少发生,晚清时期租界处于扩张期,所修的道路大多购自农田,后来租界的界域大致确定,可供筑路的土地越来越稀少,城市也更快地发展起来了,土地价格上涨很快,人们不愿轻易抛售土地,才有强制征收之说。但在一般情况下,只要业主愿意在市场价的基础上把土地卖给工部局,不会启动强制征收程序。

第五,招标制度对市政购买的制度性约束。1931年的一份备忘录称:

"招标必须由部门负责人向总办申请;在向财务处长征得同意后发表在《工部局公报》上,如果需要也在中国报纸上登载;总办处须将收到的标书锁在保险柜中直到开标日,开标人由一位下级职员和助理进行,开标当日投标人有权出席,相关部门的高级职员和财务处的高级职员必须在场;开标之前,投标书须检查完整性,信封上地址必须明确;投标书必须一次性开拆,大声宣读,必要的特征和价格需要在场的职员记录;总办处做出投标摘要,三份和原始标书给相关部门,一份送交财务处;相关部门负责人需给出推荐;正常情况下,部门负责人意见获得财务处长同意后,总办签字后被推荐的投标将被接受,并且在工部局公报上登载;工务委员会在常务会议上告知投标人中标。"

工部局的最高权力机构是董事会。董事们基本上每周来出席会议,讨论和决定问题,董事长是常驻日常办事的,但不支薪,也没有津贴,是尽义务的。能够担任董事长的都是上海商界的外商头面人物,他们不在乎这点薪水,而且,他们能够第一时间掌握上海租界市政建设的权威信息,并在自己的商业机构作出有利于自己的部署。但从规则上说,董事会成员不能插手招投标程序。目前尚未见到有董事会成员利用招投标为自己牟利的案例,也可能有,但至少程度不会太严重,否则多少应该会在舆论界有所反映,也没有见到工部局最后的采购价格明显高于市场价的不合理现象。工部局招投标的招标标准有三个:一是价格,不一定取最低的,但在实践中倾向于最低或次低的,不可能高过市场价;二是要进行样品的测试;三是注重公司的声誉,如对壳牌石油公司产品多年使用后的满意和信任,有助于壳牌公司的后续竞标。

在 1920—1941 年的二十二年中,共有 2 029 次招标,2 325 次中标(有时几家公司共同中一次标),实际中标公司 689 家。平均每家公司中标 3.4 次,有 395 家公司中标 1 次,97 家公司中标 2 次,44 家公司 3 次,31 家 4 次。次数低于或等于 4 次的公司占 82.2%,说明中标的公司比较分散。平均每年都能中标的公司只有 12 家,都是有名的大公司,这 12 家中怡和洋行在二十二年中共中标 100 次,平均每年中标 4.5 次强,其他的 1—3 次。怡和洋行经营范围广,能提供多种产品,在当时的商界声誉卓著。从中标公司的分布情况来看,暗箱操作的可能性不大。当然,这只是就目前所能看到的工部局档案资料和其他报刊资料而言的。

以上几点提出来供读者参考和指正。

注释

① 参见杜恂诚:《道契制度:完全意义上的土地私有产权制度》,《中国经济史研究》2011 年第 3 期。

② [美]马克·斯考森:《现代经济学的历程:大思想家的生平和思想》,马春文等译,长春出版社 2006 年版,第 227 页。

③ [美]马克·斯考森:《现代经济学的历程——大思想家的生平和思想》,第 374 页。

附　　录

附录 A　上海道契资料(1844—1911 年)

说　明

2005 年上海古籍出版社出版了《上海道契,1847—1911》(30 卷),主要是由上海市房地产管理局保管的道契原件的影印件,间有地权买卖的契约文书,上海道台、外国领事、上海县暨会丈局等官方机构的往来文书,以及中国原业主之间或中国业主与洋商之间发生土地纠纷的申诉文件等等的影印件。这批资料弥足珍贵。

摘录这万余份道契上的数字信息和空间信息,如年份、买主和卖主、单价、单笔总价、单笔面积、地块位置等,整理和统计这些资料后,我们就能知道历年的第一次"永租"的价格走势、道契总面积走势、相同区域的价格变化等,可以为研究者提供系统的统计资料。无论从计量实证的角度,还是从历史演变的角度,这一统计资料可以为整体性研究提供数量基础。大家也不必再分别花费大量时间,从头去收集这批道契中的原始数据了。

以下是每一宗道契数据和概况的汇总表:

时间(年)	册别	编　　号	位　置	买方和卖方	面积(亩)	总价(两)
1844	英册	1 号 8 分地		英商颠地兰士禄向奚尚德租	13.894	1 147
1844	英册	2 号		英人麦都思向原业户吴金盛等租	11.099	402.98
1844	英册	3 号 1 分地		英商怡和洋行即查颠马地孙公司向原业主吴延勋等永租	18.649	847.97
1844	英册	4 号 2 分地		英商和记行永租原业户石成山	17.948	837.12

时间(年)	册别	编　号	位　置	买方和卖方	面积(亩)	总价(两)
1844	英册	5号3分地		英商仁记行即吉利永士敦向吴会元等永租	15.96	725.98
1844	英册	6号4分地		英商义记行即荷利地威士公司永租吴襄	15.443	702.34
1844	英册	7号25分地		英商融和行向吴茂如租地	18.92	824.4
1844	英册	9号7分地		英商梭即托玛士李百里公司向施万兴等永租	4.813	774.36
1845	英册	11号35分地		英商公平行即玻士德公司向顾廷元等永租	11.842	902.47
1845	英册	12号39分地		英商亚巴兰波文、乔波文向奚敬芳等永租	14.868	1 148.34
1845	英册	13号42分地		英商梭即托玛士李百里向曹永清等永租	22.725	903.58
1845	英册	14号41分地		英和记行即仆兰金罗孙向徐景彩等永租	5.273	209.66
1845	英册	15号40分地		英商阿得尔奄巽、刻勒士得福奄巽兄弟永租徐宝林	7.772	471.83
1847	英册	16号		向石炳荣、吴思本、陈圣章等永租	126.967	3 990.41
1845	英册	17号5分地		花旗国商人德记行即吴鲁国北士公司向姚恒源等永租	10.87	634.16
1845	英册	18号27分地		英商太平行即季勒曼波文公司向吴桂芳永租	6.729	512.81
1845	英册	19号43分地		英商阿得尔奄巽、刻勒士得福奄巽兄弟向曹学国永租	17.23	704.97

时间(年)	册别	编　号	位　置	买方和卖方	面积(亩)	总价(两)
1845	英册	20 号 32 分地		英商打喇士向奚尚宾等永租	5.64	355.07
1845	英册	21 号 61 分地		英人麦都思向原业户徐彩章等永租	13.031	604.49
1845	英册	22 号 62 分地		英人颉向徐彩章永租	11	510.27
1845	英册	23 号 65 分地		英人格医生向石炳荣等永租	20	1 524.19
1846	英册	24 号 37 分地		英商和记行即仆兰金罗孙向徐景芳等永租	6.273	354.31
1846	英册	25 号 34 分地		花旗国商人旗昌行向吴会清等永租	10.979	849.49
1846	英册	26 号 17 分地		英商加勒得向桂余三等永租	2.8	342.89
1847	英册	27 号 36 分地		英商各你理阿士唾恩向租业户阿各士颠哈永租	13.59	9824.1
1846	英册	28 号 52 分地		英商吉利行即拉得文士华定敦永租吴鸣鹤等	8.847	413.68
1846	英册	29 号 55 分地		英商公易行即麦未客公司永租吴秀昌等	10.071	623.44
1846	英册	31 号 57 分地		英商皮尔永租吴仁寿等	17.96	839.78
1846	英册	32 号 58 分地		英商丕位得永租吴九成	5.795	270.96
1846	英册	33 号 14 分地		英商长利行即麦多那永租吴恺等(东至黄浦滩)	2.3	264.96
1850		上地块添租			6.517	675.57
1847	英册	34 号 33 分地		英商各你理阿士唾恩向租户阿各士颠哈租地	5.32	5 639.58

时间(年)	册别	编　号	位　置	买方和卖方	面积(亩)	总价(两)
1846	英册	35号30分地		英商功敦永租吴思本	15	1 084.79
1846	英册	36号28分地		英商名利行即麦金西兄弟公司永租陆留余等	8.35	1 261.84
1846	英册	37号64分地		英商打喇士永租吴会元等	1.5	610.97
1846	英册	39号22分地		英商娑尔永租瞿和尚等	2.458	122.59
1847	英册	40号21分地		英商华记行即单拿公司永租庄廷义等	35.8	2 621.69
1847	英册	40号21分地		英商华记行添租高成名	3	216.87
1847	英册	41号73分地		英人利查士永租奚岐政等	6	289.16
1847	英册	42号19分地		英商加勒德永租庄廷义等	9.158	634.44
1847	英册	43号74分地		英商广隆行即林赛公司永租陈全观等	12.1	522.29
1847	英册	43号74分地		麦都思向萧世荣、徐永祥添租	2	84.34
1847	英册	44号78分地		英商娑尔向业户徐永祥租	无	无
1847	英册	45号66分地		英人刻兰得向业户奚尚宾租	5.9	409.23
1847	英册	46号59分地		英商安达生尾生向业户吴大忠租	17	774.1
1847	英册	47号60分地		英商北华记即单拿公司向业户张敦素租	23.2	1 573.49
1847	英册	48号29分地		英商名利行即麦金西兄弟公司租业户吴建勋等	2.5	299.4
1847	英册	49号71分地		英商查理士麦金西向业户邢长春租	4	325.3

时间(年)	册别	编　　号	位　　置	买方和卖方	面积(亩)	总价(两)
1847	英册	50号77分地		英商阿得尔奄巽、刻勒士得福奄巽兄弟向黄裕源租	6.6	296.39
1847	英册	51号甲字11分地		英商华记行即单拿公司永租奚尚宾等	9.929	717.76
1847	英册	52号甲字22分地		英商娑尔永租杨汉嵩	3	237.95
1847	英册	53号75分地		英商位利孙永租曹永清地	16	674.7
1847	英册	54号72分地		英商查理士麦金西永租朱元贵	3.5	390.06
1847	英册	55号11分地		英商华记行即单拿公司永租王协忠、吴大德等	10.788	779.86
1847	英册	56号甲字58分地		英商忝位得永租奚尚宾	6.35	454.86
1847	英册	57号甲字52分地		英商喇得文士华定敦公司永租吴鸣鹤等	10.153	709.39
1847	英册	58号38分地		英仁记行即吉利永士敦公司永租吴大德等	8.84	1 118.31
1847	英册	59号50分地		花旗国商人丰裕行即滑百利配理士公司永租吴襄等	2.5	1 171.5
	英册	上分地详细注释				
1847	英册	60号18分地		花旗医生哈尔将原租第18分地基4.975亩转与英商嘉玛公司,嘉玛公司于道光29年4月初三,又向原业主庄瑞栋添租0.4亩	5.375	
1847	英册	61号79分地		英商查理士麦金西永租吴秀昌、庄以慎	7.425	827.48

时间(年)	册别	编　号	位　置	买方和卖方	面积(亩)	总价(两)
1847	英册	62号80分地		英商多人永租吴建勋等地	81.744	4 097.6
1848	英册	63号81分地		英商林德永租吴九成、吴锦荣	5.2	288.19
1848	英册	64号乙字22分地		英商娑尔永租邢士奎等	6.4	481.93
1848	英册	65号31分地		英裕记行租邢炳等	11.267	1 561.09
1848	英册	66号26分地		英商士吻永租庄瑞栋等	8.688	598.86
1849	英册	67号82分地		英商亚巴兰波文永租石炳华、马和尚	6.252	433.12
1849	英册	68号83分地		花旗国商人刻宁贤永租奚焕增、徐桂宝	2.3	158.39
1849	英册	69号乙字11分地		英商单拿公司永租吴林玉、吴张氏	5.86	639.89
1849	英册	70号20分地		英商胡巴永租庄以镐、庄以鉴	10	696.55
1850	英册	71号13分地		英商位地永租庄廷义等三人	3	147.61
1849	英册	72号84分地		英商满吉利永租吴纪华等三人	8.88	448.82
1850	英册	73号23分地			7	674.7
1851	英册	74号86分地		英商伯劳永租吴玉、顾和尚	6.387	288.57
1851	英册	75号26分地		英商卓式富麦格理士密永租原业户庄瑞东、顾和尚	4.4	198.8
1851	英册	76号87分地		英商列敦永租吴建勋、庄武成、王包氏等	8.235	402.41
1855	英册	77号89分地		英商黑布林永租吴建勋、邢大生等	5.849	246.64
1851	英册	78号乙字19分地		英商隆克喇纳永租庄文成等	1.502	84.69

360

时间(年)	册别	编　号	位　置	买方和卖方	面积(亩)	总价(两)
1851	英册	79号丙字19分地		英商阿达喇德威沙逊永租陈凤山	3	309.64
1851	英册	80号90分地		英商美得兰永租吴炳铨、石六观	5.934	323.57
1851	英册	81号92分地		英人徕永租张二观	1.963	121.27
1851	英册	82号91分地		英商位林霍永租唐圣傅	5.101	307.29
1849	英册	83号95分地		英商金呢地永租盛恒昌	1.2	112.46
1851	英册	84号97分地		英教生合逊永租包文成	5.75	259.79
1856	英册	85号88分地		花旗商士密士永租白兰	9.634	7 446.78
1851	英册	86号68分地		英商名利行麦金西永租包文成	1.6	75
1862	英册	87号96分地		英人麦理地将原租第96分地基划出1.1亩转与英人五多租用		
1852	英册	89号85分地		英人惠利士永租徐桂宝	5.2	241.69
1852	英册	90号甲字14分地		英商麦多拿永租陈茂林	2	713.25
1852	英册	91号98分地		英人当那逊永租吴思本	1.2	72.29
1852	英册	92号15分地			3.4	1 515.66
1852	英册	93号99分地		英商巴非士永租闵震寰	3.02	1 783.13
1853	英册	94号100分地		英商格心拜拿远拜公司永租庄以景	0.75	117.15
1852	英册	95号101分地		英人日匿格永租陈圣观	6.2	484.22
1852	英册	96号102分地		英商阿秘鲁丁查费尔拜公司永租陈凤山	2.4	496.72

时间(年)	册别	编　号	位　置	买方和卖方	面积(亩)	总价(两)
1852	英册	97号103分地		英商昵格永租滕文藻	11.83	
1854	英册	101号107分地		英宝文洋行永租曹俊荣	4.35	409.64
1854	英册	102号108分地		英商指望行永租庄以忠	0.8	204.82
1854	英册	104号110分地		英商指望行永租高廷奎	0.6	102.41
1854	英册	106号112分地		英商指望行列顿永租石锦云	1.5	153.61
1854	英册	107号113分地		列顿永租周胜荣	1	204.82
1854	英册	108号114分地		英商米士央永租瞿助祭	4.473	366.46
1854	英册	109号115分地		英商米士央永租韩发官	2.5	358.43
1854	英册	110号116分地		英商米士央买徐大经	5.127	420.04
1854	英册	111号117分地		英商宝文行永租黄谷香	20.001	1 403.01
1854	英册	112号118分地		英商米士粉春永租陶锦田	3.96	409.64
1854	英册	113号119分地		英商天祥行永租吴莲塘	4.067	1 331.33
1854	英册	114号120分地		英搭士披葛格士永租郭永兴	10	614.46
1854	英册	115号121分地		英商宝文行永租曹良财	2	256.02
	英册	115号121分地		上地块的部分说明		
1854	英册	116号122分地		英商米士央永租程钟奎	1.3	71.69
1854	英册	118号124分地		英末根传永租徐大经	3.3	168.98
1854	英册	119号125分地		英商米士担臣永租张炳铨	5.748	397.31

时间(年)	册别	编　号	位　置	买方和卖方	面积(亩)	总价(两)
1854	英册	120 号 126 分地		英商何孙永租韩永金	2.72	327.71
1854	英册	121 号 127 分地		英商米士央永租郑茂林	2.2	202.77
1854	英册	122 号 128 分地		英商芍永租山承敦	8.42	603.6
1854	英册	123 号 129 分地		英孙先生永租张敬南	8	603.6
1854	英册	124 号 130 分地		英央永租山承敦	1.52	216.08
1854	英册	125 号 131 分地		英米士央永租张三宝	1.2	172.05
1854	英册	126 号 132 分地		英马七披永租张炳炎	1.18	337.95
1854	英册	127 号 133 分地		英阿当逊永租肖其山	1.5	358.43
1854	英册	128 号 134 分地		英麦根治永租奚全观	2.78	142.35
1854	英册	129 号 135 分地		英抵根永租徐大经	1.863	117.77
1854	英册	130 号 136 分地		英克伦敦永租瞿宝南	2	215.06
1854	英册	131 号 137 分地		英吃永租杨胜宝	0.863	199.7
1854	英册	132 号 138 分地		英麦都思永租周鸿书	0.2	16.39
1854	英册	133 号 139 分地		英广隆行威林好克永租肖彭	12.33	986.2
1854	英册	134 号 140 分地		英太全莫利永租陈昌和	1.9	80.12
1854	英册	135 号 141 分地		英核而不伦永租山承敦	10	512.05
1854	英册	136 号 142 分地		英俺得胜永租张阿义	4	204.82
1854	英册	137 号 143 分地		英诗喇永租石四官	3	1 228.92
1854	英册	141 号 147 分地		英沙逊永租陈龙金	1.2	430.12
1854	英册	142 号 148 分地		英娇生永租赵桂全	2.681	256.02

时间(年)	册别	编 号	位 置	买方和卖方	面积(亩)	总价(两)
1854	英册	144 号 150 分地		英媚查永租石金龙	7.5	768.07
1854	英册	145 号 151 分地		马得福安尔本永租陈大荣	171.476	8 830.58
1854	英册	146 号 152 分地		英皮尔永租石凤林	12	5 127.27
1854	英册	147 号 153 分地		英陆泽士永租闵杏林	1	1 536.14
1854	英册	148 号 154 分地		英迭腾格永租石廷秀	0.6	61.45
1854	英册	149 号 155 分地		英指望行永租闵杏林	9.8	3 072.29
1854	英册	150 号 156 分地		英哗叮士永租庄武成	4	1 228.92
1855	英册	151 号 157 分地		英黑的永租曹会宝	8	867.47
1855	英册	153 号 159 分地		英皮尔永租张吉夫	14	1 331.33
1855	英册	154 号 160 分地		英克雷永租张丙炎	2.237	507.51
1855	英册	155 号 161 分地		英白西非尔永租沈近思	2	61.45
1855	英册	156 号 162 分地		英白西非尔永租张尚达	5	143.37
1855	英册	157 号 164 分地		英指望行永租谢启秀	1.7	325.3
1855	英册	158 号 165 分地		英指望行永租周胜镛	2.1	1 301.2
1855	英册	159 号 166 分地		英来帖永租张聚英、张腩	6.266	1 945.78
1855	英册	160 号 167 分地		英来帖永租陶得福、陶掌林	2.2	858.43
1856	英册	161 号 168 分地		英天祥行阿当孙永租陆德成	7.36	559.48
1855	英册	162 号 169 分地		英礼能靠拔永租陆孚有、奚茂廷	52	1 322.29
1855	英册	163 号 170 分地		英柯柏永租顾丫头、陆义畴	11.916	457.83

时间(年)	册别	编　号	位　置	买方和卖方	面积(亩)	总价(两)
1855	英册	164 号 171 分地		英礼茶隆泰行永租吴静玉、张春明	33	457.83
1855	英册	165 号 172 分地		英美察永租石四观、六元秀	1.164	216.87
1855	英册	166 号 173 分地		英美察永租高成名、姚合泰	5.251	1 138.77
1855	英册	167 号 174 分地		美史密永租陈陈氏	1.2	1 228.92
1855	英册	168 号 175 分地		美史密永租杨凤山	2.25	2 253.01
1855	英册	169 号 176 分地		美史密永租王有义	2.101	1 280.12
1855	英册	170 号 177 分地		美史密永租章在栋	2	1 177.71
1855	英册	171 号 178 分地		美人史密永租奚菊山	1	204.82
1855	英册	172 号 179 分地		美人史密赫德永租陈德培、同仁堂	18.647	9 319.28
1855	英册	173 号 180 分地		美商人史密永租谭小狗、张墓田	3.463	1 177.71
1855	英册	174 号 181 分地		英商礼记美商必好金永租庄贵方	28.36	811.08
1855	英册	175 号 182 分地		英太平行末士波文永租曹二宝、曹惠宝	18	2 048.19
1855	英册	178 号 185 分地		英商法者永租山仁敦、吴纪华	12.455	541.14
1855	英册	179 号 186 分地		英爱瓦京永租奚全观	2.78	133.98
1856	英册	180 号 187 分地		英升泰行遏立德永租邓振扬	3	300.35
1856	英册	181 号 188 分地		英查士挖德士永租庄瑞林	0.37	15.02
1856	英册	182 号 189 分地		英查士挖德士永租庄在栋	1.418	200.24
1856	英册	183 号 190 分地		英法者太平行永租顾和尚	4	100.12

时间(年)	册别	编　号	位　置	买方和卖方	面积(亩)	总价(两)
1856	英册	184 号 191 分地		英太平行法者永租庄武成	6	400.47
1856	英册	185 号 192 分地		英太平行包孟永租庄则恕	13	1 321.55
1856	英册	186 号 193 分地		英华得士永租瞿知远	1.4	1 101.3
1856	英册	187 号 194 分地		英公益行内兰令永租胡大观	4.7	329.39
1856	英册	188 号 195 分地		英商四美永租吴引贵	4	2 179.51
1856	英册	189 号 196 分地		英筹防公局永租陆文彬	0.751	116.61
1856	英册	190 号 197 分地		英架记行永租赵云中	4.073	517.31
1856	英册	191 号 198 分地		英韦伯永租吴生顺	5	212.01
1856	英册	192 号 199 分地		英马干卢永租瞿吉天、方巨	14.5	2 002.36
1856	英册	194 号 201 分地		英阿当逊永租闵湘洲、高成名、张荣荣	5.533	775.53
1856	英册	195 号 202 分地		英邱天生永租陆在铃、陆在梧	2	307.42
1856	英册	197 号 204 分地		英亚士卞永租陈大经	13.921	1 475.72
1856	英册	198 号 205 分地		英搬查海租庄高	2.826	407.76
1856	英册	199 号 206 分地		英位勒孙永租花旗人京地	8.12	742.05
1856	英册	200 号 207 分地		英地部师永租界内官地	4.863	601.43
1856	英册	202 号 209 分地		英利兴永租姜坤元	3.02	149.4
1857	英册	203 号 210 分地		英金顿永租庄以镐	1.9	255.1
1857	英册	204 号 211 分地		英卫因时永租徐大泾	2.2	181.32
1857	英册	205 号 212 分地		英堆尔那永租王锡君	1.2	65.93

时间(年)	册别	编　号	位　置	买方和卖方	面积(亩)	总价(两)
1857	英册	209 号 216 分地		英韦里孙永租广源行花旗领事衙门老地契十二号内分出之地 1.5 亩(四至中西临广源行)	1.5	329.67
1857	英册	210 号 217 分地		英天长永租郭天顺	0.5	200.16
1857	英册	211 号 218 分地		英位立士永租陈丙	5.531	520.97
1857	英册	213 号 220 分地		英布各永租张荣观	5.3	1 248.04
1857	英册	214 号 221 分地		英位立士永租石姓	84.016	6 104.25
1857	英册	215 号 222 分地		英位立士永租朱得胜	1	166.8
1857	英册	216 号 223 分地		英各你理呵士唾恩永租广源行	5.5	343.64
1857	英册	217 号 224 分地		希腊人曾来顺永租瞿秀华	1	62.79
1857	英册	218 号 225 分地		希腊人曾来顺永租瞿秀华	2	143.17
1857	英册	219 号 226 分地		英者米士宝文永租黄玉成	2.7	915.23
1857	英册	220 号 227 分地		英米士宝永租曹二宝	2.2	302.2
1857	英册	221 号 228 分地		英查尔士华德师永租韩小大	2	313.97
1858	英册	223 号 230 分地		英者米士哈各永租陈喜观	5.148	682.16
1858	英册	224 号 231 分地		英者米士哈各永租金寿昌	12.45	1 649.73
1858	英册	226 号 233 分地		英得来士帙永租徐贵宝	5	3 180.21
1858	英册	227 号 234 分地		英革列夫顿永租顾义观	5.2	689.05
1858	英册	228 号 235 分地		英者米士哈各永租霍格	5.64	1 501.77
1858	英册	229 号 236 分地		英戈理分威厘臣永租周耕山	4.5	795.05

时间(年)	册别	编　号	位　置	买方和卖方	面积(亩)	总价(两)
1858	英册	230 号 237 分地		英戈理分威厘臣永租黑布林	3	1 590.11
1858	英册	231 号 238 分地		美旗旗克列永租拍卖地	3.196	1 007.07
1858	英册	232 号 239 分地		英天长永租正平、中孚庄	1.528	2 067.14
1858	英册	233 号 240 分地		英宾夺永租必多罗理洛	4.7	1 780.04
1858	英册	234 号 241 分地		英晏诗永租曹二宝	10.22	5 992.71
1858	英册	235 号 242 分地		英阿多逊永租徐永成	4	287.1
1858	英册	237 号 244 分地		英惇信行未士蚊永租石门黄氏	8.2	1 121.55
1858	英册	238 号 245 分地		英惠德永租乐山堂、山承敦	4.65	3 462.9
1858	英册	239 号 246 分地		英雷水永租张鹤亭	1.2	194.35
1858	英册	240 号 247 分地		英堆尔那永租户巴斗	3	466.43
1859	英册	241 号 248 分地		英晏诗永租曹二宝、陈怀怀	2.69	1 250
1859	英册	242 号 249 分地		英西西立巴士永租韩全宝	5.2	424.22
1859	英册	245 号 252 分地		英搭麦斯拍尔永租会得	2.2	4 068.38
1859	英册	246 号 253 分地		英搭马士罗弗威尔永租奚国林、姚求顺	8	376.07
1860	英册	247 号 254 分地		英西西立巴士永租韩全宝	1.4	134.42
1860	英册	248 号 255 分地		英怡和行永租瞿震远、周洪瑞	23.5	4 744.09
1860	英册	249 号 256 分地		英渣比永租包老成	3	734.09
1860	英册	250 号 257 分地		英地艾弗巴麟时永租邓顺记	4.6	393.96

时间(年)	册别	编　号	位　置	买方和卖方	面积(亩)	总价(两)
1860	英册	252 号 259 分地		英阿俄美渣永租 法者	6.8	1 580.75
1860	英册	253 号 260 分地		英者艾尔麦格连买 下法者	5.841	3 209.83
1860	英册	254 号 261 分地		英位列门哈各永租 陈锡增	2	986.95
1860	英册	255 号 262 分地		英阿多逊永租王 梅卿	4.2	1 468.19
1860	英册	259 号 266 分地		英堆尔纳永租王 锡君	7.5	428.22
1860	英册	260 号 267 分地		英搭麦士汗布利永 租周远兰	1.168	11 876.02
1860	英册	261 号 268 分地		英者也弗加大永租 谢启秀	1.79	570.96
1860	英册	263 号 270 分地		英耒帖永租吴咸增	2.5	291.6
1860	英册	264 号 271 分地		英以瓦惟白永租先 农壇	6.4	1 631.32
1860	英册	265 号 272 分地		英罗孙永租邑厉壇	4	4 910.28
1860	英册	266 号 273 分地		英应立士永租利德	1.3	2 569.33
1860	英册	267 号 274 分地		英密妥士永租奚 元宰	1.763	857.26
1861	英册	268 号 275 分地		阿俄美渣永租沈朱 氏、金硌美、李宗桂	3.086	583.04
1861	英册	269 号 276 分地		英密妥士永租姚 宝全	1.5	397.53
1861	英册	270 号 277 分地		英密妥士永租朱 锦荣	5	927.56
1861	英册	271 号 278 分地		英长利行克利时永 租兴化司年方添和	24.2	8 193.15
1861	英册	272 号 279 分地		英美渣永租石狗观	2.3	449.65
1861	英册	272 号 281 分地		英堆尔纳永租唐庆	1.5	344.52
1861	英册	275 号 282 分地		英华德世永租洪 庆宰	2.13	534.45

时间(年)	册别	编　　号	位　　置	买方和卖方	面积(亩)	总价(两)
1861	英册	276号283分地		英汉布礼永租徐廷玉	2	2 915.19
1861	英册	277号284分地		英汉布礼永租大成僧地	5.82	7 712.01
1861	英册	278号285分地		英惇裕行永租瞿禀贞	3.784	476.34
1861	英册	279号286分地		英堆尔纳永租金有土	1.367	169.06
1861	英册	280号287分地		英惇裕行永租瞿兰亭	2.6	344.52
1861	英册	281号288分地		英惇裕行永租石玉成	2.05	253.53
1861	英册	282号289分地		英堆尔纳永租陆君贤林珊记	6	252.65
1861	英册	283号290分地		英昇泰行密士老虎永租徐阿第	2.035	592.76
1861	英册	284号291分地		英义顺洋行渣非永租陈锡增	1.1	777.39
1861	英册	285号292分地		英华德世永租冯星华	0.225	131.18
1861	英册	286号293分地		英曾来顺永租杨富金徐富保	12.494	1 655.67
1861	英册	287号294分地		英罗元祐永租张炳荣	2.36	166.78
1861	英册	288号295分地		英天祥行永租杨绍耕杨积善	1.45	6 625.44
1861	英册	289号296分地		英汉必礼永租瞿震远等	5	1 590.11
1861	英册	290号297分地		卓恩士永租孙达海	7.8	2 220.32
1861	英册	291号298分地		长利行永租陆湘屏	3.726	1 282.69
1861	英册	292号299分地		堆尔纳永租旗昌行	4	
1861	英册	293号300分地		以者哈各永租勤乃郝	2	

时间(年)	册别	编　号	位　置	买方和卖方	面积(亩)	总价(两)
1861	英册	294 号 301 分地		以者哈各永租勤乃郝	2.091	
1861	英册	295 号 302 分地		礼和书馆买英人斐生美而	5.682	
1861	英册	296 号 303 分地		立巴士永租郭六观	2.42	1 603.36
1861	英册	297 号 304 分地		惇裕行永租瞿秀华	3	636.04
1861	英册	298 号 305 分地		卓恩士永租瞿阿全	0.36	445.23
1861	英册	299 号 306 分地		毕永租陈天祥	6.5	1 205.83
1861	英册	300 号 307 分地		佛永租陆西容	23	1 564.49
1861	英册	301 号 308 分地		佛永租罗瑞容、宝成	27	1 836.57
1861	英册	302 号 309 分地		啊喳哩永租王锡君	5.38	971.73
1861	英册	303 号 310 分地		卓恩士永租石德浪	2	795.05
1861	英册	304 号 311 分地		宝顺永租罗锡观	23.2	1 577.74
1861	英册	305 号 312 分地		汉伯利永租瞿兆川	3	463.78
1861	英册	306 号 313 分地		汉伯利永租瞿绍良	4.4	6 646.64
1861	英册	307 号 314 分地		毛立士半记永租杨和尚	11	1 020.32
1861	英册	308 号 315 分地		裕泰永租吴玉林	5.48	1 089.22
1861	英册	309 号 316 分地		宝兴永租吴庆亭	20.5	3 803
1861	英册	310 号 317 分地		宝兴永租吴徐氏	1.2	1 378.09
1861	英册	311 号 318 分地		宝兴永租夏松桥	4.888	4 318.02
1861	英册	312 号 319 分地		华德士永租乐里氏	2.972	2 362.9
1861	英册	314 号 321 分地		麦华陀永租吴周氏	15.153	3 413.44
1861	英册	315 号 322 分地		太平行义顺行雅时顿查别永租王桂荣、徐馥斋	19.585	1 903.14
1861	英册	316 号 323 分地		雅时顿永租美民补医生	13.8	
1861	英册	317 号 324 分地		罔顿永租美民补医生	2.5	

时间(年)	册别	编　　号	位　置	买方和卖方	面积(亩)	总价(两)
1861	英册	318 号 325 分地		雀尔基永租山兰塘	10.45	1 320.1
1861	英册	319 号 326 分地		惠得永租竺登成	0.955	1 722.61
1861	英册	320 号 327 分地		卓恩士永租吴徐氏	25	5 631.63
1861	英册	321 号 328 分地		老孚永租周老六	1.32	592.76
1861	英册	322 号 329 分地		骆吉高洛发永租范和尚	13.111	2 356.93
1861	英册	323 号 330 分地		欣臣租邓振扬	4.3	1 590.11
1861	英册	325 号 332 分地		天祥行主麦格连租	1.6	626.77
1861	英册	325 号 333 分地		来生白登租乐李氏	1.77	1 413.43
1861	英册	327 号 334 分地		记永租山兰塘瞿增增	5	825.97
1861	英册	328 号 335 分地		斐列士云申永租罗克明	23	2 458.48
1861	英册	329 号 336 分地		啊喳理永租卢懋照	9.83	2 557.77
1861	英册	330 号 337 分地		来白士登永租陶吴氏	2.1	834.81
1861	英册	331 号 338 分地		长利行永租芳聚号	9.8	5 512.37
1861	英册	332 号 339 分地		卓恩士永租瞿启均	3.066	371.02
1861	英册	333 号 340 分地		末士哈各永租胡春亭	2.8	742.05
1861	英册	334 号 341 分地		麦格连永租奇林	2.06	1 455.83
1861	英册	335 号 342 分地		麦格连永租曾蓉村	0.5	353.36
1861	英册	336 号 343 分地		上海马路公司租王炳增	15.428	654.19
1861	英册	337 号 344 分地		培里士租陈四维堂	13.5	4 388.69
1861	英册	338 号 345 分地		洛乎威尔租俞锦堂	1.85	444.52
1861	英册	339 号 346 分地		麦华陀永租吴莲塘	4.151	997.44
1861	英册	340 号 347 分地		华得士永租石黄氏	0.882	623.32
1861	英册	341 号 348 分地		华得士永租石黄氏	1.953	1 380.21
1861	英册	342 号 349 分地		卓恩士永租诸炳荣	1.33	525.62

时间(年)	册别	编 号	位 置	买方和卖方	面积(亩)	总价(两)
1861	英册	343 号 350 分地		卓恩士永租瞿锡恩	3.29	795.05
1861	英册	344 号 351 分地		记永租瞿九如	5.17	883.39
1861	英册	345 号 352 分地		汉必里永租沈良成	7	1 678.45
1861	英册	346 号 353 分地		哈客里永租周朝坤	5	2 738.52
1861	英册	347 号 354 分地		汉必礼永租蔡凝竣	1.748	2 142.23
1861	英册	348 号 355 分地		曾来顺永租张杰墀(chi)	6.66	1 501.77
1861	英册	349 号 356 分地		曾来顺永租瞿国贞	3.541	724.38
1861	英册	350 号 357 分地		阿多逊永租孙东海	5.6	494.7
1861	英册	351 号 358 分地		雅时顿喳呢永租沈本桂	7.208	1 413.43
1861	英册	352 号 359 分地		麦吉利甫永租瞿楚帆	5.5	855.12
1862	英册	353 号 360 分地		高裔永租周掌宝	13.07	3 694.35
1862	英册	354 号 361 分地		阿查理永租王金和	3.75	318.02
1862	英册	355 号 362 分地		马安永租唐坊	15.26	2 625.44
1862	英册	356 号 363 分地		麦格连租军工厂	60	7 950.53
1862	英册	357 号 364 分地		列德永租罗元佑	5.783	
1862	英册	358 号 365 分地		汉必里永租梁圣宝等	17.09	5 936.4
1862	英册	359 号 366 分地		洛佛永租李鹤章等	22.4	2 826.86
1862	英册	360 号 367 分地		高第丕租赵文奎	7.031	3 003.53
1862	英册	361 号 368 分地		汉必里永租鲁进生	10	1 148.41
1862	英册	362 号 369 分地		于白乃、宝芍永租毛锡章	25	4 770.32
1862	英册	363 号 370 分地		曾来顺永租陈海观	1.24	87.46
1862	英册	364 号 371 分地		曾来顺永租杨关秀	10	1 766.78
1862	英册	366 号 373 分地		曾来顺永租周小狗	3.5	927.56
1862	英册	367 号 374 分地		麦格连永租马良德	18.191	4 116.61
1862	英册	368 号 375 分地		麦格连永租周圣忠	22.2	6 501.77

时间(年)	册别	编 号	位 置	买方和卖方	面积(亩)	总价(两)
1862	英册	369 号 376 分地		壳刻永租张全宝	9.813	2 473.5
1862	英册	370 号 377 分地		金麻永租曹学林	6.09	1 722.61
1862	英册	371 号 378 分地		俄伯永租毛海朝	32	5 432.86
1862	英册	372 号 379 分地		马福盛永租徐瑞祥	2	1 413.43
1862	英册	373 号 380 分地		汉必里永租沈洪通	3.5	777.39
1862	英册	374 号 381 分地		叨文永租朱焕官	79.7	4 505.3
1861	英册	375 号 382 分地		雅时顿、喳庇永租金万镒	21.502	3 343.07
1861	英册	376 号 383 分地		汉必里永租石明玉	1.5	507.95
1861	英册	377 号 384 分地		上海马路公司租朱承搆	80.405	3 200.09
1861	英册	378 号 385 分地		上海马路公司租朱承搆	5.5	198.76
1861	英册	379 号 386 分地		晏多化时租王阿和等	12.113	848.06
1861	英册	380 号 387 分地		今节租奚锡芳等	28.5	5 035.34
1861	英册	381 号 388 分地		克理木、晏多化时、会得洛、里多租夏经树等	40.67	2 650.18
1861	英册	382 号 389 分地		西西立巴士永租郭六观	2.075	1 924.73
1861	英册	383 号 390 分地		克时利永租向起龙	4	4 240.28
1861	英册	384 号 391 分地		金麻永租瞿楚帆	6.2	971.73
1861	英册	385 号 392 分地		卓恩士租赵炳松	12.517	2 826.86
1861	英册	386 号 393 分地		哈客里永租程德福	1.09	839.22
1861	英册	387 号 394 分地		者米士哈各永租周张氏等	11.3	6 643.11
1862	美册	388 号 395 分地		堆尔纳美册 42 号		
1861	英册	389 号 396 分地		卓恩士永租沈玉书	0.7	463.78
1861	英册	390 号 397 分地		麦格连永租凌洪连	18.22	2 173.14
1861	英册	391 号 398 分地		汉必里永租徐永全	1	971.73

时间(年)	册别	编　号	位　置	买方和卖方	面积(亩)	总价(两)
1861	英册	392 号 399 分地		汉必里永租陶吴氏	0.8	742.05
1861	英册	393 号 400 分地		汉必里永租同仁辅元堂	2.015	406.36
1861	英册	394 号 401 分地		汉必里永租同仁辅元堂	36.598	9 699.65
1861	英册	395 号 402 分地		汉必里永租同仁辅元堂	2	530.04
1861	英册	396 号 403 分地		哈客里永租蔡金兰	4.8	3 816.25
1861	美册	397 号 404 分地		吠礼喳 美册转		
1861	美册	398 号 405 分地		以下均美册转		
1861	英册	406 号 413 分地		克时利永租张庆源	3.1	1 766.78
1861	英册	407 号 414 分地		汉必里永租吴妙成	0.8	1 060.07
1861	英册	408 号 415 分地		汉必里永租谢搅原	11.5	15 238.52
1861	英册	409 号 416 分地		汉必里永租曹全官	1.27	1 346.29
1861	英册	410 号 417 分地		汉必里永租曹全官	1.24	3 975.27
1861	英册	411 号 418 分地		卓恩士永租曹北山合族	1.531	750.88
1861	英册	412 号 419 分地		麦格连永租陆熙烈	22.39	2 296.82
1861	英册	413 号 420 分地		麦格连永租庄克昌	6.76	706.71
1863	英册	414 号 421 分地		腊地麦永租	1.34	1 704.95
1861	英册	415 号 422 分地		立巴士永租诸胜南	14	1 855.12
	英册	416 号 423 分地		转册		
1861	英册	417 号 424 分地		高福利永租王坤宝	2.4	291.52
1861	英册	418 号 425 分地		高福利永租王四官	1.3	223.5
1861	英册	419 号 426 分地		沙逊永租徐贵宝	1.7	596.29
1861	英册	420 号 427 分地		沙逊永租赵咸宝	26	4416.96
1861	英册	421 号 428 分地		汉必里永租曹德和	16	3 692.58
1861	英册	422 号 429 分地		汉必里永租石五宝	17.73	2 650.18
1861	英册	423 号 430 分地		汉必里永租谢搅原	1.5	1 590.11
1861	英册	424 号 431 分地		麦格连永租程春兰	6.73	1 192.58

时间(年)	册别	编　　号	位　　置	买方和卖方	面积(亩)	总价(两)
1861	英册	425 号 432 分地		曾来顺永租陈文益	10.5	2 252.65
1861	英册	426 号 433 分地		曾来顺永租瞿金华	4	512.37
1861	英册	427 号 434 分地		天孙永租沈文元	3.06	521.2
1861	英册	428 号 435 分地		裕泰永租黄健行	4.81	1 916.96
1861	英册	429 号 436 分地		高裔永租左行全	20.5	3 533.57
1861	英册	430 号 437 分地		马福盛永租左成章	15.2	2 650.18
1861	英册	431 号 438 分地		阿喳理永租李廷显等	15.56	2 208.48
1861	英册	432 号 439 分地		罗岱甫租韩彦邦	5	1 678.45
1861	英册	433 号 440 分地		古伯戈刻永租马和尚	8	2 208.48
1861	英册	434 号 441 分地		高福利永租沈宝全	3.3	485.87
1861	英册	435 号 442 分地		雅时顿、喳庇永租李环萃	7.462	1 457.6
1861	英册	436 号 443 分地		雅时顿、喳庇永租瞿树衍	6.074	1 060.07
1861	英册	437 号 444 分地		列治孙壳克永租张学显	24.111	2 738.52
1861	英册	438 号 445 分地		者末士哈各永租闵陆氏	4.8	2 915.19
1861	英册	439 号 446 分地		哈客里永租赵桂仙	1.62	1 325.09
1861	英册	440 号 447 分地		哈客里永租陈德福	7.05	6 360.42
1861	英册	441 号 448 分地		雅时顿、喳庇永租李得福	3.767	733.22
1861	英册	442 号 449 分地		雅时顿、喳庇永租王桂荣	3.1	918.73
1861	英册	443 号 450 分地		洛佛永租徐四宝	1.47	397.53
1861	英册	444 号 451 分地		克时利永租陈阿怀	16.316	
1861	英册	445 号 452 分地		麦格连永租潘福三	11.93	2 650.18
1861	英册	446 号 453 分地		麦格连永租瞿耕山	12.64	2 826.86
1861	英册	447 号 454 分地		瓦勒永租韩士荣	7.3	1 060.07

时间(年)	册别	编　号	位　置	买方和卖方	面积(亩)	总价(两)
1861	英册	448 号 455 分地		元芳永租奚寿康	1.6	441.7
1861	英册	449 号 456 分地		元芳永租陆坤全	4.3	1 148.41
1861	英册	450 号 457 分地		窦永租左海全	13.5	2 385.16
1861	英册	451 号 458 分地		洛佛永租俞锦堂	1.7	706.71
1861	英册	452 号 459 分地		立巴士永租郭永清	1.56	1 590.11
1861	英册	453 号 460 分地		吧嗒永租张成龙	10	1 457.6
1861	英册	454 号 461 分地		加而永租俞锦堂	16	6 360.42
1861	英册	455 号 462 分地		高福利永租徐银桂	4.5	530.04
1861	英册	456 号 463 分地		高福利永租张荣宝	4.178	494.7
1861	英册	457 号 464 分地		鲁麟永租云义堂、朱晋华、周泾	19.21	4 416.96
1861	英册	458 号 465 分地		文生永租张和尚	12	600.71
1861	英册	459 号 466 分地		文生永租张和尚	30	1 413.43
1861	英册	460 号 467 分地		福利永租周云龙等	38.4	1 590.11
1861	英册	461 号 468 分地		福利永租侯虎明等	35	1 457.6
1861	英册	462 号 469 分地		勒地满永租瞿楚帆	15.743	2 915.19
1861	英册	463 号 470 分地		戴对永租奚炳全	10.48	2 031.8
1862	英册	464 号 471 分地		小旗昌天孙、老利隆茂永租奚七宝等	35.6	11 484.1
1862	英册	465 号 472 分地		元芳永租奚瑞春	2.6	706.71
1862	英册	466 号 473 分地		汉必里永租樊卧云	5.5	7 508.83
1862	英册	467 号 474 分地		汉必里永租吴裕堂	2.3	2 473.5
1862	英册	468 号 475 分地		汉必里永租石锡宝等	14	4 416.96
1862	英册	469 号 476 分地		汉必里永租韩秀荣	12	3 268.55
1862	英册	470 号 477 分地		汉必里永租冯俊荣	36.7	7 950.53
1862	英册	471 号 478 分地		汉必里永租曹振扬	4.8	1 766.78
1863	英册	472 号 479 分地		汉璧礼永租染业公所	2	7 420.49
1862	英册	474 号 481 分地		汉必里永租左良士	10.4	1 855.12

时间(年)	册别	编　号	位　置	买方和卖方	面积(亩)	总价(两)
1862	英册	475号482分地		士密斯永租	21.015	
1862	英册	476号483分地		廟而海永租王和尚	18.6	1 325.09
1862	英册	477号484分地		玉治得架永租徐姚春	8	547.7
1862	英册	478号485分地		高福利永租沈玉秀	0.38	57.42
1862	英册	479号486分地		经理上海船澳公司按年司事人永租祥安顺	23.067	712.9
1862	英册	480号487分地		血尔、华得年、秦根永租石锦云、周胜荣	7.593	不详
1862	英册	481号488分地文本甲		火柏永租张明员	13	1 325.09
1863	英册	481号488分地文本乙		火柏永租张森和	13	1 342.76
1862	英册	482号489分地		巴伦时永租甘发章	15.1	8 480.57
1862	英册	483号490分地		叻云永租周遇龙	17	1 236.75
1862	英册	485号492分地		麦格连永租庄念祖	13.9	1 964.66
1862	英册	486号493分地		麦格连永租张明远	14	1 978.8
1862	英册	487号494分地		麦格连永租张圣和	6	848.06
1862	英册	488号495分地		麦格连永租陈和尚	2.976	419.61
1862	英册	489号496分地		麦格连永租张全观	4	565.37
1862	英册	490号497分地		麦格连永租张洪裕	14	1 978.8
1862	英册	491号498分地		麦格连永租庄念祖、陆念劬	2.6	367.49
1862	英册	492号499分地		阿查理永租右五宝	24.8	5 212.01
1862	英册	493号500分地		窦永租鲁廷章	6.5	1 236.75
1862	英册	495号502分地		金亚大夫永租徐宝翰	17.95	10 600.71
1862	英册	496号503分地		高第丕租王毓用	2.41	1 501.77
1862	英册	497号504分地		渣敦永租陆杨氏	2	689.05

时间(年)	册别	编　号	位　置	买方和卖方	面积(亩)	总价(两)
	英册	498号505分地		克时利永租赵耀山	59.77	转册
1862	英册	499号506分地		海那永租鲁德耀	19	805.65
1862	英册	500号507分地		位禄永租陈纪成	1.343	759.72
1862	英册	501号508分地		福利永租毛海朝	46	7 332.16
1862	英册	502号509分地		文生永租石金发	8.02	2 296.82
1862	英册	503号510分地		复和行永租钱茂如	1.34	1 766.78
1862	英册	504号511分地		位禄永租陈纪成	1	565.37
1862	英册	505号512分地		祥丰行永租吴荣荣	3.8	2 685.51
1862	英册	506号513分地		裕泰永租李元顺	4.36	971.73
1862	英册	507号514分地		裕泰永租吴逢春	24.1	1 766.78
1862	英册	508号515分地		裕泰永租唐雨香	2.354	971.73
1862	英册	509号516分地		裕泰永租唐雨香	3.1	759.72
1862	英册	510号517分地		裕泰永租殷四观	20.7	4 681.98
1862	英册	511号518分地		亚丹生永租怡生栈	2.5	7 067.14
1862	英册	512号519分地		依士笠永租黎贵记	9.03	636.04
1862	英册	513号520分地		信和永租黎贵记	11.04	780.04
1862	英册	517号524分地		多督永租许贵祥	44.212	2 296.82
1862	英册	518号525分地		得架永租张景南	6.5	2 473.5
1862	英册	519号526分地		派而煞千永租杨才宝	29.888	3 180.21
1862	英册	520号527分地		福健哈夫永租祥安顺	5.87	181.1
1862	英册	521号528分地		福建哈夫永租祥安顺	1.3	39.75
1862	英册	522号529分地		克利时永租黄霖	2	3 957.6
1862	英册	523号530分地		广隆永租朱涣涣	46.723	7 243.82
1862	英册	524号531分地		代勿生、朴罗万永租庄德彝	19.744	2 120.14
1862	英册	525号532分地		百地沙永租庄德彝	14.754	2 031.8
1862	英册	526号533分地		惇裕行永租鞠行南	10.444	1 466.43

时间(年)	册别	编　　号	位　置	买方和卖方	面积(亩)	总价(两)
1862	英册	527 号 534 分地		卢里路永租傅郁文	42	2 226.15
1862	英册	529 号 536 分地		麦辉臣永租鲁德耀	10.5	445.23
1862	英册	530 号 537 分地		辛臣永租鲁德耀	10.5	445.23
1862	英册	531 号 538 分地		埃凡永租石顺观	2	1 325.09
1862	英册	532 号 539 分地		雅时顿查庇永租王和尚	18.546	3 392.23
1862	英册	533 号 540 分地		白舍雅时顿永租沈云山	6	1 272.08
1862	英册	534 号 541 分地		雅时顿永租石焕章	8	1 766.78
1862	英册	535 号 542 分地		罗比孙永租张全宝	8.5	1 563.6
1862	英册	536 号 543 分地		多督永租曹正荣	3	720.85
1862	英册	537 号 544 分地		雅时顿查庇永租林耀宗	2.5	583.04
1862	英册	538 号 545 分地		陈罗星永租庆记	12.2	17 272.08
1862	英册	539 号 546 分地		汉必里永租瞿连府	6.03	8 833.92
1862	英册	540 号 547 分地		百地士永租严心诚	26.5	5 830.39
1862	英册	541 号 548 分地		渲武处永租徐瑞祥	10.167	432.86
1862	英册	542 号 549 分地		曾来顺永租瞿禀贞	0.45	1 325.09
1862	英册	543 号 550 分地		惇裕永租周胜镛	0.6	183.75
1862	英册	544 号 551 分地		衣士笠永租庄德彝	24.844	3 533.57
	英册	545 号 552 分地		韦伯永租张秋农		可能转册
1862	英册	549 号 556 分地		霍格来永租奚义宝	17.8	1 766.78
1862	英册	550 号 557 分地		高福利永租王瑞斌	1.4	409.89
1862	英册	551 号 558 分地		汉必里永租王振元	6.5	11 024.73
1862	英册	552 号 559 分地		胡以得永租陈海观	14.308	1 501.77
1862	英册	553 号 560 分地		马福臣永租杨富金	5.4	2 296.82
1862	英册	554 号 561 分地		爹鼻臣永租何吴处	1.75	1 696.11
1862	英册	555 号 562 分地		埃凡永租石锡宝	0.1	106.01
1862	英册	556 号 563 分地		卓印士医生永租陈锡增	47.9	6 761.48

时间(年)	册别	编 号	位置	买方和卖方	面积(亩)	总价(两)
1862	英册	557号564分地		马福臣永租沈乾修	1	452.3
1862	英册	558号565分地		埃哈喇永租费得宝	3.5	2 544.17
1863	英册	559号566分地		克珀壳刻永租陆玉观	34	3 268.55
1862	英册	560号567分地		阿查理永租沈和尚	35.66	11 484.1
1862	英册	561号568分地		南贴茂永租奚元宰	1.12	927.56
1862	英册	562号569分地		南贴茂永租黄会芬	1	848.06
1862	英册	563号570分地		丽如永租沈四观	12.002	2 826.86
	英册	564号571分地		鲁麟永租		可能转册
1862	英册	573号580分地		冈韩永租陈郁万	20	2 296.82
1862	英册	578号585分地		列治孙永租韩全宝	9.7	19 280.04
1862	英册	579号586分地		吉利麻永租沈明嘉	22	6 413.43
1862	英册	580号587分地		士列泊士永租张张氏	1.3	777.39
1862	英册	581号588分地		罗士永租陈水和	15.5	2 053.89
1862	英册	582号589分地		列各生保叠永租张士昌	2.9	441.7
1862	英册	583号590分地		汉必里永租奚元宰、张赵氏	3.55	5 830.39
1862	英册	584号591分地		汉必里永租夏狗观	1.98	3 621.91
1862	英册	585号592分地		汉必里永租高景福	4.6	1 219.08
1862	英册	587号594分地		马福臣永租奚发官	23	3 798.59
1862	英册	593号600分地		曾来顺永租张富桂	1.8	883.39
1862	英册	595号602分地		字林行永租侯宝堂	30.1	1 943.46
1862	英册	596号603分地		文生永租张永连	2.6	971.73
1862	英册	597号604分地		雅时顿、喳庇永租黄仁德	1.1	203.18
1862	英册	598号605分地		阿查理永租隆家坟	7.1	6 890.46
1862	英册	599号606分地		郡永租陈诵芬	30	1 855.12
1862	英册	600号607分地		罗里路永租陈日裕	1.48	254.29

时间(年)	册别	编 号	位 置	买方和卖方	面积(亩)	总价(两)
1862	英册	601号608分地		罗里路永租陈日裕	1.96	336.77
1862	英册	602号609分地		罗里路永租陈日裕	15.821	2 718.36
1862	英册	603号610分地		罗里路永租范和南	7.18	1 121.52
1862	英册	604号611分地		霍格永租亨利里伯罗里路	5.059	7 588.5
1862	英册	605号612分地		霍格永租亨利里伯罗里路	14.761	22 141.5
1862	英册	606号613分地		骆吉高洛发永租恩时	18.5	4 995
1862	英册	607号614分地		惠德永租张振环	7.21	1 706.71
1862	英册	608号615分地		宝顺永租罗骏发	1.98	952.3
1862	英册	609号616分地		公易永租徐德福	4.15	872.79
1862	英册	610号617分地		阿查唎永租陈亨裕	1.62	2 791.52
1862	英册	611号618分地		广南永租陈仓亭	3.2	791.52
1862	英册	612号619分地		巴西公所永租陈鸣瑞	3.8	939.93
1862	英册	613号620分地		复源行永租陈秀荣	3	742.05
1862	英册	614号621分地		马安永租罗景春	5.808	1 219.08
1862	英册	615号622分地		罗元裕永租张富贵	1.733	848.06
1862	英册	616号623分地		霍格来百地沙永租朱得金	8.2	4 947
1862	英册	617号624分地		吉利麻永租吴莲塘	12.5	9 275.62
1862	英册	618号625分地		非必利时永租张浩元	4.64	918.73
1862	英册	619号626分地		特地永租张虎观	7.905	1 678.45
1862	英册	620号627分地		搭拉士永租池全元	3.8	1 484.1
1862	英册	621号628分地		欧瓜永租徐章和	4	4 452.3
1862	英册	622号629分地		位来永租陈广和	14.875	2 349.82
1862	英册	623号630分地		法租金坟田	3.29	795.05
1862	英册	624号631分地		马安永租徐余庆	18.66	3 710.25

时间(年)	册别	编　号	位　置	买方和卖方	面积(亩)	总价(两)
		626 号 633 分地		华楼永租		转册
1863	英册	627 号 634 分地		复升行租	4.3	998.23
1863	英册	628 号 635 分地		欧瓜、克伯、裕泰地永租俞焕明	5.29	6 625.44
1863	英册	629 号 636 分地		密结永租徐占一	100	5 088.34
1863	英册	630 号 637 分地		壳克永租陈阿三	2.976	918.73
1863	英册	631 号 638 分地		鲁必生、普地永租沈佳士	23.869	5 609.54
1863	英册	632 号 639 分地		公道行永租丁炳环	4.213	799.47
	英册	633 号 640 分地				
1863	英册	634 号 641 分地		马福臣永租陈义盛	9.35	1 731.45
1863	英册	635 号 642 分地		福利永租沈姚氏	5	574.2
	英册	636 号 643 分地		高福利		
1863	英册	638 号 645 分地		费士来永租左成友	3.4	742.05
1863	英册	639 号 646 分地		汉必里永租周叙荣、王龙官	16.73	6 616.61
1863	英册	640 号 647 分地		巴德永租金佩玉	4.925	261.04
1863	英册	641 号 648 分地		卓印士、鲁必生永租裘国祥	28	5 194.35
1863	英册	643 号 650 分地		裕泰永租瞿六观	0.3	212.01
1863	英册	644 号 651 分地		伯帖永租茅敬忠	42	7 420.5
1863	英册	646 号 653 分地		多永租徐兆周	20.9	4 134.28
1863	英册	647 号 654 分地		太耶斯永租王海和	12.995	2 305.65
1863	英册	648 号 655 分地		曾来顺永租瞿禀贞	1.02	3 459.36
1863	英册	649 号 656 分地		泰妥永租沈永和	8	1 978.8
1863	英册	650 号 657 分地		太耶斯永租袁荣倌	3.117	973.13
1863	英册	651 号 658 分地		仁记永租陆振荣	13.2	1 649.47
1863	英册	655 号 662 分地		颜永全租陈在上	无面积	31.24
1863	英册	656 号 663 分地		得架永租殷周宝	10.6	508.8
1863	英册	657 号 664 分地		得架永租陈桂山	47.8	2 198.8

时间(年)	册别	编　号	位　置	买方和卖方	面积(亩)	总价(两)
1863	英册	658 号 665 分地		得架永租陆四观	2.43	116.64
1863	英册	659 号 666 分地		高意行永租王永朝、王焕增	6.388	830.44
1863	英册	660 号 667 分地		欧瓜、可伯永租王瑞章、王瑞文	1.8	1 620
1863	英册	661 号 668 分地		邓租费阿三	39.45	5 523
1863	英册	662 号 669 分地		卓恩士、鲁必逊永租	1.6	224
1863	英册	663 号 670 分地		卓恩士、鲁必逊永租俞华观	2.302	322.48
1863	英册	664 号 671 分地		卓恩士、鲁必逊永租王和官	4.312	596.16
1863	英册	665 号 672 分地		中和行永租奚全全	5.95	8 925
1863	英册	666 号 673 分地		士特复历永租茅朝秀	18	2 811.6
1863	英册	667 号 674 分地		惇信永租蔡新发	12	1 800
1863	英册	668 号 675 分地		克伯、壳刻永租朱景昌	9.191	425
1863	英册	671 号 678 分地		安峡华得永租徐成山	17.35	1 595
1863	英册	672 号 679 分地		李百里行格尔永租陈宝英	12.563	2 512.5
1863	英册	673 号 680 分地		李百里行格尔永租归良	25	1 500
1863	英册	674 号 681 分地		怡和永租姚鸣阜	20.241	1 975.93
1863	英册	675 号 682 分地		霍永租马增桂	2.253	112.6
1863	英册	676 号 683 分地		霍永租严德华	1.2	1 380
1863	英册	677 号 684 分地		宝顺和永租	9.418	
1863	英册			宝顺和永租	6.968	
1863	英册			宝顺和永租	7.094	
1863	英册			宝顺和永租	5.378	
1863	英册			宝顺和永租	4.736	

时间(年)	册别	编　　号	位　　置	买方和卖方	面积(亩)	总价(两)
1863	英册			宝顺和永租	6.813	
1863	英册			宝顺和永租	7.229	
1863	英册			宝顺和永租	3.079	
1863	英册			宝顺和永租	4.504	
1863	英册			宝顺和永租	4.562	
1863	英册			宝顺和永租	4.325	
1863	英册			宝顺和永租	7.626	
1863	英册			宝顺和永租	4.464	
1863	英册			宝顺和永租	4.504	
1863	英册	691 号 698 分地		宝顺和永租	6	
1863	英册	692 号 699 分地		宝顺行颠地公司租张和尚、石景山	2.45	357.77
1863	英册	693 号 700 分地		罗理路租傅宝生	24	3 373.92
1863	英册	694 号 701 分地		裕泰行搭拉士租朱元善	15.83	2 295.35
1863	英册	695 号 702 分地		马安租徐占一	17.92	1 792
1863	英册	702 号 709 分地		巴立志、罗理租凌培元	17.48	1 398.4
1863	英册	703 号 710 分地		中和行永租张荣宝	3.56	712
1863	英册	705 号 712 分地		宝兴行满格列弗租瞿飞卿	3	1 000
1863	英册	706 号 713 分地		间拿租谈永嘉	22	990
1863	英册	707 号 714 分地		和记行培租徐耀忠	5.4	1 080
1863	英册	714 号 721 分地		汉壁礼租席华记	1.292	1 069.64
1863	英册	716 号 723 分地		汉壁礼租王长发	54	11 340
1863	英册	717 号 724 分地		马安租金大铨	5.457	600.27
1863	英册	718 号 725 分地		美国女人斐姑娘租范和南	2.3	101.59
1863	英册	719 号 726 分地		亿生行租陈锡增	5.921	1 776.2
1863	英册	720 号 727 分地		公道租胡妹郎	3.06	336.6

时间(年)	册别	编　号	位　置	买方和卖方	面积(亩)	总价(两)
1863	英册	721 号 728 分地		上海煤气公司租李世龙	8.746	550
1863	英册	722 号 729 分地		轧雷租陆聚功	5	1 450
1863	英册	725 号 732 分地		轧雷租陈良玉	5	546.7
1864	英册	726 号 733 分地		怡和行牟利租姚瑞良	5.96	447
1864	英册	727 号 734 分地		惠德永租黄权记	1.12	1 400
1864	英册	728 号 735 分地		怡和租瞿云台	0.93	800
1864	英册	729 号 736 分地		上海煤气公司租李小弟	6.05	4 235
1864	英册	730 号 737 分地		瑞记租陆永发	7.464	2 687
1864	英册	754 号 761 分地		福利行租黄秋园、孙海观	20.155	2 360.96
1864	英册	755 号 762 分地		上海医院执年董事租山圣宝	129.761	19 406.76
1864	英册	756 号 763 分地		兆丰行租王史民	0.9	2 795
1864	英册	757 号 764 分地		兆丰行租吴掌南	12.04	3 612
1864	英册	758 号 765 分地		兆丰行租徐国祥顾雀阜	35.637	1 679.15
1864	英册	759 号 766 分地		大英渲武处租徐瑞祥	7.65	238.99
1864	英册	760 号 767 分地		大英渲武处租沈陆氏	6.09	190.25
1864	英册	761 号 768 分地		怡和行高埃租浙绍永锡堂	50	30 050
1864	英册	764 号 771 分地		巴伦租上海医院值年董事	15.119	
1864	英册	763 号 770 分地		百兰地租上海医院值年董事	14.95	
1864	英册	765 号 772 分地		刻路租上海医院值年董事	10.625	
1864	英册	766 号 773 分地		卜列租上海医院值年董事	11.249	

时间(年)	册别	编　号	位　置	买方和卖方	面积(亩)	总价(两)
1864	英册	767 号 774 分地		卜列租上海医院值年董事	13.116	
1864	英册	768 号 775 分地		费礼查租陶景春	0.6	600
1864	英册	769 号 776 分地		怡和洋行租姚志香	1.3	800
1864	英册	770 号 777 分地		昇宝租陆胜祥	1.5	1 200
1864	英册	771 号 778 分地		更租李和尚	21	820.05
1864	英册	772 号 779 分地		准霍格租银福	2.2	2 200
1864	英册	773 号 780 分地		准霍格租唐和尚	7.8	3 744
1864	英册	774 号 781 分地		合伯霍格租送子庵	1.5	1 600
1864	英册	775 号 782 分地		包尔跌租陈佛坤	1.628	279.72
1864	英册	776 号 783 分地		柯化威租杨三观、吴金瑞	5.565	866.91
1864	英册	778 号 785 分地		咸大生、马箕洛租丁炳环	9.746	2 245.38
1864	英册	782 号 789 分地		罗里路租秦玉生	88.665	4 536.15
1864	英册	783 号 790 分地		罗里路租秦载耕	5.58	348.64
1864	英册	784 号 791 分地		罗里路租秦载耕	3.278	204.81
1864	英册	785 号 792 分地		美士跛拿租陆上彬	5.962	1 192.4
1864	英册	786 号 793 分地		霍格租席华记吴唐氏	1.02	2 104
1865	英册	790 号 797 分地		昆多化时租张荣宝	9.86	1 187.81
1865	英册	792 号 799 分地		高浮租顾圣文等 3 人	31.34	3 203.8
1865	英册	793 号 800 分地		宝顺行租黄万春	37.663	1 593.4
1865	英册	794 号 801 分地		宝顺行租黄万春	17.687	748.28
1865	英册	795 号 802 分地		高礼租黄万春	10.332	437.11
1865	英册	796 号 803 分地		火轮船厂董事租黄万春	38.751	1 639.43
1865	英册	797 号 804 分地		宝顺行租黄万春	10.31	436.18
1865	英册	799 号 806 分地		兰里租吴云卿等 3 人	14.352	4 550.58

时间(年)	册别	编　　号	位　　置	买方和卖方	面积(亩)	总价(两)
1865	英册	801 号 808 分地		滑甚租吴云卿、罗华金、陆法宝	9.429	2 989.65
1865	英册	802 号 809 分地		宝顺租吴云卿、罗华金、陆法宝	23.33	7 397.24
1865	英册	803 号 810 分地		公司租吴云卿、罗华金、陆法宝	3.45	1 093.89
1865	英册	804 号 811 分地		云臣租吴云卿、罗华金、陆法宝	9.62	3 050.21
1865	英册	805 号 812 分地		宝顺租吴云卿、罗华金、陆法宝	17.116	5 426.97
1865	英册	806 号 813 分地		承办各国义塚司年董事租陆如春	50.984	3 981.85
	英册	807 号 814 分地				
1865	英册	809 号 816 分地		维思妥、麦根土租蒋洽记	7.34	40 000
1866	英册	811 号 818 分地		静安寺路董事租张荣宝、姚瑞基等	126.552	6 012.64
1866	英册	815 号 822 分地		惠廉恩利介忒租姚俞心等 3 人	15.409	740.72
1866	英册	816 号 823 分地		惠廉恩利介忒租徐敬荣等	12.933	621.69
1866	英册	817 号 824 分地		惠廉恩利介忒租姚俞心等	15.409	740.72
1866	英册	818 号 825 分地		惠廉恩利介忒租徐敬荣等	12.932	621.64
1866	英册	819 号 826 分地		卓法兰西士介忒租姚俞心等	15.41	740.76
1866	英册	820 号 827 分地		卓法兰西士介忒租徐敬荣等	12.932	621.64
1866	英册	821 号 828 分地		元芳行租姚俞心等	7.704	370.49
1866	英册	822 号 829 分地		元芳行租徐敬荣等	6.467	310.87
1866	英册	823 号 830 分地		尼乎租姚俞心等	7.705	370.38
1866	英册	824 号 831 分地		尼乎租徐敬荣等	6.467	310.87

时间(年)	册别	编　号	位　置	买方和卖方	面积(亩)	总价(两)
1866	英册	825 号 832 分地		梅博阁租姚俞心等	7.944	381.87
1866	英册	826 号 833 分地		梅博阁租徐敬荣等	12.932	621.64
1866	英册	827 号 834 分地		梅博阁租姚俞心等	4.988	239.77
1867	英册	829 号 836 分地		赊炉租顾克官等	2.5	195.25
1867	英册	830 号 837 分地		阿债里租张凤	1.049	1 049
1867	英册	831 号 838 分地		工部局租张金观等	5.4	162
1867	英册	833 号 840 分地		梅博阁租姚炎春等	2.9	150
1867	英册	834 号 841 分地		梅博阁租胡茂良等	1.5	75
1867	英册	835 号 842 分地		轧罗唔租王凤岐等	6	618
1867	英册	836 号 843 分地		凹立物租吴廷玉	2.5	468.6
1868	英册	838 号 845 分地		凹立物租姚大经等	3.2	160
1868	英册	839 号 846 分地		得利隆茂行租朱桂华等	51.846	7 188.95
1868	英册	840 号 847 分地		得利隆茂行租朱桂华等	0.5	69.33
1868	英册	841 号 848 分地		得利隆茂行租朱桂华等	0.5	69.33
1868	英册	842 号 849 分地		察禄士章金租金掌林等	13	2 210
1868	英册	843 号 850 分地		昇宝行租姚介茂等	2.023	82
1868	英册	844 号 851 分地		客地利租李和尚等	11.75	1 997.5
1869	英册	845 号 852 分地		霍格租陆驿记	3	550
1869	英册	846 号 853 分地		轧罗母租曹圣全	2.1	136.5
1869	英册	848 号 855 分地		裕泰、中和租张裕周	10.26	307.8
1869	英册	849 号 856 分地		挖臣行租顾桂林等	4.3	279.5
1870	英册	854 号 861 分地		凹立物租周行芳	1.17	5 154.6
1870	英册	855 号 862 分地		立德行租张桂堂	10.344	517.2
1870	英册	856 号 863 分地		美查租阮万全	4.6	299
1870	英册	860 号 867 分地		轧罗母租张星宝等	4.2	189

时间(年)	册别	编　号	位　置	买方和卖方	面积(亩)	总价(两)
1870	英册	861 号 868 分地		梅尼租耶松行	2.842	1 000
1870	英册	862 号 869 分地		罗元佑租吴敦礼等	3.501	540
1870	英册	863 号 870 分地		京士咩厘租卢大昌	3.042	868
1870	英册	867 号 871 分地		长利、和明租张杨氏等	3.09	775
1870	英册	868 号 875 分地		有恒行租苏瀛洲	4.1	3 050
1871	英册	870 号 877 分地		凹力弗租赵金荣等	1.98	196.8
1871	英册	871 号 878 分地		工部局租张裕周等3 人	3.05	106.75
1871	英册	872 号 879 分地		工部局租张海等3 人	0.942	39.05
1871	英册	874 号 881 分地		公平行租瞿阿炳等4 人	2.622	2 731.94
1871	英册	875 号 882 分地		仁济医馆管理事业人向英伦敦京城教会租	2.176	4 169
1871	英册	876 号 883 分地		施甘士租泰妥(非首次)	4.7	275
1871	英册	878 号 885 分地		工部局租杜圣林(非首次)	0.937	45
1871	英册	879 号 886 分地		工部局租顾明法	0.13	26
1871	英册	880 号 887 分地		美商万昌火轮公司租利德(非首次)	3.476	1 000
1871	英册	881 号 888 分地		汉璧厘租姚永贵等	4.318	3 372.36
1871	英册	882 号 889 分地		汉璧里租华得些剌(非首次)	4	3 000
1871	英册	883 号 890 分地		汉璧礼租华得些剌(非首次)	10.5	22 000
1871	英册	884 号 891 分地		高易租吴维翰	0.83	2 150
1871	英册	885 号 892 分地		魏德租徐敬明	3	156.2
1871	英册	886 号 893 分地		耒德租华德	0.682	273.35
1871	英册	887 号 894 分地		汉璧礼租朱茂源	0.868	257.73
1871	英册	888 号 895 分地		兆丰租侯士南	4.69	128.2

时间(年)	册别	编　号	位　置	买方和卖方	面积(亩)	总价(两)
1871	英册	889 号 896 分地		(非首次)英商会乐、美商鲁租经管轧罗唵产业人林晢押主白郎	7.468	6 750
1871	英册	891 号 898 分地		公平行租公记	1.3	1 444.85
1871	英册	897 号 904 分地		公平行租张庆丰等3 人	1.528	818.64
1871	英册	898 号 905 分地		高易租徐吉云	0.271	900
1872	英册	899 号 906 分地		高易租吴成明	0.68	1 327.7
1872	英册	902 号 909 分地		公平行租张姜氏	2.383	1 429.8
1872	英册	903 号 910 分地		高易租黄玉成	0.808	300
1872	英册	904 号 911 分地		(非首次)新闸自来火公司管事密腊好该租白拉芬	5.225	679.22
1872	英册	905 号 912 分地		马路公司董事租关象荣等 19 户	30	900
1872	英册	909 号 916 分地		盘租朱姚氏	0.44	210.87
1872	英册	911 号 918 分地		汤白立、庙汉租朱衡宝	5.252	246.41
1872	英册	912 号 919 分地		(非首次)虹口码头公司俺其温租同孚栈	18.2	7 000
1872	英册	913 号 920 分地		有恒租叶阿宝同母陈氏	0.65	800
1873	英册	914 号 921 分地		(非首次)虹口码头公司经理华时租阿格司得士宋伦	14.736	16 000
1872	英册	916 号 923 分地		上海马路董事租沈玉秀	1.2	70.29
1872	英册	917 号 924 分地		锡而浮汤租徐炳元	8	249.92
1872	英册	918 号 925 分地		轧罗唵租朱永千	4.6	322
1872	英册	919 号 926 分地		庚得理租洪元成	0.8	390.5
1872	英册	920 号 927 分地		宝文租赵立中	4	154.77

时间(年)	册别	编　号	位　置	买方和卖方	面积(亩)	总价(两)
1872	英册	921 号 928 分地		有恒租石朱氏	1	1 249.6
1872	英册	922 号 929 分地		轧罗嗨租曹增荣	3.4	204
1872	英册	931 号 938 分地		昇宝行品罗士租李小弟等	0.7	27.34
1872	英册	933 号 940 分地		英伦敦教会寓沪董事租钱成亮	0.5	44.22
1872	英册	934 号 941 分地		英伦敦教会寓沪董事租张锦昌等	0.96	741.95
1872	英册	940 号 947 分地		陈春城租刘草水	0.7	359.26
1873	英册	947 号 954 分地		立德行租徐裕高等	1.9	114
1873	英册	948 号 955 分地		立德行租陈和尚等	3.42	205.2
1873	英册	949 号 956 分地		会德丰租张大荣等	0.7	75.44
1873	英册	952 号 959 分地		富固生租张名春	0.728	100
1873	英册	953 号 960 分地		高易租孙子良	0.4	1 400
1873	英册	954 号 961 分地		平福利花和楼租汤惇彝	3.31	8 400
1873	英册	955 号 962 分地		(非首次)佛德立、达立士、排恩士租管理已故吉利麻事业人	4.247	1 741.27
1873	英册从 617 号 624 分地契内分出	956 号 963 分地		佛德立、达立士、排恩士租	3.025	1 391.5
1873	英册	957 号 964 分地		许纳租管理已故吉利麻事业人	1.018	478.46
1873	英册	958 号 965 分地		丽泉租管理已故吉利麻事业人	5.117	1 842.12
1873	英册	959 号 966 分地		轧罗嗨租管理已故吉利麻事业人	9.407	2 069.54
1873	英册	960 号 967 分地		佛德立、达立士、排恩士租管理已故吉利麻事业人	9.465	6 600

时间(年)	册别	编　号	位　置	买方和卖方	面积(亩)	总价(两)
1873	英册	961 号 968 分地		(非首次)高易租管理已故吉利麻事业人	5.631	2 365.02
1873	英册	962 号 969 分地		高易租唐士芳	0.53	291.5
1873	英册	964 号 971 分地		宝来租周士观等	10.024	302.48
1873	英册	966 号 973 分地		广南行租徐桂芳	3	388.52
1873	英册	967 号 974 分地		火履泰行租陆掌金	3	181.06
1873	英册	968 号 975 分地		德和行租曹松筠等	0.652	1 056.16
1873	英册	969 号 976 分地		麻立司租王永朝	1.4	89.6
1873	英册	970 号 977 分地		字林行庚德理租钱王氏	0.389	150.88
1873	英册	972 号 979 分地		张士弗何理门租张桃观	1.2	158.42
1873	英册	974 号 981 分地		丁医生租朱鸣岐	1	1 500
1873	英册	975 号 982 分地		丁医生租顾文卿	1.366	1 508.8
1873	英册	976 号 983 分地		锡而浮汤租周日新	15	305.53
1873	英册	977 号 984 分地		广南行租顾秋宾	2.038	377.2
1873	英册	983 号 990 分地		高易租龚氏	0.14	150.88
1873	英册	984 号 991 分地		高易租张润德	1.4	500
1873	英册	988 号 995 分地		轧罗唎租张荣宝	6.1	326
1873	英册	990 号 997 分地		柏监能租徐桂祯	2.38	70
1873	英册	993 号 1000 分地		依舍培拉讨恩租蔡天发等	0.1	40.23
1873	英册	996 号 1003 分地		广南行租沈维卿	6	400
1873	英册	998 号 1005 分地		四拿屯租凌伯祥	4.009	377.2
1873	英册	999 号 1006 分地		德和行雷司得租洪吉甫	1.5	600
1873	英册	1000 号 1007 分地		德和行雷司得租洪吉甫	1	400
1873	英册	1001 号 1008 分地		席巴耳租王炳坤	1.8	200
1873	英册	1008 号 1015 分地			产权争议	

时间(年)	册别	编 号	位 置	买方和卖方	面积(亩)	总价(两)
1874	英册	1018号1025分地		挖臣租陈宝和等	8.165	449.075
1874	英册	1019号1026分地		和记行夏维租徐金炎等	2.4	132
1874	英册	1020号1027分地		轧罗唔租张茂坤	8.3	456.5
1874	英册	1021号1028分地		罗林士租徐余庆堂	0.92	140
1874	英册	1027号1034分地		特雷其租张楚传	13.544	4 000
1874	英册	1028号1035分地		盘爱文租顾桂林	13.2	826
1874	英册	1029号1036分地		北丰租徐余庆	0.86	120
1874	英册	1032号1039分地		富固生租王阿增等	6.45	367.65
1874	英册	1033号1040分地		锡而为汤租周松乔	10.9	222
1874	英册	1034号1041分地		雷师得租陆驿记	5	2 000
1874	英册	1035号1042分地		雷师得租陆驿记	5.5	2 200
1874	英册	1036号1043分地		雷师得租陆驿记	5.75	2 300
1874	英册	1040号1047分地		德兴行租朱国恩	4.459	222.95
1874	英册	1043号1050分地		埃凡士租姚瑞良	4.25	233.75
1874	英册	1044号1051分地		(非首次)惠廉霍格租皮而生	0.028	40
1874	英册	1047号1054分地		哈白爱司毛立士租竺登成	1.1	1 000
1874	英册	1057号1064分地		雷四得租洪庆斋	20	600
1874	英册	1061号1068分地		源源行伦的租张福庆	17	680
1874	英册	1063号1070分地		德和行雷四德租洪吉甫	2.3	100
1874	英册	1064号1071分地		同和行租陆掌南	6.1	525
1874	英册	1065号1072分地		花和楼唯尔生租瞿少玉	0.35	589.76
1874	英册	1066号1073分地		高易租陆驿记	13	650
1875	英册	1067号1074分地		(非首次)工部局租外国戏园经管人	0.049	122.5
1875	英册	1068号1075分地		工部局租维思妥成亲约内代理地基人	0.055	500

时间(年)	册别	编　　号	位　置	买方和卖方	面积(亩)	总价(两)
1875	英册	1069 号 1076 分地		席巴耳租唐锡香	0.89	200
1875	英册	1072 号 1079 分地		花鼻厘士租梁凤翔	0.8	300
1875	英册	1073 号 1080 分地		哈南租姚瑞良	3.68	239.2
1875	英册	1074 号 1081 分地		高福租罗长春	2	512.54
1875	英册	1075 号 1082 分地		哈未租乔竹堂	3.2	1 200
1875	英册	1078 号 1085 分地		富固生租张全宝	2	130
1875	英册	1079 号 1086 分地		高福租王鲁氏	1.6	366.1
1875	英册	1081 号 1088 分地		德兴行租王元增	4.35	326.25
1875	英册	1084 号 1091 分地		海立士租孔金生	1.6	200
1875	英册	1087 号 1094 分地		怡和行租黄省三	0.3	200
1875	英册	1090 号 1097 分地		哈南租姚苟大等	6.45	387
1875	英册	1092 号 1099 分地		花鼻利士租陆驿梅	2.75	385
1875	英册	1093 号 1100 分地		花鼻利士租陆驿梅	2.5	350
1875	英册	1094 号 1101 分地		品福租朱锡钧	0.219	549.15
1875	英册	1095 号 1102 分地		宝顺租周三和	1.1	770
1875	英册	1096 号 1103 分地		高易租寿圣庵	1.6	117.15
1875	英册	1097 号 1104 分地		高易租黄琢山	1	219.66
1876	英册	1098 号 1105 分地		德和洋行租陈氏等	0.8	300
1876	英册	1099 号 1106 分地		和明洋行租石长顺	0.3	150
1876	英册	1100 号 1107 分地		祥茂行麦吉连	0.9	150.78
1876	英册	1106 号 1113 分地		亨特生租陆驿记	1.749	34.98
1876	英册	1107 号 1114 分地		怡和行租陈留余堂	5	1 850
1876	英册	1108 号 1115 分地		法别立士租朱廷礼	0.508	226.17
1876	英册	1109 号 1116 分地		德兴行租沈汉章等	5.72	371.8
1876	英册	1111 号 1118 分地		罗元祐租殷氏	2.4	113.09
1876	英册	1112 号 1119 分地		哈南租陈世德堂	0.91	900
1877	英册	1119 号 1126 分地		高易租张楚传	23.98	1 000
1877	英册	1120 号 1127 分地		立德行租吴惠铨	1.1	70.59
1877	英册	1122 号 1129 分地		德和行租汪绣章	2.75	200

时间(年)	册别	编 号	位 置	买方和卖方	面积(亩)	总价(两)
1877	英册	1123号1130分地		伯来福租顾阿二等	3	683.56
1877	英册	1127号1134分地		有恒行金四美租徐浩昌	1.439	500
1877	英册	1133号1140分地		华而师租潘源昌	14	700
1877	英册	1134号1141分地		嘁立租潘源昌	2.4	120
1877	英册	1135号1142分地		履泰行租沈阿圣等5人	1.807	180.7
1877	英册	1136号1143分地		雷司德租陆驿记	2	800
1877	英册	1137号1144分地		华而师租潘源昌	3	150
1877	英册	1138号1145分地		履泰行租裘国祥	0.324	160
1877	英册	1139号1146分地		有恒行租陆驿梅	1.3	65
1877	英册	1141号1148分地		雷师德租洪元成	0.25	37.15
1877	英册	1146号1153分地		和记行租徐上卿	3.6	216
1877	英册	1147号1154分地		密辣租顾忠立等3人	6	460
1877	英册	1148号1155分地		密辣租顾春全	8	780
1877	英册	1149号1156分地		有恒租王金海等	8.6	645
1877	英册	1151号1158分地		克老司租陆驿记	8	535.48
1877	英册	1152号1159分地		讨本租潘源昌	8	297.2
1877	英册	1153号1160分地		吉达租潘源昌	3.5	245
1877	英册	1154号1161分地		吉达租潘源昌	5	750
1877	英册	1155号1162分地		白浪南租张木圣	26	1 880
1877	英册	1156号1163分地		有恒行租张德和	0.5	50
1878	英册	1164号1171分地		和记行租裘兆忠等	11.5	805
1878	英册	1165号1172分地		(非首次)依理沙逊租米士然喝	11.892	8 000
1878	英册	1166号1173分地		有恒行租陈留余	1.8	700
1878	英册	1168号1175分地		片白顿租余庆堂朱阿凤	1.02	400
1878	英册	1176号1183分地		蓝述而为租陈阿林	20.4	800
1878	英册	1177号1184分地		蓝述而为租陈阿林	42	400

时间(年)	册别	编　号	位　置	买方和卖方	面积(亩)	总价(两)
1878	英册	1178号1185分地		马立司租俞阿南等	2.3	184
1878	英册	1179号1186分地		马立师租金荣卿	1	80
1878	英册	1180号1187分地		马立司租张荣宝	0.4	30
1878	英册	1181号1188分地		和记行租顾聚源	0.5	300
1878	英册	1182号1189分地		惠立生租方阿三	1.326	36.46
1878	英册	1183号1190分地		公司行主惠特司租吴良坤等3人	2.7	243
	英册	1195号附件		上海县二十七保十图村民禀帖	田七分及坆地转契	
1879	英册	1205号1212分地		鲁意师租夏坤良等	1.35	118.8
1879	英册	1206号1213分地		鲁意师租沈育成等3人	2.45	215.6
1879	英册	1207号1214分地		鲁意师租陈文宝等3人	6.19	600
1879	英册	1208号1215分地		协隆行租裘兆忠等4人	10.6	1 378
1879	英册	1209号1216分地		祥生租沈增咸等4人	3.922	966.78
1879	英册	1213号1220分地		老德记租陈茂林	2	208
1879	英册	1214号1221分地		利记行租王阿海	0.1	210
1879	英册	1217号1224分地		新泰兴哈味租罗顾氏等	0.7	380
1879	英册	1218号1225分地		道而租曹茂源等2人	0.6	292.72
1879	英册	1223号1230分地		意而登租顾裕昌	2.5	250
1879	英册	1224号1231分地		元芳行海克租六如奎等4人	3.24	388.8
1879	英册	1225号1232分地		哈味租张克正等5人	4.5	472.5
1879	英册	1228号1235分地		麦格林租王桂华等5人	11.5	1 322.5
1879	英册	1229号1236分地		哈味租吴士观等2人	0.55	80

时间(年)	册别	编　号	位　置	买方和卖方	面积(亩)	总价(两)
1879	英册	1230 号 1237 分地		隆茂行麦根治租陈裕山等 3 人	6.43	771.6
1879	英册	1231 号 1238 分地		怡和行租石仁福	0.916	219.54
1880	英册	1236 号 1243 分地		花先生租周长生	1.775	146.58
1880	英册	1238 号 1245 分地		有恒行租广肇会馆唐茂枝	7.1	480
1880	英册	1239 号 1246 分地		麦克特纳租广肇会馆唐茂枝	7.1	480
1880	英册	1241 号 1248 分地		叨本租潘源昌	42	700
1880	英册	1245 号 1252 分地		同和行租陆丫头等 2 人	2	117.26
1880	英册	1246 号 1253 分地		花利租吴秋泉	0.498	36.65
1880	英册	1247 号 1254 分地		花利租周范氏等 2 人	0.712	73.29
1880	英册	1248 号 1255 分地		法白立士租梅树德等 2 人	1.02	300
1880	英册	1253 号 1260 分地		花鼻利士租陆驿梅	3	750
1880	英册	1255 号 1262 分地		美查租郑悦庭	5.5	645
1880	英册	1257 号 1264 分地		德意毕老加夹租洪姚氏等 2 人	2.16	1 000
	英册	1258 号 1265 分地		滩地升科		
1880	英册	1259 号 1266 分地		利记行老加夹租蔡阿坤等 2 人	1.3	1 600
1880	英册	1269 号 1276 分地		老加嘉租朱锡钧	5	2 000
1880	英册	1273 号 1280 分地		陈春城租潘爵臣	2	200
1880	英册	1281 号 1288 分地		新沙逊租张佑生	0.43	400
1880	英册	1282 号 1289 分地		高易志记租杨杨氏与其 2 子	3.5	1 320
1880	英册	1283 号 1290 分地		哈昧租高建甫等 2 人	0.918	500
1880	英册	1284 号 1291 分地		美嘉租徐沁泉	12.46	1 546
1880	英册	1285 号 1292 分地		美嘉租陈惠廷等 2 人	10.8	900

时间(年)	册别	编　号	位　置	买方和卖方	面积(亩)	总价(两)
1880	英册	1291 号 1298 分地		公平行晏卜洛士租张廷臣	5.8	696
1880	英册	1296 号 1303 分地		梅博阁租徐起敬	0.73	500
1881	英册	1301 号 1308 分地		(非首次)四美租叶成忠	0.9	400
1881	英册	1304 号 1311 分地		林昔租杜星川	1.6	221.16
1881	英册	1308 号 1315 分地		利记老加加租曹松筠堂	4.5	500
1881	英册	1309 号 1316 分地		利记老加加租孙华春	4.5	1 000
1881	英册	1310 号 1317 分地		花租吴仁德堂	1	100
1881	英册	1312 号 1319 分地		雷四德租马绍增	1.4	300
1881	英册	1314 号 1321 分地		锦名行古柏租吕友仁	0.35	200
1881	英册	1317 号 1324 分地		哈味租吴菊三	11.5	2 070
1881	英册	1322 号 1329 分地		哈味租陈瑞祥	18	2 160
1881	英册	1324 号 1331 分地		高易梅博阁租陆大铨等 2 人	11	552.9
1881	英册	1327 号 1334 分地		德和行雷四德租朱新宝	23.07	3 880
1881	英册	1328 号 1335 分地		德和行雷四德租顾兰亭	4.3	731
1881	英册	1329 号 1336 分地		德和行雷四德租张阿虎等 2 人	0.5	184.3
1881	英册	1330 号 1337 分地		(非首次)新康洋行租徐雨之	1	7 000
1881	英册	1331 号 1338 分地		博爱德租黄朱氏	2.5	810.92
1881	英册	1333 号 1340 分地		公平行租记号	4.8	1 326.96
1881	英册	1340 号 1347 分地		有恒行金士美租翁廷甫	3.2	1 100
1881	英册	1341 号 1348 分地		勿葛生租金丫头	1.42	212.1
1881	英册	1342 号 1349 分地		林昔租王毓周	2.8	336

时间(年)	册别	编　　号	位　置	买方和卖方	面积(亩)	总价(两)
1881	英册	1343 号 1350 分地		梅博阁租徐王氏母子	3.5	1 050
1881	英册	1349 号 1356 分地		克老斯租曹翰卿	6.5	442.32
1881	英册	1351 号 1358 分地		公平行阿丁特尔租施耕山	3.7	1 032.08
1881	英册	1352 号 1359 分地		锦名行古柏租朱永誉堂	1.1	1 000
1881	英册	1354 号 1361 分地		和记行轧罗唪租沈陈氏	4	589.76
1881	英册	1357 号 1364 分地		祥泰行霍威租赵杨氏等 2 人	1.356	900
1881	英册	1360 号 1367 分地		亨特生租张德和等 2 人	11	2 700
1881	英册	1361 号 1368 分地		梅博阁租姚瑞基	9	1 068.94
1881	英册	1362 号 1369 分地		亨耒马立师租俞昌官	2.9	377
1881	英册	1363 号 1370 分地		和记行轧罗唪租庄秀秀	4	2 359.04
1881	英册	1365 号 1372 分地		怡和洋行租张瑞松	7.15	470
1881	英册	1366 号 1373 分地		林昔租罗惠堂	8.3	1 886.8
1881	英册	1367 号 1374 分地		利记行克克拉租符松涛	4.667	361.23
1881	英册	1369 号 1376 分地		和记行轧罗唪租陆简侯	2	300
1881	英册	1370 号 1377 分地		和记行轧罗唪租钱步青	3.2	3 096.24
1881	英册	1371 号 1378 分地		元芳行海格租徐顺全	7.2	663.48
1881	英册	1372 号 1379 分地		元芳行海格租朱桂祥	7.553	687.44
1881	英册	1373 号 1380 分地		元芳行海格租郭长根	7.25	641.36
1881	英册	1378 号 1385 分地		利记行老加加租潘气斋	2.2	586

时间（年）	册别	编　　号	位　置	买方和卖方	面积（亩）	总价（两）
1881	英册	1385 号 1392 分地		亨特生租张大荣	14.541	4 973.25
1882	英册	1386 号 1393 分地		有恒行金士美租金子卿等 2 人	6.778	1 312.5
1882	英册	1391 号 1398 分地		花租吴仁德堂	1.376	62.18
1882	英册	1395 号 1402 分地		晏卜禄士租谢树棠	0.55	200
1882	英册	1400 号 1407 分地		克拉租陈宝和	36	3 600
1882	英册	1401 号 1408 分地		雷四德租洪吉甫	1.315	120
1882	英册	1402 号 1409 分地		高福勒租姚勤芳	3.648	541.31
1882	英册	1403 号 1410 分地		高福勒租姚勤芳	2.158	299.92
1882	英册	1405 号 1412 分地		平治门租徐阿狗	1.32	330
1882	英册	1406 号 1413 分地		平治门租陈咸富	2	590
1882	英册	1407 号 1414 分地		有恒行金士美租张大经	7.555	1 320
1882	英册	1408 号 1415 分地		和记行轧罗唔租钱文祥	7.494	836.8
1882	英册	1409 号 1416 分地		和记行轧罗唔租吴海林	12.001	1 579.4
1882	英册	1410 号 1417 分地		会洛伐利租怡记	29.73	15 000
1882	英册	1415 号 1422 分地		抬勿四租李谦记	0.789	100
1882	英册	1416 号 1423 分地		忌里逸租潘源昌	23.28	52.81
1882	英册	1417 号 1424 分地		韩得善即亨特生租潘源昌	18.94	66.01
1882	英册	1418 号 1425 分地		小礼查行惜而佛汤租胡金发等 2 人	10.972	225.3
1882	英册	1420 号 1427 分地		惠尔生租张信山	8.392	830
1882	英册	1421 号 1428 分地		惠廉巴德生租徐雨香	24.99	4 024.05
1882	英册	1426 号 1433 分地		祥泰行租朱秦顾	12.5	1 471.5
1882	英册	1427 号 1434 分地		有恒行金士美租奚潘氏	0.8	402.33
1882	英册	1428 号 1435 分地		雷四德租陆叙功	4	146.3

时间(年)	册别	编 号	位 置	买方和卖方	面积(亩)	总价(两)
1882	英册	1432 号 1439 分地		梅博阁租高廷华	24	1 500
1882	英册	1433 号 1440 分地		隆茂行麦根治租郑金昶	8.6	872.6
1882	英册	1435 号 1442 分地		倍利租奚范冰	5.156	1 521.52
1882	英册	1436 号 1443 分地		经理中国制造玻璃公司平和行租张奎南	14	2 100
1882	英册	1438 号 1445 分地		梅博阁租公和永	5	800
1882	英册	1439 号 1446 分地		有恒行金士美租胡敦厚堂	0.9	500
1882	英册	1440 号 1447 分地		马立师租俞褚氏	1.1	264
1882	英册	1442 号 1449 分地		有恒行金士美租张信泉	1	200
1882	英册	1443 号 1450 分地		有恒行金士美租张木林	2	200
1882	英册	1444 号 1451 分地		隆茂行麦根治租徐宝翰	1.6	117.04
1882	英册	1445 号 1452 分地		有恒行金士美租陆叙功	23.1	3 800
1882	英册	1446 号 1453 分地		有恒行金士美租陆叙功	2.87	2 600
1882	英册	1447 号 1454 分地		有恒行金士美租陆福元	2.4	800
1882	英册	1448 号 1455 分地		傅兰雅租李复成	1.98	248.71
1882	英册	1449 号 1456 分地		傅兰雅租李复成	1.98	248.71
1882	英册	1452 号 1459 分地		惇文行褒门、仁记行化特租赵云祥	19.148	1 634.9
1882	英册	1453 号 1460 分地		啤利租陈润德堂（八仙桥）	5	1 250
1882	英册	1454 号 1461 分地		立代尔租王景春（新闸）	0.8	300
1882	英册	1455 号 1462 分地		古柏租福仁泰（杨树浦）	33	990

时间（年）	册别	编　　号	位　置	买方和卖方	面积（亩）	总价（两）
1882	英册	1457 号 1464 分地		有恒行金士美租瞿杨氏	2	219.45
1882	英册	1458 号 1465 分地		平治门租苏福德堂（曹家渡）	22	1 150
1888	英册	1461 号 1468 分地		有恒行金士美租谦益公司	1.891	100
1888	英册	1462 号 1469 分地		有恒行金士美租谦益公司（川虹浜）	2.946	120
1882	英册	1463 号 1470 分地		利记拉克克租潘源昌	20	1 188.12
1882	英册	1467 号 1474 分地		美查租姚四宝（吴淞港北新闸）	5.2	380.38
1882	英册	1468 号 1475 分地		华德斯租徐祥泰（里虹口）	5.65	500
1882	英册	1469 号 1476 分地		公平行控德租曹子	20.13	1 320.13
1883	英册	1470 号 1477 分地		晏卜洛士租郁田耕（里虹口）	0.992	273.8
1888	英册	1471 号 1478 分地		有恒行金世美租谦益公司（川虹浜）	10.315	600
1888	英册	1472 号 1479 分地		有恒行金世美租谦益公司（川虹浜）	1.948	220
1883	英册	1475 号 1482 分地		立发租苏福德堂	7.15	1 500
1883	英册	1477 号 1484 分地		有恒行金世美租胡瀛舫	2.252	650
1883	英册	1478 号 1485 分地		有恒行金世美租胡瀛舫	4.718	700
1883	英册	1479 号 1486 分地		有恒行金士美租胡瀛舫	1.761	260
1883	英册	1480 号 1487 分地		有恒行金士美租胡瀛舫	6.783	600
1888	英册	1484 号 1491 分地		有恒行金士美租谦益公司（川虹浜）	20.132	1 000
1888	英册	1485 号 1492 分地		有恒行金士美租谦益公司（川虹浜）	3.552	200

时间(年)	册别	编　号	位　置	买方和卖方	面积(亩)	总价(两)
1883	英册	1488 号 1495 分地		有恒行金士美租马元兴	2.5	728.2
1883	英册	1490 号 1497 分地		梅博阁租顾丰茂	3.463	1 000
1883	英册	1492 号 1499 分地		凌唔太楼租钱守丰	41.6	2 660
1883	英册	1493 号 1500 分地		新泰兴行惠尔生租陆少卿	8.34	942
1883	英册	1501 号		雷四德租徐敬文	3.237	971
1883	英册	1502 号		雷四德租徐敬文	4.231	1 269
1883	英册	1503 号		雷四德租徐敬文	4.231	1 269
1883	英册	1504 号		雷四德租徐敬文	8.246	2 474
1883	英册	1505 号		雷四德租徐敬文	4.217	1 265
1883	英册	1506 号		雷四德租徐敬文	13.678	4 103
1883	英册	1507 号		雷四德租张仪泉	1.2	300
1883	英册	1509 号		雷四德租徐祥泰	2	900
1883	英册	1510 号		有恒行金士美租敦厚堂	0.9	500
1883	英册	1515 号		德和行雷四德租徐祥泰	1.14	700
1883	英册	1516 号		德和行雷四德租徐祥泰	5.028	704
1883	英册	1517 号		德和行雷四德租徐祥泰	15.687	2 196
1883	英册	1518 号		德和行雷四德租徐祥泰	5.2	728
1883	英册	1519 号		胎勒租左见春	0.6	291.28
1883	英册	1520—1530 号		汉璧礼在 1883 年购地 10 块		
1883	英册	1531 号		平治门租徐学仁	2.8	1 600
1883	英册	1532 号		沙利门租汪湘帆	7	800
1883	英册	1534 号		有恒行金士美租沈周氏	0.984	961.22

时间(年)	册别	编　号	位　置	买方和卖方	面积(亩)	总价(两)
1883	英册	1535 号		隆茂行麦根治租徐枕流	1	150
1883	英册	1536 号		马立师租王耕和	5	546.15
1883	英册	1541 号		晏卜洛士租沈茂卿	1.6	300
1883	英册	1542 号		马立师租潘源昌	5.4	568
1883	英册	1543 号		马立师租潘源昌	8.777	822.87
1883	英册	1544 号		马立师租潘源昌	1.5	109.23
1883	英册	1545 号		马立师租潘源昌	1.075	145.64
1883	英册	1546 号		马立师租潘源昌	1.27	145.64
1883	英册	1547 号		马立师租潘源昌	1.6	218.46
1883	英册	1549 号		林昔租顾润伯	1.6	69.91
1883	英册	1551 号		有恒行金士美租钱德荣	3	1 456.4
1883	英册	1553 号		多马士租林长寿	3.663	1 184.05
1883	英册	1554 号		多马士租朱锦方	1.2	116.51
1883	英册	1555 号		哈味租陈南桥	5.3	950
1883	英册	1558 号		有恒行金士美租胡瀛舫	1.802	700
1883	英册	1559 号		有恒行金士美租胡瀛舫	9.461	3 500
1883	英册	1560 号		有恒行金士美租胡瀛舫	7.776	2 500
1883	英册	1561 号		有恒行金士美租胡瀛舫	0.932	400
1883	英册	1562 号		多马士租严增咸	0.6	262.15
1883	英册	1563 号		亨特生租韩裕堃	2.4	480
1883	英册	1564 号		罗意师租李复成	2.557	1 000
1884	英册	1566 号		有恒行金士美租胡瀛舫	1.182	400
1884	英册	1567 号		梅博阁租张志远	0.3	300

时间(年)	册别	编 号	位 置	买方和卖方	面积(亩)	总价(两)
1884	英册	1568 号		平福租吴子卿	1	800
1884	英册	1569 号		晏卜洛士租谢慎原	1	100
1884	英册	1570 号		马立师租赵豫堂	0.873	263.41
1884	英册	1571 号		耶松租叶成忠	0.966	400
1884	英册	1572 号		控德(即华)租蔡恒记	8.2	3 500
1884	英册	1574 号		公和行爱特生租兆承堂	17	1 530
1884	英册	1579 号		兆丰行霍格租徐国祥	10.209	268.72
1884	英册	1580 号		兆丰行霍格租陈士明	17.31	445.5
1884	英册	1581 号		倍利租谢绍记	1.3	200
1884	英册	1582 号		华勒租谢慎原	3.46	173
1884	英册	1584 号		多马士租闵心梅	0.7	256.1
1884	英册	1585 号		多马士租陈石氏	1.5	109.76
1884	英册	1588 号		许纳租洪吉甫	2	200
1884	英册	1589 号		古林租郭梓泾(陆家嘴地)	67.33	2 000
1884	英册	1592 号		医生毕椿租曹秀山	0.3	120
1884	英册	1593 号		公平行安卜洛士租谢觉原	0.3	200
1884	英册	1594 号		沙利门租谢慎原	2.65	186
1884	英册	1601 号		老公茂伊尔褒脱租张绍祥	1	146.34
1884	英册	1602 号		医生毕椿租徐祥泰	0.212	106
1884	英册	1608 号		马吉露布租周咸宝	3.589	367.65
1884	英册	1609 号		施塔来士租周文华	1.4	409.75
1884	英册	1611 号		沙而门租王宝和	1.5	109.76
1884	英册	1616 号		梅博阁租徐裕记	0.6	160

时间(年)	册别	编　　号	位　置	买方和卖方	面积(亩)	总价(两)
1884	英册	1617 号		梅博阁租徐裕记	0.567	150
1884	英册	1620 号		律师威金生租唐恺悌	2	80
1885	英册	1630 号		祥泰行霍威租潘源昌	21.47	738.8
1885	英册	1643 号		(非首次)亨特生租曹子	19	5 700
1885	英册	1644 号		派嘉租曹瑞生	1.2	295.52
1885	英册	1645 号		安卜洛士租陆驿梅	0.708	500
1885	英册	1646 号		安卜洛士租谢慎原	2.307	120
1885	英册	1647 号		施塔来士租陈南桥	1.262	400
1885	英册	1648 号		安卜洛士租谢慎原	1.16	100
1885	英册	1650 号		施塔来士租谢慎原	1.285	130
1885	英册	1651 号		梅博阁租人和公典	2	2 000
1885	英册	1652 号		公茂行伊尔褒脱租张云山	0.935	517.16
1885	英册	1655 号		尤租张梅仙	0.228	369.4
1885	英册	1657 号		公茂行伊尔褒脱租张信泰	0.3	200
1885	英册	1658 号		公平行安卜洛士租谢亦亭	1.26	400
1885	英册	1659 号		有恒行金士美租奚志云	0.8	560
1885	英册	1660 号		德和行雷四德租李松华	0.75	332.46
1885	英册	1663 号		惟齿租曹松亭	未写面积,会勘实地1.52 亩	245
1885	英册	1665 号		老公茂伊尔褒脱租张圣灿	0.56	500
1885	英册	1666 号		老公茂伊尔褒脱租曹瑞元	0.844	295.52
1885	英册	1667 号		(非首次)梅博阁租陈竹坪	0.906	360

时间(年)	册别	编 号	位 置	买方和卖方	面积(亩)	总价(两)
1886	英册	1668 号		妇人伊里沙柏毕得斯租费全全	0.3	300
1886	英册	1674 号		公平行艾依夫生租耕读堂吴	4.131	619.65
日期不详	英册	1675 号		向列英册 1546、1547 号添租华民周云峰(八仙桥西首)	0.7	103
1886	英册	1677 号		自来火公司行租陈源卿	0.435	1 230
1886	英册	1679 号		威金生租曹云鹤	0.925	294.16
1886	英册	1684 号		威金生租陈国授父子	1.576	294.16
1886	英册	1685 号		同和行考立租山桂埠	4.276	
1886	英册	1686 号		担文租马慎卿(法华镇之西)	2.81	60.3
1886	英册	1687 号		有恒行金世美租张梅仙	0.412	294.16
1886	英册	1688 号		有恒行金世美租闵沁梅	1.053	588.32
1886	英册	1689 号		妇人爱尔敦租邓丽才	0.668	294.16
1886	英册	1690 号		利生租陈炳春	1.448	160
1886	英册	1693 号		费世租孙寿轩	1.204	500
1886	英册	1694 号		律师威金生租周汪杨等	0.48	400
1886	英册	1695 号		老公茂行伊尔褒脱租张云山	0.809	300
1887	英册	1700 号		倍利租朱新宝(里虹口沙泾港之朱家宅)	9.418	233.15
1887	英册	1704 号		闵租山芋香	2.497	100
1887	英册	1705 号		闵租山芋香	1.513	100

时间(年)	册别	编　号	位　置	买方和卖方	面积(亩)	总价(两)
1887	英册	1707 号		爱汾斯租宝源祥	1.308	200
1887	英册	1708 号		妇人乃里麦六维司租潘源昌等 3 人	7.466	145.72
1887	英册	1712 号		同和行可列租余兴记	1.855	400
1887	英册	1716 号		同和行可列租山芋香	0.963	96.66
1887	英册	1717 号		同和行可列租山芋香	1.556	156.09
1887	英册	1718 号		同和行可列租山芋香	1.314	134.53
1887	英册	1719 号		同和行可列租山芋香	2.818	282.73
1887	英册	1724 号		祥泰行霍威租陈辉廷	5.955	749.4
1887	英册	1725 号		祥泰行霍威租陈辉廷、潘源昌	11.769	1 670.1
1887	英册	1726 号		老公茂行瓦尔格租徐鹤云	1.252	364.3
1887	英册	1728 号		歌得非勒租奚鹤林、沈在中	6.873	218.58
1887	英册	1729 号		华德租石德福夫妻	0.997	218.58
1887	英册	1730 号		华德租石泉源等 2 人	0.962	218.58
1887	英册	1733 号		施泰而司租谢觉厚	0.294	320
1887	英册	1734 号		妇人爱米礼高易租陈沈氏	0.873	500
1888	英册	1737 号		威金生租王少卿(外虹口老街)	3.694	1 000
1888	英册	1738 号		爱汾司租宝源祥朱保和(外虹桥)	4.38	1 140
1888	英册	1740 号		同和行可列租王三福	1.517	292.32
1888	英册	1741 号		威金生租山雨香	0.36	300

时间(年)	册别	编号	位置	买方和卖方	面积(亩)	总价(两)
1888	英册	1742 号		有恒行金士美租俞凤池等 2 人(八仙桥)	0.436	219.24
1888	英册	1743 号		原契证已佚	产权争议	
1888	英册	1747 号		伯加租潘源昌	1.248	150
1888	英册	1748 号		威金生租山雨香	0.132	200
1888	英册	1749 号		高易行陶德而租石增益(八仙桥之褚家宅)	0.96	300
1888	英册	1750 号		哈华托租沈少兰	1.697	500
1888	英册	1752 号		马立师租俞少亭	1.649	409.25
1888	英册	1755 号		有恒行金世美租施敦礼	6.631	876.96
1888	英册	1760 号		麦登租潘源昌	0.831	250
1889	英册	1766 号		抄稿中有注		
1888	英册	1767 号		道达租奚永生	5.819	268.57
1888	英册	1768 号		有恒行金世美租仁记(川虹浜)	0.988	20
1888	英册	1769 号		有恒行金世美租宝源祥公司即徐润(川虹浜)	33.838	2 300
1888	英册	1770 号		有恒行金世美租宝源祥公司(川虹浜)	27.669	1 650
1888	英册	1771 号		有恒行金世美租宝源祥公司(川虹浜)	18.173	1 240
1888	英册	1772 号		有恒行金世美租宝源祥公司	6.474	470
1888	英册	1773 号		有恒行金世美租宝源祥公司(川虹浜)	1.796	174
1888	英册	1774 号		派加租潘源昌	1.719	219.24
1888	英册	1777 号		华特租瞿少白	0.679	292.32
1888	英册	1779 号		阿尔巴特诺租宝源祥	0.944	109.62

时间(年)	册别	编　　号	位　　置	买方和卖方	面积(亩)	总价(两)
1889	英册	1781 号		德和行雷四德租徐诸氏	0.213	294.88
1889	英册	1782 号		马立师租朱狗狗、沈忠海、沈金荣	3.662	1 179.52
1889	英册	1783 号		司泰立司租陈润德堂	1.736	270
1889	英册	1784 号		新康行依沙剌租周炼记	6.731	737.2
1889	英册	1785 号		地士爹厘租王鹤林	0.612	40
1889	英册	1790 号		业广公司租陆犀台等 2 人	0.677	1 105.8
1889	英册	1792 号		有恒行金世美租徐雨之(乍浦路西之费家宅)	2.351	100
1889	英册	1793 号		有恒行金世美租宝源祥公司	0.46	30
1889	英册	1794 号		有恒行金世美租徐雨之	2.755	100
1889	英册	1796 号		格来登租陈辉庭	3.003	300
1889	英册	1798 号		牌腾租邹永年	9.531	1 584.24
1889	英册	1799 号		斐必思租夏木金等 6 人(5 姓)	2.53	
1889	英册	1800 号		新康行依沙剌租顾顺坤象其	3.622	589.76
1889	英册	1801 号		龙星马医生霍尔租周长春	0.936	221.16
1889	英册	1806 号		有恒行金世美租宝源祥	0.518	50
1889	英册	1807 号		有恒行金世美租宝源祥	1.545	100
1889	英册	1809 号		有恒行金世美租徐雨之	6.881	100
1889	英册	1810 号		高易行陶德尔租黄沈氏、黄金	7.942	1 179.52

时间(年)	册别	编　　号	位　　置	买方和卖方	面积(亩)	总价(两)
1889	英册	1814 号		高易行租宝源祥	1.458	100
1889	英册	1815 号		高易行租费阿忠	0.161	442.32
1889	英册	1817 号		业广公司租陆犀记陆衡记(川虹浜)	2.44	1 474.4
1889	英册	1818 号		业广公司租孙朱氏母子(川虹浜)	1.98	737.2
1889	英册	1819 号		业广公司租陆如卿(川虹浜)	0.687	516.04
1889	英册	1820 号		道达租石晋卿	0.211	442.32
1889	英册	1831 号		韩得善租蒋鸿泉等2 人	2.847	1 240
1890	英册	1834 号		密而登租周炎炎、周华华	2.28	400
1890	英册	1835 号		麦格而租甘日初	0.942	730.8
1890	英册	1836 号		有恒行金世美租宝源祥(里虹口之梁家湾)	3.19	100
1890	英册	1838 号		业广公司租三泰公司	6.215	553.6
1890	英册	1839 号		业广公司租三泰公司	5.845	470
1890	英册	1843 号		业广公司租陆树春(川虹浜)	0.212	100
	英册	1844 号		业广公司租朱、陆姓	0.367	200
1890	英册	1845 号		威金生租石永贵	1.397	730.8
1890	英册	1846 号		有恒行租宝源祥(费家宅之染坊浜)	1.615	170
1890	英册	1847 号		有恒行金世美租朱奚氏	19.96	883
1890	英册	1848 号		韩得善租徐怀德堂	1.942	730.8
1890	英册	1849 号		爱尔福来美查、斐特来美查租何永寿堂	0.26	

时间(年)	册别	编 号	位 置	买方和卖方	面积(亩)	总价(两)
1890	英册	1850 号		达威租沈炳顺	0.522	292.32
1890	英册	1852 号		仁记行马吉罗租费富全(乍浦路之费家宅)	2.5	365.4
1890	英册	1853 号		玛礼孙租周海观	0.536	365.4
1890	英册	1855 号		台吻沙逊租孙金福	1.128	300
1890	英册	1860 号		韩得善租方德庸等2 人	1.998	500
1890	英册	1861 号		锦名行古柏租高祥春等(杨树浦)	37.4	1 200
1890	英册	1862 号		爱文司租朱兰枱等	2.198	511.56
1890	英册	1863 号		有恒行金世美租宝源祥	0.675	
1890	英册	1864 号		福利行克拉夫租朱锡卿	1.257	328.86
	英册	1865 号		(非首次)大东惠通公司租台惟沙逊		
1890	英册	1869 号		爱杜挖沙逊租王兆康	0.966	800
1890	英册	1870 号		金世美租陈金狗	1.215	150
1890	英册	1871 号		金世美租陈金狗	1.541	150
1890	英册	1872 号		金世美租洽记	3.415	150
1890	英册	1873 号		金世美租胡朱氏	0.96	40
1890	英册	1874 号		金世美租宝源祥	4.859	200
1890	英册	1875 号		玛礼孙租宝源祥孙伍记	2.224	190.01
1890	英册	1880 号		大东惠通公司租白歧臻兄弟	1.934	730.8
1890	英册	1885 号		玛礼逊租陈国瑞等2 人	4.211	292.32
1890	英册	1886 号		公裕行租张云生、泥城桥	0.716	450
1890	英册	1887 号		铅门租陈玉骐	3.722	300

时间(年)	册别	编　号	位　置	买方和卖方	面积(亩)	总价(两)
1890	英册	1888 号		派嘉租陶耀生等2 人	1.863	219.24
1890	英册	1889 号		埃伦租陈张氏母子	0.588	211.93
1890	英册	1892 号		马力司租俞连堂等2 人	0.493	109.62
1890	英册	1893 号		梯司得而租王德修等 2 人	0.44	292.32
1890	英册	1897 号		孛来泰李租徐松泉等	0.864	244.82
1890	英册	1900 号		道达租宋竹堂	1.525	500
1890	英册	1903 号		哪亥而租周维新	1.726	800
1891	英册	1906 号		大东惠通公司租杨四德	3.274	540
1891	英册	1910 号		金士美租徐永顺	4.787	200
1891	英册	1911 号		马士皮租严、左两姓 5 人(曹家渡)	30.727	1 405.43
1891	英册	1912 号		斐礼思租陶梅氏母子	1.781	291.28
1891	英册	1913 号		费德格租韩树德	3.578	700
1891	英册	1914 号		工部局租陈赵氏	0.522	1 719
1891	英册	1916 号		惠尔生租徐银和	1.93	87.38
1891	英册	1917 号		道达租孙桂椿	0.061	72.82
1891	英册	1920 号		玛礼孙租宝源祥	1.525	400
1891	英册	1921 号		古柏租周珍(八仙桥)	0.538	218.46
1891	英册	1922 号		毛思皮租鲁锦山(曹家渡)	1.207	131.08
1891	英册	1927 号		玛礼孙租宝源祥	6.703	600
1891	英册	1932 号		长利行格兰特租唐秀夫(打枪路)	2.225	154
1891	英册	1933 号		玛礼孙租宝源祥	7.935	509.74
1891	英册	1934 号		玛礼孙租宝源祥	10.547	502.46

时间(年)	册别	编　　号	位　　置	买方和卖方	面积(亩)	总价(两)
1891	英册	1935 号		铅门租陈妙性(打靶路)	6.375	546.15
1891	英册	1936 号		铅门租陈妙性(打靶路)	3.911	291.28
1891	英册	1937 号		铅门租陈妙性(打靶路)	1.484	72.82
1891	英册	1939 号		玛礼孙租宝源祥	2.964	131.08
1891	英册	1940 号		玛礼孙租宝源祥	4.746	218.46
1891	英册	1941 号		玛礼孙租宝源祥	3.343	135.45
1891	英册	1942 号		玛礼孙租宝源祥	4.118	189.33
1891	英册	1943 号		古柏租徐怀德堂(静安寺之西北)	19.426	600
1891	英册	1944 号		陶德尔爱礼司租王锦标	0.4	218.46
1891	英册	1947 号		担文租徐炳春等四户	2.557	459.86
1891	英册	1948 号		爱佛立租吴永嘉	1.963	218.46
1891	英册	1949 号		天主堂租儿江氏	2.2	1 500
1892	英册	1953 号		爱物立租徐张氏母子	0.902	73.17
1892	英册	1954 号		爱物立租吴法法父子	0.532	102.44
1892	英册	1956 号		格来登租凌少云等2人	0.966	131.71
1892	英册	1959 号		陶德尔爱礼司租宝源祥	2.149	400
1892	英册	1960 号		麦格里俄、史乃司乐格租张芹香	10.601	467.21
1892	英册	1961 号		史乃司乐格租张坤宝	18.612	857.55
1892	英册	1965 号		古柏租顾客斋	7.247	225
1892	英册	1966 号		古柏租顾客斋	9.258	300
1892	英册	1968 号		担文租周瞿氏	0.768	400

时间(年)	册别	编　　号	位　　置	买方和卖方	面积(亩)	总价(两)
1892	英册	1969 号		彭蛤租铭门、陈妙姓	0.895	429.27
1892	英册	1972 号		道达租韩阿言	1.939	500
1892	英册	1973 号		道达租张华荣兄弟	1.348	500
1892	英册	1975 号		律师威巴士租陶五柳堂	0.775	250
1892	英册	1976 号		律师威巴士租王槐荫堂	0.592	250
1892	英册	1978 号		律师担文租徐雨记	6.216	350
1892	英册	1979 号		金世美租胡小瀛	4.649	1 250
1892	英册	1980 号		克拉克租王坤	1.97	200
1892	英册	1983 号		道达租韩六宝、韩小弟	2.333	223.17
1892	英册	1984 号		赐罗医生租潘源昌	0.914	100
1892	英册	1989 号		玛礼逊、格来登租吴周氏曹张氏族	2.272	400
1893	英册	1993 号		古柏租张全宝	0.635	200
1893	英册	1994 号		担文租陶锡卿	1.228	300
1893	英册	1995 号		爱物六租宝源祥	2.877	402.27
1893	英册	1996 号		格兰特租陈瑞邦即锦华(内有部分滩涨地)	53.494	1 050
1893	英册	2000 号		玛礼逊租邢永春同侄共 4 人	3.102	1 726.1
1893	英册	2001 号		威巴士租葆泰隆	2.51	500
1893	英册	2002 号		派加租洪徐合	0.52	511.98
1893	英册	2005 号		怡和行麦机嘉租李亦记	4.276	731.4
1893	英册	2006 号		工部局租奚茂茂、奚锡宝	0.176	513
1893	英册	2008 号		玛礼逊、格来登租张信泰	1.823	550

时间(年)	册别	编　　号	位　　置	买方和卖方	面积(亩)	总价(两)
1893	英册	2009 号		自来火公司租胡敦怡堂	1.634	400
1893	英册	2016 号		金世美租有恒号	7.91	1 200
1893	英册	2018 号		抄稿中有注		
1894	英册	2021 号		斐礼司租尤均记	0.231	37.355
1894	英册	2023 号		玛礼逊行租公记公司	1.902	298.84
1894	英册	2024 号		玛礼逊行租袁礼房	0.578	59.768
1894	英册	2025 号		玛礼逊、格来登租吴汉超、吴树良	0.862	300
1894	英册	2040 号		玛礼逊、格来登租宝源祥(二十三保东王家宅)	3.806	298.84
1894	英册	2041 号		怡和行租徐国良父子	0.813	44.826
1894	英册	2042 号		套盆租李顾氏及二子	0.317	224.13
1894	英册	2044 号		玛礼逊、格来登租宝源祥	4.13	600
1894	英册	2045 号		道达租朱陆氏及子	0.909	105
1894	英册	2046 号		克老克租沈金胜	0.703	100
1894	英册	2047 号		道达租范咸度、范堂堂、奚富宝	5.044	216.66
1894	英册	2048 号		通和行租吴毛毛、吴裕生、吴周氏	2.468	298.84
1894	英册	2049 号		密伦敦租张叔和	48.903	5 200
1894	英册	2050 号		锦名行古柏租徐遵议	3.352	400
1894	英册	2051 号		锦名行古柏租徐遵议	6.419	600
1894	英册	2052 号		锦名行古柏租徐遵议(烂泥渡)	21.398	1 800
1894	英册	2053 号		晋隆行马世德租沈星垣	1.849	400

时间(年)	册别	编　号	位　置	买方和卖方	面积(亩)	总价(两)
1894	英册	2054 号		考耳得白克租曹庆和等 2 人	1.566	224.13
1894	英册	2055 号		业广公司租陆芝堂仝母陈氏	0.378	300
1894	英册	2056 号		业广公司租陆听秋	0.172	90
1894	英册	2057 号		业广公司租陆黄氏	0.306	149
1894	英册	2058 号		工部局租杨全基	0.532	500
1894	英册	2061 号		道达租润德堂陈	1.616	200
1894	英册	2062 号		工部局租奚茂林	0.2	450
1894	英册	2065 号		玛礼逊、格来登租宝源祥	4.582	300
1894	英册	2067 号		施托克司租徐兆荣等 3 人	1.993	1 120.65
1894	英册			马礼逊、格来登租马文祥等 3 人	7.107	560.33
1894	英册	2070 号		陶德尔、亨生租陈锦华(杨树浦)	50.961	1 120.65
1894	英册	2071 号		沙而门租周莲记	8.807	400
1894	英册	2072 号		锦名行租徐李胜等 2 人	1.084	300
1894	英册	2073 号		玛礼逊、格来登租陈南乔等 4 人	20.073	6 859.05
1894	英册	2074 号		韩德善租曹阿圣等 2 人	0.934	250
1894	英册	2075 号		高易行租唐焕章全弟等	0.597	597.68
1894	英册	2076 号		美查有限公司租瞿玉和等 4 人	7.332	805.7
1894	英册	2077 号		密伦敦租傅沈凌、赵徐张众姓	30.664	2 330.95
1894	英册	2078 号		本仁租范锦章等	3.431	747.1
1894	英册	2079 号		福罗特租陈馨山等 4 人	5.505	836.75

时间(年)	册别	编　　号	位　置	买方和卖方	面积(亩)	总价(两)
1894	英册	2080 号		麦边行租宝源祥及另 5 姓	10.2	784.46
1894	英册	2081 号		陶得尔、亨生租孙永昌	1.226	89.65
1894	英册	2082 号		道达租徐上卿	12.058	632.05
1894	英册	2083 号		密伦氏租朱坤元等 2 人	1.086	152.41
1894	英册	2084 号		麦格里俄租殷骏斋等 3 兄弟	5.058	747.1
1894	英册	2085 号		业广公司租陆德发等 2 人	0.542	250
1894	英册	2086 号		古柏租吴汉朝	0.468	120
1894	英册	2089 号		蔚霞租陈掌根等 3 人	3.36	522.97
1895	英册	2091 号		会得尔租鲁云飞	4.966	1 200
1895	英册	2092 号		工部局租博克能	0.2	15.09
1895	英册	2093 号		工部局租范庆祥	0.2	600
1895	英册	2094 号		道达租陶佛隆等 2 人	3.848	671.42
1895	英册	2095 号		博克能租罗许氏	1.409	200
1895	英册	2096 号		密伦敦租韩庆记潘源昌	3.124	600
1895	英册	2097 号		古柏租曹双桂	0.506	100
1895	英册	2098 号		麦吉里氏租顾春泉等 3 人	5.705	377.2
1895	英册	2099 号		麦也行租宝源祥	1.464	113.16
1895	英册	2101 号		昔滕氏租陈培斋	1.8	271.58
1895	英册	2102 号		密伦敦租徐盛记	9.063	339.48
1895	英册	2104 号		昔滕氏租奚毛毛等 3 人	1.648	500
1895	英册	2106 号		金世美租山雨香	3.766	905.28
1895	英册	2107 号		格兰特租吴宝如（打枪路）	0.52	113.16

时间(年)	册别	编　号	位　置	买方和卖方	面积(亩)	总价(两)
1895	英册	2108 号		粤言生租左茂春等	1.066	90.53
1895	英册	2109 号		工部局租胡润生	1.28	1 000
1895	英册	2110 号		业广公司租陈印氏	0.587	300
1895	英册	2111 号		业广公司租奚世珍等 2 人	0.894	377.2
1895	英册	2113 号		业广公司租陆马氏与媳	0.226	100
1895	英册	2115 号		密伦敦租周恒知等 2 人(浦东杨家渡)	40.713	3 000
1895	英册	2118 号		妇人昔滕氏租奚毛毛等 3 人	7.852	1 300
1895	英册	2119 号		柯士尼租吴柏春等 3 人	5.294	377.2
1895	英册	2120 号		惠尔生租奚土观	0.749	300
1895	英册	2123 号		安卜洛司租王少卿等 2 人	5.583	479.8
1895	英册	2125 号		道达租源记	2.268	331
1895	英册	2126 号		麦格里俄(仁记洋行)租范坤荣	3.161	671.8
1895	英册	2127 号		道达租卢韩氏同侄(中川虹浜)	3.333	528.08
1895	英册	2128 号		道达租张全方	1.111	226.32
1895	英册	2129 号		沙而门租陆家松 3 兄弟同侄(南川虹浜)	1.917	600
1895	英册	2130 号		亨塔租赵善思	1.172	200
1895	英册	2131 号		惠而生租徐银和陆鼎记	1.014	143.34
1895	英册	2132 号		公茂行德臣租肇兴厂(杨树浦桥)	38.178	4 400
1895	英册	2133 号		亨壳客租周春山等 2 人	2.763	516.06

时间(年)	册别	编　号	位　置	买方和卖方	面积(亩)	总价(两)
1895	英册	2134 号		玛礼逊、葛来登租冯竹山等 4 人(薛家浜)	5.852	585.3
1895	英册	2135 号		玛礼逊、葛来登租张茂春	3.825	1 131.6
1895	英册	2138 号		麦边租姚金松	0.731	22.63
1895	英册	2139 号		麦边租徐阿堂等 3 人	1.298	37.72
1895	英册	2141 号		沙而门租凌雪垒(王婆庵)	18.474	1 116.51
1895	英册	2142 号		派嘉租奚云溪等 2 人	5.321	347.02
1895	英册	2145 号		德臣租洽记(柿子湾)	18.719	1 659
1895	英册	2146 号		辉寅租马云龙	1.598	301.76
1895	英册	2147 号		玛礼孙租邵惠心堂(杨树浦之沈家滩)	189.97	3 000
1895	英册	2148 号		玛礼孙、葛来登租宝源祥(陆家宅)	12.223	686.5
1895	英册	2149 号		德臣租汤吏冰	1.476	600
1895	英册	2153 号		玛礼孙租潘源昌(姚家宅)	13.266	565.8
1895	英册	2154 号		妇人麦吉里氏租朱永千等 3 人	2.773	377.2
1895	英册	2155 号		端的门租杨福观	0.635	75.44
1895	英册	2156 号		玛礼孙、葛来登租潘源昌(曹家渡)	2.943	301.76
1895	英册	2158 号		玛礼孙、葛来登租潘源昌(曹家渡)	0.994	
1895	英册	2159 号		陶德尔、亨生租张星房	0.642	528.08
1895	英册	2161 号		老公茂德臣租沈松林等 2 人	6.308	

时间(年)	册别	编 号	位 置	买方和卖方	面积(亩)	总价(两)
1895	英册	2162 号		小脱、兑物四、西门租潘源昌(浦东陆家嘴之东)	46.18	2 395
1895	英册	2164 号		立发租蔡春祥等4人	4.264	248.95
1895	英册	2165 号		麦克老、柯夫租祝兰舫	1.838	754.4
1895	英册	2166 号	三马路		1.07	1 000
1895	英册	2167 号			2.99	633.7
1895	英册	2168 号	杨家码头		46.153	3 200
1895	英册	2169 号			1.4	113.16
1895	英册	2170 号	毛家荡		111.019	1 500
1895	英册	2171 号	斜桥		1.674	200
1895	英册	2172 号			1.204	300
1895	英册	2173 号			7.935	301.76
1895	英册	2175 号			2.776	528.08
1895	英册	2176 号			0.831	200
1895	英册	2177 号			0.707	160
1895	英册	2178 号	芦花荡		3.748	150.88
1896	英册	2179 号	香花桥南	工部局租姚吉祥等2人	37.359	1 719.6
1895	英册	2180 号			21.666	800
1895	英册	2181 号			0.926	150.88
1895	英册	2182 号			2.327	400
1895	英册	2183 号			82.158	2 000
1895	英册	2185 号			4.807	150.88
1895	英册	2186 号			7.959	800
1895	英册	2187 号			8.259	2 000
1895	英册	2188 号			2.657	316.85
1895	英册	2189 号	杨树浦桥		4.717	480

时间(年)	册别	编 号	位 置	买方和卖方	面积(亩)	总价(两)
1895	英册	2190 号	杨树浦桥		4.202	450
1895	英册	2191 号	杨树浦桥		0.61	70
1895	英册	2192 号	斜桥北	哈同租金耕裕	4.94	528.08
1895	英册	2193 号			2.046	754.4
1895	英册	2194 号	芦花荡		3.724	829.84
1895	英册	2195 号			6.346	985.7
1895	英册	2196 号			29.95	1 508.8
1895	英册	2197 号			126.141	1 668
1896	英册	2198 号	芦滩地		7.252	
1895	英册	2199 号			1.372	342
1895	英册	2200 号			6.747	1 131.6
1896	英册	2201 号	川虹浜		1.311	1 500
1896	英册	2202 号	25 保 1 图陆家宅		9.776	40 000
1896	英册	2203 号			7.846	500
1896	英册	2204 号			4.097	150
1895	英册	2205 号			2.756	600
1895	英册	2207 号			15.284	603.52
1895	英册	2208 号			6.209	416.96
1896	英册	2209 号			5.03	368.1
1896	英册	2210 号	陆家浜		4.054	235.58
1896	英册	2211 号			6.93	693
1896	英册	2212 号	斜桥	哈同租尼纱缘、王汤氏	0.254	100
1896	英册	2213 号	小沙渡		29.832	500
1896	英册	2214 号			8.741	58.9
1896	英册	2215 号			0.349	140
1896	英册	2219 号	杨树浦桥东		13.82	700
1896	英册	2222 号		玛礼逊葛来敦租潘源昌	8.029	1 000

时间(年)	册别	编　号	位　　置	买方和卖方	面积(亩)	总价(两)
1896	英册	2223 号			0.817	400
1896	英册	2224 号		玛礼孙葛来敦租宝源祥	2.208	400
1896	英册	2225 号			6.471	300
1896	英册	2226 号			3.347	200
1896	英册	2227 号			1.987	500
1896	英册	2228 号	唐家巷		0.951	404.91
1896	英册	2229 号			0.941	73.62
1896	英册	2230 号			3.845	147.24
1896	英册	2231 号			10.082	650
1896	英册	2232 号			2.511	500
1896	英册	2236 号			5.234	1 000
1896	英册	2237 号			3.819	800
1896	英册	2238 号			12.014	400
1896	英册	2239 号			3.117	700
1896	英册	2240 号			2.717	540
1896	英册	2241 号			0.297	36.81
1896	英册	2242 号			1.046	58.9
1896	英册	2243 号			11.843	430.68
1896	英册	2244 号			1.726	500.62
1896	英册	2245 号			89.815	5 006.16
1896	英册	2246 号			6.569	397.55
1896	英册	2247 号			24.764	2 502
1896	英册	2248 号			16.459	1 650
1896	英册	2249 号			14.123	979.15
1896	英册	2250 号			0.977	254.82
1896	英册	2251 号			0.882	670
1896	英册	2252 号			2.402	175
1896	英册	2253 号	周家嘴		0.34	24

时间(年)	册别	编 号	位 置	买方和卖方	面积(亩)	总价(两)
1896	英册	2254 号			4.481	1 076.69
1896	英册	2255 号			0.142	200
1896	英册	2256 号			5.527	800
1896	英册	2257 号			1.462	294.48
1896	英册	2260 号			11.351	1 771.2
1896	英册	2261 号		产权争议		
1896	英册	2262 号			5.459	384.05
1896	英册	2263 号			1.785	125
1896	英册	2264 号			4.841	691.25
1896	英册	2266 号		康步庐租宝源祥	8.249	588.96
1896	英册	2267 号	曹家渡	玛礼孙葛来敦租宝源祥等	52.327	2 200
1896	英册	2268 号			0.21	100
1896	英册	2269 号				
1896	英册	2270 号			14.127	588.96
1896	英册	2271 号			0.953	220.86
1896	英册	2272 号	薛家浜		4.186	331.29
1896	英册	2273 号			2.314	200
1896	英册	2274 号	27 保潘家湾		48.702	2 350
1896	英册	2275 号	23 保周家宅		4.72	1 000
1896	英册	2276 号	27 保		0.963	147.24
1896	英册	2277 号	23 保毛家荡		9.417	368.1
1896	英册	2278 号	23 保毛家荡		6.087	220.86
1896	英册	2279 号	25 保北香粉巷		0.429	600
1896	英册	2280 号	27 保		5.26	279.76
1896	英册	2281 号	27 保		2.179	700
1896	英册	2283 号	23 保毛家荡		0.702	200
1896	英册	2284 号	23 保薛家浜		3.165	1 000
1896	英册	2285 号	23 保		3.498	110

时间(年)	册别	编 号	位 置	买方和卖方	面积(亩)	总价(两)
1896	英册	2286 号	北川虹浜		11.974	6 300
1896	英册	2287 号	23 保太平桥		7.642	279.76
1896	英册	2288 号	27 保谈家渡		34.237	1 840.5
1896	英册	2289 号	潘家湾		54.62	3 000
1896	英册	2290 号	25 保		3.177	1 010
1896	英册	2291 号	23 保梅家巷		4.411	736.2
1896	英册	2292 号	23 保梅家巷		2.111	220.86
1896	英册	2293 号	23 保梅家巷		3.316	588.96
1896	英册	2294 号	23 保朱家宅		6.579	1 500
1896	英册	2295 号	23 保梅家巷		4.505	588.96
1896	英册	2296 号	27 保洙泗港桥		3.733	600
1896	英册	2297 号	25 保瞿家巷		3.013	1 766.88
1896	英册	2298 号	23 保戴家宅		4.813	2 300
1896	英册	2301 号	23 保毛家荡		0.586	80
1896	英册	2302 号	27 保徐家汇		9.201	800
1896	英册	2304 号			4.123	1 000
1896	英册	2305 号	23 保		1.115	88.34
1896	英册	2306 号	23 保		0.559	100
1896	英册	2307 号	27 保	卞耶氏租宝源祥	3.371	588.96
1896	英册	2308 号	24 保浦东洋泾庙东首		1.54	462
1896	英册	2309 号	23 保		4.326	441.72
1896	英册	2311 号	23 保梅家巷		0.924	147.24
1896	英册	2314 号	28 保曹家渡		36.115	3 742.7
1896	英册	2315 号	27 保郑家浜		0.402	100
1896	英册	2316 号	27 保姚家宅		0.238	200
1896	英册	2317 号	23 保梅家巷		3.6	515.34
1896	英册	2318 号	25、23 保		29.285	2 193.14
1896	英册	2319 号	23 保圆通寺		6.025	400

时间(年)	册别	编号	位置	买方和卖方	面积(亩)	总价(两)
1896	英册	2320 号	23 保圆通寺		3.512	200
1896	英册	2321 号	23 保钱家宅		97.276	3 681
1896	英册	2322 号	27 保		1	400
1896	英册	2323 号	27 保静安寺		2.031	1 000
1896	英册	2324 号	23 保		2.027	120
1896	英册	2325 号	23 保		1.093	80
1896	英册	2329 号	23 保赵家浜		2.563	200
1896	英册	2330 号	23 保杨树浦之左家宅			2 000
1896	英册	2331 号	28 保朱家库		7.699	700
1896	英册	2332 号	25 保垃圾桥北		0.794	662.58
1896	英册	2333 号	27 保		5.837	814.97
1896	英册	2334 号	23 保赵家浜		4.879	400
1896	英册	2335 号	27 保熊家沟		3.322	300
1896	英册	2336 号	27 保陆家宅		2.621	412.65
1896	英册	2337 号	23 保万安桥		0.897	100
1896	英册	2338 号	27 保		0.595	150
1896	英册	2339 号	27 保郑家浜		0.789	110.43
1896	英册	2343 号	27 保		10.494	1 408.35
1896	英册	2344 号	27 保刘家宅		2.757	300
1896	英册	2345 号	25 保张家宅桥	工部局租祝少英	3.124	700
1896	英册	2346 号	27 保姚家宅	康步庐租宝源祥	0.945	184.05
1896	英册	2347 号	27 保姚家宅	康步庐租宝源祥	1.893	184.05
1896	英册	2348 号	27 保姚家宅	康步庐租宝源祥	1.546	220.86
1896	英册	2349 号	27 保姚家宅	康步庐租宝源祥	2.975	441.72
1896	英册	2350 号	23 保吴家浜		23.993	1 472.4
1896	英册	2351 号	23 保周家宅		65.8	5 600
1896	英册	2352 号	25 保北泥城桥之北		0.293	800

时间(年)	册别	编 号	位 置	买方和卖方	面积(亩)	总价(两)
1896	英册	2354 号	27 保许家浜		0.766	400
1897	英册	2355 号	25 保陆家宅		1.909	800
1896	英册	2356 号	27 保新闸桥北		0.613	110.43
1897	英册	2357 号	23 保王家宅		0.264	334.49
1897	英册	2358 号	27 保芦花荡		12.276	1 858.25
1897	英册	2360 号	23 保六家宅		1.175	300
1897	英册	2361 号	27 保姚桥		1.983	371.65
1897	英册	2362 号	23 保下海庙		4.31	1150
1897	英册	2363 号	27 保南梅园		3.749	297.32
1897	英册	2364 号	25 保张家宅桥		6.885	1 000
1897	英册	2365 号	25 保万生码头		1.377	929.13
1897	英册	2366 号	24 保张家宅(浦东)		10.187	594.64
1901	英册	2367 号	22 保杨家码头即杨树浦之沈家滩		100	1 106.25
1897	英册	2368 号	27 保		0.863	350
1897	英册	2369 号	27 保		0.662	225
1897	英册	2370 号	27 保		0.656	225
1897	英册	2371 号	27 保姚桥		1.146	222.99
1897	英册	2372 号	27 保静安寺东首		9.822	2 300
1897	英册	2373 号	27 保朱家湾		4.058	639.35
1897	英册	2374 号	28 保朱家湾		1.765	222.99
1897	英册	2375 号	28 保朱家湾		1.868	222.99
1897	英册	2376 号	23 保殷王家宅(陈长浜地方)		0.345	148.66
1897	英册	2377 号	23 保杨树浦码头		13.409	2 229.9
1897	英册	2378 号			5.547	
1897	英册	2379 号	28 保高家宅		15.064	1 500
1897	英册	2380 号	27 保王家浜		0.917	300

时间(年)	册别	编号	位 置	买方和卖方	面积(亩)	总价(两)
1897	英册	2381 号	23 保李家浜		5.157	574.98
1897	英册	2382 号	23 保朱家宅		1.794	300
1897	英册	2383 号	23 保金家浜		3.228	557.48
1897	英册	2384 号	23 保西荡湾		2.175	445.98
1897	英册	2385 号	27 保小沙渡		8.57	334.49
1897	英册	2386 号	27 保金家巷		0.302	222.99
1897	英册	2387 号	27 保金家巷		0.416	148.66
1897	英册	2388 号	27 保		1.724	400
1897	英册	2389 号	23 保沈家湾		16.071	4 900
1897	英册	2390 号	27 保匝喜庵		3.876	621.65
1897	英册	2391 号	27 保		2.756	1 047.28
1897	英册	2392 号	23 保圆通寺		1.962	80
1897	英册	2393 号	23 保包家宅		5.146	1 030
1897	英册	2394 号	25 保		6.12	1 250
1897	英册	2396 号	27 保张家园之西		1.431	520.31
1897	英册	2397 号	28 保朱家库		4.489	550
1897	英册	2398 号	25 保杜木桥		1.904	500
1897	英册	2399 号	23 保贾家角之西		70.336	5 600
1897	英册	2400 号	23 保毛家荡		26.806	1 500
1897	英册	2401 号	27 保		1.45	96.63
1897	英册	2402 号	23 保柿子湾		4.204	625.86
1897	英册	2404 号	23 保张家湾		1.339	222.99
1897	英册	2405 号	23 保毛家荡		1.066	371.65
1897	英册	2406 号	27 保张园西首	韩得善租宝源祥	2.331	371.65
1897	英册	2407 号	27 保张园西首	韩得善租宝源祥	0.352	74.33
1897	英册	2408 号	27 保池浜桥		1.339	420
1897	英册	2409 号	27 保池浜桥		1.411	750
1897	英册	2410 号	27 保王家巷		7.385	1 000

时间(年)	册别	编号	位置	买方和卖方	面积(亩)	总价(两)
1897	英册	2412 号	23 保徐来桥		1.508	743.3
1897	英册	2413 号	21 保芦花荡		1.935	743.3
1897	英册	2414 号	27 保姚家宅		2.654	743.3
1897	英册	2416 号	25 保周家石桥		2.459	520.31
1897	英册	2417 号	27 保		1.777	1 000
1897	英册	2418 号	25 保周家宅		2.012	371.65
1897	英册	2419 号	23 保马峰浜		4.246	191.7
1897	英册	2420 号	22 保周家嘴		2.518	251.9
1897	英册	2421 号	27 保南石桥		0.997	200
1897	英册	2422 号	27 保南石桥		3.371	445.98
1897	英册	2424 号	22 保大花园西		75.728	3 939.49
1897	英册	2425 号	25 保垃圾桥		1.054	400
1897	英册	2426 号	25 保垃圾桥		1.086	500
1897	英册	2427 号	27 保静安寺	玛礼孙葛来敦租宝源祥	3.121	445.98
1897	英册	2428 号	23 保徐来桥		1.099	300
1897	英册	2429 号	23 保毛家荡	裴来德租宝源祥	10.733	3 300
1897	英册	2430 号	23 保里虹桥		1.684	1 000
1897	英册	2431 号	27 保陈家浜		1.95	500
1897	英册	2432 号	25 保跑马场之东		0.3	222.99
1897	英册	2433 号	27 保池家桥		1.711	594.64
1897	英册	2434 号	27 保芦花荡		1.886	445.98
1897	英册	2435 号	27 保梅家宅		1.007	148.66
1897	英册	2436 号	27 保施粥厂西		2.612	995.4
1897	英册	2437 号	27 保潘家湾		6.343	594.64
1897	英册	2438 号	27 保金家浜	玛礼孙葛来敦租宝源祥	1.9	282.45
1897	英册	2439 号	27 保静安寺之东	玛礼孙葛来敦租宝源祥	35.906	5 351.76

时间(年)	册别	编 号	位 置	买方和卖方	面积(亩)	总价(两)
1897	英册	2440 号	23 保朱家宅		1.02	600
	英册	2441 号	抄稿中有注			
1897	英册	2443 号	27 保潘家湾		11.051	1 114.95
1897	英册	2444 号	23 保周家宅		6.751	770
1897	英册	2445 号	23 保周家宅		6.45	1 300
1897	英册	2446 号	23 保和 25 保包家宅		3.343	750
1897	英册	2447 号	23 保分水庙		4.414	703.53
1897	英册	2448 号	23 保潘家宅		1.392	520.31
1897	英册	2449 号	23 保石灰浜之北		10.615	323.34
1897	英册	2450 号	27 保梅家宅		13.96	1 865.68
1897	英册	2451 号	25 保北长浜		0.36	300
1897	英册	2453 号	28 保钱家巷		13.278	1 327
1897	英册	2454 号	28 保钱家巷		7.976	797
1897	英册	2455 号	28 保钱家巷		12.837	1 283
1897	英册	2456 号	28 保钱家巷		2.25	222
1897	英册	2457 号	25 保养马场		1.064	1 486.6
1897	英册	2458 号	22 保周家嘴		1.003	50
1897	英册	2459 号	22 保周家嘴		9.089	400
1897	英册	2460 号	23 保纪穿浜(提篮桥)		6.557	260.16
1897	英册	2461 号	27 保华家桥		4.017	750
1897	英册	2462 号	25 保毛家宅		0.534	222.99
1897	英册	2463 号	23 保周家宅		12.5	631.81
1897	英册	2464 号	27 保池浜桥		0.844	200
1897	英册	2465 号	25 保河塘头		1.01	315
1897	英册	2468 号	23 保分水庙		1.862	200
1897	英册	2469 号	28 保曹家渡		5.95	468.28
1897	英册	2470 号	27 保胡家桥		8.884	966.29

时间(年)	册别	编 号	位 置	买方和卖方	面积(亩)	总价(两)
1897	英册	2471 号	28 保曹家渡		4.67	445.98
1897	英册	2472 号	27 保		12.418	2 700
1897	英册	2473 号	25 保西门外之周泾浜		5.698	600
1897	英册	2474 号	27 保		36.745	7 322.99
1897	英册	2475 号	23 保蔡家浜		5.629	260.16
1897	英册	2476 号	27 保老櫔基		4.123	1 340
1897	英册	2477 号	25 保陆家宅		3.068	445.98
1897	英册	2478 号	27 保张园之东		1.692	297.32
1897	英册	2479 号	27 保小沙渡东		41.184	2 973.2
1897	英册	2480 号	25 保界浜桥		7.189	1 600
1897	英册	2481 号	27 保郑家浜		5.958	975
1897	英册	2482 号	27 保姚沙洪浜西		2.87	297.32
1897	英册	2483 号	27 保新闸桥南之沈家宅(非首次)		2.054	1 000
1897	英册	2484 号	28 保高家宅		2.442	222.99
1897	英册	2485 号	25 保李家宅		1.57	240
1897	英册	2486 号	28 保透阳桥		5.311	214
1897	英册	2487 号	27 保水港桥之南		0.272	29.73
1897	英册	2488 号	27 保雪花浜		2.379	297.32
1897	英册	2489 号	27 保顾家湾南		0.871	111.5
1897	英册	2490 号	27 保顾家湾南		1.35	185.83
1897	英册	2491 号	27 保顾家湾南		5.896	668.97
1897	英册	2492 号	27 保		2.654	440.78
1897	英册	2493 号	27 保夏家堰		3.97	445.98
1897	英册	2494 号	27 保徐家库北		3.358	260.16
1897	英册	2495 号	27 保姚桥		2.842	600
1897	英册	2496 号	27 保墙前		5.339	1 338
1897	英册	2497 号	27 保华家桥		4.323	1 100

时间(年)	册别	编　号	位　　置	买方和卖方	面积(亩)	总价(两)
1897	英册	2498 号	27 保华家桥		0.599	210
1897	英册	2499 号	27 保东巷前		1.759	445.98
1897	英册	2500 号	27 保池浜桥		0.486	74.33
1898	英册	2501 号	27 保池浜桥		1.27	334.49
1897	英册	2503 号	27 保金家巷之南		6.006	1 077.79
1897	英册	2504 号	25 保沈家湾		0.56	743.3
1897	英册	2505 号	27 保谈家渡		6.724	520.31
1897	英册	2506 号	27 保谈家渡		9.036	713.57
1897	英册	2507 号	23 保徐来桥北		1.059	297.32
1897	英册	2508 号	27 保张家浜		1.293	450
1897	英册	2509 号	23 保航舶浜之南		4.177	185.83
1897	英册	2511 号	27 保大王庙之东		1.85	1 000
1897	英册	2512 号	23 保杨树浦桥西		1.653	111.5
1897	英册	2514 号	28 保透杨桥		7.158	320
1897	英册	2515 号	27 保张家浜		1.229	400
1897	英册	2518 号	25 保三元宫北		1.21	1 600
1897	英册	2522 号	27 保娄浦东北之小湾里		3.742	445.98
1898	英册	2523 号	27 保池浜桥		2.115	1 150
1897	英册	2524 号	23 保吴家木桥		9.092	2 140.7
1897	英册	2525 号	23 保张家湾之南		19.06	5 017.28
1897	英册	2526 号	23 保张家湾之南		7.867	2 081.24
1897	英册	2527 号	23 保张家湾之南		0.788	237.86
1897	英册	2528 号	23 保引翔港码头		3.085	222.99
1897	英册	2529 号	23 保太平寺西		1.501	260.16
1897	英册	2530 号	22 保老闸南		1.271	3 000
1897	英册	2531 号	25 保北香粉巷		2.646	3 000
1897	英册	2532 号	27 保桂花园之西		2.729	185.83
1897	英册	2533 号	27 保桂花园之西		0.69	74.33

时间(年)	册别	编　号	位　置	买方和卖方	面积(亩)	总价(两)
1897	英册	2534 号	27 保桂花园之西		2.677	185.83
1897	英册	2535 号	27 保桂花园之西		2.527	222.99
1897	英册	2536 号	23 保毛家荡		3.4	200
1897	英册	2537 号	25 保界浜桥之东		1.65	594.64
1897	英册	2538 号	25 保界浜桥之东		2.414	817.63
1897	英册	2539 号	23 保下海庙之东		1.682	515.55
1897	英册	2540 号	23 保太平桥		28.091	4 491.66
1897	英册	2541 号	27 保墙前		10.585	3 121.86
1897	英册	2542 号	27 保墙前		1.024	445.98
1898	英册	2543 号	27 保南池浜桥		2.246	899.39
1897	英册	2546 号	23 保鲁家宅以南		1.398	798
1897	英册	2547 号	27 保姚沙洪浜之西		4.148	683.84
1897	英册	2548 号	27 保沈家宅		2.834	1 500
1897	英册	2549 号	25 保界浜桥之东		2.473	743.3
1897	英册	2550 号	27 保顾家湾		1.045	185.83
1897	英册	2551 号	27 保太阳庙东		8.315	445.98
1897	英册	2552 号	27 保老橹基		0.818	100
1897	英册	2553 号	27 保老橹基		3.055	700
1897	英册	2554 号	25 保薛家宅		2.366	1 100
1897	英册	2555 号	27 保老沙虹浜		1.832	185.83
1897	英册	2556 号	23 保漕粮桥		4.072	639.24
1897	英册	2557 号	23 保柿子湾		9.708	1 000
1897	英册	2558 号	27 保杨家浜西		1.579	310
1897	英册	2559 号	27 保杉板厂		2.015	700
1897	英册	2561 号	27 保姚家宅之西		1.574	500
1898	英册	2562 号	23 保周家宅		10.386	1 038.6
1897	英册	2563 号	27 保王家库		15.256	4 534.13
1897	英册	2564 号	27 保王家库		7.716	2 378.56

时间(年)	册别	编 号	位 置	买方和卖方	面积(亩)	总价(两)
1898	英册	2567 号	25 保梁家湾		0.294	222.77
1898	英册	2568 号	27 保墙前		0.844	400
1898	英册	2569 号	28 保曹家渡		5.033	298.36
1898	英册	2570 号	28 保曹家渡		5.092	315.66
1898	英册	2571 号	27 保金家宅之南		1.992	820.49
1898	英册	2572 号	23 保航船浜		4.471	200
1898	英册	2573 号	25、27 保杨家浜		3.283	599.18
1897	英册	2574 号	28 保侯家宅		3.522	369.86
1898	英册	2575 号	27 保张园之西		5.587	186.48
1898	英册	2577 号	27 保张园之西		7.728	447.54
1898	英册	2578 号	27 保张园之西		1.018	59.67
1898	英册	2579 号	23 保杨家宅		3.347	841.75
1898	英册	2580 号	27 保娄浦		3.297	355.4
1898	英册	2581 号	27 保朱家库		无	58
1898	英册	2582 号	25 保杜家宅		2.759	417
1898	英册	2583 号	24 保浦东老白渡之南		8.242	2 459.23
1898	英册	2584 号	24 保浦东老白渡之南		8.221	2 521.14
1898	英册	2585 号	24 保浦东老白渡之南		4.74	1 441.82
1898	英册	2587 号	27 保螺丝桥		10.362	4 100
1898	英册	2588 号	27 保姚家宅		21.65	2 983.6
1898	英册	2589 号	25 保李家宅		0.863	134.26
1898	英册	2590 号	25 保万生码头		1.502	1 500
1898	英册	2591 号	27 保顾家湾		0.761	149.18
1898	英册	2592 号	27 保小闸		0.9	450
1898	英册	2594 号	28 保曹家渡		2.887	
1898	英册	2595 号	27 保杨家浜之西		2.74	900

时间（年）	册别	编 号	位 置	买方和卖方	面积（亩）	总价（两）
1898	英册	2596 号	27 保杨家浜之西		10.301	3 200
1898	英册	2600 号	27 保芦花荡		0.855	298.36
1898	英册	2601 号	22 保周家嘴之南		1.1	82.05
1898	英册	2602 号	27 保山家园		0.719	500
1898	英册	2603 号	27 保山家园		4.694	1 400
1898	英册	2604 号	27 保沈家宅	玛礼孙租宝源祥	0.877	201.393
1898	英册	2605 号	27 保山家园	玛礼孙租宝源祥	2.327	372.95
1898	英册	2606 号	27 保广肇山庄之南	玛礼孙租宝源祥	4.283	895.08
1898	英册	2607 号	27 保广肇山庄之南	玛礼孙租宝源祥	2.586	671.31
1898	英册	2608 号	27 保山家园		0.482	60
1898	英册	2609 号	27 保静安寺涌泉浜之南		19.683	5 800
1898	英册	2610 号	23 保石灰浜		3.54	850.8
1898	英册	2611 号	23 保石灰浜		3.744	891.6
1898	英册	2612 号	27 保梅园南		4.938	1 000
1898	英册	2613 号	23 保太平桥南		3.15	350
1898	英册	2614 号	27 保陈家浜		2.105	522.13
1898	英册	2615 号	25 保陆家浜三官堂		7.7	2 000
1898	英册	2616 号	27 保池浜桥西		2.203	600
1898	英册	2617 号	27 保池浜桥西		0.737	400
1898	英册	2618 号	27 保		25.113	1 864.75
1898	英册	2619 号	24 保老白渡之南		3.555	550
1898	英册	2620 号	25 保张家宅西		1.28	298.36
1898	英册	2622 号	27 保西长浜		0.547	100
1898	英册	2623 号	23 保王婆庵		8.4	372.95
1898	英册	2624 号	27 保金家宅	玛礼孙葛来敦租宝源祥	1.587	261.07

时间(年)	册别	编 号	位 置	买方和卖方	面积(亩)	总价(两)
1898	英册	2625 号	27 保金家宅西	玛礼孙葛来敦租宝源祥	2.448	372.95
1898	英册	2626 号	27 保金家宅西	玛礼孙葛来敦租宝源祥	6.11	745.9
1898	英册	2627 号	27 保郑家浜	玛礼孙葛来敦租宝源祥	1.938	447.54
1898	英册	2628 号	28 保曹家渡	玛礼孙葛来敦租祥记	15.735	1 118.85
1898	英册	2629 号	28 保曹家渡	玛礼孙葛来敦租宝源祥	0.928	74.59
1898	英册	2630 号	27 保金家宅	玛礼孙葛来敦租宝源祥	1.223	186.48
1898	英册	2631 号	27 保金家宅	玛礼孙葛来敦租宝源祥	6.66	1 044.26
1898	英册	2632 号	27 保金家宅西	玛礼孙葛来敦租宝源祥	1.319	186.48
1898	英册	2633 号	27 保小闸港	玛礼孙葛来敦租宝源祥	1.037	186.48
1898	英册	2634 号	27 保金家宅东	玛礼孙葛来敦租宝源祥	0.924	186.48
1898	英册	2635 号	27 保小闸港	玛礼孙葛来敦租宝源祥	6.049	895.08
1898	英册	2636 号	27 保新闸桥之北		2.029	400
1898	英册	2637 号	27 保新闸桥西北岸		2.169	600
1898	英册	2638 号	27 保车袋角		1.457	350
1898	英册	2639 号	27 保郑家浜		2.532	820.49
1898	英册	2640 号	28 保钱家巷之北		1.048	89.51
1898	英册	2641 号	28 保钱家巷之北		1.04	144
1898	英册	2642 号	27 保朱水港		1.114	200
1898	英册	2643 号	27 保芦花荡		1.121	149.18
1898	英册	2644 号	28 保曹家堰		14.955	782
1898	英册	2645 号	27 保石灰滩		6.428	400

时间(年)	册别	编号	位　　置	买方和卖方	面积(亩)	总价(两)
1898	英册	2648 号	27 保华家桥		5.342	1 741.05
1898	英册	2649 号	27 保华家桥		5.178	1 741.05
1898	英册	2650 号	28 保曹家渡东至荡田	玛礼孙葛来敦租祥记	22.449	1 137.5
1898	英册	2651 号	28 保曹家渡东至荡田	玛礼孙葛来敦租祥记	1.038	55.94
1898	英册	2652 号	23 保同文书局之东北		1.1	500
1898	英册	2653 号	27 保华家桥		0.171	74.59
1898	英册	2654 号	27 保新闸桥南之沈家宅(非首次)		1.083	
1898	英册	2655 号	27 保池浜桥		0.825	500
1898	英册	2656 号	23 保沈家宅		1.219	186.48
1898	英册	2657 号	23 保里虹桥之东		0.387	74.59
1898	英册	2658 号	27 保		0.872	100
1898	英册	2659 号	23 保杨树浦之曹家渡		0.25	111.89
1898	英册	2660 号	(非首次)23 保西华路		1.099	
1898	英册	2662 号	23 保航船浜		11.083	1 652.91
1898	英册	2663 号	23 保何家浜		5.081	962.96
1898	英册	2664 号	23 保石灰浜东		2.275	412.48
1898	英册	2665 号	23 保石灰浜东		7.566	1546
1898	英册	2666 号	27 保顾家湾		1.794	223.77
1898	英册	2667 号	27 保墙前		1.248	550
1898	英册	2668 号	23 保虹镇之东		52.527	2 051.23
1898	英册	2669 号	23 保虹镇之东		6.562	223.77
1898	英册	2670 号	27 保芦花荡		2.559	484.84
1898	英册	2671 号	27 保夏家观音堂		6.169	447.54
1898	英册	2672 号	27 保姚家宅		1.329	400

时间(年)	册别	编号	位置	买方和卖方	面积(亩)	总价(两)
1898	英册	2673 号	27 保姚家宅		0.862	300
1898	英册	2674 号	27 保周家田		1.491	200
1898	英册	2675 号	25 保老闸桥北		无	4 000
1898	英册	2676 号	27 保张家浜		0.736	400
1898	英册	2677 号	23 保曹家堰		0.311	74.59
1898	英册	2678 号	23 保曹家堰		0.548	59.67
1898	英册	2679 号	23 保东王家宅		0.504	250
1898	英册	2680 号	27 保居家浜		2.88	1 500
1898	英册	2681 号	24 保浦东老白渡之南		15.759	5 975
1898	英册	2682 号	27 保墙前		1.419	400
1898	英册	2683 号	24 保浦东老白渡之南		12.175	3 100
1898	英册	2684 号	23 保张家湾		1.356	400
1898	英册	2685 号	23 保徐家宅		14.903	462.46
1898	英册	2686 号	28 保金家巷南		1.221	223.77
1898	英册	2687 号	27 保赵家桥北		1.262	111.89
1898	英册	2688 号	27 保赵家桥北		28.175	2 088.52
1898	英册	2689 号	23 保吴家宅之北		10.838	995.78
1898	英册	2690 号	23 保仙师庵之东		18.566	1 384.84
1898	英册	2691 号	27 保新闸桥之西		0.571	170
1898	英册	2692 号	27 保张家浜	玛礼孙葛来敦租宝源祥	29.076	895.08
1898	英册	2693 号	27 保谭家宅桥	玛礼孙葛来敦租宝源祥	6.331	298.36
1898	英册	2694 号	27 保张家浜		2.459	720
1898	英册	2695 号	27 保张家浜		0.8	300
1898	英册	2696 号	25 保罗家湾		2.161	372.95
1898	英册	2697 号	23 保西王家宅		0.444	300
1898	英册	2698 号	27 保 13 图严家宅		6.585	530

时间(年)	册别	编 号	位 置	买方和卖方	面积(亩)	总价(两)
1898	英册	2699 号	27 保 13 图严家宅		9.098	600
1898	英册	2700 号	27 保郑家巷南		1.768	175
1898	英册	2701 号	27 保郑家巷南		0.857	80
1898	英册	2703 号	23 保周家嘴北之军工厂(涨滩地)		74.261	6 000
1898	英册	2704 号	27 保梅园南		0.8	74.59
1898	英册	2705 号	27 保梅园南		4.947	261.07
1898	英册	2706 号	27 保桂花园西		0.452	52.21
1900	英册	2707 号	27 保张园之东		2.014	357.74
1898	英册	2708 号	25 保张家宅桥西首		3.013	671.31
1898	英册	2709 号	23 保杨树浦桥西		0.659	74.59
1898	英册	2710 号	27 保夏家巷		1.96	200
1898	英册	2711 号	25 保 2 图垃圾桥之北		8.622	3 750
1898	英册	2712 号	23 保 1、2 图杨树浦之曹家渡		2.391	525
1898	英册	2713 号	27 保 12 图华家桥		1.959	840
1898	英册	2714 号	23 保蔡家浜		2.854	285
1898	英册	2716 号	25 保 1 图梁家湾		0.374	149.18
1898	英册	2718 号	25 保西姚		4.116	783.2
1898	英册	2719 号	25 保西陆家宅		3.821	745.9
1898	英册	2720 号	27 保 3 图小浜头之北		4.892	372.95
1898	英册	2721 号	27 保 3 图顾家湾		0.893	143.96
1898	英册	2722 号	27 保 3 图夏家堰之南		0.932	111.89
1898	英册	2723 号	27 保 10 图杨林浜西		0.702	800
1898	英册	2724 号	25 保西姚		3.737	536.3
1898	英册	2725 号	27 保 10 图南京会馆以南		2.76	820.49

时间(年)	册别	编 号	位　　置	买方和卖方	面积(亩)	总价(两)
1898	英册	2726 号	27 保 9 图胡家楼		1.167	186.48
1898	英册	2727 号	27 保 12 图华家桥		4.692	424.7
1898	英册	2728 号	25 保 3 图后马路乾记巷之南		1.205	1 640.98
1898	英册	2729 号	25 保 3 图		0.958	1 044.26
1898	英册	2730 号	25 保 1 图界浜桥之东		1.194	500
1898	英册	2731 号	23 保 15 图王姥庵之北		1.508	111.89
1898	英册	2732 号	23 保 12 图茅家荡		3.5	700
1898	英册	2733 号	23 保 12 图周家宅		15.125	1 210
1898	英册	2734 号	23 保 12 图周家宅		3.592	293
1898	英册	2735 号	23 保 15 图王姥庵之北		3.85	175.3
1898	英册	2736 号	23 保 1—2 图朱家宅桥之南		0.96	298.36
1898	英册	2737 号	27 保 3 图夏家堰之南		0.846	41.77
1898	英册	2738 号	27 保 3 图夏家堰之南		5.098	559.43
1898	英册	2739 号	27 保 3 图夏家堰之南		1.815	89.51
1898	英册	2740 号	27 保 3 图夏家堰之南		1.65	223.77
1898	英册	2741 号	27 保 3 图夏家堰之南		0.803	40.28
1898	英册	2742 号	25 保 4 图东姚		2.826	517.65
1898	英册	2743 号	25 保 4 图东姚		0.36	74.59
1898	英册	2744 号	25 保 4 图西姚		1.441	298.36
1898	英册	2749 号	27 保 12 图小沙渡		9.854	865
1898	英册	2750 号	25 保 1 图界浜桥之东		2.632	1 342.62

时间(年)	册别	编号	位 置	买方和卖方	面积(亩)	总价(两)
1898	英册	2751 号	23 保 13 图下海庙东		3.184	350
1898	英册	2754 号	25 保 1 图钱家宅桥西		8.56	2 000
1898	英册	2755 号	27 保 10 图墙前		0.579	335.66
1898	英册	2756 号	27 保 12 图王家巷南		13.888	2 386.88
1898	英册	2757 号	27 保 12 图徐公浜口		1.32	298.36
1898	英册	2758 号	25 保 1 图东川虹浜		1.052	650
1898	英册	2759 号	27 保 11 图梅园南		3.598	234.96
1898	英册	2760 号	25 保 1 图文昌阁南		3.472	2 000
1898	英册	2761 号	27 保 8 图姚家宅之南		1.16	220
1898	英册	2762 号	27 保 8 图姚家宅之南		0.309	80
1898	英册	2763 号	27 保 8 图静安寺南		2.097	900
1898	英册	2764 号	28 保 5—6 图徐家汇		5.49	372.95
1898	英册	2765 号	25 保 1 图沈家湾		5.578	1 193.44
1898	英册	2768 号	27 保 9 图东姚		2.69	213.1
1898	英册	2769 号	27 保 9 图芦花荡		0.767	80
1898	英册	2770 号	25 保 4 图东姚		0.656	74.59
1898	英册	2771 号	27 保 9 图麦边花园西		1.626	200
1898	英册	2772 号	23 保 13 图蔡家浜		0.322	74.59
1898	英册	2774 号	27 保 9 图张园西		0.821	223.77
1898	英册	2775 号	25 保 1 图钱家石桥西		1.541	300
1898	英册	2776 号	27 保 10 图金家宅之东南		1.854	745.9
1898	英册	2777 号	27 保 10 图墙前		0.463	522.13
1898	英册	2778 号	27 保 10 图南池浜桥西		1.332	298.36

时间(年)	册别	编 号	位 置	买方和卖方	面积(亩)	总价(两)
1898	英册	2779 号	27 保 10 图南池浜桥西		1.312	417.7
1898	英册	2780 号	27 保 9 图西小闸港之王家地		0.896	261.07
1898	英册	2781 号	27 保 10 图金家宅南		5.05	1 312.78
1898	英册	2782 号	27 保 10 图南池浜桥		4.821	1 089.01
1898	英册	2783 号	27 保 10 图墙前		0.785	450
1898	英册	2784 号	23 保 12 图		1.996	298.36
1898	美册125	2785 号	(非首次)25 保 7 图		2.366	2 983.6
1898	美册239	2786 号	(非首次)25 保 7 图十六铺桥南		0.727	745.9
1898	英册	2787 号	23 保 14 图贾家角		55.447	2 983.6
1898	英册	2788 号	23 保 14 图贾家角		11.128	596.72
1898	英册	2789 号	25 保 4 图李家宅		0.9	200
1898	英册	2790 号	25 保 4 图外国坟地东		3.844	3 150
1898	英册	2791 号	27 保 8 图涌泉浜之南		1.573	500
1898	英册	2792 号	27 保 9 图斜桥之南			150
1898	英册	2793 号	25 保 4 图李家宅		1.614	665.34
1898	英册	2794 号	28 保 4 图曹家滩		3.362	372.95
1898	英册	2795 号	23 保 1—2 图梅家港之北		2.235	313.28
1898	英册	2796 号	23 保 1—2 图梅家港之北		3.958	596.72
1898	英册	2797 号	23 保 9 图徐家宅		3.943	
1898	英册	2799 号	27 保 12 图张家浜	玛礼孙葛来敦租润记、宝源祥	39.065	1 342.62
1898	英册	2800 号	28 保 8—9 图钱家巷北		0.87	100

时间(年)	册别	编号	位置	买方和卖方	面积(亩)	总价(两)
1898	英册	2801 号	27 保 9 图张家浜		0.35	400
1898	英册	2802 号	23 保 1—2 图		1.465	550
1898	英册	2803 号	23 保 1—2 图包家宅之西		8.654	2 095.67
1898	英册	2804 号	23 保 1—2 图西王家宅		0.924	298.36
1898	英册	2805 号	24 保 24 图		1.807	320
1898	英册	2808 号	27 保 7 图杨家浜		1.728	149.18
1898	英册	2809 号	23 保 19 图军工厂		131.516	4 916.23
1898	英册	2810 号	25 保 4 图八仙桥之李家宅		0.97	280
1898	英册	2811 号	25 保 1 图东川虹浜		0.425	149.18
1898	英册	2812 号	28 保 5—6 图侯家宅		0.805	
1898	英册	2813 号	28 保 5—6 图侯家宅		2.739	
1898	英册	2815 号	27 保 10 图新瀰基		1.58	372.95
1898	英册	2816 号	27 保 12 图石家滩		27.403	3 667.05
1898	英册	2817 号	27 保 8 图静安寺南		0.75	300
1898	英册	2819 号	22 保 43 图西沟之航船湾,浦东		144.497	5 482.37
1898	英册	2820 号	27 保 9 图桂花园		1.118	350
1898	英册	2821 号	23 保 13 图祝家浜之南		2.078	149.18
1898	英册	2822 号	27 保 9 图桂花园西南		1.092	223.77
1898	英册	2823 号	27 保 10 图鹓鹑浜		3.004	1 950
1898	英册	2824 号	23 保 10 图仙师庵之东		1.083	85
1898	英册	2825 号	23 保 10 图仙师庵之东		4.191	350
1898	英册	2826 号	27 保 10 图施粥厂之南	玛礼孙葛来敦租宝源祥	2.309	596.72

时间(年)	册别	编号	位置	买方和卖方	面积(亩)	总价(两)
1898	英册	2827号	27保10图施粥厂之南	玛礼孙葛来敦租宝源祥	8.213	500
1898	英册	2828号	25保1图沈家湾西		0.8	223.77
1898	英册	2829号	25保1图沈家湾西		1.628	350
1898	英册	2830号	25保1图沈家湾西		0.834	111.89
1898	英册	2831号	25保1图沈家湾西		1.814	223.77
1898	英册	2833号	25保2图张家宅桥之南		0.637	500
1898	英册	2834号	25保2图西川虹浜		1.32	500
1898	英册	2835号	25保2图新造桥西首		2.452	1 491.8
1898	英册	2836号	23保1—2图包家宅之西		2.771	611.64
1898	英册	2837号	25保2图杨家浜		1.943	2 548
1898	英册	2838号	25保头图梁家湾		0.387	223.77
1898	英册	2840号	27保13图华家桥		0.625	300
1898	英册	2841号	23保13图薛家浜之徐家宅		1.344	149.18
1898	英册	2842号	25保头图周家宅东		2.368	500
1898	英册	2843号	23保19图陆家宅		3.632	363
1898	英册	2844号	25保头图周家宅桥		0.41	298.36
1898	英册	2845号	23保13图下海庙之东		4.843	500
1898	英册	2846号	27保11图梅家宅北		2.391	328.2
1898	英册	2847号	25保头图周家宅桥		0.249	156.64
1898	英册	2849号	28保8—9图曹家渡西		3.306	500
1898	英册	2850号	27保3图顾家湾		4.03	290.9
1898	英册	2851号	28保北12图朱家库		2.965	140
1898	英册	2852号	28保5图侯家宅之东南		7.458	160

时间(年)	册别	编 号	位 置	买方和卖方	面积(亩)	总价(两)
1898	英册	2854 号	28 保北 12 图朱家库		5.66	364
1898	英册	2854 号	25 保 4 图八仙桥西之褚家宅		10.622	800
1898	英册	2855 号	23 保 13 图下海庙之南		1.665	300
1898	英册	2856 号	23 保 15 图王姥庵北		3.497	221.2
1898	英册	2857 号	23 保 15 图王姥庵北		3.498	165.9
1898	英册	2858 号	27 保 10 图梅家宅		1.275	372.95
1898	英册	2859 号	24 保 24 图烂泥渡		1.565	250
1898	英册	2860 号	27 保 9 图芦花荡		0.651	223.77
1898	英册	2861 号	25 保头图川虹浜		0.039	
1898	英册	2862 号	22 保 51 图顾家宅		5.51	411.07
1898	英册	2863 号	25 保头图孙家宅		0.629	149.18
1898	英册	2864 号	23 保 13 图徐来桥东北		1.166	372.95
1898	英册	2865 号	25 保 2 图		1.946	2 013.93
1898	英册	2866 号	25 保 4 图八仙桥西		34.004	7 200
1899	英册	2867 号	25 保头图杨家宅		0.517	234.26
1898	英册	2868 号	25 保 2 图英大马路城桥之东		5.33	
1898	英册	2869 号	23 保 1—2 图曹家堰		7.888	2 000
1898	英册	2870 号	23 保 1—2 图曹家堰		11.07	2 730
1898	英册	2871 号	27 保 12 图车袋角		1.454	372.95
1898	英册	2872 号	28 保 12 图		14.189	932.38
1898	英册	2873 号	23 保分 19 图陆家宅		10.031	748.21
1898	英册	2874 号	27 保 8 图刘家宅以北		1.014	149.18

时间(年)	册别	编 号	位 置	买方和卖方	面积(亩)	总价(两)
1898	英册	2875 号	28 保北 12 图王家荡		3.933	400
1898	英册	2876 号	27 保南 12 图螺丝桥		3.533	1 260
1898	英册	2877 号	25 保头图沈家湾		3.457	596.72
1898	英册	2878 号	27 保 8 图静安寺之西长浜		7.31	1 118.85
1898	英册	2879 号	25 保头图杨家宅		0.735	300
1898	英册	2880 号	23 保 1—2 图圆通寺之西南		10.769	1 118.85
1898	英册	2881 号	27 保 10 图坝基		1.911	895.08
1898	英册	2882 号	27 保 10 图杨家浜		1	780
1898	英册	2883 号	27 保 10 图杨家浜		6.001	120
1898	英册	2885 号	25 保 4 图褚家宅西南		0.874	100
1899	英册	2886 号	23 保 1—2 图沈家湾以北		1.095	148.7
1899	英册	2887 号	23 保 1—2 图沈家湾以北		2.248	334.58
1899	英册	2889 号	23 保 12 图周家宅南		5.977	224.2
1899	英册	2890 号	23 保 12 图周家宅南		5.6	218.14
1899	英册	2892 号	23 保 13 图铜匠公所		1.34	163.57
1898	英册	2893 号	23 保 10 图铜匠公所之北		1.725	126.8
1898	英册	2894 号	23 保 13 图东蔡家浜		0.771	67.13
1898	英册	2895 号	23 保 13 图铜匠公所之西		3.894	432.62
1898	英册	2896 号	23 保 1—2 图朱家宅桥之南		1.894	354.3

时间(年)	册别	编 号	位 置	买方和卖方	面积(亩)	总价(两)
1898	英册	2897号	25保2图锡金公所		2.965	1 965
1898	英册	2898号	25保2图杨家浜		0.741	1 000
1898	英册	2899号	25保2图锡金公所以南		1.618	1 360
1898	英册	2900号	28保北12图朱家库		0.701	
1898	英册	2901号	23保1—2图东王家宅		5.071	1 600
1898	英册	2902号	23保1—2图东王家宅		4.355	1 400
1898	英册	2904号	24保24图陆家嘴角		5.032	402.79
1898	英册	2905号	27保12图王家巷		0.579	300
1898	英册	2906号	27保8图静安寺		3.881	500
1898	英册	2907号	27保8图顾家宅之东		3.337	700
1898	英册	2908号	27保10图新闸桥南		0.365	74.59
1898	英册	2909号	27保11图夏家巷		2.44	223.77
1899	英册	2910号	27保11图小何家宅		0.919	44.61
1899	英册	2911号	27保11图姚沙虹浜		2.052	148.7
1899	英册	2912号	27保11图施粥厂之北		1.263	89.22
1899	英册	2913号	27保11图梅园之南		16.734	565.06
1899	英册	2915号	23保13图沈家巷之东		5.761	594.8
1899	英册	2916号	25保头图周家宅桥以北		1	631.98
1899	英册	2917号	23保12图杨家宅		3.09	743.5
1899	英册	2919号	25保4图杜家宅		1.56	250

时间(年)	册别	编 号	位 置	买方和卖方	面积(亩)	总价(两)
1899	英册	2920 号	23 保 13 图石灰浜之北		4.049	148.7
1899	英册	2921 号	23 保 12 图杨家浜		10.101	371.75
1899	英册	2922 号	23 保 12 图石灰浜		3.511	133.83
1899	英册	2923 号	23 保 12 图石灰浜以北		0.734	37.18
1899	英册	2924 号	27 保 8 图静安寺之东南	端第门租宝源祥	2.482	700
1899	英册	2927 号	23 保 3—5 图小杨浜		27.816	743.5
1899	英册	2929 号	27 保 10 图櫊基东		0.556	
1899	英册	2930 号	25 保头图钱家宅		5.671	1 665.44
1899	英册	2931 号	25 保头图毛家荡	玛礼孙葛来敦租宝源祥	0.574	150
1899	英册	2932 号	25 保头图朱家宅之北	玛礼孙葛来敦租宝源祥	1.072	350
1899	英册	2933 号	27 保 9 图郑家巷南		3.568	1 238
1899	英册	2935 号	23 保 1—2 图新闸浜之闵家宅		3.314	892.2
1899	英册	2936 号	28 保 12 图曹家渡东		2.517	240
1899	英册	2937 号	25 保 2 图虹庙西首之石路口		0.131	300
1899	英册	2938 号	25 保 2 图虹庙西首之石路口		0.165	336
1899	英册	2939 号	27 保南 12 图王家宅之北		6.946	700
1899	英册	2940 号	27 保南 12 图王家宅之北		6.495	600
1899	英册	2941 号	23 保 1 图包家宅之西		3.877	594.8
1899	英册	2944 号	22 保 51 图顾家宅之东		3.3	330

时间(年)	册别	编 号	位 置	买方和卖方	面积(亩)	总价(两)
1899	英册	2945 号	27 保 11 图太阳庙以东		15.32	1 487
1899	英册	2946 号	27 保 11 图太阳庙以西		13.554	743.5
1899	英册	2948 号	27 保 10 图金家宅之东南		1.181	148.7
1899	英册	2949 号	28 保 8—9 图曹家渡西		2.013	297.4
1899	英册	2950 号	27 保 10 图金家宅		0.982	223.05
1899	英册	2951 号	25 保头图三元宫之北		4.279	1 635.7
1899	英册	2953 号	27 保 8 图西长浜		1.755	260.23
1899	英册	2954 号	27 保 8 图金家巷		1.708	700
1899	英册	2955 号	25 保头图张家宅桥西	哈同租陆合兴	2.306	720
1899	英册	2956 号	25 保头图张家宅桥西	哈同租卢白记	0.617	200
1899	英册	2957 号	25 保头图川虹浜以南		1.023	800
1899	英册	2958 号	25 保头图川虹浜以南		1.542	650
1899	英册	2959 号	28 保 8—9 图曹家渡之西		2.034	300
1899	英册	2960 号	27 保 9 图南口		1.915	725
1899	英册	2961 号	23 保 1—2 图包家宅		4.482	557.63
1899	英册	2962 号	23 保 13 图下海庙之北		0.53	59.48
1899	英册	2963 号	23 保 1—2 图梅家巷之东北		1.579	297.4
1899	英册	2965 号	27 保 10 图施粥厂之南		1.61	239.41
1899	英册	2966 号	25 保头图张家桥西		0.82	223.05

时间(年)	册别	编 号	位　置	买方和卖方	面积(亩)	总价(两)
1899	英册	2968 号	27 保 7 图刘家宅之北		2.676	1 113.13
1899	英册	2969 号	27 保 7 图刘家宅之北		1.11	371.38
1899	英册	2971 号	23 保 1—2 图张家湾		1.825	148.7
1899	英册	2974 号	23 保 12 图杨树浦桥东		1.296	292
1899	英册	2975 号	27 保 10 图南池浜桥		2.496	743.5
1899	英册	2976 号	27 保 10 图金家宅之西		1.22	300
1899	英册	2977 号	27 保 10 图金家宅之西		3.666	750
1899	英册	2978 号	27 保 9 图张家浜以南		6.379	780.68
1899	英册	2979 号	27 保 9 图张家浜以南		8.685	981.42
1899	英册	2980 号	27 保 9 图张家浜以南		6.15	722.31
1899	英册	2981 号	27 保 9 图张家浜以南		0.762	223.05
1899	英册	2982 号	27 保 10 图酱园巷		0.109	37.18
1899	英册	2983 号	27 保 10 图王家库		0.974	360.6
1899	英册	2984 号	27 保南口车袋角		2.257	186.58
1899	英册	2985 号	27 保 11 图盛家宅以南		4.153	294.76
1899	英册	2986 号	27 保 11 图张家浜		17.933	1 999.64
1899	英册	2987 号	25 保头图钱家宅以北		3.065	966.55
1899	英册	2988 号	27 保南口池浜桥之西		3.272	475.84

时间(年)	册别	编号	位 置	买方和卖方	面积(亩)	总价(两)
1901	英册	2989 号	22 保 51 图杨家码头即杨树浦之沈家滩		26.913	811.25
1901	英册	2990 号	22 保 51 图杨家码头即杨树浦之沈家滩		75	295
1899	英册	2992 号	27 保 10 图张家宅		4.165	1 263.95
1899	英册	2993 号	27 保 10 图张家宅		2.459	743.5
1899	英册	2994 号	27 保 8 图曹家桥西		5.491	594.8
1899	英册	2995 号	27 保 8 图曹家桥西		17.304	3 085.53
1899	英册	2996 号	28 保 5—6 图胡家宅之东		22.006	817.85
1899	英册	2997 号	23 保 13 图钱家庵之北		1.192	223.05
1899	英册	2998 号	27 保 10 图金家宅以北	玛礼孙葛来敦租宝源祥	1.899	371.75
1899	英册	2999 号	27 保 10 图金家宅以北	玛礼孙葛来敦租宝源祥	1.825	408.93
1899	英册	3000 号	27 保 10 图小闸港	玛礼孙葛来敦租宝源祥	1.21	297.4
1899	英册	3001 号	27 保 10 图金家宅以北	玛礼孙葛来敦租宝源祥	0.937	148.7
1899	英册	3002 号	27 保 13 图谈家渡		2.412	185.88
1899	英册	3003 号	27 保 13 图谈家渡		0.792	74.35
1899	英册	3004 号	25 保头图打靶路		0.531	185.88
1899	英册	3005 号	25 保 2 图老闸桥南岸之西		0.714	520.45
1899	英册	3006 号	27 保 13 图康家桥西南(地中浜未计)		17.925	1 338.3
1899	英册	3007 号	23 保 15 图虹镇之东		2.476	104.09
1899	英册	3009 号	23 保 15 图虹镇之东		1.568	81.79

时间(年)	册别	编 号	位 置	买方和卖方	面积(亩)	总价(两)
1899	英册	3010 号	23 保 1—2 图仙师庵之东(浜在内)		4.927	371.45
1899	英册	3011 号	23 保头图秦家巷南		2.872	197.99
1899	英册	3013 号	27 保北 12 图小沙渡		1.519	
1899	英册	3015 号	27 保 8 图刘家宅北(坟地不入契)		2.696	1 263.95
1899	英册	3016 号	27 保 8 图静安寺		0.5	250
1899	英册	3018 号	27 保 8 图愚园之东		0.95	300
1899	英册	3019 号	27 保南 12 图王家巷		0.817	74.35
1899	英册	3021 号	27 保 3 图徐家库之北		1.194	223.05
1899	英册	3022 号	27 保 11 图郭家库		1.817	152.45
1899	英册	3023 号	27 保 11 图姚沙虹浜		1.842	148.7
1899	英册	3024 号	27 保 10 图新闸桥以北		0.399	148.7
1899	英册	3025 号	25 保 2 图石路之致远街口		0.883	800
1899	英册	3026 号	23 保 13 图下海庙之东		2.42	100
1899	英册	3029 号	25 保 4 图姚家宅		3.121	1 000
1899	英册	3030 号	27 保 10 图墙前		0.756	300
1899	英册	3031 号	25 保头图张家宅桥以北		2	446.1
1899	英册	3032 号	27 保 11 图梅园东北		0.58	59.48
1899	英册	3033 号	27 保曹家桥(可计入总面积)		9.443	
1899	英册	3034 号	27 保 8 图金家浜	通和行租宝源祥	21.064	1 449.83
1899	英册	3035 号	27 保 8 图金家浜	通和行租宝源祥	3.945	297.4

时间（年）	册别	编号	位　置	买方和卖方	面积（亩）	总价（两）
1899	英册	3036 号	27 保 8 图静安寺南之长浜	通和行租宝源祥	2.268	223.05
1899	英册	3037 号	27 保 8 图静安寺南之长浜	通和行租宝源祥	0.902	520.45
1899	英册	3038 号	27 保 8 图童家池之南	通和行租宝源祥	22.623	1 487
1899	英册	3039 号	23 保 10 图仙师庵之东		2.551	223.05
1899	英册	3040 号	27 保 9 图张家浜以西		0.635	200
1899	英册	3041 号	27 保 9 图张家浜以西		0.65	148.7
1899	英册	3042 号	裴来德租宝源祥		0.963	148.7
1899	英册	3043 号	27 保 10 图金家宅西		0.463	104.09
1899	英册	3044 号	27 保 9 图郑家巷西		4.386	594.8
1899	英册	3045 号	27 保 9 图姚桥东		2.044	300
1899	英册	3047 号	28 保北 12 图朱家库		0.923	120
1899	英册	3048 号	27 保 9 图张家浜之西	玛礼孙葛来敦租宝源祥	4.755	408.93
1899	英册	3050 号	27 保 10 图新闸南之酱园巷		1.26	500
1899	英册	3051 号	27 保 9 图郑家巷	玛礼孙葛来敦租宝源祥	2.837	260.23
1899	英册	3052 号	27 保 9 图徐家库	玛礼孙葛来敦租宝源祥	3.702	297.4
1899	英册	3053 号	27 保 8 图童家地	通和行租宝源祥	30.116	2 193.33
1899	英册	3054 号	27 保 8 图愚园以北		0.554	148.7
1899	英册	3055 号	27 保 8 图愚园以北	通和行租程谨记	2.324	297.4

时间(年)	册别	编 号	位 置	买方和卖方	面积(亩)	总价(两)
1899	英册	3056 号	27 保 8 图愚园以北	通和行租程谨记	0.6	297.4
1899	英册	3057 号	25 保头图界浜桥		0.75	260.23
1899	英册	3058 号	27 保 9 图郑家巷	通和行租张和南	0.701	74.35
1899	英册	3059 号	27 保 9 图郑家巷	通和行租宝源祥	2.886	237.92
1899	英册	3060 号	27 保 9 图郑家巷	通和行租宝源祥	1.182	111.53
1899	英册	3061 号	27 保 9 图郑家巷	通和行租宝源祥	1.669	148.7
1899	英册	3062 号	27 保 9 图郑家巷	通和行租宝源祥	1.255	111.53
1899	英册	3063 号	23 保 12 图祝家浜以南		6.533	386.62
1899	英册	3064 号	22 保 53 图东沟口		41.166	866.18
1899	英册	3065 号	27 保 9 图南 12 郑家巷之北		0.974	437.18
1899	英册	3066 号	27 保南 12 叉袋角		0.944	74.35
1899	英册	3067 号	27 保 11 图九凹湾	通和行租余庆堂何	2.641	371.75
1899	英册	3068 号	27 保南 12 图池浜桥以西	通和行租益记	1.041	600
1899	英册	3069 号	27 保 10 图梅家宅之南	通和行租李泉记等 2 户	2.711	950
1899	英册	3070 号	23 保 15 图虹镇之南	通和行租吴云山	1.858	74.35
1899	英册	3071 号	27 保 11 图张家浜		0.976	111.53
1899	英册	3073 号	27 保 8 图赵家桥	通和行租程谨记	4.805	743.5
1899	英册	3074 号	27 保 8 图□家浜	通和行租宝源祥	6.889	1 115.25
1899	英册	3075 号	27 保 8 图姚家宅		1.184	300
1899	英册	3076 号	27 保 10 图新闸桥北块	通和行租协兴木行	0.894	266
1902	英册	3077 号	27 保 7 图刘家宅之北	通和行租吴四明	2.143	223.23
1899	英册	3078 号	25 保 2 图杨家浜	通和行租侯嘉记	1.611	371.75

时间(年)	册别	编 号	位 置	买方和卖方	面积(亩)	总价(两)
1899	英册	3079 号	25 保头沈家湾之西	玛礼孙葛来敦租宝源祥	3.015	743.5
1899	英册	3080 号	25 保头图沈家湾之西	玛礼孙葛来敦租宝源祥	2.103	446.1
1899	英册	3081 号	27 保 10 图沈家宅	通和行租瞿阿炳	0.871	148.7
1899	英册	3082 号	27 保南 12 顾家浜头	通和行租张晓岩	2.461	500
1899	英册	3083 号	23 保 1—2 图周家宅之东南	通和行租曹长孙	1.232	223.05
1899	英册	3084 号	23 保 1—2 图周家宅	通和行租梁圣宝 2 人	6.425	2 230.5
1899	英册	3085 号	27 保 3 图徐家库之西		2.701	263.94
1899	英册	3086 号	23 保西 13 图西蔡家浜		2.444	520.45
1899	英册	3087 号	25 保 2 图垃圾桥之西川虹浜		1.161	850
1899	英册	3089 号	23 保 1—2 图杨树浦之曹家渡		2.442	544.69
1899	英册	3090 号	23 保 2 图周家宅		0.533	148.7
1899	英册	3091 号	24 保 24 图陆家嘴		8.586	638.37
1899	英册	3092 号	24 保 24 图陆家嘴		1.961	145.8
1899	英册	3093 号	27 保 8 图华家桥		0.832	300
1899	英册	3094 号	25 保 4 图聚金桥之西		7.649	3 020
1899	英册	3095 号	27 保 10 图新闸桥南		3.224	743.5
1899	英册	3096 号	23 保 13 图沈家宅		7.151	450
1899	英册	3097 号	27 保 10 图墙前	通和行租宝源祥	0.2	148.7
1899	英册	3098 号	27 保 8 图金家浜	通和行租宝源祥	8.767	706.33
1899	英册	3099 号	27 保 3 图姚桥北	通和行租宝源祥	42.866	2 230.5

时间(年)	册别	编 号	位 置	买方和卖方	面积(亩)	总价(两)
1899	英册	3100 号	27 保 11 图郭家库以东	通和行租宝源祥	1.92	148.7
1899	英册	3105 号	27 保 10 图新闸桥南之老街	通和行租宝源祥	0.116	74.35
1899	英册	3106 号	27 保 11 图梅园西	通和行租宝源祥	2.423	148.7
1899	英册	3107 号	27 保 10 图新闸桥北塽		0.515	11.8
1899	英册	3110 号	23 保 10 图仙师庵东		4.513	297.4
1899	英册	3111 号	23 保 10 图仙师庵东		8.432	446.1
1899	英册	3112 号	25 保 4 图林家宅		0.25	30
1899	英册	3113 号	25 保 4 图林家宅		1.463	156
1899	英册	3114 号	25 保 4 图陆家观音堂		1.02	113.01
1899	英册	3115 号	23 保 10 图仙师庵东北		6.473	362.68
1899	英册	3116 号	27 保 11 图张家浜	玛礼孙葛来敦租宝源祥	52.288	1 858.75
1899	英册	3117 号	24 保 21 图浦东洋泾港之东		37.943	2 379.2
1899	英册	3118 号	27 保 8 图王家浜头	通和行	1.16	150
1899	英册	3119 号	27 保 10 图南池浜桥	通和行租宝源祥	0.474	74.35
1899	英册	3120 号	27 保 10 图坝基	通和行租宝源祥	0.716	148.7
1899	英册	3121 号	25 保 4 图晏公庙东		0.43	60
1899	英册	3122 号	25 保头图钱业会馆之西	通和行租郭源德堂	0.935	800
1899	英册	3123 号	25 保头图钱业会馆之西	通和行租翁六桂堂	1.172	850

时间(年)	册别	编 号	位 置	买方和卖方	面积(亩)	总价(两)
1899	英册	3124 号	25 保头图周家宅桥之北		4.397	2 500
1899	英册	3127 号	27 保 13 图谈家渡	通和行租姚锦芳等 11 人	22.306	594.8
1899	英册	3128 号	27 保 12 图谈家渡	通和行租沈显年等 7 人	16.065	636.29
1899	英册	3130 号	27 保 13 图谈家渡	通和行租叶济龙等	7.13	260.23
1899	英册	3131 号	27 保南 12 图小戚家村之东	通和行租沈大年等 2 人	3.265	446.1
1899	英册	3134 号	24 保 24 图陆家嘴		5.297	312.27
1899	英册	3135 号	24 保 24 图陆家嘴		4.837	301.86
1899	英册	3136 号	23 保 10 图秦家巷之西		9.45	498.15
1899	英册	3138 号	25 保 2 图垃圾桥北		0.492	223.05
1899	英册	3139 号	23 保 15 图圆通寺之南		0.816	70
1899	英册	3140 号	23 保 1—2 图张家湾		0.513	70
1899	英册	3141 号	23 保 1—2 图张家湾		0.454	40
1899	英册	3142 号	23 保 13 图祝家浜之南		1.481	74.35
1899	英册	3144 号	27 保 11 图均在苏州河以北		30.18	1 858.75
1899	英册	3145 号	23 保 11 图祝家浜之北（西首半浜系契内之地）		5.083	475.84
1899	英册	3146 号	25 保 4 图杜家宅之南	高易行租周昭记	1.802	820
1899	英册	3147 号	23 保 1—2 图杨家宅之南		1.017	223.05

时间(年)	册别	编　号	位　置	买方和卖方	面积(亩)	总价(两)
1899	英册	3148 号	25 保头图张家宅桥西		2.328	600
1899	英册	3149 号	27 保北 12 图小沙渡		1.462	74.35
1899	英册	3150 号	23 保 13 图薛家浜		3.326	245.36
1899	英册	3151 号	25 保头图张家宅桥西	哈同租厚福公司	15.694	7 280
1899	英册	3153 号	27 保 11 图北长浜	通和行租宝源祥	1.918	111.53
1899	英册	3154 号	27 保 11 图北长浜	通和行租宝源祥	4.324	223.05
1899	英册	3156 号	28 保北 12 图张家宅之北(小马路属单内地)		3.734	312.27
1899	英册	3157 号	27 保 10 图小闸港之北	通和行租徐余庆堂	0.303	148.7
1899	英册	3158 号	23 保 1—2 图吴家宅		0.925	148.7
1899	英册	3159 号	23 保 13 图沈家宅南		0.53	52.05
1899	英册	3160 号	23 保 13 图薛家浜		0.878	74.35
1899	英册	3161 号	25 保 2 图中旺街		1.696	1 000
1899	英册	3162 号	27 保 10 图池浜桥		0.986	446.1
1899	英册	3164 号	27 保 10 图大王庙之东		1.478	446.1
1899	英册	3165 号	25 保 3 图乾记巷之东南	通和行租三善堂吴	1.162	1 487
1899	英册	3166 号	23 保 13 图下海庙之东	道达租发记	0.797	118.96
1899	英册	3167 号	23 保 13 图下海庙之东		2.173	371.75

时间(年)	册别	编 号	位 置	买方和卖方	面积(亩)	总价(两)
1900	英册	3169 号	23 保 1—2 图东王家宅		3.436	1 140
1899	英册	3170 号	25 保 2 图垃圾桥北		0.3	111.53
1899	英册	3171 号	28 保北 12 图朱家库		2.375	200
1899	英册	3172 号	27 保 10 图新闸桥南之沈家宅		1.1	223.05
1899	英册	3173 号	27 保 3 图夏家堰南		4.338	100
1899	英册	3174 号	25 保 10 图鹈鹕浜之东	通和行租唐德基	2.593	1 000
1899	英册	3176 号	25 保头图梁家湾		0.401	200
1899	英册	3178 号	27 保 8 图金家巷之西		2.504	400
1899	英册	3179 号	27 保 8 图南姚之南		0.238	80
1899	英册	3180 号	27 保 8 图南姚之南		1.522	500
1899	英册	3181 号	27 保 8 图金家巷之西		3.525	600
1899	英册	3182 号	27 保 11 图夏家巷之南		4.036	906.92
1900	英册	3184 号	25 保 4 图□家库	通和行租胡咸海	0.516	611.15
1899	英册	3185 号	27 保 9 图徐家库		0.457	74.35
1899	英册	3186 号	27 保 8 图愚园之东	通和行租宝源祥	2.586	297.4
1903	英册	3187 号	23 保 1—2 图朱家宅之西		1.453	374.45
1899	英册	3188 号	23 保 3—5 图虬港	通和行租曼记	20.909	640
1901	英册	3189 号	27 保南 12 图石家滩	通和行租陈维松	1.237	225

时间(年)	册别	编号	位 置	买方和卖方	面积(亩)	总价(两)
1899	英册	3190 号	27 保南 11 图郭家库之西		27.061	594.8
1899	英册	3191 号	27 保南 12 图车袋角		9.154	892.2
1899	英册	3192 号	27 保 10 图新闸桥北块之东		0.9	500
1899	英册	3193 号	27 保 9 图张家浜	通和租张省吾	1.775	400
1899	英册	3194 号	27 保 3 图夏家堰之南		3.872	334.58
1899	英册	3195 号	27 保 3 图顾家湾之南		1.106	111.53
1899	英册	3196 号	23 保头图杨树浦之曹家渡		0.454	200
1899	英册	3197 号	27 保 11 图九凹湾		1.143	111.53
1899	英册	3198 号	27 保 9 图小闸港之南		1.191	371.75
1899	英册	3199 号	23 保 13 图蔡家浜铜匠公所之南		2.203	371.75
1899	英册	3200 号	24 保 24 图陆家嘴		2.877	535.32
1899	英册	3201 号	27 保 9 图张家浜	通和行租徐永春	0.262	100
1899	英册	3202 号	27 保 8 图小池园	通和行租蔡同德	3.572	700
1899	英册	3203 号	27 保 8 图陈家宅桥	通和行租蔡同德	7.996	1 700
1899	英册	3204 号	27 保 8 图朱家港之北	通和行租蔡同德	2.2	400
1899	英册	3205 号	27 保 8 图陈家宅桥	通和行租蔡同德	0.387	140
1899	英册	3206 号	27 保 8 图陈家宅桥	通和行租蔡同德	0.521	100
1899	英册	3207 号	27 保南 12 图池浜桥以西	通和行租张益祥	0.254	80

时间(年)	册别	编 号	位 置	买方和卖方	面积(亩)	总价(两)
1899	英册	3209 号	25 保 4 图杜家宅之南		0.648	29.74
1899	英册	3211 号	27 保 11 图药水厂之西		2.346	400
1899	英册	3212 号	27 保 3 图顾家湾		1.982	297.4
1899	英册	3213 号	23 保 13 图西蔡家浜		1.715	446.1
1899	英册	3214 号	25 保 9 图顾家宅		3.5	74.35
1900	英册	3216 号	27 保 13 图华家桥		1.136	521.71
1899	英册	3217 号	23 保 13 图吴家宅之西		0.26	44.61
1899	英册	3218 号	25 保 4 图姚家宅		0.61	100
1899	英册	3219 号	23 保 12 图		18.64	2 784
1899	英册	3220 号	27 保 10 图郑家浜之东	通和行租康孟记	1.677	500
1899	英册	3221 号	27 保 10 图郑家浜之东	通和行租宝源祥	0.66	148.7
1899	英册	3222 号	25 保头图锡金公所之东	通和行租陆信记	2.633	954
1899	英册	3223 号	25 保头图界浜桥之东	通和行租王钮氏	0.2	100
1900	英册	3224 号	27 保 8 图华家桥	通和行租宝源祥	0.28	
1899	英册	3225 号	25 保 4 图关帝庙西南		3.256	446.1
1899	英册	3226 号	25 保 2 图杨家浜之东		0.816	606.7
1899	英册	3227 号	24 保 24 图吴家厅之西北		3.4	176.95
1899	英册	3228 号	24 保 24 图吴家厅之西北		1.25	185.88
1899	英册	3229 号	27 保南 12 图石家滩	通和行租杨石记	4.668	252.79
1899	英册	3230 号	27 保南 12 图石家滩	通和行租杨石记	5.587	289.97

时间(年)	册别	编号	位　置	买方和卖方	面积(亩)	总价(两)
1899	英册	3231 号	23 保 2 图张家湾	通和行租杨石记	1.158	141.27
1899	英册	3232 号	23 保 2 图包家宅	通和行租杨石记	0.328	44.61
1899	英册	3233 号	23 保 2 图沈家湾之东	通和行租杨石记	1.641	200.75
1899	英册	3234 号	23 保 2 图竹行桥	通和行租杨石记	0.297	44.61
1899	英册	3235 号	23 保 2 图文昌阁之北	通和行租杨石记	0.517	81.79
1899	英册	3236 号	23 保 2 图文昌阁之北	通和行租杨石记	0.674	89.22
1899	英册	3237 号	23 保 2 图朱家木桥	通和行租杨石记	0.677	89.22
1899	英册	3238 号	23 保 2 图曹家堰	通和行租杨石记	0.706	96.66
1899	英册	3239 号	23 保 2 图曹家堰	通和行租杨石记	0.519	81.79
1899	英册	3240 号	23 保 12 图奚家宅	通和行租杨石记	0.926	29.74
1899	英册	3241 号	23 保 12 图石灰浜	通和行租杨石记	0.709	29.74
1899	英册	3242 号	23 保 12 图太平寺东南	通和行租杨石记	1.354	44.61
1899	英册	3243 号	23 保 12 图奚家宅之西	通和行租杨石记	0.659	22.31
1899	英册	3244 号	25 保 2 图锡金公所之南		1.19	700
1899	英册	3246 号	25 保 2 图老闸南之瞿巷		1.163	743.5
1899	英册	3247 号	25 保 2 图垃圾桥北之叶家宅		4.252	2 974
1899	英册	3248 号	23 保 1—2 图王家宅		3.062	600
1899	英册	3249 号	27 保 11 图施粥厂西北		2.08	440
1899	英册	3250 号	27 保 2 图康家宅之南		6.467	1 189.6
1899	英册	3251 号	27 保 9 图跑马场之西		2.368	743.5

时间(年)	册别	编号	位　置	买方和卖方	面积(亩)	总价(两)
1899	英册	3252 号	27 保 10 图南池浜桥		1.476	371.75
1899	英册	3253 号	27 保 10 图金家宅之西		0.7	185.88
1899	英册	3254 号	23 保 13 图吴家宅之北		3.997	371.75
1899	英册	3255 号	23 保 13 图张方庙之北		1.542	150
1899	英册	3256 号	27 保 9 图张园之西		2	500
1899	英册	3258 号	27 保 10 图油车基	通和行租宝源祥	0.268	148.7
1899	英册	3259 号	25 保 10 图王家园	通和行租唐德基	0.84	500
1899	英册	3260 号	27 保 8 图姚桥	通和行租陆周氏母子	1.4	371.75
1899	英册	3261 号	27 保 9 图张园之西		0.449	223.05
1899	英册	3262 号	27 保 8 图愚园之北	通和行租程谨记	0.8	
1900	英册	3263 号	23 保 15 图虹镇	通和行租钱元观	11.386	395.01
1899	英册	3264 号	23 保 1—2 图王家宅		2.187	450
1899	英册	3265 号	27 保 8 图华家桥之东		0.576	223.05
1899	英册	3266 号	27 保 13 图华家桥		1.944	520.45
1899	英册	3267 号	24 保 21 图洋泾港之东		12.042	245.36
1899	英册	3269 号	25 保 2 图南香粉巷		0.31	150
1899	英册	3270 号	24 保 21 图洋泾港之东		5.472	148.7
1899	英册	3271 号	27 保 10 图		0.667	200
1899	英册	3272 号	23 保 13 图西薛家浜		1.716	250

时间(年)	册别	编 号	位 置	买方和卖方	面积(亩)	总价(两)
1899	英册	3273 号	23 保 13 图西薛家浜		2.762	500
1899	英册	3274 号	23 保 13 图西薛家浜		0.289	297.4
1899	英册	3275 号	24 保 21 图浦东洋泾之东		1.758	44.61
1899	英册	3276 号	23 保头图杨家宅		3.197	371.75
1900	英册	3277 号	25 保头图知字圩		3.233	
1899	英册	3278 号	27 保 8 图刘家宅之北		3.348	150
1899	英册	3279 号	27 保 9 图		0.24	
1899	英册	3280 号	27 保 11 图郑家浜之西		3.608	390
1899	英册	3281 号	27 保 10 图梅园东		1.572	760
1899	英册	3282 号	25 保 4 图姚家宅		0.518	817.85
1899	英册	3283 号	23 保 1—2 图下海庙之西		4.436	743.5
1899	英册	3284 号	27 保 10 图沈家宅之南		0.902	371.75
1899	英册	3285 号	27 保南 12 图石家滩		6.5	483.28
1899	英册	3286 号	27 保南 12 图池浜桥之西		1.044	1 300
1899	英册	3287 号	25 保 2 图垃圾桥北之川虹浜		0.688	800
1899	英册	3288 号	23 保 1—2 图陆家宅		0.44	163.57
1899	英册	3289 号	27 保 3 图唐家宅桥之西		0.817	74.35
1899	英册	3291 号	25 保 4 图关帝庙之东		3.71	620
1899	英册	3292 号	25 保 4 图关帝庙之东		1.195	220

时间(年)	册别	编 号	位 置	买方和卖方	面积(亩)	总价(两)
1899	英册	3293 号	23 保 13 图下海庙之东北		0.792	223.05
1900	英册	3294 号	27 保 3 图顾家湾		1.378	149.06
1899	英册	3297 号	27 保 9 图胡家楼		1.422	680
1899	英册	3298 号	27 保 3 图顾家湾		1.504	446.1
1899	英册	3299 号	23 保 1—2 图梅家巷		5.205	1 040.9
1899	英册	3302 号	23 保 12 图周家巷	通和行租周伽宝	1.667	334
1900	英册	3303 号	25 保头唐家巷	通和行租徐鹤亭	1.148	650
1900	英册	3304 号	27 保 8 图长浜		1.475	1 700
1900	英册	3305 号	27 保 8 图赵家宅桥之东北	通和行租姚庆云2 人	0.276	223.59
1900	英册	3306 号	27 保 13 图华家桥	通和行租仁记	0.31	223.59
1899	英册	3308 号	23 保 1—2 图朱家宅		0.536	223.59
1900	英册	3309 号	27 保 10 图郑家浜之东		1.372	298.12
1900	英册	3310 号	27 保 10 图郑家浜之东		3.336	745.3
1900	英册	3311 号	25 保 2 图张家宅桥		0.854	450
1900	英册	3312 号	23 保 16 图董家桥之东		6.456	603.69
1899	英册	3314 号	27 保 11 图药水厂之西		1.94	
1900	英册	3316 号	27 保 8 图华家桥之西	大胜行租姚四海4 人(包括宝源祥)	1.908	372.65
1900	英册	3318 号	25 保 4 图李家宅之西		0.891	186.33
1900	英册	3319 号	23 保 12 图曹家渡	高易行添租	0.136	29.81
1900	英册	3320 号	23 保 12 图曹家渡	高易行添租	0.183	223.59

时间(年)	册别	编 号	位 置	买方和卖方	面积(亩)	总价(两)
1900	英册	3324 号	27 保 9 图张家宅之西		1.72	223.59
1900	英册	3327 号	25 保 4 图潮州会馆之南		0.795	298.12
1900	英册	3328 号	25 保头图锡金公所之东		2.516	1 240
1900	英册	3329 号	25 保头图养马圈之西		0.638	400
1900	英册	3331 号	27 保 8 图华家桥	通和行租宝源祥	0.312	74.53
1900	英册	3332 号	27 保 8 图华家桥	通和行租蔡同德	0.78	200
1900	英册	3333 号	27 保 8 图华家桥	通和行租蔡同德	0.289	100
1900	英册	3334 号	27 保 10 图小闸港之北		0.1	37.27
1900	英册	3335 号	27 保 9 图芦花荡之西	哈同租王华华	1.5	447.18
1900	英册	3336 号	27 保 9 图芦花荡之西(公路属单内地)	哈同租王汇结	1.31	393.52
1900	英册	3337 号	27 保 9 图芦花荡之西(公路属单内地)	哈同租王老鉴	1.238	286.2
1900	英册	3338 号	27 保 10 图郑家浜		1.366	600
1900	英册	3339 号	27 保 10 图郑家浜		1.043	500
1900	英册	3340 号	23 保 1—2 图杨家宅之南		0.962	223.59
1900	英册	3342 号	25 保 3 图金隆街		0.723	521.71
1900	英册	3343 号	23 保 12 图石灰浜		0.577	86.45
1900	英册	3344 号	23 保 12 图尤家浜头		3.8	643.94
1900	英册	3345 号	23 保 13 图提篮桥之东		1.388	335.39
1900	英册	3346 号	27 保 8 图金家巷		1.494	335.39
1900	英册	3347 号	27 保 10 图墙前	通和行租丁兰轩	1.157	300

时间(年)	册别	编　号	位　置	买方和卖方	面积(亩)	总价(两)
1900	英册	3348 号	22 保 53 图陈家嘴	通和行租顾培记	39.157	894.36
1900	英册	3349 号	22 保 53 图陈家嘴	通和行租顾培记	12.087	894.36
1901	英册	3350 号	22 保 51 图周家嘴(北外滩)	通和行租邵闰记	27.151	368.75
1900	英册	3351 号	27 保 10 图坝基	通和行租宝源祥	0.691	184.38
1900	英册	3352 号	27 保 10 图水炉公所之北	通和行租宝源祥	0.2	74.53
1900	英册	3370 号	27 保 9 图华家桥	通和行租张建华	1.362	521.71
1902	英册	3371 号	25 保 2 图香粉巷	通和行租盛夔记	2.199	3 000
1900	英册	3372 号	27 保南 12 图戚家村之东	通和行租贻本堂	0.678	149.06
1900	英册	3375 号	27 保 9 图芦花荡之南		0.957	37.27
1900	英册	3376 号	23 保 13 图提篮桥之东		0.808	298.12
1900	英册	3377 号	27 保南 12 图石家滩		9.358	708.04
1900	英册	3378 号	25 保头图老闸北之唐家巷		1.232	484.45
1900	英册	3379 号	27 保 3 图		0.6	134.15
1900	英册	3380 号	27 保 10 图小闸港之北		0.454	200
1900	英册	3381 号	25 保 4 图褚家桥	玛礼孙葛来敦租蒋鹤庭	3.976	1 490.6
1900	英册	3382 号	27 保 10 图坝基之东	玛礼孙葛来敦租张信泰	0.75	550
1900	英册	3383 号	25 保 4 图晏公庙之北		1.708	553
1900	英册	3384 号	25 保 4 图陆家观音堂之东		0.733	111.8
1900	英册	3385 号	25 保头图张家宅桥之西		0.634	300
1900	英册	3386 号	27 保 3 图徐家库之北		1.369	387.56

时间(年)	册别	编 号	位 置	买方和卖方	面积(亩)	总价(两)
1900	英册	3387 号	27 保 9 图郑家巷之南		1.946	1 650
1900	英册	3388 号	27 保南 12 图车袋角		4.543	
1900	英册	3389 号	27 保 7 图刘家宅	中庸行租德润堂徐,玛礼孙葛来敦	1.373	383.9
1900	英册	3390 号	23 保 13 图吴家宅之西	铅宁租宝源祥	1.516	134.15
1900	英册	3391 号	23 保 13 图吴家宅之西	沙石龙租宝源祥	5.385	536.62
1900	英册	3392 号	25 保 4 图杜家宅		0.503	223.59
1900	英册	3393 号	25 保 2 图垃圾桥北块之东		0.121	149.06
1900	英册	3394 号	25 保 2 图老闸大王庙之西		0.389	298.12
1900	英册	3395 号	27 保 11 图施粥厂之西		3.658	372.65
1900	英册	3396 号	23 保 13 图提篮桥之东		0.47	111.795
1901	英册	3397 号	23 保 1—2 图里虹口		1.795	980
1900	英册	3398 号	25 保头图张家宅之北		1.482	447.18
1900	英册	3399 号	23 保 2 图西王家宅		0.41	298.12
1900	英册	3400 号	27 保 10 图池浜桥西	裴来德租望益公司	5.911	1 321.57
1900	英册	3401 号	25 保 9 图羊肥桥之北	裴来德租济源堂	2	149.06
1900	英册	3402 号	25 保 9 图羊肥桥之北		2	149.06
1900	英册	3403 号	25 保 9 图羊肥桥之北		3.587	268.31
1900	英册	3404 号	25 保头图梁家湾		0.128	521.71

时间(年)	册别	编 号	位 置	买方和卖方	面积(亩)	总价(两)
1900	英册	3405号	23保2图张家湾	高易行租马桂桂	1.71	372.65
1900	英册	3406号	27保9图池浜桥之南		0.662	372.65
1900	英册	3407号	25保头图沈家湾		0.714	372.65
1900	英册	3408号	27保11图梅园之西		5.241	268.31
1900	英册	3409号	27保11图郭家库之西		1.894	149.06
1900	英册	3410号	25保2图垃圾桥北之杨家浜		1.456	745.3
1900	英册	3412号	27保9图郑家巷之南		1.947	
1900	英册	3413号	27保9图南泥城桥之南		1.089	400
1900	英册	3414号	27保8图静安寺镇之南	通和行租宝源祥	1.799	74.53
1900	英册	3415号	27保8图静安寺镇之南	通和行租宝源祥	3.071	335.39
1900	英册	3416号	23保15图张家宅之西	通和行租吴连生3人	6.33	223.59
1900	英册	3417号	23保15图虹镇之东	通和行租吴虎南3户	3.317	126.7
1900	英册	3418号	23保12图毛家荡	通和行租徐遵义	1.694	298.12
1900	英册	3419号	27保3图徐家库之西北	美查租赵荣章	3.36	178.87
1900	英册	3420号	27保3图徐家库之西北	美查租赵荣章	1.748	89.44
1900	英册	3421号	27保3图徐家库之西北	美查租赵荣章	1.772	89.44
1900	英册	3422号	27保3图徐家库之西北	美查租赵荣章	1.563	81.98
1900	英册	3423号	27保3图徐家库之西北	美查租赵荣章	0.81	44.72
1900	英册	3424号	27保3图徐家库之北	美查租赵荣章	2.944	149.06

时间(年)	册别	编号	位置	买方和卖方	面积(亩)	总价(两)
1900	英册	3426号	25保4图高家宅	有恒行租密有根2人	1.93	607.45
1900	英册	3427号	23保13图下海庙之南	有恒行租宋天禄	0.411	149.06
1900	英册	3428号	23保13图下海庙之东	有恒行租徐桂潮2人	1.349	149.06
1900	英册	3430号	27保13图水炉公所之西南	雷门租张四观2人	1.49	600
1900	英册	3431号	25保4图姚家宅		4.89	
1900	英册	3442号	27保10图郑家浜之东		1.024	442.4
1900	英册	3443号	25保1—2图老闸桥北之唐家巷		3.464	3 400
1900	英册	3444号	27保3图徐家库之北	美查租赵荣章	1.816	104.34
1901	英册	3445号	27保8图涌泉浜之南		1.25	
1900	英册	3446号	27保3图涌泉浜之南	美查租赵荣章	1.174	74.53
1900	英册	3447号	27保10图施粥厂之南	玛礼孙葛来敦租宝源祥	1.976	
1900	英册	3448号	27保南12图东滩	裴来德租张云卿2人	5	372.65
1900	英册	3449号	27保南12图车袋角		1.617	596.24
1900	英册	3450号	23保1—2图张家湾之西南	高易行租怀德堂	8.188	1 267.01
1900	英册	3451号		道胜银行租黄华栋	23	
1900	英册	3452号	25保2图张家宅桥之西		2.335	1 117.95
1900	英册	3453号	27保3图涌泉浜之南	美查租赵荣章	1.539	89.44
1900	英册	3454号	27保3图徐家库之北	美查租赵荣章	1.776	96.89

时间(年)	册别	编号	位　置	买方和卖方	面积(亩)	总价(两)
1900	英册	3456 号	24 保 16 图纲尖	怡和行租陈麟洲 4 人	17.906	3 539.21
1900	英册	3457 号	27 保南 12 图车袋角		1.25	
1900	英册	3458 号	27 保南 12 图石家滩	铅宁租徐全顺	1.62	186.33
1900	英册	3459 号	23 保 10 图仙师庵之北	谦和行租徐邦清 3 人	12.754	1 090.6
1900	英册	3461 号	23 保 1—2 图张家湾西南	高易行租胡富春 2 人	2.276	387.56
1900	英册	3462 号	23 保 1—2 图吴家宅		0.663	149.06
1900	英册	3465 号	23 保头图杨家宅西南		0.485	149.06
1900	英册	3466 号	27 保 10 图	玛礼孙葛来敦租陈发引	转 3519 号新契	400
1902	英册	3470 号	25 保头图杨家坟山之北	安卜洛司租陆锡甫	1.4	2 083.48
1900	英册	3471 号	27 保南 12 图		0.866	223.59
1903	英册	3473 号	27 保 7 图盛家宅		0.866	187.23
1900	英册	3474 号	23 保 15 图虹镇之南	通和行租左、钱、张姓	8.678	223.59
1900	英册	3475 号	27 保 9 图华家桥之西南	通和行租正益堂	1.182	350
1900	英册	3476 号	27 保 9 图华家桥之西南	通和行租正益堂	6.025	1 600
1900	英册	3477 号	27 保 9 图华家桥之西南	通和行租正益堂	1.589	500
1900	英册	3478 号	27 保 9 图张家浜之西	长利行租陶凤记	1.357	447.18
1900	英册	3479 号	27 保 9 图南池浜桥之东	长利行租陶凤记	1.264	447.18
1900	英册	3480 号	25 保 4 图姚家宅		2.899	520.22
1900	英册	3482 号	25 保 2 图老闸桥之南		0.963	745.3

时间(年)	册别	编 号	位 置	买方和卖方	面积(亩)	总价(两)
1900	英册	3484 号	23 保分 19 图麦家宅之东南	谦和行租陆乾元	0.956	37.27
1900	英册	3485 号	23 保分 19 图麦家宅之东南	谦和行租陆乾元	1.049	37.27
1900	英册	3487 号	25 保 4 图褚家桥之西	新瑞和租林谢氏母子	1.043	372.7
1900	英册	3488 号	25 保 4 图晏公庙桥之西	新瑞和租林永祥	1.146	223.59
1900	英册	3489 号	25 保 4 图打铁浜	新瑞和租林永祥	0.454	186.33
1900	英册	3492 号	27 保南 12 图华家桥之东南	通和行租正益堂	0.15	59.62
1900	英册	3493 号	27 保 10 图金陵公所之南	通和行租王子江	0.612	223.59
1900	英册	3494 号	25 保 4 图高家宅	通和行租宝源祥	0.378	89.44
1900	英册	3495 号	25 保 4 图高家宅	通和行租宝源祥	0.837	178.87
1900	英册	3496 号	25 保 4 图聚金桥之北	通和行租李阿和	1.374	447.18
1900	英册	3497 号	27 保 8 图华家桥之姚家宅	思密立租宝源祥	1.934	300
1900	英册	3498 号	23 保 16 图董家桥之东	爱尔德租张思九 2 人载 3312 号契	2.172	
1900	英册	3499 号	23 保 16 图董家桥之东	爱尔德租张思九 2 人载 3312 号契	2.139	
1900	英册	3500 号	23 保 16 图董家桥之东	爱尔德租张思九 2 人载 3312 号契	2.087	
1900	英册	3501 号	27 保 10 图水炉公所之北	大胜行租梁老四	0.8	149.06
1900	英册	3502 号	27 保 10 图郑家浜	裴来德租王志珊 3 人	1.964	663.32
1903	英册	3503 号	27 保 7 图刘家宅	通和行租宝源祥	3.2	449.34
1900	英册	3505 号	23 保 10 图仙师庵之北	谦和行租徐掌宝 2 人	1.668	133.86
1900	英册	3506 号	23 保 10 图仙师庵之北	谦和行租徐瑞林	1.132	84.37

时间(年)	册别	编 号	位 置	买方和卖方	面积(亩)	总价(两)
1900	英册	3508 号	25 保 4 图李家宅	通和行租李云卿	1.144	260.86
1900	英册	3509 号	25 保 4 图李家宅	通和行租李云卿	0.555	149.06
1900	英册	3510 号	27 保 10 图池浜桥之西	通和行租金黄氏母子仨	2.304	521.71
1900	英册	3511 号	25 保 9 图方浜桥之南	通和行租陆永茂	18.147	3 000
1900	英册	3512 号	27 保 9 图姚桥之南	古柏租沈文彬3 人	5.444	1 050
1900	英册	3513 号	27 保 9 图姚桥之南	古柏租姚李胜	0.25	100
1900	英册	3514 号	23 保 10 图谢家宅之南	谦和行租曹惠彬2 人	9.045	409.92
1900	英册	3515 号	23 保 13 图篓湾之东	端第门租张树德堂	5.748	1 500
1900	英册	3516 号	23 保 1—2 图罗家浜		2.126	223.59
1900	英册	3517 号	27 保 11 图施粥厂之西	爱尔德租唐子良	3.276	372.28
1900	英册	3521 号	27 保 9 图姚桥之南	白格尔租郑歧山5 人	7.14	1 450
1900	英册	3522 号	27 保 10 图	立德租徐全记	1.209	149.06
1900	英册	3523 号	27 保 10 图郑家浜		0.277	447.18
1900	英册	3524 号	25 保 4 图姚家宅		0.846	670.77
1900	英册	3525 号	25 保 4 图潮州山庄之东南		1.348	1 000
1900	英册	3526 号	25 保头图杨家坟山之北	通和行租陆耕源	0.7	313.03
1900	英册	3527 号	27 保 11 图药水厂之西	通和行租邵惠心堂	2.548	223.59
1900	英册	3528 号	27 保 6 图卫家行	通和行租曹润记	0.253	149.06
1900	英册	3529 号	27 保南 12 图华家桥之东	通和行租张建华6 户	2.605	745.3
1901	英册	3530 号	27 保南 12 图戚家村之北	通和行租叶晓岩	1.8	250

时间(年)	册别	编 号	位 置	买方和卖方	面积(亩)	总价(两)
1900	英册	3531 号	27 保 9 图张家浜	工部局租张阿荣	0.05	44.72
1900	英册	3532 号	27 保 9 图东姚家宅		1.4	450
1900	英册	3533 号	23 保 2 图朱家宅之南		2.288	500
1900	英册	3534 号	23 保 1—2 图东王家宅		3.241	1 000
1900	英册	3535 号	27 保 10 图		0.829	298.12
1900	英册	3536 号	27 保南 12 图陈家桥之西		5.866	447.2
1900	英册	3537 号	23 保 13 图北薛家浜		4.102	411.2
1900	英册	3538 号	27 保 10 图杨家浜	爱尔德租洪南基	0.951	372.65
1900	英册	3539 号	27 保 9 图东姚家宅		0.522	166.2
1900	英册	3540 号	27 保 9 图东姚家宅		0.867	204.96
1900	英册	3541 号	25 保 4 图李家宅		0.257	44.24
1900	英册	3542 号	27 保 3 图姚桥之南		5.672	250
1900	英册	3543 号	27 保 3 图姚桥之南		4.565	336.33
1900	英册	3547 号	27 保 3 图姚桥之南		16.3	140
1900	英册	3548 号	25 保 4 图姚家宅		1.138	149.06
1900	英册	3549 号	23 保 1—2 图朱家宅		1.855	500
1900	英册	3550 号	27 保 9 图夏家堰之北		0.88	633.51
1900	英册	3551 号	27 保 10 图郑家浜		3.1	650
1900	英册	3552 号	27 保 6 图□家巷	通和行租曹润记	0.979	223.59
1900	英册	3553 号	24 保 16 图纲尖	通和行租邵惠心堂	16.239	618.6

时间(年)	册别	编号	位置	买方和卖方	面积(亩)	总价(两)
1900	英册	3554号	27保8图姚家桥之金家浜	通和行租徐余庆堂	2.015	447.18
1900	英册	3555号	27保8图夏家宅之金家浜	通和行租顾如昌	1.616	372.65
1900	英册	3556号	27保11图郭家库	通和行租周文邦	0.815	89.44
1900	英册	3557号	23保1—2图陆家宅		1.366	726.56
1900	英册	3558号	25保4图姚家宅		2.393	404.7
1900	英册	3559号	27保10图山家园		0.809	745.3
1900	英册	3560号	27保南12图陈家桥之西北		2.808	208.68
1900	英册	3561号	23保10图仙师庵之东北		3.266	190.05
1900	英册	3562号	23保10图仙师庵之东北	谦和行租徐汝栋	1.132	84.37
1900	英册	3564号	25保4图东姚		1.541	260.86
1900	英册	3565号	25保4图姚家宅		0.864	188.56
1900	英册	3568号	27保8图长浜		1.871	745.3
1900	英册	3569号	27保9图姚桥之东		0.406	100
1900	英册	3571号	25保2图徐家宅		0.619	521.71
1900	英册	3572号	27保9图徐家宅		1.313	151.6
1901	英册	3573号	27保6图卫家巷	通和行租曹润记	4.284	368.75
1901	英册	3574号	25保4图晏公庙之北	通和行租杜锦康	1.98	368.75
1901	英册	3575号	23保1—2图□家宅	通和行租袁锡三	1.488	300
1901	英册	3576号	27保10图水炉公所之北	通和行租张西园	1	295
1900	英册	3577号	27保3图涌泉浜	美查租赵荣章	10.153	357.74
1900	英册	3578号	27保3图涌泉浜	美查租赵荣章	7.384	283.21
1900	英册	3579号	27保3图唐家宅桥	美查租赵荣章	0.816	74.53

时间(年)	册别	编 号	位 置	买方和卖方	面积(亩)	总价(两)
1900	英册	3580 号	27 保 3 图徐家库	美查租赵荣章	2.358	96.89
1900	英册	3581 号	27 保 3 图徐家库之北	美查租赵荣章	0.859	52.17
1901	英册	3582 号	28 保北 12 图朱家库	泰兴租朱兰田等 7 户	6.793	1250
1901	英册	3583 号	27 保南 12 图陈家桥之西		6.16	737.5
1901	英册	3584 号	23 保 10 图仙师庵之北	谦和行租沈掌宝 2 人	1.002	73.75
1901	英册	3585 号	23 保 1—2 图杨家宅之西		1.83	442.5
1901	英册	3586 号	27 保 10 图梅家宅之西	业广租金永和 4 户	4.115	1 290.63
1901	英册	3587 号	27 保 10 图池浜桥之东	谭华租广肇公所	6.239	2 212.5
1901	英册	3588 号	27 保南 12 图戚家村之西南		2.285	829.69
1901	英册	3589 号	25 保头图虬港之南	通和行租潘余庆堂	2.908	900
1901	英册	3590 号	25 保 2 图杨家浜	通和行租陆耕珊堂	1.15	368.75
1901	英册	3591 号	27 保 8 图华家桥之西	通和行租黄国华	1.108	221.25
1901	英册	3592 号	27 保 8 图王家浜	通和行租华明扬 2 人	2.283	442.5
1901	英册	3593 号	27 保 9 图张家浜	通和行租徐余庆堂	1.07	295
1901	英册	3594 号	27 保南 12 图	通和行租沈子山	1.97	300
1901	英册	3595 号	24 保 24 图花园石桥	谭华租兴业公司	1.627	258.13
1901	英册	3596 号	25 保头图沈家湾之西		0.789	221.25
1901	英册	3597 号	27 保 9 图张园之东		1.485	657.11

时间(年)	册别	编 号	位 置	买方和卖方	面积(亩)	总价(两)
1901	英册	3598 号	23 保 10 图秦家巷之北	谦和行租许行宝兄弟	3.376	184.38
1901	英册	3599 号	23 保 10 图杨家宅之西南	谦和行租严凤歧 2 人	5.945	442.5
1901	英册	3601 号	27 保 8 图涌泉浜	美查租李忠桂兄弟	0.519	221.25
1901	英册	3602 号	27 保 8 图静安寺之东南	美查租顾茂昌	2.16	254.88
1901	英册	3603 号	27 保 8 图涌泉浜		0.87	128.33
1901	英册	3604 号	27 保 8 图涌泉浜之南		1.866	460.94
1901	英册	3605 号	27 保 9 图张家宅之南		3.961	442.5
1901	英册	3606 号	27 保 9 图张家宅之南		0.295	73.75
1901	英册	3607 号	27 保南 12 图陈家桥之西		10.791	
1901	英册	3608 号	27 保南 12 图戚家村之南		5.904	663.75
1901	英册	3609 号	27 保 7 图杏花浜之南		3.682	280.25
1901	英册	3610 号	25 保 2 图老闸南之瞿家巷		0.237	295
1901	英册	3611 号	23 保 2 图	谦和租王洲荣	2.197	162.25
1901	英册	3612 号	25 保 4 图杨家宅		2.245	295
1901	英册	3613 号	23 保 1—2 图仙师庵之南		8.951	663.75
1901	英册	3614 号	25 保 4 图林家宅		0.378	73.75
1901	英册	3615 号	28 保北 12 图		12.935	2 500
1901	英册	3616 号	28 保北 12 图		2.162	405.63
1901	英册	3617 号	27 保 9 图张家宅之南		5.333	885
1901	英册	3618 号	27 保 7 图钱家宅之北		0.64	383.5

时间(年)	册别	编 号	位 置	买方和卖方	面积(亩)	总价(两)
1901	英册	3619 号	25 保 4 图陆家观音堂之东		1.88	323.76
1901	英册	3620 号	23 保 10 图仙师庵之东北	谦和租瞿坤坤	1.652	147.5
1901	英册	3621 号	25 保 4 图聚金桥之北		1.67	500
1901	英册	3622 号	28 保南 12 图曹家渡之东		3.267	110.63
1901	英册	3623 号	25 保 4 图杨家宅		1.964	300
1901	英册	3624 号	27 保 10 图		3.346	885
1901	英册	3625 号	23 保 13 图东蔡家浜		2.35	221.25
1901	英册	3626 号	27 保 7 图钱家荡		3.599	800.93
1901	英册	3627 号	24 保 23 图张家浜之北	高易租叶寿源	6.624	2 000
1901	英册	3628 号	24 保正 15 图浦东南码头之东		8.464	852.5
1901	英册	3629 号	24 保正 15 图浦东南码头之东		0.5	100
1901	英册	3630 号	25 保头图锡金公所之东		1.79	720
1901	英册	3631 号	27 保南 12 图褚家浜之西		0.755	384.24
1901	英册	3632 号	24 保 23 图		3.67	
1901	英册	3633 号	25 保 9 图洋肥桥之东		1.795	500
1901	英册	3634 号	27 保南 12 图陈家桥		3.787	528.05
1901	英册	3635 号	27 保 8 图		6.605	198
1901	英册	3636 号	27 保 8 图		0.904	
1901	英册	3637 号	25 保 2 图瞿家巷之南		2.21	2 200
1901	英册	3639 号	23 保 1—2 图杨家宅之东		7.469	516.25

时间(年)	册别	编 号	位 置	买方和卖方	面积(亩)	总价(两)
1901	英册	3640 号	25 保头图文昌阁之南		1.591	300
1901	英册	3641 号	27 保 7 图钱家宅之北		1.784	
1901	英册	3642 号	27 保 7 图钱家宅之北		1.129	
1901	英册	3644 号	25 保头图周家宅桥之东		0.954	450
1901	英册	3645 号	25 保头图周家宅桥之东		0.7	300
1901	英册	3646 号	25 保 2 图瞿家巷之南		0.22	250
1901	英册	3648 号	23 保 1—2 图沈家湾		1.735	295
1901	英册	3649 号	23 保 2 图沈家湾		13.44	1 991.25
1901	英册	3650 号	27 保 10 图杨家浜		0.934	368.75
1901	英册	3651 号	28 保 8—9 图丁家库之北		2.137	150
1901	英册	3652 号	28 保 8—9 图西蒙		2.202	100
1901	英册	3653 号	28 保 8—9 图曹家渡之东		0.522	50
1901	英册	3657 号	23 保头图吴家宅		1.856	821.28
1901	英册	3658 号	27 保 3 图涌泉浜之南		1.863	221.25
1901	英册	3659 号	27 保 8 图张家宅之南		0.965	221.25
1901	英册	3660 号	27 保南 12 图蒋家巷之东		1.9	221.25
1901	英册	3661 号	25 保 10 图万王桥之南		1.395	800
1901	英册	3662 号	28 保 8—9 图曹家渡之南		1.869	700
1901	英册	3663 号	27 保 7 图钱家荡		1.448	350

时间(年)	册别	编　号	位　置	买方和卖方	面积(亩)	总价(两)
1901	英册	3664 号	27 保南 12 图陈家桥之西		1.604	400
1901	英册	3665 号	28 保 8—9 图姚家角		1.807	500
1901	英册	3666 号	27 保南 12 图王家巷之北	通和行租王锦文	1.477	80
1901	英册	3667 号	27 保南 12 图蒋家巷	通和行租协记	1.56	150
1901	英册	3668 号	27 保 8 图静安寺之西北		2.232	580
1901	英册	3669 号	27 保 8 图静安寺之西北		1.012	500
1901	英册	3670 号	24 保正 15 图浦东南码头之徐家宅	通和行租寿萱堂	3.091	457.25
1901	英册	3671 号	27 保 8 图泥桥东	通和行租李关通 2 人	0.8	331.88
1901	英册	3673 号	27 保 13 图		0.573	221.25
1901	英册	3674 号	24 保 24 图土山之南		3.96	445
1901	英册	3675 号	25 保 4 图杨家宅		0.565	110.63
1902	英册	3676 号	23 保 12 图杨树浦之曹家渡		0.703	723
1901	英册	3677 号	28 保 5—6 图杨家库之南		14.571	600
1901	英册	3678 号	27 保 8 图泥桥东	通和行租雪峰	0.971	250
1901	英册	3680 号	27 保 8 图静安寺西之殿基浜	通和行租宝源祥	28.585	3 318.75
1901	英册	3681 号	25 保头图锡金公所之东	通和行租马顺福	0.392	221.25
1901	英册	3682 号	25 保 4 图陆家宅	通和行租张氏母子	1.063	184.38
1901	英册	3683 号	27 保 7 图钱家荡		8.267	1 151.98

时间(年)	册别	编 号	位 置	买方和卖方	面积(亩)	总价(两)
1901	英册	3684号	27保南12图石家滩之东		5.149	524
1901	英册	3686号	27保南12图褚家浜		0.167	100
1901	英册	3687号	25保4图晏公庙之东		2.777	444.71
1901	英册	3688号	25保4图晏公庙之东		1.663	308.28
1901	英册	3689号	23保1—2图吴家宅		0.666	147.5
1901	英册	3690号	23保1—2图吴家宅		0.95	221.25
1901	英册	3691号	25保4图林家宅		0.449	350
1901	英册	3692号	27保南12图车袋角		0.683	
1901	英册	3693号	25保2图垃圾桥北之叶家宅	通和行租张润芝2人	0.819	295
1901	英册	3694号	23保1—2图左家宅	通和行租杨永记	1.576	350
1901	英册	3695号	27保8图	通和行租李关通、吴木根	0.915	
1901	英册	3696号	25保头图沈家湾	通和行租杨四德	0.957	1 000
1901	英册	3697号	25保2图垃圾桥北之叶家宅	通和行租叶世云	1.409	368.75
1901	英册	3699号	27保南12图陈家桥西		1.851	295
1901	英册	3700号	27保7图钱家荡		0.87	260.34
1901	英册	3701号	25保4图李家宅		0.808	450
1901	英册	3702号	23保10图谢家宅之南		3.454	516.25
1901	英册	3703号	23保10图谢家宅之南		0.928	146.76
1901	英册	3704号	27保7图钱家荡		1.471	73.75

时间(年)	册别	编号	位 置	买方和卖方	面积(亩)	总价(两)
1901	英册	3705 号	27 保南 12 图东王家巷		2.054	442.5
1901	英册	3706 号	23 保 1—2 图陆家宅		0.437	693.25
1901	英册	3707 号	23 保 2 图陆家宅		0.407	295
1901	英册	3708 号	25 保头图沈家湾	工部局租陈郎	0.874	737.5
1901	英册	3709 号	27 保 10 图小闸港	高易租庄宝和	2.062	737.5
1901	英册	3711 号	23 保 10 图仙师庵之北	谦和租陈立炳父子	1.154	95.88
1901	英册	3712 号	23 保 10 图仙水庵之北	谦和租瞿洪发	0.944	69.62
1901	英册	3713 号	23 保 10 图仙水庵之北	谦和租尼会定	0.905	147.5
1901	英册	3714 号	27 保南 12 图王家巷之北	通和行租王福卿	1.511	150
1901	英册	3715 号	25 保 3 图头坝	业广公司租同仁辅元堂曹寄耘	1.662	8 800
1901	英册	3716 号	27 保南 12 图车袋角	大胜行租李木森	0.13	147.5
1901	英册	3717 号	28 保 8—9 图曹家渡东南	利记租宋竹亭	0.976	221.25
1901	英册	3718 号	27 保 3 图夏家堰		0.92	147.5
1901	英册	3719 号	27 保 3 图夏家堰		0.877	110.63
1901	英册	3720 号	27 保 3 图夏家堰		1.015	184.38
1901	英册	3721 号	27 保 10 图新闸桥北块之西		0.453	295
1901	英册	3722 号	27 保 11 图郭家库		1.124	132.75
1901	英册	3724 号	28 保 6 图徐家汇	通和行租程谨记	11.344	231.15
1901	英册	3725 号	28 保 6 图徐家汇	通和行租程谨记	29.953	373.57
1903	英册	3726 号	27 保 10 图江宁公所之南	有恒行租宓直善	0.886	800
1901	英册	3728 号	23 保 10 图仙师庵之东南	通和行租董小云	2.14	309.75

时间(年)	册别	编号	位置	买方和卖方	面积(亩)	总价(两)
1901	英册	3729 号	23 保 13 图蔡家浜		3.109	646.79
1901	英册	3730 号	25 保 2 图锡金公所东南		1.725	637.2
1901	英册	3731 号	23 保 1—2 图东王家宅		3.121	5 000
1901	英册	3732 号	27 保 10 图墙前	工部局租张胜发兄弟	0.142	400
1901	英册	3733 号	27 保南 12 图王家巷之东	大胜行租孙生宝	1.274	73.75
1901	英册	3734 号	25 保头图虹港桥之南		0.55	200
1901	英册	3735 号	25 保 4 图杨家宅		1.344	221.25
1901	英册	3736 号	27 保 9 图张家浜		0.815	221.25
1901	英册	3737 号	27 保南 12 图东王家巷		2.657	442.5
1901	英册	3738 号	23 保 2 图朱家木桥之东	高易租陈龙金	7.207	1 770
1901	英册	3739 号	25 保 2 图张家宅桥西	玛礼孙司可特租董德进	1.408	590
1901	英册	3740 号	27 保 8 图金家巷南	玛礼孙司可特租顾廷华	1.593	420
1901	英册	3741 号	24 保 24 图浦东烂泥渡		0.431	400
1901	英册	3742 号	28 保 12 图曹家渡东之荡田	玛礼孙司可特租张士和	3.267	331.88
1901	英册	3743 号	25 保 2 图杨家浜		0.943	442.5
1901	英册	3744 号	27 保南 12 图螺桥	大胜行租仁记	0.904	295
1901	英册	3745 号	27 保 3 图尼姑浜		13.303	2 286.25
1901	英册	3747 号	27 保 8 图华家桥		0.952	221.25
1901	英册	3748 号	27 保 13 图草鞋浜之南	大胜行租沈妙根	7.152	885
1901	英册	3749 号	23 保 13 图篓湾之东		1.235	221.25

时间(年)	册别	编 号	位 置	买方和卖方	面积(亩)	总价(两)
1901	英册	3750 号	27 保 10 图小闸港之北	工部局租庄陆氏母子	0.175	300
1901	英册	3751 号	27 保 10 图郑家浜之东	工部局租顾掌荣	0.123	250
1901	英册	3752 号	27 保南 12 图石家滩之东		6.634	764
1901	英册	3753 号	27 保 9 图东姚(连浜)	大胜行租姚永康 4 人	4.49	1 106.25
1901	英册	3754 号	25 保头图梁家湾	高易租蔡松泉 2 人	1.159	1 475
1901	英册	3755 号	27 保 9 图		8.728	658.25
1901	英册	3756 号	27 保 9 图		3.752	658.25
1901	英册	3757 号	23 保 12 图毛家宅	高易租黄启迪堂	1.141	200
1901	英册	3758 号	23 保 12 图毛家宅	高易租黄启迪堂	0.431	86.2
1901	英册	3759 号	23 保 12 图毛家宅	高易租黄启迪堂	1	220
1901	英册	3760 号	23 保 1—2 图沈家湾	业广公司租沈五宝	1.893	295
1901	英册	3761 号	23 保 1—2 图沈家湾	业广公司租森泰	0.705	110.63
1901	英册	3762 号	23 保 1—2 图沈家湾	业广公司租王兆其	3.783	516.25
1902	英册	3763 号	27 保 3 图小浜湾之北	梅医生租刘进山 4 人	2.919	744.1
1901	英册	3764 号	23 保 1—2 图沈家湾	业广公司租森泰 5 户	1.885	295
1901	英册	3765 号	23 保 1—2 图沈家湾		0.097	25.81
1901	英册	3766 号	25 保 9 图广东会馆之西		3.416	543.9
1901	英册	3767 号	27 保 10 图金家宅之西		1.003	300
1901	英册	3768 号	27 保 7 图刘家宅之西		1.482	221.25

时间(年)	册别	编号	位　置	买方和卖方	面积(亩)	总价(两)
1901	英册	3769 号	27 保 13 图姚桥		0.87	73.75
1901	英册	3770 号	25 保 4 图杨家宅		2.034	368.75
1901	英册	3771 号	23 保 12 图毛家荡		2.848	663.75
1901	英册	3772 号	27 保南 12 图草鞋浜之东		4.276	737.5
1901	英册	3773 号	25 保 4 图褚家宅		1.452	300
1901	英册	3774 号	27 保南 12 图王家巷	大胜行租王昌林	0.683	221.25
1901	英册	3775 号	23 保 1—2 图左家宅之北		1.806	442.5
1901	英册	3776 号	25 保头图猛将堂之西		0.7	295
1901	英册	3777 号	25 保头图猛将堂之西		0.8	368.75
1901	英册	3778 号	25 保头图猛将堂之西		0.86	516.25
1901	英册	3779 号	27 保 7 图荷花浜		2.593	368.75
1901	英册	3780 号	27 保 9 图褚家浜		0.783	620
1901	英册	3781 号	23 保 13 图吴家宅之北		2.5	368.75
1901	英册	3783 号	23 保 13 图蔡家浜以北	通和行租姚凤祥 3 人	5.201	1 342.25
1901	英册	3784 号	27 保南 12 图王家巷以北	通和行租李诵清堂	1.173	130
1901	英册	3785 号	27 保南 12 图蒋家巷之西	通和行租李诵清堂另加 2 人	2.718	265
1901	英册	3786 号	27 保南 12 图蒋家巷之东	通和行租孙德堂	2.567	270
1901	英册	3787 号	27 保南 12 图王家巷以北	通和行租王锦文	0.746	80
1901	英册	3788 号	23 保 1—2 图左家宅之东		1.01	300
1901	英册	3789 号	28 保 8—9 图高家宅		3.931	885

时间(年)	册别	编 号	位 置	买方和卖方	面积(亩)	总价(两)
1901	英册	3790 号	27 保 7 图刘家宅之西		5.164	737.5
1901	英册	3791 号	23 保 2 图里虹口		1.015	300
1901	英册	3792 号	25 保 4 图晏公庙之北		5.221	1 152.71
1901	英册	3793 号	27 保 10 图沈家宅之南	工部局租吴毛氏母子	0.142	300
1901	英册	3794 号	27 保 8 图夏家宅	玛礼孙司可特租夏祥华	0.705	300
1901	英册	3795 号	25 保 4 图杨家宅		3.638	833.38
1902	英册	3796 号	27 保 10 图小闸港之北		1.77	595.28
1901	英册	3797 号	23 保 10 图秦家巷		10.296	1 593
1901	英册	3798 号	27 保 8 图华家桥		0.368	258.13
1901	英册	3799 号	23 保 13 图张方庙之南		3.21	442.5
1901	英册	3800 号	27 保南 12 图王家巷		5.647	1 917.5
1901	英册	3801 号	27 保 3 图夏家堰	通和行租宝源祥	7.168	1 106.25
1901	英册	3802 号	27 保 6 图卫家巷	通和行租曹润记	1.155	147.5
1901	英册	3805 号	23 保 1—2 图吴家宅	高易租曹小云	4.186	663.75
1901	英册	3806 号	25 保 2 图陆家宅之东南		1.597	737.5
1901	英册	3807 号	27 保 5 图库池石桥		9.77	737.5
1901	英册	3808 号	27 保南 12 图王家巷		1.566	516.25
1901	英册	3809 号	27 保南 12 图陈家桥之西		1.126	221.25
1901	英册	3810 号	27 保南 12 图草鞋浜之南		0.983	295
1901	英册	3812 号	23 保 13 图秦家巷之南		3.47	295

时间(年)	册别	编 号	位 置	买方和卖方	面积(亩)	总价(两)
1901	英册	3813号	25保头图	工部局租沈云记	3.195	1 106.25
1901	英册	3814号	28保8—9图吴家宅		6.36	494.13
1902	英册	3815号	23保1—2图吴家宅		1.261	529
1902	英册	3816号	27保10图新闸桥之北	通和行租凌惠卿	0.111	250
1902	英册	3817号	27保10图新闸桥之北	通和行租凌惠卿	0.132	
1903	英册	3818号	25保4图顾家宅之北	玛礼孙行租徐掌福2户	2.275	374.45
1901	英册	3820号	25保9图山东义冢之西		3.905	442.5
1901	英册	3823号	25保头图钱家宅		0.841	700
1901	英册	3824号	25保头图钱家宅		1.021	500
1901	英册	3825号	27保3图夏家堰		1.813	468.5
1901	英册	3826号	25保9图晏公庙之南		2.193	553
1901	英册	3827号	25保3图头坝		0.207	1 000
1901	英册	3828号	28保南12图谈家渡之东		0.794	51.63
1901	英册	3829号	28保南12图谈家渡之东		1.156	55.31
1901	英册	3830号	28保南12图谈家渡之东		1.773	92.93
1901	英册	3831号	27保9图杨家宅		2.579	2 286.25
1901	英册	3832号	27保9图郑家巷之南		1.443	295
1901	英册	3833号	27保3图夏家堰		1.791	110.63
1901	英册	3834号	25保头图杨家宅		0.19	221.25
1901	英册	3835号	25保头图杨家宅		0.19	221.25
1901	英册	3836号	25保4图姚家宅		2.414	650

时间(年)	册别	编号	位置	买方和卖方	面积(亩)	总价(两)
1901	英册	3837 号	23 保 15 图圆通寺之东北		5.943	210.19
1901	英册	3838 号	23 保 15 图陆家宅		10.508	354
1901	英册	3839 号	27 保南 12 图王家巷		0.643	147.5
1901	英册	3840 号	23 保 14 图马家宅		1.392	88.5
1901	英册	3841 号	23 保 13 图王姥庵之南		3.588	1 180
1901	英册	3842 号	27 保 7 图诸家宅之东		2.612	211.52
1901	英册	3843 号	27 保 7 图诸家宅之东		3.643	313.07
1901	英册	3844 号	27 保 10 图水炉公所之西		1.092	295
1901	英册	3845 号	27 保 10 图梅家巷之南		1.673	368.75
1901	英册	3846 号	25 保 4 图杨家宅之西		5.094	1 126.9
1902	英册	3847 号	23 保 1—2 图吴家宅		1.978	446.46
1901	英册	3848 号	27 保 3 图尼姑浜		7.008	1 475
1901	英册	3849 号	27 保 3 图胡家楼之东		2.306	147.5
1901	英册	3850 号	27 保 13 图北姚		2.692	221.25
1901	英册	3851 号	27 保 10 图池浜桥		1.088	221.25
1902	英册	3854 号	27 保 9 图斜桥之南		0.245	223.23
1902	英册	3855 号	27 保 8 图吴家祠堂之北		1.245	238.11
1902	英册	3856 号	27 保 8 图吴家祠堂之北		1.409	223.23
1901	英册	3857 号	27 保 10 图池浜桥之东		0.783	221.25

时间(年)	册别	编 号	位 置	买方和卖方	面积(亩)	总价(两)
1901	英册	3858 号	25 保 9 图顾家宅		4.398	477.9
1901	英册	3859 号	27 保南 12 图蒋家巷		0.967	110.63
1901	英册	3860 号	24 保正 15 图徐家宅		2.613	328.19
1901	英册	3861 号	24 保正 15 图徐家宅		7.145	822.31
1901	英册	3862 号	24 保正 15 图徐家宅		5.313	619.5
1901	英册	3863 号	25 保 2 图宋家巷		0.546	368.75
1901	英册	3864 号	27 保南 12 图陈家桥之西		无	184.38
1901	英册	3865 号	23 保 1—2 图左家宅		0.548	368.75
1901	英册	3866 号	23 保 1—2 图左家宅之北		1.92	590
1901	英册	3867 号	23 保 1—2 图杨家宅之南		0.969	147.5
1901	英册	3868 号	25 保头图猛将堂之北		0.75	368.75
1901	英册	3869 号	23 保 13 图秦家巷之南		4.03	295
1901	英册	3870 号	27 保 9 图桂花园之南		1.413	312.85
1901	英册	3872 号	27 保南 12 图石家滩	通和行租张文标 2 人	2.074	202.4
1901	英册	3873 号	27 保 11 图施粥厂之南		0.82	221.25
1901	英册	3874 号	23 保 12 图杨树浦桥之东北		2.075	243.38
1901	英册	3875 号	27 保 3 图顾家湾		0.804	184.38
1901	英册	3876 号	27 保 7 图沈家木桥		3.088	295
1901	英册	3877 号	28 保 8—9 图丁家库		6.355	970

时间(年)	册别	编号	位置	买方和卖方	面积(亩)	总价(两)
1901	英册	3878 号	27 保 9 图张园之东		1.294	331.88
1901	英册	3879 号	23 保 13 图薛家浜		1.142	800
1901	英册	3880 号	27 保 3 图小浜湾		3.417	590
1901	英册	3882 号	28 保 8—9 图高家宅之南	通和行租业广等 5 户	7.255	735.3
1902	英册	3883 号	27 保 3 图夏家堰	通和行租宝源祥	6.19	1 488.2
1902	英册	3884 号	27 保 8 图西长浜	通和行租宝源祥	0.492	148.82
1902	英册	3885 号	27 保 8 图静安寺之西北	通和行租宝源祥	1.778	372.05
1902	英册	3886 号	27 保 8 图西长浜	通和行租宝源祥	3.424	744.1
1902	英册	3887 号	27 保 8 图静安寺西北	通和行租宝源祥	1.4	297.64
1902	英册	3888 号	27 保 8 图静安寺西北		4.31	1 041.74
1902	英册	3889 号	27 保 8 图静安寺西北		1.75	372.05
1902	英册	3890 号	27 保 8 图静安寺西北		10.729	2 232.3
1902	英册	3891 号	27 保 8 图静安寺西北		2.275	520.87
1902	英册	3892 号	27 保 9 图小闸港		1.741	2 000
1902	英册	3893 号	23 保 15 图吴家浜之北		8.352	446.46
1902	英册	3894 号	23 保 15 图范家宅之西		2.216	122.78
1902	英册	3895 号	23 保 15 图吴家宅之北		2.217	74.41
1902	英册	3896 号	22 保 50 图东沟		11.286	600
1902	英册	3897 号	27 保 5 图沙池湾		1.886	223.23
1902	英册	3898 号	22 保 51 图张家宅之南		4.086	432.4
1902	英册	3899 号	23 保 13 图薛家浜		3.51	297.64

时间(年)	册别	编 号	位 置	买方和卖方	面积(亩)	总价(两)
1902	英册	3901 号	23 保 10 图仙师庵东		1.872	223.23
1902	英册	3902 号	27 保 8 图马家浜		9.081	967.33
1902	英册	3903 号	27 保 10 图大王庙之东	通和行租宝源祥	2.899	744.1
1902	英册	3904 号	27 保 8 图五圣堂之南	通和行租吴陈氏	1.95	446.46
1902	英册	3905 号	27 保 10 图郑家浜之东		1.242	297.64
1902	英册	3906 号	23 保 13 图张家宅之东		4.759	744.1
1901	英册	3907 号	27 保 3 图新桥之东		0.749	221.25
1901	英册	3908 号	27 保 3 图顾家湾		1.379	295
1901	英册	3909 号	27 保南 12 图草鞋浜之南		5.117	848.13
1901	英册	3910 号	22 保 51 图周家嘴		0.763	59
1901	英册	3911 号	27 保 9 图荡花塘西		1.966	590
1901	英册	3912 号	27 保南 12 图车袋角		0.669	295
1901	英册	3913 号	25 保 4 图关帝庙之南		0.523	73.75
1902	英册	3914 号	27 保南 12 图蒋家巷之东		2.584	405.98
1901	英册	3915 号	25 保 4 图关帝庙之南		13.916	1 917.5
1901	英册	3918 号	23 保 1—2 图左家宅之北		0.971	
1901	英册	3919 号	23 保 15 图陆家宅		3.393	295
1901	英册	3920 号	28 保 8—9 图高家宅之西		2.08	370
1901	英册	3921 号	28 保 8—9 图高家宅之西		1.847	370

时间(年)	册别	编 号	位 置	买方和卖方	面积(亩)	总价(两)
1901	英册	3922 号	28 保 8—9 图高家宅之西		3.029	660
1901	英册	3923 号	27 保 7 图刘家宅西		1.231	221.25
1901	英册	3924 号	27 保 8 图西长浜		6.233	2 396.88
1901	英册	3925 号	28 保 8—9 图丁家库		0.735	
1901	英册	3926 号	25 保 4 图陆家观音堂之东		1.673	309.75
1901	英册	3927 号	25 保 4 图陆家观音堂之东		0.855	184.38
1901	英册	3928 号	27 保 9 图郑家巷之西		1.067	184.38
1901	英册	3929 号	27 保南 12 图蒋家巷之东		0.925	90
1901	英册	3930 号	27 保南 12 图戚家村		2	221.25
1901	英册	3931 号	27 保 13 图蒋家桥之东		2.351	153.75
1901	英册	3933 号	27 保 7 图姜家祠堂之西		9.225	1622.5
1901	英册	3934 号	23 保 1—2 图张家湾		0.35	
1901	英册	3935 号	24 保正 15 图南码头		2.249	600
1902	英册	3936 号	24 保正 15 图徐家宅		3.238	456.88
1902	英册	3937 号	24 保正 15 图徐家宅		4.947	669.69
1902	英册	3938 号	24 保正 15 图徐家宅		2.618	397.35
1902	英册	3939 号	25 保 4 图聚金桥西		1.185	825
1902	英册	3940 号	25 保 4 图聚金桥西		1.096	690

时间(年)	册别	编号	位置	买方和卖方	面积(亩)	总价(两)
1902	英册	3941 号	25 保 4 图晏公庙之北		1.898	297.64
1902	英册	3942 号	27 保 9 图姚桥南		5.653	409.26
1902	英册	3943 号	27 保 9 图跑马圈之西		0.124	38.69
1902	英册	3944 号	27 保 10 图杨家浜		0.165	148.82
1902	英册	3945 号	27 保南 12 图王家巷之南		1.616	441
1902	英册	3946 号	28 保北 12 图车里桥		1.172	186.03
1902	英册	3947 号	25 保头图张家宅桥之北		5.867	2 232.3
1902	英册	3948 号	25 保头图张家宅桥之北		5.545	2 046.28
1902	英册	3950 号	27 保 7 图刘家宅北		1.681	223.23
1902	英册	3951 号	25 保头图张家宅桥北		4.567	1 562.61
1902	英册	3953 号	27 保 8 图刘家宅北		1.253	111.62
1902	英册	3954 号	28 保北 12 图车里桥		0.335	208.35
1902	英册	3955 号	28 保北 12 图车里桥之南		6.109	595.28
1902	英册	3956 号	28 保北 12 图车里桥		4.144	372.05
1902	英册	3957 号	23 保 13 图夏海庙之西		0.736	446.46
1902	英册	3958 号	23 保 13 图薛家浜		0.328	297.64
1902	英册	3959 号	27 保南 12 图草鞋浜		3.368	526.97
1902	英册	3960 号	25 保 10 图王家圈		1.04	250
1902	英册	3961 号	23 保 13 图南薛家浜		2.599	1 352

时间(年)	册别	编 号	位 置	买方和卖方	面积(亩)	总价(两)
1902	英册	3962 号	27 保 10 图山家园		0.751	446.46
1902	英册	3963 号	23 保 2 图曹家堰		1.2	300
1902	英册	3964 号	24 保 23 图谢家宅		4.103	766.35
1902	英册	3965 号	25 保 4 图李家宅之西		0.474	120
1902	英册	3966 号	27 保 9 图芦花荡	高易租沈陈氏	1.142	372.05
1902	英册	3967 号	27 保 10 图许家浜		0.707	700
1902	英册	3968 号	23 保 1—2 图圆通寺之北		23.259	3 512.15
1902	英册	3969 号	27 保 9 图张家浜		1.903	600
1902	英册	3970 号	27 保 8 图柴长浜		0.924	223.23
1902	英册	3971 号	25 保 4 图陆家观音堂之东		1.942	650
1902	英册	3972 号	25 保 4 图陆家观音堂之东		2.652	750
1902	英册	3973 号	25 保 4 图陆家观音堂之南		2.2	400
1902	英册	3974 号	23 保 1—2 图朱家木桥		5.139	2 009.07
1902	英册	3975 号	27 保 9 图小闸港		5.536	2 000
1902	英册	3978 号	27 保 3 图顾家湾		0.984	185.28
1902	英册	3979 号	25 保 4 图		2.217	444.23
1902	英册	3980 号	25 保 4 图杜家宅		0.83	372.05
1902	英册	3981 号	27 保 10 图金家宅之西	高易租王朱氏		744.1
1902	英册	3982 号	27 保 3 图顾家湾		0.711	186.03
1902	英册	3983 号	27 保 3 图夏家堰		3.688	818.51
1902	英册	3984 号	25 保 2 图徐家宅之东		0.514	372.05
1902	英册	3985 号	25 保 4 图林家宅		0.567	300
1902	英册	3986 号	27 保 4 图徐家汇之东		0.332	175

时间(年)	册别	编 号	位 置	买方和卖方	面积(亩)	总价(两)
1902	英册	3987 号	27 保 3 图西钱家宅		0.684	148.82
1902	英册	3988 号	27 保北 12 图娄浦口		4.018	744.1
1902	英册	3989 号	25 保 2 图张家宅桥之南		0.825	446.46
1902	英册	3990 号	27 保 3 图顾家湾		1.24	297.64
1902	英册	3991 号	23 保 4 图浦东之马家宅		1.395	78.13
1902	英册	3992 号	27 保北 12 图娄浦口		1.29	223.23
1902	英册	3993 号	27 保 11 图梅园		0.204	74.41
1902	英册	3994 号	23 保 13 图王母庵之南		4.859	1 900
1902	英册	3995 号	23 保 13 图张方庙之西		1.222	297.64
1902	英册	3996 号	27 保南 12 图陈家桥之西		12.164	1 448.2
1902	英册	3997 号	27 保南 12 图陈家桥之西		10.655	1 339.38
1902	英册	3998 号	27 保南 12 图陈家桥之西		5.779	632.49
1902	英册	3999 号	27 保南 12 图陈家桥之西		1.133	208.35
1902	英册	4000 号	27 保 3 图夏家堰		5.253	818.51
1902	英册	4001 号	25 保 4 图打铁浜		3.666	1 011.98
1902	英册	4002 号	23 保 1—2 图杨家宅		14.889	1 696.55
1902	英册	4003 号	23 保 15 图张家宅之东		3.326	491.11
1902	英册	4004 号	28 保 8—9 图高家宅		1.561	312.2
1902	英册	4005 号	28 保 8—9 图高家宅		0.978	195.6
1902	英册	4006 号	24 保 24 图浦东烂泥渡之东		2.643	197.19
1902	英册	4007 号	23 保 16 图界白浜		6.441	260.44
1902	英册	4008 号	23 保 16 图顾家□		8.488	334.85
1902	英册	4009 号	23 保 16 图界白浜		6.651	446.46
1902	英册	4010 号	23 保 16 图界白浜		5.154	401.81
1902	英册	4011 号	23 保 16 图界白浜		4.721	327.4

时间(年)	册别	编号	位　置	买方和卖方	面积(亩)	总价(两)
1902	英册	4012 号	23 保 16 图界白浜		4.725	342.29
1902	英册	4013 号	25 保 2 图锡金公所之南		1.52	595.28
1902	英册	4014 号	27 保北 12 图小沙渡		14.376	892.92
1902	英册	4015 号	27 保北 12 图小沙渡		19.825	1 339.38
1902	英册	4016 号	25 保 4 图关帝庙之东		2.371	669.69
1902	英册	4017 号	27 保 8 图西长浜		0.172	100
1902	英册	4018 号	23 保 1—2 图梅家巷		1.625	700
1902	英册	4019 号	25 保头图锡金公所之东		1.694	744.1
1914	英册	4020 号	28 保 8、4、9 图梵王渡		91.561	6 020.46
1902	英册	4021 号	25 保 4 图关帝庙之东		2.706	1 084.15
1902	英册	4022 号	25 保 2 图瞿巷		1.387	1 116.15
1902	英册	4023 号	23 保 1—2 图新记浜		4.037	1 488.2
1902	英册	4024 号	23 保 1—2 图左家宅		1.508	520.87
1902	英册	4026 号	24 保 24 图吴家厅之北		0.277	267.88
1902	英册	4027 号	24 保 24 图吴家厅之北		0.487	59.53
1902	英册	4028 号	27 保 8 图姚家宅		5.907	1 500
1902	英册	4029 号	23 保 15 图张家宅		2.816	297.64
1902	英册	4030 号	27 保 8 图殿基浜		0.263	297.64
1902	英册	4031 号	23 保 11 图周塘浜宅		4.862	372.05
1902	英册	4032 号	24 保 21 图		1.86	223.23
1902	英册	4033 号	27 保 8 图金家巷之南		1.951	400
1902	英册	4034 号	27 保 3 图夏家堰		4.275	446.46
1902	英册	4035 号	25 保 4 图李家宅之西		2.207	912.27
1902	英册	4036 号	23 保 13 图提篮桥		0.754	446.46
1902	英册	4037 号	25 保 2 图锡金公所之东南		1.013	520.87
1902	英册	4038 号	27 保 10 图新闸桥北之西			223.23

时间(年)	册别	编号	位置	买方和卖方	面积(亩)	总价(两)
1902	英册	4039号	25保9图山东义冢之西		0.317	66.97
1902	英册	4040号	25保9图山东义冢之西		2.074	379.49
1902	英册	4041号	25保头图文昌阁之西		0.46	297.64
1902	英册	4042号	27保13图李家库之西		7.087	260.44
1902	英册	4043号	25保头图朱家宅		1.311	669.69
1902	英册	4045号	25保2图叶家宅		0.3	148.82
1902	英册	4046号	27保13图草鞋浜		8.609	500
1902	英册	4047号	25保4图杜家宅		1.356	500
1902	英册	4048号	23保15图吴家浜		1.003	148.82
1902	英册	4049号	25保头图虹港桥		2.796	1 116.15
1902	英册	4050号	23保1—2图圆通寺之西		1.533	334.845
1902	英册	4051号	23保1—2图圆通寺之西		5.996	1 514.81
1902	英册	4052号	27保北12图草鞋浜之北		2.739	223.23
1902	英册	4053号	27保南12图戚家村之南		9.452	892.92
1902	英册	4055号	27保9图张家浜之西		1.821	600
1902	英册	4056号	27保7图诸家宅之东		1.093	223.23
1902	英册	4057号	27保8图静安寺之东		1.524	550
1902	英册	4058号	27保8图静安寺之东		2.06	769.29
1902	英册	4062号	23保13图薛家浜		2.983	744.1
1902	英册	4063号	25保2图中巷街		1.286	1 488.2
1902	英册	4064号	27保8图金家浜		2.961	1 000
1902	英册	4065号	23保15图张家宅		3.519	610.16
1902	英册	4066号	27保13图草鞋浜		0.877	150
1902	英册	4068号	23保15图虹镇之南		3.642	141.38
1902	英册	4069号	24保24图浦东吴家厅之北		8.437	1 473.6

时间(年)	册别	编号	位置	买方和卖方	面积(亩)	总价(两)
1902	英册	4070 号	25 保 4 图顾家宅		3.712	941.29
1902	英册	4071 号	27 保 8 图陈家桥之东		1	297.64
1902	英册	4072 号	27 保 10 图水炉公所之北		0.8	148.82
1902	英册	4073 号	27 保 11 图夏家巷		2.876	500
1902	英册	4074 号	22 保 51 图沈家滩(南至浦江)		13.682	744.1
1902	英册	4075 号	27 保 7 图诸家宅之东		0.755	223.23
1902	英册	4077 号	23 保 15 图张家湾		2.785	461.34
1902	英册	4078 号	27 保 8 图夏家宅之北		3.856	669.69
1902	英册	4079 号	27 保 8 图金家浜		0.61	153.81
1902	英册	4081 号	27 保 3 图涌泉浜之南		3.3	744.1
1902	英册	4082 号	25 保 4 图高家宅		0.659	223.23
1902	英册	4083 号	27 保 13 图草鞋浜西之红木桥		7.652	1 428.67
1902	英册	4084 号	27 保 7 图刘家宅之西		3.248	483.67
1902	英册	4085 号	23 保 12 图姚铁桥		3.268	669.69
1902	英册	4086 号	25 保头图钱家宅之东		0.484	297.64
1902	英册	4087 号	25 保头图梁家湾		0.149	186.03
1902	英册	4088 号	25 保 5 图法大马路之孙家巷		0.081	130
1902	英册	4089 号	27 保 8 图陈家桥之东		2.747	461.34
1902	英册	4090 号	25 保头图周家宅桥		1.2	1 116.15
1902	英册	4091 号	25 保 4 图杜家宅		2.979	491.11
1902	英册	4092 号	27 保南 12 图蒋家巷		0.7	104.17
1902	英册	4093 号	28 保 8—9 图曹家宅		1.503	476.22
1902	英册	4094 号	27 保 8 图小严家宅		1.675	297.64
1902	英册	4095 号	23 保 10 图张家浜		3.297	297.64
1902	英册	4096 号	25 保 4 图杨家宅之东		1.497	1 116.15
1902	英册	4098 号	27 保 3 图涌泉浜		1.843	446.46

时间(年)	册别	编号	位 置	买方和卖方	面积(亩)	总价(两)
1902	英册	4099 号	27 保 3 图涌泉浜		1.332	297.64
1902	英册	4100 号	27 保 3 图涌泉浜		2.309	595.28
1902	英册	4101 号	27 保南 12 图蒋家巷之东		4.45	1 400
1902	英册	4102 号	23 保 13 图张方庙西		6.125	892.92
1902	英册	4104 号	23 保 2 图包家宅之北		1.235	223.23
1902	英册	4106 号	27 保南 12 图石家滩		3.421	274.57
1902	英册	4107 号	27 保南 12 图石家滩		20.482	1 363.34
1902	英册	4108 号	23 保 2 图杨家宅西		9.39	1 850.8
1902	英册	4109 号	25 保头图界浜桥		0.413	223.23
1902	英册	4110 号	25 保头图梁家湾		2.429	1 488.2
1902	英册	4111 号	25 保 4 图姚家宅		0.848	500
1902	英册	4112 号	27 保 10 图江宁公所之南		2.257	744.1
1902	英册	4113 号	27 保 11 图郭家库之西		0.619	223.23
1902	英册	4114 号	27 保 9 图顾家湾		6.453	1 308.13
1902	英册	4115 号	23 保 1—2 图奚家石桥		0.625	148.82
1902	英册	4116 号	28 保 8—9 图丁家库		2.243	297.64
1902	英册	4117 号	25 保 4 图杜家宅		26.548	7 813.05
1902	英册	4118 号	25 保 4 图杜家宅之南		5.78	3 050.81
1902	英册	4119 号	25 保 4 图杜家宅之南		1.05	446.46
1902	英册	4120 号	23 保 1—2 图曹家堰之南		6.71	1 488.2
1902	英册	4121 号	23 保 3—5 图虬港口		6.513	152.67
1902	英册	4123 号	24 保 23 图张家宅		5.13	446.46
1902	英册	4124 号	24 保 23 图老白渡之南		6.216	668
1902	英册	4125 号	23 保 12 图曹家渡(杨浦)		2.429	327.4
1902	英册	4126 号	23 保 1—2 图梅家宅		0.892	260.44
1902	英册	4127 号	25 保 4 图杨家宅之东		1.462	500

时间(年)	册别	编号	位 置	买方和卖方	面积(亩)	总价(两)
1902	英册	4128 号	27 保 8 图陈家桥之西		3.887	967.33
1902	英册	4129 号	23 保 13 图蔡家浜		1.504	372.05
1902	英册	4130 号	27 保 11 图郭家库之西		1.164	260.44
1902	英册	4131 号	23 保 13 图薛家浜		1.042	223.23
1902	英册	4132 号	23 保 1—2 图周家库		4.934	483.67
1902	英册	4133 号	23 保 1—2 图陈家浜之北		2.323	530.54
1902	英册	4134 号	27 保 9 图郑家巷之东		3.228	863.16
1903	英册	4135 号	25 保 9 图普济庵之西		1.484	300
1902	英册	4136 号	23 保 10 图谢家宅之南		6.98	744.1
1902	英册	4137 号	23 保 2 图西王家宅		4.519	1 488.2
1902	英册	4138 号	27 保 8 图静安寺之东		1.662	800
1902	英册	4139 号	23 保头图吴家宅		1.12	250
1902	英册	4140 号	23 保头图梅家巷之北		3.75	1 200
1902	英册	4143 号	27 保 10 图新闸桥南之老街		0.153	300
1902	英册	4144 号	23 保 2 图朱家宅		0.664	223.23
1902	英册	4145 号	27 保 9 图芦花荡		0.3	300
1902	英册	4146 号	25 保 4 图杜家宅之西		1.806	446.46
1902	英册	4147 号	27 保南 12 图草鞋浜		3.218	744.1
1903	英册	4149 号	27 保 10 图水炉公所之东北		1.059	748.9
1902	英册	4150 号	27 保 10 图南池浜桥		0.625	297.64
1902	英册	4151 号	23 保 13 图杨家宅之东		1.892	223.23
1902	英册	4152 号	23 保 13 图东蔡家浜		2.041	446.46
1902	英册	4153 号	27 保 7 图八字桥之北		4.98	744.1
1902	英册	4156 号	23 保 15 图虹镇		5.325	372.05
1902	英册	4157 号	25 保头图钱家宅		3.125	1 500
1902	英册	4158 号	23 保 13 图仇家浜		2.594	334.85

时间(年)	册别	编 号	位 置	买方和卖方	面积(亩)	总价(两)
1902	英册	4159 号	23 保 15 图吴家浜		1.337	223.23
1902	英册	4160 号	23 保 1—2 图朱家宅		3.825	1 190.56
1902	英册	4161 号	23 保 1—2 图张家湾		6.3	1 211.2
1902	英册	4162 号	23 保 13 图薛家浜之北		3.318	535.75
1902	英册	4163 号	23 保 13 图薛家浜之南		1.242	223.23
1902	英册	4164 号	23 保 13 图薛家浜之北		0.97	148.82
1902	英册	4165 号	23 保 13 图东薛家浜		2.058	297.64
1902	英册	4166 号	23 保 13 图东薛家浜		2.124	297.64
1902	英册	4167 号	25 保头图钱家宅		2.487	1 200
1902	英册	4168 号	23 保 15 图凌家宅之北		5.884	1 413.79
1902	英册	4169 号	25 保头图钱家宅之北		1.817	1 000
1902	英册	4170 号	27 保南 12 图东滩		15.426	2 314
1902	英册	4171 号	27 保南 12 图东滩		6.627	948
1902	英册	4172 号	27 保 3 图姚桥之南		1.348	170
1902	英册	4176 号	27 保 10 图新闸桥之北		1.008	446.46
1902	英册	4177 号	27 保 10 图梅家宅之南		1.637	429.35
1902	英册	4178 号	27 保 10 图梅家宅之南		1.08	305.08
1902	英册	4179 号	27 保 10 图张家宅之南		5.515	1 813.79
1902	英册	4180 号	27 保南 12 图车袋角		7.814	1 481.5
1902	英册	4181 号	25 保头图钱家宅之北		2.084	781.31
1902	英册	4182 号	23 保头图吴家宅		2.02	580.4
1902	英册	4183 号	23 保 1—2 图罗家浜		2.337	400
1902	英册	4184 号	27 保 3 图夏家堰之南		2.716	520.87
1902	英册	4185 号	25 保头图张家宅之北		2.761	1 400
1903	英册	4186 号	27 保 3 图诸家宅		2	446.46
1902	英册	4187 号	25 保头图老唐家巷		0.824	297.64
1902	英册	4188 号	23 保 13 图张方庙之南		2.227	334.85
1902	英册	4189 号	24 保 24 图吴家厅之北		2.362	

时间(年)	册别	编号	位 置	买方和卖方	面积(亩)	总价(两)
1902	英册	4190 号	27 保 10 图梅家宅之南		4.188	934.59
1902	英册	4191 号	28 保 8—9 图丁家库之北		2.509	446.46
1902	英册	4192 号	27 保 4 图西庙桥之南		3.323	150
1902	英册	4193 号	27 保 8 图赵家桥		2.581	520.87
1902	英册	4194 号	25 保头图钱家宅桥东		1.625	967.33
1902	英册	4195 号	23 保 2 图朱家木桥之东		2.4	720
1902	英册	4196 号	27 保 8 图刘家宅之北		3.277	
1902	英册	4197 号	23 保 1—2 图张家湾之南		0.26	186.03
1902	英册	4198 号	27 保南 12 图车袋角之北		3.575	595.28
1902	英册	4199 号	23 保 13 图提篮桥之东		2.476	892.92
1902	英册	4200 号	23 保头图左家宅		0.766	520.87
1902	英册	4201 号	27 保 8 图静安寺之北		0.855	400
1902	英册	4202 号	25 保 4 图关帝庙之南		0.293	148.82
1902	英册	4203 号	27 保 10 图墙前		0.037	200
1902	英册	4204 号	27 保 10 图水炉公所之北		2.36	446.46
1902	英册	4205 号	27 保 10 图水炉公所之北		1.292	223.23
1902	英册	4206 号	28 保 8—9 图高家宅之南		2.502	377.41
1902	英册	4207 号	27 保 8 图赵家桥		1.833	669.69
1902	英册	4208 号	27 保 8 图陈家桥东		2.56	703.17
1902	英册	4209 号	25 保 4 图顾家宅		0.108	
1902	英册	4210 号	25 保 4 图杜家宅		0.646	707.64
1902	英册	4212 号	23 保 13 图东薛家浜		4.771	1 041.74
1902	英册	4213 号	25 保 9 图顾家宅之南		0.553	104.17
1902	英册	4214 号	25 保 9 图顾家宅之南		0.224	81.85
1902	英册	4215 号	27 保南 12 图陈家桥之北		1.052	148.82
1902	英册	4216 号	27 保 10 图杨林浜		0.43	800

时间(年)	册别	编号	位　置	买方和卖方	面积(亩)	总价(两)
1902	英册	4217 号	27 保 10 图墙前		0.378	400
1902	英册	4218 号	27 保 10 图杨林浜		0.414	300
1902	英册	4219 号	27 保 10 图金家宅之东南		1.073	223.23
1902	英册	4220 号	23 保 15 图凌家宅		8.728	1 041.74
1902	英册	4221 号	27 保 3 图夏家堰之南		2.893	446.46
1902	英册	4223 号	27 保 10 图小闸港		0.9	1 000
1902	英册	4224 号	27 保 3 图夏家堰之南		2.123	223.23
1902	英册	4225 号	23 保 13 图蔡家浜		1.515	260.44
1902	英册	4226 号	27 保 10 图坝基东		3.63	1 800.72
1902	英册	4227 号	23 保 13 图下海庙之北		2.42	744.1
1902	英册	4228 号	27 保 8 图涌泉浜		1.643	223.23
1902	英册	4229 号	25 保 4 图李家宅		2.449	1 488.2
1902	英册	4230 号	23 保 1—2 图梅家巷北		1.119	223.23
1902	英册	4231 号	28 保 8—9 图曹家渡		2.218	459.85
1902	英册	4232 号	23 保 13 图下海庙北		1.339	372.05
1902	英册	4233 号	27 保 11 图夏家巷		8.46	949.47
1902	英册	4234 号	27 保 11 图夏家巷		9	1 004.54
1902	英册	4235 号	27 保南 12 图		0.589	148.82
1902	英册	4236 号	27 保 13 图华家桥		0.8	223.23
1902	英册	4237 号	27 保 13 图华家桥		1.292	312.52
1902	英册	4238 号	23 保 15 图圆通寺之北		10.183	1 860.25
1902	英册	4239 号	25 保 3 图万生码头之南		0.863	520.87
1902	英册	4240 号	27 保 3 图姚桥南		3.455	520.87
1902	英册	4242 号	23 保 13 图西薛家浜		3.719	595.28
1902	英册	4243 号	28 保 8—9 图高家宅之南		3.159	520.87
1902	英册	4244 号	23 保 15 图圆通寺之东北		1.283	223.23
1902	英册	4245 号	27 保 9 图张园之北		1.053	334.85
1902	英册	4246 号	27 保 10 图新闸桥南之沈家宅		0.333	297.64

时间(年)	册别	编号	位置	买方和卖方	面积(亩)	总价(两)
1902	英册	4247号	27保9图徐家库之北		1.708	297.64
1902	英册	4248号	23保2图胡家桥之南		1.786	595.28
1902	英册	4249号	27保南12图螺丝桥		7.909	2 083.48
1902	英册	4250号	27保南12图螺丝桥之北		3.402	892.92
1902	英册	4251号	27保10图小闸港		2.025	967.33
1902	英册	4252号	22保50图浦东之东沟		1.831	148.82
1902	英册	4253号	27保南12图蒋家巷之北		4.961	1 000
1902	英册	4254号	25保1图张家桥之北		3.32	1 562.61
1902	英册	4255号	28保8—9图鲁薛宅		2.73	223.23
1902	英册	4256号	28保8—9图曹家渡		4.216	967.33
1902	英册	4257号	28保8—9图曹家渡		0.727	223.23
1902	英册	4259号	25保4图杜家宅之西		1.983	1 000
1902	英册	4260号	25保2图中旺街		0.937	2232.3
1902	英册	4261号	27保11图施粥厂之西北		1.722	286.48
1902	英册	4262号	27保7图盛家宅		7.128	1 190.56
1902	英册	4263号	23保13图蔡家浜之北		7.313	1 190.56
1902	英册	4264号	23保1—2图吴家宅		1.56	297.64
1902	英册	4265号	25保头图周家石桥之北		0.871	595.28
1902	英册	4267号	23保15图王姥庵之北		1.486	377
1902	英册	4268号	23保15图凌家宅之西		2.443	700
1903	英册	4269号	27保8图赵家桥之北		0.628	149.78
1903	英册	4270号	27保8图金家浜		1.04	299.56
1903	英册	4271号	27保10图南池浜桥		0.37	299.56
1903	英册	4273号	23保1—2图里虹口		0.471	224.67
1902	英册	4274号	25保1图钱家宅		1.673	1 339.38
1902	英册	4275号	25保4图陆家观音堂之北		3.368	744.1

时间(年)	册别	编 号	位 置	买方和卖方	面积(亩)	总价(两)
1902	英册	4276 号	27 保南 12 图陈家桥之西		1.563	223.23
1902	英册	4278 号	27 保 8 图刘家宅之东北		0.511	148.82
1902	英册	4279 号	27 保 7 图乔家坟山之西		1.166	148.82
1902	英册	4281 号	25 保头图周家宅桥之西		1.691	1 116.15
1902	英册	4282 号	27 保 11 图梅园之东		2.41	466
1902	英册	4283 号	25 保头图钱家宅之北		1.926	1 000
1902	英册	4284 号	27 保 8 图涌泉浜		11.444	2 009.07
1902	英册	4285 号	27 保 8 图涌泉浜		1.794	372.05
1902	英册	4286 号	27 保 8 图金家浜		4.393	1 500
1903	英册	4287 号	工部局从 1689 号契内划出			
1902	英册	4288 号	25 保 4 图姚家宅之南		0.954	372.05
1902	英册	4291 号	27 保 8 图夏家宅之西		1.956	372.05
1902	英册	4292 号	27 保 3 图东涌泉浜		0.822	148.82
1903	英册	4294 号	地处小闸港			
1903	英册	4295 号	27 保 10 图水炉公所之北		0.285	74.89
1902	英册	4297 号	27 保 13 图草鞋浜		3.321	669.69
1902	英册	4301 号	23 保 13 图奚家浜之西		4.511	223.23
1903	英册	4302 号	25 保 4 图杜家宅		1.209	
1902	英册	4304 号	27 保 8 图徐家库之西		6.711	1 934.66
1902	英册	4305 号	27 保 8 图徐家库之西		0.271	141.38
1902	英册	4309 号	27 保 8 图陈家桥之东		2.901	744.1
1903	英册	4310 号	25 保头图周家宅桥		0.713	748.9
1902	英册	4312 号	27 保 3 图涌泉浜之南		0.515	111.62
1903	英册	4314 号	27 保 3 图徐家库之北		9.667	1 872.25
1903	英册	4315 号	25 保 4 图改字	查明系由 3184 号旧契划立		

时间(年)	册别	编 号	位 置	买方和卖方	面积(亩)	总价(两)
1903	英册	4316 号	25 保 2 图陆家宅		1.2	449.34
1903	英册	4317 号	27 保南 12 图螺丝桥之北		1.079	224.67
1903	英册	4318 号	23 保 13 图薛家浜		9.313	1 407.93
1903	英册	4319 号	27 保南 12 图蒋家巷之南		3.968	1 200
1903	英册	4320 号	27 保 8 图赵家桥之西		1.061	224.67
1903	英册	4321 号	27 保 8 图赵家桥之西		1.868	374.45
1903	英册	4322 号	27 保 7 图金家宅		0.745	125
1903	英册	4323 号	27 保 8 图赵家桥之西		1.351	300
1903	英册	4325 号	由日册 40 号换立			
1903	英册	4327 号	25 保头图里虹桥之西		1.3	973.57
1903	英册	4328 号	25 保 3 图三元宫之西		1.856	2 995.6
1903	英册	4329 号	27 保 10 图金家宅		3.541	1 198.24
1903	英册	4330 号	27 保 10 图金家宅之东		3.972	1 797.36
1903	英册	4331 号	23 保 2 图吴家木桥之南		3.224	898.68
1903	英册	4332 号	25 保头图周家宅桥之西		1.621	748.9
1903	英册	4333 号	27 保南 12 图王家巷之南		1.127	299.56
1903	英册	4334 号	27 保南 12 图王家巷		0.411	74.89
1903	英册	4335 号	27 保南 12 图王家巷之南		1.779	449.34
1903	英册	4336 号	27 保 8—9 图		4.438	486.79
1903	英册	4337 号	27 保 10 图墙前		1.631	1 123.35
1903	英册	4338 号	27 保南 12 图蒋家巷		1.865	224.67
1903	英册	4339 号	28 保 8—9 图曹家宅之南			520.11
1903	英册	4346 号	27 保 8 图金家浜		1.643	299.56
1903	英册	4347 号	27 保 10 图水炉公所之东		1.107	748.9
1903	英册	4348 号	27 保 8 图金家浜		2.977	599.12

时间(年)	册别	编号	位　置	买方和卖方	面积(亩)	总价(两)
1903	英册	4349 号	22 保 51 图沈家滩		1.115	
1903	英册	4350 号	27 保 11 图姚家宅之北		5.793	787.54
1903	英册	4351 号	23 保 10 图张家浜		3.772	747.4
1903	英册	4352 号	23 保 10 图张家浜		1.133	149.78
1903	英册	4353 号	25 保 4 图陶家宅之东		1.637	748.9
1903	英册	4355 号	23 保 10 图张家浜		0.945	224.67
1903	英册	4356 号	23 保 10 图仙师庵之北		0.513	74.89
1903	英册	4357 号	23 保 10 图仙师庵之北		5.385	1 205.73
1903	英册	4358 号	27 保 10 图墙前		0.862	224.67
1903	英册	4359 号	27 保 10 图南池浜桥		0.9	449.34
1903	英册	4361 号	27 保南 12 图蒋家宅		1.128	299.56
1903	英册	4362 号	27 保 10 图徐家宅		0.25	299.56
1903	英册	4363 号	27 保 8 图陈家桥之东		0.897	224.67
1903	英册	4364 号	25 保 4 图打铁浜		0.89	299.56
1903	英册	4366 号	27 保南 12 图王家巷之北		1.011	224.67
1903	英册	4367 号	25 保 2 图锡金公所之东南		0.501	299.56
1903	英册	4368 号	23 保 2 图罗家浜		3.075	741.41
1903	英册	4369 号	23 保 2 图罗家浜		3.75	793.83
1903	英册	4370 号	23 保 13 图吴家宅以北		4.192	748.9
1903	英册	4371 号	27 保南 12 图陈家桥之西南		2.684	1 000
1903	英册	4372 号	27 保 7 图刘家宅之北		33.324	5 167.41
1903	英册	4373 号	27 保 11 图梅园之南		10.734	1 826.27
1903	英册	4374 号	27 保 10 图仙师庵之北		2.724	224.67
1903	英册	4375 号	27 保 9 图徐家库之北		6.126	3 190.31
1903	英册	4376 号	25 保 4 图东姚		0.612	299.56
1903	英册	4377 号	27 保南 12 图蒋家宅		0.459	

时间(年)	册别	编 号	位 置	买方和卖方	面积(亩)	总价(两)
1903	英册	4378 号	25 保头图老打靶路		0.933	1 000
1903	英册	4379 号	27 保 10 图施粥厂		0.43	337.01
1903	英册	4380 号	27 保 10 图新闸桥之北		0.791	561.68
1903	英册	4381 号	27 保 10 图新闸桥之北		0.328	973.57
1903	英册	4382 号	27 保 10 图新闸桥之北		0.11	
1903	英册	4383 号	27 保 10 图新闸桥之北		0.091	
1903	英册	4384 号	27 保 10 图新闸桥之北		0.157	
1903	英册	4385 号	27 保 10 图新闸桥之北		0.259	
1903	英册	4386 号	27 保 10 图新闸桥之北		0.256	
1903	英册	4387 号	27 保 10 图新闸桥之北		0.376	
1903	英册	4388 号	27 保 10 图新闸桥之南		4.736	2 000
1903	英册	4389 号	27 保 10 图新闸桥之南		0.313	400
1903	英册	4390 号	25 保 4 图陆家观音堂之北		0.511	149.78
1903	英册	4391 号	25 保头图朱家宅		0.56	599.12
1903	英册	4392 号	28 保北 12 图朱家库		1.567	224.67
1903	英册	4393 号	27 保 11 图梅园之南		5.303	973.57
1903	英册	4396 号	27 保 11 图梅园之南		2.025	
1903	英册	4398 号	23 保 1—2 图吴家桥之北		5.861	775.86
1903	英册	4399 号	23 保 1—2 图沈家宅		3.829	629.08
1903	英册	4400 号	27 保 9 图张园之东		0.318	224.67
1903	英册	4401 号	27 保 8 图徐家库之北		4.925	1 872.25
1903	英册	4402 号	25 保 4 图姚家宅之南		1.863	1 000
1903	英册	4403 号	27 保 10 图郑家浜之东		1.202	1 123.35
1903	英册	4404 号	27 保 9 图徐家库之南		1.64	674.01
1903	英册	4405 号	25 保 4 图顾家宅之北		2.677	898.68
1903	英册	4407 号	25 保头图钱家宅之北		4.739	1 797.36
1903	英册	4408 号	25 保 4 图陆家宅之西		0.647	262.12
1903	英册	4409 号	23 保 12 图石灰浜		1.738	446.4

时间(年)	册别	编 号	位 置	买方和卖方	面积(亩)	总价(两)
1903	英册	4410 号	27 保 10 图老坝基之北		3.647	1 497.8
1903	英册	4411 号	25 保 4 图杜家宅		0.18	149.78
1903	英册	4412 号	27 保 3 图尼姑浜		2.521	674.01
1903	英册	4413 号	25 保 3 头图坝老街		0.237	500
1903	英册	4414 号	23 保 2 图朱家宅		1.157	374.45
1903	英册	4415 号	23 保 2 图吴家桥之北		1.516	449.34
1903	英册	4416 号	27 保南 12 图王家宅之东		5.043	411.9
1903	英册	4417 号	27 保南 12 图王家宅之东		5.236	374.45
1903	英册	4418 号	27 保南 12 图王家宅之东		5.058	374.45
1903	英册	4419 号	23 保 1—2 图周家库		0.728	299.56
1903	英册	4420 号	23 保 13 图茅家荡		1.516	247.14
1903	英册	4421 号	23 保 1—2 图		1.046	224.67
1903	英册	4423 号	24 保 24 图浦东洋泾庙之东北		3.916	299.56
1903	英册	4425 号	27 保 9 图郑家巷之西		13.043	5 691.64
1903	英册	4426 号	27 保 8 图郑家巷之西		1.441	617.09
1903	英册	4427 号	23 保 1—2 图曹家堰		5.14	1 872.25
1903	英册	4428 号	27 保 10 图新闸		1.272	748.9
1903	英册	4429 号	23 保 1—2 图曹家渡		1	350
1903	英册	4430 号	27 保北 12 图小沙渡之南		5.083	748.9
1903	英册	4431 号	27 保北 12 图朱家湾		6.775	760.77
1903	英册	4432 号	27 保北 12 图朱家湾（紧靠沪杭甬铁路）		4.542	246.9
1903	英册	4433 号	27 保 7 图金家宅		0.25	75
1903	英册	4434 号	27 保 3 图诸家宅		0.593	224.67
1903	英册	4437 号	25 保 4 图关帝庙之北		3.249	823.79

时间(年)	册别	编 号	位 置	买方和卖方	面积(亩)	总价(两)
1903	英册	4438号	25保4图关帝庙之北		0.91	299.56
1903	英册	4439号	25保4图打铁浜		2.679	1 497.8
1903	英册	4440号	27保10图小闸港之北		0.362	224.67
1903	英册	4441号	25保4图陶家宅		2.127	700
1903	英册	4442号	27保11图梅园之西南		3.593	449.34
1903	英册	4443号	28保8—9图姚家角		1.701	650
1903	英册	4447号	27保11图梅园之东		2.087	393.92
1903	英册	4448号	25保4图李家宅		0.918	374.45
1903	英册	4449号	25保头图张家宅桥之北		4.2	1 872.25
1903	英册	4451号	27保9图东姚		2.545	748.9
1903	英册	4452号	27保8图涌泉浜之南		1.024	1 000
1903	英册	4453号	27保9图张家浜		0.872	262.12
1903	英册	4455号	23保1—2图陆家宅		0.715	374.45
1903	英册	4456号	28保5—6图杨家库		9.503	495
1903	英册	4457号	23保1—2图吴家桥之西		1.402	322.4
1903	英册	4458号	27保8—9图芦花荡		1.525	1 497.8
1903	英册	4459号	25保4图陆家观音堂之南		2.371	823.79
1903	英册	4460号	27保9图郑家巷之东		2.662	524.23
1903	英册	4461号	27保9图郑家巷之东		1.115	2 000
1903	英册	4462号	27保9图郑家巷之东		0.866	
1903	英册	4463号	27保10图金家宅之东		0.698	
1903	英册	4464号	23保12图周家巷之南		1.867	600
1903	英册	4465号	23保1—2图吴家桥之北		0.858	187.23
1903	英册	4466—4467号			16.835	
1903	英册	4468号	25保头图钱家宅桥		0.916	449.34
1903	英册	4469号	27保8图王家浜		2.622	1 123.35

时间(年)	册别	编号	位 置	买方和卖方	面积(亩)	总价(两)
1903	英册	4471号	27保8图柴长浜		1.45	224.67
1903	英册	4472号	27保8图涌泉浜之南		3.349	450
1903	英册	4473号	25保2图徐家宅		0.586	434.36
1903	英册	4474号	27保3图雪花浜		1.205	224.67
1903	英册	4475号	27保8图涌泉浜		3.109	375
1903	英册	4476号	23保1—2图老周家宅		3.229	748.9
1903	英册	4477号	25保4图杨家宅		6.663	1 123.35
1903	英册	4478号	27保南12图蒋家巷		0.95	299.56
1903	英册	4479号	27保10图池浜桥之东		1.923	800
1903	英册	4480号	27保南12图华家桥之东		0.494	224.67
1903	英册	4481号	25保9图磨子桥之东		0.342	112.34
1903	英册	4482号	24保正15图浦东南码头之徐家宅		1.417	449.34
1903	英册	4484号	25保13图曹家宅		1.613	480
1903	英册	4485号	25保13图曹家宅		0.855	260
1903	英册	4486号	27保南12图王家巷		1.793	374.45
1903	英册	4487号	27保4图陈泾庙之西		7.18	262.12
1903	英册	4488号	25保9图磨子桥之东		0.598	112.34
1903	英册	4489号	25保2图瞿家巷		0.872	1 497.8
1903	英册	4490号	23保1—2图沈家湾		0.533	149.78
1903	英册	4491号	25保4图李家宅		0.047	
1903	英册	4492号	27保3—8图涌泉浜		13.709	2 096.92
1903	英册	4493号	25保4图陶家宅之北		1.089	300
1903	英册	4494号	28保8—9图曹家渡之东		2.61	224.67
1904	英册	4495号	25保4图陶家宅之南		5.202	1 475.2
1903	英册	4498号	23保13图西薛家浜		1.431	344.5
1903	英册	4499号	27保13图草鞋浜		1.96	2 033.26

时间(年)	册别	编　号	位　置	买方和卖方	面积(亩)	总价(两)
1903	英册	4501 号	27 保 3 图夏家堰		5.708	1 575.62
1903	英册	4502 号	25 保 4 图杜家宅		1.878	1 051.5
1903	英册	4503 号	27 保南 12 图戚家村		0.567	149.78
1903	英册	4504 号	27 保 3 图雪花浜		0.4	112.34
1903	英册	4505 号	28 保南 12 图曹家渡之东		9.245	389.43
1903	英册	4506 号	27 保 8 图涌泉浜之南（连路）		1.114	
1903	英册	4508 号	23 保 1—2 图西王家宅		3.799	1 497.8
1903	英册	4509 号	23 保 11 图秦家巷之北		4.676	374.45
1903	英册	4510 号	23 保 13 图东薛家浜		1.199	187.23
1903	英册	4511 号	23 保 1—2 图朱家木桥之东		2.739	1 235.69
1903	英册	4514 号	23 保 2 图周家宅		0.703	150
1903	英册	4515 号	27 保北 12 图草鞋浜		10.633	
1903	英册	4516 号	27 保北 12 图草鞋浜		0.678	
1903	英册	4517 号	27 保 10 图郑家浜		0.754	374.45
1903	英册	4518 号	24 保 24 图浦东吴家厅之北		0.8	119.82
1903	英册	4519 号	23 保 13 图南薛家浜		8.013	2 418.35
1903	英册	4520 号	24 保 24 图浦东洋泾庙之东		7.516	411.9
1903	英册	4521 号	24 保 24 图浦东烂泥渡之东		0.757	299.56
1903	英册	4522 号	27 保 10 图北池浜桥之南		0.527	299.56
1903	英册	4523 号	23 保 1—2 图沈家湾		0.455	224.67
1903	英册	4524 号	27 保 8 图王家浜		8.127	2 396.48
1903	英册	4525 号	27 保 10 图南池浜桥之北		1.523	748.9
1903	英册	4526 号	27 保 11 图夏家巷之南		2.05	370.71

时间(年)	册别	编 号	位 置	买方和卖方	面积(亩)	总价(两)
1903	英册	4527 号	28 保北 12 图许家巷		2.368	224.67
1903	英册	4529 号	27 保 3 图涌泉浜		3.492	449.34
1903	英册	4530 号	25 保 2 图瞿家巷		0.24	374.45
1903	英册	4531 号	25 保 4 图东姚		0.417	224.67
1903	英册	4532 号	27 保 2—5 图朱家祠堂		28.748	2 276.66
1903	英册	4533 号	27 保 10 图新闸桥之南		0.203	187.23
1903	英册	4534 号	27 保 7 图刘家宅之北		1.225	149.78
1903	英册	4535 号	27 保 7 图刘家宅之北		3.597	299.56
1903	英册	4536 号	23 保 12 图中薛家浜		1.49	299.56
1903	英册	4537 号	23 保 13 图东薛家浜		5.176	1 168.28
1903	英册	4538 号	23 保 13 图西薛家浜		2.281	576.65
1903	英册	4539 号	23 保 13 图东薛家浜		3.955	748.9
1903	英册	4540 号	24 保 23 图浦东张家浜之北		7.939	3 175
1903	英册	4541 号	27 保 10 图金家宅(后还有面积)		1.151	674.01
1903	英册	4543 号	27 保 11 图梅园之北		8.113	1 323.01
1903	英册	4546 号	27 保 13 图蒋家桥之西北		2.118	374.45
1903	英册	4547 号	25 保 13 图斜桥之西南		0.987	300
1903	英册	4548 号	27 保南 12 图蒋家巷		4.107	1 178.47
1903	英册	4549 号	23 保 1—2 图左家宅之北		0.843	224.67
1903	英册	4551 号	25 保 4 图杨家宅		0.157	74.89
1903	英册	4552 号	27 保 10 图沈家宅		0.245	250
1903	英册	4553 号	27 保 10 图沈家宅		0.232	240
1903	英册	4554 号	27 保 3 图诸家宅		1.569	449.34
1903	英册	4555 号	27 保南 12 图石家滩		1	224.67
1903	英册	4556 号	28 保北 12 图朱家库		1.136	149.78
1903	英册	4557 号	28 保北 12 图朱家库		1.163	149.78

时间(年)	册别	编号	位　置	买方和卖方	面积(亩)	总价(两)
1903	英册	4558 号	27 保 10 图王家库		0.196	149.78
1903	英册	4559 号	27 保 10 图北池浜桥之南		2.289	449.34
1903	英册	4562 号	25 保 4 图宴公庙		2.025	666.52
1903	英册	4563 号	27 保北 12 图娄浦口		4.129	594.63
1903	英册	4564 号	27 保 10 图金家宅之南		3.944	599.12
1903	英册	4565 号	27 保 11 图施粥厂之北		0.79	224.67
1903	英册	4566 号	27 保 11 图金家宅		0.17	
1903	英册	4567 号	23 保 1—2 图沈家宅之北		3.214	584.14
1903	英册	4568 号	27 保 13 图		1.216	187.23
1903	英册	4569 号	25 保 4 图姚家宅		0.522	149.78
1903	英册	4570 号	25 保 4 图姚家宅		0.365	149.78
1903	英册	4571 号	25 保 4 图姚家宅		0.286	74.89
1903	英册	4572 号	27 保 9 图芦花荡		5	1 497.8
1903	英册	4573 号	27 保南 12 图娄浦口		6.221	561.68
1903	英册	4574 号	23 保 13 图下海庙之北		1.499	486.79
1903	英册	4575 号	27 保 10 图沈家宅之南		0.799	449.34
1903	英册	4576 号	27 保 8 图涌泉浜之南		0.869	149.78
1903	英册	4577 号	27 保 10 图沈家宅之南		2.225	748.9
1903	英册	4578 号	27 保 10 图沈家宅之南		1.56	748.9
1903	英册	4579 号	27 保 10 图郑家浜		1.203	449.34
1903	英册	4580 号	25 保 4 图关帝庙之南		0.869	299.56
1903	英册	4582 号	27 保 9 图杜家宅		0.697	187.23
1903	英册	4583 号	27 保 9 图杜家宅		0.706	187.23
1903	英册	4584 号	27 保南 12 图石家滩之西		5.137	524.23
1903	英册	4585 号	27 保 13 图南叶家宅		1.93	299.56
1903	英册	4587 号	23 保头图杨家宅		1.771	299.56
1903	英册	4588 号	27 保 9 图东姚		0.943	299.56
1903	英册	4589 号	27 保 3 图小浜湾		1.766	449.34

时间(年)	册别	编号	位　置	买方和卖方	面积(亩)	总价(两)
1904	英册	4590 号	27 保 5 图曹家桥之东		11.145	2 729.12
1904	英册	4591 号	27 保 5 图曹家桥之东		7.234	
1904	英册	4592 号	27 保 5 图曹家桥之东		4.173	
1904	英册	4593 号	27 保 5 图曹家桥之东		6.201	
1904	英册	4594 号	28 保 6 图西庙桥之西		8.104	145.25
1904	英册	4602 号	23 保 2 图文昌阁		0.941	500
1904	英册	4603 号	25 保 4 图陶家宅之东		1.676	442.56
1903	英册	4604 号	23 保 10 图仙师庵之北		0.507	112.34
1903	英册	4605 号	23 保 10 图仙师庵之北		0.758	149.78
1903	英册	4606 号	27 保 9 图张家宅之南		1.529	748.9
1903	英册	4607 号	27 保 10 图金家宅之西		1.268	599.12
1903	英册	4608 号	23 保 13 图薛家浜		2.936	748.9
1903	英册	4609 号	28 保 4 图新渡之东		11.323	518.73
1903	英册	4610 号	27 保 10 图池浜桥之南		0.708	400
1903	英册	4611 号	25 保 4 图高家宅		0.936	299.56
1903	英册	4612 号	27 保 8 图金家巷之南		5.848	1 313.87
1903	英册	4613 号	25 保 4 图姚家宅		0.874	299.56
1903	英册	4614 号	27 保 8 图赵家桥之北		1.127	400
1903	英册	4615 号	27 保 3 图顾家湾		0.685	224.67
1903	英册	4616 号	27 保 8 图沙塘泾		0.624	149.78
1903	英册	4617 号	27 保 7 图刘家宅之西北		0.697	
1903	英册	4618 号	27 保 9 图姚家宅		0.684	262.12
1903	英册	4619 号	27 保 3 图小浜湾		0.059	
1903	英册	4620 号	27 保南 12 图义袋角		0.582	299.56
1903	英册	4621 号	27 保 3 图徐家库之东		1.788	337.01
1903	英册	4622 号	27 保 3 图徐家库之东		2.022	299.56
1903	英册	4623 号	27 保 10 图池浜桥之南		0.415	
1903	英册	4624 号	23 保 1—2 图胡家桥之东		2.644	898.68

时间(年)	册别	编号	位置	买方和卖方	面积(亩)	总价(两)
1903	英册	4625 号	27 保 13 图金家巷之东北		0.996	299.56
1903	英册	4626 号	27 保 8 图赵家桥之北		2.05	479.3
1903	英册	4628 号	25 保 4 图陶家宅		1.208	351.98
1903	英册	4629 号	25 保 9 图顾家宅		6.157	599.12
1903	英册	4630 号	25 保 9 图顾家宅		3.93	420
1903	英册	4631 号	27 保 3 图顾家湾		0.647	299.56
1903	英册	4634 号	25 保头图唐家巷之北		1.059	748.9
1903	英册	4636 号	27 保 10 图		0.424	224.67
1903	英册	4637 号	25 保 9 图磨子桥之北		7.125	1 258.15
1903	英册	4638 号	27 保 3 图徐家库之西		4.077	748.9
1903	英册	4639 号	27 保 3 图徐家库之西		4.329	748.9
1903	英册	4640 号	27 保 3 图徐家库之西		1.86	299.56
1903	英册	4641 号	24 保 23 图浦东朱家宅		1.427	327.33
1903	英册	4642 号	23 保 1—2 图周家宅		0.432	258.82
1903	英册	4643 号	28 保北 12 图朱家库		1.894	374.45
1903	英册	4644 号	27 保 9 图斜桥		0.617	420
1903	英册	4645 号	27 保 8 图		2.02	449.34
1903	英册	4646 号	23 保 1—2 图左家宅		0.743	299.56
1903	英册	4647 号	27 保 10 图金家宅之西南		2.525	1 273.13
1903	英册	4648 号	25 保 4 图关帝庙之南		2.311	898.68
1903	英册	4649 号	25 保 4 图关帝庙之南		1.058	
1903	英册	4650 号	23 保 1—2 图老周家宅		2	1 300
1903	英册	4651 号	27 保 7 图金家宅之南		12.745	1 348.02
1903	英册	4652 号	27 保 7 图金家宅之南		2.831	224.67
1903	英册	4653 号	27 保 4 图西庙桥之西南		22.307	1 100
1903	英册	4654 号	27 保 4 图西庙桥之西南		23.396	1 200
1903	英册	4655 号	27 保 10 图水炉公所之东北		0.873	500

时间(年)	册别	编号	位置	买方和卖方	面积(亩)	总价(两)
1903	英册	4656 号	25 保 4 图 27 保 9 图芦花荡(两地毗连)		3.834	1 443.88
1903	英册	4657 号	28 保 6 图西庙桥之西		4.952	112.34
1903	英册	4658 号	27 保南 12 图孙家宅		0.285	74.89
1903	英册	4659 号	25 保 9 图磨子桥之北		6.938	
1903	英册	4660 号	27 保 9 图张园之西		5.909	2 246.7
1903	英册	4661 号	27 保 13 图西金家巷		0.246	200
1903	英册	4662 号	27 保 13 图西金家巷		4.374	1 300
1903	英册	4663 号	23 保 15 图吴家浜		4.58	299.56
1903	英册	4664 号	27 保 10 图金家宅之西		0.848	299.56
1903	英册	4665 号	27 保 10 图新闸桥北堍之西		0.701	262.12
1903	英册	4666 号	25 保 4 图块田肚		2.165	449.34
1903	英册	4668 号	25 保头图孙家宅		0.473	374.45
1903	英册	4670 号	27 保 8 图金家浜		0.313	149.78
1903	英册	4671 号	27 保 8 图姚家宅之南		0.962	299.56
1903	英册	4672 号	27 保北 12 图董家库		3.827	599.12
1904	英册	4673 号	25 保 4 图陆家观音堂之北		0.317	88.51
1904	英册	4674 号	23 保 10 图许家宅		1.844	184.4
1904	英册	4675 号	28 保北 12 图马家宅之南		1.534	221.28
1904	英册	4676 号	27 保南 12 图戚家村之西		5.903	737.6
1904	英册	4677 号	23 保 13 图东薛家浜		1.171	200
1904	英册	4678 号	23 保 13 图东薛家浜		1.171	
1904	英册	4679 号	25 保 10 图陆家池		0.604	170
1904	英册	4680 号	25 保 4 图杜家宅之西		0.453	221.28
1904	英册	4681 号	27 保 9 图东姚		0.596	295.04
1904	英册	4682 号	27 保 9 图东姚		0.596	295.04

时间(年)	册别	编号	位 置	买方和卖方	面积(亩)	总价(两)
1904	英册	4683 号	27 保 8 图夏家宅之北（连浜路）		1.122	295.04
1904	英册	4684 号	27 保 8 图夏家宅之北（连浜路）		0.964	368.8
1904	英册	4685 号	27 保 8 图夏家宅之北（连浜路）		0.781	
1904	英册	4686 号	27 保 5 图杨家巷口		0.933	147.52
1904	英册	4687 号	25 保 4 图姚家宅		2.5	737.6
1904	英册	4689 号	28 保北 12 图朱家库之南		1.217	110.64
1904	英册	4690 号	28 保北 12 图朱家库之南		0.41	184.4
1904	英册	4691 号	25 保 2 图西川虹浜		0.906	590.08
1904	英册	4694 号	27 保 8 图沙塘泾		2.086	295.04
1904	英册	4695 号	27 保 10 图施粥厂之南		0.729	295.04
1906	英册	4696 号	27 保 10 图郑家浜		0.17	510
1904	英册	4697 号	27 保 8 图华家桥之南		6.669	1 844
1904	英册	4698 号	27 保 7 图西钱家宅之南		2.67	221.28
1904	英册	4699 号	27 保 7 图刘家宅之南		2.625	295.04
1904	英册	4700 号	23 保 1—2 图朱家宅		0.463	331.92
1904	英册	4701 号	25 保头图张家宅		0.549	368.8
1904	英册	4702 号	25 保头图周家宅桥		0.565	516.32
1904	英册	4703 号	25 保 2 图杨家浜之北		2.122	811.36
1904	英册	4704 号	27 保 11 图梅园之东		0.586	184.4
1904	英册	4705 号	27 保 7 图沙塘泾		1.207	147.52
1904	英册	4706 号	27 保南 12 图王家巷之西		0.75	400
1904	英册	4707 号	27 保南 12 图王家巷之西		1.358	400
1904	英册	4708 号	27 保 3 图新桥		0.967	221.28
1904	英册	4710 号	23 保 12 图张方庙之西		2.38	516.32

时间(年)	册别	编 号	位 置	买方和卖方	面积(亩)	总价(两)
1904	英册	4717 号	23 保 1—2 图东王家宅		0.992	590.08
1904	英册	4720 号	28 保 8—9 图曹家宅之南		2.961	
1904	英册	4721 号	27 保 3 图徐家库		0.463	117.65
1904	英册	4722 号	28 保北 12 图张家宅之北		1.096	147.52
1904	英册	4723 号	27 保 11 图郭家库		4.27	354.05
1904	英册	4724 号	23 保 1—2 图左家宅		1.009	221.28
1904	英册	4725 号	27 保南 12 图顾家浜		10.669	1 622.72
1904	英册	4726 号	25 保 2 图垃圾桥之北		0.369	258.16
1904	英册	4727 号	27 保 3 图徐家库		1.453	331.92
1904	英册	4729 号	27 保 11 图郭家库		2.99	757.96
1904	英册	4730 号	23 保 13 图柿子湾		0.805	368.8
1904	英册	4731 号	27 保 3 图涌泉浜		6.946	1 106.4
1904	英册	4732 号	27 保 3 图涌泉浜		1.318	221.28
1904	英册	4733 号	27 保南 12 图王家巷		0.794	250
1904	英册	4734 号	28 保北 12 图朱家库之南		0.33	
1904	英册	4735 号	27 保 3 图涌泉浜		0.918	184.4
1904	英册	4736 号	25 保 4 图晏公庙之北		0.884	500
1904	英册	4737 号	23 保 11 图高朗桥		0.981	73.76
1904	英册	4738 号	23 保 11 图高朗桥		1.337	110.64
1904	英册	4739 号	23 保 11 图高朗桥		2.619	221.28
1904	英册	4740 号	27 保 11 图梅园之南		2.578	615.45
1904	英册	4741 号	27 保 8 图		2.547	4 000
1904	英册	4742 号	27 保 9 图姚家宅		0.05	
1904	英册	4743 号	27 保 7 图盛家宅		7	1 585.84
1904	英册	4744 号	27 保南 12 图草鞋浜		1	221.28
1904	英册	4747 号	25 保 2 图老唐家巷		0.199	221.28
1904	英册	4748 号	25 保 4 图杜家宅		2.989	1 069.52

时间(年)	册别	编 号	位 置	买方和卖方	面积(亩)	总价(两)
1904	英册	4749 号	23 保 13 图张家宅		2.222	110.64
1904	英册	4750 号	28 保 5—6 图袁家宅		0.986	80
1904	英册	4751 号	28 保 8—9 图姚家角		0.856	
1904	英册	4752 号	25 保头图钱家宅之北		0.443	368.8
1904	英册	4753 号	27 保 7 图八字桥		2.152	442.56
1904	英册	4754 号	25 保 9 图羊肥桥之北		1.741	221.28
1904	英册	4755 号	24 保 24 图浦东陆家嘴		3.003	800
1904	英册	4756 号	25 保头图钱家宅之北		0.462	
1904	英册	4758 号	23 保 11 图高郎桥		1.558	110.64
1904	英册	4759 号	23 保 11 图蒋家浜		2.536	184.4
1904	英册	4761 号	28 保 8—9 图钱家巷之东北		5.201	
1904	英册	4763 号	24 保正 15 图白莲泾北口		1.7	663.84
1904	英册	4764 号	27 保 3 图姚家宅之西北		0.396	110.64
1904	英册	4765 号	27 保 3 图姚家宅之西北		0.396	110.64
1904	英册	4766 号	27 保 3 图姚家宅之西北		0.792	221.28
1904	英册	4768 号	27 保 3 图涌泉浜		0.888	221.28
1904	英册	4769 号	27 保南 12 图车袋角		1.04	295.04
1904	英册	4770 号	27 保 8 图龙梢浜之北		12.606	2 212.8
1904	英册	4771 号	23 保 1—2 图左家宅		0.096	73.76
1904	英册	4772 号	23 保 3、5 图姚长浜		2	73.76
1904	英册	4773 号	27 保 9 图曹家堰之北		0.743	368.8
1904	英册	4774 号	27 保 11 图梅园之北		1.668	317.54
1904	英册	4775 号	27 保 11 图施粥厂之北		1	238.98
1904	英册	4776 号	27 保 7 图王家浜		0.196	73.76
1904	英册	4777 号	23 保 10 图仙师庵之北		1.191	324.54
1904	英册	4778 号	27 保南 12 图陈家桥之西		2.072	516.32

时间(年)	册别	编号	位置	买方和卖方	面积(亩)	总价(两)
1904	英册	4779 号	23 保 1—2 图磨坊桥之南		1.592	1 032.64
1904	英册	4780 号	24 保 23 图杨家渡之东		16.061	3 439.43
1904	英册	4781 号	25 保 4 图关帝庙南		3.588	885.12
1904	英册	4782 号	25 保 4 图关帝庙南		1.093	590.08
1904	英册	4783 号	27 保 4 图西庙桥之东		4.29	360
1904	英册	4784 号	27 保 4 图西庙桥之东		1.95	140
1904	英册	4785 号	27 保 8 图姚家宅之南		2.063	737.6
1904	英册	4786 号	27 保 3 图姚家宅之西		0.937	147.52
1904	英册	4787 号	23 保 10 图许家宅		0.174	
1904	英册	4788 号	27 保 7 图钱家塘之东		1.311	368.8
1904	英册	4789 号	28 保 5—6 图		4.38	
1904	英册	4790 号	27 保 9 图芦花荡		2.802	737.6
1904	英册	4791 号	27 保 11 图徐家宅之北		1.587	737.6
1904	英册	4793 号	23 保 13 图奚家宅		1.481	1 475.2
1904	英册	4794 号	23 保 1—2 图梅家巷		2.679	295.04
1904	英册	4796 号	25 保 3 图致远街		0.203	295.04
1904	英册	4797 号	27 保 9 图徐家库		2.029	737.6
1904	英册	4798 号	27 保 9 图徐家库		1.356	500
1904	英册	4800 号	23 保 10 图仙师庵之北		1.74	1 276.05
1904	英册	4801 号	27 保 7 图陈家宅桥湾		0.224	147.52
1904	英册	4802 号	27 保 7 图陈家宅桥湾		1.384	295.04
1904	英册	4803 号	27 保 3 图诸家宅之北		1.864	398.3
1904	英册	4804 号	27 保北 12 图篓浦口		6.49	1 106.4
1904	英册	4806 号	27 保 9 图徐家库之南		0.52	150
1904	英册	4807 号	27 保 13 图严家桥		7.375	737.6
1904	英册	4808 号	27 保 3 图诸家宅之西		0.565	295.04
1904	英册	4809 号	27 保 3 图姚家宅		1.088	147.52
1904	英册	4810 号	25 保 4 图杜家宅之北		0.434	221.28

时间(年)	册别	编号	位　置	买方和卖方	面积(亩)	总价(两)
1904	英册	4811 号	27 保 10 图金家宅		2.277	1200
1904	英册	4812 号	27 保 10 图金家宅		1.486	800
1904	英册	4813 号	27 保 13 图西滩		5.541	737.6
1904	英册	4814 号	27 保 11 图施粥厂之北		0.62	
1904	英册	4815 号	25 保 4 图陆家观音堂之东		2.82	1 800
1904	英册	4816 号	27 保南 12 陈家桥西		11.739	2 876.64
1904	英册	4817 号	23 保分 19 图		1.922	29.5
1904	英册	4818 号	23 保分 19 图		3.192	51.63
1904	英册	4819 号	23 保分 19 图		1.841	44.26
1904	英册	4820 号	27 保 11 图郭家库		2.402	324.54
1904	英册	4824 号	28 保 8—9 图高家宅		2.633	295.04
1904	英册	4825 号	25 保 10 图王家圈		2.675	1 365
1904	英册	4827 号	28 保 8—9 图曹家宅之南		1.065	147.52
1904	英册	4828 号	27 保 3 图徐家宅		0.743	162.27
1904	英册	4829 号	27 保 11 图唐家闸桥		1.192	590.08
1904	英册	4830 号	27 保 10 图沈家宅		0.698	590.08
1904	英册	4833 号	25 保 9 图晏公庙之南		0.132	109.55
1904	英册	4834 号	23 保 2 图里虹桥之东		0.998	442.56
1904	英册	4835 号	25 保头小陆家宅		0.099	162.27
1904	英册	4836 号	27 保 10 图南池浜桥		1.144	368.8
1904	英册	4837 号	27 保 10 图墙前		0.12	295.04
1904	英册	4838 号	28 保北 12 图陈家巷		0.593	110.64
1904	英册	4839 号	25 保 4 图杜家宅		0.281	147.52
1904	英册	4840 号	27 保 10 图杨家浜		0.649	147.52
1904	英册	4841 号	25 保 2 图西川虹浜		0.924	768.58
1904	英册	4842 号	25 保 2 图西川虹浜		0.861	621.06
1904	英册	4843 号	25 保 2 图新垃圾桥北塊		0.693	511.16

时间(年)	册别	编 号	位 置	买方和卖方	面积(亩)	总价(两)
1904	英册	4844 号	25 保 2 图西川虹浜		1.734	1 279
1904	英册	4845 号	25 保 2 图张家宅桥		0.53	516.32
1904	英册	4847 号	23 保 2 图周家宅		0.31	295.04
1904	英册	4848 号	27 保 10 图池浜桥之东		0.162	147.52
1904	英册	4849 号	27 保 6 图马义泾		5.245	604.83
1904	英册	4851 号	27 保 10 图梅家巷		3.194	2 520
1904	英册	4852 号	27 保 10 图梅家巷		0.998	702.6
1904	英册	4853 号	23 保 1—2 图文昌阁之西北		0.895	368.8
1904	英册	4854 号	27 保 11 图夏家巷		0.895	221.28
1904	英册	4855 号	27 保 11 图夏家巷		0.837	221.28
1904	英册	4856 号	27 保 8 图王家浜		1.422	368.8
1904	英册	4857 号	27 保 8 图王家浜		1.192	368.8
1904	英册	4858 号	27 保 10 图梅家宅之北		0.92	516.32
1904	英册	4859 号	23 保 1—2 图沈家宅		5.157	958.88
1904	英册	4860 号	27 保 10 图梅家宅		1.65	608.52
1904	英册	4861 号	25 保 2 图陆家宅		2.702	958.88
1905	英册	4862 号			1.677	
1904	英册	4863 号	27 保 10 图		1.186	516.32
1904	英册	4864 号	27 保 3 图夏家堰		0.838	295.04
1904	英册	4865 号	27 保 3 图徐家库		4.795	885.12
1904	英册	4866 号	25 保头图		0.086	2 087.41
1904	英册	4867 号	25 保头图周家宅桥以北		0.068	
1904	英册	4868 号	25 保头图周家宅桥以北		0.058	
1904	英册	4869 号	25 保头图周家宅桥以北		0.05	
1904	英册	4870 号	25 保头图周家宅桥以北		0.067	
1904	英册	4871 号	25 保头图周家宅桥以北		0.338	
1904	英册	4872 号	25 保头图周家宅桥以北		0.309	
1904	英册	4873 号	25 保头图周家宅桥以北		0.33	

时间(年)	册别	编号	位　置	买方和卖方	面积(亩)	总价(两)
1904	英册	4874 号	25 保头图周家宅桥以北		0.409	
1904	英册	4875 号	25 保头图周家宅桥以北		0.273	
1904	英册	4876 号	25 保头图周家宅桥以北		0.372	
1904	英册	4877 号	25 保头图周家宅桥以北		0.45	
1904	英册	4878 号	28 保北 12 图姚家角		1.743	368.8
1904	英册	4879 号	28 保北 12 图姚家角		1.707	
1904	英册	4880 号	25 保头图周家宅桥之西北		0.987	885.12
1904	英册	4881 号	25 保 9 图打铺桥之东		0.727	221.28
1904	英册	4882 号	25 保 9 图奶娘桥		1.188	295.04
1904	英册	4890 号	25 保头图张家宅桥之北		0.081	110.64
1904	英册	4891 号	28 保北 12 图沈家宅之北		1.645	125.39
1904	英册	4892 号	28 保北 12 图沈家宅之北		0.954	73.76
1904	英册	4894 号	28 保 3 图沈家宅之北		4.603	184.4
1904	英册	4895 号	23 保 11 图许家宅之西		7.679	590.08
1904	英册	4896 号	23 保 11 图蔡家宅之西		0.838	73.76
1904	英册	4897 号	23 保 11 图高郎桥之西		3.097	221.28
1904	英册	4898 号	23 保 11 图秦家巷之北		0.944	73.76
1904	英册	4899 号	23 保 10 图仙师庵之东		1.755	140.14
1904	英册	4900 号	23 保 11 图祝家浜之北		1.264	110.64
1904	英册	4901 号	23 保 10 图		1.726	
1904	英册	4902 号	23 保 10 图徐家巷之南		0.948	73.76
1904	英册	4903 号	23 保 10 图徐家巷之南		0.46	110.64
1904	英册	4904 号	23 保 10 图秦家巷之北		3.421	199.15
1904	英册	4905 号	23 保 10 图许家宅之北		1.744	132.77
1904	英册	4906 号	23 保 10 图徐家巷之南		4.827	567.95
1904	英册	4907 号	23 保 10 图徐家巷之南		1.385	110.64

时间(年)	册别	编 号	位 置	买方和卖方	面积(亩)	总价(两)
1904	英册	4908 号	23 保 10 图徐家巷之南		11.251	715.47
1904	英册	4909 号	23 保 10 图徐家巷之南		6.834	390.93
1904	英册	4910 号	23 保 11 图许家宅之西		0.748	73.76
1904	英册	4911 号	27 保 3 图胡家楼		1.969	590.08
1904	英册	4912 号	27 保 9 图徐家库		0.169	
1904	英册	4913 号	27 保南 12 图潘家湾之南		2.222	368.8
1904	英册	4914 号	27 保 8 图贤字		1.535	1 000
1904	英册	4915 号	27 保 7 图钱家塘之东		0.262	
1904	英册	4916 号	27 保 10 图梅家宅		6.938	2 434.08
1904	英册	4945 号	23 保 1—2 图吴家桥之南		2.74	1 032.64
1904	英册	4946 号	25 保 2 图西川虹浜之侯家宅桥		0.62	516.32
1904	英册	4947 号	27 保 11 图施粥厂之北		3.5	505.26
1904	英册	4948 号	27 保 11 图梅园之南		2	335.61
1904	英册	4949 号	25 保 4 图杜家宅		0.209	221.28
1904	英册	4950 号	27 保 3 图钱家宅之北		0.522	258.16
1904	英册	4951 号	27 保 11 图夏家巷		1.411	420.432
1904	英册	4952 号	27 保 11 图夏家巷		2.382	674.9
1904	英册	4953 号	27 保 3 图唐家宅桥		6.034	1 475.2
1904	英册	4954 号	23 保头图左家宅		0.119	73.76
1904	英册	4955 号	27 保 3 图朱家宅		2	442.56
1904	英册	4956 号	23 保 12 图石灰浜之南		0.2	110.64
1904	英册	4957 号	23 保 12 图石灰浜之南		0.616	368.8
1904	英册	4958 号	27 保 3 图徐家宅		0.045	
1904	英册	4960 号	28 保 8—9 图罗薛宅之南		1.817	368.8
1904	英册	4961 号	25 保 9 图顾家宅之南		4.225	737.6
1904	英册	4962 号	27 保 10 图念字圩		0.338	221.28

时间(年)	册别	编 号	位 置	买方和卖方	面积(亩)	总价(两)
1904	英册	4963 号	27 保 11 图梅园之西南		1.183	590.08
1904	英册	4964 号	27 保 10 图念字圩		0.2	200
1904	英册	4965 号	27 保 11 图夏家巷		1.735	368.8
1904	英册	4967 号	27 保 10 图杨家浜		1.351	811.36
1904	英册	4968 号	27 保 10 图杨家浜		1.537	885.12
1904	英册	4969 号	27 保 10 图杨家浜		3.245	1 991.52
1904	英册	4971 号	23 保分 19 图麦家宅之东		0.931	
1904	英册	4972 号	28 保北 12 图许家巷		0.93	110.64
1904	英册	4973 号	27 保 9 图华家桥		0.711	368.8
1904	英册	4977 号	27 保 3 图徐家库		1.133	287.66
1904	英册	4978 号	27 保 3 图徐家库		1.002	206.53
1904	英册	4980 号	27 保 3 图徐家库		0.631	191.78
1904	英册	4982 号	27 保 3 图徐家库		0.523	191.78
1904	英册	4983 号	27 保 3 图徐家库		0.849	265.54
1904	英册	4984 号	23 保 10 图仙师庵之北		1.917	
1904	英册	4988 号	28 保北 12 图陈家宅之东		8.909	737.6
1904	英册	4989 号	23 保 1—2 图朱家宅后		3.335	737.6
1904	英册	4990 号	25 保 9 图晏公庙之南		3.122	470.59
1904	英册	4991 号	27 保 3 图诸家宅		4.983	1 106.4
1904	英册	4992 号	23 保 10 图仙师庵之东		3.414	221.28
1904	英册	4993 号	27 保 9 图芦花荡		1.633	737.6
1904	英册	4994 号	24 保 24 图浦东吴家厅之北		1.366	221.28
1904	英册	4995 号	24 保 24 图浦东吴家厅之北		2.51	221.28
1904	英册	4996 号	24 保 16 图蒋家浜		4.086	368.8
1904	英册	4997 号	27 保 10 图新垃圾桥之北		0.799	368.8

时间(年)	册别	编 号	位 置	买方和卖方	面积(亩)	总价(两)
1904	英册	4998 号	27 保南 12 图迎禧庵之西南		0.986	442.56
1904	英册	4999 号	28 保北 12 图陈家巷		0.098	
1904	英册	5000 号	27 保北 12 图小沙渡之东		11.882	1844
1904	英册	5002 号	23 保 1—2 图里虹口之东栅口		1.917	1 000
1904	英册	5003 号	27 保 10 图梅家宅		1.317	357.74
1904	英册	5004 号	25 保头图杜木桥		0.319	305.37
1904	英册	5005 号	27 保 10 图金家宅南		1.507	1 180.16
1904	英册	5006 号	27 保 11 图夏家巷之东		2.829	1 327.68
1904	英册	5007 号	27 保 11 图盛家宅		1.487	221.28
1904	英册	5010 号	25 保 2 图 27 保 10 图西川虹浜之陆家宅		4.006	1 917.76
1904	英册	5012 号	25 保 4 图杜家宅		1.524	1 106.4
1904	英册	5013 号	28 保 4 图传字圩		3.096	295.04
1904	英册	5014 号	27 保 10 图金家宅之南		1.267	442.56
1904	英册	5015 号	27 保 10 图沈家宅		0.514	885.12
1904	英册	5016 号	23 保 12 图祝家浜		1.848	950
1904	英册	5017 号	23 保 10 图张家浜		1.815	451.41
1904	英册	5018 号	28 保北 12 图沈家宅之北		0.962	66.38
1904	英册	5019 号	28 保北 12 图姚家角之东		1.11	110.64
1904	英册	5020 号	23 保 1—2 图周家库		0.224	147.52
1904	英册	5021 号	27 保 10 图西川虹浜		1.548	590.08
1904	英册	5022 号	27 保 10 图西川虹浜		12.001	4 425.6
1904	英册	5023 号	27 保 11 图郭家库之九凹湾		1.185	516.32
1904	英册	5024 号	25 保 4 图陶家宅		0.715	442.56
1904	英册	5025 号	27 保 10—11 图		3.861	1 165.41

时间(年)	册别	编号	位 置	买方和卖方	面积(亩)	总价(两)
1904	英册	5026 号	27 保 11 图西川虹浜		1.029	221.28
1904	英册	5027 号	27 保 11 图西川虹浜		2.473	545.82
1904	英册	5028 号	27 保 11 图西川虹浜		0.8	678.59
1904	英册	5029 号	28 保北 12 图沈家宅		1.56	110.64
1904	英册	5030 号	27 保 10 图坝基		1.279	885.12
1906	英册	5031 号	徐家宅		5.506	
1904	英册	5032 号	27 保 11 图施粥厂之东		4.931	442.56
1904	英册	5033 号	23 保 1—2 图罗家湾		1.31	221.28
1904	英册	5035 号	28 保 8—9 图曹家宅		5.952	1 106.4
1904	英册	5036 号	28 保北 12 图曹家桥之西		9.587	1 436.03
1904	英册	5037 号	27 保 11 图夏家巷		2.645	442.56
1904	英册	5038 号	27 保 9 图张家宅		3.922	1 475.2
1904	英册	5039 号	27 保 11 图侯家宅		1.919	258.16
1904	英册	5040 号	27 保 11 图朱家宅		2.124	295.04
1904	英册	5041 号	27 保 3 图徐家库		0.192	
1904	英册	5042 号	27 保 11 图徐家宅之北		1.473	
1904	英册	5043 号	23 保 2 图罗家浜		1.073	221.28
1904	英册	5045 号	27 保 11 图夏家巷		0.851	331.92
1904	英册	5046 号	25 保头图杜木桥		0.374	442.56
1904	英册	5047 号	23 保 12 图太平寺之南		8.245	1 032.64
1904	英册	5048 号	23 保 12 图太平寺之南		2.003	368.8
1904	英册	5049 号	23 保 12 图周家宅		3	442.56
1904	英册	5050 号	23 保 12 图周家宅		3.441	442.56
1904	英册	5051 号	23 保 12 图太平寺之西		5.253	1 106.4
1904	英册	5054 号	27 保 11 图郭家库		4.793	1 318.83
1904	英册	5055 号	27 保 10 图新闸桥之北		0.351	184.4
1904	英册	5056 号	27 保 10 图新闸桥之北		0.328	184.4
1904	英册	5060 号	27 保 10 图张家宅之南		1.774	590.08

时间(年)	册别	编 号	位 置	买方和卖方	面积(亩)	总价(两)
1904	英册	5061 号	25 保 10 图万生桥之西		1.013	368.8
1904	英册	5062 号	27 保 11 图郭家库		3.184	885.12
1904	英册	5063 号	27 保 10 图梅家宅之南		4.853	1844
1904	英册	5064 号	27 保 10 图梅家宅		0.378	147.52
1904	英册	5065 号	25 保 4 图关帝庙之南		1.67	700
1904	英册	5067 号	27 保南 12 图顾家浜之南		0.6	258.16
1904	英册	5068 号	27 保南 12 图顾家浜之南		0.516	221.28
1904	英册	5069 号	27 保 8 图静安寺之西		0.231	221.28
1904	英册	5070 号	23 保 1—2 图虹口港		1.636	1 106.4
1904	英册	5071 号	23 保 1—2 图		0.818	2 212.8
1904	英册	5073 号	23 保 1—2 图张家湾之南		1.755	442.56
1904	英册	5075 号	27 保 11 图郭家库之南		3.167	1 032.64
1904	英册	5076 号	25 保 10 图王家圈		1.704	357
1904	英册	5077 号	27 保 13 图南叶家宅之东		13.554	1 952.72
1904	英册	5078 号	23 保 1—2 图左家宅		0.291	147.52
1904	英册	5079 号	27 保 11 图盛家宅之北		1.742	295.04
1904	英册	5080 号	27 保 11 图盛家宅之北		0.948	147.52
1904	英册	5082 号	27 保 13 图严家宅		5.032	810
1904	英册	5083 号	27 保北 12 图小沙渡之东		0.452	
1904	英册	5084 号	25 保 4 图陆家观音堂之北		1.826	1 770.24
1904	英册	5085 号	25 保 4 图陆家观音堂之北		0.461	685.97
1904	英册	5086 号	27 保 11 图西川虹浜		0.8	
1904	英册	5087 号	27 保 10 图沈家宅		0.514	
1904	英册	5088 号	27 保 11 图徐家宅		1.256	590.08

时间(年)	册别	编号	位　　置	买方和卖方	面积(亩)	总价(两)
1904	英册	5089 号	27 保 11 图夏家巷之东		1.167	295.04
1904	英册	5090 号	27 保 3 图胡家楼		3.227	1475.2
1904	英册	5091 号	25 保 2 图杨家浜之北		0.395	292.09
1904	英册	5092 号	28 保 8—9 图曹家宅		0.035	
1904	英册	5093 号	27 保 8 图		0.071	
1904	英册	5094 号	23 保 13 图薛家浜		0.613	245.62
1904	英册	5095 号	23 保 13 图薛家浜		0.599	245.62
1904	英册	5096 号	23 保 13 图薛家浜		0.599	246.36
1904	英册	5097 号	25 保头图周家宅桥		0.205	236.03
1904	英册	5098 号	27 保 13 图严家宅之西		1.025	368.8
1904	英册	5099 号	28 保 8—9 图小吴家宅		3.162	590.08
1904	英册	5101 号	27 保 3 图顾家湾		0.97	368.8
1904	英册	5102 号	28 保北 12 图曹家桥之西		0.241	
1904	英册	5104 号	27 保北 12 图篓浦口		0.413	
1905	英册	5105 号	25 保 9 图羊肥桥之北		0.798	364.45
1904	英册	5106 号	25 保 4 图东姚		0.494	184.4
1904	英册	5107 号	24 保 21 图洋泾港口		1.227	184.4
1904	英册	5108 号	25 保 4 图姚家库		1.188	516.32
1905	英册	5110 号	27 保南 12 图		8.823	2040.92
1905	英册	5111 号	27 保 10 图坝基		0.2	145.78
1905	英册	5112 号	25 保头图界浜桥之东		1.542	1 166.24
1905	英册	5113 号	27 保 7 图金家宅		3.921	291.56
1905	英册	5114 号	27 保 10 图新闸桥南		1.443	1 457.8
1905	英册	5115 号	25 保 4 图晏公庙之西北		2.553	1 020.46
1905	英册	5116 号	25 保头图杜木桥		0.578	524.81
1905	英册	5117 号	28 保 4 图传字圩		0.108	
1905	英册	5118 号	27 保南 12 图顾家浜之南		2.231	583.12

时间(年)	册别	编 号	位 置	买方和卖方	面积(亩)	总价(两)
1905	英册	5119 号	23 保 3 图吴家宅		3.441	1 166.24
1905	英册	5120 号	23 保 13 图张方庙之南		1.233	218.67
1905	英册	5121 号	27 保 10 图金家宅西		0.465	218.67
1905	英册	5122 号	23 保头图沈家宅西		2.28	437.34
1905	英册	5124 号	27 保 11 图夏家巷		0.576	255.12
1905	英册	5125 号	27 保 8 图龙梢浜		4.781	874.68
1905	英册	5126 号	27 保 8 图龙梢浜		2.994	583.12
1905	英册	5127 号	27 保 11 图夏家巷		1.866	473.79
1905	英册	5130 号	27 保 5 图韩家荡		2.764	240.54
1905	英册	5131 号	25 保 4 图马家宅桥之北		1.215	291.56
1905	英册	5132 号	27 保 3 图诸家宅		1.514	364.45
1905	英册	5133 号	27 保 11 图陈家宅		4.315	1 020.46
1905	英册	5135 号	27 保 12 图盛家宅东		2.039	291.56
1905	英册	5136 号	27 保 10 图小闸港		0.916	728.9
1905	英册	5138 号	27 保 13 图康家桥		2.893	437.34
1905	英册	5139 号	25 保头图唐家巷之东		0.576	874.68
1905	英册	5140 号	27 保 8 图长浜南之大浜头		0.868	145.78
1905	英册	5141 号	27 保 7 图乔家坟山之南		0.793	218.67
1905	英册	5146 号	27 保 11 图盛家宅之西		6.121	1 312.02
1905	英册	5150 号	23 保 12 图茅家荡		2.472	1 421.36
1905	英册	5151 号	23 保 12 图茅家荡		4.424	2 551.15
1905	英册	5152 号	23 保 12 图茅家荡		1.01	583.12
1905	英册	5153 号	23 保 12 图茅家荡		3.456	1 968.03
1905	英册	5154 号	23 保 12 图茅家荡		2.112	1 166.24
1905	英册	5155 号	27 保 11 图侯家宅之西		6.535	1 166.24
1905	英册	5156 号	27 保 9 图张家宅南		0.599	291.56
1905	英册	5157 号	27 保 10 图老坝基		0.58	510.23
1905	英册	5158 号	27 保 11 图夏家巷之南		2.611	947.57

时间(年)	册别	编　号	位　置	买方和卖方	面积(亩)	总价(两)
1905	英册	5159 号	27 保 8 图董家池		2.014	437.34
1905	英册	5160 号	23 保 6 图芦家宅之南		4.836	364.45
1905	英册	5161 号	27 保 13 图叶家宅之东		3.898	874.68
1905	英册	5162 号	27 保 13 图叶家宅之东		3.338	486.61
1905	英册	5163 号	23 保 15 图张家宅		11.672	1 202.69
1905	英册	5164 号	23 保 11 图祝家浜		4.752	364.45
1905	英册	5165 号	27 保北 12 图篓浦口		8.745	2 332.48
1905	英册	5166 号	23 保 2 图朱家宅之北		2.276	1 000
1905	英册	5167 号	23 保 1—2 图吴家桥之北		3.002	801.79
1905	英册	5168 号	27 保南 12 图张家浜		20.601	3 644.5
1905	英册	5169 号	25 保 4 图杜家宅		0.299	109.55
1905	英册	5171 号	27 保 10 图梅家宅		1.197	728.9
1905	英册	5172 号	27 保 11 图北梅园		2.694	728.9
1905	英册	5173 号	27 保 9 图张家宅南		0.299	150
1905	英册	5174 号	23 保 13 图篓湾		1.518	437.34
1905	英册	5175 号	25 保 4 图陆家观音堂之南		1.101	510.23
1905	英册	5176 号	27 保 11 图陈家宅		3.336	776.28
1905	英册	5177 号	25 保 10 图王家圈		0.523	174.94
1905	英册	5178 号	25 保 10 图王家圈		0.332	102.05
1905	英册	5179 号	25 保 10 图王家圈		0.205	65.6
1905	英册	5180 号	25 保 10 图王家圈		0.432	109.34
1905	英册	5181 号	25 保 10 图王家圈		0.391	153.07
1905	英册	5182 号	25 保 10 图王家圈		0.4	153.07
1905	英册	5183 号	23 保 2 图沈家宅之西		2.66	656.01
1905	英册	5184 号	25 保 4 图陆家观音堂之南		2.641	801.79
1905	英册	5185 号	27 保 4 图西庙桥之北		11.824	583.12

时间(年)	册别	编 号	位 置	买方和卖方	面积(亩)	总价(两)
1905	英册	5186 号	27 保 4 图西庙桥之北		4.429	364.45
1905	英册	5188 号	27 保 5 图曹家桥东塊		5.859	473.79
1905	英册	5189 号	27 保 11 图夏家巷		2.487	619.57
1905	英册	5191 号	27 保 9 图华家桥之东		1.037	437.34
1905	英册	5192 号	25 保 2 图宋家巷之东		0.684	1 640.03
1905	英册	5194 号	27 保 13 图南叶家宅之北		3.598	291.56
1905	英册	5196 号	27 保 11 图郭家库		0.364	182.23
1905	英册	5197 号	27 保南 12 图陈家桥西		0.425	145.78
1905	英册	5198 号	27 保 11 图陆家宅		1.924	364.45
1905	英册	5199 号	27 保 10 图老坝基		1.993	619.57
1905	英册	5200 号	27 保 9 图华家桥之北		2.943	1 020.46
1905	英册	5201 号	27 保 10 图杨家浜		0.5	364.45
1905	英册	5202 号	27 保南 12 图北潘家湾		1.888	262.4
1905	英册	5203 号	27 保南 12 图北潘家湾		2.406	189.51
1905	英册	5204 号	27 保南 12 图潘家湾		4.377	699.74
1905	英册	5205 号	27 保南 12 图张家宅		8.919	1 224.55
1905	英册	5206 号	27 保南 12 图张家宅		2.103	306.14
1905	英册	5207 号	27 保南 12 图潘家湾		2.484	335.29
1905	英册	5208 号	27 保 13 图叶家宅之东		3.434	
1905	英册	5209 号	27 保北 12 图篓浦口		0.14	
1905	英册	5210 号	25 保 9 图羊肥桥之北		2.452	255.12
1905	英册	5211 号	25 保 9 图羊肥桥之北		2.72	400.9
1905	英册	5212 号	23 保 2 图朱家宅		0.966	364.45
1905	英册	5213 号	23 保 2 图朱家宅		1.773	656.01
	英册	5214 号	原证佚	产权争议		
1905	英册	5215 号	25 保 2 图陆家宅		0.788	619.57
1905	英册	5216 号	25 保 4 图杜家宅之西		2.638	1 056.91
1905	英册	5217 号	27 保 9 图闸港		0.953	874.68

时间(年)	册别	编号	位 置	买方和卖方	面积(亩)	总价(两)
1905	英册	5218 号	27 保南 12 图东王家巷		0.735	364.45
1905	英册	5222 号	28 保北 12 图许家巷		0.839	109.34
1905	英册	5223 号	27 保 10 图梅家宅之南		1.082	728.9
1907	英册	5224 号	27 保 11 图太阳庙西		1.589	332.415
1905	英册	5225 号	27 保 8 图朱水港		1.265	364.45
1905	英册	5226 号	25 保 4 图杨家宅之东		2.313	728.9
1905	英册	5227 号	27 保 11 图谈家宅		1.083	291.56
1905	英册	5228 号	25 保 10 图王家圈		0.847	449.73
1905	英册	5229 号	25 保 10 图王家圈		0.383	182.23
1905	英册	5230 号	28 保 8—9 图丁家库之东		1.976	437.34
1905	英册	5231 号	27 保北 12 图小沙渡之东南		2.358	437.34
1905	英册	5232 号	27 保北 12 图红桥头		1.792	510.23
1905	英册	5235 号	23 保 13 图张方庙之西		3.803	728.9
1905	英册	5236 号	27 保南 12 图石家滩		2.168	510.23
1905	英册	5239 号	25 保 4 图关帝庙之南		0.528	250
1905	英册	5240 号	27 保 10 图杨家浜		0.912	510.23
1905	英册	5241 号	25 保 2 图 27 保 10 图杨家浜		0.536	145.78
1905	英册	5248 号	27 保 8 图朱水港		4.28	1 472.38
1905	英册	5249 号	27 保 7 图诸家宅之东		0.991	144.47
1905	英册	5250 号	27 保 7 图诸家宅之东		1.211	176.54
1905	英册	5251 号	23 保 2 图沈家宅之南		5.475	1 603.58
1905	英册	5252 号	27 保 3 图徐家库之北		1.568	583.12
1905	英册	5253 号	25 保 4 图李家宅		0.401	300
1905	英册	5254 号	25 保 4 图林家宅		0.574	437.34
1905	英册	5255 号	25 保头图张家宅之北		1.3	1 020.46
1905	英册	5256 号	27 保 10 图沈家宅		0.512	364.45

时间(年)	册别	编号	位 置	买方和卖方	面积(亩)	总价(两)
1905	英册	5257 号	27 保南 12 图王家巷之北		0.17	145.78
1905	英册	5258 号	27 保南 12 图张家库之北		0.1	218.67
1905	英册	5261 号	27 保南 12 图王家巷之南		9.244	2 915.6
1905	英册	5262 号	27 保 11 图夏家巷		1.211	400
1905	英册	5266 号	25 保 9 图马家宅桥之西		1.373	291.56
1905	英册	5267 号	27 保 11 图梅园之西南		0.682	218.67
1905	英册	5269 号	27 保南 12 图石家滩之西		5.5	1 239.13
1905	英册	5270 号	27 保南 12 图蒋家巷之东		0.548	109.34
1905	英册	5271 号	27 保 13 图吴家桥		1.597	437.34
1905	英册	5272 号	24 保 24 图乔家宅		2.713	204.09
1905	英册	5273 号	25 保 4 图陆家观音堂之西南		1.181	273.34
1905	英册	5274 号	27 保南 12 图石家滩		6.7	1 239.13
1905	英册	5275 号	27 保北 12 图红桥头		0.462	
1905	英册	5276 号	27 保南 12 图张家库之南		0.344	
1905	英册	5277 号	23 保 1—2 图东王家宅		0.061	
1905	英册	5280 号	23 保 2 图宋家宅		8.913	2 594.88
1905	英册	5281 号	25 保 4 图打铁浜之南		0.702	291.56
1905	英册	5282 号	24 保 24 图吴家厅北		4.456	728.9
1905	英册	5284 号	27 保 3 图陆家观音堂之西		1.501	728.9
1905	英册	5286 号	28 保北 12 图陈家宅之后		9.23	1 822.25
1905	英册	5287 号	23 保 11 图蒋家浜		3.853	281.65
1905	英册	5288 号	27 保 11 图谈家宅之南		8.291	960.69
1905	英册	5289 号	原证佚			

时间(年)	册别	编号	位置	买方和卖方	面积(亩)	总价(两)
1905	英册	5290 号	27 保 7 图金家宅之东		1.075	364.45
1905	英册	5291 号	23 保 2 图界浜头		6.163	2 300
1905	英册	5292 号	23 保 1—2 图杨家宅		3.288	1 350
1905	英册	5293 号	23 保 1—2 图杨家宅		3.905	1 600
1905	英册	5294 号	27 保南 12 张家库之北		0.174	
1905	英册	5295 号	23 保西 13 图东薛家浜		1.245	291.56
1905	英册	5297 号	27 保 11 图梅园		8.16	7 259.84
1905	英册	5299 号	27 保 10 图坝基		1.447	1 000
1905	英册	5300 号	27 保 9 图徐家库之西北		1.979	2 000
1905	英册	5301 号	24 保浦东之彭家码头		8.38	1 202.69
1905	英册	5302 号	23 保 15 图分水庙之南		1.265	379.03
1905	英册	5305 号	27 保 3 图徐家库之西		36.937	5 102.3
1905	英册	5306 号	27 保南 12 图戚家村之北		1.302	291.56
1905	英册	5307 号	28 保 5 图法华寺之南		4.745	218.67
1905	英册	5308 号	27 保 10 图小闸港		0.651	583.12
1905	英册	5310 号	27 保南 12 图戚家村之北		4.024	1 093.35
1905	英册	5311 号	27 保 9 图顾家湾		0.437	233.25
1905	英册	5312 号	27 保 9 图顾家湾		0.156	58.31
1905	英册	5314 号	27 保 11 图太阳庙之西		8.607	1 822.25
1905	英册	5316 号	27 保北 12 图莫沟桥之西		5.461	1 195.4
1905	英册	5317 号	28 保 8—9 图北曹家宅		1.103	109.34
1905	英册	5319 号	未立契(沪宁铁路圈用)			
1905	英册	5320 号	27 保 3 图徐家库		2.008	291.56
1905	英册	5321 号	27 保 13 图草鞋浜		0.308	291.56
1905	英册	5322 号	27 保 13 图草鞋浜		1.463	291.56
1905	英册	5324 号	27 保 11 图盛家宅西		1.943	801.79
1905	英册	5326 号	27 保 11 图太阳庙南		2.194	1 166.24

时间（年）	册别	编　号	位　置	买方和卖方	面积（亩）	总价（两）
1905	英册	5327 号	27 保 11 图太阳庙西		3.839	1 457.8
1905	英册	5328 号	23 保 1—2 图沈家湾之东北		0.722	218.67
1905	英册	5329 号	27 保 3 图涌泉浜		6.313	1 457.8
1905	英册	5330 号	27 保 10 图新闸桥之北		0.805	728.9
1905	英册	5335 号	27 保 8 图涌泉浜之南		3.956	874.68
1905	英册	5336 号	27 保 11 图施粥厂后		0.216	255.12
1905	英册	5337 号	23 保 12 图太平寺之东		0.72	29.16
1905	英册	5338 号	25 保 13 图白云观之东北		2.171	546.68
1905	英册	5339 号	23 保 13 图辛家宅		17.059	416.2
1905	英册	5340 号	23 保 13 图辛家宅		18.172	1 032.49
1905	英册	5342 号	27 保南 12 图石家滩		1.021	255.12
1905	英册	5343 号	27 保南 12 图石家滩		0.765	291.56
1905	英册	5345 号	25 保 4 图杜家宅		1.397	677.88
1905	英册	5346 号	23 保 12 图西蔡家浜		0.312	291.56
1905	英册	5347 号	25 保 4 图高家宅		0.404	291.56
1905	英册	5348 号	27 保 13 图南叶家宅之东		2.22	319.84
1905	英册	5349 号	27 保南 12 图石家滩		2.644	510.23
1905	英册	5350 号	27 保 5 图陈泾庙之东北		7.967	1 067.4
1905	英册	5351 号	27 保南 12 图戚家村		0.258	72.89
1905	英册	5352 号	23 保 1—2 图罗家浜		1.915	364.45
1905	英册	5353 号	27 保 7 图沈家木桥		2.391	291.56
1905	英册	5354 号	27 保 11 图太阳庙西		1.767	568.54
1905	英册	5356 号	23 保 13 图张方庙之西		3.354	874.68
1905	英册	5357 号	23 保 12 图杨树浦桥之东北		11.78	1 749.36
1905	英册	5359 号	23 保 1—2 图里虹口之东		1.099	218.67

时间(年)	册别	编号	位 置	买方和卖方	面积(亩)	总价(两)
1905	英册	5361 号	27 保 8 图金家浜		3.059	500
1905	英册	5362 号	25 保 2 图韩家宅		0.164	
1905	英册	5364 号	27 保 13 图姚桥浜		3.506	364.45
1905	英册	5365 号	25 保 9 图羊肥桥之北		2.163	364.45
1905	英册	5366 号	27 保南 12 图戚家村之北		2.037	
1905	英册	5369 号	27 保 13 图叶家宅之东		1.934	278.63
1905	英册	5370 号	28 保 8—9 图曹家渡		2.38	532.1
1905	英册	5371 号	23 保 13 图张方庙西		0.932	437.34
1905	英册	5372 号	23 保 12 图茅家荡		1.752	933
1905	英册	5373 号	23 保 12 图茅家荡		1.034	583.12
1905	英册	5374 号	23 保 12 图茅家荡		1.252	641.43
1905	英册	5375 号	24 保 24 图杨家宅		0.837	109.34
1905	英册	5376 号	27 保 13 图南叶家宅之东		2.199	583.12
1905	英册	5377 号	25 保 4 图东姚		2.408	708.49
1905	英册	5378 号	24 保 24 图彭家宅之北		2.423	218.67
1905	英册	5379 号	25 保 4 图杜家宅之西		0.384	218.67
1905	英册	5381 号	25 保 1 图钱家宅		1.051	801.79
1905	英册	5383 号	27 保南 12 图螺丝桥之北		0.679	
1905	英册	5384 号	27 保南 12 图王家巷之北		0.428	364.45
1905	英册	5385 号	25 保 4 图杜家宅之东		0.406	122.46
1905	英册	5386 号	25 保 4 图杜家宅之北		0.5	145.78
1905	英册	5387 号	27 保 9 图芦花荡		1.059	437.34
1905	英册	5388 号	25 保 4 图芦花荡		0.716	207.01
1905	英册	5389 号	25 保 4 图陆家观音堂之东		0.015	34.26
1905	英册	5390 号	25 保 4 图陆家观音堂之东		0.249	72.89

时间(年)	册别	编 号	位 置	买方和卖方	面积(亩)	总价(两)
1905	英册	5392 号	27 保 3 图小徐家库之北		1	364.45
1905	英册	5396 号	27 保 3 图徐家库之北		3.637	728.9
1905	英册	5398 号	23 保 10 图陈家巷南		4.18	328.01
1905	英册	5399 号	27 保南 12 图戚家村		0.436	145.78
1905	英册	5404 号	27 保 3 图徐家库之北		2.61	583.12
1905	英册	5405 号	25 保头图周家宅桥		1.332	1 457.8
1905	英册	5407 号	28 保 10—11 图	原证佚		
1905	英册	5408 号	27 保南 12 图戚家村之北		2.537	728.9
1905	英册	5409 号	25 保 10 图王家圈之南		0.382	158.17
1905	英册	5410 号	27 保 9 图芦花荡		0.396	473.79
1905	英册	5411 号	25 保 10 图万生桥之西南		1.105	349.87
1905	英册	5412 号	25 保 9 图马家宅桥之西		1.122	218.67
1905	英册	5413 号	27 保 8 图西金家巷		0.958	364.45
1905	英册	5415 号	27 保 9 图郑家巷		1.024	583.12
1905	英册	5420 号	27 保 11 图孔家巷		1.586	437.34
1905	英册	5422 号	27 保 9 图张园之西		0.175	170
1905	英册	5423 号	25 保 2 图垃圾桥之北		0.674	947.57
1905	英册	5424 号	27 保 8 图龙梢浜之北		1.417	364.45
1905	英册	5425 号	27 保 10 图沈家宅之南		0.408	218.67
1906	英册	5426 号	28 保 3 图薛家库之西	原证佚		
1905	英册	5427 号	25 保 4 图关帝庙之东		0.78	291.56
1905	英册	5428 号	28 保南 12 图南泥港	1630 号换契	13.028	
1905	英册	5429 号	28 保南 12 图河荡	1630 号换契	4.047	
1905	英册	5430 号	25 保 4 图杨家库		0.973	138.49
1905	英册	5433 号	27 保 9 图东姚		0.798	364.45
1905	英册	5435 号	27 保南 12 图蒋家巷之西		0.253	126.5

时间(年)	册别	编号	位置	买方和卖方	面积(亩)	总价(两)
1905	英册	5436 号	27 保南 12 图草鞋浜		0.574	72.89
1905	英册	5437 号	23 保 1—2 图左家宅之东		2.468	728.9
1905	英册	5438 号	23 保头图左家宅		3.65	2 113.81
1905	英册	5439 号	23 保 12 图王婆庵之东		1.789	583.12
1905	英册	5440 号	28 保 8—9 图高家宅之西		1.504	145.78
1905	英册	5441 号	23 保 2 图胡家桥		4.848	1 093.35
1905	英册	5442 号		2330 号契划出另立	14.457	
1905	英册	5443 号	27 保 7 图钱家荡西		6.632	2 019.05
1905	英册	5444 号	27 保 7 图钱家荡西		5.249	1 552.56
1905	英册	5445 号	27 保 10 图新闸桥之北		0.657	510.23
1905	英册	5446 号	27 保 10 图小闸港		0.84	656.01
1905	英册	5447 号	27 保 8 图金家浜		2.349	728.9
1905	英册	5448 号	27 保 11 图梅园		0.602	364.45
1905	英册	5449 号	27 保 13 图西金家巷		1.7	364.45
1905	英册	5451 号	27 保北 12 图草鞋浜		2.939	437.34
1905	英册	5452 号	27 保 9 图胡家楼		0.315	364.45
1905	英册	5453 号	28 保北 12 图诸巷浜		1.506	109.34
1905	英册	5454 号	28 保北 12 图诸巷浜		0.974	87.47
1905	英册	5455 号	28 保 5 图法华寺北		0.838	72.89
1905	英册	5456 号	28 保 5 图法华寺北		0.895	72.89
1905	英册	5457 号	28 保北 12 图陈家桥北		0.516	65.6
1905	英册	5458 号	27 保 11 图郭家库南		2.64	728.9
1905	英册	5459 号	25 保 2 图西川虹浜		0.838	656.01
1905	英册	5460 号	27 保 3 图徐家库		0.285	437.34
1905	英册	5461 号	25 保头图张家宅桥北		1.209	1 822.25
1905	英册	5462 号	23 保 15 图分水庙之南		0.862	276.98
1905	英册	5463 号	23 保 13 图东蔡家浜		3.737	583.12

时间(年)	册别	编号	位　置	买方和卖方	面积(亩)	总价(两)
1905	英册	5472 号	25 保 4 图东姚		0.25	109.34
1905	英册	5474 号	27 保 8 图严家宅之东南		1.847	437.34
1905	英册	5475 号	27 保 8 图西金家巷		4.59	1 000
1905	英册	5476 号	23 保 10 图张家浜		1.194	328.01
1905	英册	5477 号	28 保北 12 图丁家库		0.884	145.78
1905	英册	5478 号	27 保南 12 图王家巷东		0.622	145.78
1905	英册	5485 号	25 保 9 图羊肥桥之西		0.511	218.67
1905	英册	5486 号	24 保 24 图浦东烂泥渡		1.785	527.36
1905	英册	5487 号	23 保 1—2 图东王家宅		0.103	218.67
1905	英册	5488 号	23 保 1—2 图东王家宅		0.117	
1905	英册	5489 号	27 保 9 图芦花荡		1.06	583.12
1905	英册	5490 号	27 保南 12 图陈家桥之西		0.168	72.89
1905	英册	5491 号	27 保 8 图西金家巷		5.14	1 020
1905	英册	5492 号	27 保 5 图顾家宅之西南		4.597	619.57
1905	英册	5493 号	23 保西 13 图张方庙之西		9.119	1 457.8
1905	英册	5494 号	27 保 5 图曹家桥东块		0.483	437.34
1905	英册	5495 号	25 保 4 图陆家宅西		3.114	1 567.14
1905	英册	5496 号	27 保南 12 图蒋家巷之北		7.519	1 093.35
1905	英册	5497 号	27 保北 12 图篓浦口		1.405	291.56
1905	英册	5499 号	25 保 2 图西川虹浜		0.3	218.67
1905	英册	5500 号	23 保 1—2 图秦家巷之南		4.394	1 166.24
1905	英册	5501 号	27 保 11 图作字圩		1.046	364.45
1905	英册	5502 号	27 保 11 图施粥厂之南		1.061	218.67
1905	英册	5503 号	27 保 8 图涌泉浜		1.308	437.34
1905	英册	5504 号	25 保 4 图陆家观音堂之北		0.7	255.12
1905	英册	5505 号	25 保 4 图姚家宅		0.453	109.34

时间(年)	册别	编号	位　置	买方和卖方	面积(亩)	总价(两)
1905	英册	5506 号	25 保 2 图老垃圾桥之北		1.491	1 093.35
1905	英册	5507 号	25 保头图杨坟山之北		0.266	364.45
1905	英册	5508 号	27 保 9 图胡家楼		0.947	350
1905	英册	5510 号	25 保头图钱家宅		0.852	801.79
1905	英册	5511 号	28 保 8—9 图丁家库		2.517	728.9
1905	英册	5512 号	27 保 9 图张家宅之南		0.567	400.9
1905	英册	5513 号	27 保南 12 图戚家村之东		0.955	400
1905	英册	5514 号	27 保 9 图郑家巷		1.405	728.9
1905	英册	5516 号	25 保头图周家宅桥之西		0.16	364.45
1905	英册	5517 号	27 保南 12 图戚家村之东		1.597	364.45
1905	英册	5518 号	27 保 10 图郑家浜		1.083	728.9
1905	英册	5519 号	28 保北 12 图朱家库		1.19	145.78
1905	英册	5520 号	28 保北 12 图陈家宅		2.635	218.67
1905	英册	5521 号	27 保 10 图沈家宅		0.311	364.45
1905	英册	5522 号	23 保 13 图南薛家浜		2.437	583.12
1905	英册	5523 号	27 保 8 图涌泉浜		0.189	145.78
1905	英册	5526 号	23 保 2 图西王家宅		0.864	1 000
1905	英册	5529 号	28 保北 12 图丁家库		0.4	
1905	英册	5530 号	27 保 3 图东钱家宅之南		6.798	1 530.69
1905	英册	5531 号	27 保 8 图陈家宅桥之东		7.723	1 166.24
1905	英册	5532 号	23 保 1—2 图宋家宅		1.321	218.67
1905	英册	5534 号	25 保 10 图王家圈南		1.361	546.68
1905	英册	5536 号	27 保 8 图赵家桥东		4.871	1 739.16
1905	英册	5537 号	27 保 8 图赵家桥东		2.606	765.35
1905	英册	5538 号	27 保 10 图南池浜桥之北		1.808	166.24
1905	英册	5539 号	23 保分 19 图麦家宅		2.485	40.09

时间(年)	册别	编号	位　置	买方和卖方	面积(亩)	总价(两)
1905	英册	5540 号	23 保分 19 图麦家宅东		0.686	10.93
1905	英册	5541 号	23 保分 19 图麦家宅南		1.393	21.87
1905	英册	5542 号	23 保分 19 图麦家宅南		1	14.58
1905	英册	5543 号	27 保 9 图小闸港南		0.127	218.67
1905	英册	5544 号	25 保 9 图普济庵西		1.684	364.45
1905	英册	5545 号	27 保 7 图金家宅南		1.431	326.4
1906	英册	5547 号	27 保 10 图墙前		0.402	1 000
1905	英册	5548 号	23 保 13 图高家宅		0.192	218.67
1905	英册	5549 号	25 保 2 图中旺街		0.182	320.72
1905	英册	5551 号	24 保 14 图黄溜娄		2.887	982
1906	英册	5554 号	23 保 13 图祝家浜南		1.628	147.44
1906	英册	5555 号	23 保 13 图奚家浜		4.747	1 179.52
1906	英册	5556 号	23 保 13 图茅家塘		2.616	368.6
1906	英册	5557 号	23 保 13 图祝家浜南		4.282	368.6
1906	英册	5558 号	23 保 12 图茅家荡		1.113	589.76
1906	英册	5559 号	27 保 4 图东庙桥南		1.99	
1906	英册	5561 号	23 保 1—2 图杨家宅		3.118	663.48
1906	英册	5562 号	27 保南 12 陈家桥西南		1.838	589.76
1906	英册	5563 号	27 保南 12 陈家桥西南		2.467	589.76
1906	英册	5564 号	27 保南 12 陈家桥西南		1.843	442.32
1906	英册	5565 号	23 保 1—2 图老周家宅		2.59	1 820
1906	英册	5567 号	27 保南 12 图戚家村		1.894	294.88
1906	英册	5568 号	24 保 24 图陆家渡北		0.298	442.32
1906	英册	5570 号	23 保 3—5 图姚长浜		9.781	720.98
1906	英册	5572 号	23 保正 19 图	产权争议		
1906	英册	5573 号	23 保 2 图唐家宅		0.932	221.16
1906	英册	5574 号	28 保 8—9 图钱家巷之北		1.987	442.32
1906	英册	5575 号	23 保 12 图茅家荡		0.36	110.58

时间(年)	册别	编 号	位 置	买方和卖方	面积(亩)	总价(两)
1906	英册	5576 号	23 保 12 图茅家荡		0.255	147.44
1906	英册	5577 号	24 保 16 图董家渡		56.255	
1906	英册	5579 号	23 保 9 图萧王庙		3.827	261.71
1906	英册	5580 号	28 保 5 图李文忠祠北		0.988	294.88
1906	英册	5581 号	28 保 5 图李文忠祠北		0.398	
1906	英册	5582 号	27 保南 12 图戚家村北		0.94	147.44
1906	英册	5583 号	27 保 5 图沙池浜桥北		7.844	737.2
1906	英册	5584 号	23 保 13 图中奚浦		1.594	221.16
1906	英册	5585 号	28 保 8—9 图苏家角		1.976	147.44
1906	英册	5588 号	23 保 13 图奚家浜		13.305	1 105.8
1906	英册	5589 号	24 保 24 图彭家码头东		1.915	530.78
1906	英册	5590 号	25 保 4 图林家宅		0.527	199.04
1906	英册	5591 号	23 保 2 图西王家宅		0.512	
1906	英册	5594 号	27 保 2 图康家宅南		0.57	368.6
1906	英册	5595 号	23 保 10 图萧王庙东首		3.917	331.74
1906	英册	5596 号	27 保 11 图梅园北		1.99	884.64
1906	英册	5597 号	23 保 13 图下海庙之东		1.343	405.46
1906	英册	5598 号	25 保 4 图打铁浜		1.468	368.6
1906	英册	5599 号	23 保 13 图沈家巷北		0.725	88.46
1906	英册	5600 号	27 保 8 图童家池		7.077	1 179.52
1906	英册	5601 号	28 保 13 图卫家巷南		5.43	620.72
1906	英册	5602 号	28 保 4 图新渡北		4.216	294.88
1906	英册	5603 号	25 保 2 图中旺街		0.837	1 234.07
1906	英册	5604 号	25 保 10 图万生桥西		0.69	400
1906	英册	5605 号	23 保 14 图刘家宅		3.205	970
1906	英册	5607 号	27 保 13 图中家巷		3.009	737.2
1906	英册	5608 号	27 保 13 图华家桥		0.637	258.02
1906	英册	5609 号	27 保 10 图新闸沈家宅		0.096	100

时间(年)	册别	编号	位置	买方和卖方	面积(亩)	总价(两)
1906	英册	5616 号	25 保 4 图林家宅		3.001	1 290.1
1906	英册	5617 号	24 保正 15 图姜家桥南		23.471	5 190.85
1906	英册	5618 号	25 保 10 图万生桥之南		0.892	331.74
1906	英册	5619 号	23 保 13 图奚家浜		0.54	
1906	英册	5620 号	25 保 2 图七浦路		0.313	368.6
1906	英册	5621 号	27 保南 12 图螺丝桥之北		0.588	221.16
1906	英册	5622 号	27 保南 12 图王家巷之北		1.186	368.6
1906	英册	5623 号	27 保南 12 图王家巷之北		0.916	221.16
1906	英册	5624 号	27 保南 12 图螺丝桥之东北		0.128	221.16
1906	英册	5625 号	24 保 24 图陆家渡北		0.302	
1906	英册	5630 号	28 保北 12 图朱家库之南		0.115	44.23
1906	英册	5631 号	23 保 12 图石灰浜		1.611	235.9
1906	英册	5632 号	27 保 13 图中家库		1.799	589.76
1906	英册	5636 号	27 保 10 图杨家浜		1.035	737.2
1906	英册	5637 号	27 保 10 图杨家浜		2.185	1 326.96
1906	英册	5648 号	27 保 7 图钱家塘		14.121	3 000
1906	英册	5649 号	25 保 4 图林家宅		1	
1906	英册	5650 号	27 保 8 图长浜		0.401	147.44
1906	英册	5652 号	27 保南 12 图王家巷之东		2.765	516.04
1906	英册	5653 号	23 保 1—2 图周家宅		1.388	633.99
1906	英册	5655 号	23 保 13 图沈家巷之东		3.803	421.68
1906	英册	5656 号	28 保 4 图新渡		0.659	47.92
1906	英册	5658 号	27 保 13 图中家库		0.152	
1906	英册	5659 号	24 保 24 图陆家渡		0.409	147.44

时间（年）	册别	编号	位　置	买方和卖方	面积（亩）	总价（两）
1906	英册	5660号	24保24图土地堂之后		2.854	147.44
1906	英册	5662号	28保北12图诸安浜		2.803	221.16
1906	英册	5664号	25保头图孙家宅		0.485	589.76
1906	英册	5665号	27保10图施粥厂		2.022	884.64
1906	英册	5666号	25保头图川虹浜		0.968	1 326.96
1906	英册	5667号	24保24图吴家厅后		4.135	516.04
1906	英册	5668号	24保24图吴家厅后		3.258	442.32
1906	英册	5669号	23保1—2图圆通寺之北		1.038	400
1906	英册	5670号	27保8图涌泉浜		0.559	147.44
1906	英册	5671号	27保8—9图南12	原证佚	12.193	
1906	英册	5672号	浦东洋泾港口14图	产权争议		
1906	英册	5673号	27保11图夏家巷东北		0.502	294.88
1906	英册	5674号	23保12图石灰浜		1.3	294.88
1906	英册	5675号	28保8—9图丁家库		8.138	294.88
1906	英册	5676号	28保北12图朱家库		3.79	589.76
1906	英册	5677号	27保3图胡家楼		1.6	368.6
1906	英册	5678号	27保南12图潘家湾		1.21	258.02
1906	英册	5679号	27保3图涌泉浜		2.839	1 253.24
1906	英册	5681号	24保24图烂泥渡		3.982	2 506.48
1906	英册	5682号	25保头图新唐家巷		2.147	1 916.72
1906	英册	5684号	27保5图侯家宅		3.953	442.32
1906	英册	5685号	27保9图张家宅		1.042	368.6
1906	英册	5686号	23保12图石灰浜		4.38	589.76
1906	英册	5687号	25保4图陶家宅		0.846	294.88
1906	英册	5688号	27保北12图朱家湾		2.014	
1906	英册	5689号	27保北12图朱家湾		4.155	
1906	英册	5690号	27保北12图朱家湾		0.665	
1906	英册	5691号	25保头图界浜桥		0.636	442.32

时间(年)	册别	编 号	位 置	买方和卖方	面积(亩)	总价(两)
1906	英册	5693 号	23 保 2 图宋家宅东		0.966	221.16
1906	英册	5694 号	27 保 7 图金宅		2.202	329.68
1906	英册	5695 号	25 保 4 图陶家宅		16.722	2 282.65
1906	英册	5696 号	25 保 4 图观音堂		0.491	400
1906	英册	5698 号	23 保 1—2 图沈家湾东沙泾港		1.012	500
1906	英册	5699 号	23 保 1—2 图陈家浜		0.731	221.16
1906	英册	5701 号	23 保 3—5 图姚长浜		11.469	500
1906	英册	5702 号	25 保 4 图顾家宅		0.623	239.59
1906	英册	5703 号	27 保 13 图滩上		13.196	1 032.08
1906	英册	5704 号	27 保 11 图太阳庙西北		1.423	400
1906	英册	5705 号	27 保 7 图钱家塘		3.691	884.64
1906	英册	5706 号	27 保南 12 图草鞋浜之前		1.228	294.88
1906	英册	5707 号	27 保南 12 图戚家村		0.3	110.58
1906	英册	5708 号	27 保南 12 图戚家村		0.43	147.44
1906	英册	5709 号	23 保 1—2 图罗家浜		2.197	368.6
1906	英册	5710 号	23 保 12 图石灰浜		0.942	280
1906	英册	5713 号	27 保 11 图太阳庙		3.24	737.2
1906	英册	5714 号	22 保 51 图大花园沈家滩		5.368	1 098.84
1906	英册	5715 号	27 保 6 图唐家池		0.726	294.88
1906	英册	5716 号	25 保头图沈家湾		0.541	250.65
1906	英册	5717 号	27 保 5 图夏家宅		4.435	368.6
1906	英册	5718 号	27 保 6 图王家浜东		2.092	294.88
1906	英册	5719 号	27 保南 12 图东王家巷		0.37	147.44
1906	英册	5720 号	27 保 8 图王家浜		4.006	1 179.52
1906	英册	5721 号	25 保头图张家石桥		0.743	663.48
1906	英册	5722 号	27 保 11 图侯家宅		1.026	479.18
1906	英册	5723 号	27 保 11 图夏家巷西		0.697	368.6

时间(年)	册别	编 号	位 置	买方和卖方	面积(亩)	总价(两)
1906	英册	5724 号	27 保南 12 图池浜桥西		1.988	737.2
1906	英册	5725 号	27 保 13 图严家宅		0.647	200
1906	英册	5726 号	27 保 13 图严家宅		1.947	600
1906	英册	5727 号	28 保北 12 图朱家库		0.286	
1906	英册	5728 号	28 保北 12 图朱家库		0.216	
1906	英册	5729 号	23 保 15 图虹镇		5.435	1 179.52
1906	英册	5731 号	27 保南 12 图螺丝桥		1.238	600
1906	英册	5732 号	27 保南 12 图石家滩		13.695	2 948.8
1906	英册	5733 号	27 保 3 图徐家库		0.547	147.44
1906	英册	5734 号	23 保 13 图薛家浜		2.8	1 105.8
1906	英册	5735 号	27 保南 12 图蒋家庵之北		1.298	294.88
1906	英册	5736 号	23 保 1—2 图陆家宅		1.28	1 000
1906	英册	5737 号	27 保 11 图梅园		0.889	294.88
1906	英册	5739 号	27 保 7 图大刘家宅西		3.703	589.76
1906	英册	5740 号	23 保 10 图仙水庵		4.463	552.9
1906	英册	5741 号	27 保 7 图刘家宅		1.552	294.88
1906	英册	5742 号	24 保 16 图后滩		2.221	552.9
1906	英册	5743 号	27 保南 12 图车袋角西		0.353	147.44
1906	英册	5744 号	23 保 13 图蔡家浜后		4.78	2 211.16
1906	英册	5746 号	23 保 2 图			
1906	英册	5749 号	27 保 10 图池浜		16.817	3 317.4
1906	英册	5750 号	27 保 10 图池浜		14.907	2 727.64
1906	英册	5751 号	27 保 10 图池浜		18.403	3 686
1906	英册	5752 号	27 保 10 图池浜		21.736	4 054.6
1906	英册	5753 号	23 保 1—2 图杨家宅		1.64	442.32
1906	英册	5755 号	27 保南 12 图		2.251	722.46
1906	英册	5756 号	27 保南 12 图七家村		2.184	442.32
1906	英册	5757 号	27 保 10 图小闸浜		0.443	589.76

时间(年)	册别	编　号	位　　置	买方和卖方	面积(亩)	总价(两)
1906	英册	5758 号	27 保 13 图胡方桥西		1.138	294.88
1906	英册	5759 号	27 保南 12 图王家巷		5.593	2 653.92
1906	英册	5760 号	28 保北 12 图唐家巷		18.549	1 769.28
1906	英册	5761 号	28 保北 12 图唐家巷		1.941	211.16
1906	英册	5762 号	25 保头图沈家湾		2.152	737.2
1906	英册	5763 号	27 保 11 图盛家宅		2.697	737.2
1906	英册	5766 号	27 保北 12 图小沙渡		4.526	900
1906	英册	5767 号	27 保南 12 图王家宅东		3.125	589.76
1906	英册	5768 号	27 保北 12 图石家滩		0.537	147.44
1906	英册	5769 号	24 保 16 图后滩		23.225	2 101.02
1906	英册	5770 号	24 保 16 图后滩		3.514	442.32
1906	英册	5771 号	23 保 12 图杨家宅		3.072	432.74
1906	英册	5772 号	23 保 2 图罗家浜		1.171	221.16
1906	英册	5773 号	28 保 8—9 图三泾庙（法华镇附近）		13.598	737.2
1906	英册	5775 号	27 保南 12 图义袋角		0.5	221.16
1906	英册	5776 号	27 保南 12 图王家巷		2.812	737.2
1906	英册	5777 号	27 保南 12 图陈家桥		0.302	73.72
1906	英册	5779 号	27 保 8 图王家浜		5.127	1 769.28
1906	英册	5780 号	25 保 9 图顾家宅南		7.44	442.32
1906	英册	5781 号	23 保 15 图宾字圩		1.44	331.74
1906	英册	5782 号	25 保头图张家石桥		0.232	294.88
1906	英册	5783 号	28 保 8—9 图丁家库西北，马路东面尖角地		0.053	147.44
1906	英册	5784 号	23 保 13 图张方庙		2.363	911.92
1906	英册	5785 号	23 保 13 图薛家浜		7.507	2 580.2
1906	英册	5786 号	27 保北 12 图小沙渡		2.071	294.88
1906	英册	5787 号	27 保 7 图刘家宅		0.804	221.16
1906	英册	5788 号	25 保 4 图观音堂之东		0.582	221.16

时间(年)	册别	编号	位　　置	买方和卖方	面积(亩)	总价(两)
1906	英册	5789 号	27 保 9 图郑家巷		3.123	1 450
1906	英册	5791 号	23 保 12 图杨家宅		2.721	368.6
1906	英册	5792 号	28 保 5—6 图杨家库		7.1	737.2
1906	英册	5793 号	27 保北 12 图小沙渡		1.471	294.88
1906	英册	5794 号	25 保 2 图锡金公所之前		1.392	1 105.8
1906	英册	5795 号	28 保 8—9 图曹家宅		5.439	1 798.77
1906	英册	5796 号	28 保 8—9 图曹家宅		0.736	331.74
1906	英册	5797 号	25 保 4 图地肚		1.19	442.32
1906	英册	5798 号	27 保南 12 图西洋花园东		3.206	663.48
1906	英册	5799 号	22 保 51 图大花园沈家滩		1.474	
1906	英册	5800 号	27 保 10 图池浜桥		0.757	589.76
1906	英册	5801 号	27 保北 12 图草鞋浜		3.321	368.6
1906	英册	5803 号	27 保 8 图静安寺东首		4.8	5 368.6
1906	英册	5804 号	25 保 4 图晏公庙		3.607	1 083.68
1906	英册	5805 号	24 保 16 图旗昌栈		2.562	737.2
1906	英册	5806 号	27 保 11 图梅园之西		0.842	294.88
1906	英册	5807 号	23 保 3—5 图虬港		4.906	240.11
1906	英册	5808 号	27 保 8 图金家港		1.824	810.92
1906	英册	5809 号	27 保 7 图大刘家宅		5.372	1 105.8
1906	英册	5812 号	23 保 14 图火油池东		2.687	300
1906	英册	5813 号	23 保 13 图奚家浜之后		3.63	221.16
1906	英册	5814 号	27 保 8 图夏家桥南		1.036	221.16
1906	英册	5815 号	24 保 14 图		8.457	626.62
1906	英册	5816 号	27 保南 12 图池浜桥之西		0.404	200
1906	英册	5817 号	28 保 5—6 图胡家宅		4.837	294.88
1906	英册	5818 号	25 保头图老铁路界浜		0.1	88.46
1906	英册	5819 号	27 保 10 图郑家浜		0.2	221.16
1906	英册	5820 号	25 保 3 图必字圩民和里		1.06	5 270.98

时间(年)	册别	编　号	位　　置	买方和卖方	面积(亩)	总价(两)
1906	英册	5821 号	27 保 7 图刘家宅		4.799	766.69
1906	英册	5823 号	27 保 10 图墙前		0.286	500
1906	英册	5824 号	25 保 2 图新街		0.627	1 474.4
1906	英册	5825 号	27 保 3 图胡家楼南		0.53	221.16
1906	英册	5826 号	28 保北 12 图周家宅后		4.639	737.2
1906	英册	5828 号	25 保 2 图柿子园		0.429	672.33
1906	英册	5830 号	27 保北 12 图小沙渡		29.116	5 160.4
1906	英册	5852 号	27 保南 12 图螺丝桥之后		0.44	221.16
1906	英册	5858 号	27 保 13 图蒋家桥西		0.539	147.44
1906	英册	5868 号	27 保 8 图静安寺东首		0.1	
1906	英册	5913 号	28 保北 12 图马家宅前		2.754	516.04
1907	英册	5933 号	27 保 13 图中家库		1.967	221.61
1907	英册	5937 号	24 保正 15 图白莲泾		14.884	3 298.3
1907	英册	5949 号	23 保 2 图陶家湾		3.177	679.6
1907	英册	5953 号	25 保头图张家石桥		0.985	1 084.41
1907	英册	5965 号	27 保南 12 图长浜		0.898	1 500
1907	英册	5967 号	27 保 13 图董家库		1.331	221.16
1907	英册	5977 号	24 保 24 图烂泥渡		0.545	369.35
1907	英册	5984 号	27 保 8 图沙塘泾		0.32	73.87
1907	英册	5987 号	27 保 8 图小徐家库		1.336	295.48
1907	英册	6000 号	27 保 11 图西库		1.078	500
1907	英册	6001 号	24 保 14 图黄淄娄		8.526	147.74
1907	英册	6002 号	24 保 14 图蔡家宅		9.313	443.22
1907	英册	6003 号	27 保 3 图娄浦湾		6.31	2 216.1
1907	英册	6004 号	25 保 4 图打铁浜西		2.562	775.64
1907	英册	6005 号	23 保 10 图仙水庵		1.289	295.48
1907	英册	6006 号	28 保 8—9 图螺丝宅		1.429	184.68
1907	英册	6007 号	27 保 9 图张家浜西		0.787	369.35

时间(年)	册别	编　号	位　置	买方和卖方	面积(亩)	总价(两)
1907	英册	6008 号	25 保 4 图晏公庙东		0.567	221.61
1907	英册	6009 号	25 保 4 图晏公庙东		1.796	797.8
1907	英册	6010 号	25 保 4 图林家宅		0.425	295.48
1907	英册	6011 号	25 保 4 图马家宅桥北		4.839	590.96
1907	英册	6012 号	27 保 11 图朱家宅后		0.857	369.35
1907	英册	6013 号	27 保 11 图朱家宅后		1.643	369.35
1907	英册	6014 号	27 保 7 图珠苏港		0.689	369.35
1907	英册	6015 号	23 保头图曹家渡		7.165	1 500
1907	英册	6016 号	24 保 16 图旗昌栈后		2.868	428.45
1907	英册	6017 号	27 保 11 图海昌公所后		0.853	206.84
1907	英册	6020 号	27 保 11 图西库		3.561	886.44
1907	英册	6022 号	27 保 7 图乔家坟东		3.994	738.7
1907	英册	6023 号	27 保 9 图东姚		1.007	369.35
1907	英册	6025 号	27 保 7 图高家宅东		2.643	1 034.18
1907	英册	6026 号	28 保南 12 图谈家渡		7.407	742.39
1907	英册	6027 号	27 保 5 图沙池东		3.777	1 140
1907	英册	6029 号	27 保 9 图郑家巷		1.808	2 216.1
1907	英册	6030 号	24 保 15 图姜家桥		2.515	369.35
1907	英册	6031 号	28 保 8—9 图高家宅东		3.079	1 329.66
1907	英册	6032 号	27 保 10 图金家宅		0.334	184.68
1907	英册	6033 号	23 保 2 图陈家浜		0.816	295.48
1907	英册	6034 号	23 保 1—2 图吴家宅		1.926	517.09
1907	英册	6035 号	23 保 1—2 图梅家巷		0.657	221.61
1907	英册	6036 号	28 保北 12 图朱家库		3.966	886.44
1907	英册	6038 号	23 保 1—2 图界浜		0.841	400
1907	英册	6039 号	25 保 10 图白云观东		1.507	500
1907	英册	6044 号	25 保 9 图晏公庙南		1.023	295.48
1907	英册	6046 号	27 保 11 图梅园		0.957	369.35
1907	英册	6047 号	27 保 3 图涌泉浜北		1.138	443.22

时间（年）	册别	编 号	位　　置	买方和卖方	面积（亩）	总价（两）
1907	英册	6048 号	27 保 9 图张家宅		0.762	517.09
1907	英册	6049 号	24 保 14 图蔡家宅		1.242	369.35
1907	英册	6050 号	23 保 13 图辛家宅南		3.94	505.27
1907	英册	6076 号	27 保 8 图小严家宅		1.499	295.48
1907	英册	6079 号	27 保 7 图钱家荡		10.963	2 326.91
1907	英册	6080 号	27 保南 12 图陈家桥西		0.45	221.61
1907	英册	6082 号	27 保北 12 图姚湾前		3.624	369.35
1907	英册	6094 号	25 保头图唐家巷		0.59	1 000
1907	英册	6095 号	27 保 6 图贪生桥	5991 号契添地另立	0.505	
1907	英册	6107 号	27 保 3 图胡家楼		0.88	664.83
1907	英册	6118 号	23 保 1—2 图吴家宅南		0.692	221.61
1907	英册	6119 号	27 保 7 图钱家荡		2.606	
1907	英册	6120 号	27 保 3 图涌泉浜		0.764	221.61
1907	英册	6121 号	27 保 3 图涌泉浜		0.342	147.74
1907	英册	6122 号	23 保 13 图薛家浜		1.118	369.35
1907	英册	6123 号	22 保 53 图陆家嘴		44.973	1 661.3
1907	英册	6124 号	27 保 4 图石灰港之西		6.264	443.22
1907	英册	6125 号	27 保 4 图石灰港之西		6.479	701.77
1907	英册	6126 号	23 保 2 图陈家浜		0.88	295.48
1907	英册	6127 号	24 保正 15 图俞家宅后		7.396	517.09
1907	英册	6128 号	23 保分 19 图钱家宅		1.97	73.87
1907	英册	6129 号	27 保 10 图郑家浜		0.3	295.48
1907	英册	6130 号	23 保 12 图石灰浜		1.026	295.48
1907	英册	6131 号	27 保 10 图新闸桥北首东塊		0.653	517.09
1907	英册	6132 号	23 保 3—5 图虬港之南		22.627	738.7
1907	英册	6133 号	24 保 12 图横水路		4.031	221.61
1907	英册	6135 号	23 保 12 图陆家宅		2.48	221.61

时间(年)	册别	编号	位　置	买方和卖方	面积(亩)	总价(两)
1907	英册	6136 号	28 保 8—9 图曹家渡		1.068	738.7
1907	英册	6137 号	27 保 3 图盛家宅西		1.16	295.48
1907	英册	6138 号	27 保 10 图墙前		1.039	1 000
1907	英册	6143 号	27 保 11 图郭家库		0.845	369.35
1907	英册	6144 号	27 保 8 图涌泉浜后		3.419	738.7
1907	英册	6145 号	27 保 13 图叶家宅后		26.519	3 176.41
1907	英册	6146 号	27 保 10 图杨家浜		1.606	1 500
1907	英册	6147 号	25 保 2 图杨家浜		0.25	443.22
1907	英册	6148 号	27 保南 12 图陈家桥		4.233	443.22
1907	英册	6149 号	27 保 3 图盛家宅西		0.25	
1907	英册	6150 号	23 保 12 图杨家宅后		1.467	325.03
1907	英册	6151 号	23 保 13 图娄湾东		2.219	664.83
1907	英册	6152 号	27 保 11 图太阳庙		1.811	443.22
1907	英册	6153 号	28 保 4 图顾家巷		1.388	221.61
1907	英册	6154 号	28 保南□图曹家渡东		2.663	369.35
1907	英册	6155 号	23 保 6 图江湾之东		22.782	443.22
1907	英册	6156 号	27 保 13 图蒋家桥东		3.555	738.7
1907	英册	6157 号	27 保 11 图陈家宅		0.9	295.48
1907	英册	6158 号	23 保 3—5 图老沙		1.925	132.97
1907	英册	6159 号	25 保头图张家石桥		0.098	118.19
1907	英册	6160 号	27 保 8 图夏家宅		1.374	738.7
1907	英册	6161 号	23 保 11 图石灰浜后		1.501	258.55
1907	英册	6162 号	23 保 11 图李家沟		8.645	369.35
1907	英册	6163 号	27 保南 12 图陈家桥		2.331	1 200
1907	英册	6165 号	27 保南 12 图七家村后		0.862	147.74
1907	英册	6167 号	27 保 11 图侯家宅		1.482	295.48
1907	英册	6169 号	23 保 12 图杨树浦		5.872	3 693.5
1907	英册	6170 号	25 保 4 图晏公庙西		1.285	738.7

时间(年)	册别	编 号	位 置	买方和卖方	面积(亩)	总价(两)
1907	英册	6171 号	24 保 21 图陶家宅西		1.59	332.42
1907	英册	6172 号	27 保 5 图夏家庵后		12.075	738.7
1907	英册	6173 号	27 保 10 图念字圩小闸港北		2.33	1 846.75
1907	英册	6174 号	23 保 13 图丁家浜		2.955	443.22
1907	英册	6175 号	23 保 13 图夏海庙南		2.09	1 500
1907	英册	6177 号	27 保 13 图姚桥浜		1.104	221.61
1907	英册	6178 号	27 保南 12 图石家滩		4.036	960.31
1907	英册	6180 号	25 保 4 图晏公庙		2.539	779.33
1907	英册	6182 号	27 保南 12 图七家村		0.693	221.61
1907	英册	6183 号	23 保 3—5 图张家巷		2.162	110.81
1907	英册	6184 号	24 保 16 图张家浜		3.353	1 500
1907	英册	6185 号	28 保 8—9 图钱家巷		2.137	236.38
1907	英册	6187 号	28 保 8—9 图唐家市		1.364	369.35
1907	英册	6220 号	23 保 2 图界浜		3.903	1 477.4
1907	英册	6221 号	28 保北 12 图陈家宅东		3.517	147.74
1907	英册	6222 号	27 保 11 图郭家库		2.914	738.7
1907	英册	6223 号	27 保 5 图赦池浜		2.452	295.48
1907	英册	6224 号	23 保 1—2 图杨家宅后		1.046	295.48
1907	英册	6225 号	24 保 16 图陈家宅		5.626	369.35
1907	英册	6226 号	27 保 13 图中家库西		2.265	738.7
1907	英册	6227 号	25 保 4 图打铁浜		0.454	221.61
1907	英册	6228 号	23 保 13 图下海庙北		2.212	886.44
1907	英册	6229 号	28 保 5—6 图杨家库		12.34	738.7
1907	英册	6230 号	27 保 5 图夏家庵		2.047	221.61
1907	英册	6231 号	27 保 13 图河坊桥		4.011	812.57
1907	英册	6232 号	22 保 51 图周家嘴		0.523	135
1907	英册	6233 号	25 保 4 图金家宅东		0.105	
1907	英册	6234 号	28 保 8—9 图丁家库东		1.118	295.48

时间(年)	册别	编号	位　置	买方和卖方	面积(亩)	总价(两)
1907	英册	6235 号	28 保 8—9 图丁家库东		1.453	443.22
1907	英册	6237 号	27 保 10 图金家宅西		1.136	590.96
1907	英册	6238 号	23 保 3—5 图虬港南		3.356	147.74
1907	英册	6239 号	23 保 3—5 图虬港南		3.706	147.74
1907	英册	6240 号	24 保 24 图烂泥渡		1.564	300
1907	英册	6243 号	23 保 3—5 图范家宅		2.896	110.81
1907	英册	6244 号	27 保北 12 图草鞋浜西		1.975	443.22
1907	英册	6245 号	28 保北 12 图朱家库		0.687	221.61
1907	英册	6246 号	24 保 23 图杨家渡东		1.325	540
1907	英册	6247 号	27 保 13 图李家浜		2.159	443.22
1907	英册	6248 号	27 保 13 图河方桥		1.639	369.35
1907	英册	6249 号	27 保 8 图长浜		0.956	369.35
1907	英册	6250 号	28 保北 12 图陈家宅东		2.379	443.22
1907	英册	6251 号	23 保 13 图轧花局		2.71	590.96
1907	英册	6252 号	23 保 12 图茅家塘		2.384	738.7
1907	英册	6253 号	23 保 13 图引翔港		14.306	1 108.05
1907	英册	6257 号	23 保 1—2 图杨家宅后		1.052	221.61
1907	英册	6258 号	27 保 8 图殿基浜		1.961	295.48
1907	英册	6259 号	27 保南 12 图滩上		8.982	1 846.75
1907	英册	6260 号	27 保 8 图长浜		1.571	369.35
1907	英册	6261 号	25 保 9 图磨子桥北		4.321	664.83
1907	英册	6262 号	23 保 1—2 图杨家宅后		0.854	221.61
1907	英册	6263 号	27 保 13 图蒋家桥		3.31	812.57
1907	英册	6264 号	27 保 13 图蒋家桥		3.32	738.7
1907	英册	6265 号	23 保 1—2 图吴家宅		3.783	738.7
1907	英册	6266 号	27 保 13 图姚家浜		9.573	1 846.75
1907	英册	6268 号	23 保 6 图赵家湾北		6.093	110.81
1907	英册	6270 号	28 保北 12 图曹家桥		1.458	221.61

时间(年)	册别	编 号	位 置	买方和卖方	面积(亩)	总价(两)
1907	英册	6271 号	27 保 11 图梅园		0.404	221.61
1907	英册	6272 号	28 保南 12 图谈家渡北		10.773	398.9
1907	英册	6273 号	28 保 5—6 图杨家库		5.921	738.7
1907	英册	6274 号	27 保南 12 图滩上		4.52	886.44
1907	英册	6275 号	28 保北 12 图钱家荡西		22.373	1 477.4
1907	英册	6279 号	25 保 1 图林家宅		0.627	738.7
1907	英册	6280 号	25 保 4 图林家宅		1.699	1 108.05
1907	英册	6281 号	25 保 4 图田肚		1.054	369.35
1907	英册	6282 号	25 保 4 图打铁浜		0.215	200
1907	英册	6283 号	23 保 13 图杨树浦港		1.766	369.35
1907	英册	6284 号	27 保 8 图夏家宅		0.272	147.74
1907	英册	6285 号	27 保 6 图费家巷		3.652	1 647.3
1907	英册	6286 号	24 保 23 图陆家渡东		1.769	295.48
1907	英册	6288 号	27 保南 12 图沈家宅		9.672	2 289.97
1907	英册	6289 号	27 保 8 图童家池		5.222	1 108.05
1907	英册	6290 号	27 保 8 图柴长浜西		1.006	184.68
1907	英册	6291 号	27 保 8 图木磋寺		6.904	997.25
1907	英册	6292 号	27 保 8 图殿基浜		2.25	295.48
1907	英册	6293 号	27 保 8 图木磋寺浜		2.597	332.42
1907	英册	6294 号	27 保 8 图小严家宅		1.048	221.61
1907	英册	6295 号	27 保 8 图殿基浜		4.007	775.64
1907	英册	6296 号	27 保 8 图小严家宅		1.049	221.61
1907	英册	6297 号	27 保 8 图殿基浜		21.392	2 770.13
1907	英册	6298 号	27 保 8 图殿基浜		0.826	184.68
1907	英册	6299 号	27 保 8 图殿基浜		2.45	295.48
1907	英册	6300 号	27 保 8 图柴长浜		0.943	147.74
1907	英册	6301 号	27 保 8 图殿基浜		1.75	258.55
1907	英册	6302 号	24 保 14 图邱家宅		16.848	4 800

时间(年)	册别	编 号	位 置	买方和卖方	面积(亩)	总价(两)
1907	英册	6303 号	25 保 2 图陆家宅		0.532	369.35
1907	英册	6304 号	27 保 3 图夏家堰		0.745	184.68
1907	英册	6305 号	27 保 3 图夏家堰		7.143	2 105.3
1907	英册	6306 号	27 保 11 图夏家巷东北		0.248	
1907	英册	6307 号	23 保 13 图轧花局		0.427	
1907	英册	6308 号	23 保 2 图曹家堰		4.387	1 772.88
1907	英册	6309 号	27 保 5 图侯家宅		1.226	147.74
1907	英册	6310 号	22 保 51 图新宅后		5.71	295.48
1907	英册	6318 号	23 保 2 图周家库		0.461	221.61
1907	英册	6319 号	27 保 3 图胡家楼		0.391	221.61
1907	英册	6321 号	27 保 13 图河坊桥		13.404	1 477.4
1907	英册	6323 号	27 保 5 图顾家宅西		10.918	1 477.4
1907	英册	6325 号	原契证已佚			
1907	英册	6326 号	22 保 43 图高庙西		5.684	1 551.27
1907	英册	6329 号	27 保南 12 图车袋角		2.661	590.96
1908	英册	6330 号	25 保 9 图羊尾桥西		1.1	221.49
1907	英册	6331 号	24 保 14 图邱家宅		27.084	
1907	英册	6332 号	25 保 4 图打铁浜		1.525	738.7
1907	英册	6333 号	25 保头图钱家石桥		0.25	295.48
1907	英册	6334 号	23 保 6 图鲍家巷		17.648	1 000
1907	英册	6335 号	24 保 23 图杨家宅		1.447	110.81
1907	英册	6336 号	27 保 13 图草鞋浜		0.399	332.42
1907	英册	6337 号	28 保 5—6 图许家巷		3.574	590.96
1907	英册	6338 号	25 保头图钱家石桥		0.538	590.96
1907	英册	6339 号	23 保 6 图鲍家巷		5.745	300
1907	英册	6340 号	23 保 6 图沈家巷		9.667	500
1907	英册	6341 号	25 保 4 图陆家观音堂		0.696	369.35
1907	英册	6342 号	28 保 8—9 图钱家巷西		4.139	738.7

时间(年)	册别	编 号	位 置	买方和卖方	面积(亩)	总价(两)
1907	英册	6344 号	23 保 3—5 图老沙西		3.286	110.81
1907	英册	6346 号	28 保 8—9 图钱家巷西		1.183	221.61
1907	英册	6347 号	27 保 13 图河荒桥		1.568	295.48
1907	英册	6348 号	23 保 6 图浦家角		6.155	221.61
1907	英册	6349 号	27 保 13 图唐家桥前		1.068	295.48
1907	英册	6350 号	24 保 16 图蒋家浜		1.17	147.74
1907	英册	6351 号	25 保 10 图王家园		3.47	1 144.99
1907	英册	6352 号	23 保 15 图荡角		1.633	332.42
1907	英册	6353 号	27 保南 12 图王家巷之北		0.247	36.94
1907	英册	6354 号	27 保南 12 图唐家田		0.158	36.94
1907	英册	6355 号	28 保南 12 图谈家渡东		5.053	1 846.75
1907	英册	6356 号	28 保南 12 图谈家渡东		21.232	1 477.4
1907	英册	6357 号	27 保北 12 图谭家渡		3.802	295.48
1907	英册	6358 号	28 保南 12 图谈家渡北		6.436	664.83
1907	英册	6360 号	24 保 14 图汤家宅后		5.993	400
1907	英册	6361 号	27 保 8 图涌泉浜		1.746	295.48
1907	英册	6362 号	23 保 3—5 图张家宅		4.038	221.61
1907	英册	6364 号	27 保 13 图草鞋浜		1.081	221.61
1907	英册	6365 号	25 保 4 图打铁浜之东北		0.34	147.74
1907	英册	6367 号	28 保北 12 图赵家桥		4.874	1 174.53
1907	英册	6368 号	28 保北 12 图赵家桥		2.043	587.27
1907	英册	6369 号	28 保北 12 图朱家浜		0.777	288.09
1907	英册	6370 号	28 保 8—9 图钱家巷西		0.987	147.74
1907	英册	6371 号	28 保 8—9 图钱家巷西		2.849	590.96
1907	英册	6372 号	28 保 8—9 图曹家宅前		0.615	110.81
1907	英册	6373 号	23 保 13 图东薛家浜		1.207	295.48
1907	英册	6374 号	23 保 13 图东薛家浜		0.422	110.81
1907	英册	6375 号	28 保北 12 图致远浜		8.152	1 883.69

时间(年)	册别	编 号	位 置	买方和卖方	面积(亩)	总价(两)
1907	英册	6376 号	23 保 1—2 图周家宅		3.996	1 477.4
1907	英册	6377 号	28 保北 12 图野八阡		5.635	406.29
1907	英册	6378 号	27 保 8 图小严家宅		1.017	295.48
1907	英册	6379 号	27 保 8 图涌泉浜南		3.894	738.7
1907	英册	6380 号	25 保头图		0.055	73.87
1907	英册	6382 号	23 保 2 图曹家堰		0.907	517.09
1907	英册	6384 号	28 保北 12 图陈家宅东		4.119	886.44
1907	英册	6385 号	25 保头图唐家巷		1.183	1 500
1908	英册	6386 号	28 保 6 图堂子泾		6.185	295.32
1907	英册	6387 号	23 保 3—5 图姚长浜		23.326	812.57
1907	英册	6388 号	27 保 13 图草鞋浜		0.44	
1907	英册	6389 号	23 保 1—2 图俞家浜		2.15	657.44
1907	英册	6390 号	27 保南 12 图北石桥		0.258	147.74
1907	英册	6391 号	25 保 9 图打铁浜南		5.686	1 034.18
1907	英册	6392 号	23 保 1—2 图仙师庵		9.469	2 216.1
1908	英册	6393 号	27 保 11 图太阳庙前		5.993	1 328.94
1908	英册	6394 号	25 保头图沈家宅		0.917	1 476.6
1908	英册	6396 号	22 保 53 图陈家嘴北		24.623	1 046.4
1908	英册	6397 号	23 保 12 图辛家湾		1.168	221.49
1908	英册	6399 号	23 保分 19 图军工厂		3.014	45.04
1908	英册	6400 号	25 保 9 图羊尾桥西		0.728	147.66
1908	英册	6401 号	28 保北 12 图赵家桥		0.202	
1908	英册	6410 号	27 保 10 图珊家园		0.762	442.98
1908	英册	6411 号	27 保 10 图墙前		0.428	369.15
1908	英册	6413 号	27 保 10 图池浜桥南		0.525	295.32
1908	英册	6414 号	27 保 3 图朱家宅		1.053	265.79
1908	英册	6415 号	27 保 3 图朱家宅		0.106	29.53
1908	英册	6416 号	23 保 12 图石灰浜		2.378	369.15

时间(年)	册别	编号	位　置	买方和卖方	面积(亩)	总价(两)
1908	英册	6417 号	24 保 23 图张家浜			
1908	英册	6418 号	23 保 2 图朱家宅		2.659	1 107.45
1908	英册	6427 号	25 保头图大木桥		0.694	1 500
1908	英册	6431 号	23 保头图严家宅		4.187	1 018.85
1908	英册	6436 号	23 保 13 图地来桥东		2.662	1 400
1908	英册	6437 号	27 保 3 图朱家宅西		2.013	590.64
1908	英册	6439 号	24 保 23 图张家浜		9.449	800
1908	英册	6440 号	27 保 8 图殿基浜		4.051	812.13
1908	英册	6441 号	25 保 4 图芦花塘南		0.957	442.98
1908	英册	6442 号	28 保北 12 图河塘桥		3.864	300
1908	英册	6443 号	27 保北 12 图小沙渡		3.646	1 181.28
1908	英册	6444 号	27 保 11 图车袋角南		2.255	369.15
1908	英册	6445 号	23 保 1—2 图外虹桥北		1.822	2 015.56
1908	英册	6446 号	27 保 9 图芦花荡		11.864	4 429.8
1908	英册	6447 号	28 保 6 图堂子泾		4.952	221.49
1908	英册	6449 号	27 保 3 图外池		5.123	1 107.45
1908	英册	6454 号	27 保 3 图方家宅		0.913	324.85
1908	英册	6459 号	25 保 4 图八仙桥西		0.143	150
1908	英册	6461 号	23 保 12 图茅家塘		3.144	1 476.6
1908	英册	6463 号	25 保头图钱家宅桥北		0.25	310.09
1908	英册	6465 号	27 保 11 图孔家巷前		4.019	849.05
1908	英册	6467 号	28 保 5—6 图杨家库		3.785	442.98
1908	英册	6468 号	27 保南 12 潭子彭合浦口		5.278	221.49
1908	英册	6471 号	28 保 5—6 图杨家库南		8.02	1 107.45
1908	英册	6474 号	23 保 13 图茅家荡		1.06	221.49
1908	英册	6476 号	23 保 3—5 图陶家湾		3.151	147.66
1908	英册	6478 号	23 保 3—5 图姚长浜		8.621	221.49
1908	英册	6481 号	28 保北 12 图周家宅后		0.376	73.83
1908	英册	6482 号	28 保 8—9 图高家宅后		6.976	1 735.01

时间(年)	册别	编 号	位 置	买方和卖方	面积(亩)	总价(两)
1908	英册	6485 号	23 保 3—5 图张家巷		4.528	221.49
1908	英册	6488 号	27 保南 12 图小王家宅		6.413	442.98
1908	英册	6491 号	23 保 3—5 图王家宅后		5.816	369.15
1908	英册	6494 号	27 保 5 图曹家巷西		2.171	369.15
1908	英册	6497 号	23 保 3—5 图姚家宅前		3.594	147.66
1908	英册	6498 号	27 保 7 图荷花浜之南		27.729	7 013.85
1908	英册	6501 号	27 保 5 图八仙桥		0.657	36.92
1908	英册	6504 号	25 保 4 图马立师		0.948	442.98
1908	英册	6505 号	23 保 3—5 图殷家宅		3.642	120
1908	英册	6510 号	27 保 11 图梅园之北		4.16	738.3
1908	英册	6514 号	28 保北 12 图马家宅		0.733	295.32
1908	英册	6515 号	23 保 6 图沙浜后		2.139	73.83
1908	英册	6518 号	23 保分 19 图小李家宅		1.434	29.53
1908	英册	6519 号	23 保分 19 图小李家宅		0.728	14.77
1908	英册	6522 号	24 保 24 图陆家渡东		2.724	1 000
1908	英册	6524 号	27 保 11 图西库后		1.601	332.24
1908	英册	6527 号	28 保北 12 图梅家桥		10.901	1 107.45
1908	英册	6528 号	27 保北 12 图谭家渡之南		33.114	3 691.5
1908	英册	6530 号	27 保 3 图长浜		1.507	1 085.3
1908	英册	6531 号	23 保正 19 图曹家宅东		0.977	36.92
1908	英册	6538 号	22 保 53 图东沟口		5.007	4 103.55
1908	英册	6541 号	27 保 9 图胡家楼		1.38	1 000
1908	英册	6544 号	22 保 51 图周家嘴		1.962	550
1908	英册	6546 号	23 保 6 图走马塘北		22.913	850
1908	英册	6555 号	23 保 16 图沙虹浜		5.229	394.25
1908	英册	6556 号	23 保 13 图杨家桥湾		4.549	428.21
1908	英册	6560 号	27 保北 12 图朱家湾西南		6.093	442.98

时间(年)	册别	编号	位　置	买方和卖方	面积(亩)	总价(两)
1908	英册	6567 号	28 保 10 并 11 图朱家田		5.356	332.24
1908	英册	6570 号	27 保 11 图徐家宅		2.042	457.75
1908	英册	6571 号	27 保 3 图小徐家库		0.926	221.49
1908	英册	6574 号	23 保 15 图夏家宅		6.451	996.71
1908	英册	6575 号	23 保 13 图东薛家浜		1.203	221.49
1908	英册	6576 号	23 保 10 图水仙庵后		0.627	221.49
1908	英册	6577 号	23 保分 19 图小李家宅		0.868	400
1908	英册	6578 号	23 保分 19 图小李家巷		0.623	22.15
1908	英册	6579 号	23 保 3—5 图张家巷		4.177	147.66
1908	英册	6582 号	27 保 7 图张家宅西		0.171	73.83
1908	英册	6584 号	23 保 2 图杨家宅		2.214	590.64
1908	英册	6586 号	27 保 11 图太阳庙北		1.226	369.15
1908	英册	6587 号	27 保南 12 图王家巷之北		1.121	295.32
1908	英册	6588 号	24 保 24 图张家浜		2.295	1 107.45
1908	英册	6591 号	27 保 5 图夏家桥		1.992	147.66
1908	英册	6592 号	23 保分 19 图小李家宅		2.254	
1908	英册	6593 号	23 保 9 图范家浜		2.012	145
1908	英册	6595 号	23 保 3—5 图老沙		6.06	221.49
1908	英册	6596 号	25 保 4 图武墙门		4.086	1 476.6
1908	英册	6597 号	25 保 4 图西田肚		0.423	369.15
1908	英册	6603 号	25 保 9 图东木桥		0.654	110.75
1908	英册	6605 号	27 保 13 图李家浜		0.275	147.66
1908	英册	6606 号	27 保 8 图长浜南		1.549	369.15
1908	英册	6607 号	28 保 5—6 图杨家库		0.383	369.15
1908	英册	6609 号	27 保 3 图涌泉浜		0.941	221.49
1908	英册	6611 号	25 保头图天后宫西		7.309	7 383
1908	英册	6612 号	25 保 13 图王家圈		1.039	465.13
1908	英册	6613 号	25 保 13 图王家圈		1.843	711.72

时间(年)	册别	编 号	位 置	买方和卖方	面积(亩)	总价(两)
1908	英册	6614 号	27 保 9 图桂花园		1.466	1 476.6
1908	英册	6615 号	27 保北 12 图小沙渡西		2.045	369.15
1908	英册	6616 号	27 保 11 图徐家宅后		2.6	590.64
1908	英册	6617 号	25 保头图孙家宅		0.385	590.64
1908	英册	6619 号	25 保 4 图陆家观音堂		0.154	
1908	英册	6623 号	23 保 1—2 图下海浦		1.5	1 107.45
1908	英册	6624 号	28 保北 12 图赵家桥		1.932	516.81
1908	英册	6625 号	27 保 9 图张家宅		1.967	1 439.69
1908	英册	6626 号	23 保 10 图下海庙东		5.442	1 203.43
1908	英册	6627 号	25 保 4 图杨家宅后		0.662	221.49
1908	英册	6629 号	23 保 13 图东薛家浜		1.858	590.64
1908	英册	6630 号	23 保 10 图秦家巷北		1.941	350
1908	英册	6631 号	23 保 10 图秦家巷北		1.645	200
1908	英册	6632 号	25 保 4 图改字圩		0.146	
1908	英册	6633 号	25 保 4 图杨家宅		2.474	738.3
1908	英册	6636 号	28 保 8—9 图曹家渡		1.325	442.98
1908	英册	6637 号	27 保 5 图曹家巷		3.725	
1908	英册	6638 号	23 保 12 图石灰浜后		1.973	442.98
1908	英册	6639 号	27 保 5 图夏家沿		1.96	295.32
1908	英册	6640 号	27 保南 12 图潭子湾西滩		3.688	1 033.62
1908	英册	6641 号	23 保 13 图东蔡家浜		0.368	350
1908	英册	6642 号	23 保 6 图张家巷西		4.61	162.43
1908	英册	6643 号	23 保分 19 图小李家宅		0.625	
1909	英册	6644 号	23 保 13 图诸家浜		1.956	
1908	英册	6652 号	27 保 7 图孟园地		3.406	590.64
1908	英册	6653 号	27 保 7 图孟园地		0.939	147.66
1908	英册	6654 号	23 保 15 图圆通寺东		4.073	295.32
1908	英册	6655 号	23 保 9 图王家祠堂靠近宝山		11.129	369.15

时间（年）	册别	编　号	位　　置	买方和卖方	面积（亩）	总价（两）
1908	英册	6656 号	23 保 9 图陈家宅东		3.673	147.66
1908	英册	6657 号	23 保 6 图杨家巷南		10.598	442.98
1908	英册	6658 号	23 保 9 图唐家宅后		5.39	295.32
1908	英册	6659 号	23 保 9 图章家角南		5.492	221.49
1908	英册	6660 号	23 保 9 图章家角西		3.771	147.66
1908	英册	6661 号	23 保 12 图杨家宅		1.916	738.3
1908	英册	6662 号	27 保 9 图桂花园		0.138	
1908	英册	6663 号	23 保 6 图庄家角		4.903	147.66
1908	英册	6664 号	27 保 9 图张家宅		0.118	
1908	英册	6665 号	23 保 9 图庄家角西		4.441	369.15
1908	英册	6666 号	23 保 6 图杨家巷		4.183	147.66
1908	英册	6667 号	23 保 3—5 图张家宅		3.639	184.58
1908	英册	6668 号	23 保 6 图土地堂		4.566	147.66
1908	英册	6669 号	27 保南 12 图姚家巷		0.977	221.49
1908	英册	6670 号	23 保 10 图水仙庵后		1.459	516.81
1908	英册	6671 号	27 保 7 图南长浜		0.611	221.49
1909	英册	6672 号	28 保南 12 图林家巷		3.327	111.3
1908	英册	6673 号	27 保 7 图诸家宅		2.342	369.15
1908	英册	6674 号	27 保 7 图诸家宅东		0.545	73.83
1908	英册	6675 号	23 保 13 图薛家浜		1.211	442.98
1908	英册	6676 号	27 保 13 图夏家桥		2.057	500
1908	英册	6678 号	28 保南 12 图河塘浜北		5.436	369.15
1908	英册	6679 号	25 保 4 图林家宅		2.15	981.94
1908	英册	6680 号	25 保 4 图林家宅		1.037	457.75
1908	英册	6681 号	25 保 9 图奶娘桥		1.39	221.49
1908	英册	6682 号	25 保 4 图林家宅		0.042	73.83
1908	英册	6685 号	23 保 3—5 图张家巷后		2.463	110.75
1908	英册	6687 号	23 保 6 图土地堂前		5.094	369.15

时间(年)	册别	编号	位置	买方和卖方	面积(亩)	总价(两)
1908	英册	6688 号	23 保 9 图赵港北		4.265	295.32
1908	英册	6689 号	28 保北 12 图诸安浜		1.214	221.49
1908	英册	6691 号	25 保 4 图杜家宅		1.752	369.15
1908	英册	6692 号	27 保 7 图金家宅		0.3	
1908	英册	6693 号	27 保 13 图董家库		0.558	184.58
1908	英册	6696 号	28 保 8—9 图曹家渡		3.73	585.32
1908	英册	6697 号	28 保 8—9 图曹家渡		0.313	258.41
1908	英册	6698 号	28 保 8—9 图曹家渡		0.328	258.41
1908	英册	6699 号	28 保 5 图法华寺		6.911	590.64
1908	英册	6700 号	24 保 21 图陶家宅西		0.384	
1908	英册	6701 号	28 保北 12 图周家宅之北		4.863	442.98
1908	英册	6702 号	27 保 5 图顾家宅		0.44	73.83
1908	英册	6703 号	27 保 9 图徐家库后		0.563	221.49
1908	英册	6704 号	27 保 7 图南长浜		0.438	
1908	英册	6705 号	27 保 10 图陈家浜		0.449	516.81
1908	英册	6707 号	28 保 10 图杨家宅北		8.612	590.64
1908	英册	6708 号	23 保 15 图小陆家宅		1.663	295.32
1908	英册	6709 号	25 保 4 图杜家宅		0.265	
1908	英册	6710 号	27 保 7 图沈家桥西		1.406	258.41
1908	英册	6711 号	24 保 21 图蔡家宅		64.173	2 207.52
1908	英册	6712 号	27 保 7 图白洋江西		1.048	184.58
1908	英册	6713 号	23 保 2 图外虹桥之东		166.345	8 047.47
1908	英册	6714 号	27 保 10 图念字圩		未写面积	590.64
1908	英册	6715 号	23 保 13 图蔡家浜		1.101	295.32
1908	英册	6716 号	23 保 13 图张王庙		0.438	221.49
1908	英册	6718 号	23 保 15 图元通寺东		1.83	147.66
1908	英册	6719 号	23 保 6 图走马塘北		0.979	
1908	英册	6720 号	23 保 6 图走马塘北		1.529	

时间(年)	册别	编 号	位 置	买方和卖方	面积(亩)	总价(两)
1908	英册	6721 号	23 保 15 图元通寺东		1.199	310.09
1908	英册	6723 号	23 保 1—2 图朱家木桥		1.425	442.98
1908	英册	6725 号	27 保 3 图长浜		0.64	147.66
1908	英册	6726 号	25 保 4 图晏公庙东		2.487	1 255.11
1908	英册	6727 号	27 保 3 图方家宅后		0.549	147.66
1908	英册	6728 号	23 保 15 图元通寺		0.934	295.32
1908	英册	6729 号	23 保 3—5 图张家巷之北		3.042	147.66
1908	英册	6730 号	27 保 10 图墙前		0.325	
1908	英册	6731 号	28 保 5—6 图侯家宅		5.992	428.21
1908	英册	6733 号	28 保 5—6 图北 12 侯家宅		41.573	8 556.9
1908	英册	6735 号	28 保北 12 图侯家宅		10.435	2 672.65
1908	英册	6736 号	23 保 9 图周唐湾		5.292	147.66
1908	英册	6737 号	23 保 6 图土地堂		7.631	369.15
1908	英册	6738 号	23 保 6 图鲍家巷		7.828	369.15
1908	英册	6740 号	28 保 10 并 11 图杨家巷北		3.191	73.83
1908	英册	6741 号	23 保正 19 黎字圩		未写面积	184.58
1908	英册	6743 号	23 保正 19 黎字圩薛家塘		4.659	243.64
1908	英册	6744 号	23 保 6 图元沙浜后		3.887	184.58
1908	英册	6749 号	27 保 8 图龙梢浜		1.668	500
1908	英册	6750 号	27 保 8—9 图徐家库		2.89	1 419.01
1908	英册	6751 号	27 保 8 图殿基浜		2.798	850
1908	英册	6752 号	27 保 7 图钱家塘前		1.179	221.49
1908	英册	6753 号	23 保 13 图奚家浜		0.895	184.58
1908	英册	6754 号	27 保 8 图长浜		0.9	221.49
1909	英册	6755 号	28 保 8—9 图曹家渡镇		0.501	148.4
1908	英册	6756 号	25 保 4 图董家库		0.4	184.58
1908	英册	6757 号	23 保 13 图奚家浜		0.448	123.37

时间(年)	册别	编号	位置	买方和卖方	面积(亩)	总价(两)
1908	英册	6758 号	27 保 5 图顾家宅		0.806	221.49
1908	英册	6759 号	25 保 10 图王家圈		1.859	738.3
1908	英册	6760 号	25 保 10 图王家圈		1.634	590.64
1908	英册	6763 号	28 保 5—6 图侯家宅		1.323	221.49
1908	英册	6766 号	28 保北 12 曹家桥		2.581	442.98
1908	英册	6767 号	28 保北 12 曹家桥		5.234	664.47
1908	英册	6768 号	27 保 7 图刘家宅		3.295	369.15
1908	英册	6769 号	27 保 10 图王家库		1.716	1 181.28
1908	英册	6770 号	28 保 5—6 图沈家木桥		1.015	147.66
1908	英册	6771 号	28 保 5—6 图沈家木桥		0.441	184.58
1908	英册	6772 号	28 保 5—6 图沈家木桥		6.119	885.96
1908	英册	6773 号	28 保 5—6 图沈家木桥		0.77	147.66
1908	英册	6774 号	28 保 5—6 图沈家木桥		1.263	221.49
1908	英册	6775 号	28 保 5—6 图沈家木桥		0.426	442.98
1908	英册	6776 号	28 保 5—6 图沈家木桥		5.695	627.56
1908	英册	6777 号	28 保 5—6 图沈家木桥		1.706	479.9
1908	英册	6778 号	28 保 10 图并 11 图习字圩		未写面积	221.49
1908	英册	6779 号	27 保 3 图长浜		1.232	487.28
1908	英册	6780 号	27 保 10 图墙前		0.116	221.49
1908	英册	6781 号	27 保 10 图小闸港		0.644	590.64
1908	英册	6782 号	27 保 10 图小闸港		0.378	738.3
1909	英册	6783 号	23 保 13 图蔡家浜		2.281	1 855
1908	英册	6784 号	25 保头广东花园西		1.025	738.3
1908	英册	6785 号	27 保 13 图沈家宅		1.371	295.32
1908	英册	6786 号	25 保 4 图杨家宅东		1.742	738.3
1908	英册	6787 号	28 保 5—6 图陈家巷南		1.305	258.41
1908	英册	6788 号	27 保 8 图静安寺东		1.172	369.15
1908	英册	6789 号	23 保 1—2 图罗家浜前		0.206	147.66

时间(年)	册别	编号	位　置	买方和卖方	面积(亩)	总价(两)
1908	英册	6790 号	23 保 6 图瑶地		3.971	147.66
1908	英册	6791 号	28 保 4 图周家桥		1.34	140.28
1908	英册	6792 号	22 保 51 图大花园杨浦最东面		1.188	221.49
1908	英册	6793 号	27 保 7 图沈家木桥		6.062	738.3
1909	英册	6794 号	22 保 51 图大花园		1.188	
1908	英册	6795 号	28 保 8—9 图南曹门前		0.403	110.75
1908	英册	6796 号	28 保 8—9 图陆家宅		0.845	221.49
1908	英册	6797 号	27 保 13 图沙坊桥		0.673	147.66
1908	英册	6798 号	23 保 3、5 图张家弄		1.726	110.75
1908	英册	6799 号	24 保 21 图洋泾港		1.33	110.75
1908	英册	6800 号	25 保 13 图靡字圩		0.749	369.15
1908	英册	6801 号	27 保 8—9 图徐家库后		1.063	
1908	英册	6802 号	原中契残,见英契			1 107.45
1908	英册	6803 号	27 保 11 图徐家宅东		1.12	221.49
1908	英册	6804 号	25 保 9 图打铁浜南		2.515	276.86
1908	英册	6805 号	25 保 9 图打铁浜南		1.425	166.12
1908	英册	6806 号	23 保 12 图辛家宅		2.651	1 055.77
1908	英册	6808 号	24 保 16 图张家宅后		0.202	147.66
1908	英册	6809 号	23 保 9 图庄家角		3	221.49
1908	英册	6810 号	27 保 11 图梅园		9.403	1 845.75
1908	英册	6811 号	27 保 11 图梅园		1.84	442.98
1908	英册	6812 号	23 保分 19 图尤家桥		4.804	110.75
1908	英册	6813 号	27 保 7 图荷花浜之南		27.285	
1908	英册	6814 号	27 保 3 图小徐家库		1.083	
1908	英册	6815 号	28 保南 12 图		未写面积	147.66
1908	英册	6816 号	27 保 10 图沈家宅		0.278	295.32
1908	英册	6817 号	27 保 9 图胡家楼		1.741	2 000
1909	英册	6818 号	27 保 10 图张家宅		3.806	1 780.8

时间(年)	册别	编 号	位 置	买方和卖方	面积(亩)	总价(两)
1909	英册	6819 号	27 保 10 图张家宅		0.849	445.2
1908	英册	6820 号	23 保 12 图高家宅		1.129	221.49
1908	英册	6821 号	27 保 13 图西金家巷		5.349	1 107.45
1908	英册	6822 号	24 保 23 图		未写面积	738.3
1909	英册	6823 号	27 保 8 图涌泉浜		0.768	222.6
1908	英册	6824 号	28 保 5—6 图沈家木桥		0.122	
1908	英册	6825 号	28 保 5—6 图沈家木桥		0.821	
1908	英册	6826 号	25 保 10 图王家圈东		0.503	184.58
1908	英册	6827 号	25 保 10 图王家圈东		0.7	221.49
1908	英册	6828 号	25 保 10 图王家圈东		1.193	369.15
1908	英册	6829 号	25 保 3 图瞿家滩		0.917	590.64
1908	英册	6830 号	27 保 10 图草鞋浜南		5.4	738.3
1908	英册	6831 号	28 保 8—9 图虚字圩		2.989	1 107.45
1908	英册	6832 号	23 保分 19 图麦家宅南		3.057	66.45
1908	英册	6833 号	23 保分 19 图麦家宅南		1.195	22.15
1908	英册	6834 号	23 保分 19 图麦家宅南		2.576	47.99
1908	英册	6835 号	25 保 4 图田肚		0.938	900
1908	英册	6836 号	28 保 5—6 图侯家宅		1.074	369.15
1908	英册	6837 号	23 保 12 图辛家宅		1.409	
1908	英册	6838 号	27 保 8 图夏家桥东南		0.709	442.98
1909	英册	6839 号	27 保 11 图施粥厂后		2.265	833.27
1909	英册	6840 号	28 保 12 图		2.265	
1910	英册	6842 号	27 保北 12 图孟家桥前		1.403	
1910	英册	6844 号	27 保北 12 图孟家桥前		0.713	
1910	英册	6845 号	27 保北 12 图孟家桥前		1.077	
1909	英册	6850 号	23 保 2 图外虹桥之东		31.443	
1909	英册	6851 号	23 保 11 图许家宅		3.581	667.8
1909	英册	6852 号	27 保 11 图钱家宅南		2.649	934.92

时间(年)	册别	编 号	位 置	买方和卖方	面积(亩)	总价(两)
1909	英册	6853 号	23 保 12 图周家宅后		2.48	282.7
1909	英册	6854 号	27 保 8 图西涌泉浜		1.027	222.6
1909	英册	6855 号	27 保 8 图西涌泉浜		1.003	222.6
1909	英册	6856 号	27 保 8 图小闸港		0.241	
1909	英册	6857 号	28 保北 11 图马家宅前		3.413	667.8
1909	英册	6858 号	27 保 11 图盛家宅		1.261	742
1909	英册	6860 号	25 保 2 图北香粉弄		0.885	1 484
1909	英册	6861 号	27 保 7 图钱家塘		2.595	296.8
1909	英册	6862 号	23 保分 19 图袁家桥		2.41	185.5
1909	英册	6863 号	23 保 11 图唐家浜西		1.819	
1909	英册	6864 号	23 保 1—2 图朱家木桥		0.72	500.11
1909	英册	6867 号	23 保 11 图唐家浜西		2.462	148.4
1909	英册	6868 号	23 保 11 图李家沟后		19.05	742
1909	英册	6869 号	25 保 9 图罔字圩		未写面积	1 869.84
1909	英册	6870 号	25 保 9 图罔字圩		5.378	
1909	英册	6872 号	23 保 14 图洋泾之北		0.325	51.94
1909	英册	6873 号	23 保 14 图洋泾之北		10.831	1 617.56
1909	英册	6874 号	23 保 14 图洋泾之北		8.156	1 273.27
1909	英册	6879 号	23 保 9 图章家角东		3.093	148.4
1909	英册	6880 号	27 保 11 图施粥厂后		0.689	
1909	英册	6881 号	23 保 3—5 图范家宅		4.822	185.5
1909	英册	6882 号	27 保 7 图盛家宅		2.209	445.2
1909	英册	6883 号	25 保 4 图顾家宅西		0.794	1 000
1909	英册	6884 号	27 保 13 图蔡家宅		1.1	222.6
1909	英册	6887 号	23 保 2 图虹口		1.319	816.2
1909	英册	6890 号	27 保 9 图张家宅		0.679	296.8
1909	英册	6891 号	23 保 10 图下海庙		4.306	742
1909	英册	6892 号	27 保南 12 图舢板厂		2.202	1 113

时间(年)	册别	编 号	位 置	买方和卖方	面积(亩)	总价(两)
1909	英册	6893 号	23 保分 19 图麦家宅后		3.882	55.65
1909	英册	6894 号	23 保分 19 图李家宅西		1.122	22.26
1909	英册	6895 号	23 保分 19 图李家宅西		1.067	22.26
1909	英册	6896 号	23 保 9 图傅家浜头		5.806	222.6
1909	英册	6897 号	28 保 5 图侯家宅		4.075	333.9
1909	英册	6898 号	23 保 9 图圆沙浜前		2.769	111.3
1909	英册	6899 号	23 保 9 图沙浜前		3.54	1 855
1909	英册	6902 号	27 保 13 图叶家宅		1.064	222.6
1909	英册	6903 号	27 保 11 图陆家宅		2	371
1909	英册	6905 号	27 保 10 图张家宅		0.575	742
1909	英册	6906 号	28 保 5—6 图胡家宅前		1.156	148.4
1909	英册	6907 号	28 保 5—6 图姚家宅前		1.543	222.6
1909	英册	6908 号	28 保 5—6 图胡家宅前		1.633	111.3
1909	英册	6909 号	22 保 51 图沈家滩		2.024	371
1909	英册	6910 号	22 保 51 图陆家宅后		2.259	
1909	英册	6911 号	23 保 14 图洋泾港西		2.277	1 600
1909	英册	6912 号	23 保 14 图洋泾港西		2.195	2 000
1909	英册	6913 号	23 保 14 图洋泾港西		1.375	1 800
1909	英册	6914 号	25 保头图钱家石桥		0.157	890.4
1909	英册	6915 号	25 保头图钱家石桥		1.748	1 780.8
1909	英册	6916 号	23 保分 19 图麦家宅南		1.186	29.68
1910	英册	6917 号	22 保 53 图杨家浜		11.674	433.11
1909	英册	6918 号	27 保 7 图钱家荡		12.55	1 498.84
1909	英册	6919 号	23 保 10 图萧王庙		2.582	222.6
1909	英册	6921 号	27 保 5 图朱家祠堂		0.764	163.24
1909	英册	6922 号	27 保 11 图太阳庙		3.052	816.2
1909	英册	6923 号	中契佚			742
1909	英册	6924 号	23 保分 19 图麦家宅		0.995	22.26

时间(年)	册别	编号	位　置	买方和卖方	面积(亩)	总价(两)
1909	英册	6925 号	28 保 10 图并 11 图万航渡北		0.967	148.4
1909	英册	6926 号	28 保 10 图并 11 图万航渡北		0.836	74.2
1909	英册	6928 号	23 保 9 图赵家巷东北		4.625	222.6
1909	英册	6931 号	27 保 11 图盛家宅		1.342	445.2
1909	英册	6932 号	27 保南 12 图池浜桥西		0.193	148.4
1909	英册	6933 号	27 保 3 图长浜		1.918	890.4
1909	英册	6934 号	27 保 7 图钱家荡		2.304	
1909	英册	6935 号	27 保 7 图钱家荡		3.672	
1909	英册	6936 号	27 保 7 图钱家荡		1.524	
1909	英册	6937 号	27 保 9 图胡家楼东		0.775	445.2
1909	英册	6938 号	27 保 7 图钱家荡西		0.283	74.2
1909	英册	6939 号	27 保 5 图侯家宅		1.509	296.8
1909	英册	6941 号	27 保 3 图钱家宅东		0.906	222.6
1909	英册	6942 号	23 保 10 图萧王庙西北		2.532	185.5
1909	英册	6943 号	27 保 9 图东姚		1.139	742
1909	英册	6944 号	23 保 10 图仙水庵北		1.791	371
1909	英册	6945 号	28 保 6 图姚家宅前		0.424	
1909	英册	6946 号	27 保 7 图诸家宅西		0.858	148.4
1909	英册	6947 号	27 保 3 图东涌泉浜		0.449	356.16
1909	英册	6948 号	23 保 11 图唐家浜头		1.873	148.4
1909	英册	6949 号	23 保 11 图唐家浜头南		2.109	148.4
1909	英册	6950 号	23 保 11 图赵家宅		2.233	148.4
1909	英册	6953 号	28 保 8—9 图丁家库后		0.865	296.8
1909	英册	6954 号	27 保 13 图建字圩		未写面积	333.9
1909	英册	6955 号	23 保 1—2 图沈家宅前		0.656	222.6
1909	英册	6956 号	23 保 3—5 图杨家宅		10.778	222.6
1909	英册	6957 号	23 保 14 图洋泾港西		3.053	553.7

时间(年)	册别	编号	位　置	买方和卖方	面积(亩)	总价(两)
1909	英册	6958 号	23 保 14 图洋泾港西		2.57	493.7
1909	英册	6959 号	27 保 3 图陆家观音堂西		0.592	371
1909	英册	6960 号	27 保南 12 图车袋角		1.401	445.2
1909	英册	6961 号	27 保 10 图坝基		0.078	74.2
1909	英册	6962 号	23 保 12 图严家浜		2.784	89.04
1909	英册	6963 号	27 保 5 图库池浜		2.423	371
1909	英册	6964 号	23 保 3、5 图殷家宅		3.002	222.6
1909	英册	6965 号	28 保北 12 图曹家桥北		3.601	519.4
1909	英册	6966 号	25 保头图钱家宅桥		0.45	742
1909	英册	6967 号	23 保 3、5 图老沙后		5.23	296.8
1909	英册	6968 号	23 保 6 图横段		2.959	89.04
1909	英册	6970 号	23 保 14 图洋泾港西		0.663	
1909	英册	6971 号	27 保 11 图夏家观音堂		3.591	518.66
1909	英册	6972 号	27 保 11 图徐家宅东		1.3	222.6
1909	英册	6973 号	25 保 2 图垃圾桥		0.08	185.5
1909	英册	6974 号	28 保 8—9 图虚字圩		1.176	
1909	英册	6975 号	28 保 8—9 图虚字圩		1.672	
1909	英册	6976 号	28 保 8—9 图虚字圩		0.129	
1909	英册	6977 号	27 保南 12 图			
1909	英册	6978 号	23 保 11 图王家宅		1.674	74.2
1909	英册	6979 号	23 保 11 图高郎桥		1.098	111.3
1909	英册	6980 号	23 保正 19 保薛家荡		5.958	296.8
1909	英册	6981 号	27 保 8 图涌泉浜		0.946	222.6
1909	英册	6982 号	23 保 12 图祝家浜南航船浜		2.23	259.7
1909	英册	6983 号	27 保 8 图洙泗港		1.658	1 000
1909	英册	6984 号	25 保 9 图吴家石桥		0.648	250
1909	英册	6985 号	25 保 9 图吴家石桥		0.674	150

时间(年)	册别	编号	位 置	买方和卖方	面积(亩)	总价(两)
1909	英册	6987 号	28 保 8—9 图丁家库		3.463	593.6
1909	英册	6988 号	27 保 10 图大王庙后		0.29	371
1909	英册	6989 号	24 保 24 图烂泥渡		0.233	556.5
1909	英册	6990 号	24 保 24 图烂泥渡		0.22	
1909	英册	6991 号	27 保 10 图新闸老街		0.373	371
1909	英册	6993 号	28 保北 12 图曹家堰前		1.686	296.8
1909	英册	6994 号	23 保 15 图朱家宅东		19.032	1 632.4
1909	英册	6996 号	23 保 15 图凌家宅东		4.08	890.4
1909	英册	6997 号	28 保北 12 图法华浜		5.141	816.2
1909	英册	6998 号	25 保 2 图顾家弄		0.159	371
1909	英册	6999 号	23 保 6 图圆沙浜		5.922	178.08
1909	英册	7000 号	25 保 13 图王家圈西		2.556	593.6
1909	英册	7001 号	27 保 10 图郑家浜		3.388	2 300.2
1909	英册	7002 号	27 保 13 图南姚宅		0.493	222.6
1909	英册	7003 号	27 保 6 图汇家巷		0.364	74.2
1909	英册	7004 号	23 保 13 图孙家巷前		0.441	816.2
1909	英册	7008 号	23 保 6 图钱家宅东北首		0.399	27.93
1909	英册	7009 号	23 保 9 图圆沙浜南		2.427	27.93
1909	英册	7010 号	23 保 9 图范家巷		1.603	37.1
1909	英册	7011 号	23 保萧王庙南首		9.807	519.4
1909	英册	7012 号	27 保 7 图刘家宅后		1.433	222.6
1909	英册	7013 号	27 保 11 图盛家宅西		0.204	111.3
1909	英册	7014 号	27 保 11 图盛家宅西		2.166	333.9
1909	英册	7016 号	27 保 7 图刘家宅		6.544	964.6
1909	英册	7017 号	27 保 13 图胶州路之西		1.531	222.6
1909	英册	7018 号	25 保 4 图马家宅前		1.975	742
1909	英册	7019 号	27 保 10 图新闸桥西		7.063	5 194
1909	英册	7020 号	23 保 13 图徐来桥		1.047	371

时间(年)	册别	编号	位　置	买方和卖方	面积(亩)	总价(两)
1909	英册	7022 号	23 保 13 图奚家浜南		0.972	74.2
1909	英册	7023 号	27 保南 12 图戚家村浜东		1.467	2 968
1909	英册	7024 号	23 保 2 图胡家桥北		0.192	155
1909	英册	7025 号	23 保 2 图界浜		0.87	296.8
1909	英册	7027 号	28 保 8—9 图曹家宅后		2.898	371
1909	英册	7028 号	27 保 13 图姚桥浜后		2.238	482.3
1909	英册	7030 号	25 保 4 图姚家宅		1.594	445.2
1909	英册	7031 号	23 保 1—2 图界浜		0.958	500
1909	英册	7032 号	28 保 5—6 图杨家库		5.242	556.5
1909	英册	7033 号	23 保 16 图颜家华		0.643	59.36
1909	英册	7034 号	27 保 13 图沈家宅后		10.059	1 492.76
1909	英册	7038 号	25 保 4 图林家宅		0.696	296.8
1909	英册	7039 号	23 保 12 图茅家塘		0.05	100
1909	英册	7041 号	25 保头周家宅桥东		2.467	3 710
1909	英册	7042 号	28 保南 12 图曹家渡		2.344	371
1909	英册	7043 号	28 保南 12 图曹家渡		2.341	371
1909	英册	7046 号	27 保 3 图徐家库		1.837	549.08
1909	英册	7048 号	27 保 11 图梅园后		3.64	667.8
1909	英册	7050 号	27 保 11 图梅园后		1.824	519.4
1909	英册	7053 号	23 保 16 图罗家巷		0.809	77.17
1909	英册	7055 号	24 保 24 图男字圩		未写面积	148.4
1909	英册	7056 号	24 保 24 图男字圩		未写面积	89.04
1909	英册	7057 号	24 保 24 图男字圩		未写面积	222.6
1909	英册	7062 号	27 保 10 图张家宅		0.774	500
1909	英册	7063 号	27 保 10 图张家宅		0.774	500
1909	英册	7066 号	23 保 15 图陶家湾		4.866	890.4
1909	英册	7069 号	22 保 51 图周家嘴北		1.274	355
1909	英册	7070 号	27 保 3 图夏家堰		1.286	445.2

时间(年)	册别	编号	位　置	买方和卖方	面积(亩)	总价(两)
1909	英册	7073 号	27 保 13 图李家库		3.365	1 484
1909	英册	7074 号	27 保 13 图沈家宅后		0.876	
1909	英册	7075 号	27 保 9 图东姚家宅东		1.184	742
1909	英册	7076 号	23 保 1—2 图包家宅后		4.569	2 226
1909	英册	7077 号	27 保 8 图柴长浜		2.666	1 391.55
1909	英册	7078 号	23 保 13 图薛家浜		1.469	519.4
1909	英册	7079 号	25 保 3 图瞿家滩		0.426	519.4
1909	英册	7080 号	25 保头图孙家宅		0.807	593.6
1909	英册	7081 号	28 保 8—9 图高家宅西		1.285	742
1909	英册	7082 号	23 保 9 图范家巷		4.768	178.08
1909	英册	7083 号	23 保 9 图范家巷		4.446	244.86
1909	英册	7084 号	22 保 53 图周字圩		1.441	74.2
1909	英册	7087 号	22 保 51 图周家嘴		0.593	185.5
1909	英册	7088 号	27 保 7 图刘家宅北		0.45	185.5
1909	英册	7089 号	25 保头图猛将堂		0.251	250
1909	英册	7090 号	24 保 24 图男字圩烂泥渡		0.601	296.8
1909	英册	7091 号	23 保 2 图杨家宅		3.055	296.8
1909	英册	7098 号	24 保 16 图		55.41	4 934.3
1909	英册	7100 号	27 保 9 图张家宅		0.079	222.6
1909	英册	7101 号	23 保 9 图范家巷		4.419	174.37
1909	英册	7102 号	23 保 9 图圆沙地		3.204	133.56
1909	英册	7103 号	23 保 3—5 图陆家观音堂		5.642	296.8
1910	英册	7106 号	23 保 6 图赵家湾		3.076	222.6
1910	英册	7107 号	23 保 9 图王家桥		6.116	161.76
1910	英册	7108 号	23 保 9 图王家桥		4.921	189.95
1910	英册	7109 号	23 保 6 图杨家浜		4.847	189.88
1910	英册	7110 号	23 保 13 图张方庙西		0.131	222.6

时间(年)	册别	编号	位 置	买方和卖方	面积(亩)	总价(两)
1910	英册	7111 号	27 保 5 图丁家湾		3.866	371
1910	英册	7116 号	25 保 2 图唐家弄西		0.73	593.6
1910	英册	7118 号	25 保头图界浜		0.773	1 261.4
1910	英册	7119 号	27 保 6 图淡井庙		2.113	
1910	英册	7121 号	27 保南 12 图王家巷		0.859	371
1910	英册	7122 号	23 保 13 图引翔港		1.847	222.6
1910	英册	7123 号	23 保 13 图西薛家浜		0.812	408.1
1910	英册	7124 号	24 保 24 图男字圩		未写面积	742
1910	英册	7125 号	23 保 11 图周家湾		2.684	222.6
1910	英册	7126 号	28 保北 12 图陈家宅西		6.573	964.6
1910	英册	7127 号	23 保 2 图章字圩老周家宅		1.724	1 261.4
1910	英册	7129 号	28 保南 12 图老吴淞江		1.903	742
1910	英册	7130 号	28 保 8—9 图西草长浜		1.803	2 226
1910	英册	7133 号	24 保 23 图杨家渡东南		5.517	408.1
1910	英册	7134 号	28 保 8—9 图虚字圩高家宅西		0.817	
1910	英册	7135 号	24 保 23 图杨家渡东南		5.266	408.1
1910	英册	7138 号	25 保 4 图林家宅		0.488	445.2
1910	英册	7140 号	27 保南 12 图张家库		1.284	445.2
1910	英册	7141 号	28 保 5—6 图杨家库		1.116	222.6
1910	英册	7143 号	27 保 11 图陈家浜		0.727	371
1910	英册	7144 号	25 保 4 图杨家宅东		0.931	222.6
1910	英册	7145 号	27 保 7 图		3.42	
1910	英册	7146 号	25 保 13 图凌云寺路		1.279	593.6
1910	英册	7147 号	25 保 13 图观音堂		2.264	742
1910	英册	7148 号	25 保 2 图唐家弄西		0.748	593.6
1910	英册	7149 号	28 保北 12 图草庵桥		16.013	1 855
1910	英册	7150 号	23 保 13 图夏家宅		1.307	222.6

时间(年)	册别	编号	位　置	买方和卖方	面积(亩)	总价(两)
1910	英册	7152 号	23 保 2 图张家口路西		1.168	371
1910	英册	7154 号	24 保 16 图陈家宅		1.694	222.6
1910	英册	7155 号	23 保 2 图金家浜		2.776	1 484
1910	英册	7156 号	27 保 9 图郑家浜后东首		1.058	724.19
1910	英册	7158 号	27 保 11 图侯家宅后		1.761	519.4
1910	英册	7159 号	27 保北 12 图赵家宅		5.401	630.7
1910	英册	7160 号	25 保 13 图观音堂		0.331	
1910	英册	7161 号	28 保 8—9 图盛家宅后		0.69	1 298.5
1910	英册	7162 号	28 保北 12 图朱家浜北		1.771	222.6
1910	英册	7163 号	27 保 8 图静安寺老街		0.509	2 782.5
1910	英册	7164 号	25 保 13 图斜桥北		0.385	148.4
1910	英册	7165 号	27 保 10 图墙前		1.724	74.2
1910	英册	7166 号	23 保 15 图凌家宅		0.609	267.12
1910	英册	7173 号	28 保 6 图杨家库		1.613	222.6
1910	英册	7175 号	27 保 11 图郭家		3.044	482.3
1910	英册	7176 号	23 保 12 图杨树浦		0.17	74.2
1910	英册	7178 号	27 保南 12 图车袋角		0.7	445.2
1910	英册	7179 号	23 保 13 图沈家巷		3.838	578.76
1910	英册	7180 号	23 保 15 图分水庙		1.07	371
1910	英册	7181 号	27 保北 12 图朱家湾		3.339	259.7
1910	英册	7182 号	27 保 8 图西涌泉浜南首		1.078	259.7
1910	英册	7183 号	27 保 8 图西娄浦		4.837	964.6
1910	英册	7184 号	27 保 8 图田鸡浜		0.779	148.4
1910	英册	7185 号	27 保 8 图诸家浜南		0.966	222.6
1910	英册	7186 号	27 保 8 图田鸡浜		2.415	556.5
1910	英册	7187 号	27 保 8 图殿基浜		2.633	482.3
1910	英册	7188 号	28 保北 12 图朱家浜北		3.563	742
1910	英册	7189 号	28 保北 12 图汪家弄北		1.739	148.4
1910	英册	7190 号	28 保北 12 图汪家弄北		1.688	

时间(年)	册别	编 号	位 置	买方和卖方	面积(亩)	总价(两)
1910	英册	7191 号	28 保北 12 图汪家弄东北		0.964	148.4
1910	英册	7192 号	28 保北 12 图汪家弄南		2.827	519.4
1910	英册	7193 号	28 保北 12 图曹家堰		1.969	222.6
1910	英册	7194 号	28 保 8—9 图盛家宅		2.543	296.8
1910	英册	7195 号	28 保 8—9 图盛家宅		0.911	148.4
1910	英册	7196 号	28 保 8—9 图盛家宅后		1.236	148.4
1910	英册	7197 号	28 保 8—9 图钱家巷		0.358	222.6
1910	英册	7198 号	28 保 8—9 图钱家巷前		0.755	148.4
1910	英册	7199 号	28 保 8—9 图钱家巷		1.261	185.5
1910	英册	7201 号	23 保 13 图褚家浜		12.711	593.6
1910	英册	7202 号	25 保 4 图姚家宅		0.321	333.9
1910	英册	7203 号	27 保 7 图刘家宅后		0.672	148.4
1910	英册	7206 号	24 保 16 图陈家宅西		3.18	742
1910	英册	7207 号	27 保 11 图西川虹浜		2.217	964.6
1910	英册	7210 号	27 保 13 图建字圩		2.675	393.26
1910	英册	7211 号	27 保 3 图长浜		1.726	734.58
1910	英册	7212 号	24 保 16 图效字圩		未写面积	148.4
1910	英册	7213 号	27 保 5 图顾家宅		5.945	593.6
1910	英册	7214 号	23 保 2 图胡家木桥西		0.563	371
1910	英册	7215 号	25 保 4 图姚家宅		0.624	
1910	英册	7216 号	23 保 3—5 图虬江桥西首		3.043	185.5
1910	英册	7217 号	25 保头图杨家湾		1.751	2 077.6
1910	英册	7221 号	28 保 8—9 图曹家巷南		1.534	1 780.8
1910	英册	7222 号	23 保头图严字圩左家宅		0.784	371
1910	英册	7223 号	27 保 10 图金家宅		6.378	296.8
1910	英册	7224 号	23 保 13 图褚家浜		6.597	408.1
1910	英册	7225 号	23 保 13 图体字圩		未写面积	1 484

时间(年)	册别	编 号	位 置	买方和卖方	面积(亩)	总价(两)
1910	英册	7227 号	27 保 8 图柴长浜		1	300
1910	英册	7228 号	23 保 3、5 图陆家角周家宅		1.18	74.2
1910	英册	7229 号	25 保头图知字圩沈家湾		1.914	1 127.84
1910	英册	7232 号	27 保 9 图郑家巷东首		0.793	593.6
1910	英册	7233 号	27 保 11 图传字圩			296.8
1910	英册	7234 号	23 保 2 图东栅		0.446	1 113
1910	英册	7235 号	27 保 9 图东姚		0.376	74.2
1910	英册	7236 号	23 保 12 图航海浜		2.89	74.2
1910	英册	7237 号	27 保 13 图形字圩			296.8
1910	英册	7238 号	28 保 8—9 图曹家巷南		2.825	
1910	英册	7239 号	28 保 8—9 图曹家巷南		1.495	
1910	英册	7240 号	27 保 13 图沈家宅		0.887	259.7
1910	英册	7241 号	27 保南 12 图东圣字圩		0.65	148.4
1910	英册	7242 号	23 保 11 图周家宅		4.071	222.6
1910	英册	7246 号	23 保正 19 图诸港后		6.927	259.7
1910	英册	7247 号	27 保 13 图蒋家桥		2.093	742
1910	英册	7248 号	27 保 3 图徐家库后		4.12	934.92
1910	英册	7249 号	23 保 15 图分水庙东		3.686	742
1910	英册	7250 号	27 保 10 图张家宅		0.133	148.4
1910	英册	7252 号	23 保 2 图宋家宅前		1.815	519.4
1910	英册	7254 号	23 保 2 图陆家宅		1.6	1 009.12
1910	英册	7256 号	25 保 2 图老闸大王庙		2.949	2 968
1910	英册	7257 号	23 保 2 图沙泾路		1	1 000
1910	英册	7258 号	27 保 7 图钱家荡		1.868	371
1910	英册	7259 号	23 保 13 图水仙庵西首		5.068	1 335.6
1910	英册	7260 号	28 保南 12 图			
1910	英册	7261 号	27 保 11 图盛家宅		2.107	519.4
1910	英册	7263 号	27 保 12 图陈家桥后		5.78	890.4

时间(年)	册别	编 号	位 置	买方和卖方	面积(亩)	总价(两)
1910	英册	7264 号	27 保 3 图夏家堰		4.199	1 113
1910	英册	7265 号	27 保 9 图郑家巷之西		0.641	296.8
1910	英册	7266 号	23 保头图吴家宅前		0.49	185.5
1910	英册	7267 号	27 保 5 图赦池浜		1.829	133.56
1910	英册	7268 号	28 保南 12 图谈家渡东		5.235	
1910	英册	7269 号	28 保南 12 图谈家渡东		1.757	
1910	英册	7270 号	28 保南 12 图谈家渡东		2.444	
1910	英册	7271 号	28 保南 12 图谈家渡东		1.547	
1910	英册	7272 号	27 保 3 图徐家库后		1.269	445.2
1910	英册	7273 号	27 保 3 图			222.6
1910	英册	7274 号	28 保 8—9 图曹家宅前		1.395	296.8
1910	英册	7275 号	28 保 8—9 图曹家宅前		1.237	296.8
1910	英册	7276 号	28 保 8—9 图曹家宅前		2.066	445.2
1910	英册	7277 号	28 保 8—9 图南曹家宅前		4.469	1 038.8
1910	英册	7278 号	28 保 8—9 图南曹家宅前		0.709	111.3
1910	英册	7279 号	27 保 10 图闸北		1.556	1 484
1910	英册	7284 号	23 保 14 图		未写面积	371
1910	英册	7285 号	23 保 2 图兆丰路		0.351	445.2
1910	英册	7287 号	28 保北 12 周家宅西		2.115	296.8
1910	英册	7288 号	25 保 4 图杜家宅		0.015	
1910	英册	7289 号	25 保 13 图凌云寺路		0.637	296.8
1910	英册	7290 号	25 保 13 图凌云寺路		1.564	593.6
1910	英册	7291 号	27 保南 12 车袋角		0.052	22.26
1910	英册	7293 号	28 保 8—9 图			630.7
1910	英册	7294 号	28 保 8—9 图曹家宅前		3.51	890.4
1910	英册	7295 号	27 保 11 图川虹路后		0.337	148.4
1910	英册	7296 号	25 保头图沈家湾		1.14	1 484

时间(年)	册别	编号	位 置	买方和卖方	面积(亩)	总价(两)
1910	英册	7297 号	28 保 8—9 图曹家宅前		1.121	222.6
1910	英册	7299 号	23 保 13 图水仙庵西首		0.572	
1910	英册	7301 号	23 保 2 图杨家宅基		5.841	2 226
1910	英册	7302 号	23 保 12 图邹家宅		2.204	519.4
1910	英册	7303 号	23 保 2 图朝梁桥		2.27	1 113
1910	英册	7304 号	23 保 2 图朝梁桥		2.27	1 113
1910	英册	7305 号	27 保 11 图广肇山庄		2.516	593.6
1910	英册	7307 号	28 保 5—6 图法华镇东		2	126.14
1910	英册	7308 号	23 保 13 图夏家宅		4.21	593.6
1910	英册	7309 号	25 保 2 图老闸大王庙		0.127	
1910	英册	7314 号	23 保 16 图萧王庙		1.63	222.6
1910	英册	7315 号	27 保 13 图槟榔路		1.355	371
1910	英册	7317 号	25 保头图沈家湾		0.243	296.8
1911	英册	7321 号	28 保北 12 图曹家桥		1.896	227.13
1911	英册	7322 号	27 保 13 图槟榔路		0.532	
1911	英册	7324 号	25 保头图沈家湾		0.197	
1911	英册	7325 号	22 保 51 图徐家宅		9.642	511.04
1911	英册	7326 号	22 保 51 图徐家宅		8.631	556.47
1911	英册	7327 号	23 保 3、5 图石家浜		5.029	227.13
1911	英册	7329 号	27 保 10 图池浜西南张家宅		8.353	8 350
1911	英册	7330 号	27 保 11 图盛家宅西		0.666	158.99
1911	英册	7331 号	27 保 7 图沈家木桥南		0.811	227.13
1911	英册	7332 号	27 保 7 图八字桥		3.104	567.83
1911	英册	7333 号	23 保 16 图董家石桥南		1.639	100
1911	英册	7334 号	27 保 10 图坝基东		0.2	151.42
1911	英册	7336 号	28 保 6 图程塘浜		0.936	75.71
1911	英册	7337 号	23 保 1—2 图里虹桥		1.03	747.26
1911	英册	7338 号	27 保 5 图淡井庙		22.131	3 747.65

时间(年)	册别	编号	位　　置	买方和卖方	面积(亩)	总价(两)
1911	英册	7341 号	27 保 11 图徐家宅后		7.46	1 694.39
1911	英册	7344 号	28 保 5—6 图程塘浜		0.195	
1911	英册	7345 号	23 保 2 图周家宅		0.904	1 135.65
1911	英册	7346 号	27 保 3 图夏家堰		1.159	529.97
1911	英册	7347 号	27 保 8 图童家池之南		0.718	378.55
1911	英册	7348 号	27 保 8 图童家池之南		0.903	378.55
1911	英册	7349 号	27 保 8 图大池南		0.65	302.84
1911	英册	7352 号	25 保 4 图			
1911	英册	7353 号	25 保 3 图头坝老街		0.67	1 135.65
1911	英册	7359 号	25 保 4 图关帝庙后		0.38	302.84
1911	英册	7360 号	27 保 13 图端字圩叶家宅		0.892	75.71
1911	英册	7361 号	25 保 2 图老闸老街		0.063	227.13
1911	英册	7362 号	27 保 10 图沈家宅		1.139	757.1
1911	英册	7364 号	23 保 16 图虹镇之北		1.364	113.57
1911	英册	7365 号	25 保 4 图杨家宅西南首		5.575	1 892.75
1911	英册	7366 号	27 保 10 图池浜西南张家宅		0.372	302.84
1911	英册	7367 号	23 保 12 图白家宅		6.886	378.55
1911	英册	7369 号	27 保 13 图北姚桥浜		0.773	151.42
1911	英册	7371 号	23 保 13 图周塘浜		2.892	302.84
1911	英册	7373 号	25 保 2 图唐家弄		0.849	719.25
1911	英册	7374 号	22 保 51 图沈家滩		12.1	1 362.78
1911	英册	7376 号	23 保 2 图周家宅		1.208	757.1
1911	英册	7377 号	23 保 15 图朱家宅		4.165	1 665.62
1911	英册	7381 号	25 保头钱家石桥		1.048	2 000
1911	英册	7383 号	24 保正 15、16 图董家渡		118.891	
1911	英册	7385 号	24 保 16 图董家渡		76.737	

时间(年)	册别	编 号	位 置	买方和卖方	面积(亩)	总价(两)
1911	英册	7387 号	27 保 8 图童家池之南		0.369	
1911	英册	7392 号	23 保 13 图蔡家浜		0.776	227.13
1911	英册	7393 号	23 保 13 图薛家浜		0.675	227.13
1911	英册	7394 号	23 保 13 图蔡家浜		1.904	529.97
1911	英册	7395 号	23 保 13 图薛家浜南首,蔡家浜后		1.25	378.55
1911	英册	7396 号	23 保 13 图薛家浜北首		1.153	242.27
1911	英册	7397 号	23 保 13 图蔡家浜		0.669	151.42
1911	英册	7398 号	23 保 3、5 图保虬港		6.474	151.42
1911	英册	7399 号	28 保北 12 图陈家宅街		2.43	378.55
1911	英册	7407 号	25 保 9 图羊肥桥		2.573	681.39
1911	英册	7408 号	23 保 3、5 图马桥罗家宅		24.065	1 514.2
1911	英册	7410 号	23 保 13 图薛家浜		0.166	
1911	英册	7413 号	27 保 5 图顾家宅		1.343	227.13
1911	英册	7415 号	27 保 7 图盛家宅		0.704	227.13
1911	英册	7416 号	美册转英册		3	
1911	英册	7427 号	25 保 10 图万生桥南		1.871	757.1
1911	英册	7428 号	25 保 2 图韩家宅		0.277	227.13
1911	英册	7429 号	28 保 5—6 图许家弄西北		2.589	340.7
1911	英册	7433 号	25 保头图四川路		1.04	1 135.65
1911	英册	7434 号	23 保 15 图分水庙		3.073	378.55
1911	英册	7435 号	25 保 4 图姚家宅		0.676	264.99
1911	英册	7436 号	27 保 3 图娄浦		0.565	605.68
1911	英册	7437 号	27 保南 12 图康脑脱路		2.978	757.1
1911	英册	7440 号	27 保 7 图南长浜		2.012	681.39
1911	英册	7441 号	23 保 2 图曹家堰		0.273	200
1911	英册	7442 号	27 保北 12 图小沙渡		2.229	378.55
1911	英册	7443 号	27 保 11 图梅园西		2.251	302.84

时间(年)	册别	编 号	位 置	买方和卖方	面积(亩)	总价(两)
1911	英册	7446 号	27 保南 12 图褚家浜			
1911	英册	7448 号	23 保 15 图陶家湾		2.968	378.55
1911	英册	7449 号	28 保 8—9 图钱家巷后		1.397	227.13
1911	英册	7450 号	28 保 8—9 图曹家宅前		3.276	908.52
1911	英册	7451 号	28 保 8—9 图高家宅		0.909	340.7
1911	英册	7452 号	28 保 8—9 图曹家宅前		0.685	189.28
1911	英册	7453 号	28 保 8—9 图曹家宅前		1.232	280.13
1911	英册	7454 号	28 保 8—9 图曹家宅前		1.218	302.84
1911	英册	7457 号	28 保 8—9 图曹家宅前		0.213	75.71
1911	英册	7463 号	25 保 2 图韩家宅		0.985	832.81
1911	英册	7469 号	27 保 10 图泥城外王家库		0.225	124
1911	英册	7470 号	27 保 10 图张家宅		0.23	124
1911	英册	7471 号	23 保 13 图张方庙		1.671	454.26
1911	英册	7473 号	27 保 11 图梅园		0.457	302.84
1911	英册	7474 号	27 保 3 图徐家库之北		0.139	
1911	英册	7475 号	23 保分 19 图军工厂		1.563	75.71
1911	英册	7476 号	27 保南 12 图蒋家宅		0.034	37.86
1911	英册	7481 号	23 保 2 图陶家宅		3.429	1 022.09
1911	英册	7483 号	27 保 3 图娄浦东		2.856	1 589.91
1911	英册	7484 号	25 保头图张家宅桥		0.555	832.81
1911	英册	7485 号	28 保北 12 图陈家宅后		0.665	227.13
1911	英册	7487 号	28 保 3 图陈家渡		1.565	310
1911	英册	7488 号	28 保 3 图陈家渡		0.356	160
1911	英册	7489 号	28 保 3 图陈家渡		0.894	250
1911	英册	7490 号	28 保 4 图南河塘		4.924	454.26
1911	英册	7491 号	28 保 4 图顾家弄		2.406	227.13
1911	英册	7492 号	28 保 4 图顾家弄		2.269	211.99
1911	英册	7493 号	28 保 4 图沈巷西		1.435	113.57

时间(年)	册别	编号	位 置	买方和卖方	面积(亩)	总价(两)
1911	英册	7494号	28保4图杨家浜头		2.265	181.7
1911	英册	7495号	28保4图三泾北		0.292	45.43
1911	英册	7496号	28保4图周家桥东		1.342	105.99
1911	英册	7497号	28保4图顾家弄		0.719	75.71
1911	英册	7498号	28保4图法华港口北首		2.171	166.56
1911	英册	7499号	28保4图法华港口北首		0.581	75.71
1911	英册	7500号	28保4图沈巷		2.917	272.56
1854	美册	1号			0.05	9.37
1854	美册	5号			1.5	156.2
1855	美册	9号			4	859.1
1855	美册	10号			2	109.34
1855	美册	12号			9.8	765.38
1855	美册	13号			0.6	46.86
1855	美册	16号			7.7	413.15
1855	美册	19号			1	9.37
1855	美册	22号			2.5	97.63
1855	美册	23号			13	507.65
1855	美册	24号			12	656.04
1855	美册	25号			3.6	296.78
1855	美册	27号			4.95	328.62
1855	美册	28号			1.5	164.01
1855	美册	29号			1.72	156.2
1855	美册	30号			1.55	234.3
1855	美册	31号			6	101.53
1855	美册	32号			0.5	23.43
1855	美册	33号			17	312.4
1855	美册	34号			12	262.42
1855	美册	35号			12	262.42

时间(年)	册别	编号	位　　置	买方和卖方	面积(亩)	总价(两)
1855	美册	36 号			20	378.63
1855	美册	37 号			3.8	1 220.48
1855	美册	38 号			0.8	218.68
1855	美册	40 号			1	46.86
1855	美册	41 号			2.6	717.74
1855	美册	42 号			7	273.35
1855	美册	43 号			18	281.16
1855	美册	44 号			1.28	89.82
1855	美册	45 号			1.62	113.7
1855	美册	46 号			8.12	702.9
1855	美册	48 号	上海虹口码头南黄浦滩		18.5	531.08
1855	美册	49 号			43	593.56
1855	美册	50 号	南黄浦出滩		18.5	531.08
1855	美册	52 号	东有虹口港		38.045	1 873.99
1855	美册	54 号	虹桥之南首		2.38	1 452.55
1855	美册	55 号			1.14	82
1855	美册	56 号			1.347	702.9
1855	美册	57 号			3.15	234.3
1858	美册	70 号			1.3	234.3
1858	美册	71 号			0.5	140.58
1858	美册	72 号	南至黄浦		6.5	253.83
1858	美册	74 号			0.6	117.15
1858	美册	76 号			3.55	138.63
1858	美册	77 号			2.862	111.68
1860	美册	78 号			2.5	200
1860	美册	79 号			16	3 800
1860	美册	80 号			16.5	1 900
1860	美册	81 号			1.5	550

时间(年)	册别	编 号	位 置	买方和卖方	面积(亩)	总价(两)
1860	美册	82 号			1.6	273.35
1860	美册	84 号			1.5	578.1
1860	美册	86 号	南至洋泾浜		10	1 562
1860	美册	87 号			25.871	5 174.2
1860	美册	88 号			2.95	691.19
1860	美册	89 号			2	400
1861	美册	90 号			1.8	167.92
1861	美册	92 号	北至黄浦出浦		3.543	992.04
1861	美册	93 号	转虹口港		1.913	10 000
1861	美册	94 号			0.45	1 777.56
1861	美册	95 号			1.059	479
1861	美册	96 号			1.72	671.66
1861	美册	97 号			10.4	537.33
1861	美册	98 号			13.8	42 000
1861	美册	99 号	北至出浦		22.1	1 502
1861	美册	100 号			6.2	3 100
1861	美册	101 号			6.566	656.6
1861	美册	102 号			1.6	312.4
1861	美册	103 号	西至大虹口		13.8	12 190.81
1861	美册	104 号	南至黄浦涧		10.2	6 000
1861	美册	105 号	南至黄浦同孚地		14.736	568.02
1861	美册	106 号			17.498	1 109.08
1861	美册	107 号			1.303	566
1861	美册	108 号			2.52	630
1862	美册	109 号			4.053	8 106
1862	美册	110 号	南至出浦		25.1	2 352.37
1862	美册	111 号			4	13 000
1862	美册	112 号	北吴淞江		7.7	1 570

时间(年)	册别	编 号	位 置	买方和卖方	面积(亩)	总价(两)
1862	美册	113 号			0.994	550
1862	美册	114 号			0.731	731
1862	美册	115 号			1.326	3 780
1862	美册	116 号			0.7	550
1862	美册	118 号			3	540
1862	美册	119 号			3.089	195.79
1862	美册	120 号			2.638	167.21
1862	美册	121 号			1.818	189.19
1862	美册	122 号			0.584	59.36
1862	美册	123 号			2.8	289.4
1862	美册	124 号			2.263	905
1862	美册	125 号			2.7	4 050
1862	美册	126 号			1	1 562
1862	美册	129 号			1.3	1 950
1862	美册	130 号			1.072	1 800
1862	美册	131 号			1.415	1 050
1862	美册	132 号			2.659	280
1862	美册	133 号			0.339	397.53
1862	美册	134 号			0.23	100
1862	美册	135 号			0.32	390.5
1862	美册	136 号			2.5	5 000
1862	美册	137 号	北至出浦		23	1 796.3
1862	美册	138 号			0.932	1 404
1862	美册	139 号	北至码头		1.306	2 612
1862	美册	140 号			0.42	840
1862	美册	142 号			0.916	560
1862	美册	143 号			0.6	390.5
1862	美册	144 号			14.707	44 121

时间(年)	册别	编 号	位 置	买方和卖方	面积(亩)	总价(两)
1862	美册	147 号	25 保 7 图东至出浦		0.9	1 350
1862	美册	149 号			10	10 000
1862	美册	150 号			11.083	2 050.35
1862	美册	151 号			19.3	1 930
1862	美册	152 号			1.997	5 991
1862	美册	153 号			0.5	1 500
1862	美册	154 号			4	937.2
1862	美册	155 号			2.5	585.75
1862	美册	156 号	西肇嘉浜北兆丰界		5.21	610.35
1862	美册	159 号			4.333	1 015.3
1863	美册	160 号			0.2	600
1863	美册	161 号			3.58	916.89
1863	美册	162 号			0.05	124.96
1863	美册	163 号			1.15	93.72
1863	美册	164 号			27.5	4 537.5
1863	美册	165 号			2.115	1 100
1863	美册	166 号			4.219	12 657
1863	美册	167 号	25 保 4 图八仙桥		1	27.01
1863	美册	168 号			2.7	81.02
1863	美册	169 号			2.5	136.68
1863	美册	170 号			3.019	937.2
1863	美册	171 号			1.437	388.94
1863	美册	172 号	25 保头图沈家湾		19.74	3 059.7
1863	美册	173 号			198.82	6 987.53
1863	美册	175 号	25 保 5 图八仙桥南首之西田渡		2.5	
1863	美册	176 号			8.8	2 420
1863	美册	177 号	25 保头图南至老吴淞江口		3	3 000

时间(年)	册别	编号	位 置	买方和卖方	面积(亩)	总价(两)
1863	美册	178 号	23 保 2 图		2	1 200
1863	美册	179 号			0.18	424.03
1863	美册	180 号	23 保 14 图贾家宅		14	2 100
1863	美册	181 号			0.65	1 100
1863	美册	185 号			0.9	2 000
1863	美册	188 号			0.74	888
1863	美册	189 号	25 保 7 图		3.6	10 800
1863	美册	190 号			9.48	12 324
1863	美册	193 号			0.6	720
1863	美册	194 号			2.5	810
1863	美册	195 号			0.6	296.78
1863	美册	196 号			0.2	300
1863	美册	197 号	24 保 24 图烂泥渡		14.571	4 371.3
1864	美册	199 号			1.5	2 000
1864	美册	205 号	25 保 3 图虹口北首		4.033	93.72
1865	美册	208 号			7.135	739.64
1863	美册	217 号	23 保 15 图分水庙		0.725	39.05
1865	美册	219 号	25 保 3 图外虹口		1.55	8 000
1867	美册	227 号	25 保 3 图南至南京路东江西路		6.372	20 000
1867	美册	228 号			8.272	570.13
1868	美册	230 号	25 保 12 图		0.217	11.72
1868	美册	232 号	27 保 9 图		4	260
1869	美册	235 号			3.296	390.5
1870	美册	244 号	25 保 13 图麿字圩		1.859	97.63
1870	美册	245 号			4.599	1 000
1870	美册	249 号			4.166	600
1871	美册	263 号	25 保 10 图淡字圩		1.83	156.2
1871	美册	266 号	23 保 2 图章字圩		2.207	100

时间(年)	册别	编号	位　置	买方和卖方	面积(亩)	总价(两)
1871	美册	267 号	23 保 2 图章字圩		2.472	220
1871	美册	269 号			4.87	9 000
1871	美册	271 号	福州路四川路		3	19 000
1872	美册	278 号	25 保 12 图		6.658	78.1
1872	美册	279 号	23 保 2 图		0.916	150
1872	美册	280 号			41.151	3 905
1872	美册	283 号	25 保 3 图南至美国领事馆西至南浔路		0.185	234.3
1872	美册	285 号	23 保 12 图		6.42	374.88
1872	美册	286 号	27 保 9 图		4.977	315
1872	美册	289 号			0.494	540
1872	美册	291 号	23 保 13 图		0.527	100
1872	美册	296 号	南大马路		2.841	5 500
1872	美册	297 号	北至洋泾浜，东南皆至路		2.915	0.781
1872	美册	298 号			0.366	156.2
1872	美册	299 号			1.013	50
1873	美册	301 号	27 保 9 图		1.4	185
1872	美册	302 号			3.296	6 000
1873	美册	303 号	24 保 2 区 16 图		9.224	377.86
1873	美册	310 号	宝邑江湾镇		0.33	500
1873	美册	314 号	南吴淞港界宝顺洋行		13.902	300
1874	美册	315 号	北法商地，南 24、28 图界		28	933.4
1874	美册	316 号	25 保 3 图		0.644	150
1875	美册	321 号	23 保 2 图		0.621	67.82
1875	美册	323 号			4.02	59.32
1876	美册	325 号	23 保 2 图外虹口		2.897	49
1876	美册	327 号	25 保头图小木桥		1.005	303.07
1876	美册	328 号	25 保 3 图		5.354	2 100

时间(年)	册别	编号	位 置	买方和卖方	面积(亩)	总价(两)
1876	美册	332 号	25 保 3 图在虹口美租界		8.369	430
1878	美册	338 号	27 保 9 图蔡万桥		1.837	320
1878	美册	339 号	27 保 9 图蔡万桥		1.792	322.56
1878	美册	342 号	25 保头图		3.471	1 207.5
1878	美册	343 号	23 保 2 图虹口		2.576	750
	美册	345 号	该契从 241 号契转			
1879	美册	346 号	25 保 2 图钟旺街		0.442	165.9
1879	美册	349 号			0.521	804.98
1879	美册	350 号	23 保 1—2 图外虹口		0.458	
1879	美册	352 号	23 保 12 图杨树浦		21.641	
1880	美册	354 号	23 保 2 图		1.694	
1880	美册	359 号	25 保 3 图虹口		0.625	2 700
1880	美册	360 号	25 保 3 图棋盘街		3.61	4 000
1881	美册	362 号	23 保 2 图		0.207	
1881	美册	367 号			57.7	60 000
1881	美册	371 号	27 保 9 图郑家巷		1.535	235.9
1881	美册	372 号	25 保头川虹浜杨家宅		1.32	88.46
1881	美册	373 号	25 保头川虹浜杨家宅		7.289	516.04
1881	美册	374 号	25 保头沈家湾		2.308	147.44
1881	美册	375 号	23 保 2 图 25 保头虹口港西		6.817	309.62
1881	美册	376 号	25 保头沈家湾		8.724	626.62
1881	美册	377 号	25 保头沈家湾		2.548	176.93
1881	美册	382 号	25 保头炮台沟		5.777	1 621.84
1881	美册	383 号	23 保 2 图		0.33	22.12
1881	美册	384 号	25 保头川虹浜南		0.814	58.98
1881	美册	385 号	25 保头川虹浜南		0.419	29.49
1881	美册	386 号	25 保 2 图吴淞港北		4.829	1 161.3
1881	美册	387 号	25 保 2 图吴淞港北		0.21	110.58

时间(年)	册别	编号	位置	买方和卖方	面积(亩)	总价(两)
1882	美册	388 号	25 保 3 图老闸万生码头弄内		0.578	350
1882	美册	389 号	25 保头图虹口梁家湾		0.3	146.3
1882	美册	392 号	疑为宝山县地		4.923	785.86
1882	美册	393 号	25 保头图沈家湾		1.008	73.15
1882	美册	394 号	25 保头图沈家湾		1.336	102.41
1882	美册	395 号	25 保头图沈家湾		1.155	219.45
1882	美册	396 号	25 保头图沈家湾		2.45	438.9
1882	美册	397 号	25 保头图沈家湾		0.973	146.3
1882	美册	398 号	23 保 13 图高家宅		2.499	300
1882	美册	399 号	23 保 2 图里虹口		1.902	800
1882	美册	401 号	23 保 12 图杨树浦		7.304	1 755.6
1882	美册	402 号	22 保 51 图周家嘴杨树浦之西马路尽处		54.739	3 458.34
1882	美册	403 号	23 保头图梅家行□巷		2.548	1 000
1882	美册	404 号	23 保 1—2 图虹口港附近		6.445	1 500
1882	美册	405 号	23 保 12 图杨树浦		45.134	1 214.52
1882	美册	409 号	25 保 4 图杜家宅		0.872	400
1882	美册	410 号	27 保 11 图梅园		7.176	1 000
1883	美册	415 号	23 保 1—2 图里虹口		1.389	
1883	美册	419 号	23 保 13 图西门外斜桥地方		1.922	181.95
1883	美册	420 号	25 保 13 图西门外		3.9	285
1883	美册	423 号	25 保头梁家湾		0.504	473.33
1883	美册	428 号	25 保头图杨家湾又名猛将堂		33.461	3 260
1883	美册	429 号	27 保 10 图新闸		2.738	3 000
1883	美册	441 号	23 保 1—2 图三官堂后		4.1	1 431.9
1886	美册	503 号	24 保 16 图董家渡		3.574	

时间(年)	册别	编号	位　置	买方和卖方	面积(亩)	总价(两)
1886	美册	504 号	25 保头图沈家湾		2.5	
1886	美册	513 号	25 保头图沈家湾在美租界内		0.878	220.62
1886	美册	514 号		添租	0.025	
1887	美册	516 号	25 保头图虹口川虹浜		1.855	437.16
1887	美册	517 号	25 保头图虹口之梁家湾		0.477	
1887	美册	527 号	25 保 4 图八仙桥西首之杜家宅		0.95	349.73
1887	美册	528 号	25 保 3 图石头坝之悦兴街北首		0.312	300
1888	美册	535 号	23 保 12 图杨树浦		0.614	150
1888	美册	536 号	25 保 3 图头坝之斗鸡场		0.955	300
1888	美册	541 号	25 保头猛将堂后之沈家湾		1.608	180
1889	美册	542 号	22 保 51 图沈家滩		117.975	4 153.345
1889	美册	543 号	27 保 9 图泥城外在跑马圈之西		1.291	294.88
1889	美册	545 号	23 保 1—2 图里虹口之万家宅		5.463	270
1889	美册	548 号	23 保 1—2 图王家宅（西华路）		0.628	
1889	美册	549 号	23 保 1—2 图王家宅（西华路）		1.643	
1889	美册	552 号	23 保 1—2 图里虹口之东栅口		11.297	620
1889	美册	556 号	27 保 8 图静安寺		19.318	2 012.92
1890	美册	557 号	25 保 13 图西门外之斜桥北		2.738	423.86
1889	美册	560 号	27 保 10 图静安寺马路西首		0.63	309.62
1889	美册	561 号	25 保头图打枪路之北首		20.621	2 270
1889	美册	562 号	23 保 1—2 图里虹口之东栅外		4.615	240

时间(年)	册别	编号	位置	买方和卖方	面积(亩)	总价(两)
1889	美册	563 号	23 保 1—2 图里虹口之东栅外		2.409	110
1889	美册	564 号	23 保 1—2 图里虹口之东栅外		6.652	287
1889	美册	565 号	23 保 1—2 图里虹口之东栅外		8.728	470
1889	美册	566 号	23 保 1—2 图里虹口之东栅外		6.226	325
1889	美册	567 号	23 保 1—2 图东王家宅		3.689	1 859
1890	美册	569 号	27 保 9 图大浜头		2.569	
1890	美册	570 号	27 保 9 图大浜头		1.6	
1890	美册	571 号	27 保 9 图大浜头		1.279	
1890	美册	572 号	27 保 9 图大浜头		11.512	
1891	美册	574 号	25 保头图梁家湾东首		3.59	250
1890	美册	575 号	23 保 1—2 图里虹口西华路之东王家宅		3.784	528.686
1890	美册	576 号	23 保 1—2 图里虹口西华路之东王家宅		3.232	451.589
1890	美册	579 号	27 保 9 图跑马圈之西杜家宅		4.528	318.26
1890	美册	582 号	25 保 4 图八仙桥之西杜家宅		1.041	467.71
1890	美册	583 号	25 保 4 图八仙桥之西杜家宅		0.359	219.24
1890	美册	584 号	25 保 4 图八仙桥之西杜家宅		0.663	365.4
1890	美册	585 号	25 保 4 图八仙桥之西杜家宅		0.398	365.4
1890	美册	586 号	25 保 4 图八仙桥之西杜家宅		0.404	109.62
1890	美册	587 号	25 保 4 图八仙桥之西杜家宅		0.116	109.62

时间(年)	册别	编 号	位 置	买方和卖方	面积(亩)	总价(两)
1890	美册	588号	25保12图西门外之斜桥北		0.447	51.16
1890	美册	589号	25保头图杜木桥北首		10.355	158.05
1890	美册	590号	25保头图杜木桥北首		1.904	158.05
1891	美册	591号	23保12图杨树浦东之引羊翔港码头		13.826	691.3
1890	美册	592号	23保1—2图朱家宅		1.692	123.65
1890	美册	593号	25保3图斗鸡场		4.059	800
1890	美册	594号	23保1—2图曹家堰		16.883	
1890	美册	596号	23保1—2图周家库		12.894	988.19
1890	美册	597号	25保头图杨家湾之东首		4.012	1 047
1890	美册	599号	25保头图杜木桥北首		2.408	475.02
1891	美册	600号	25保头图沈家湾西之湾田		0.703	200
1891	美册	603号	23保12图杨树浦		0.863	145.64
1891	美册	604号	23保12图杨树浦		1.33	174.11
1891	美册	605号	23保12图杨树浦		1.08	174.11
1891	美册	606号	23保1—2图三官堂后		1.375	
1891	美册	607号	25保头图杜木桥北首		2.492	182.05
1891	美册	609号	25保2图杨家浜		18.797	
1891	美册	610号	25保头图养马圈		1.169	500
1891	美册	611号	27保10图山家园		4.629	582.56
1891	美册	612号	23保1—2图里虹口东栅		6.418	500
1891	美册	613号	27保11图西库		12.483	393.23
1891	美册	614号	25保2图西陆家宅		0.734	200
1891	美册	616号	25保头图养马圈		1.5	546.15
1891	美册	617号	23保1—2图老周家宅		4.323	241.76
1892	美册	618号	25保头图沈家湾打枪路		5.468	321.95
1892	美册	619号	25保头图沈家湾打枪路		1.745	292.68

时间(年)	册别	编　号	位　　　置	买方和卖方	面积(亩)	总价(两)
1892	美册	620 号	25 保头图东川虹浜		3.405	482.92
1892	美册	621 号	25 保头图杜木桥打枪路		0.674	73.17
1892	美册	626 号	25 保头图杜木桥北首		1.938	146.34
1892	美册	628 号	23 保 1—2 图万家浜之朱家木桥		2.759	365.85
1892	美册	629 号	23 保 14 图浦东贾家角之西湾河塘		36.771	1 931.69
1892	美册	630 号	25 保头图川虹浜中间隔有打枪路		2.198	300
1892	美册	634 号	25 保头图川虹浜		1.694	
1892	美册	635 号	25 保头图沈家湾		0.631	146.34
1892	美册	636 号	25 保 2 图杨家浜		4.3	731.7
1892	美册	638 号	25 保头图张家宅		0.977	
1892	美册	639 号	25 保头图川虹浜		0.499	
1893	美册	641 号	27 保 9 图大浜头		0.835	
1893	美册	649 号	25 保 3 图头坝老街		0.273	1 300
1893	美册	651 号	25 保 2 图老坝基		2.649	1 500
1893	美册	652 号	25 保 2 图杨家浜		1.713	500
1893	美册	653 号	25 保 2 图垃圾桥		0.939	365.7
1893	美册	655 号	25 保 2 图老坝基		1.311	650
1893	美册	656 号	23 保 2 图老周家宅		7.972	633.03
1893	美册	657 号	25 保头图铁路北首界浜		0.014	
1893	美册	659 号	23 保 2 图朱家宅		1.912	196
1894	美册	663 号	23 保 2 图朱家宅		12.726	1 163.98
1894	美册	665 号	25 保 3 图费家宅		0.142	149.42
1894	美册	666 号	25 保头图东川虹浜		0.976	134.48
1894	美册	667 号	25 保头图梁家湾		1.594	186.78
1894	美册	668 号	25 保头图梁家湾		5.956	672.39
1895	美册	669 号	25 保头图沈家湾		0.911	320

时间(年)	册别	编号	位　置	买方和卖方	面积(亩)	总价(两)
1895	美册	670 号	25 保头图旧港桥		4.825	377.2
1895	美册	671 号	25 保头图梁家湾		3.38	301.76
1895	美册	672 号	25 保头图杨家宅		0.783	120.7
1895	美册	673 号	23 头 1—2 图杨树浦之左家宅		3.38	300
1895	美册	674 号	23 保 13 图蔡家浜		7.189	573.34
1895	美册	684 号	23 保 14 图马家宅		30.555	1 403.18
1895	美册	685 号	27 保 10 图老坝基		43.001	1 290
1895	美册	686 号	22 保 43 图居家桥		83.991	3 017.6
1895	美册	687 号	23 保 14 图湾河塘		33.031	1 508.8
1895	美册	688 号	25 保头图沙泾港		2.04	
1895	美册	689 号	25 保头图及 23 保 2 图沙泾港		13.563	
1895	美册	692 号	27 保 10 图墙前		5.394	754.4
1895	美册	695 号	27 保 10 图梅家宅		1.136	128.25
1895	美册	696 号	24 保 24 图浦东陆家嘴张家浜		4.388	316.85
1896	美册	697 号	25 保 2 图杨家浜		17.453	2 959.52
1896	美册	698 号	25 保 2 图杨家浜		1.298	441.72
1895	美册	699 号	27 保 9 图芦花荡		3.561	678.96
1896	美册	700 号	23 保 2 图罗汉松		1.096	147.24
1896	美册	701 号	27 保 3 图夏家堰		5.13	404.91
1896	美册	702 号	22 保 51 图沈家滩		2.669	198.77
1896	美册	703 号	23 保 12 图下海庙前		0.599	220.86
1896	美册	704 号	23 保 12 图杨家码头		5.317	184.05
1896	美册	705 号	25 保头图孙家宅		1.999	1100
1896	美册	708 号	25 保头图沈家湾		1.948	662.58
1896	美册	710 号	22 保 51 图顾家宅		10.351	382.82
1896	美册	711 号	24 保 21 图浦东之夏家宅		23.525	

时间(年)	册别	编号	位　置	买方和卖方	面积(亩)	总价(两)
1896	美册	713 号	23 保 13 图薛家浜南岸		6.298	650
1896	美册	714 号	25 保头图沈家湾		2.363	
1896	美册	715 号	23 保 1—2 图朱家宅		7.884	800
1896	美册	716 号	25 保头图杜木桥		2.998	900
1896	美册	717 号	28 保 10 并 11 图万航渡口		7.955	368.1
1896	美册	718 号	27 保 9 图芦花荡		0.897	147.24
1896	美册	719 号	25 保 4 图西姚家宅		1.367	288.59
1896	美册	720 号	25 保 4 图戚家园		1.541	309.2
1896	美册	721 号	25 保 4 图姚家宅		0.684	271.51
1896	美册	722 号	24 保 21 图浦东夏家宅东首		80.426	3 500
1896	美册	723 号	24 保 21 图浦东陈家宅		23.129	1 000
1896	美册	724 号	23 保 2 图新张家宅		1.046	154.6
1896	美册	727 号	27 保 10 图王家库		18.786	1 472.4
1896	美册	728 号	25 保头图刷布场		0.485	300
1896	美册	729 号	25 保头图东川虹浜		4.859	1 250
1896	美册	730 号	25 保头图川虹浜		1.245	420
1896	美册	731 号	27 保南 12 图小戚家村		15.436	1 200
1896	美册	732 号	27 保北 12 图谈家渡		10.01	331.29
1896	美册	733 号	27 保北 12 图谈家渡		10.087	331.29
1896	美册	734 号	22 保 51 图引翔港码头		22.944	1 840.5
1896	美册	735 号	22 保 51 图引翔港码头		12.521	957.06
1896	美册	736 号	23 保 1—2 图沙泾港		4.605	515.34
1896	美册	737 号	24 保 21 图陶家堰		10.861	1 000
1896	美册	738 号	22 保 43 图居家宅后（浦东）		60.368	2 576.7
1896	美册	740 号	24 保正 15 图姜家桥北		43.354	1 295.71
1896	美册	741 号	23 保 12 图石灰浜		11.191	

时间(年)	册别	编　号	位　置	买方和卖方	面积(亩)	总价(两)
1896	美册	742号	23保12图石灰浜		16.103	
1896	美册	743号	23保12图奚家宅		105.773	
1896	美册	744号	23保12图奚家宅		27.463	
1896	美册	745号	23保12图周家宅		31.665	
1896	美册	746号	23保12图周家宅		36.757	
1896	美册	747号	23保12图周家宅		12.48	
1896	美册	748号	23保12图奚家宅		5.097	196
1896	美册	749号	23保12图石灰浜		7.292	236
1896	美册	750号	24保21图陶家堰		2.196	
1897	美册	751号	25保4图姚家宅		1.001	
1897	美册	752号	22保43图居家桥		31.193	1 486.6
1897	美册	753号	27保南12图螺丝桥		0.941	148.66
1897	美册	754号	27保南12图螺丝桥		9.515	1 404.84
1897	美册	755号	27保10图郑家浜		1.037	200
1897	美册	756号	23保13图柿子湾		2.882	576.8
1897	美册	757号	25保头图杜木桥		2.701	700
1897	美册	758号	27保3图顾家湾		4.947	743.3
1897	美册	759号	23保14图浦东马家宅		18	1 200
1897	美册	760号	保图不清		4.618	1 142.45
1897	美册	761号	24保21图陶家堰		9.201	594.64
1897	美册	762号	25保头杜木桥		4.979	817.63
1897	美册	763号	25保头杜木桥		2.604	483.15
1897	美册	764号	27保13图谈家宅		8.016	773.03
1897	美册	766号	25保头图杨家湾		0.215	150
1897	美册	767号	23保1—2图曹家堰		3.524	215.56
1897	美册	770号	28保8—9图高家宅		14.882	482.93
1897	美册	771号	23保13图柿子湾		0.437	74.33
1897	美册	772号	25保2图薛家浜		0.926	222.99

时间(年)	册别	编 号	位 置	买方和卖方	面积(亩)	总价(两)
1897	美册	773 号	28 保 10 并 11 图万航渡		5.384	200.69
1897	美册	775 号	23 保 12 图左家宅		13.628	1 932.58
1897	美册	776 号	27 保南 12 图华家桥		0.336	750
1897	美册	777 号	23 保 13 图柿子湾		1.581	300
1897	美册	778 号	27 保 11 图郭家库		1.375	160
1897	美册	779 号	27 保 11 图郭家库		0.615	90
1897	美册	783 号	24 保正 15 图浦东白莲泾北		18.409	1 900
1897	美册	784 号	23 保 13 图蔡家浜		1.686	148.66
1897	美册	785 号	27 保 10 图新闸桥西		0.306	200
1897	美册	786 号	27 保 10 图新闸施粥厂		4.436	789.68
1897	美册	787 号	28 保 10 并 11 图万航渡		19.881	1 500.13
1897	美册	788 号	28 保 10 并 11 图万航渡		3.127	231.91
1897	美册	789 号	28 保 10 并 11 图万航渡		1.403	74.33
1897	美册	790 号	28 保 10 并 11 图万航渡		27.341	1 794.77
1897	美册	791 号	24 保正 15 图		17.504	
1897	美册	792 号	28 保 8—9 图高家宅		12.282	
1897	美册	793 号	25 保 2 图新闸之东		1.752	
1897	美册	795 号	23 保 13 图蔡家浜之南		3.6	371.65
1897	美册	796 号	27 保 11 图车袋角		26.9	2 700
1897	美册	797 号	25 保 2 图中巷街		1.709	445.98
1897	美册	798 号	25 保 9 图		1.101	199.2
1897	美册	799 号	28 保 8—9 图高家宅		2.761	300
1897	美册	800 号	23 保 1—2 图朱家木桥		0.187	74.33
1897	美册	801 号	24 保 21 图王家宅		9.508	1 000
1897	美册	802 号	23 保 13 图楼湾		0.621	222.99
1897	美册	803 号	27 保 8 图涌泉浜		3.86	1 114.95
1897	美册	804 号	23 保 1—2 图朱家木桥		4.912	1 204.15
1897	美册	805 号	28 保 8—9 图曹家渡		2.721	320

时间(年)	册别	编 号	位 置	买方和卖方	面积(亩)	总价(两)
1897	美册	806 号	28 保 8—9 图曹家渡		0.914	100
1897	美册	807 号	23 保 2 图陆家宅		0.752	1 500
1897	美册	808 号	25 保头川虹浜		1.243	400
1897	美册	809 号	27 保 7 图西涌泉浜		4.485	349
1897	美册	810 号	27 保 8 图西涌泉浜		68.607	4 910.825
1897	美册	811 号	28 保南 12 曹家渡		36.374	1 736.72
1897	美册	812 号	28 保南 12 暨 8—9 图曹家渡		11.288	591.15
1897	美册	815 号	25 保 4 图		1.104	185.83
1897	美册	817 号	23 保 13 图薛家浜		1.642	386.52
1897	美册	818 号	23 保 13 图薛家浜		4.362	521
1897	美册	819 号	27 保 10 图墙前		2.018	8 000
1897	美册	820 号	22 保 51 图沈家滩		4.417	3 091.9
1898	美册	822 号	27 保—(不清)肇嘉浜		11.468	1 500
1898	美册	823 号	27 保 11 图		2.979	
1898	美册	824 号	27 保 9 图小闸港		1.035	387.87
1898	美册	825 号	25 保头猛将堂		0.767	
1898	美册	826 号	25 保头川虹浜		1.318	
1898	美册	827 号	25 保 2 图柿子园		1.031	
1898	美册	828 号	27 保 10 图天举浜		2.084	
1898	美册	829 号	27 保 10 图山家园		1	
1898	美册	831 号	25 保头图川虹浜		0.321	111.89
1898	美册	832 号	23 保 12 图薛家浜		2.644	298.36
1898	美册	834 号	25 保 2 图陆家宅		4.593	900
1898	美册	835 号	23 保 1—2 图曹家堰		4.359	974.89
1898	美册	836 号	24 保 24 图钞泥荡		12.183	8 000
1898	美册	837 号	25 保头图养马圈		1.879	700
1898	美册	838 号	23 保 1—2 图陆家宅		3.297	990
1898	美册	840 号	27 保南 12 图		1.236	

时间(年)	册别	编 号	位 置	买方和卖方	面积(亩)	总价(两)
1898	美册	841 号	28 保 5—6 图侯家宅		2.846	
1898	美册	842 号	28 保 5—6 图侯家宅		2.203	
1898	美册	843 号	23 保 1—2 图柿子湾		0.112	
1898	美册	844 号	(不清)太平桥		0.229	
1898	美册	845 号	25 保 12 图斜桥		1.946	805.57
1898	美册	846 号	25 保头图儿家宅		1.587	1 000
1898	美册	847 号	25 保 2 图杨家浜		0.649	387.12
1898	美册	848 号	23 保 1—2 图暨 15 胡家木桥		26.128	2 504.7
1898	美册	849 号	25 保头图杨家湾		0.214	
1898	美册	850 号	23 保 13 图下海庙		2.079	186.48
1898	美册	851 号	27 保 5 图肇嘉浜		1.023	
1898	美册	852 号	27 保 5 图肇嘉浜		0.91	
1898	美册	861 号	23 保 12 图杨树浦		0.413	65.66
1898	美册	862 号	23 保 12 图石灰浜		0.308	71.82
1898	美册	863 号	23 保 12 图王家宅		0.311	52.36
1898	美册	864 号	23 保 12 图王家宅		0.646	92.26
1898	美册	865 号	23 保 12 图王家宅		0.351	49.14
1898	美册	866 号	23 保 12 图石灰浜		0.175	62.58
1898	美册	867 号	23 保 13 图下海庙		1.837	261.07
1898	美册	869 号	23 保 13 图下海庙		0.95	300
1898	美册	871 号	28 保 5 图侯家宅		5.611	251.11
1898	美册	872 号	23 保 1—2 图新闸浜		1.114	581
1898	美册	873 号	23 保 15 图虹镇南首		5.974	472.38
1898	美册	874 号	25 保 2 图唐家弄		1.088	800
1898	美册	875 号	27 保南 12 图车袋角		3.063	372.95
1898	美册	876 号	27 保 11 图郭家库		2.739	298.36
1898	美册	880 号	24 保 24 图浦东烂泥渡		0.584	179.02
1898	美册	881 号	27 保南 12 图迎禧庵		1.508	600

时间(年)	册别	编号	位 置	买方和卖方	面积(亩)	总价(两)
1898	美册	882 号	23 保 12 图杨树浦以东		1.207	294.26
1898	美册	883 号	25 保 2 图韩家宅		0.67	298.36
1899	美册	884 号	23 保 3、5 图		2.5	
1899	美册	886 号	27 保 11 图夏家弄以南		1.834	204.54
1899	美册	887 号	27 保 11 图杨家宅桥东		2.313	240.76
1899	美册	888 号	27 保 11 图姚沙浜		3.38	376.95
1899	美册	889 号	27 保 11 图夏家弄以南		1.798	221.27
1899	美册	890 号	27 保 11 图夏家弄后		2.377	265.09
1899	美册	891 号	27 保 11 图陈家宅		6.145	685.32
1899	美册	893 号	27 保 11 图钱家庵后		0.808	104.5
1899	美册	895 号	27 保 11 图夏家弄后		4.691	488.29
1899	美册	896 号	27 保 11 图夏家弄后		6.205	668.36
1899	美册	897 号	27 保 11 图陈家宅		0.865	90.04
1899	美册	898 号	27 保 11 图夏家弄后		3.881	403.97
1899	美册	899 号	27 保 11 图姚沙浜西		1.021	106.28
1899	美册	900 号	27 保 11 图夏家弄后		7.548	841.79
1899	美册	901 号	27 保南 12 图车袋角		1.253	193.31
1899	美册	902 号	23 保 13 图西薛家浜		1.21	111.53
1899	美册	903 号	27 保 9 图闸港浜		2.905	1 078.08
1899	美册	904 号	28 保 8—9 图高家宅		5.09	74.35
1899	美册	906 号	27 保 8 图东涌泉浜		1.385	150
1899	美册	907 号	27 保 10 图杨家浜之南		2.27	817.85
1899	美册	908 号	27 保 11 图梅家宅之西北		0.773	133.83
1899	美册	909 号	27 保 8 图东金家巷		5.494	955
1899	美册	911 号	27 保 11 图梅家宅之西北		1.004	148.7
1899	美册	912 号	23 保 13 图蔡家浜		1.023	148.7
1899	美册	914 号	23 保 13 图张方庙之西		4.312	868.6

时间(年)	册别	编 号	位 置	买方和卖方	面积(亩)	总价(两)
1899	美册	915 号	23 保 3、5 图观音堂浜之东		0.859	150
1899	美册	916 号	27 保 8 图老坝基		1.467	371.75
1899	美册	918 号	23 保 13 图蔡家浜		1.14	183.35
1899	美册	919 号	25 保 2 图宋家弄		0.958	1 700
1899	美册	920 号	27 保 10 图郑家浜		1.362	223.05
1899	美册	921 号	27 保 1 图酱园弄码头		0.208	74.35
1899	美册	922 号	27 保 11 图夏家观音堂		2.851	260.23
1899	美册	923 号	25 保 2 图柿子园		0.26	260
1899	美册	924 号	25 保 4 图高家宅		0.339	220
1899	美册	929 号	23 保 13 图张方庙前		0.873	150
1899	美册	930 号	27 保 3 图徐家沙之东		1.288	89.22
1899	美册	931 号	25 保 2 图西川虹浜		3.127	1 500
1899	美册	938 号	23 保 13 图高杨家宅		0.845	150
1899	美册	941 号	27 保 10 图新闸桥北塊		1.741	446.1
1899	美册	943 号	25 保 2 图杨家浜		3.422	1 856.67
1899	美册	944 号	23 保 13 图蔡家浜		1.885	312.27
1900	美册	945 号	23 保 13 图罗家湾		0.567	223.59
1900	美册	947 号	25 保 2 图川虹浜之南		0.501	223.59
1900	美册	948 号	22 保 1—2 图		0.998	150
1900	美册	949 号	25 保头杜木桥		4.892	1 490.6
1900	美册	953 号	27 保 9 图胡家楼		3.171	745.3
1900	美册	954 号	23 保 13 图柿子湾		2.641	242.22
1900	美册	955 号	27 保 10 图山家角		3.143	
1900	美册	956 号	27 保 10 图四家园		0.7	
1900	美册	957 号	25 保头图猛将堂		1.501	600
1900	美册	958 号	25 保头图杜木桥		0.599	350
1900	美册	959 号	25 保头图猛将堂		1.101	856
1896	美册	960 号	25 保头图孙家宅		0.849	1 000

时间(年)	册别	编 号	位 置	买方和卖方	面积(亩)	总价(两)
1900	美册	964 号	25 保头图梁家湾		0.167	298.12
1900	美册	965 号	28 保 5 图三官堂之后		1.348	50.24
1900	美册	966 号	28 保 5 图三官堂之后		5.795	215.98
1900	美册	967 号	28 保北 12 图车□桥		1.842	184.2
1900	美册	968 号	27 保 10 图郑家浜之东		1.124	372.65
1900	美册	970 号	28 保 5 图白栏杆		2.535	253.5
1900	美册	971 号	28 保北 12 图曹家堰		2.996	299.6
1900	美册	972 号	28 保 5 图三官堂后		21.064	
1900	美册	973 号	28 保 5 图侯家宅		2.148	214.8
1900	美册	974 号	28 保北 12 图陈家宅之后		3.953	395.3
1900	美册	975 号	27 保南 12 图陈家石桥		1.538	153.8
1900	美册	976 号	25 保 2 图杨家浜之后		0.811	298.12
1900	美册	978 号	28 保 5 图白栏杆		0.812	
1900	美册	981 号	25 保 4 图长浜浜沿		0.595	300
1900	美册	982 号	27 保 3 图姚桥之北		0.972	149.06
1900	美册	983 号	23 保 13 图蔡家浜		0.233	74.53
1900	美册	984 号	27 保 3 图姚桥之东		0.793	89.44
1900	美册	985 号	27 保南 12 图陈家浜之东		1.332	149.06
1900	美册	992 号	27 保 11 图新闸桥北市梢		3.404	600
1900	美册	994 号	23 保 13 图吴家宅		1.995	298.12
1900	美册	995 号	27 保 11 图夏家弄		1.911	223.59
1901	美册	1001 号	25 保头图川虹浜		0.384	221.25
1900	美册	1002 号	27 保北 12 谈家石桥		6.63	447.18
1900	美册	1003 号	25 保 4 图顾家宅之后		5.877	894.36
1900	美册	1009 号	25 保头图钱家石桥		0.515	300
1900	美册	1011 号	22 保 52 图浦东陈家嘴		10.854	
1900	美册	1012 号	25 保头图张家石桥之北		1.504	335.39
1900	美册	1013 号	23 保 1—2 图下海浦		0.158	37.27

时间（年）	册别	编号	位　　置	买方和卖方	面积（亩）	总价（两）
1900	美册	1014 号	27 保南 12 图□家宅		0.938	111.8
1901	美册	1015 号	23 保 13 图吴家宅		3.675	442.5
1901	美册	1016 号	27 保 8 图金家巷西		12.415	915.61
1901	美册	1017 号	27 保南 12 图琵琶浜		0.544	147.5
1901	美册	1018 号	27 保南 12 图王家巷之前		0.837	147.5
1901	美册	1019 号	27 保 10 图小闸港		0.598	147.5
1901	美册	1021 号	25 保头图沈家湾		0.3	221.25
1901	美册	1022 号	23 保 13 图吴家宅		1.638	258.13
1901	美册	1023 号	27 保 10 图梅园		0.7	221.25
1901	美册	1024 号	27 保 10 图郑家浜		2.497	800
1901	美册	1025 号	23 保 2 图张家石桥		0.631	295
1901	美册	1027 号	25 保 4 图董家库晒场		0.082	73.75
1901	美册	1028 号	24 保 14 图浦东朱家宅之后		2.246	200
1901	美册	1029 号	24 保 24 图浦东烂泥渡		0.567	180.69
1901	美册	1030 号	27 保 10 图郑家浜之东		0.785	
1901	美册	1033 号	23 保 13 图娄湾之东		3	442.5
1901	美册	1034 号	23 保 13 图娄湾之东		3.196	442.5
1901	美册	1035 号	郑家巷		0.682	110.63
1901	美册	1036 号	27 保 10 图许家浜之东		1.514	442.5
1901	美册	1039 号	23 保 15 图胡家宅		3.671	541.47
1901	美册	1040 号	23 保 12 图杨家码头		4.966	993.2
1901	美册	1041 号	23 保 12 图杨家码头		7.543	1 463.8
1901	美册	1042 号	22 保 51 图周家嘴角		7.202	720.2
1901	美册	1043 号	27 保 10 图陈家浜		0.731	221.25
1901	美册	1045 号	27 保 11 图吴淞港		1.583	442.5
1901	美册	1046 号	27 保 11 图吴淞港		0.753	184.38
1901	美册	1047 号	25 保头图界浜桥之南		0.266	110.63
1901	美册	1048 号	27 保 9 图褚家宅		3.143	590

时间（年）	册别	编号	位 置	买方和卖方	面积（亩）	总价（两）
1901	美册	1049 号	25 保 4 图陶家宅之后		6.987	1 342.25
1901	美册	1052 号	23 保 13 图吴家宅后		2.468	368.75
1901	美册	1055 号	27 保 10 图陈家浜		4.748	2 374
1901	美册	1056 号	23 保 13 图柿子湾		0.737	221.25
1901	美册	1057 号	27 保北 12 图小沙渡		3.538	442.5
1901	美册	1058 号	27 保北 12 图小沙渡		4.031	
1901	美册	1059 号	23 保 13 图张方庙		0.935	200
1901	美册	1060 号	27 保 5 图曹家桥之东		1.301	110.63
1901	美册	1061 号	23 保 13 图蔡家浜		0.732	147.5
1901	美册	1063 号	23 保 13 图张方庙之西		2.212	628.35
1901	美册	1064 号	27 保 3 图钱家宅之后		3.458	685.88
1901	美册	1065 号	25 保 4 图陶家宅之后		2.464	626.88
1901	美册	1066 号	25 保 4 图陶家宅之后		1.883	545.75
1901	美册	1067 号	23 保 11 图秦家弄		6.253	442.5
1901	美册	1069 号	27 保南 12 图王家宅		0.729	258.13
1902	美册	1070 号	25 保头图沈家湾		0.907	435.3
1902	美册	1074 号	23 保 1—2 图		0.368	297.64
1902	美册	1075 号	27 保 10 图墙前		0.838	744.1
1902	美册	1076 号	25 保头养马圈		1.009	744.1
1902	美册	1077 号	22 保 51 图沈家滩		1.093	250
1902	美册	1079 号	25 保头图猛将堂之西		0.372	297.64
1902	美册	1080 号	27 保 11 图郭家沙		1.98	191.23
1902	美册	1081 号	27 保南 12 图王家巷		6.604	1 981.2
1902	美册	1082 号	23 保 15 图落砖桥		2.117	483.67
1902	美册	1083 号	28 保北 12 图陈家宅之东		0.503	111.62
1902	美册	1084 号	27 保南 12 图王家巷		10.067	3 020.1
1902	美册	1085 号	27 保 10 图老坝基		1.238	372.05
1902	美册	1086 号	25 保 4 图金家宅		1.069	250

时间(年)	册别	编号	位置	买方和卖方	面积(亩)	总价(两)
1902	美册	1087号	23保1—2图张家湾		0.759	223.23
1902	美册	1088号	23保1—2图曹家堰		1.877	
1902	美册	1089号	23保1—2图张家湾		0.408	148.82
1902	美册	1090号	27保9图斜桥之东		9.798	10 000
1902	美册	1091号	25保2图杨家浜		0.373	200
1902	美册	1092号	25保头图新唐家弄之北		0.367	148.82
1902	美册	1093号	25保头图新唐家弄之北		0.174	148.82
1902	美册	1094号	27保3图夏家堰之西		8.509	1 860.25
1902	美册	1095号	27保10图天举浜		0.225	148.82
1902	美册	1097号	27保10图南池浜桥		3.747	1 488.2
1902	美册	1099号	25保头图朱家宅之后		0.311	148.82
1902	美册	1100号	23保12图石灰浜		2.766	1 383
1902	美册	1101号	27保10图老坝基		2.609	892.92
1907	美册	1102号	27保11图郭家沙后		2.174	443.22
1902	美册	1103号	25保2图陈家宅		0.318	223.23
1902	美册	1104号	□保15图分水龙王庙		0.704	74.41
1902	美册	1105号	27保10图山家园		0.851	446.46
1902	美册	1106号	23保1—2图曹家堰		3.503	1 190.56
	美册	1107号	原契证已佚	产权争议		
1902	美册	1108号	27保10图墙前		0.68	297.64
1902	美册	1109号	27保11图夏家弄		6.64	772.6
1903	美册	1114号	23保13图下海庙前		1.376	1 123.35
1902	美册	1115号	27保10图郑家浜		0.09	74.41
1902	美册	1118号	25保13图斜桥		0.481	327.4
1902	美册	1119号	25保13图斜桥		1.115	1 116.15
1902	美册	1120号	23保头图杨家宅		0.943	223.23
1903	美册	1123号	23保1—2图杨家宅		1.494	186.03
1903	美册	1124号	25保4图杜家宅西		0.796	

时间(年)	册别	编号	位置	买方和卖方	面积(亩)	总价(两)
1903	美册	1125 号	27 保南 12 鲁班殿前		8.151	1 467
1903	美册	1134 号	25 保 4 图陶家宅之后		1.128	
1903	美册	1135 号	22 保 43 图新宅之东南		8.532	574.45
1903	美册	1136 号	22 保 43 图新宅之东南		1.1	
1903	美册	1137 号	22 保 43 图胡家库		0.678	44.93
1903	美册	1149 号	28 保 5—6 图许家弄		2.786	220
1903	美册	1151 号	28 保 5—6 图姚家池头		1.627	200
1903	美册	1152 号	27 保 10 图新闸桥之南		1.338	748.9
1903	美册	1153 号	27 保南 12 蒋家宅桥		1.326	112.34
1906	美册	1155 号	23 保 2 图周家宅东		0.8	
1903	美册	1156 号	28 保 5 图三官堂		6.234	623.4
1903	美册	1157 号	28 保 5 图陈家巷		26.332	2 700
1903	美册	1158 号	25 保 10 图王家圈		1.16	250
1903	美册	1160 号	25 保 2 图杨家浜		1.361	449.34
1903	美册	1162 号	28 保 8—9 图苏家角		5.558	624.36
1903	美册	1163 号	28 保 8—9 图金家宅		11.042	1 240.46
1903	美册	1164 号	28 保 8—9 图苏家角		0.653	58.69
1903	美册	1166 号	25 保 4 图李家宅		0.102	74.89
1903	美册	1167 号	22 保 43 图高庙西		14.071	861.24
1903	美册	1168 号	22 保 43 图高庙西		6.038	464.32
1903	美册	1171 号	22 保 43 图高庙西		0.977	74.89
1903	美册	1172 号	22 保 43 图高庙西		2.2	164.76
1903	美册	1173 号	22 保 43 图高庙西		3.108	232.16
1903	美册	1175 号	27 保南 12 图车袋角		1.213	299.56
1903	美册	1177 号	27 保 13 图沙荒浜桥之西		1.012	224.67
1903	美册	1178 号	28 保北 12 图朱家库		2.536	449.34
1903	美册	1179 号	23 保 13 图新记浜		1.753	808.81
1903	美册	1180 号	23 保 13 图柿子湾		1.255	374.45

时间(年)	册别	编号	位置	买方和卖方	面积(亩)	总价(两)
1903	美册	1182 号	23 保 1—2 图杨家宅之后		5.562	1 123.35
1903	美册	1185 号	25 保头图张家石桥		0.6	720
1903	美册	1187 号	22 保 43 图浦东庵山北		1.883	224.67
1903	美册	1189 号	25 保 10 图陈家宅		1.794	1 198.24
1903	美册	1190 号	27 保 10 图金家宅		2.25	748.9
1903	美册	1191 号	27 保 3 图徐家宅		1.313	224.67
1903	美册	1192 号	23 保 1—2 图罗家湾		4.217	587.89
1903	美册	1193 号	27 保 11 图郭家库		1.647	
1903	美册	1194 号	23 保 1—2 图周家宅之东		1.869	787.84
1903	美册	1195 号	27 保南 12 图戚家村		0.371	299.56
1903	美册	1196 号	27 保 7 图金家宅		7.265	630
1903	美册	1197 号	23 保 13 图张方庙之西		0.719	157.27
1903	美册	1198 号	27 保 9 图夏家堰		1.76	599.12
1903	美册	1199 号	23 保 1—2 图左家宅之后		0.88	299.56
1903	美册	1200 号	23 保 1—2 图罗家湾		1.47	224.67
1903	美册	1202 号	25 保头图南川虹浜		1.029	599.12
1903	美册	1204 号	23 保 13 图张方庙之西		0.328	74.89
1903	美册	1205 号	23 保 13 图张方庙之西		0.168	74.89
1903	美册	1206 号	23 保 13 图张方庙之西		0.487	74.89
1903	美册	1207 号	25 保 4 图芦花塘		0.901	500
1903	美册	1208 号	27 保 10 图新闸桥之南堍		0.312	224.67
1904	美册	1210 号	27 保 13 图唐家桥		1.983	295.04
1904	美册	1211 号	27 保 10 图施粥厂之南		0.168	147.52
1904	美册	1212 号	27 保 7 图金家宅		6.492	512.71
1904	美册	1213 号	23 保 13 图蔡家浜		0.276	221.28
1904	美册	1216 号	23 保 13 图薛家浜		5.785	2 212.8

时间(年)	册别	编号	位 置	买方和卖方	面积(亩)	总价(两)
1904	美册	1219 号	25 保 2 图韩家巷南		0.8	1 475.2
1904	美册	1221 号	28 保北 12 图朱家沙		1.593	147.52
1904	美册	1222 号	23 保 13 图郑家宅		2.564	331.92
1904	美册	1223 号	27 保 11 图梅园之南		2.361	590.08
1904	美册	1225 号	27 保 8 图娄浦		1.879	663.84
1904	美册	1227 号	23 保 1—2 图宋家码头		0.246	221.28
1904	美册	1229 号	27 保 9 图娄浦		2.212	737.6
1904	美册	1236 号	25 保头图张家石桥		0.282	
1904	美册	1237 号	25 保 13 图钱家庵之后		0.867	317.17
1904	美册	1238 号	27 保 8 图王家浜之南		1.951	737.6
1904	美册	1239 号	27 保南 12 图潘家湾之西		5.932	885.12
1904	美册	1241 号	25 保头图新唐家弄		2.033	1 800
1904	美册	1242 号	27 保南 12 图车袋角		1.023	258.16
1904	美册	1243 号	27 保 6 图罗家湾之北		1.06	254.47
1904	美册	1245 号	27 保 11 图梅园之北		2.043	442.56
1904	美册	1246 号	27 保 11 图盛家宅		1.322	196.64
1904	美册	1247 号	25 保 4 图杨家宅后		1.072	405.68
1904	美册	1248 号	25 保 4 图梅园		1.024	1 106.4
1904	美册	1249 号	28 保 8—9 图曹家宅之前		0.402	110.64
1904	美册	1250 号	28 保 8—9 图曹家宅之前		1.738	479.44
1904	美册	1251 号	27 保 11 图梅园之南		1.909	516.32
1904	美册	1252 号	27 保 10 图沈家宅		0.799	516.32
1904	美册	1257 号	27 保 9 图徐家库之后		1.334	300
1905	美册	1260 号	27 保 9 图闸江之南		4.111	1 530.69
1905	美册	1261 号	27 保南 12 图琵琶浜		1.401	510.23
1905	美册	1263 号	23 保 13 图郑家宅		0.346	
1905	美册	1273 号	27 保 8 图朱家浜之南		5.444	1 950

时间(年)	册别	编号	位　置	买方和卖方	面积(亩)	总价(两)
1905	美册	1274 号	27 保 10 图坝基		3.125	2 259.59
1905	美册	1275 号	27 保 10 图梅家宅		1.351	728.9
1905	美册	1277 号	27 保 10 图坝基		1.506	1 093.35
1905	美册	1278 号	27 保 11 图梅园		0.488	218.67
1905	美册	1279 号	27 保 13 图蔡家浜之北		2.075	218.67
1905	美册	1280 号	27 保南 12 图戚家村之后		1.853	300
1905	美册	1281 号	24 保 24 图土地堂之后		1.595	
1905	美册	1282 号	24 保 24 图土地堂之后		2.14	
1905	美册	1283 号	23 保 12 图沈家滩之西		6.858	999.76
1905	美册	1284 号	22 保 51 图沈家滩之西		12.935	1 885.66
1905	美册	1285 号	27 保 10 图东坝基		0.939	583.12
1905	美册	1289 号	23 保 13 图薛家浜		3.133	1 020.46
1905	美册	1290 号	23 保 15 图张家巷之南		2.351	495.65
1905	美册	1295 号	27 保 10 图西川虹浜		3.361	
1905	美册	1296 号	27 保南 12 图石家滩		4.076	
1905	美册	1303 号	27 保 11 图姚家宅之前		8.915	
1905	美册	1304 号	27 保 11 图姚家宅之前		9.007	
1905	美册	1305 号	27 保 11 图西沙宅东		1.106	
1905	美册	1306 号	27 保南 12 图蒋家巷后		2.462	
1905	美册	1310 号	27 保 11 图梅园		3.624	
1905	美册	1312 号	23 保 1—2 图梅家巷		8.74	1 912.63
1905	美册	1313 号	24 保 24 图彭家宅之西		1.657	145.78
1905	美册	1314 号	27 保南 12 图潘家湾之西		3.703	619.57
1905	美册	1315 号	27 保南 12 图石家滩		8.196	1 457.8
1905	美册	1316 号	27 保 13 图中家沙前		1.048	400
1905	美册	1317 号	27 保 13 图中家沙前		1.248	500
1905	美册	1319 号	27 保南 12 图潘家湾		9.191	1 384.91
1905	美册	1322 号	27 保 11 图梅园		0.983	364.45

时间(年)	册别	编号	位置	买方和卖方	面积(亩)	总价(两)
1905	美册	1324 号	27 保 11 图盛家宅之后		2.16	583.12
1906	美册	1325 号	27 保 11 图施粥厂之后		2.303	884.64
1905	美册	1327 号	23 保 1—2 图梅家巷后		7.408	2 551.15
1906	美册	1328 号	27 保 3 图娄浦新桥		3.936	737.2
1906	美册	1329 号	25 保 13 图斜桥之北		0.328	294.88
1906	美册	1330 号	27 保南 12 图石家滩		0.659	147.44
1907	美册	1333 号	27 保 10 图施粥厂之东南		0.4	147.44
1906	美册	1334 号	22 保 51 图沈家滩之西		0.488	
1906	美册	1335 号	27 保 11 图梅园之西南		0.796	258.02
1906	美册	1338 号	27 保南 12 图戚家村之北		0.599	147.44
1906	美册	1339 号	23 保 1—2 图杨家宅		3.844	663.48
1906	美册	1341 号	27 保南 12 图石家滩		0.429	147.44
1906	美册	1342 号	23 保 3、5 图军工厂之北		11.418	500
1906	美册	1343 号	27 保南 12 图车袋角之西		0.697	368.6
1906	美册	1344 号	23 保分 19 图		33.987	
1906	美册	1346 号	27 保南 12 图盛家宅后		2.266	331.74
1906	美册	1347 号	27 保南 12 图王家庵		0.243	73.72
1906	美册	1348 号	27 保南 12 图池浜桥西		0.144	73.72
1906	美册	1350 号	28 保北 12 图车笠桥		5.539	1 000
1906	美册	1351 号	28 保南 12 图曹家渡		7.768	1 179.52
1906	美册	1352 号	27 保南 12 图张家宅头		0.464	110.58
1906	美册	1354 号	27 保 10 图新闸桥之北		0.764	1 474.4
1906	美册	1355 号	27 保 10 图新闸桥之北		2.163	1 474.4
1906	美册	1356 号	23 保 13 图张方庙之西		0.412	147.44
1906	美册	1359 号	27 保 11 图张家浜		1.832	589.76
1906	美册	1360 号	27 保 11 图盛家宅之前		1.905	589.76
1906	美册	1361 号	27 保 11 图大西浜		0.971	294.88
1906	美册	1362 号	27 保 11 图观音堂之南		1.319	368.6

时间(年)	册别	编　号	位　　置	买方和卖方	面积(亩)	总价(两)
1906	美册	1363 号	27 保 11 图侯家宅		2.387	680.8
1906	美册	1365 号	27 保 11 图盛家宅		1.203	368.6
1906	美册	1366 号	23 保 10 图仙师庵之东		11.764	4 423.2
1906	美册	1367 号	27 保南 12 图潘家湾		2.218	479.18
1906	美册	1368 号	25 保 3 图养马圈之东		2.234	1 769.28
1906	美册	1369 号	28 保 8—9 图曹家渡		2.481	516.04
1906	美册	1370 号	23 保 11 图东王家宅前		4.963	442.32
1906	美册	1371 号	28 保 8—9 图曹家渡之西		5.746	2 980.5
1906	美册	1373 号	28 保 8—9 图曹家渡		3.189	1 105.8
1906	美册	1374 号	23 保 11 图王家宅后		9.544	847.78
1906	美册	1377 号	27 保南 12 图戚家村		9.621	2 285.32
1906	美册	1378 号	27 保南 12 图戚家村		0.144	
1906	美册	1379 号	27 保南 12 图螺丝桥		1.054	147.44
1906	美册	1382 号	28 保北 12 图曹家堰之西		1.327	147.44
1906	美册	1383 号	23 保 13 图张方庙东		2.813	600
1906	美册	1384 号	27 保南 12 图车袋角		0.388	110.58
1906	美册	1385 号	27 保南 12 图车袋角		0.27	110.58
1906	美册	1387 号	23 保 1—2 图里虹口张家宅后		1.445	737.2
1906	美册	1388 号	27 保南 12 图石家滩		3.132	442.32
1906	美册	1390 号	27 保南 12 图车袋角西		14.843	2 948.8
1906	美册	1391 号	27 保北 12 图孟家桥南		8.821	700.34
1906	美册	1392 号	25 保 13 图吴家宅桥		9.404	737.2
1906	美册	1393 号	27 保北 12 图小沙渡		16.134	3 317.4
1906	美册	1394 号	27 保南 12 图石家滩		5.069	737.2
1906	美册	1395 号	27 保南 12 图戚家村		2.235	221.16
1906	美册	1396 号	27 保南 12 图戚家村		2.124	552.9
1906	美册	1397 号	27 保南 12 图戚家村		5.512	1 326.96

时间(年)	册别	编号	位　置	买方和卖方	面积(亩)	总价(两)
1906	美册	1398 号	23 保头图梅家巷		15	2 432.76
1906	美册	1399 号	27 保北 12 图太保巷		1.276	110.58
1906	美册	1400 号	25 保 13 图斜桥之北		3.159	
1906	美册	1401 号	25 保 9 图羊肥桥西		1.322	294.88
1906	美册	1402 号	25 保 4 图顾家宅西		4.531	1 843
1906	美册	1403 号	27 保南 12 图石家滩		6.536	1 474.4
1906	美册	1404 号	28 保北 12 周家宅后		2.774	294.88
1906	美册	1405 号	28 保 8—9 图北曹家宅门后		1.995	147.44
1906	美册	1406 号	28 保 8—9 图北曹家宅门后		1.136	221.16
1906	美册	1407 号	27 保北 12 图小沙渡		0.613	
1906	美册	1408 号	27 保北 12 图小沙渡		0.451	
1906	美册	1409 号	28 保南 12 图曹家渡		2.036	1 843
1906	美册	1410 号	28 保南 12 图曹家渡		23.545	2 580.2
1906	美册	1411 号	28 保南 12 图曹家渡		1.012	221.16
1906	美册	1412 号	23 保 10 图秦家宅		2.126	368.6
1906	美册	1413 号	23 保 10 图秦家宅		7.824	958.36
1906	美册	1414 号	27 保南 12 图戚家村		1.443	368.6
1906	美册	1415 号	27 保南 12 图戚家村		1.591	589.76
1906	美册	1416 号	27 保 13 图康家桥东首		1.784	294.88
1907	美册	1417 号	23 保曹家宅后		1.94	147.74
1906	美册	1418 号	23 保 3、5 图陆家宅		6.148	191.67
1906	美册	1419 号	23 保 1—2 图吴家宅前		0.611	221.16
1906	美册	1422 号	27 保 5 图曹家巷		8.838	663.48
1906	美册	1423 号	23 保正 19 图曹家宅后		1.752	147.44
1906	美册	1424 号	23 保正 19 图南薛家塘西首		5.36	294.88
1906	美册	1425 号	23 保正 19 图北薛家塘东首		3.193	147.44

时间(年)	册别	编号	位 置	买方和卖方	面积(亩)	总价(两)
1906	美册	1426 号	23 保 4、7 图虹沙宅		4.58	258.02
1907	美册	1427 号	23 保 11 图许家宅东		15.458	1 846.75
1906	美册	1433 号	23 保 10 图秦家宅		0.586	
1906	美册	1434 号	28 保 3 图薛家库西		1.095	147.44
1907	美册	1435 号	28 保 10 并 11 图习字圩		5.108	
1907	美册	1436 号	27 保 11 图梅园西		2.598	398.9
1907	美册	1437 号	27 保 11 图郭家库前		1.569	554.03
1907	美册	1438 号	28 保南 12 图谈家渡西首		23.457	1 772.88
1907	美册	1440 号	27 保北 12 图孟家桥南		1.77	125.58
1907	美册	1441 号	27 保北 12 图太保巷西		1.033	73.87
1907	美册	1442 号	23 保 2 图王家宅		0.231	295.48
1907	美册	1443 号	23 保 1—2 图杨家宅后		4.707	1 170.1
1907	美册	1444 号	27 保 5 图陈泾庙东首		0.925	580
1907	美册	1445 号	27 保 4 图陈泾庙之西		3.483	1 500
1907	美册	1447 号	28 保 3 图刘家宅		1.768	147.74
1907	美册	1450 号	27 保南 12 图池浜北首		0.819	406.29
1907	美册	1451 号	27 保南 12 图戚家村		1.479	295.48
1907	美册	1452 号	27 保南 12 图石家滩		9.112	3800
1907	美册	1453 号	23 保正 19 图刘家石桥西首		6.061	258.55
1907	美册	1454 号	23 保正 19 图南薛家塘西首		2.108	110.81
1907	美册	1455 号	23 保 10 图秦家弄后		12.346	443.22
1907	美册	1456 号	28 保南 12 图曹家渡东首		2.23	443.22
1907	美册	1457 号	23 保正 19 图刘家石桥西首		1.839	110.81
1907	美册	1458 号	23 保正 19 图杨周家浜中		2.184	110.81
1907	美册	1459 号	28 保丁家库西		3.777	886.44

时间（年）	册别	编号	位　置	买方和卖方	面积（亩）	总价（两）
1907	美册	1461 号	27 保 11 图郭家库后		0.426	184.68
1907	美册	1462 号	24 保 16 图后滩之东		0.825	121.89
1907	美册	1463 号	27 保南 12 图戚家村		0.15	147.74
1907	美册	1464 号	27 保南 12 图车袋角南		0.499	147.74
1907	美册	1465 号	24 保 24 图洋泾庙东陆家宅西首		4.426	369.35
1907	美册	1467 号	28 保北 12 图陈家宅东首		1.152	
1907	美册	1468 号	23 保 11 图李家沟		5.362	
1907	美册	1469 号	23 保 15 图吴家浜西		2.364	443.22
1907	美册	1470 号	27 保 10 图郑家浜北片楼头		1.97	1 551.27
1907	美册	1471 号	27 保 10 图郑家浜北片楼头		0.768	664.83
1907	美册	1472 号	27 保 11 图梅园南		1.385	480.16
1907	美册	1473 号	27 保南 12 图王家弄		0.144	36.94
1907	美册	1475 号	28 保 3 图蔡家宅西		2.106	184.68
1907	美册	1476 号	28 保南 12 图曹家渡东首		1.797	369.35
1907	美册	1477 号	28 保南 12 图谈家渡西首		1.937	221.61
1907	美册	1478 号	23 保正 19 图狄家浜西		11.9	443.22
1907	美册	1479 号	23 保正 19 图钱家巷前		5.43	258.55
1907	美册	1480 号	23 保正 19 图刘家石桥西首		6.244	258.55
1907	美册	1481 号	23 保正 19 图钱家巷前		3.015	147.74
1907	美册	1482 号	25 保 9 图羊尾桥东		0.698	162.51
1907	美册	1483 号	23 保正 19 图朱家巷西		1.933	110.81
1907	美册	1484 号	28 保南 12 图曹家渡东		0.396	110.81
1907	美册	1486 号	28 保周家桥东		0.187	36.94
1907	美册	1487 号	23 保正 19 图殷家浜南		2.648	110.81
1907	美册	1488 号	27 保 8 图东娄浦		1.919	1 200
1907	美册	1489 号	□保南 12 图潭子港		7.493	1 477.4

时间(年)	册别	编号	位　置	买方和卖方	面积(亩)	总价(两)
1907	美册	1490号	27保13图董家沙西		10.646	1 477.4
1907	美册	1491号	27保南12图潘家湾后		0.704	73.87
1907	美册	1492号	薛家浜西		1.371	73.87
1907	美册	1493号	27保11图梅园		2.655	856.6
1907	美册	1494号	23保12图周家宅		6.157	664.83
1907	美册	1495号	23保正19图儿家浜西		7.984	400
1907	美册	1496号	28保4图周家桥东		24.334	1 200
1907	美册	1497号	23保上16图陶家宅前		2.9	147.74
1907	美册	1498号	23保上16图张家宅北		0.858	36.94
1907	美册	1499号	23保上16图陶家宅前		2.054	147.74
1907	美册	1500号	23保上16图钱家宅前		0.874	36.94
1907	美册	1501号	27保7图大石桥东		2.545	738.7
1907	美册	1502号	25保9图磨子桥		3.301	369.35
1907	美册	1503号	27保11图郭家沙		0.485	221.61
1907	美册	1504号	27保11图梅园		0.3	110.81
1907	美册	1505号	23保13图诸家浜东		3.824	354.58
1907	美册	1506号	23保13图白家巷东		3.755	221.61
1907	美册	1507号	23保3、5图吴家宅		1.808	110.81
1907	美册	1508号	23保12图杨家宅西		2.667	239.34
1907	美册	1509号	23保12图辛家湾后		1.786	221.61
1907	美册	1510号	23保12图张家宅后		3.605	443.22
1907	美册	1511号	24保16图纲尖		2.996	443.22
1907	美册	1512号	23保13图白家宅		9.411	517.09
1907	美册	1513号	24保14图白莲泾浜东		2.098	221.61
1907	美册	1514号	25保9图磨子桥		5.433	738.7
1907	美册	1515号	23保13图张方庙东		3.047	760
1907	美册	1516号	23保13图白家宅西		2.992	221.61
1907	美册	1520号	23保3、5图孙家浜		3.979	147.74
1907	美册	1521号	23保13图白家宅		8.983	517.09

时间(年)	册别	编号	位置	买方和卖方	面积(亩)	总价(两)
1907	美册	1522 号	27 保 8 图小严家宅		1.871	369.35
1907	美册	1523 号	27 保 10 图坝基		1.642	738.7
1907	美册	1526 号	27 保南 12 图石家滩		0.169	73.87
1907	美册	1527 号	27 保 13 图南姚桥浜		2.67	443.22
1907	美册	1528 号	23 保正 19 图钱家巷前		3.643	147.74
1907	美册	1529 号	27 保 11 图郭家沙		0.782	295.48
1907	美册	1530 号	27 保 11 图郭家库		0.449	147.74
1907	美册	1531 号	23 保 3、5 图陆家宅东		6.687	221.61
1907	美册	1532 号	27 保 3 图褚家宅之东		0.683	147.74
1907	美册	1533 号	27 保 3 图褚家宅之东		0.322	
1907	美册	1534 号	27 保南 12 图石家滩		1.451	147.74
1907	美册	1535 号	24 保正 15 图赵家宅		0.456	110.81
1907	美册	1536 号	28 保 4 图周家桥东		0.751	110.81
1907	美册	1537 号	27 保 11 图梅园西		0.677	221.61
1907	美册	1538 号	28 保 8—9 图曹家渡		2.039	
1907	美册	1540 号	23 保 13 图夏海庙南		0.396	295.48
1907	美册	1541 号	24 保 14 图潘家宅西首		3.4	369.35
1907	美册	1542 号	27 保 13 图王家桥前		0.94	184.68
1907	美册	1543 号	23 保 11 图罗家浜前		0.338	29.55
1907	美册	1546 号	25 保 15 图凌家宅西南		1.922	435
1907	美册	1547 号	28 保北 12 图周家宅后		5.584	
1907	美册	1548 号	28 保北 12 图周家宅后		3.868	
1907	美册	1549 号	27 保 11 图盛家宅前		1.04	369.35
1907	美册	1550 号	27 保南 12 图石家滩		2.038	590.96
1907	美册	1551 号	24 保 24 图陆家渡		1.131	295.48
1907	美册	1552 号	23 保 12 图石灰浜		15.848	
1907	美册	1553 号	23 保 12 图石灰浜		63.839	
1907	美册	1554 号	27 保 11 图盛家宅		0.637	147.74

时间(年)	册别	编 号	位 置	买方和卖方	面积(亩)	总价(两)
1907	美册	1555 号	27 保 13 图北姚桥浜		5.251	590.96
1907	美册	1556 号	24 保 24 图烂泥渡镇		0.829	369.35
1907	美册	1557 号	23 保 11 图吴家沟东		2.837	132.97
1907	美册	1558 号	28 保南 12 图曹家渡		3.987	590.96
1907	美册	1559 号	27 保南 12 图东王家弄		0.797	221.61
1907	美册	1561 号	27 保 9 图东娄浦		2.577	590.96
1907	美册	1562 号	27 保 7 图白洋泾东		3.421	508.96
1907	美册	1563 号	23 保 15 图张家巷		0.758	147.74
1907	美册	1564 号	23 保 15 图张家巷		0.354	73.87
1907	美册	1565 号	23 保 13 图褚家浜东		1.737	110.81
1907	美册	1566 号	23 保 13 图褚家浜后		1.126	73.87
1907	美册	1567 号	27 保 11 图郭家沙后		0.894	147.74
1907	美册	1569 号	27 保 11 图郭家沙		1	295.48
1907	美册	1570 号	25 保 9 图磨子桥北		1.535	184.68
1907	美册	1571 号	25 保 9 图磨子桥西		1.153	221.61
1907	美册	1572 号	27 保 11 图郭家沙		0.444	
1907	美册	1573 号	28 保 8—9 图曹家渡后		5.526	960.31
1907	美册	1576 号	23 保 3、5 图虹江口南		1.897	103.42
1907	美册	1578 号	27 保南 12 池浜北首		0.281	110.81
1907	美册	1579 号	27 保 8 图东涌泉浜南		1.101	295.48
1907	美册	1580 号	28 保杨家沙西		3.29	354.58
1907	美册	1581 号	27 保 7 图白羊浜西		0.423	147.74
1907	美册	1582 号	24 保正 15 计家宅西		3.328	221.61
1907	美册	1583 号	24 保 14 图巴己湾		7.382	221.61
1907	美册	1584 号	27 保北 12 图太保庙后		1.799	147.74
1907	美册	1586 号	27 保 10 图墙前		0.193	132.97
1907	美册	1587 号	24 保 14 图汤家宅后		1.222	59.1
1907	美册	1589 号	23 保 12 图石灰浜		0.27	200

时间(年)	册别	编　号	位　置	买方和卖方	面积(亩)	总价(两)
1907	美册	1590 号	27 保 13 图南胡方桥		0.451	221.61
1907	美册	1591 号	23 保 10 图秦家弄之北添		7.568	1 108.05
1907	美册	1592 号	28 保 8—9 图曹家渡		0.806	147.74
1907	美册	1593 号	27 保 13 图南胡方桥		1.019	443.22
1907	美册	1594 号	28 保 8—9 图曹家渡		0.304	73.87
1907	美册	1595 号	27 保南 12 图车袋角		0.791	295.48
1907	美册	1596 号	25 保 13 图吴家石桥		5.863	738.7
1907	美册	1597 号	25 保 13 图吴家石桥南		1.45	221.61
1907	美册	1599 号	23 保 12 图白家宅前		4.034	221.61
1907	美册	1600 号	23 保 1—2 图梅家巷		0.842	
1907	美册	1601 号	25 保 4 图打铁浜后宋家祠堂西		7.752	2 888.32
1907	美册	1603 号	23 保 6 图木行宅		13.183	288.09
1907	美册	1604 号	27 保 10 图郑家浜		0.543	600
1907	美册	1605 号	23 保 6 图吴家宅		7.954	295.48
1907	美册	1607 号	22 保 43 图庆宁寺西		69.749	4 300
1907	美册	1608 号	22 保 43 图庆宁寺西		71.224	3 028.67
1907	美册	1609 号	22 保 43 图庆宁寺西		42.413	2 991.74
1907	美册	1610 号	22 保 43 图庆宁寺西		21.293	1 477.4
1907	美册	1611 号	22 保 43 图庆宁寺西		16.64	1 181.92
1907	美册	1612 号	23 保 6 图圆沙浜		7.989	369.35
1907	美册	1613 号	杨家弄南		5.962	369.35
1907	美册	1614 号	23 保 6 图唐家宅西		10.465	369.35
1907	美册	1615 号	23 保 1—2 图陶家湾		8.329	1 772.88
1907	美册	1617 号	25 保 2 图唐家弄之西		1.785	2 216.1
1907	美册	1618 号	22 保 43 图庆宁寺西		28.321	2 216.1
1907	美册	1619 号	23 保 6 图杨家弄南		5.451	221.61
1907	美册	1620 号	23 保 12 图杨树浦桥		38.044	2 917.87

时间(年)	册别	编　号	位　置	买方和卖方	面积(亩)	总价(两)
1907	美册	1621 号	28 保 8—9 图曹家渡		3.691	258.55
1907	美册	1623 号	25 保 9 图磨子桥西		1.796	295.48
1907	美册	1624 号	28 保 8—9 图曹家渡		0.61	
1907	美册	1625 号	23 保 6 图木行宅东		7.393	295.48
1907	美册	1626 号	28 保 5—6 图杨家沙西		0.499	
1907	美册	1627 号	28 保 8—9 图钱家巷西		52.492	7 387
1907	美册	1629 号	23 保 11 图沈家宅		1.052	184.68
1907	美册	1630 号	22 保 43 图庆宁寺西		3.292	147.74
1907	美册	1631 号	27 保 5 图八字桥西		0.686	147.74
1907	美册	1632 号	25 保 9 图磨子桥西		1.275	184.68
1907	美册	1634 号	28 保 4 图丁浦江三泾庙后		23.623	1 477.4
1907	美册	1635 号	22 保 51 图顾家宅		68.844	1 846.75
1907	美册	1636 号	22 保 51 图周家嘴北		0.214	
1908	美册	1642 号	27 保南 12 车袋角		0.181	73.83
1908	美册	1643 号	27 保 5 图侯家宅		1	147.66
1908	美册	1644 号	23 保正 19 图薛家塘前		9.524	332.24
1908	美册	1645 号	27 保南 12 图石家滩		0.301	44.3
1908	美册	1646 号	28 保 5—6 图侯家宅东		0.497	
1908	美册	1647 号	27 保 13 图南河浜桥		6.088	885.96
1908	美册	1650 号	25 保 2 图新街		0.52	1 181.28
1908	美册	1651 号	27 保南 12 图杨家浜		2.12	442.98
1908	美册	1652 号	24 保 24 图烂泥渡东		4.011	738.3
1908	美册	1654 号	27 保 13 图中河浜桥		1.398	221.49
1908	美册	1655 号	27 保 13 图西滩		0.126	
1908	美册	1656 号	23 保 14 图洋泾港		2.064	
1908	美册	1657 号	23 保 1—2 图曹家渡		1.776	
1908	美册	1658 号	23 保 14 图洋泾港		16.908	
1908	美册	1659 号	23 保 14 图洋泾港		23.454	

时间(年)	册别	编 号	位 置	买方和卖方	面积(亩)	总价(两)
1908	美册	1660 号	27 保 7 图曹家巷东		0.605	221.49
1908	美册	1661 号	23 保 1—2 图梅家巷后		0.986	147.66
1908	美册	1662 号	23 保 11 图		9.831	985.96
1908	美册	1663 号	25 保 2 图顾家弄		0.311	295.32
1908	美册	1664 号	25 保 9 图马家石桥西		2.363	221.49
1908	美册	1665 号	25 保 9 图罗家湾磨子桥西		3.5	516.81
1908	美册	1667 号	23 保 12 图曹家渡南		2.562	738.3
1908	美册	1669 号	25 保 9 图唐家湾		0.179	147.66
1908	美册	1670 号	25 保 5 图小桃园前		1.785	147.66
1908	美册	1672 号	27 保 7 图曹家巷东		0.655	221.49
1908	美册	1677 号	24 保 24 图烂泥渡		0.073	
1908	美册	1678 号	25 保 2 图韩家宅东		2.183	3 100.86
1908	美册	1680 号	27 保北 12 图太保庙东南		10.073	
1908	美册	1682 号	25 保 9 图唐家湾		0.675	147.66
1908	美册	1683 号	23 保 13 图西褚浜		1.996	221.49
1908	美册	1684 号	27 保 11 图盛家宅西		2.261	516.81
1908	美册	1685 号	23 保 6 图杨家弄南		4.575	147.66
1908	美册	1686 号	23 保 6 图黄家宅		2.876	147.66
1908	美册	1687 号	25 保 13 图肇嘉浜南		0.962	295.32
1908	美册	1689 号	23 保 6 图杨家弄南		10.132	369.15
1908	美册	1690 号	27 保 5 图钱家西		1.95	221.49
1908	美册	1691 号	28 保 8—9 图钱家巷西		0.966	
1908	美册	1692 号	27 保 10 图池浜桥东		1.662	1 107.45
1908	美册	1693 号	27 保 10 图张家巷		0.75	442.98
1908	美册	1694 号	23 保 10 图萧王庙北		5.149	369.15
1908	美册	1695 号	23 保 13 图奚家浜后		6.351	885.96
1908	美册	1696 号	28 保 8—9 图曹家宅		3.028	442.98

时间(年)	册别	编 号	位 置	买方和卖方	面积(亩)	总价(两)
1908	美册	1697 号	23 保 9 图褚家宅后		5.321	221.49
1908	美册	1698 号	23 保 9 图殷家宅后		7.195	295.32
1908	美册	1699 号	23 保 9 图庄家角后		1.193	885.96
1895	法册	法 5 号	芦荡地		57.6	8 900
1901	法册	6 号	25 保 4 图打铁浜之北		4.35	300
1900	法册	12 号	25 保 4 图晏公庙之东		1.509	223.59
1901	法册	14 号	25 保 4 图打铁浜之北		0.307	44.61
1901	法册	17 号	25 保 4 图打铁浜之北		4.312	300
1901	法册	18 号	25 保 4 图打铁浜之北		10.548	765
1899	法册	20 号	25 保 4 图东姚家宅		1.422	871.1
1901	法册	21 号	25 保 4 图打铁浜之北		6.93	467
1901	法册	51 号	25 保 4 图福寿巷之南		1.102	124
1901	法册	52 号	25 保 4 图打铁浜之南		12.509	250
1901	法册	53 号	25 保 4 图长浜		7.91	794
1901	法册	54 号	25 保 4 图打铁浜		0.663	75
1901	法册	55 号	25 保 4 图陆家宅之西		0.418	50
1901	法册	56 号	25 保 4 图长浜之北		2.51	274
1901	法册	57 号	25 保 4 图打铁浜之北		1.414	162
1901	法册	58 号	25 保 4 图打铁浜之东		3.142	314
1901	法册	59 号	25 保 4 图打铁浜之东		0.711	95
1901	法册	60 号	25 保 4 图打铁浜之东		9.159	940
1901	法册	61 号	25 保 4 图打铁浜之北		0.521	77
1901	法册	62 号	25 保 4 图杜家宅之西		0.541	57
1901	法册	63 号	25 保 4 图杜家宅之西		4.778	500
1901	法册	64 号	25 保 4 图宋家祠堂之北		4.858	584
1901	法册	65 号	27 保 9 图杜家宅之西		1.165	200
1901	法册	66 号	25 保 4 图杜家宅之西		0.709	100
1901	法册	67 号	25 保 4 图杜家宅之西		0.332	70

时间(年)	册别	编 号	位 置	买方和卖方	面积(亩)	总价(两)
1901	法册	68 号	25 保 4 图打铁浜		15.576	1 485
1901	法册	70 号	25 保 4 图打铁浜		1	100
1901	法册	71 号	25 保 4 图打铁浜		0.252	30
1901	法册	72 号	25 保 4 图打铁浜		1.715	200
1901	法册	73 号	25 保头图张家石桥之北		3.911	600
1901	法册	74 号	25 保 9 图打铁浜之南		5.003	520
1901	法册	75 号	25 保 4 图打铁浜之南		2.4	200
1901	法册	76 号	25 保 4 图打铁浜		2.574	280
1901	法册	77 号	27 保 7 图龙梢浜		4.371	489.7
1901	法册	78 号	25 保 4 图褚家浜		1.118	373
1901	法册	79 号	27 保 8 图龙梢浜		11.7	1 374.41
1901	法册	80 号	27 保 7 图曹家浜		3.381	498.7
1901	法册	81 号	23 保正 9 图薛家浜		36.046	900
1901	法册	82 号	25 保 4 图陆家宅之西		1.773	200
1901	法册	84 号	27 保 7 图钱家荡		7.325	1 413
1901	法册	85 号	27 保 7 图周家湾		7.793	1 106.25
1901	法册	86 号	27 保 7 图周家湾		1.03	147.5
1901	法册	87 号	27 保 7 图周家湾		10.107	1 475
1901	法册	88 号	27 保 7 图周家湾		0.755	89.75
1901	法册	89 号	25 保 4 图新四明公所		1.053	80
1901	法册	92 号	27 保 7 图钱家荡		2.232	324.5
1902	法册	98 号	25 保 4 图杜家宅		2.715	967.33
1902	法册	99 号	25 保 4 图褚家宅		3.283	744.1
1902	法册	100 号	25 保 4 图顾家宅		5.647	1 413.79
1902	法册	101 号	25 保 4 图顾家宅		1.012	267.88
1902	法册	102 号	25 保 4 图杨家宅		2.437	372.05
1902	法册	103 号	27 保 7 图诸家宅		6.957	1 041.74
1902	法册	104 号	27 保 7 图钱家荡		4.812	1 116.15

时间(年)	册别	编　号	位　置	买方和卖方	面积(亩)	总价(两)
1902	法册	105 号	25 保 4 图陶家宅		19.007	5 981.8
1902	法册	106 号	27 保 5 图夏家石桥之东		5.389	390.65
1902	法册	107 号	25 保 4 图杨家宅		10.402	2 692.9
1902	法册	108 号	27 保 7 图金家宅之东		6.618	892.92
1902	法册	109 号	25 保 4 图陆家宅		2.245	350
1902	法册	110 号	25 保 4 图陆家宅		2.816	700
1902	法册	111 号	25 保 4 图陶家宅		2.78	1 044.49
1902	法册	112 号	25 保 4 图陶家宅		11.113	2 563.72
1902	法册	113 号	27 保 8 图龙梢浜		9.345	1 116.15
1902	法册	114 号	25 保 4 图晏公庙		2	446.46
1902	法册	115 号	25 保 4 图晏公庙		0.7	163.7
1902	法册	116 号	25 保 4 图陶家宅		17.868	3 720.5
1902	法册	117 号	25 保 4 图陶家宅		10	3 623.77
1902	法册	118 号	25 保 2 图徐家宅		0.546	744.1
1902	法册	119 号	25 保 4 图顾家宅		3.643	725
1902	法册	120 号	25 保 4 图杜家宅		0.593	275
1902	法册	121 号	25 保 9 图顾家宅之南		0.704	200
1902	法册	122 号	25 保 4 图陆家宅		1.478	409.26
1902	法册	123 号	27 保 7 图金家宅		3.402	508.82
1902	法册	124 号	25 保头图界浜桥		4.906	1 903
1902	法册	125 号	27 保 7 图盛家宅		0.173	58.04
1902	法册	126 号	25 保 4 图盛家宅		1.449	524.6
1902	法册	127 号	25 保 4 图盛家宅		1.233	416.35
1902	法册	128 号	25 保 4 图盛家宅		4.313	1 446.9
1902	法册	129 号	25 保 4 图盛家宅		1.728	672.67
1902	法册	130 号	25 保 4 图盛家宅		2.191	852.74
1902	法册	131 号	25 保 4 图钱家荡		1.425	530.17
1902	法册	132 号	25 保 4 图钱家荡		1.935	719.92

时间(年)	册别	编号	位 置	买方和卖方	面积(亩)	总价(两)
1902	法册	133 号	27 保 5 图库池浜		1.01	270.65
1902	法册	134 号	27 保 5 图库池浜		0.591	158.37
1902	法册	135 号	27 保 5 图库池浜		0.626	167.65
1902	法册	136 号	27 保 5 图库池浜		2.662	713.33
1902	法册	137 号	27 保 5 图库池浜		34.894	9 350.51
1902	法册	138 号	27 保 5 图库池浜		39.229	10 512.16
1902	法册	139 号	27 保 5 图库池浜		37.259	9 984.27
1902	法册	140 号	27 保 5 图库池浜		17.192	4 606.82
1902	法册	141 号	27 保 5 图库池浜		1.266	339.25
1903	法册	142 号	27 保 8 图龙梢浜		1.258	299.56
1903	法册	143 号	25 保 4 图宝昌路		15.655	547.93
1903	法册	144 号	27 保 7 图宝昌路		54.34	1 901.9
1903	法册	145 号	27 保 5 图宝昌路		14.248	498.68
1903	法册	146 号	28 保北 12 图宝昌路		25.765	901.78
1903	法册	147 号	25 保 4 图营盘路		1.496	52.36
1903	法册	148 号	27 保 7 图杜美尔路		14.271	499.49
1903	法册	149 号	27 保 7 图比松路		8.091	283.19
1903	法册	150 号	27 保 5 图比松路		8.385	293.48
1903	法册	151 号	27 保 5 图比松路		18.029	631.02
1903	法册	152 号	27 保 5 图巴吉路		5.637	197.3
1903	法册	153 号	27 保 7 图巴吉路		4.327	151.45
1903	法册	154 号	27 保 7 图善钟路		14.008	490.28
1903	法册	155 号	25 保 4 图圣母院路		7.466	261.31
1903	法册	156 号	27 保 5 图乔家坟山之南		17.674	3 366.2
1903	法册	157 号	27 保 6 图淡井庙		14.417	1 160.8
1903	法册	159 号	27 保 6 图淡井庙		1.807	149.78
1903	法册	160 号	27 保 5 图潘生桥西		0.686	112.34
1903	法册	161 号	25 保 2 图大王庙之西		0.453	500

时间(年)	册别	编　号	位　　置	买方和卖方	面积(亩)	总价(两)
1903	法册	163 号	27 保 7 图		5.901	1 984.59
1903	法册	164 号	27 保 7 图乔家坟山		1.515	314.54
1903	法册	165 号	27 保 7 图乔家坟山		0.232	59.53
1903	法册	166 号	25 保 2 图叶家宅		0.695	1 120
1903	法册	167 号	25 保 4 图打铁浜		0.808	148.82
1903	法册	168 号	25 保 4 图陆家宅之西		0.822	152.54
1903	法册	169 号	27 保 7 图王家宅		9.631	1 711.24
1903	法册	170 号	27 保 7 图王家宅		16.152	2 612.91
1903	法册	171 号	27 保 7 图王家宅		16.967	3 027.8
1903	法册	172 号	27 保 7 图王家宅		0.078	15.28
1903	法册	173 号	25 保 4 图顾家宅之东		3.142	1 561.46
1903	法册	174 号	27 保 7 图钱家荡		0.465	168.5
1903	法册	175 号	27 保 7 图钱家荡		1.974	504.01
1903	法册	176 号	25 保 4 图晏公庙		0.908	374.45
1903	法册	177 号	25 保 4 图宋家祠		7.115	2 278.9
1903	法册	178 号	25 保 4 图宋家祠		6.844	2 022.03
1903	法册	179 号	25 保 4 图宋家祠		1.547	569.16
1903	法册	180 号	25 保 4 图宋家祠		0.093	89.87
1903	法册	181 号	25 保 4 图马路暨俞姓等地		6.767	800
1903	法册	182 号	27 保 2 图 27 保 6、27 保 7、25 保 9 图修圣母院路		31.751	983.53
1903	法册	183 号	27 保 2 图潘家木桥		13.769	1 031.16
1903	法册	184 号	27 保 2 图潘家木桥		19.463	1 457.58
1903	法册	185 号	27 保 2 图潘家木桥		13.38	1 002.03
1903	法册	186 号	27 保 2 图潘家木桥		5.49	411.15
1903	法册	187 号	27 保 2 图潘家木桥		3.435	257.25
1903	法册	188 号	27 保 2 图潘家木桥		2.656	198.91

时间(年)	册别	编 号	位 置	买方和卖方	面积(亩)	总价(两)
1903	法册	189 号	27 保 5 图肇嘉浜		10.948	819.9
1903	法册	190 号	27 保 6 图肇嘉浜		39.664	2 970.44
1903	法册	191 号	27 保 6 图肇嘉浜		145.167	10 871.56
1903	法册	192 号	25 保 9 图 27 保 6 图肇嘉浜		80.012	5 992.1
1904	法册	193 号	27 保 6 图唐家石桥西首		11.424	2 212.8
1904	法册	194 号	25 保 4 图马义泾		2.818	626.96
1904	法册	195 号	27 保 7 图龙梢浜		2.01	309.79
1904	法册	196 号	27 保 7 图龙梢浜		1.219	179.83
1904	法册	197 号	27 保 7 图龙梢浜		0.323	47.65
1904	法册	198 号	25 保 4 图北羊尾桥之西		2.75	958.88
1904	法册	199 号	27 保 6 图唐浜		0.968	221.28
1904	法册	200 号	27 保 5 图八字桥之南		2.401	368.8
1904	法册	201 号	27 保 7 图、25 保 4 图盛家宅		4.37	1 312.93
1904	法册	202 号	25 保 4 图红房子之南		3.632	1 327.68
1904	法册	203 号	25 保 4 图红房子之南		1.033	390.93
1904	法册	204 号	25 保 4 图、27 保 6 图		29.507	2 846.32
1904	法册	205 号	27 保 4 图土山湾之北		24.706	899.87
1904	法册	206 号	25 保 9 土普济庵之西		0.679	221.28
1904	法册	207 号	25 保 9 土普济庵之西		1.523	368.8
1904	法册	208 号	27 保 11 图梅园		0.668	200
1904	法册	209 号	27 保 11 图夏家弄		0.796	200
1904	法册	211 号	25 保 4 图陆家宅		1.902	811.36
1904	法册	212 号	25 保 4 图陆家宅		3.696	1 876.16
1904	法册	213 号	25 保 4 图陆家宅		0.082	41.6
1905	法册	214 号	25 保 4 图李家宅		0.574	
1905	法册	215 号	27 保 7 图南长浜		4.654	1 020.46

时间(年)	册别	编　号	位　　置	买方和卖方	面积(亩)	总价(两)
1905	法册	216 号	25 保 9 图晏公庙南		2.312	510.23
1905	法册	219 号	27 保 7 图沈家木桥之南		10.414	2 322.28
1905	法册	220 号	25 保 4 图陶家宅之南		2.833	1 020.46
1905	法、德	法 221 号	27 保 5 图库池浜之东		2.848	291.56
1905	法、德	法 222 号	25 保 4 图田肚之北		0.588	182.23
1905	法、德	法 223 号	27 保 7 图钱家荡		2.085	575.76
1905	法、德	法 224 号	27 保 6 图淡井庙之东		6.097	1 005.88
1905	法、德	法 225 号	27 保南 12 潭子湾之南		12.504	2 186.7
1905	法、德	法 226 号	27 保 6 图淡井庙		1.918	593.32
1905	法、德	法 227 号	27 保 6 图淡井庙		2.526	1211.43
1905	法、德	法 228 号	27 保 6 图淡井庙		1.339	1 045.59
1905	法、德	法 229 号	27 保 6 图淡井庙		1.311	291.56
1905	法、德	法 230 号	27 保 7 图钱家荡		8.013	1 093.35
1905	法、德	法 231 号	27 保 6 图金家宅		0.351	237.26
1905	法、德	法 233 号	25 保 4 图褚家宅之东		0.202	72.89
1905	法、德	法 234 号	27 保 6 图淡井庙之后		1.092	159.19
1905	法、德	法 235 号	27 保 6 图淡井庙之后		0.552	80.47
1905	法、德	法 236 号	27 保 6 图淡井庙之后		2.484	362.12
1905	法、德	法 237 号	27 保 7 图沈家木桥		2.286	273.34
1905	法、德	法 238 号	27 保 5 图曹家巷之南		24.284	3 644.5
1905	法、德	法 239 号	27 保 5 图曹家巷之南		0.263	38.34
1905	法、德	法 240 号	25 保 4 图陆家宅		0.837	306.14
1905	法、德	法 241 号	25 保 4 图晏公庙之北		1.212	583.12
1905	法、德	法 242 号	25 保 4 图晏公庙之北		0.688	364.45
1905	法、德	法 243 号	25 保 4 图晏公庙之北		0.26	131.2
1905	法、德	法 244 号	25 保 4 图晏公庙之北		0.272	123.91
1906	法、德	法 248 号	25 保 9 图晏公庙桥		3.255	1 039.45
1906	法、德	法 249 号	25 保 9 图晏公庙桥		3.787	1 209.01

时间(年)	册别	编号	位 置	买方和卖方	面积(亩)	总价(两)
1906	法、德	法250号	25保4图打铁浜		0.601	184.3
1906	法、德	法251号	25保头图张家宅桥		0.458	442.32
1906	法、德	法252号	25保9图罗家湾		0.66	221.16
1906	法、德	法253号	25保4图打铁浜		0.54	184.3
1906	法、德	法254号	25保9图普济庵之西		0.577	225.91
1906	法、德	法255号	27保2图潘家木桥		8.777	1 105.8
1906	法、德	法256号	25保9图罗家湾		0.524	309.03
1906	法、德	法257号	25保9图普济庵之西		0.299	143.75
1906	法、德	法258号	25保9图普济庵之西		0.882	162.18
1903	法、德	法260号	27保6图淡井庙		12.61	995.22
1906	法、德	法262号	25保9图普济庵之西		0.894	147.44
1906	法、德	法263号	25保4图褚家桥		4.716	1 738.32
1906	法、德	法264号	25保4图褚家桥		1.366	503.51
1906	法、德	法265号	25保4图打铁浜		4.11	1 514.95
1906	法、德	法266号	25保4图打铁浜		12.532	4 645.83
1906	法、德	法267号	27保6图淡井庙		1.714	
1906	法、德	法268号	27保6图淡井庙		17.415	4 481.96
1906	法、德	法269号	27保6图淡井庙		3.589	552.9
1906	法、德	法270号	25保13图唐家湾		1.103	265.39
1906	法、德	法271号	25保4图陶家宅之南		1.031	479.18
1907	法、德	法272号	27保7图龙梢浜		1.344	295.48
1907	法、德	法273号	25保4图杨家宅		5.952	2 216.1
1907	法、德	法274号	27保7图龙梢浜		1.298	221.61
1907	法、德	法275号	27保7图龙梢浜		2.57	369.35
1907	法、德	法276号	25保4图田肚		1.723	827.34
1907	法、德	法277号	27保7图刘家宅		0.618	147.74
1907	法、德	法278号	27保6图罗家湾		0.361	73.87
1907	法、德	法279号	25保9图顾家宅		1.665	443.22

时间(年)	册别	编　号	位　　置	买方和卖方	面积(亩)	总价(两)
1907	法、德	法 281 号	27 保 7 图钱家荡		3.44	1 625.14
1907	法、德	法 282 号	27 保 7 图钱家荡		0.723	197.97
1907	法、德	法 283 号	27 保 7 图钱家荡		5.999	1 648.78
1907	法、德	法 284 号	27 保 2 图潘家木桥		3.758	
1907	法、德	法 285 号	25 保 9 图磨子桥		1.803	221.61
1907	法、德	法 286 号	25 保 9 图罗家湾		0.277	200
1907	法、德	法 287 号	25 保 4 图蚂蚁泾		2.249	886.44
1907	法、德	法 289 号	25 保 4 图蚂蚁泾		4.524	1 500
1907	法、德	法 290 号	25 保 4 图林家宅		0.865	738.7
1907	法、德	法 291 号	25 保 9 图顾家宅南		1.544	517.09
1907	法、德	法 292 号	25 保 9 图顾家宅南		2.302	960.31
1907	法、德	法 293 号	25 保 4 图关帝庙西		2.903	1 071.12
1907	法、德	法 294 号	25 保 4 图关帝庙西		1.014	369.35
1907	法、德	法 295 号	25 保 4 图关帝庙西		1.721	627.9
1907	法、德	法 296 号	25 保 4 图褚家桥		1.298	398.9
1907	法、德	法 297 号	27 保南 12 图张家库南		0.31	221.61
1907	法、德	法 298 号	25 保 4 图蚂蚁浜		2.535	590.96
1908	法、德	法 299 号	27 保 6 图淡井庙		2.416	516.81
1908	法、德	法 302 号	25 保 4 图陆家宅东		0.509	295.32
1908	法、德	法 306 号	27 保 6 图王家浜东		18.046	1 382.17
1908	法、德	法 307 号	25 保 4 图中八仙桥		1.088	738.3
1908	法、德	法 308 号	27 保 7 图钱家塘之东		2.035	738.3
1908	法、德	法 309 号	27 保 7 图金家宅		0.987	221.49
1908	法、德	法 310 号	25 保 9 图顾家宅之南		0.749	442.98
1908	法、德	法 311 号	27 保 2 图潘家木桥		2.532	295.32
1908	法、德	法 312 号	25 保 4 图顾家宅		0.469	147.66
1908	法、德	法 313 号	25 保 10 图王家圈		0.703	442.98
1908	法、德	法 314 号	25 保 10 图王家圈		0.599	324.85

时间(年)	册别	编 号	位 置	买方和卖方	面积(亩)	总价(两)
1908	法、德	法 315 号	25 保 10 图王家圈		0.433	324.85
1908	法、德	法 316 号	25 保 9 图磨子桥北		0.311	73.83
1908	法、德	法 318 号	27 保 6 图		0.647	47.77
1908	法、德	法 319 号	25 保 4 图田肚		0.08	147.66
1908	法、德	法 320 号	25 保 9 图磨子桥		2.783	516.81
1908	法、德	法 321 号	25 保 9 图罗家湾		0.168	110.75
1908	法、德	法 322 号	27 保 7 图计婆浜		0.925	169.07
1908	法、德	法 323 号	27 保 7 图计婆浜		3.539	643.06
1908	法、德	法 324 号	27 保 7 图计婆浜		2.969	396.17
1908	法、德	法 325 号	27 保 4 图陈泾庙西		3.258	925
1908	法、德	法 327 号	23 保 6 图唐家宅西		5.144	369.15
1908	法、德	法 328 号	25 保 9 图罗家湾		2.042	590.64
1908	法、德	法 329 号	27 保 7 图乔家坟山东		1.727	273.17
1908	法、德	法 330 号	25 保 4 图红房子西		0.495	221.49
1909	法、德	法 331 号	27 保 7 图白洋		2.34	315.35
1909	法、德	法 333 号	23 保 6 图张家巷东		3.876	371
1909	法、德	法 335 号	25 保 9 图东娄浦浜东		2.128	275.28
1909	法、德	法 336 号	23 保 3、5 图罗家桥西		2.817	148.4
1909	法、德	法 337 号	27 保 7 图金家宅		6.75	12 996
1909	法、德	法 338 号	28 保 6 图徐家汇北		3.26	302.51
1909	法、德	法 339 号	28 保 6 图徐家汇北		4.101	380.5
1909	法、德	法 340 号	28 保 6 图徐家汇北		0.216	20.03
1909	法、德	法 342 号	23 保 13 图张方庙		2.111	600
1909	法、德	法 343 号	23 保 13 图薛家浜		0.382	150
1909	法、德	法 344 号	25 保 4 图陆家宅西		0.715	222.6
1909	法、德	法 345 号	27 保 5 图八字桥南		5.764	1 335.6
1909	法、德	法 346 号	25 保 4 图林家宅西		0.304	111.3
1909	法、德	法 347 号	27 保 11 图梅园西		0.912	371

时间(年)	册别	编号	位　置	买方和卖方	面积(亩)	总价(两)
1909	法、德	法 348 号	27 保 7 图钱家荡		2.156	412.92
1909	法、德	法 349 号	27 保 7 图钱家荡		2.233	427.76
1909	法、德	法 350 号	25 保 9 图罗家湾		0.833	296.8
1909	法、德	法 351 号	23 保 12 图杨家宅		1.916	742
1909	法、德	法 352 号	27 保 5 图陈泾庙东		2.307	222.6
1909	法、德	法 353 号	27 保 7 图钱家荡		1.236	222.6
1909	法、德	法 354 号	25 保 4 图田肚		0.842	445.2
1909	法、德	法 355 号	27 保 8 图西至善钟路		0.308	160.27
1909	法、德	法 356 号	27 保北 12 及 13 图草鞋浜西首		19.567	2 726.78
1909	法、德	法 357 号	25 保 4 图杨家宅		2.322	667.8
1909	法、德	法 358 号	27 保 7 图钱家荡		1.484	248.87
1909	法、德	法 359 号	27 保 7 图金家宅		2.579	586.63
1909	法、德	法 360 号	27 保 2 图潘家木桥康家宅		0.644	82.1
1909	法、德	法 361 号	25 保 9 图井亭桥		0.742	222.6
1909	法、德	法 362 号	25 保 9 图井亭桥		0.588	148.4
1910	法、德	法 363 号	25 保 9 图磨子桥北		0.56	111.3
1910	法、德	法 365 号	27 保 5 图陈泾庙后		0.917	371
1910	法、德	法 366 号	25 保 9 图罗家湾		2.137	308.82
1910	法、德	法 367 号	28 保北 12 曹家桥		19.235	1 732.57
1910	法、德	法 368 号	25 保 9 图唐湾		0.617	222.6
1910	法、德	法 369 号	27 保 7 图计婆浜		1.462	257
1910	法、德	法 370 号	25 保 4 图顾家宅		3.623	257.03
1910	法、德	法 371 号	28 保 5、6 图姚主教路东首		2.666	371
1910	法、德	法 373 号	27 保 7 图盛家宅		5.827	1 335.6
1910	法、德	法 375 号	27 保 2 图潘家木桥		13.591	2 127.14
1910	法、德	法 376 号	27 保 2 图潘家木桥		1.664	260.43

时间(年)	册别	编 号	位 置	买方和卖方	面积(亩)	总价(两)
1910	法、德	法 377 号	27 保 2 图潘家木桥		0.603	96.46
1910	法、德	法 378 号	27 保 2 图沈家浜南		5.341	792.6
1910	法、德	法 379 号	27 保 2 图沈家浜南		0.3	44.52
1910	法、德	法 380 号	27 保 2 图沈家浜南		4.995	741.26
1910	法、德	法 381 号	27 保 2 图沈家浜南		8.791	1 304.58
1910	法、德	法 382 号	25 保 4 图关帝庙		0.3	148.4
1910	法、德	法 383 号	23 保 12 图周家宅后		3.285	371
1910	法、德	法 384 号	25 保 4 图杜家宅		2.407	2 407
1910	法、德	法 385 号	25 保 9 图俞家宅		8.686	1 484
1910	法、德	法 386 号	27 保 3 图 27 保 7 图自南宝昌路至北面长浜路		10.258	2 290.03
1911	法、德	法 387 号	23 保正 19 图狄家浜		2	151.42
1911	法、德	法 388 号	27 保 7 图钱家塘		1.377	318.97
1911	法、德	法 389 号	27 保 7 图钱家塘		0.584	135.29
1911	法、德	法 390 号	27 保 13 图西滩		3.979	605.68
1911	法、德	法 391 号	27 保 7 图大刘家宅		0.1	315
1911	法、德	法 392 号	27 保 7 图钱家塘		0.408	213.2
1911	法、德	法 394 号	27 保 5 图陈泾庙		9.438	2 112.46
1911	法、德	法 395 号	23 保 16 图钱家宅		2.664	200
1911	法、德	法 396 号	27 保 7 图诸家宅		3.344	378.55
1911	法、德	法 397 号	27 保 7 图盛家宅		0.025	227.13
1911	法、德	法 398 号	27 保 5 图小池桥		7.031	628.4
1911	法、德	法 399 号	25 保 4 图李家宅西		2.582	2 301.58
1870	德册	德 1 号	23 保 14 图		2.663	117.09
1900	德册	德 2 号	腾字 39 图制字圩		6	
1874	德册	德 10 号	25 保 13 图		3.923	404.88
1874	德册	德 12 号	27 保 8 图		20.3	1 055.6
1880	德册	德 21 号	27 保 10 图时塘桥		7.142	714.14

时间(年)	册别	编号	位置	买方和卖方	面积(亩)	总价(两)
1882	德册	德22号	25保13图西门外斜桥钱家庵		1.905	
1882	德册	德23号	27保8图长浜西石桥		14.778	600
1883	德册	德25号	27保10图墙前		4.266	655.38
1883	德册	德26号	27保10图新闸西首		3.276	
1883	德册	德27号	27保10图张家宅		7.869	1 779.58
1883	德册	德29号	27保9图小闸港南首		1.259	180
1883	德册	德30号	27保9图小闸港南首		0.726	160
1883	德册	德31号	27保10图小闸港		0.707	117.97
1883	德册	德32号	27保9图时浜梢		3.565	520
1883	德册	德33号	27保9图小闸港南首		3.255	460
1883	德册	德34号	27保9图小闸港南首		2.098	400
1883	德册	德35号	27保10图时浜西		1.006	145.64
1883	德册	德36号	27保10图新闸大王庙		1.541	262.15
1883	德册	德37号	27保10图王家库		1.24	291.28
1883	德册	德38号	27保10图王家库		0.911	182.05
1883	德册	德39号	27保10图小闸港		1.078	145.64
1883	德册	德40号	27保10图小闸港		2.396	436.92
1884	德册	德44号	27保南12图木沟河桥		0.216	
1884	德册	德45号	27保南12图朱家浜		0.755	
1884	德册	德46号	25保13图西门外斜桥		5.356	
1885	德册	德49号	27保南12图褚家浜		1.818	
1889	德册	德51号	25保头图打靶路		0.943	
1890	德册	德54号	后机器织布局址		33.966	
1890	德册	德55号	后机器织布局址		7.132	
1891	德册	德56号	23保头图南至黄浦江		13.17	
1893	德册	德68号	27保10图墙前		1.425	
1894	德册	德69号	23保12图下海浦之蔡家浜		1.276	

时间(年)	册别	编 号	位　　置	买方和卖方	面积(亩)	总价(两)
1894	德册	德 70 号	27 保 10 图山家园		1.776	
1895	德册	德 71 号	23 保 12 图提篮桥		0.872	
1895	德册	德 73 号	23 保 13 图提篮桥		5.1	
1896	德册	德 75 号	25 保头图杜木桥		10.283	
1896	德册	德 78 号	27 保北 12 图朱家湾		42.24	
1897	德册	德 78 号	27 保北 12 图朱家湾		45.655	
1896	德册	德 81 号	27 保 8 图姚家宅		5.823	
1896	德册	德 82 号	24 保 21 图浦东洋泾港口蔡家宅		53.27	1 620
1896	德册	德 83 号	23 保 13 图吴家宅		2.524	
1896	德册	德 84 号	27 保 3 图姚桥		21.763	
1896	德册	德 85 号	27 保 9 图姚桥		0.445	
1897	德册	德 86 号	23 保 1—2 图左家宅		5.872	
1896	德册	德 87 号	28 保 8—9 图薛家田		2.728	
1896	德册	德 88 号	27 保 3 图姚桥		0.904	
1897	德册	德 91 号	23 保 1—2 图左家宅		0.776	
1897	德册	德 92 号	23 保 1—2 图左家宅		1.679	
1897	德册	德 93 号	23 保 1—2 图左家宅		1.501	
1897	德册	德 94 号	27 保 9 图姚桥		0.96	
1897	德册	德 97 号	25 保头图杜木桥		8.631	
1897	德册	德 98 号	27 保 8 图华家桥		1.664	
1897	德册	德 99 号	28 保 10 图并 11 图万航渡		10.005	
1897	德册	德 100 号	23 保 12 图曹家堰		1.174	
1897	德册	德 101 号	23 保 13 图吴家宅		3.142	
1897	德册	德 102 号	22 保 53 图东沟		29.013	
1897	德册	德 103 号	22 保 53 图东沟		10.004	
1897	德册	德 107 号	24 保小 9 图百步桥		102.03	
1897	德册	德 108 号	25 保 2 图唐家弄		4.317	

时间(年)	册别	编号	位　置	买方和卖方	面积(亩)	总价(两)
1897	德册	德 109 号	25 保头图钱家石桥		5.012	
1898	德册	德 110 号	27 保 9 图华家桥		4.679	
1897	德册	德 112 号	25 保头图川虹浜		0.634	
1897	德册	德 113 号	28 保 8—9 图丁家库		5.026	
1897	德册	德 114 号	27 保 3 图娄浦塘		1.764	
1897	德册	德 116 号	27 保 7 图金家宅		34.712	
1897	德册	德 117 号	28 保 10 图并 11 图万航渡		10.069	
1897	德册	德 118 号	28 保 10 图并 11 图万航渡		9.519	
1898	德册	德 119 号	27 保 8 图静安寺后		21.512	
1898	德册	德 120 号	27 保南 12 图王家宅		24.255	
1898	德册	德 121 号	22 保 50 图浦东西沟口		59.763	
1898	德册	德 122 号	22 保 53 图浦东东沟栈房浜		28.531	
1898	德册	德 123 号	22 保 53 图浦东东沟栈房浜		92.993	
1898	德册	德 124 号	23 保 15 图凌家宅		5.92	
1898	德册	德 125 号	23 保 1—2 图左家宅		1.705	
1898	德册	德 126 号	23 保 1—2 图左家宅		0.738	
1898	德册	德 127 号	22 保 50 图浦东西沟口即炮台旧基之西		125.194	
1898	德册	德 128 号	22 保 50 图浦东西沟口即炮台旧基之西		16.173	
1898	德册	德 129 号	22 保 50 图浦东西沟口即炮台旧基之西		7.979	
1898	德册	德 130 号	25 保头图杜木桥		4.126	
1898	德册	德 131 号	25 保头图杜木桥		0.208	
1898	德册	德 132 号	25 保头图杜木桥		9.02	
1898	德册	德 133 号	25 保头图杜木桥		0.704	
1898	德册	德 136 号	28 保 8—9 图谈家宅		2.077	

时间(年)	册别	编　号	位　　置	买方和卖方	面积(亩)	总价(两)
1898	德册	德137号	28保8—9图谈家宅		5.195	
1898	德册	德138号	28保8—9图谈家宅		6.284	
1898	德册	德140号	23保13图吴家宅		1.255	
1898	德册	德141号	25保13图卫家巷		4.662	
1898	德册	德142号	23保1—2图胡家桥		3.076	
1898	德册	德143号	23保1—2图胡家桥		1.368	
1898	德册	德144号	28保8—9图钱家巷之东北		5.201	
1898	德册	德145号	28保8—9图诸家宅后		7.64	
1898	德册	德146号	23保13图吴家宅		3.114	
1898	德册	德147号	22保51图		4.578	
1898	德册	德148号	25保头图唐家弄		5.223	
1911	德册	德149号	25保3图		1.195	
1899	德册	德151号	25保头图周家宅桥		2.258	
1899	德册	德152号	28保南12图谈家渡		6.173	
1899	德册	德153号	28保南12图谈家渡		1.621	
1899	德册	德154号	28保南12图谈家渡		3.896	
1899	德册	德155号	28保南12图谈家渡		0.815	
1899	德册	德156号	28保南12图谈家渡		3.089	
1899	德册	德157号	27保10图新闸桥南之沈家宅		0.628	
1899	德册	德158号	27保10图山家园		0.837	
1899	德册	德159号	27保南12图车袋角		1.6	
1899	德册	德160号	25保头图唐家弄		2.904	
1899	德册	德161号	25保头图唐家弄		1.073	
1899	德册	德162号	23保2图陆家宅		0.808	
1899	德册	德163号	23保15图凌家宅		6.704	
1899	德册	德164号	25保13图卫家巷		1.597	
1899	德册	德165号	27保10图油车基		0.3	

时间(年)	册别	编 号	位 置	买方和卖方	面积(亩)	总价(两)
1899	德册	德 166 号	28 保 8—9 图褚家宅		2.749	
1899	德册	德 167 号	23 保 1—2 图左家宅		3.485	
1899	德册	德 168 号	27 保 7 图诸家宅		1.83	
1899	德册	德 169 号	27 保 7 图诸家宅		3.876	
1899	德册	德 170 号	27 保 7 图诸家宅		2.403	
1899	德册	德 171 号	27 保 7 图诸家宅		20.502	
1900	德册	德 172 号	23 保 15 图砖桥		1.727	
1899	德册	德 173 号	23 保 1—2 图左家宅之后		1.304	
1899	德册	德 174 号	22 保 53 图栈房浜		3.807	
1900	德册	德 175 号	22 保 51 图周家嘴		3.76	
1900	德册	德 176 号	27 保 10 图下闸港		1.565	
1900	德册	德 178 号	28 保 8—9 图钱家巷之后		1.28	
1901	德册	德 185 号	27 保 3 图诸家宅		6.556	
1901	德册	德 186 号	27 保 3 图娄浦		1.705	
1901	德册	德 187 号	27 保 4 图张家浜之西		3.022	
1901	德册	德 188 号	27 保 3 图		3.578	
1901	德册	德 190 号	25 保 4 图陶家宅		4.082	
1901	德册	德 191 号	22 保 51 图周家嘴		2.307	
1901	德册	德 192 号	27 保 8 图金家巷之西		7.964	
1901	德册	德 193 号	27 保 3 图雪花浜		3.697	
1901	德册	德 194 号	27 保 3 图姚桥之南		5.434	
1901	德册	德 196 号	28 保 8—9 图南曹家宅之西北		3.726	
1902	德册	德 197 号	22 保 51 图杨树浦之沈家滩		6.91	
1901	德册	德 199 号	27 保 3 图娄浦湾		4.643	
1902	德册	德 200 号	27 保 3 图、27 保 7 图沙泥浜之南		21.21	

时间(年)	册别	编　号	位　置	买方和卖方	面积(亩)	总价(两)
1901	德册	德203号	27保7图钱家荡之西		5.475	
1902	德册	德204号	28保北12图陈家巷		6.511	
1902	德册	德207号	28保南12图林家港之东		2.022	
1902	德册	德212号	23保13图铜匠公所之东		0.38	
1902	德册	德213号	23保15图张家湾之北		0.833	
1903	德册	德214号	27保3图雪花浜		3.991	
1903	德册	德215号	27保3图雪花浜		2.148	
1903	德册	德216号	28保南12图杨家宅之东		2	
1903	德册	德217号	23保13图提篮桥		0.234	
1903	德册	德218号	25保4图陶家宅		1.033	
1903	德册	德219号	22保51图周家嘴		0.97	
1903	德册	德220号	27保9图郑家宅之东		1.219	
1903	德册	德221号	24保23图老白渡之东		6.739	
1903	德册	德223号	28保8—9图高家宅之西		7.73	
1903	德册	德224号	25保4图陶家宅		1.251	
1903	德册	德225号	28保8—9图陆家浜		1.227	
1903	德册	德226号	27保7图东涌泉浜		21.456	
1906	德册	德227号	22保50图东沟口之南		40.4	
1903	德册	德228号	27保8图马家浜		18.73	
1903	德册	德229号	27保8图金家巷		0.731	
1903	德册	德237号	27保8图金家巷		1.533	
1903	德册	德240号	27保3图涌泉浜		2.716	
1904	德册	德241号	27保7图诸家宅之东		7.647	
1904	德册	德244号	27保7图沈家桥之西		9.184	
1904	德册	德245号	27保7图沈家桥之西		无	
1904	德册	德246号	27保8图静安寺之北		0.811	
1904	德册	德247号	27保3图沈家桥北		3.831	

时间(年)	册别	编 号	位 置	买方和卖方	面积(亩)	总价(两)
1904	德册	德 249 号	27 保 7 图钱家荡		3.825	
1904	德册	德 250 号	27 保 3 图徐家库之西		1.637	
1904	德册	德 251 号	27 保 2 图涌泉浜		1.209	
1904	德册	德 252 号	27 保 3 图徐家库之西		2.572	
1904	德册	德 257 号	27 保 3 图徐家库之西		4.024	
1904	德册	德 258 号	27 保 3 图徐家库之东		1.876	
1904	德册	德 259 号	27 保 8 图静安寺北		0.785	
1904	德册	德 261 号	25 保 4 图陶家宅之北		2.389	
1906	德册	德 269 号	27 保 8 图龙梢浜之北		3.361	
1905	德册	德 270 号	27 保 11 图梅园之南首		0.994	
1905	德册	德 271 号	27 保 7 图诸家宅		3.859	
1905	德册	德 273 号	27 保 8 图龙梢浜		2.709	
1905	德册	德 275 号	27 保 11 图夏家弄之东南		0.954	
1904	德册	德 276 号	通商场腾字 39 图		6	9.84
1905	德册	德 277 号	25 保头图界浜桥		2.704	
1905	德册	德 278 号	27 保 7 图金家宅之南		0.551	
1905	德册	德 279 号	27 保 7 图金家宅之南		0.829	
1905	德册	德 280 号	27 保 3 图小钱家宅之南		1.634	
1905	德册	德 281 号	25 保 4 图顾家宅		5	
1905	德册	德 283 号	23 保 1—2 图外虹口		1.219	
1905	德册	德 284 号	23 保 1—2 图外虹口		1.109	
1905	德册	德 285 号	23 保 1—2 图外虹口		0.262	
1905	德册	德 286 号	27 保 7 图金家宅之南		3.699	
1905	德册	德 289 号	27 保 7 图金家宅之南		2.329	
1905	德册	德 291 号	27 保 7 图乔家坟山之北		1.193	
1906	德册	德 295 号	23 保分 19 图田鸡浜之西		3.377	
1906	德册	德 296 号	23 保分 19 图田鸡浜之西		0.76	

时间(年)	册别	编 号	位 置	买方和卖方	面积(亩)	总价(两)
1906	德册	德 297 号	23 保分 19 图田鸡浜之西		1.343	
1906	德册	德 298 号	23 保分 19 图顾家宅前		0.797	
1906	德册	德 299 号	23 保分 19 图大浜头之南		2.484	
1906	德册	德 300 号	23 保分 19 图小杨浜之东北		3.02	
1906	德册	德 301 号	27 保 3 图钱家宅		3.468	
1905	德册	德 303 号	27 保 3 图沈家木桥之后		8.045	
1906	德册	德 305 号	23 保 14 图包家宅之北		0.814	
1906	德册	德 310 号	27 保 7 图		2.488	
1906	德册	德 312 号	27 保 3 图钱家宅之后		0.944	
1906	德册	德 313 号	25 保 4 图关帝庙之南		0.844	
1908	德册	德 314 号	27 保 10 图老坝基西		3	
1906	德册	德 316 号	27 保南 12 戚家村		1.9	
1906	德册	德 317 号	27 保 3 图钱家荡之东		1.308	
1906	德册	德 318 号	27 保 7 图钱家荡		10.413	
1906	德册	德 319 号	27 保 7 图计婆浜之西		3.007	
1906	德册	德 320 号	27 保 7 图金家宅之南		4.147	
1906	德册	德 321 号	25 保头图钱家宅后		1.01	
1907	德册	德 322 号	27 保北 12 图薛家库南		3.41	
1906	德册	德 323 号	27 保北 12 图朱家湾之东		1.836	
1906	德册	德 324 号	27 保北 12 图薛家库		3.33	
1906	德册	德 325 号	27 保北 12 图孟家桥		2.482	
1907	德册	德 326 号	27 保 11 图盛家宅		0.635	
1907	德册	德 328 号	25 保 4 图关帝庙		2.849	
1907	德册	德 329 号	24 保 24 图陆家渡东		1.108	
1907	德册	德 330 号	27 保 5 图库池浜桥		7.353	
1907	德册	德 331 号	27 保 11 图盛家宅		1.107	

时间(年)	册别	编号	位 置	买方和卖方	面积(亩)	总价(两)
1906	德册	德 332 号	27 保 5 图淡井庙南		44.003	
1907	德册	德 337 号	27 保 7 图钱家荡		2.5	
1907	德册	德 339 号	27 保 7 图乔家坟山		1.48	
1907	德册	德 340 号	23 保 13 图张方庙		0.641	
1907	德册	德 341 号	27 保 7 图钱家荡		7.733	
1907	德册	德 342 号	23 保 1—2 图左家宅		2.286	
1907	德册	德 343 号	23 保 1—2 图左家宅		0.832	
1907	德册	德 344 号	27 保 7 图钱家荡		3.655	
1907	德册	德 345 号	23 保 3、5 图老沙之西		6	
1907	德册	德 346 号	24 保 24 图烂泥渡		0.435	
1907	德册	德 347 号	27 保 7 图钱家荡		1.737	
1907	德册	德 348 号	27 保 7 图金家宅		5.121	
1907	德册	德 349 号	24 保 24 图烂泥渡		2	
1907	德册	德 350 号	27 保 7 图计婆浜东		5.4	
1910	德册	德 352 号	27 保 7 图潘生桥		0.755	
1907	德册	德 353 号	27 保 3 图徐家库		1.579	
1907	德册	德 355 号	25 保 4 图打铁浜		0.567	
1907	德册	德 356 号	27 保 7 图刘家宅		1.733	
1907	德册	德 359 号	23 保 12 图杨树浦		26.993	
1907	德册	德 360 号	23 保头图梅家巷		11.714	
1907	德册	德 361 号	23 保头图梅家巷		7.833	
1908	德册	德 363 号	27 保 7 图潘生桥浜		1.831	
1907	德册	德 365 号	27 保 5 图淡井庙		8.789	
1907	德册	德 368 号	27 保 8 图静安寺北首		1.684	
1910	德册	德 369 号	27 保 9 图		2.098	
1908	德册	德 371 号	28 保北 12 图杨桥头		15.132	
1907	德册	德 372 号	27 保 5 图八字桥南		12.085	
1907	德册	德 373 号	27 保 5 图淡井庙西		1.698	
1908	德册	德 374 号	27 保 11 图太阳庙东		1.053	

时间(年)	册别	编 号	位 置	买方和卖方	面积(亩)	总价(两)
1907	德册	德 377 号	27 保 3 图钱家荡		2.952	
1908	德册	德 378 号	27 保 7 图潘生桥		1.309	
1908	德册	德 379 号	27 保 7 图潘生桥西		1.193	
1908	德册	德 380 号	27 保 7 图潘生桥西		1.2	
1908	德册	德 381 号	27 保 7 图潘生桥北		1.002	
1909	德册	德 382 号	27 保 7 图潘生桥北		4.927	
1907	德册	德 383 号	23 保 1—2 图陶家湾		4.977	
1908	德册	德 385 号	27 保 5 图小姚园前		11.355	
1909	德册	德 386 号	27 保 7 图潘生桥北		1.01	
1909	德册	德 387 号	27 保 5 图淡井庙		0.726	
1908	德册	德 388 号	27 保 10 图老坝基		2.133	
1908	德册	德 389 号	27 保 8 图沈家木桥西		0.767	
1909	德册	德 391 号	27 保 7 图王家浜西		0.495	
1909	德册	德 392 号	27 保 5 图淡井庙		0.805	
1907	德册	德 393 号	23 保 1—2 图陶家湾		1.626	
1908	德册	德 395 号	28 保北 12 图杨桥头		1.814	
1909	德册	德 396 号	27 保 5 图侯家宅		4.382	
1909	德册	德 397 号	27 保 7 图钱家荡南		4.71	
1908	德册	德 398 号	23 保 1—2 图朱家宅西		2.62	
1909	德册	德 399 号	27 保 5 图潘生桥南		1.102	
1908	德册	德 400 号	27 保 7 图计婆浜之西		1.403	
1909	德册	德 401 号	27 保 5 图淡井庙西		1.12	
1909	德册	德 403 号	27 保 5 图潘生桥西		4.722	
1908	德册	德 404 号	23 保 13 图张方庙西		0.736	
1908	德册	德 405 号	27 保 5 图八字桥南		7.149	
1908	德册	德 406 号	27 保 7 图八字桥		3.684	
1909	德册	德 407 号	27 保 7 图潘生桥北		2.135	
1909	德册	德 408 号	27 保 7 图潘生桥南		1.6	
1908	德册	德 409 号	27 保 10 图杨家浜		0.374	

时间(年)	册别	编号	位置	买方和卖方	面积(亩)	总价(两)
1909	德册	德 410 号	27 保 5 图小桃园前		1.6	
1908	德册	德 411 号	25 保 9 图磨子桥北		0.885	
1908	德册	德 412 号	27 保 7 图沈家桥西		1.463	
1910	德册	德 413 号	27 保 5 图茅塘北面		0.661	
1908	德册	德 414 号	25 保 13 图财神庙北		0.419	
1909	德册	德 415 号	27 保 5 图小桃园		1.469	
1908	德册	德 416 号	23 保 6 图蔡家宅北		9.61	
1908	德册	德 417 号	27 保 7 图诸家宅		0.953	
1908	德册	德 418 号	27 保 7 图诸家宅		1.502	
1908	德册	德 422 号	23 保 6 图蔡家宅北		14.493	
1908	德册	德 428 号	25 保 9 图磨子桥北		0.843	
1909	德册	德 431 号	27 保北 12 图石家滩南		1.711	
1909	德册	德 433 号	27 保 5 图淡井庙西		3.322	
1909	德册	德 434 号	27 保 7 图王家浜		0.744	
1909	德册	德 435 号	27 保 7 图潘生桥北		1.959	
1909	德册	德 436 号	27 保 7 图钱家荡南		1.592	
1910	德册	德 437 号	27 保 7 图钱家荡南		0.933	
1909	德册	德 438 号	27 保 5 图淡井庙		2.236	
1909	德册	德 440 号	27 保 5 图小桃园		1.984	
1909	德册	德 441 号	27 保 5 图小桃园前		1.187	
1909	德册	德 442 号	27 保 7 图计婆浜口		0.805	
1909	德册	德 444 号	27 保 5 图小桃园前		4.817	
1909	德册	德 445 号	27 保 7 图潘生桥西		0.484	
1909	德册	德 446 号	27 保 7 图金家宅前		0.411	
1909	德册	德 447 号	27 保 5 图淡井庙西		0.838	
1910	德册	德 448 号	27 保 7 图潘生桥西		0.536	
1909	德册	德 450 号	27 保 5 图小桃园前		2.247	
1910	德册	德 451 号	27 保 5 图芳塘北面		1.045	

时间(年)	册别	编 号	位 置	买方和卖方	面积(亩)	总价(两)
1909	德册	德 452 号	25 保 4 图顾家宅		1.062	
1910	德册	德 454 号	25 保 4 图顾家宅		4.148	
1910	德册	德 455 号	25 保 4 图顾家宅		0.565	
1910	德册	德 456 号	25 保 4 图顾家宅		0.649	
1910	德册	德 457 号	27 保 5 图小桃园前		1.811	
1910	德册	德 460 号	25 保 13 图斜桥		2.947	
1910	德册	德 461 号	25 保 13 图斜桥北首		2.6	
1910	德册	德 462 号	23 保 13 图提篮桥东		0.363	
1910	德册	德 463 号	27 保 7 图沈家木桥		1.596	
1910	德册	德 464 号	23 保正 19 图狄家浜		13.916	
1911	德册	德 466 号	25 保 13 图肇嘉浜		0.617	
1911	德册	德 476 号	27 保 3 图外池		5.331	
1911	德册	德 481 号	27 保 3 图外池		1.51	
1911	德册	德 482 号	23 保 2 图虹口之西王家宅		0.956	
1911	德册	德 483 号	27 保 8 图涌泉浜		0.768	
1911	德册	德 484 号	25 保 4 图东姚		0.656	
1911	德册	德 485 号	23 保 1—2 图陈家浜		0.78	
1911	德册	德 488 号	23 保正 19 图曹家宅		3.21	
1875	日册	1 号	27 保 10 图		5	479.18
1877	日册	4 号	25 保 3 图虹口		6.41	
1878	日册	7 号	23 保 2 图外虹口三官堂		3.962	450.14
1878	日册	8 号	23 保 2 图外虹口三官堂		2.4	240
1898	日册	16 号	27 保 10 图墙前		0.824	
1898	日册	19 号	23 保头图左家宅		60.973	
1899	日册	22 号	27 保 10 图小闸江		0.737	
1899	日册	25 号	24 保 23 图浦东朱家宅		8.582	
1899	日册	26 号	27 保 11 图杨家宅桥之北		4.2	

时间(年)	册别	编 号	位 置	买方和卖方	面积(亩)	总价(两)
1899	日册	27 号	27 保 11 图梅园前		2.237	
1899	日册	28 号	27 保 11 图杨家宅桥之北		1.452	
1899	日册	29 号	27 保 11 图亚子浜之东		1.443	
1899	日册	31 号	27 保 11 图南长浜		1.064	
1899	日册	32 号	27 保 11 图梅园之东		0.881	
1899	日册	33 号	27 保 11 图		1.445	
1899	日册	34 号	27 保 11 图姚沙浜		1.445	
1899	日册	35 号	27 保 11 图		2.436	
1900	日册	38 号	27 保南 12 图谈家桥以南		23.777	
1900	日册	39 号	24 保 23 图老白渡		13.302	
1900	日册	41 号	25 保 7 图增祥码头		3.259	
1903	日册	53 号	24 保 23 图老白渡		13.975	
1903	日册	54 号	24 保 23 图老白渡		1.252	
1905	日册	56 号	24 保 23 图老白渡		1	
1905	日册	57 号	24 保 23 图老白渡之北		8.366	
1905	日册	58 号	24 保 23 图老白渡之北		1.141	
1906	日册	62 号	27 保 10 图山家园		1.139	
1906	日册	64 号	23 保 12 图杨树浦之西		1.586	
1906	日册	65 号	24 保 24 图吴家厅后		1.639	
1906	日册	66 号	24 保 24 图吴家厅后		0.787	
1906	日册	67 号	24 保 24 图吴家厅后		1.109	
1906	日册	88 号	27 保南 12 图石家滩		20.622	
1906	日册	89 号	24 保 16 图吴家厅北		2.032	
1906	日册	90 号	24 保 16 图吴家厅北		13.212	
1906	日册	91 号	24 保 16 图吴家厅北		4.718	
1906	日册	92 号	24 保 16 图吴家厅北		9.922	
1907	日册	93 号	24 保 16 图陈家宅西		11.584	

时间(年)	册别	编 号	位 置	买方和卖方	面积(亩)	总价(两)
1908	日册	95 号	28 保 4 图王家园西		24.474	
1908	日册	96 号	25 保 10 图王家园西首		0.823	
1909	日册	99 号	23 保 12 图杨树浦桥北		13.32	
1908	日册	105 号	27 保 11 图钱家庵之东		0.671	
1908	日册	106 号	27 保北 12 谭家渡东		1.709	
1909	日册	110 号	27 保 6 图潘生桥东淡井庙西北		8.631	
1909	日册	111 号	27 保 6 图潘生桥东淡井庙西北		1.201	
1909	日册	112 号	27 保 6 图潘生桥东淡井庙西北		0.288	
1909	日册	113 号	27 保 6 图潘生桥东淡井庙西北		1.284	
1909	日册	116 号	24 保 21 图洋泾港口西蔡家宅		0.522	
1909	日册	117 号	24 保 21 图洋泾港口西蔡家宅		0.818	
1909	日册	118 号	24 保 21 图洋泾港口西蔡家宅		10.027	
1909	日册	119 号	24 保 21 图洋泾港口西蔡家宅		2.486	
1909	日册	120 号	24 保 21 图洋泾港口西蔡家宅		3.784	
1909	日册	121 号	24 保 21 图洋泾港口西蔡家宅		3.729	
1909	日册	122 号	24 保 21 图洋泾港口西蔡家宅		0.643	
1909	日册	123 号	24 保 21 图洋泾港口西蔡家宅		0.895	
1909	日册	127 号	27 保 10 图蔓盘路		0.348	
1909	日册	128 号	27 保北 12 图小沙渡东		5	
1910	日册	129 号	24 保 16 图 24 保 24 图		4	
1910	日册	135 号	27 保北 12 图		13.169	

时间(年)	册别	编号	位　置	买方和卖方	面积(亩)	总价(两)
1909	日册	139 号	27 保北 12 图下沙渡		15.957	
1910	日册	140 号	27 保 6 图潘生桥东		1.838	
1910	日册	142 号	28 保南 12 图谈家渡		1.04	
1911	日册	144 号	27 保 3 图尼姑浜		9.116	
1911	日册	145 号	23 保 1—2 东王家宅		3.062	
1911	日册	146 号	23 保 1—2 东王家宅		3.241	
1860	俄册	1 号			10.5	615.04
1861	俄册	2 号			15.031	1 173.92
1861	俄册	3 号			30.685	2 396.5
1861	俄册	4 号			1.233	234.3
1861	俄册	5 号			1.443	300
1861	俄册	6 号			5.624	654
1861	俄册	7 号			0.829	242.11
1862	俄册	8 号			15.392	17 226.15
1862	俄册	9 号			3	300
1862	俄册	10 号			14.5	555
1862	俄册	11 号			4	1 000
1863	俄册	12 号			5.505	550.5
1863	俄册	13 号			5.836	583.6
1863	俄册	14 号			6	600
1863	俄册	15 号			7.2	720
1863	俄册	16 号			4.813	481.3
1863	俄册	17 号			5.141	411.28
1863	俄册	18 号			4.04	
1863	俄册	19 号			1.65	1 650
1863	俄册	20 号	南至吴淞港,东至宝顺洋行		7.873	7 873
1873	俄册	32 号	25 保 3 图		2.327	
1873	俄册	33 号	25 保 3 图		0.356	

654

时间(年)	册别	编 号	位　置	买方和卖方	面积(亩)	总价(两)
1874	俄册	34 号	25 保 3 图		1.316	
1878	俄册	35 号	25 保 3 图盆汤弄大街		0.202	
1901	俄册	43 号	23 保 12 图茅家荡		1	464.63
1899	俄册	44 号	25 保 11 图南码头		20.311	2 500
1911	俄册	46 号	27 保 5 图曹家桥南		3.457	704.1
1911	俄册	55 号	宝山县内 92 图		0.549	264.99
1889	义册	1 号	27 保 10 图墙前在山家园西北		4.058	1 000
1890	义册	2 号	23 保 1—2 图王家宅		0.546	300
1891	义册	3 号	25 保头图杜木桥北首		0.41	150
1895	义册	7 号	25 保老坝基		0.597	135.79
1895	义册	8 号	28 保 8—9 图驯浜		56.326	5 612.9
1896	义册	10 号	27 保 11 图新闸		5.519	736.2
1896	义册	11 号	27 保 3 图夏家堰		5.661	442.75
1896	义册	12 号	27 保 3 图夏家堰		5.279	323.93
1897	义册	13 号	22 保 5 图张家宅		1.419	
1897	义册	14 号	23 保 13 图薛家浜		2.274	
1897	义册	15 号	23 保 13 图薛家浜		6.645	
1897	义册	16 号	23 保 13 图薛家浜		1.841	
1897	义册	17 号	23 保 13 图薛家浜		7.479	
1897	义册	18 号	27 保 10 图梅家宅		2.027	297.32
1897	义册	19 号	23 保 13 图蔡家宅		6.491	1 308.8
1897	义册	21 号	27 保 10 图郑家浜		1.784	800
1898	义册	22 号	23 保 13 图下海庙		4.973	931.8
1898	义册	23 号	23 保 1—2 图杨家宅		10.933	556.45
1898	义册	25 号	25 保 2 图柿子园		1.357	
1898	义册	26 号	23 保 1—2 图钱漕桥		1.98	400
1898	义册	27 号	23 保 13 图提篮桥		1.02	149.18
1898	义册	28 号	23 保 13 图陈家木桥		1.908	200

时间(年)	册别	编 号	位　　置	买方和卖方	面积(亩)	总价(两)
1898	义册	29 号	27 保 11 图夏家弄		12.691	
1898	义册	30 号	27 保北 12 陆家宅		6.502	
1899	义册	31 号	25 保 2 图唐家弄		0.796	500
1899	义册	32 号	28 保南 12 图谭家渡口		8.699	
1899	义册	33 号	24 保正 15 图白莲泾口		6.115	
1899	义册	34 号	27 保 10 图老坝基		0.244	
1899	义册	35 号	27 保 10 图墙前		0.902	
1899	义册	36 号	27 保 10 图徐家宅		0.327	
1899	义册	37 号	27 保 10 图沈家宅		0.574	
1900	义册	38 号	25 保 2 图唐家弄		1.088	
1900	义册	39 号	25 保 2 图唐家弄		1.081	
1900	义册	40 号	23 保 13 图下海庙前		2.749	
1900	义册	41 号	27 保南 12 图王家巷		1	
1900	义册	42 号	25 保 2 图叶宅		0.877	
1900	义册	43 号	25 保 2 图宋家弄		0.47	
1900	义册	44 号	28 保 8—9 图三官堂之西		0.56	
1900	义册	45 号	25 保 2 图老闸桥南堍大王庙		0.148	
1900	义册	47 号	27 保北 12 图小沙渡		10.639	596.24
1900	义册	48 号	27 保 10 图金陵公所之南		0.838	223.59
1900	义册	49 号	27 保 10 图水炉公所之北		0.32	
1901	义册	50 号	27 保 8 图华家桥		0.103	
1901	义册	51 号	25 保 2 图过字圩		1.44	
1901	义册	55 号	27 保北 12 图小沙渡之东		2.271	
1901	义册	56 号	23 保 15 图张家湾		6.543	
1901	义册	57 号	23 保 2 图罗家浜		1.34	

时间(年)	册别	编 号	位 置	买方和卖方	面积(亩)	总价(两)
1902	义册	58 号	23 保 15 图陶家湾		3.1	
1902	义册	59 号	28 保 8—9 图曹家宅		3.869	
1902	义册	60 号	28 保 8—9 图曹家宅		3.182	
1902	义册	61 号	27 保 7 图东娄浦		0.308	74.41
1902	义册	62 号	25 保 2 图叶家宅		1.49	
1902	义册	63 号	27 保 8 图东娄浦		8.064	
1902	义册	64 号	28 保 8—9 图曹家宅之南		3.032	
1902	义册	65 号	28 保 8—9 图苏家角之南		2.021	
1902	义册	66 号	23 保 15 图池家宅		1.934	
1902	义册	67 号	27 保 13 图叶家宅之后		4.694	
1903	义册	68 号	25 保 2 图叶家宅		0.291	224.67
1903	义册	71 号	28 保 8—9 图罗西宅		5.104	
1903	义册	72 号	23 保 15 图陶家湾		1.307	
1903	义册	73 号	25 保 2 图杨家浜		1.752	599.12
1904	义册	74 号	27 保 7 图刘家宅之东		2.624	
1904	义册	75 号	28 保 8—9 图三泾庙之北		2.064	
1904	义册	76 号	28 保 8—9 图丁家石桥之北		1.926	
1904	义册	77 号	28 保 8—9 图丁家石桥之北		0.567	
1904	义册	78 号	23 保 5 图北沟桥之西南		6.781	
1904	义册	79 号	23 保 5 图赵家宅之南		3.465	173.25
1904	义册	80 号	23 保 5 图杨家宅之西北		0.661	19.83
1904	义册	81 号	23 保 5 图鸡毛地		0.756	22.68
1904	义册	82 号	23 保 5 图北沟桥之西		0.936	28.08
1904	义册	83 号	23 保 5 图北沟桥之西		1.173	35.19

时间(年)	册别	编 号	位 置	买方和卖方	面积(亩)	总价(两)
1904	义册	84 号	23 保 6 图沈家巷浜南		1.251	
1904	义册	85 号	23 保 6 图沈家巷浜南		1.549	
1904	义册	86 号	23 保 6 图蔡家宅之北		3.789	
1904	义册	87 号	23 保 6 图沈家巷浜南		2.793	
1904	义册	88 号	23 保 6 图侯家坟之西首		3.288	
1904	义册	89 号	23 保 6 图卢家坟山之南		2.517	
1904	义册	90 号	23 保 6 图观音堂之西南		1.006	
1904	义册	91 号	23 保 6 图沈家巷浜南		1.478	
1904	义册	92 号	23 保 6 图侯家坟之西首		1.735	
1904	义册	93 号	23 保 6 图观音堂之西		1.323	
1904	义册	94 号	23 保 6 图张家港东浜、南北界虹浜		4.364	
1904	义册	95 号	23 保 6 图姚家弄之东		1.995	
1904	义册	96 号	23 保 6 图虬江口蔡家宅基后		3.645	
1904	义册	97 号	23 保 6 图侯家坟山之西首		2.006	
1905	义册	98 号	23 保 6 图张家港东浜、南北界虹浜		2.372	
1905	义册	99 号	28 保南 12 图谈家渡		6.871	
1905	义册	101 号	23 保 1—2 图宋家宅		1.452	
1905	义册	102 号	25 保 2 图叶家宅		0.316	
1906	义册	103 号	28 保 8—9 图曹家渡		0.442	
1906	义册	106 号	28 保 9 图罗薛宅		1.385	
1907	义册	107 号	25 保 4 图顾家宅		2.535	1 685.34
1907	义册	108 号	25 保 4 图顾家宅前		0.913	188.84
1907	义册	109 号	25 保 4 图顾家宅前		0.804	166.3
1907	义册	110 号	23 保上 16 图钱家宅东萧王庙西北		1.979	191
1907	义册	111 号	23 保上 16 图钱家宅后		2.654	272.84

时间(年)	册别	编号	位 置	买方和卖方	面积(亩)	总价(两)
1907	义册	112 号	23 保 12 图石灰浜北		3.016	327.41
1907	义册	113 号	28 保 8—9 图曹家渡		2.732	590.96
1907	义册	114 号	28 保 8—9 图曹家渡		2.858	590.96
1907	义册	115 号	27 保 13 图叶家宅南靠近胶州路		1.451	295.48
1907	义册	116 号	28 保 8—9 图曹家渡		0.796	411.6
1907	义册	117 号	23 保 6 图卢家宅门前		2.361	
1907	义册	118 号	23 保 6 图卢家宅门前		4.418	
1908	义册	119 号	25 保 4 图马家石桥北		0.51	
1908	义册	122 号	28 保 8—9 图曹家渡		1.064	
1908	义册	123 号	27 保南 12 潘家湾		0.346	25.55
1909	义册	124 号	23 保东 13 辛家宅东		1.903	282.41
1909	义册	125 号	27 保 11 图新闸北		1.028	667.8
1909	义册	127 号	28 保 8—9 图曹家渡		2.293	680.56
1911	义册	172 号	27 保 8 图静安寺西		0.527	300
1911	义册	173 号	25 保 13 图卫家巷		2.644	500
1872	奥册	1 号	25 保头图		12.733	10 000
1872	奥册	2 号	23 保 12 图		3.265	97.92
1872	奥册	3 号	22 保 51 图、23 保 12 图		35.037	1 122.11
1872	奥册	4 号	25 保头图		0.164	68.75
1872	奥册	5 号	25 保头图		14.632	4 070
1872	奥册	6 号	25 保头图		3.332	998.7
1873	奥册	7 号	川虹浜以北		10.266	334.36
1873	奥册	14 号	宝山周 28 图宝山县		28	933.4
1873	奥册	18 号	宝山周 28 图宝山县		4.72	137
1873	奥册	19 号	宝山周 28 图宝山县		1.5	264.04
1882	奥册	20 号	23 保 2 图下海庙		3.585	
1885	奥册	21 号	27 保 8 图静安寺之芦苇田		3.616	

时间(年)	册别	编号	位　置	买方和卖方	面积(亩)	总价(两)
1887	奥册	22 号	25 保头图		1.033	218.58
1887	奥册	23 号	25 保头图川虹浜		0.277	100
1891	奥册	24 号	27 保 10 图新闸大王庙之西		16.708	
1892	奥册	25 号	25 保头图杜木桥		1.731	292.68
1892	奥册	26 号	25 保头图打枪路南首杜木桥		0.516	73.17
1904	奥册	28 号	27 保南 12 图草鞋浜		1.507	442.56
1906	奥册	29 号	25 保头图张家石桥		0.551	663.48
1907	奥册	30 号	27 保 11 图姚家宅		3.207	738.7
1907	奥册	31 号	27 保 13 图西滩		3.088	590.96
1889	西洋册	2 号	23 保 1—2 图西华路		1.068	437.88
1856	西洋册	3 号			4.5	234.3
1893	西洋册	4 号	25 保头图梁家湾		0.753	
1896	西洋册	11 号	25 保头图钱家石桥		0.879	
1898	西洋册	12 号	25 保头图		1.23	
1898	西洋册	13 号	27 保 10 图新闸桥南		0.912	
1899	西洋册	14 号	22 保 51 图张家宅前		3.141	
1899	西洋册	15 号	27 保 11 图施粥厂之后		2.707	
1899	西洋册	16 号	27 保 11 图施粥厂之后		1.216	
1899	西洋册	17 号	27 保南 12 图徐公浜		1.366	
1904	西洋册	18 号	23 保 1—2 图虹口老街		0.555	
1904	西洋册	19 号	23 保 1—2 图虹口老街		0.555	
1905	西洋册	20 号	23 保 1—2 图里虹口之东栅口		0.69	
1905	西洋册	21 号	23 保 1—2 图里虹口之东栅口		0.614	
1906	西洋册	22 号	23 保 13 图夏家庙之前		0.284	
1908	西洋册	23 号	28 保 6 图唐子泾北		2.972	
1909	西洋册	24 号	23 保 1—2 图胡家木桥		1.281	

时间(年)	册别	编号	位　置	买方和卖方	面积(亩)	总价(两)
1909	西洋册	25 号	23 保 15 图圆通寺		1.573	
1879	日斯册	1 号	25 保头图		0.456	32.93
1879	日斯册	2 号	25 保头图		0.231	21.95
1879	日斯册	3 号	25 保头图		1.193	52.69
1879	日斯册	4 号	25 保头图		0.857	73.18
1879	日斯册	5 号	25 保头图		1.45	292.72
1879	日斯册	6 号	25 保头图		1.833	292.72
1880	日斯册	7 号	25 保头图		4	2 345.28
1882	日斯册	8 号	25 保头图虹口地方		4.333	5 037.11
1882	日斯册	9 号	25 保头图虹口地方		2.829	2 829
1882	日斯册	10 号	25 保头图虹口地方		1.374	1 374
1893	日斯册	11 号	28 保 8—9 图曹家渡		5.875	
1893	日斯册	12 号	28 保 8—9 图曹家渡		4.249	
1902	日斯册	15 号	27 保 8 图王家浜		13.607	
1903	日斯册	17 号	27 保南 12 图王家巷之东		0.895	
1903	日斯册	18 号	27 保 13 图蔡家宅之南		2.31	
1904	日斯册	19 号	23 保 13 图杨树港西辛家宅之西北		0.778	
1903	日斯册	20 号	27 保 10 图金家宅西		0.15	74.89
1903	日斯册	21 号	27 保 8 图赵家桥之西		1.953	449.34
1904	日斯册	24 号	25 保 13 图唐家湾西首		0.9	150
1904	日斯册	25 号	28 保 4 图杨家浜之南		1.679	258.16
1904	日斯册	26 号	28 保北 12 矮凳桥之南		5.608	737.6
1905	日斯册	27 号	28 保 8—9 图丁家库之后		0.95	364.45
1905	日斯册	32 号	23 保 1—2 图陈家浜		1.26	349.87
1908	日斯册	35 号	23 保 3、5 图走马塘周家坟南贾家浜北首		1.627	
1908	日斯册	37 号	23 保 11 图严家木桥		1.936	221.49

时间(年)	册别	编号	位　置	买方和卖方	面积(亩)	总价(两)
1908	日斯册	38 号	23 保 11 图蒋家浜北		0.627	110.75
1910	日斯册	42 号	23 保 12 图小邹家宅		2.772	
1910	日斯册	43 号	23 保 12 图邹家宅门前		1.154	
1910	日斯册	44 号	23 保 16 图徐家桥东		1.214	
1910	日斯册	45 号	23 保 12 图周家宅		8.334	
1903	和册	1 号	24 保正 15 图浦东南码头北			
1904	比册	4 号	27 保 3 图夏家堰之南		4.711	
1905	比册	5 号	24 保 24 图浦东洋泾庙之西		5.875	
1903	丹册	1 号	23 保 13 图张方庙		5.882	
1904	丹册	2 号	23 保 13 图东蔡家浜		4.258	
1904	丹册	3 号	27 保南 12 图潭子彭合浦口		2.647	585.73
1911	丹册	5 号	23 保 13 图沈家宅西		3.933	
1911	丹册	6 号	27 保 7 图钱家荡		6.57	
1911	丹册	7 号	28 保 8—9 图钱家巷门前		5.005	757.1
1911	丹册	9 号	23 保 12 图白家宅		4.652	757.1
1911	丹册	10 号	28 保 8—9 图钱家巷门前		1.179	227.13
1911	丹册	11 号	23 保 12 图白家宅		2.099	
1911	瑞士册	7 号	23 保正 19 图曹家宅后		1.613	
1911	瑞士册	8 号			0.487	
1911	瑞士册	9 号	27 保 10 图墙前		0.453	1 135.65
1907	瑞典册	8 号	23 保 13 图娄湾东		2.224	738.7
1908	瑞典册	9 号	23 保 13 图张方庙之西		2.212	629.03
1908	挪威	10 号	27 保 8 图姚桥北首		0.566	
1909	挪威	11 号	27 保 8 图姚桥北首		0.368	
1909	挪威	12 号	27 保 8 图姚桥北首		0.43	

时间(年)	册别	编号	位　置	买方和卖方	面积(亩)	总价(两)
1896	瑞瑙	1号	23保1—2图陆家宅		0.314	73.62
1897	瑞瑙	2号	25保头图老唐家弄		0.852	
1897	瑞瑙	3号	25保头图周家石桥		0.546	
1902	瑞瑙	5号	27保8图西金家巷		0.761	
1903	瑞瑙	6号	27保南12图张家库		0.593	
1907	瑞瑙	8号	23保13图娄湾东		2.229	738.7
1911	巴西	1号	27保3图夏家宅		1.977	1 968.46
1911		2号	27保13图姚桥浜		3.099	908.52
1898	华册	2号	25保9图夏海浦		3.93	420
1898	华册	3号	25保9图打铁浜		6.157	596.72
1898	华册	4号	25保2图西川虹浜		1.161	850
1898	华册	5号	25保2图西川虹浜		0.597	350
1898	华册	6号	25保头图知字圩		15.694	7 280
1899	华册	7号	27保10图新闸桥北堍		0.894	3 200
1902	华册	8号	25保8图南至肇嘉浜北至老白渡		3.298	6 920.13
1902	华册	9号	25保16图南市		6.852	9 601.12
1903	华册	10号	25保16图马家厂		2.3	
1903	华册	15号	24保26图浦东唐家弄		2.297	
1905	华册	16号	24保24图烂泥渡		7.8	
1905	华册	17号	22保51图芦照地		10.437	
1905	华册	18号	25保12图		1.214	728.9
1905	华册	19号	25保12图		2.965	2 186.7
1907	华册	22号	25保12图萧家厂芦课基地		12.004	
1907	华册	23号	25保12图萧家厂芦课基地		6.808	
1907	华册	24号	25保12图萧家厂芦课基地		15.524	
1907	华册	25号	24保正15图西新塘		39.144	

时间(年)	册别	编 号	位 置	买方和卖方	面积(亩)	总价(两)
1907	华册	26 号	24 保正 15 图西新塘		0.12	
1907	华册	27 号	24 保正 15 图西新塘		0.416	
1907	华册	28 号	24 保正 15 图西新塘		39.144	
1907	华册	30 号	24 保 23 图杨家渡		81.431	
1907	华册	31 号	24 保 23 图杨家渡		9.378	
1907	华册	32 号	24 保 23 图杨家渡		6.252	
1908	华册	33 号	25 保 12 图萧家厂		3.409	
1908	华册	34 号	24 保 24 图烂泥渡		7.8	
1908	华册	35 号	25 保 12 图萧家厂		1.482	
1908	华册	36 号	25 保 12 图萧家厂		0.895	
1908	华册	37 号	24 保正 8 图即龙华镇对面			576.29
1908	华册	38 号	23 保 3、5 图虬江南		3.313	
1908	华册	39 号	23 保 3、5 图虬江南		3.039	
1908	华册	40 号	23 保 3、5 图虬江南		5.953	
1908	华册	41 号	23 保 3、5 图虬江南		8.036	
1908	华册	42 号	23 保 3、5 图虬江南		13.05	
1908	华册	43 号	24 保 22 图斗姆堂		3.704	
1908	华册	44 号	23 保正 19 图万顺桥之南		7.142	
1908	华册	45 号	23 保正 19 图全江巷之南		2.474	
1908	华册	46 号	23 保正 19 图刘厂石桥之西南		1.49	
1908	华册	47 号	23 保正 19 图全家巷宅之北		1.596	
1908	华册	48 号	23 保正 19 图刘厂石桥之东北		2.31	
1908	华册	49 号	23 保正 19 图杨木桥之东		2.1	
1908	华册	50 号	23 保 3、5 图陆家宅东		3.029	

时间(年)	册别	编 号	位　　置	买方和卖方	面积(亩)	总价(两)
1908	华册	51 号	24 保 23 图杨家渡		11.179	
1908	华册	52 号	24 保 23 图杨家渡		0.852	
1908	华册	53 号	23 保正 19 图万顺桥之南		4.261	
1908	华册	54 号	25 保 12 图萧家厂		0.895	
1908	华册	55 号	25 保 13 图罗家湾新桥北		2.56	
1908	华册	56 号	27 保 9 图桂花园东南		3.305	
1908	华册	57 号	27 保 9 图桂花园东南		7.872	
1908	华册	58 号	27 保 1 图外日晖桥		67.229	
1908	华册	59 号	25 保 15 图日晖桥		14.281	
1908	华册	60 号	24 保方 12 图望达港		27.628	
1908	华册	61 号	27 保南 12 图徐公浜		0.484	
1908	华册	62 号	25 保 14 图徽州会馆南		0.742	
1908	华册	63 号	25 保 15 图徽州会馆南		37.638	
1909	华册	64 号	25 保 2 图川虹浜南		2.671	
1909	华册	65 号	25 保 15 图日晖桥		50.029	
1909	华册	67 号	25 保 12 图望达港		69.141	
1909	华册	68 号	25 保 4 图打铁浜北		4.087	8 000
1909	华册	69 号	24 保 23 图杨家渡南		7.729	
1910	华册	70 号	27 保 13 图北叶家宅		0.792	371
1910	华册	71 号	27 保北 12 图赵家祠堂南		2.644	
1910	华册	72 号	23 保正 19 图狄家浜		6.686	
1910	华册	73 号	23 保正 19 图狄家浜		5.168	
1911	华册	74 号	23 保 15 图陶家湾		3.008	
1911	华册	75 号	25 保 16 图马家厂		8.42	4 542.6
1911	华册	76 号	24 保 15 图浦东盘肚浜		4.111	552.38
1911	华册	77 号	27 保 11 图郭家舍东		2.443	757.1

附录 B 1868—1933 年房捐征收额及税率

（单位：两）

年份	界内西人房捐		界内华人房捐		界外西人房捐		界外华人房捐	
	税收总额	税率（%）	税收总额	税率（%）	税收总额	税率（%）	税收总额	税率（%）
1868	25 056.28	4 6	32 136.01	8				
1869	26 073.74	6	37 622.11	8				
1870	18 274.51	6	23 840.23	8				
1871	27 126.23	6	31 643.32	8				
1872	28 611.80	6	34 992.33	8				
1873	29 807.95	6	43 664.01	8				
1874	31 305.46	6	45 219.38	8				
1875	32 008.36	6	45 818.67	8				
1876	27 266.92	6	48 885.35	8				
1877	27 077.15	6	51 606.23	8				
1878	26 363.36	6	50 851.52	8				
1879	25 864.73	6	53 009.36	8				
1880	34 537.39	8	70 569.49	10				
1881	35 697.57	8	77 099.44	10				
1882	37 589.72	8	84 845.83	10				
1883	39 705.13	8	89 719.85	10				
1884	40 424.66	8	83 985.79	10				
1885	41 451.83	8	79 192.61	10				
1886	42 642.84	8	83 507.09	10				
1887	43 359.66	8	88 290.06	10				
1888	43 781.53	8	95 252.80	10				
1889	44 951.44	8	102 037.09	10				
1890	44 476.78	8	104 789.73	10				
1891	46 836.32	8	106 925.87	10				
1892	47 580.20	8	111 973.92	10				
1893	47 572.10	8	121 037.28	10				

年份	界内西人房捐		界内华人房捐		界外西人房捐		界外华人房捐	
	税收总额	税率（%）	税收总额	税率（%）	税收总额	税率（%）	税收总额	税率（%）
1894	48 798.37	8	132 508.19	10				
1895	51 674.86	8	141 064.26	10				
1896	56 924.55	8	168 307.14	10				
1897	67 246.92	8	206 321.20	10				
1898	94 071.57	10	239 735.33	10				
1899	109 084.81	10	256 312.51	10				
1900	146 558.29	10	272 627.57	10				
1901	162 229.82	10	282 383.34	10				
1902	177 253.36	10	319 727.63	10				
1903	204 374.96	10	369 769.00	10				
1904	241 542.26	10	427 663.43	10				
1905	285 892.27	10	476 671.08	10				
1906	325 512.71	10	504 427.78	10				
1907	349 958.63	10	543 466.74	10	6 069.52	5	6 615.33	5
1908	453 659.88	12	635 756.54	10 12	10 451.72	6	10 512.08	5 6
1909	477 463.36	12	659 839.33	12	11 217.77	6	13 899.84	6
1910	487 325.54	12	656 688.42	12	11 874.64	6	15 419.99	6
1911	495 596.35	12	664 528.58	12	12 500.88	6	15 342.27	6
1912	528 376.04	12	712 402.63	12	13 475.43	6	4 443.24	6
1913	544 010.40	12	735 998.09	12	14 235.12	6	3 428.50	6
1914	546 548.25	12	769 879.22	12	16 693.00	6	3 751.43	6
1915	550 139.63	12	843 520.49	12	18 913.09	6	4 116.46	6
1916	580 791.13	12	914 128.78	12	21 087.13	6	4 515.93	6
1917	604 431.03	12	953 387.52	12	20 455.38	6	4 674.81	6
1918	630 680.89	12	987 688.98	12	21 954.98	6	4 673.77	6
1919	783 081.14	12 14	1 218 490.97	12 14	27 964.83	6 7	5 537.28	6 7
1920	870 277.03	14	1 268 914.24	14	41 962.28	7 12	7 534.45	7 12
1921	1 097 825.66	14	1 324 017.42	14	66 331.66	12	10 420.68	12
1922	1 273 117.60	14	1 421 914.47	14	105 609.10	12	12 849.04	12
1923	1 467 452.91	14	1 521 547.73	14	138 687.74	12	15 081.73	12
1924	1 655 133.54	14	1 723 839.73	14	156 181.51	12	17 351.12	12
1925	1 763 384.46	14	2 021 702.11	14	179 231.88	12	21 592.96	12
1926	1 833 968.30	14	2 188 365.83	14	204 861.07	12	28 253.90	12

年份	界内西人房捐		界内华人房捐		界外西人房捐		界外华人房捐	
	税收总额	税率（％）	税收总额	税率（％）	税收总额	税率（％）	税收总额	税率（％）
1927	2 076 239.61	14 16	2 553 094.98	14 16	236 929.64	12 14	33 027.95	12 14
1928	2 302 948.82	16	2 862 796.54	16	271 476.63	14	29 596.31	14
1929	2 510 884.34	16	3 029 794.37	16	295 332.83	14	32 157.40	14
1930	2 612 187.54	16 14	3 016 745.53	16 14	294 550.24	14 12	31 061.94	14 12
1931	2 867 963.79	14	3 008 630.48	14	312 198.86	12	34 733.62	12
1932	3 203 876.36	14	3 197 061.68	14	336 533.79	12	36 078.14	12
1933	3 547 467.46	14	3 301 925.05	14	411 512.96	12	40 160.08	12

资料来源：上海市档案馆藏：《上海公共租界工部局年报》，档案号：U1-1-881—965。

1868年前半个财政年度的房捐捐率为4％，后半个财政年度的房捐捐率为8％。

1908年界内华人房捐捐率1—3月份为10％，4—12月为12％；界外华人房捐捐率1—3月份为5％，4—12月为6％。

1919年界内外国人房捐捐率1—6月为6％，7—12月为7％，该年的其他房捐捐率，1920年、1927年、1930年捐率情况同1919年房捐，均是1—6和7—12为不同捐率。

附录 C 公共租界越界筑路情况表

建筑年份	原路名	现路名	起点	终点	长度（尺）	宽度（尺）
1864	极司非而路	万航路	租界线	白利南路	14 000	50—60
1864	海格路	华山路	胶州路	徐家汇路	1 300	—
1900	劳勃生路	长寿路	租界线	极司非而路	7 500	50
1901	白利南路	长宁路	租界线	罗别跟路	18 350	50
1901	虹桥路	虹桥路	海格路	飞机场	35 000	40
1901	罗别跟路	哈密路	白利南路	虹桥路	14 000	50
1903	江湾路	江湾路	北四川路	公共游泳池	4 500	50
1903	北四川路	四川北路	租界线	江湾路	8 000	50
1904	黄陆路	黄渡路	北四川路	江湾路	1 200	30
1905	忆定盘路	江苏路	白利南路	海格路	7 000	50
1906	康脑脱路	康定路	租界线	极司非而路	4 000	60
1911	窦乐安路	多伦路	北四川路	江湾路口	1 700	20
1911	施高塔路	山阴路	北四川路	公共游泳池	2 000	40
1911	赫司格尔	中山路	租界线	江湾路	700	30
1911	槟榔路	安远路	租界线	劳勃生路	2 500	50
1911	星加坡路	余姚路	租界线	康脑脱路	3 550	60
1911	大西路	延安西路	海格路	虹桥路	19 000	60
1911	地丰路	乌鲁木齐中路	极司非而路	海格路	4 000	50
1912	愚园路	愚园路	租界线	白利南路	8 000	60
1912	华伦路	古北路	白利南路	虹桥路	12 500	50
1913	白保罗路	新乡路	北四川路	江湾路口	400	20
1916	狄思威路	溧阳路	租界线	北四川路	5 000	50
1917	欧嘉路	库仑路	租界线	狄思威路	1 000	50
1921	静安寺路	南京西路	租界线	大西路	2 200	70
1923	开纳路	武定路	极司非而路	忆定盘路	2 300	40
1925	胶州路	胶州路	租界线	劳勃生路	1 700	50
1925	乔敦路	梵王渡路西段	劳勃生路	凯旋路	—	—
1925	惇信路	武夷路	大西路	凯旋路	5 000	50
1925	法磊斯路	伊犁路	大西路	虹桥路	2 300	50

建筑年份	原路名	现路名	起点	终点	长度(尺)	宽度(尺)
1925	安和寺路	察哈尔路	乔敦路	凯旋路	—	—
1925	哥伦比亚路	番禺路	大西路	虹桥路	7 000	50
1925	凯旋路	凯旋路	白利南路	虹桥路	11 000	60
1925	林肯路	天山路	大西路	罗别跟路	14 000	50
1925	佑尼干路	仙霞路	大西路	华伦路	3 000	50
1925	麦克利奥路	淮阴路	虹桥路	罗别跟路	7 000	50
1925	牌坊路	绥宁路	比亚士路	虹桥路	15 000	50
1925	比亚士路	西湖路	罗别跟路	牌坊路	12 000	50
—	法华路	新华路	加藤路	凯旋路	5 300	50
—	加藤路	淮海西路	海格路	虹桥路	5 500	50
—	北浙江路	浙江北路	海宁路以北	租界线	—	—
—	西苏州路		极司非而路	极司非而路	1 000	30
—	哈尔滨路	哈尔滨路	租界线	欧嘉路	150	40

资料来源:根据朱梦华:《上海租界的形成及其扩充》,载自上海文史馆等编《上海地方史资料(二)》,上海社会科学院出版社 1983 年版,第 53—55 页;蒯世勋等主编:《上海公共租界史稿》(上海市资料丛刊),上海人民出版社 1980 年版,第 96、97 页编制而成。

附录 D 南京路、外滩、四川路、河南路土地价格

附表 D1 1922 年和 1933 年南京路南北侧土地价格(自东向西)

（单位：两）

南京路北侧土地价格			南京路南侧土地价格		
册地号	1922 年	1933 年	册地号	1922 年	1933 年
31	150 000	360 000	32	175 000	360 000
30	85 000	195 000	33	115 000	275 000
29	105 000	280 000	34b	100 000	270 000
29c	100 000	270 000	34a	100 000	
28	125 000	290 000	34	125 000	290 000
80	95 000	230 000	85	120 000	300 000
83	110 000	255 000	84a	110 000	260 000
154	105 000	225 000	84		270 000
155	85 000		164a	115 000	270 000
156	65 000	175 000	162	90 000	190 000
159	90 000	220 000	160	90 000	230 000
242	90 000	215 000	243	80 000	200 000
241	75 000	195 000	244	80 000	200 000
240	75 000	190 000	247	75 000	195 000
239	72 000	185 000	248		190 000
238	73 000	190 000	385	73 000	190 000
237	73 000	190 000	384	68 000	185 000
236	73 000	190 000	380	68 000	200 000
235	73 000	195 000	377	73 000	220 000
235f		195 000	513	70 000	210 000
235a	28 000	215 000	629	73 000	225 000
235c	80 000	215 000	630	68 000	210 000
235d	76 000	215 000	631	65 000	200 000
235b	78 000	215 000	632	60 000	190 000
375	75 000	210 000	633	50 000	180 000

南京路北侧土地价格			南京路南侧土地价格		
册地号	1922 年	1933 年	册地号	1922 年	1933 年
376	73 000	195 000			
369	64 000	180 000			
368	60 000	180 000			
357		200 000			
361	65 000	190 000			
360	80 000	235 000			
512	73 000	215 000			
511	67 000	210 000			
510	62 000	200 000			
509	62 000	200 000			
508	72 000	230 000			
628	70 000	225 000			
626	65 000	200 000			
622	60 000	185 000			
621	30 000	85 000			
619	45 000	155 000			
617	48 000	180 000			

资料来源:上海市档案馆藏:《上海公共租界工部局地价表》,档案号:U1-1-1041、1044。

附表 D2 1922 年和 1933 年外滩土地价格(自北向南)

(单位:两)

册地号	1922 年	1933 年	册地号	1922 年	1933 年
1	50 000	115 000	37	175 000	315 000
2	85 000	135 000	41a	165 000	305 000
3	125 000	200 000	41g	150 000	290 000
4	120 000	205 000	43	165 000	285 000
5	120 000	205 000	45	160 000	275 000
6	140 000	230 000	49	135 000	270 000
23	105 000	195 000	54a	150 000	245 000
24a	130 000	230 000	54b	130 000	220 000
24	100 000	185 000	54c	135 000	230 000
26	150 000	275 000	55	150 000	245 000
31	150 000	360 000	56	145 000	240 000
32	175 000	360 000	58	80 000	165 000
36	125 000	280 000	60	130 000	220 000
37a	150 000	305 000	61	145 000	250 000

资料来源:上海市档案馆藏:《上海公共租界工部局地价表》,档案号:U1-1-1041、1044。

附表 D3 1922 年和 1933 年四川路东西侧土地价格（自北向南）

（单位：两）

四川路东侧土地价格			四川路西侧土地价格		
册地号	1922 年	1933 年	册地号	1922 年	1933 年
17	50 000	145 000	67	45 000	150 000
17c	38 000	130 000	73	43 000	155 000
17e	42 000	145 000	72	34 000	145 000
18c	40 000	130 000	74	42 000	150 000
18e	42 000	145 000	77	42 000	128 000
18	42 000	145 000	77c	52 000	165 000
19	50 000	150 000	77d	65 000	210 000
27	70 000	200 000	79	65 000	205 000
21	60 000	160 000	80	95 000	230 000
27a	75 000	170 000	85	120 000	300 000
29a	90 000	210 000	85a		250 000
28	125 000	290 000	86b	105 000	250 000
34	125 000	290 000	86		270 000
35	55 000	90 000	89b	115 000	270 000
40	125 000	265 000	89a	120 000	245 000
41c	127 000	260 000	95	100 000	225 000
41d/41	115 000	250 000	95a	90 000	185 000
41f	100 000	215 000	96	90 000	185 000
42	115 000	230 000	96a	100 000	195 000
46	105 000	220 000	103a	90 000	190 000
49/47	135 000	180 000	103b		175 000
52	100 000	195 000	106	78 000	175 000
53a	95 000	190 000	104	50 000	125 000
53	75 000	170 000	105	70 000	165 000
54	80 000	175 000	107	90 000	175 000
55a	95 000	180 000	108	90 000	175 000
58	80 000	165 000	109	63 000	145 000
62	100 000	195 000	117	35 000	98 000
			118	65 000	155 000
			119	90 000	180 000

资料来源：资料来源：上海市档案馆藏：《上海公共租界工部局地价表》，档案号：U1-1-1041、1044。其中册地号 41d 和 49 分别是 1922 年的册地号，41 和 47 是同一位置的 1933 年的册地号。

附表 D4 1922 年和 1933 年河南路东西侧土地价格(自北向南)

(单位:两)

河南路东侧土地价格			河南路西侧土地价格		
册地号	1922 年	1933 年	册地号	1922 年	1933 年
128	36 000	135 000	188a	33 000	115 000
147	36 000	145 000	188b	33 000	120 000
148	42 000	150 000	188c	32 000	155 000
157	42 000	155 000	211	35 000	130 000
158	40 000	145 000	212	34 000	125 000
159	90 000	220 000	225f		157 000
160	90 000	230 000	225e	36 000	150 000
161	60 000	175 000	225d		160 000
166	60 000	175 000	226	40 000	140 000
168	65 000	160 000	226a	36 000	120 000
173	57 000	140 000	242	90 000	215 000
176	53 000	125 000	243	80 000	200 000
177	53 000	130 000	257	55 000	150 000
178	53 000	130 000	258	53 000	140 000
180	47 000	110 000	260	53 000	140 000
187	55 000	125 000	276	55 000	145 000
			277	46 000	130 000
			278	42 000	100 000
			284	52 000	125 000
			285	50 000	120 000
			286	54 000	130 000
			287	45 000	120 000
			292a	43 000	105 000
			292b	45 000	110 000
			293	42 000	110 000
			295a	47 000	125 000

资料来源:资料来源:上海市档案馆藏:《上海公共租界工部局地价表》,档案号:U1-1-1041、1044。

附录 E   工部局财政数据

附表 E1   工部局历年经常账户、临时账户、
总账户收支及赤字(或盈余)情况(1863—1942 年)

时间	经常账户收入	临时账户收入	财政收入	经常账户支出	临时账户支出	财政支出	赤字(一)或盈余
1863	207 870		207 870	271 527		271 527	−63 657
1864	221 487		221 487	239 460		239 460	−17 973
1865	222 884		222 884	236 920		236 920	−14 036
1866	160 898		160 898	140 157		140 157	20 741
1867							
1868	309 492		309 492	338 252		338 252	−28 760
1869	253 833		253 833	229 621		229 621	24 211
1870	221 740		221 740	270 559		270 559	−48 818
1871	250 991		250 991	282 493		282 493	−31 502
1872	247 696		247 696	239 076		239 076	8 620
1873	301 021		301 021	316 921		316 921	−15 900
1874	265 006		265 006	264 845		264 845	161
1875	244 216		244 216	244 137		244 137	78
1876	229 435		229 435	225 492		225 492	3 943
1877	242 782		242 782	230 970		230 970	11 812
1878	268 630		268 630	268 590		268 590	40
1879	253 414		253 414	234 110		234 110	19 303
1880	239 342		239 342	235 382		235 382	3 960

时间	经常账户收入	临时账户收入	财政收入	经常账户支出	临时账户支出	财政支出	赤字(一)或盈余
1881	251 308		251 308	262 863		262 863	−11 555
1882	320 116		320 116	308 795		308 795	11 321
1883	387 490		387 490	375 071		375 071	12 419
1884	308 128		308 128	336 322		336 322	−28 195
1885	355 456		355 456	359 672		359 672	−4 216
1886	387 317		387 317	363 985		363 985	23 332
1887	411 059		411 059	402 437		402 437	8 622
1888	504 962		504 962	492 140		492 140	12 821
1889	433 980		433 980	427 276		427 276	6 704
1890	449 496		449 496	466 674		466 674	−17 178
1891	462 138		462 138	455 434		455 434	6 704
1892	518 993		518 993	542 332		542 332	−23 339
1893	536 465		536 465	523 207		523 207	13 258
1894	586 580		586 580	575 668		575 668	10 911
1895	606 655		606 655	605 830		605 830	825
1896	755 772		755 772	874 527		874 527	−118 755
1897	640 006	268 800	908 806	592 900	311 341	904 241	4 565
1898	753 270	244 565	997 835	753 099	247 140	1 000 239	−2 405
1899	916 611	0	916 611	797 464	162 726	960 190	−43 579
1900	1 045 177	33 900	1 079 077	916 886	231 576	1 148 461	−69 384
1901	1 097 720	240 000	1 337 720	938 661	371 066	1 309 727	27 992
1902	1 209 175	177 992	1 387 168	1 016 842	438 899	1 455 741	−68 574
1903	1 341 570	340 500	1 682 070	1 194 020	683 073	1 877 093	−195 023
1904	1 505 402	94 500	1 599 902	1 185 475	526 567	1 712 042	−112 140
1905	1 780 415	120 000	1 900 415	1 295 886	382 570	1 678 456	221 959
1906	1 866 398	221 959	2 088 357	1 526 844	574 584	2 101 428	−13 071
1907	1 983 432	250 000	2 233 432	1 611 038	823 907	2 434 945	−201 513
1908	2 403 164	425 000	2 828 164	1 987 652	830 450	2 818 102	10 062

时间	经常账户收入	临时账户收入	财政收入	经常账户支出	临时账户支出	财政支出	赤字(一)或盈余
1909	2 521 600	310 062	2 831 663	2 101 010	688 789	2 789 800	41 863
1910	2 555 056	221 754	2 776 810	2 200 153	563 374	2 763 528	13 282
1911	2 589 628		2 589 628	2 347 690		2 347 690	73 860
1912	2 734 245	283 487	3 017 732	2 372 766	614 912	2 987 678	30 054
1913	2 858 006	715 520	3 573 526	2 484 283	1 075 493	3 559 775	13 750
1914	2 934 382	338 559	3 272 941	2 700 219	589 364	3 289 583	−16 642
1915	3 051 017	641 531	3 692 548	2 781 752	1 008 278	3 790 030	−97 482
1916	3 333 151	282 756	3 615 906	2 925 573	1 163 018	4 088 590	−472 684
1917	3 455 128	1 024 048	4 479 176	3 379 440	1 588 605	4 968 045	−488 870
1918	3 864 577	948 776	4 813 353	3 596 796	1 369 341	4 966 137	−152 784
1919	4 419 961	1 642 902	6 062 863	4 568 907	2 247 078	6 815 985	−753 122
1920	4 823 483	4 784 556	9 608 039	4 829 895	4 790 320	9 620 216	−12 177
1921	5 960 628	6 213 871	12 174 499	5 651 240	6 428 767	12 080 007	94 492
1922	6 700 588	8 325 725	15 026 313	6 474 580	8 328 274	14 802 855	223 459
1923	7 429 806	4 480 773	11 910 579	7 027 738	5 193 364	12 221 102	−310 523
1924	8 430 892	4 979 823	13 410 714	7 963 325	5 362 782	13 326 106	84 608
1925	9 619 977	4 430 359	14 050 335	9 488 483	6 979 098	16 467 581	−2 417 246
1926	10 232 350	6 048 288	16 280 639	10 250 648	6 103 354	16 354 002	−73 363
1927	11 143 495	1 728 139	12 871 634	11 713 012	1 771 496	13 484 508	−612 875
1928	12 122 197	1 176 692	13 298 889	11 620 593	2 556 330	14 176 924	−878 035
1929	12 974 896	11 643 556	24 618 453	9 440 067	10 105 027	19 545 093	5 073 360
1930	16 214 038	26 867 344	43 081 382	13 942 470	23 522 633	37 465 103	5 616 279
1931	17 066 605	17 772 287	34 838 892	16 715 099	18 284 587	34 999 686	−160 794
1932	14 971 378	10 181 184	25 152 562	15 024 859	11 497 784	26 522 643	−1 370 081
1933	15 632 867	24 703 802	40 336 669	15 613 270	28 249 177	43 862 447	−3 525 778
1934	16 870 106	13 202 121	30 072 227	16 371 838	17 114 556	33 486 394	−3 414 166
1935	16 103 680	4 247 770	20 351 450	15 920 029	8 055 069	23 975 097	−3 623 647
1936	13 981 885	4 588 776	18 570 661	14 419 300	7 181 907	21 601 207	−3 030 546

时间	经常账户收入	临时账户收入	财政收入	经常账户支出	临时账户支出	财政支出	赤字（一）或盈余
1937	1 191 116	8 902 786	10 093 902	1 098 872	12 244 368	13 343 240	3 249 338
1938	12 442 348	2 451 444	14 893 792	13 460 215	6 706 551	20 166 766	−5 272 974
1939	5 688 059	2 684 696	8 372 754	6 786 443	3 290 448	10 076 891	−1 704 136
1940	4 047 620	1 687 042	5 734 662	4 853 811	1 863 357	6 717 168	−982 506
1941	3 403 828	490 182	3 894 010	3 267 076	410 206	3 677 282	216 728
1942	2 120 288	165 961	2 286 249	2 113 618	165 961	2 279 579	6 669

注：原始数据来源于上海公共租界工部局年报，U1-1-877 至 955 卷，上海市档案馆藏。本附录数据根据原始数据整理换算而得。

（1）1897 年之后，工部局财务账户分为经常性账户和临时性账户，1896 年及之前没有分立。

（2）上一年财政赤字或盈余分别计入下一年财政支出或收入中。1897 年之后，赤字或盈余项目放入临时性账户计算。

（3）原始数据中 1863 年至 1933 年货币单位均为规元两，1934 年至 1942 年货币单位为法币。本附录数据均换算为规元两。换算方法：因法币在后期贬值大，经《上海解放前后物价资料汇编（1921—1957）》的物价指数调整后（1933 年为基期），将工部局 1933 年后的财政收支数据以“1 法币＝0.715”的比率折算为上海两。“1 法币＝0.715”的折算比例来自工部局档案：上海公共租界工部局总办处关于投标和包工变更货币支付方式事来往函，1933—1935 年，U1-4-3616，上海市档案馆藏。物价指数数据来源于：中国科学院上海经济研究所、上海社会科学院经济研究所合编：《上海解放前后物价资料汇编（1921—1957）》，上海人民出版社 1958 年版。

（4）财政收入＝经常账户收入＋临时账户收入；财政支出＝临时账户支出＋经常账户支出；赤字（一）或盈余＝财政收入－财政支出。

附表 E2 工部局各项主要收入（1863—1942 年）

（单位：规元两）

时间	码头捐	房捐	地税	执照捐	公用事业
1863	47 255	100 602	41 067	14 441	
1864	42 524	120 847	43 044	13 568	
1865	30 789	73 649	24 908	46 735	
1866	35 586	89 225	12 417	23 690	
1867					
1868	73 824	57 192	11 785	19 910	
1869	86 034	63 696	14 330	18 617	

时间	码头捐	房捐	地税	执照捐	公用事业
1870	100 599	42 115	14 032	18 925	
1871	112 736	58 849	14 387	19 882	
1872	135 116	63 623	12 962	21 290	
1873	105 833	73 472	13 004	22 013	
1874	107 188	76 525	18 426	23 046	
1875	107 331	77 827	22 125	28 103	
1876	97 128	76 152	20 169	34 612	
1877	90 958	78 683	20 151	39 290	
1878	83 451	77 215	20 476	38 859	
1879	87 197	78 874	20 140	46 015	
1880	16 703	105 107	26 862	58 214	
1881	10 302	112 797	31 205	62 870	
1882	10 245	122 435	31 239	72 114	
1883	10 185	129 425	54 034	82 824	
1884	10 245	124 410	54 311	77 293	
1885	46 912	120 644	54 317	81 711	
1886	63 276	126 150	54 157	91 256	
1887	62 295	131 650	54 119	96 495	
1888	67 330	139 034	54 007	101 864	
1889	65 549	146 989	54 383	109 269	
1890	64 322	149 217	54 645	109 558	
1891	71 760	153 762	67 543	111 694	
1892	69 460	159 554	69 029	118 443	
1893	62 988	168 609	67 716	121 005	
1894	77 096	181 307	67 761	129 193	
1895	77 995	192 739	67 915	138 136	
1896	76 727	225 232	68 418	148 961	
1897	70 379	273 568	110 887	175 365	
1898	69 901	333 807	140 291	200 157	

时间	码头捐	房捐	地税	执照捐	公用事业
1899	135 763	365 397	172 349	216 934	
1900	118 300	419 186	214 775	264 358	
1901	140 170	444 613	218 750	263 087	
1902	177 225	496 981	218 148	284 645	
1903	162 509	574 144	277 096	327 821	
1904	180 159	669 206	299 541	356 497	
1905	224 213	762 563	399 786	365 487	
1906	203 742	829 940	400 458	398 477	
1907	179 358	906 110	456 330	394 705	5 631
1908	157 957	1 110 380	685 105	391 357	18 185
1909	177 636	1 162 420	688 026	426 822	25 097
1910	173 394	1 171 309	689 335	446 152	29 459
1911	180 778	1 187 968	691 000	445 451	33 704
1912	204 782	1 258 697	671 540	494 608	39 479
1913	215 245	1 297 672	674 739	535 097	69 155
1914	189 362	1 336 872	678 067	582 058	74 640
1915	183 289	1 416 690	680 405	598 292	80 964
1916	207 001	1 520 523	682 177	651 570	173 658
1917	203 394	1 582 949	836 719	554 662	168 620
1918	196 311	1 644 999	881 461	522 451	498 404
1919	268 836	2 035 074	1 053 580	559 244	380 829
1920	365 297	2 188 688	1 056 641	627 567	457 018
1921	374 785	2 498 595	1 326 872	721 022	848 865
1922	379 743	2 813 490	1 328 091	821 253	838 523
1923	427 365	3 142 770	1 595 680	920 024	900 451
1924	489 622	3 552 506	1 594 676	1 063 219	1 119 917
1925	464 627	3 985 911	2 177 069	1 131 189	1 173 171
1926	616 633	4 255 449	2 161 284	1 274 965	1 513 193
1927	499 300	4 899 292	2 552 638	1 387 940	1 508 558

时间	码头捐	房捐	地税	执照捐	公用事业
1928	602 787	5 466 818	2 934 031	1 523 648	1 808 261
1929	664 963	5 868 169	2 934 067	1 626 120	1 042 725
1930	748 336	5 954 545	2 749 249	1 744 178	1 145 414
1931	645 488	6 223 527	3 877 847	1 872 977	1 415 542
1932	261 113	6 773 550	3 868 911	1 951 467	1 273 591
1933	345 508	7 301 066	4 321 807	2 087 252	1 401 515
1934	349 617	7 817 972	4 916 020	2 197 313	1 407 795
1935	320 143	7 538 217	4 708 002	2 090 216	1 287 541
1936	328 698	6 122 326	4 094 234	1 741 589	1 128 193
1937	276 122	4 719 855	3 526 587	1 416 262	842 366
1938	78 103	5 994 769	4 384 138	1 643 564	1 011 594
1939	93 797	2 675 247	1 713 549	802 922	700 635
1940	66 944	1 993 100	1 108 488	491 851	665 325
1941	34 502	1 699 010	763 638	417 864	415 392
1942	7 083	610 617	237 251	207 020	124 601

注:原始数据来源于工部局档案,U1-1-877 至 955 卷,上海公共租界工部局年报。本附录数据根据原始数据整理换算而得。原始数据中 1863 年至 1933 年货币单位均为规元两,1934 年至 1942 年货币单位为法币。本附录数据均换算为规元两。换算方法:因法币在后期贬值大,经《上海解放前后物价资料汇编(1921—1957)》的物价指数调整后(1933 年为基期),将工部局 1933 年后的财政收支数据以"1 法币=0.715"的比率折算为上海两。"1 法币=0.715"的折算比例来自工部局档案:上海公共租界工部局总办处关于投标和包工变更货币支付方式事来往函,1933—1935 年,U1-4-3616,上海市档案馆藏。物价指数数据来源于:中国科学院上海经济研究所、上海社会科学院经济研究所合编:《上海解放前后物价资料汇编(1921—1957)》,上海人民出版社 1958 年版。

附表 E3　工部局各主要部门支出(1863—1942 年)

（单位:规元两）

时间	治安	公共工程、公用事业	卫生、文化、教育	行政
1863	87 834	138 354	10 154	27 930
1864	88 356	99 837	9 161	33 674
1865	129 455	71 739	3 888	19 521
1866	64 777	26 220	2 796	32 909

时间	治安	公共工程、公用事业	卫生、文化、教育	行政
1867				
1868	64 515	57 395	21 246	41 317
1869	52 910	63 908	14 118	27 890
1870	50 675	126 669	18 655	32 968
1871	69 444	110 051	21 152	34 613
1872	57 595	147 957	24 414	43 115
1873	59 730	158 671	27 667	43 540
1874	59 929	109 451	25 474	43 277
1875	47 245	126 663	21 621	35 516
1876	49 776	109 868	28 909	29 490
1877	49 174	94 926	24 414	27 527
1878	50 999	117 832	37 708	25 836
1879	55 049	93 322	24 620	26 028
1880	54 179	97 432	24 660	25 184
1881	60 528	103 944	29 400	27 523
1882	58 764	148 054	32 678	24 117
1883	78 177	178 277	37 819	29 461
1884	95 418	154 622	44 844	29 632
1885	115 576	96 354	37 343	32 117
1886	80 432	142 825	38 709	37 457
1887	88 863	141 581	39 111	34 311
1888	102 432	217 664	40 861	35 206
1889	104 934	207 484	43 357	40 842
1890	98 766	239 822	45 059	39 657
1891	106 178	216 263	50 890	37 959
1892	114 401	271 857	55 044	38 703
1893	119 326	201 889	67 644	41 708
1894	126 936	225 928	74 788	43 193
1895	136 908	233 626	73 996	45 191

时间	治安	公共工程、公用事业	卫生、文化、教育	行政
1896	143 235	421 658	97 349	50 785
1897	168 857	177 476	102 270	64 605
1898	209 247	282 948	109 963	63 383
1899	230 329	325 291	57 479	79 192
1900	278 194	382 593	66 448	80 183
1901	279 223	395 121	73 724	81 225
1902	286 770	425 378	82 541	91 131
1903	352 761	478 965	87 479	122 386
1904	366 737	485 743	92 462	121 587
1905	402 492	451 124	112 167	121 867
1906	469 208	492 982	143 398	144 457
1907	552 630	528 496	182 460	170 680
1908	800 838	569 834	208 525	202 962
1909	804 372	567 763	251 399	197 869
1910	852 728	567 633	252 099	233 763
1911	918 900	609 302	257 353	185 935
1912	951 276	588 340	312 871	266 077
1913	994 371	613 433	295 930	289 033
1914	997 441	674 094	321 797	335 427
1915	963 484	708 180	367 065	339 780
1916	1 002 289	794 990	329 407	351 332
1917	1 067 581	911 841	349 940	440 560
1918	1 190 282	1 035 839	464 827	392 223
1919	1 468 820	1 132 535	584 149	863 771
1920	1 735 042	1 253 793	769 028	559 576
1921	1 915 023	1 277 972	893 152	696 188
1922	2 038 353	1 655 839	995 378	740 214
1923	2 205 057	1 815 791	1 046 159	816 098
1924	2 443 388	2 085 227	1 220 934	925 965

时间	治安	公共工程、公用事业	卫生、文化、教育	行政
1925	2 764 759	2 247 515	1 349 363	1 296 832
1926	3 034 294	2 461 652	1 406 033	1 167 963
1927	3 505 218	2 524 247	1 541 634	1 667 344
1928	3 822 707	2 551 986	1 534 137	1 476 802
1929	4 642 174	3 012 381	1 541 720	1 470 048
1930	6 568 485	4 103 528	1 871 380	2 049 049
1931	7 869 775	4 075 402	2 542 517	2 486 433
1932	7 620 208	3 689 189	1 551 624	2 127 587
1933	8 069 682	3 893 325	1 520 086	2 131 353
1934	8 155 506	3 846 523	1 517 413	2 191 753
1935	7 740 848	3 589 453	1 503 771	2 248 119
1936	6 888 673	2 958 481	1 356 887	2 397 437
1937	5 632 060	2 066 653	1 172 367	1 799 842
1938	6 587 600	1 889 407	1 264 509	2 567 549
1939	3 167 273	996 320	519 694	1 523 139
1940	2 163 829	638 689	347 708	1 245 757
1941	1 747 648	444 772	200 906	642 616
1942	840 225	211 088	83 396	693 749

注:原始数据来源于上海公共租界工部局年报,U1-1-877 至 955 卷,上海市档案馆藏。本附录数据根据原始数据整理换算而得。原始数据中 1863 年至 1933 年货币单位均为规元两,1934 年至 1942 年货币单位为法币。本附录数据均换算为规元两。换算方法:因法币在后期贬值大,经《上海解放前后物价资料汇编(1921—1957)》的物价指数调整后(1933 年为基期),将工部局 1933 年后的财政收支数据以"1 法币=0.715"的比率折算为上海两。"1 法币=0.715"的折算比例来自工部局档案:上海公共租界工部局总办处关于投标和包工变更货币支付方式事来往函,1933—1935 年,U1-4-3616,上海市档案馆藏。物价指数数据来源于:中国科学院上海经济研究所、上海社会科学院经济研究所合编:《上海解放前后物价资料汇编(1921—1957)》,上海人民出版社 1958 年版。

参 考 文 献

上海公共租界工部局年报，U1-1-877 至 955 卷，上海市档案馆藏。

Annual Meeting and Election of Councillors，U1-1-835，上海市档案馆藏。

Currency Changes as Effecting Tenders & Contracts，U1-4-3616，上海市档案馆藏。

上海工部局工务处关于制定《让地补偿法规》和修改《买地章程》的有关文件，U1-14-7172，上海市档案馆藏。

上海公共租界工部局工务处关于出让土地给工部局的契约，U1-14-5776，上海市档案馆藏。

上海公共租界工部局总办处关于公共租界公用事业便览，U1-6-349，上海市档案馆藏。

上海公共租界西人纳税人特别会议材料，U1-1-798，上海市档案馆藏。

上海公共租界公用事业便览，U1-1-1248，上海市档案馆藏。

Public Utility Committee Minute，U1-1-103，上海市档案馆藏。

上海公共租界工部局市政法规及附则，U1-1-1058，上海市档案馆藏。

上海公共租界工部局财务委员会会议录，U1-1-62，上海市档案馆藏。

上海公共租界工部局工务委员会会议录，U1-1-78，上海市档案馆藏。

上海公共租界工部局工务委员会会议录，U1-1-76，上海市档案馆藏。

公共租界工部局工务处关于承揽单、警察租用房屋等事的文件，U1-14-5840，上海市档案馆藏。

上海公共租界工部局总办处关于招标手续事，U1-3-2997，上海市档案馆藏。

上海公共租界工部局公报，U1-1-976，上海市档案馆藏。

上海公共租界工部局市政便览，U1-1-1266，上海市档案馆藏。

上海公共租界工部局市政便览（中文），U1-1-1267，上海市档案馆藏。

上海公共租界工部局总办处关于火政处：制服、衬衣、帆布、缝工等招商投标和契约事，U1-4-3664，上海市档案馆藏。

上海公共租界工部局总办处关于工务处招商投标：开掘阴沟用的椿板卅，U1-4-3678，上海市档案馆藏。

上海公共租界工部局总办处关于工务处建筑招商投标事，U1-4-3673，上海市档案馆藏。

上海公共租界工部局总办处关于批准包工投标的发文存本，U1-1-581/582/583/584/585/586/587，上海市档案馆藏。

上海公共租界工部局总办处关于工务处招商投标：石头供应事，U1-4-3670，上海市档案馆藏。

上海公共租界工部局总办处关于火政处：制服、衬衣、帆布、缝工等招商投标和契约事，U1-4-3664，上海市档案馆藏。

上海公共租界工部局总办处关于火政处招商招标：汽车、汽油和机器润滑油事，U1-4-3683，上海市档案馆藏。

上海公共租界工部局总办处关于玻璃窗、蚊帐、家具招商投标事，U1-4-3671，上海市档案馆藏。

上海公共租界工部局总办处关于招商投标和契约手续事，U1-4-3676，上海市档案馆藏。

上海公共租界工部局总办处关于工务处招商投标：木材事，U1-4-3680，上海市档案馆藏。

上海公共租界工部局总办处关于工务处招商投标：石油、汽油、润滑油和滑脂事，U1-4-3674，上海市档案馆藏。

上海公共租界工部局电力委员会会议录，U1-1-98，上海市档案馆藏。

上海公共租界工部局财务委员会会议录，U1-1-57，上海市档案馆藏。

上海公共租界工部局总办处关于招商投标和契约的投诉和过期的收条等事来往函，U1-4-3682，上海市档案馆藏。

上海公共租界工部局总办处关于工务处招商投标：搬运垃圾事，U1-4-3687，上海市档案馆藏。

《上海公共租界工部局地价表》，U1-1-1023—1044，上海市档案馆藏。

《上海公共租界工部局年报》，档案号：U1-1-881—965，上海市档案馆藏。

上海市档案馆编：《工部局董事会会议录》（第1—28册），上海：上海古籍出版社2001年版。

《申报》影印本，上海书店1982—1987年各年版。

大成老旧刊全文数据库的报刊等，http://www.dachengdata.com/tuijian/showTuijianList.action。

蔡育天主编:《上海道契,1847—1911》,上海古籍出版社 2005 年版。

陈炎林:《上海地产大全》,上海地产研究所、华丰印刷铸字所 1933年版。

高铁梅:《计量经济分析方法与建模:EViews 应用及实例》,清华大学出版社 2009 年版。

蒯世勋等主编:《上海公共租界史稿》(上海市资料丛刊),上海人民出版社 1980 年版。

陆文达主编:《上海房地产志》,上海社会科学院出版社 1999 年版。

上海市档案馆:《工部局董事会会议录》,上海古籍出版社 2001 年版。

上海市档案馆:《老上海行名辞典(英汉对照 1880—1941)》,上海古籍出版社 2005 年版。

上海通社编:《上海研究资料》,上海书店出版 1984 年版。

上海通社编:《上海研究资料续集》,上海书店出版 1984 年版。

上海文史馆等编:《上海地方史资料(二)》,上海社会科学院出版社1983 年版。

上海文史馆等编:《上海地方史资料(三)》,上海社会科学院出版社1984 年版。

史梅定等编:《上海租界志》,上海社会科学院出版社 2001 年版。

文史资料委员会:《旧上海的房地产经营》(上海文史资料选辑第 64辑),上海人民出版社 1990 年版。

中国科学院上海经济研究所等编:《上海解放前后物价资料汇编(1921—1957)》,上海人民出版社 1958 年版。

中国人民银行总行参事室编:《中华民国货币史资料》第二辑,上海人民出版社 1986 年版。

中华地图学社:《上海老地图系列——上海 1932》(复制版),苏州美柯乐制版印务有限公司 2006 年版。

[美]J.M.伍德里奇:《计量经济学导论:现代观点》,中国人民大学出版社 2003 年版。

[美]道格拉斯·C.诺思:《制度、制度变迁与经济绩效》,上海三联书店2008 年版。

[美]道格拉斯·C.诺思:《经济史中的结构与变迁》,上海三联书店1994 年版。

[日]城山智子:《大萧条时期的中国:市场、国家与世界经济(1929—

1937)》，江苏人民出版社 2010 年版。

《上海和横滨》联合编辑委员会：《上海和横滨——近代亚洲两个开放城市》，华东师大出版社 1990 年版。

阿瑟·奥莎利文：《城市经济学》，北京大学出版社 2008 年版。

董利民：《城市经济学》，清华大学出版社 2011 年版。

杜恂诚：《民族资本主义与旧中国政府(1840—1937)》，上海社会科学院出版社 1991 年版。

费成康：《中国租界史》，上海社会科学院出版社 1991 年版。

高珮义：《城市化发展学原理》，中国财政经济出版社 2009 年版。

贾彩彦：《近代上海城市土地管理思想(1843—1949)》，复旦大学出版社 2007 年版。

李天纲：《人文上海——市民的空间》，上海教育出版社 2004 年版。

罗志如：《统计表中之上海》(国立中央研究院社会科学研究所集刊第 4 号)，国立中央研究院 1932 年版。

罗兹·墨菲：《上海——现代中国的钥匙》，上海人民出版社 1986 年版。

马长林主编：《租界里的上海》，上海社会科学院出版社 2003 年版。

马学强：《从传统到近代：江南城镇土地产权制度研究》，上海社会科学院出版社 2002 年版。

茅伯科主编：《上海港史(古、近代部分)》，人民交通出版社 1990 年版。

山田浩之：《城市经济学》，东北财经大学出版社 1991 年版。

上海市工商行政管理局等编：《上海近代百货商业史》，上海社会科学院出版社 1988 年版。

徐雪筠等译编：《上海近代社会经济发展概况(1882—1931 年)》，上海社会科学院出版社 1985 年版。

姚共鹤：《上海闲话》，上海古籍出版社 1989 年版。

张辉：《上海市地价研究》，正中书局 1935 年版。

张辉：《上海市地价研究》，正中书局版 1935 年版。

张鹏：《都市形态的历史根基：上海公共租界市政发展与都市变迁研究》，同济大学出版社 2008 年版。

张晓峋：《计量经济学软件 EViews 使用指南》，南开大学出版社 2004 年版。

张仲礼：《太古集团在旧中国》，上海人民出版社 1991 年版。

张仲礼：《近代上海城市研究(1840—1949)》，上海人民出版社 2008 年版。

张仲礼等:《沙逊集团在旧中国》,人民出版社 1985 年版。

张仲礼等:《长江沿江城市与中国近代化》,上海人民出版社 2002 年版。

赵冈:《中国城市发展史论集》,新星出版社 2006 年版。

郑有揆:《中国的对外贸易和工业发展(1840—1948)》,上海社会科学院出版社 1984 年版。

中国第一历史档案馆、中国社会科学院历史研究所合编:《清代地租剥削形态》,中华书局 1982 年版。

邹依仁:《旧上海人口变迁的研究》,上海人民出版社 1980 年版。

[法]安克强:《1927—1937 年的上海——市政权、地方性与现代化》,上海古籍出版社 2004 年版。

[美]奥尔森:《国家兴衰探源——经济增长、滞胀与社会僵化》,商务印书馆 1999 年版。

安国胜:《西方落日——领事裁判权在近代中国的确立》,法律出版社 2012 年版。

[美]鲍德威:《中国的城市变迁》,北京大学出版社 2010 年版。

白华山:《上海政商互动研究(1927—1937)》,上海辞书出版社 2009 年版。

[美]布莱恩·贝利:《比较城市化》,商务印书馆 2010 年版。

[美]布坎南、马斯格雷夫:《公共财政与公共选择:两种截然对立的国家观念》,中国财政经济出版社 200 年版。

[日]滨下武志:《清末海关财政与通商口岸市场圈》,江苏人民出版社 2006 年版。

陈存仁:《银元时代生活史》,广西师范大学出版社 2007 年版。

陈存仁:《抗战时代生活史》,广西师范大学出版社 2007 年版。

陈杰:《实证上海史——考古学视野下的古代上海》,上海古籍出版社 2010 年版。

[英]丹尼斯·C.缪勒:《公共选择理论(第三版)》,中国社会科学出版社 2010 年版。

樊果:《陌生的守夜人——上海公共租界工部局经济职能研究》,天津古籍出版社 2012 年版。

方平:《晚清上海的公共领域(1895—1911)》,上海世纪出版集团 2007 年版。

费成康:《中国租界史》,上海社会科学院出版社 1991 年版。

[美]弗雷德·E.弗尔德瓦里:《公共物品与私人社区——社会服务的市

场供给》,经济管理出版社 2007 年版。

高铁梅:《计量经济分析方法与建模——Eviews 应用及实例》,清华大学出版社 2009 年版。

何益忠:《老城厢:晚清上海的一个窗口》,上海人民出版社 2008 年版。

[美]韩起澜:《苏北人在上海 1850—1980》,上海古籍出版社 2004 年版。

何廉、李锐:《财政学》,商务印书馆 2011 年版。

梁元生:《晚清上海——一个城市的历史记忆》,广西师范大学出版社 2010 年版。

[美]罗兹·墨菲:《上海——现代中国的钥匙》,上海人民出版社 1986 年版。

娄胜华、潘冠瑾、赵琳琳:《自治与他治:澳门的行政、司法与社团 (1553—1999)》,社会科学文献出版社 2013 年版。

[英]罗伯特·毕可思:《帝国造就了我——一个英国人在旧上海的往事》,浙江大学出版社 2012 年版。

李学功:《南浔现象——晚清民国江南市镇变迁研究》,中国社会科学出版社 2010 年版。

李嫣怡等:《Eviews 统计分析与应用》,电子工业出版社 2013 年版。

[英]雷穆森:《天津租界史》,天津人民出版社 2009 年版。

[美]林德尔·G.霍尔库姆:《公共经济学——政府在国家经济中的作用》,顾建光译,中国人民大学出版社 2012 年版。

马长林、黎霞、石磊:《上海公共租界城市管理研究》,中西书局 2011 年版。

马长林:《租界里的上海》,上海社会科学院出版社 2003 年版。

马长林:《上海的租界》,天津教育出版社 2009 年版。

[法]梅朋、傅立德:《上海法租界史》,上海译文出版社 1983 年版。

[美]奥尔森:《集体行动的逻辑》,格致出版社、上海三联书店、上海人民出版社 1995 年版。

闵琪:《从公共品需求到公共品供需均衡:理论与现实》,经济科学出版社 2011 年版。

[英]诺尔曼·吉麦尔:《公共部门增长理论与国际经验比较研究》,经济管理出版社 2011 年版。

彭凯翔:《清代以来的粮价》,上海人民出版社 2006 年版。

彭善民:《公共卫生与上海都市文明》,上海人民出版社 2007 年版。

潘伟杰：《制度、制度变迁与政府规制研究》，上海三联书店2005年版。

［葡］裘昔司：《晚清上海史》，上海社会科学院出版社2012年版。

史梅定：《上海租界志》，上海社会科学院出版社2001年版。

上海市文史馆、上海市人民政府参事室、文史资料工作委员会：《上海地方史资料（二）》，上海社会科学院出版社1983年版。

上海市档案馆：《上海档案史料研究》（第三辑），上海三联书店2007年版。

沈寂：《上海：1911年攻打制造局》，上海辞书出版社2007年版。

《上海和横滨》联合编辑委员会、上海市档案馆：《上海和横滨——近代亚洲两个开放城市》，华东师范大学出版社1997年版。

唐振常：《上海史》，上海人民出版社1989年版。

汤志钧：《近代上海大事记》，上海辞书出版社1989年版。

徐公肃、邱瑾璋等：《上海公共租界史稿》，上海人民出版社1980年版。

王佃利、张莉萍、高原：《现代市政学》，中国人民大学出版社2011年版。

王磊：《公共产品供给主体选择与变迁的制度经济学分析——一个理论分析框架及在中国的应用》，经济科学出版社2009年版。

王铁崖：《中外旧约章汇编》，三联书店1957年版。

王雅莉：《市政管理学》，中国财政经济出版社2002年版。

王志锋：《城市治理的经济学分析》，北京大学出版社2010年版。

［美］沃尔特·恩德斯：《应用计量经济学——时间序列分析（第二版）》，高等教育出版社2006年版。

吴志伟：《上海租界研究》，学林出版社2012年版。

［日］小浜正子：《近代上海的公共性与国家》，上海古籍出版社2003年版。

肖林：《政府经济学：透视"有形之手"的边界》，上海人民出版社2008年版。

忻平：《危机与应对——1929—1933年上海市民社会生活研究》，上海大学出版社2012年版。

熊月之：《异质文化交织下的上海都市生活》，上海辞书出版社2008年版。

熊月之、马学强：《上海的外国人（1842—1949）》，上海古籍出版社2003年版。

［德］余凯思：《在"模范殖民地"胶州湾的统治与抵抗》，山东大学出版社2005年版。

于醒民：《上海，1862》，上海人民出版社 1991 年版。

袁燮铭：《上海：中西交汇里的历史变迁》，上海辞书出版社 2007 年版。

姚远：《上海公共租界特区法院研究》，上海人民出版社 2011 年版。

杨湘钧：《帝国之鞭与寡头之链——上海会审公廨权力关系变迁研究》，北京大学出版社 2006 年版。

杨宏山：《市政管理学》（第三版），中国人民大学出版社 2012 年版。

曾军平：《自由意志下的集团选择——集体利益及其实现的经济理论》，格致出版社 2009 年版。

张鹏：《都市形态的历史根基》，同济大学出版社 2008 年版。

周松青：《上海地方自治研究（1905—1927）》，上海社会科学出版社 2005 年版。

周德钧：《汉口的租界——一项历史社会学的考察》，天津教育出版社 2009 年版。

张仲礼：《近代上海城市研究》，上海文艺出版社 2008 年版。

熊月之、周武：《海外上海学》，上海古籍出版社 2004 年版。

张笑川：《近代上海闸北居民社会生活》，上海辞书出版社 2009 年版。

邹依仁：《旧上海人口变迁的研究》，上海人民出版社 1980 年版。

张伟群：《上海弄堂元气》，上海人民出版社 2007 年版。

张晓栋：《洋泾浜：上海往事》，上海大学出版社 2010 年版。

杜恂诚：《1933 年上海城市阶层收入分配的一个估算》，《中国经济史研究》2005 年第 1 期。

杜恂诚：《道契制度：完全意义上的土地私有产权制度》，《中国经济史研究》2011 年第 1 期。

杜恂诚：《晚清上海道契申领总趋势及影响因素分析》，《财经研究》2011 年第 8 期。

杜恂诚：《晚清上海租界的地价表现》，《史林》2012 年第 2 期。

杜恂诚：《近代上海早期城市化过程中的农田收购与利益分配》，《中国经济史研究》2012 第 3 期。

许雄奇、朱秋白：《我国财政收入与财政支出关系的实证研究》，《财经研究》2004 年第 3 期。

孙纬：《基于 VEC 模型的市政公用设施建设投资与财政收入的关系研究》，《现代物业》2013 年 12 卷第 7 期。

陈琍：《上海道契所保存的历史记忆——以〈上海道契〉英册 1—300 号道契为例》，《史林》2007 年第 2 期。

692

陈正书:《租界与近代上海经济结构的变化》,《史林》1988年第4期。

陈正书:《近代上海城市土地永租制度考源》,《史林》1996年第2期。

陈正书:《道契与道契档案之考察》,《近代史研究》1997年第3期。

戴鞍钢:《租界与晚清上海农村》,《学术月刊》2002年第5期。

戴一峰:《简述近代中国租界的形成和扩展》,《中国社会经济史研究》1982年第2期。

杜恂诚:《近代中国的商业性社会保障——以华安合群保寿公司为中心的考察》,《历史研究》2004年第5期。

杜恂诚:《从找贴风俗的改变看近代上海房地产交易效率的提高》,《上海经济研究》2006年第11期。

杜恂诚:《收入、游资与近代上海房地产价格》,《财经研究》2006年第9期。

杜恂诚:《近代以来沪港成为国际金融中心的启示》,《社会科学》2008年第11期。

杜恂诚:《道契制度:完全意义上的土地私有产权制度》,《中国经济史研究》2011年第1期。

杜恂诚:《晚清上海道契申领总趋势及影响因素分析》,《财经研究》2011年第8期。

乐正:《开埠通商与近代中国的城市化问题(1840—1911)》,《中山大学学报(社会科学版)》1991年第1期。

李子奈:《计量经济学应用研究的总体回归模型设定》,《经济研究》2008年第8期。

练育强:《近代上海城市规划法制研究》,华东政法大学博士学位论文2009年。

练育强:《近代上海公共租界的土地管理制度》,《华东政法大学学报》2009年第2期。

林毅夫:《诱致性制度变迁与强制性制度变迁》,载自盛洪编:《现代制度经济学(下卷)》(论文集)2003年。

陆兴龙:《近代上海南京路商业街的形成和商业文化》,《档案与史学》1996年第3期。

马学强:《通商开埠前后上海地价初探》,《档案与史学》1999年第3期。

马学强:《近代上海道契与明清江南土地契约文书之比较》,《史林》2002年第1期。

[美]玛格丽特·列维:《分析性叙述:为复杂的历史进程建模》,《经济学

（季刊）》2010 年第 2 期。

王少卿:《晚清上海地价及其对早期城市化的影响》,《史学月刊》2009 年第 4 期。

王中茂:《甲午之后清政府对外出租土地的价税政策及特点》,《史学月刊》2001 年第 4 期。

夏扬:《上海道契:法治变迁的另一种表现》,华东政法大学博士毕业论文 2004 年。

徐华:《近代上海房地产业市场波动的金融分析(1929—1935)》,《财经研究》2007 年第 11 期。

袁燮铭:《工部局与上海早期路政》,《上海社会科学院学术季刊》1988 年第 4 期。

张鹏:《近代上海外滩空间变迁之动因分析》,《东南大学学报(自然科学版)》2005 年第 7 期。

张伟:《简论上海租界的越界筑路》,《学术月刊》2000 年第 8 期。

赵津:《城市的"天然规划师"》,《改革》1999 年第 1 期。

赵津:《不动产走向市场——论近代中国房地产商品化的历史前提》,《中国经济史研究》2005 年第 4 期。

周武:《小刀会起义、太平军战事与近代上海的崛起》,《学术季刊》1996 年第 4 期。

朱砖:《近代上海租界政体制度与城市经济发展》,《上海经济研究》2004 年第 11 期。

North China Daily News

North China Herald

F.L. Hawks Pott, D.D., *A Short History of Shanghai. Beijing*, China Intercontinental Press, 2010.

Rhoads Murphey, *Shanghai, Key to Modern China*, Cambridge: Harvard University Press, 1953.

G. Lanning, S. Couling, 1921, *The History of Shanghai*, Part I, Shanghai: Kelly & Walsh Limited.

I Gusti Ngurah Agung, 2009, *Time Series Data Analysis Using Eviews*, John Wiley & Sons(Asia) Pte Ltd.

Andrew Lees and Lynn Hollen Lees, 2007, *Cities and the Making of Modern Europe 1750—1914*, New York: Cambridge University Press.

Daniel Brook, 2013, *A History of Future Cities*, New York: Yale

University Press.

George E. Peterson, Patricia Clarke Annez, 2007, "Financing Cities—Fiscal Responsibility and Urban Infrastructure in Brazil, China, India, Poland and South Africa", New Delhi: A co-publication of the World Bank and Sage Publications India Pvt Ltd.

Jesse H. Ausubel and Robert Herman, 1988, *Cities and their Vital Systems Infrastructure: Past, Present and Future*, Washington, D. C: National Academy Press.

S. R. Epstein, 2000, *Freedom and Growth—the Rise of States and Markets in Europe, 1300—1750*, London: Routledge.

Mark Elvin, 1996, Another History: Essays on China from a European Perspective, Honolulu, Hawaii: Wild Peony PTY.

Ching-lin Hsia, 1929, The Status of Shanghai—Historical Reviews of the International Settlement, Kelly and Walsh, Limited, Publishers.

Haug, A., "A Cointegration and government borrowing constraints: evidence for the United States", *Journal of Business and Economic Statistics*, 1991, 9:97—1011.

Payne, J. E., "The Tax and Spend Debate: Time Series Evidence from State Budgets", *Public Choice 1998*, 95: 307—3201.

Bradley T. Ewing, James E. Payne, Mark A. Thompson and Omar M. Al-Zoubi, "Government Expenditures and Revenues: Evidence from Asymmetric Modeling", *Southern Economic Journal*, Vol.73, No.1(Jul., 2006), pp.190—200.

George M. von Furstenberg, R. Jeffery Green and Jin-Ho Jeong, "Tax and Spend, or Spend and Tax?" *The Review of Economics and Statistics*, Vol.68, No.2(May, 1986), pp.179—188.

后　记

近代上海公共租界的土地制度包括产权制度和税收等地政制度。市政管理涉及各种公共品的提供。土地制度与市政管理是密切相关的,不仅表现为土地税和房捐是市政建设的主要资金来源,而且表现为市政建设中的筑路和公共设施的修建与土地的购买密不可分。本书的内容分两大篇:上篇讲土地制度,其中第一至第三章分析租界的土地产权制度,第四至第九章分析土地的管理制度,即地政管理,其中包括土地税和房捐的收取以及土地价格的评估;下篇讲公共租界的市政管理,包括租界当局的财政和公共品的提供。

本书分工:

作者一:上篇导言一,第一至第三章、历史借鉴,以及附录 A 上海道契资料(1844—1911)。

作者二:上篇导言二,第四至第九章,以及附录 B、C、D。

作者三:下篇导言,第十至十四章,以及附录 E。

本书所利用的资料绝大部分是 2005 年由上海古籍出版社出版的 30 册《上海道契:1847—1911》资料、上海市档案馆馆藏的第一手的近代上海公共租界工部局的档案资料,以及上海图书馆徐家汇藏书楼的一些近代外文报刊资料。

尽管在章节内容上每位作者都有明确分工,但有关土地和筑路的主题皆有所涉及。由于视角不同而对同一论题有不同论述,相信会给读者带来更为丰富的认识。

图书在版编目(CIP)数据

近代上海公共租界的土地制度与市政管理/杜恂诚,
高峰,杨小燕著.—上海:上海人民出版社,2020
ISBN 978-7-208-16559-5

Ⅰ.①近… Ⅱ.①杜… ②高… ③杨… Ⅲ.①租界-
城市土地-土地制度-城市史-研究-上海 ②租界-城市
管理-城市史-研究-上海 Ⅳ.①D829.12
②F299.275.1

中国版本图书馆 CIP 数据核字(2020)第 115896 号

责任编辑 于力平　王舒娟
封面设计 夏　芳

近代上海公共租界的土地制度与市政管理
杜恂诚　高　峰　杨小燕 著

出　　版	上海人民出版社
	(200001　上海福建中路 193 号)
发　　行	上海人民出版社发行中心
印　　刷	上海商务联西印刷有限公司
开　　本	720×1000　1/16
印　　张	44.25
插　　页	4
字　　数	758,000
版　　次	2020 年 10 月第 1 版
印　　次	2020 年 10 月第 1 次印刷

ISBN 978-7-208-16559-5/F·2640
定　　价　198.00 元